i Cucchiai

Progetto grafico: Adriano Nardi
Redazione e impaginazione: Edimedia Sas, via Orcagna 66, Firenze

Testi parzialmente tratti da *Il cucchiaio azzurro*, Giunti Demetra 2006, *Il cucchiaio verde*, Giunti Demetra 2006, *Ricettario di pasticceria*, Giunti Demetra 2006, *Ricettario italiano*, a cura di Chiara Scudelotti, Giunti Demetra 1999; *Voglia di cucinare*, Giunti Demetra 2004, *Voglia di cucinare 2*, Giunti Demetra 2007, *Voglia di cucinare pesce*, Giunti Demetra 2006, *Voglia di cucinare torte*, Giunti Demetra 2005, *Dolci da forno*, Giunti Demetra 2007.

Se non altrimenti specificato, le dosi consigliate nelle ricette sono indicate per 4 persone.

www.giunti.it

Via Bolognese 165 – 50139 Firenze – Italia
Via Dante 4 – 20121 Milano – Italia
Prima edizione: settembre 2008

Ristampa	Anno
6 5 4 3 2 1 0	2012 2011 2010 2009 2008

Stampato presso Giunti Industrie Grafiche S.p.A.
Stabilimento di Prato

Ricettario italiano

la bibbia della cucina italiana

GIUNTI DEMETRA

Sommario

Contorni

Piatti unici

Pizze, focacce, torte salate

Dolci

INTRODUZIONE

La cucina italiana

L'Italia è un Paese che da sempre ha convissuto con altri popoli e culture, che hanno lasciato una traccia significativa nella sua cucina: particolarmente ricca, si differenzia da una regione all'altra (se non addirittura da una città all'altra). La varietà dei gusti e delle proposte culinarie è la testimonianza che culture diverse possono convivere nello stesso territorio e fornire il proprio contributo: ogni popolo che si è succeduto sul suolo italico ha lasciato una traccia, prima ancora che nei monumenti, nella nostra cucina. Se riflettiamo sui piatti della nostra tradizione alimentare ci rendiamo conto che essi sono in realtà un eccezionale "documento" di storia nazionale. Meritatamente invidiata e rinomata, la cucina mediterranea nasce dall'utilizzo sapiente dei prodotti della nostra terra, prodotti semplici e genuini che per secoli hanno costituito la base della cucina contadina. Oggi i nutrizionisti sono concordi nell'elogiare il nostro modello gastronomico, in quanto si basa – oltre che su cibi naturali – su preparazioni e cotture piuttosto semplici, e di conseguenza più sane rispetto ad altre tradizioni culinarie. La cucina italiana è inoltre una guida preziosa, perché ci insegna a utilizzare gli alimenti in modo corretto e con grande creatività.
Molte ricette presentate nelle pagine seguenti riguardano la cucina italiana classica, mentre altre appartengono al patrimonio delle cucine regionali, e saranno evidenziate di volta in volta con il nome della regione cui si riferiscono.

Ricette e impasti base

Bigoli

❖ 250 g di farina 00, 200 g di semola, 4 uova, sale.

Miscelate le farine sulla spianatoia; aggiungete le uova, un pizzico di sale e, se l'impasto è troppo asciutto, aggiungete un po' d'acqua. Lavorate bene finché l'impasto sarà omogeneo ed elastico. Passate quindi il preparato nel torchio da pasta, usando una rotella con i fori da 3 mm di diametro. Tagliate con un coltello i bigoli di una lunghezza di 20 cm, disponete la pasta su un canovaccio e lasciatela essiccare per alcune ore.

Crespelle

❖ 100 g di farina, 4 uova, 2,5 dl di latte, 30 g di parmigiano grattugiato, 30 g di burro, sale.

Riunite in una ciotola le uova, la farina, il parmigiano e un pizzico di sale. Mescolate aggiungendo il latte poco alla volta. Ungete una padellina antiaderente con pochissimo burro. Fatela scaldare e versateci poca pastella, distribuendola bene sul fondo. Fate rassodare e leggermente dorare la crespella, voltatela con una paletta e cuocetela anche dall'altro lato. Procedete così fino a esaurire l'impasto, impilando le crespelle su un piatto.

Impasto per focacce

❖ 300 g di farina, 15 g di lievito di birra fresco, 1 cucchiaio d'olio extravergine d'oliva, sale.

Stemperate anzitutto il lievito in un po' d'acqua tiepida, quindi unitelo alla farina disposta a fontana su una spianatoia, assieme all'olio e al sale. Impastate aggiungendo altra acqua tiepida, fino a ottenere un impasto morbido ed elastico, che metterete raccolto a palla in un luogo caldo per un paio d'ore, coperto da un canovaccio umido.
Quando l'impasto avrà raddoppiato il suo volume, prendete 2/3 della pasta, lavoratela nuovamente, ricavatene una sfoglia aiutandovi con un matterello infarinato e con

questa ricoprite una teglia leggermente unta. Quindi adagiatevi il ripieno prescelto e ricoprite con la restante pasta, tirata in sfoglia sottile. Bucate leggermente la superficie con una forchetta e ungete con poco olio.
Unite, pizzicottando, le due sfoglie e infornate per circa mezzora in forno caldo a 200 °C.

Lasagne e cannelloni

- 500 g di farina 00, 4 uova, 1 cucchiaio di olio extravergine d'oliva, sale.

Con queste indicazioni si ottengono circa 600-700 g di impasto, necessari per confezionare lasagne e cannelloni per 4-6 persone.
Disponete la farina sulla spianatoia, unite le uova, un pizzico di sale e un cucchiaio di olio extravergine d'oliva. Impastate bene con le mani fino a ottenere un impasto omogeneo ed elastico. Coprite con un canovaccio, poi impastate di nuovo e con il matterello stendete delle sfoglie spesse circa 1-1,5 mm e lasciate riposare ancora per 15 minuti. Nel caso vogliate preparare delle lasagne tagliate la sfoglia a rettangoli di circa 8 x 16 cm.
Fate essiccare almeno per un paio d'ore prima della cottura. Se invece volete realizzare dei cannelloni, dividete l'impasto in rettangoli di circa 12 x 16 cm. Scottate in abbondante acqua salata i rettangoli, poi scolateli e passateli in una pentola d'acqua fredda così da fermare la cottura. Stendeteli ad asciugare su dei canovacci.
Disponete il ripieno su un lato lungo del rettangolo di pasta e, partendo da questo lato, arrotolate con delicatezza la pasta (senza schiacciare), così da formare dei cannelloni ben chiusi.

Pasta da pizza

- 500 g di farina di frumento integrale o semintegrale o raffinata, 150 g di pasta madre, 2-4 cucchiai d'olio extravergine d'oliva, sale.

Quando si preferisce procedere all'impasto per la pizza facendo ricorso alla pasta madre, le dosi dei vari ingredienti possono variare. Le quantità qui proposte sono puramente indicative, ma consentono comunque di ottenere una buona quantità di pizza per 4 persone. Incorporate dell'acqua alla pasta madre disposta su una spianatoia leggermente infarinata o su un piano da lavoro. Impiegate complessivamente una quantità d'acqua pari a circa 0,8 dl, che servirà anche per incorporare alla pasta madre, poco alla volta, 150 g di farina, del sale e un po' d'olio. Impastate a lungo, per una ventina di minuti, con pazienza, in modo da ottenere un impasto compatto ed elastico. Quindi dategli la forma di una palla, infarinatelo e lasciatelo riposare al caldo e al riparo da correnti d'aria, coperto, per 5-6 ore (tempo, questo, che può essere allungato se non dà fastidio il sapore leggermente più acido che potrà assumere la pasta, o abbreviato nella stagione estiva). Quando l'impasto è ben lievitato, pesatelo, disponetelo quindi sulla spianatoia leggermente infarinata e cominciate a incorporarvi dell'acqua. Aggiungetevi poi, poco alla volta, una quantità di farina pari al suo peso, che dovrebbe aggirarsi intorno ai 300-350 g, ancora un po' d'olio, del sale e dell'altra acqua (circa 1,7 dl in tutto). Dopo avere accuratamente impastato per almeno 10 minuti, lasciate riposare la pasta al caldo per circa 4 ore (ma il tempo può variare a seconda del clima). Trascorso il tempo previsto, impastateancora per qualche minuto, stendete la pasta e lasciatela quindi lievitare per 20 minuti circa sulla piastra di cottura del forno o in una teglia bassa e unta d'olio, ricoprendo con sugo di pomodoro o con qualche altro ingrediente, a seconda della ricetta e bucherellando la superficie con una forchetta. Infine cuocete in forno ben caldo per 20 minuti, mantenendo una temperatura intorno ai 220-250 °C. Trascorso questo tempo, aggiungete gli altri ingredienti previsti (verdure, formaggi ecc.), lasciate cuocere per 10 minuti e servite.

Pasta frolla salata

✣ 200 g di farina, 100 g di burro, 1 uovo, sale.

Disponete la farina a fontana e versate nel mezzo il burro a pezzetti, un pizzico di sale e il tuorlo dell'uovo. Impastate bene con la punta delle dita, aiutandovi con mezzo bicchiere d'acqua tiepida, e infine fatene una palla e mettetela a riposare per circa 1 ora in un luogo fresco o in frigorifero, coperta da un canovaccio. Quindi tiratela non troppo sottile e disponetela in una tortiera unta d'olio o di burro. A questo punto potete copritela con un foglio di carta oleata cosparso di fagioli secchi – in modo da ottenere una superficie liscia e regolare – e mettetela in forno a fuoco moderato per 10-15 minuti. Eliminate i fagioli e la carta e distribuite il ripieno previsto, rimettendo in forno per altri 15 minuti. Se non vi sembra opportuno passare attraverso l'uso dei fagioli secchi, potete riempire la pasta con la farcitura e passarla a cottura.

Pasta frolla per crostate

✣ 250 g di farina, 125 g di burro, 70 g di zucchero, 2 tuorli, 1 pizzico di sale, 1/2 limone.

Setacciate la farina e mescolatela con il sale, lo zucchero e la scorza grattugiata del limone; versatela sulla spianatoia in modo da formare una fontana e al centro mettete il burro ammorbidito a pezzetti, i tuorli d'uovo e 1/4 di dl l'acqua. Lavorate gli ingredienti per pochi minuti fino a ottenere un impasto abbastanza omogeneo.

Pasta sfoglia

✣ 200 g di farina, 200 g di burro, sale.

Impastate la farina e un pizzico di sale con una tazza d'acqua gelata fino a ottenere un impasto sodo che farete riposare, coperto da un canovaccio, in un luogo buio e fresco. Con le dita bagnate lavorate il burro fino a ottenere la stessa consistenza della pasta, poi dategli una forma rettangolare. Stendete la pasta sul piano di lavoro infarinato e al centro disponete il burro; ripiegate la pasta sul burro a mo' di pacchetto e premetela leggermente con il matterello, così che il burro si incorpori; lasciate riposare 5 minuti. Dedicatevi ora alla lavorazione della pasta. Tenete a disposizione della farina in modo da infarinare il piano di lavoro e il matterello. Stendete la pasta a rettangolo con uno spessore di circa 1 cm, ripiegatela in tre a quadrato e stendetela di nuovo cambiando verso, poi ripiegatela di nuovo in tre e fatela riposare per circa 15 minuti in frigorifero. Ripetete le stesse operazioni, osservando il periodo di riposo per altre tre volte (i "giri" devono essere otto in tutto), quindi la pasta sfoglia sarà pronta.

Pasta strudel

- 250 g di farina, un pizzico di sale, 1 cucchiaio di zucchero, 1 uovo, 50 g di burro ammorbidito, 5-6 cucchiai di acqua tiepida.

Setacciate la farina con il sale e disponetela a fontana sul piano di lavoro, mettete al centro il burro a pezzetti, lo zucchero, l'uovo e l'acqua. Lavorate gli ingredienti fino a ottenere un impasto liscio. Scaldate una casseruola e capovolgetela sull'impasto in modo che lo ricopra completamente e lasciate riposare per 30 minuti. Mettete la pasta su un piano infarinato, stendetela con il matterello a uno spessore di 1/2 cm. Infarinate le mani e passatele ripetutamente sotto la sfoglia, in modo da allargarla senza romperla, fino a ottenere un rettangolo sottilissimo. Dopo aver riempito la pasta con il ripieno andrà arrotolata su se stessa, aiutandovi con il telo su cui è stata posata. Ripiegate poi le estremità, facendo una piccola pressione sui bordi. Imburrate poi una placca da forno, disponetevi lo strudel e spennellate poi la superficie con burro fuso. Fate cuocere in forno preriscaldato a 180 °C per 1 ora.

Ravioli, tortelli e agnolotti

- 200 g di farina 00, 2 uova, 1 cucchiaio di olio extravergine d'oliva, sale.

Queste dosi producono 300 g di impasto necessari a confezionare ravioli, tortelli e agnolotti per quattro persone. Disponete la farina sulla spianatoia, unite le uova, un pizzico di sale e un cucchiaio di olio extravergine d'oliva. Impastate bene con la punta delle dita fino a ottenere un impasto omogeneo ed elastico. Coprite con un canovaccio pulito e asciutto, poi impastate nuovamente e con il matterello stendete una striscia di pasta sul piano di lavoro. Quindi, esercitando una lievissima pressione, incidete (ma non tagliate) la sfoglia con uno stampino, in modo da sapere dove disporre i mucchietti di impasto.
Distribuite con un cucchiaio un po' di ripieno al centro di ogni raviolo appena inciso. Con un dito bagnato con l'acqua, inumidite la pasta intorno a ciascun mucchietto di ripieno. Passate adesso a coprire la sfoglia con un'altra striscia di pasta. Con le dita, facendo pressione vicino ai mucchietti di ripieno, eliminate l'aria presente tra le due sfoglie, e sigillate tutto intorno ai mucchietti. Con lo stampino usato in precedenza per incidere la prima striscia, tagliate i ravioli, mucchietto per mucchietto.

Tagliatelle, tagliolini, fettuccine all'uovo, pappardelle e maltagliati

❖ 500 g di farina 00, 4 uova, 1 cucchiaio di olio extravergine d'oliva, una manciata di farina di mais, sale.

Unite alla farina disposta a fontana le uova con un pizzico di sale e l'olio, lavorate bene e a lungo con le mani finché la pasta non diventa liscia ed elastica.
Coprite con un canovaccio umido per mezzora, poi impastate nuovamente e stendete con il mattarello delle sfoglie sottili. Lasciatele riposate alcuni minuti cospargendole con la farina di mais, quindi avvolgetele su se stesse e tagliatele a fettucce della larghezza desiderata. Le tagliatelle saranno alte 2 cm, le fettuccine 1 cm, i tagliolini qualche millimetro, le pappardelle 3 o 4 cm.
Per i maltagliati, tagliate la pasta a zig-zag formando pic-

coli triangoli che, aprendosi, formeranno dei rombi irregolari che andranno fatti asciugare su una spianatoia prima di cuocerli.

Tortellini e cappelletti

❖ 200 g di farina 00, 2 uova, 1 cucchiaio di olio extravergine d'oliva, sale.

Disponete la farina sulla spianatoia, unite le uova, un pizzico di sale e un cucchiaio di olio extravergine d'oliva. Impastate bene fino a ottenere un impasto omogeneo ed elastico. La differenza fondamentale tra tortellini (o anche cappelletti) e agnolini riguarda lo spessore della pasta, minore per gli agnolini, cosa che permette di conferire loro anche minori dimensioni allorché si tagliano e si chiudono; appena diversi nella forma i tortellini. Vediamo allora quali sono le procedure da seguire per preparare i tortellini. Dopo aver tirato la pasta a uno spessore sottile (circa 1 mm), tagliatela con uno stampino in dischetti di un diametro massimo di 4 cm. Distribuite il ripieno in ciascun dischetto; calcolate come dose 1/2 cucchiaino. Ripiegate il disco in un semicerchio e, premendo con le dita, sigillate l'esterno. Tenendo il tortellino con la base rivolta in basso e la semicirconferenza in alto, avvolgetelo intorno alla punta del dito indice, riunite e sigillate tra loro le due estremità del tortellino.

Qualche consiglio per la preparazione dei gelati

Se non disponete di una gelatiera, procedete nel seguente modo: mentre preparate la base del gelato disponete nel freezer a raffreddare una vaschetta di metallo. Quando il gelato sarà pronto versatevelo e disponete la vaschetta nel freezer. Dopo 1 ora, 1 ora e 30 minuti, toglietela dal freezer e mescolate energicamente. Rimettete poi in freezer per 1 ora e ripetete l'operazione. Lasciate nuovamente in freezer per altre 2 ore. Il gelato a questo punto dovrebbe essere pronto.

Antipasti

Una ricca serie di antipasti vari e gustosi, facili e veloci da realizzare, per aprire in bellezza ogni tipo di pranzo. Crostini, bocconcini e focaccine a base di carne, pesce e verdura delizieranno voi e i vostri ospiti preparandovi ad assaporare le pietanze principali.

Antipasti di terra

Antipasto all'italiana

◆ Tempo: 15 minuti ✱ Difficoltà: facile

❖ Affettati misti italiani, sottaceti, fichi, formaggio fresco, burro, pane e grissini.

Questo antipasto di affettati misti viene esaltato dalla cura nella presentazione in tavola e da un adeguato accompagnamento: pane di diverso tipo, grissini, sottaceti e sottoli, riccioli di burro, acciughe, verdure grigliate o fresche, oltre a frutta quale melone, fichi, pere. In genere il prosciutto crudo va disposto con un lembo all'interno di una coppa disposta al centro del piatto da portata, in modo da ricadere all'esterno formando una specie di cascata; le fette devono essere leggermente sovrapposte l'una all'altra. La coppa può essere sostituita da un melone privato della calotta superiore e svuotato con uno scavino; dalla polpa si ricavano poi tante palline da servire in una coppa di vetro con ghiaccio. Il prosciutto cotto e le fette di salame a pasta grossa possono venire disposte all'interno del piatto da portata, ripiegate in due e affiancate tra loro; alternatele eventualmente con fettine di fichi e di melone. Arrotolate le fette di salame a pasta fine e di mortadella così da ricavarne dei coni; potrete farcire i primi con dei cetriolini affettati a ventaglio o dei bastoncini di grana, i secondi con ribes rossi e bianchi. All'interno della coppa di prosciutto crudo disponete degli spicchietti di fico infilzati con uno stecchino insieme con un dadino di formaggio a pasta tenera. I sottaceti andrebbero portati in tavola in ciotoline o in un piatto da portata, in cui disporre delle foglie di lattuga a mo' di scodelline. Sul tavolo distribuite infine cestini con fette di pane, grissini, bruschette, crostini e qualche coppetta con dei riccioli di burro.

Borlenghi (Emilia Romagna)

◆ Tempo: 20 minuti ✱ Difficoltà: facile

⁘ 500 g di farina, 300 g di lardo, 1 uovo, 2 spicchi d'aglio, rosmarino, strutto, sale.

Mettete la farina in una terrina e incorporatevi l'uovo, poco sale e tanta acqua quanta ne occorre per ottenere una pastella abbastanza liquida. Ungete di strutto una padella, scaldatela sul fuoco e versate una piccola quantità di pastella; cercate di ottenere una frittatina larga e sottile che capovolgerete per cuocerla anche sull'altro lato. Condite i borlenghi con un battuto di lardo, aglio e rosmarino; ripiegateli e serviteli caldi.

Bresaola in crosta

◆ Tempo: 15 minuti ✱ Difficoltà: facile

⁘ 12 fette di bresaola, 5 fette di pancarrè, 80 g di ricotta, 1 cipollina, 2 cucchiai di senape, prezzemolo, 1 cucchiaio di rafano grattato, 1/2 cucchiaio di paprica, 1 bicchiere di panna, olio extravergine d'oliva, sale, pepe.

Tritate il prezzemolo, tagliate finemente la cipollina e mescolateli con la ricotta, un pizzico di sale, pepe e paprica. Spalmate 6 fette di bresaola con il composto, arrotolatele e adagiatele su un piatto da portata. Montate la panna, salate leggermente, aggiungete il rafano e spalmate il composto sulle fette di salume avanzate. Arrotolate anche queste e disponetele sul piatto. Spalmate il pancarrè tagliato a triangolini con la senape mescolata con un po' d'olio, sale e pepe. Adagiate le fette di pane a ventaglio tra le fette di bresaola e servite.

Bruschetta ricotta e salame piccante

◆ Tempo: 15 minuti ✱ Difficoltà: facile

❖ 1 fetta di pane, 50 g di ricotta di pecora, 20 g di salame calabrese piccante, olio extravergine d'oliva.

Abbrustolite sulla griglia o in forno la fetta di pane da entrambi i lati. Quando è dorata toglietela e irroratela con un filo d'olio, spalmatela con la ricotta e infine completate con fettine di salame piccante. Si tratta di una bruschetta semplicissima ma molto gustosa.

Carne cruda all'albese (Piemonte)

◆ Tempo: 15 minuti ✱ Difficoltà: facile

❖ 350 g di coscia di manzo molto magra, 80 g di tartufo bianco, 1 spicchio d'aglio, 1 limone, olio extravergine d'oliva, sale, pepe.

Passate più volte la carne nel tritacarne. Poi conditela con l'olio, il succo del limone, l'aglio schiacciato, sale e pepe. Mescolate con molta cura e quindi stendete il tutto su un bel piatto da portata e ricoprite con il tartufo adeguatamente pulito e tagliato a sottili fettine, servendo immediatamente.

Carpaccio delicato di manzo

◆ Tempo: 15 minuti ✱ Difficoltà: facile

❖ 450 g di filetto di manzo, foglie di rucola, scaglie di pecorino o altro formaggio di pecora, aceto balsamico, olio extravergine d'oliva, sale, pepe nero.

Tagliate il filetto di manzo a fette di 4 mm di spessore. Oliate un foglio di carta pergamenata e cospargetelo di sale e pepe. Adagiatevi le fettine a un po' di distanza l'una dall'altra. Copritele con un altro foglio di carta pergamenata oliata, battetele e appiattitele bene. Mettete la carne in frigo e tiratela fuori al momento di servirla. Sistemate le foglie di rucola al centro di un vassoio e intorno disponetevi le fettine. Irrorate il tutto d'olio e aceto balsamico, cospargete di formaggio a scaglie e spruzzate di pepe macinato al momento.

Carpaccio di coppa (Lombardia)

◆ Tempo: 15 minuti ✱ Difficoltà: facile

❖ 16 fette di coppa (possibilmente piacentina), parmigiano, 4 funghi champignon, noce moscata, noci, aceto, olio extravergine d'oliva, sale, pepe.

Tagliate a fette sottili gli champignon e a scaglie il formaggio grana. Adagiate le fette di coppa in un piatto da portata e ricopritele con le scaglie di formaggio e di champignon. Guarnite il piatto con le noci spezzettate e condite con un'emulsione di olio e aceto, noce moscata e pepe.

Ciacci (Emilia Romagna)

◆ Tempo: 25 minuti ✱ Difficoltà: media

❖ 600 g di ricotta, prosciutto o salame, 1/2 l di latte, 1 bustina di lievito vanigliato, farina, burro, sale.

Per preparare questo antipasto è necessario possedere l'apposito "ferro" da cialde. In una terrina incorporate alla ricotta mezzo litro scarso di latte.

Mescolate bene fino a ottenere una crema. Aggiungete un pizzico di sale, il lievito vanigliato e tanta farina quanta ne occorre per rendere consistente l'impasto. Ungete il ferro per le cialde e versate un cucchiaio di crema, poi richiudete il ferro e mettete sul fuoco per qualche minuto. I ciacci devono risultare croccanti ed essere consumati caldi assieme a prosciutto o salame.

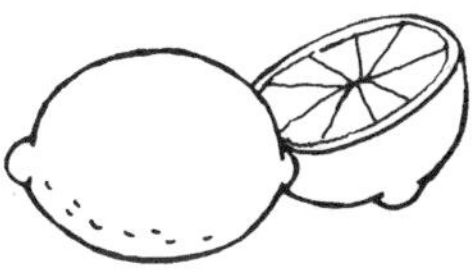

Ciccioli di Pavia (Lombardia)

◆ Tempo: 45 minuti + 3 ore ✱ Difficoltà: media

❖ 1 oca, 3 spicchi d'aglio, 1 bustina di spezie miste, sale.

Staccate all'oca la pelle con il grasso. Tagliatela a pezzetti che metterete in una pentola con un bicchiere di acqua. Ponete a fiamma bassa e lasciate bollire lentamente, mescolando fino a quando si formeranno dei ciccioli. Quando saranno dorati, scolateli, salateli leggermente e versateli in un piatto. Conservate il grasso che avranno formato. Spolpate l'oca. Tagliate la carne a pezzetti, metteteli in una zuppiera, salateli appena, aggiungete l'aglio tritato e le spezie. Mescolate e lasciate riposare per circa 3 ore. Versatela in un vaso di vetro a chiusura ermetica e versatevi sopra il grasso dei ciccioli caldo facendo in modo che la carne ne sia completamente immersa. Sigillate e ponete il vaso in frigorifero. Potete gustare questo antipasto fritto o crudo dopo circa 10 giorni.

Cresce di Fabriano (Marche)

◆ Tempo: 2 ore e 20 minuti ✱ Difficoltà: media

❖ 1 kg di farina di mais, 200 g di farina di frumento, 1 kg di lonza di maiale, 400 g di bietole, 400 g di cavolo, 400 g di cicoria, 2 spicchi d'aglio, 100 g di lardo, vino bianco, olio extravergine d'oliva, sale, pepe.

Tagliate a pezzettini la lonza di maiale e fatela cuocere a fuoco vivo per un'ora in poco olio e bagnando spesso con vino bianco; salate e pepate. Nel frattempo pulite le verdure e fatele lessare in poca acqua salata e, a cottura ultimata, passatele in padella con il lardo tritato, l'aglio e un pizzico di pepe. Preparate la crescia (un'antica pizza fabrianese) mescolando, in una grossa zuppiera, le due farine con un pizzico di sale e amalgamando il tutto con acqua bollente fino a quando non si formi un impasto morbido. Versate l'impasto in una teglia dal bordo alto e mettetela in forno molto caldo (250 °C) per un'ora circa. Togliete dal forno la crescia, che si presenterà con la crosta dura e l'interno morbido; tagliatela a quadrotti, divideteli a metà e farciteli con la carne e le verdure servendo subito. È un antipasto sostanzioso che si presta molto bene per un pranzo invernale. Potrete sostituire le verdure con altre a vostra disposizione. Se lo desiderate, sostituite il lardo con burro o con olio.

Crocchette prosciutto e funghi

◆ Tempo: 30 minuti + 3 ore ✶ Difficoltà: facile

❖ 120 g di prosciutto tritato, 120 g di cappelle di funghi tritate, 150 g di farina, 2,5 dl di latte,1,85 dl di brodo di pollo, 2 uova, 50 g di pangrattato, 1 cipolla, 2 foglie d'alloro, 75 g di burro, olio per friggere.

Fate imbiondire la cipolla affettata finemente in una casseruola con il burro; aggiungetevi i funghi e l'alloro e fate cuocere per 5 minuti mescolando spesso. Levate l'alloro e poi incorporate 90 g di farina e mescolate per qualche minuto a fuoco medio. Togliete dal fuoco e unite a poco a poco il latte, mescolando per evitare che si formino grumi. A questo punto versate anche il brodo e rimettete la casseruola sul fuoco piuttosto alto fino ad ebollizione. Aggiungete il prosciutto tritato finemente e pepate, poi spegnete mettete a raffreddare in una ciotola per circa 2 ore. Mettete in una ciotola la farina rimasta, in un'altra le uova sbattute e in un'altra ancora il pangrattato. Preparate delle crocchette lunghe circa 6-7 cm; passatele prima nella farina, poi nell'uovo e infine nel pangrattato. Adagiate le crocchette preparate in una teglia e lasciatele in frigo per un'ora circa. Versate abbondante olio per friggere in una padella piuttosto grande e fatelo scaldare bene; friggete le crocchette rigirandole spesso per pochi minuti. Scolatele su carta da cucina e servitele ben calde.

Crostini al crudo

◆ Tempo: 15 minuti ✶ Difficoltà: facile

❖ Fette di pane casereccio, 150 g di prosciutto crudo, 2 mozzarelle, funghi trifolati, burro, sale, pepe.

Fate rosolare nel burro le fette di pane. Quando saranno dorate guarnitele con qualche fettina di mozzarella, una fetta di prosciutto crudo e una cucchiaiata di funghi trifolati. Passate al forno caldo per qualche minuto e servite.

Crostini maremmani (Toscana)

◆ Tempo: 1 ora ✶ Difficoltà: media

❖ 1 filoncino di pane, 300 g di fegatini di pollo, 50 g di carne di maiale macinata, 1/2 bicchiere di Vin Santo, 1 cipolla, 3 spicchi d'aglio, 1 carota, 1 gambo di sedano, 3 foglie di salvia, poco rosmarino, olio extravergine d'oliva, sale, pepe.

Fate rosolare in una pentola di coccio tutti gli aromi con un po' d'olio, quindi aggiungete la carne e i fegatini ben lavati e tagliati a pezzetti. Lasciate insaporire, versate il Vin Santo e fate cuocere coperto per 45 minuti. Tagliate intanto a dischetti il filoncino di pane. Tritate grossolanamente la carne ormai cotta e rimettetela sul fuoco per alcuni istanti prima di spalmarla sulle fettine di pane tostate nel forno caldo. Servite i crostini ancora fumanti.

Crostini salsiccia e stracchino

◆ Tempo: 20 minuti ✶ Difficoltà: facile

❖ 4 fette di pane casereccio, 3 salsicce fresche, 150 g di stracchino, semi di finocchio.

Spellate le salsicce, sbriciolatele e impastatele con lo stracchino e un cucchiaio scarso di semi di finocchio. Lavorate il tutto amalgamandolo molto bene. Spalmate generosamente il composto sulle fette di pane e ponetele in forno preriscaldato a 180 °C per 10 minuti. Trasferite le fette su un piatto da portata e servitele subito molto calde.

Crostini toscani (Toscana)

◆ Tempo: 45 minuti ✶ Difficoltà: media

❖ 1 filoncino di pane, 250 g di fegatini di pollo, 50 g di pancetta, 1 cipolla, 1 gambo di sedano, 2 spicchi d'aglio, 1 carota, 30 g di burro, 1/2 bicchiere di Vin Santo, 1 mazzo di cavolo nero, prezzemolo, brodo, succo di limone, 300 g di farina da polenta, 100 g di pecorino, 100 g di ricotta, olio extravergine d'oliva, sale, pepe.

Preparate un trito finissimo con le verdure e la pancetta e fatelo rosolare con il burro in un tegame. Nel frattempo pulite e lavate i fegatini. Quando il soffritto sarà appassito, versatevi i fegatini, il Vin Santo, salate, pepate e lasciate insaporire per 10 minuti prima di aggiungere il brodo caldo. Fate cuocere lentamente mescolando spesso. Tritate i fegatini cotti e poi rimetteteli nel sugo di cottura con il prezzemolo e succo di limone. Infine spalmateli su fette di pane. Lessate il cavolo, scolatelo e ripassatelo in padella con olio, aglio e sale. Spalmate il composto sulle fette di pane condendo con olio crudo. Infine preparate una polenta con un litro di acqua salata e stendetela in una teglia. Quando si sarà raffreddata tagliatela a rettangoli. Mescolate la ricotta, il pecorino, il sale, il tuorlo di un uovo e un po' d'olio. Friggete la polenta e poi spalmatevi sopra l'impasto preparato. Servite su un piatto da portata.

Crostone di polenta con la salsiccia

◆ Tempo: 15 minuti ✶ Difficoltà: facile

❖ 1 fetta di polenta pronta, 1 scalogno, 1/2 cipolla, 1/2 pomodoro, 1 salsiccia, olio extravergine d'oliva, sale.

Tagliate una fetta piuttosto spessa della polenta che avete acquistato già pronta. Fate soffriggere lo scalogno e la cipolla in un filo d'olio, aggiungendo poi la salsiccia sbriciolata e il pomodoro a pezzetti. Friggete la polenta in abbondante olio facendo dorare bene la fetta da entrambe le parti. Tolta dall'olio, asciugatela bene con carta da cucina e spalmatela con il preparato di salsiccia. Servite il crostone ben caldo e con abbondante salsa.

Crostone di pollo

◆ Tempo: 15 minuti ✶ Difficoltà: facile

❖ 1 fetta di pane, 1 filetto di petto di pollo lessato, 1 pomodoro, 1 uovo sodo, 1 foglia di lattuga, 1 ciliegina in mostarda, maionese.

Lessate il petto di pollo, poi tagliatelo a strisce sottili, spalmate di maionese il pane abbrustolito e copritelo con la foglia di lattuga tagliata finemente. Distribuite ora sul pane i pezzetti di pollo lessato, aggiungete ancora un po' di maionese, e infine decorate con una fettina di pomodoro, uno spicchio di uovo sodo e mezza ciliegina in mostarda.

Crostoni di milza

◆ Tempo: 45 minuti ✶ Difficoltà: media

❖ 250 g di milza di vitello, 2 acciughe sottosale, 1 cipolla, 2 cucchiai di capperi sottosale, 1/4 di bicchiere di vino bianco secco, 1 cucchiaio di brodo di carne, burro, olio extravergine d'oliva, 8 fette di pane raffermo, sale, pepe.

Sbucciate e affettate la cipolla; spellate, pulite e lavate la milza, asciugatela, tagliatela a pezzetti e lasciatela rosolare con olio, burro e cipolla per qualche minuto in una casseruola preferibilmente di coccio, mescolando con una paletta di legno. Quindi togliete dal fuoco, attendete che si raffreddi un

po', togliete la milza e la cipolla dalla casseruola e tagliuzzate il tutto con un coltello o con una mezzaluna, fino a ottenere un trito finissimo. Rimettete poi il trito sul fuoco, aggiungete ancora un po' di burro e di olio e mescolate con il cucchiaio di legno sino a ottenere una pasta cremosa; quindi diluite con il vino bianco e lasciate evaporare, avendo cura di rimestare continuamente. Se necessario, aggiungete un po' di brodo. Nel frattempo lavate le acciughe, dissalatele, diliscatele e preparate un battuto insieme con i capperi preventivamente sciacquati sotto acqua fredda.
Quindi unite il tutto al composto di milza e rimestate con cura a fuoco spento. Fate infine tostare i crostini, inumiditeli leggermente con del brodo, spalmateli con il composto e quindi portateli in tavola.

Fettine di manzo al tartufo

◆ Tempo: 10 minuti ✱ Difficoltà: facile

✣ Manzo cotto e avanzato, 50 g di tartufo bianco, 50 g di parmigiano, 1 limone, olio extravergine d'oliva, sale, pepe.

Tagliate la carne a fettine sottilissime che disporrete poi sopra un piatto da portata. Mescolate l'olio con succo di limone, sale, pepe e condite le fettine con il composto ottenuto, cospargendo poi con parmigiano e tartufo a scaglie.

Focaccine al prosciutto

◆ Tempo: 50 minuti ✱ Difficoltà: facile

✣ 500 g di impasto per focacce (vedi pag. 8), 200 g di prosciutto cotto, 200 g di sedano rapa.

Preparate l'impasto per focacce e fatelo lievitare. Pulite il sedano rapa, tagliatelo a pezzi e fatelo cuocere per una ventina di minuti in poca acqua salata. Strizzatelo bene, schiacciate-

lo con una forchetta e amalgamatelo al prosciutto cotto sminuzzato. Stendete l'impasto in forma rettangolare con uno spessore di circa 1/2 cm.
Con un coltello dividetelo a quadrati, rettangoli oppure rombi; farcite la parte centrale di ogni pezzo con una cucchiaiata di composto al prosciutto; ripiegate i bordi di ogni focaccina verso l'interno e appoggiatele tutte sopra una teglia oliata.
Mettete in forno caldo (180 °C) per 20 minuti circa, fino a quando il bordo non risulti ben croccante. Queste focaccine sono ottime sia calde sia fredde.
Potrete sostituire il sedano rapa con della ricotta fresca; preparare un'unica focaccia e poi farla cuocere per almeno mezz'ora, quindi tagliarla a quadrotti. Volendo potrete utilizzare pasta sfoglia.

Guastedde palermitane (Sicilia)

◆ Tempo: 1 ora e 30 minuti + 3 ore ✶ Difficoltà: media

❖ 520 g di farina di frumento, 100 g di pasta da pane, 150 g di caciocavallo, 200 g di ricotta fresca, ciccioli (immersi nel loro grasso), milza di maiale, strutto, semi di cumino, sale.

Lavorate 500 g di farina con la pasta da pane come se faceste il pane, salate e lasciate lievitare l'impasto per circa 3 ore. A lievitazione terminata lavorate la pasta per qualche minuto, formate delle pagnottelle e disponetele su una teglia unta di strutto e infarinata. Prima di infornarle bagnatele leggermente con acqua, cospargetele di semi di cumino e lasciatele lievitare ancora per un'ora circa. Infornatele a 140 °C.
Quando saranno cotte apritele su un lato e riempitele con una fettina di ricotta, un paio di ciccioli prelevati dal loro grasso, alcune fettine di milza di maiale – che avrete precedentemente cotto nello strutto – e alcuni dadini di caciocavallo. Servitele calde.

Involtini freddi

◆ Tempo: 15 minuti ✶ Difficoltà: facile

❖ 10 fette di prosciutto cotto, 150 g di gorgonzola dolce e cremoso, 80 g di burro.

Eliminate la crosta al gorgonzola e tagliatelo a pezzetti; mettetelo in una terrina e, utilizzando una forchetta, schiacciatelo fino a ottenere una pasta tenera; aggiungete il burro ammorbidito e lavoratelo a lungo; stendete le fette di prosciutto su un tagliere e distribuite la crema di formaggio al centro di ogni fetta; arrotolate il prosciutto su se stesso formando dei cannoli. Potrete sostituire il burro con della ricotta o integrare la crema con gherigli di noce e servire gli involtini freddi sopra fette di pane integrale tostato in forno.

Minipolpettone agli spinaci

◆ Tempo: 1 ora ✶ Difficoltà: media

❖ 100 g di polpa di vitello tritata, 200 g di spinaci, 1/2 spicchio d'aglio, 1 uovo, 1 cucchiaio di pecorino grattugiato, noce moscata, 2 cucchiai di vino bianco, brodo vegetale, farina, salsa di pomodoro al rosmarino, olio extravergine d'oliva, sale, pepe.

Lessate gli spinaci. Fate imbiondire l'aglio con un po' d'olio. Aggiungete gli spinaci e ripassateli per 5 minuti, poi tritateli. Amalgamate la polpa di vitello tritata con il tuorlo, il pecorino, gli spinaci e aggiustate di sale, pepe e noce moscata. Dategli la forma di un piccolo polpettone e passatelo nella farina. Fatelo rosolare nell'olio. Bagnate con il vino e cuocetelo per 45 minuti, aggiungete del brodo, se necessario. Tagliatelo a fette e scaldatele in forno con la salsa di pomodoro.

Mortadella alla pizzaiuola

◆ Tempo: 30 minuti ✶ Difficoltà: facile

❖ 1 grossa fetta di mortadella di circa 300 g, 600 g di pomodori pelati, 2 spicchi d'aglio, 1 ciuffo di prezzemolo tritato finemente, 1 cucchiaio di origano, olio extravergine d'oliva, sale, pepe.

In un'ampia padella preparate un sugo facendo soffriggere l'aglio in abbondante olio; togliete l'aglio quando è imbiondito e versate il contenuto della scatola di pelati; salate poco e pepate con parsimonia e portando a cottura il sugo in 15 minuti. A fine cottura aggiungete il prezzemolo finemente tritato. Frattanto tagliate la fetta di mortadella in una decina di spicchi a forma di triangoli ed adagiateli nel sugo, alzando la fiamma; quando il sugo ha ripreso il bollore, diminuite la fiamma, attendete che la mortadella ceda un poco del suo grasso alla salsa e spegnete. Cospargete di origano e servite con crostini di pane caldi.

Nervetti in insalata (Lombardia)

◆ Tempo: 2 ore e 30 minuti ✶ Difficoltà: media

❖ 600 g di testina di vitello, 2 cipolle, 1 spicchio d'aglio, 2 cucchiai di prezzemolo tritato, 1 cucchiaino di timo tritato, 3 cucchiai d'aceto, 1 dl d'olio extravergine d'oliva, peperoncino rosso in polvere, sale.

Ponete sul fuoco una pentola con abbondante acqua aromatizzata con il timo. Quando leva il bollore, salate e immergetevi la testina, che lascerete cuocere per circa 2 ore. Una volta cotta, scolate la carne dal brodo di cottura e lasciatela intiepidire. Nel frattempo pulite e affettate finemente le cipolle e l'aglio, quindi preparate in una terrina un'emulsione d'olio, aceto, sale e un pizzico di peperoncino. Tagliate a pezzetti la testina, versatela nell'emulsione e mescolatela bene, aggiungendo anche il trito di cipolla e aglio. Cospargete di prezzemolo tritato e portate in tavola. Questo piatto è un ottimo antipasto, che può essere presentato sia tiepido sia freddo, ma è anche un secondo stuzzicante per un pranzo estivo. Nel servirlo freddo, abbiate però l'accortezza di non conservarlo in frigorifero, perché la testina si indurirebbe.

Olive all'ascolana (Marche)

◆ Tempo: 40 minuti ✱ Difficoltà: media

❖ 1 kg abbondante di olive verdi d'Ascoli, 150 g di carne di vitello e 150 g di carne di maiale tritate, 100 g di prosciutto crudo, 100 g tra pecorino e parmigiano grattugiati, 4 uova, 2 cucchiai di polpa di pomodoro, noce moscata, pangrattato, farina, vino bianco, olio extravergine d'oliva, sale, pepe.

In un tegame fate rosolare la carne con un po' d'olio; salate, pepate e bagnate con il vino; finita l'evaporazione coprite il tegame e portate a termine la cottura. In una terrina, assieme alla carne cotta mescolate il prosciutto tritato, il formaggio, un po' di pangrattato, un pizzico di noce moscata, il pomodoro e 2 uova. Amalgamate bene in modo da ottenere un impasto morbido e sodo.

Snocciolate le olive con l'apposito utensile e farcitele con l'impasto. Infarinate poi le olive ripiene, bagnatele nelle uova sbattute e infine fatele rotolare nel pangrattato. Friggetele in olio bollente e servitele calde.

Polpettine al pomodoro e paprica

◆ Tempo: 15 minuti ✱ Difficoltà: facile

❖ 350 g di carne tritata di manzo, 100 g di salsiccia, 600 g di pomodori, 1 dl di brandy, 2 uova, 1 cipolla, 1 cucchiaino di paprica dolce, 1 cucchiaio di paprica rosa piccante, timo e prezzemolo freschi, zucchero, 4 cucchiai d'olio extravergine d'oliva, sale.

Tritate la cipolla e la salsiccia. Mescolate la cipolla, la salsiccia, le uova e la paprica con la carne, salando appena.
Tuffate i pomodori nell'acqua bollente per qualche secondo, toglieteli, spellateli e togliete i semi e il picciolo; tagliate la polpa a cubetti. Con la carne formate 24 palline della grandezza di una noce. Scaldate l'olio in una padella e friggete le polpettine a fuoco allegro per pochi minuti. Poi toglietele dall'olio e mettetele da parte.
Versate il brandy nella padella con l'olio, unite i pomodori e insaporite con un pizzico di sale e di zucchero. Fate cuocere a fuoco lento per pochi minuti; poi setacciate la salsa e frullatela. Servite le polpette in un vassoietto o in piccole ciotole cospargendole con abbondante salsa e guarnite con timo e prezzemolo.

Prosciutto alla mousse di porcini

◆ Tempo: 15 minuti ✱ Difficoltà: facile

✣ 5 fette di prosciutto crudo, 60 g di porcini sottolio, 1/2 scalogno, 4 foglie di radicchio rosso, 60 g di robiola, nepitella, olio extravergine d'oliva, sale, pepe.

In un mixer mettete nell'ordine: la robiola, i porcini sottolio, lo scalogno tagliato a pezzetti, un po' d'olio, e un pizzico di sale e di pepe. Frullate fino a ottenere una mousse cremosa (potete a vostro piacimento aggiungere dell'olio per renderla ancora più morbida). Adagiate in un piatto da portata le fette di prosciutto e da un lato disponete le foglie di radicchio ben lavate e asciugate, nelle quali verserete, con un cucchiaio, la mousse di porcini. Guarnite con foglioline di nepitella.

ANTIPASTI DI MARE

Agoni in salsa

◆ Tempo: 25 minuti + 4 ore e 10 minuti ✱ Difficoltà: facile
❖ 1 kg di agoni, 3 acciughe sottosale, 1 limone, prezzemolo, senape dolce, farina, aceto, olio extravergine d'oliva, sale.

Pulite gli agoni togliendo testa e lisca interna, sciacquateli e stendeteli ad asciugare. Disponeteli in una terrina e lasciateli marinare coperti da succo di limone emulsionato con qualche cucchiaio d'olio. Dopo circa 4 ore scolateli, infarinateli e friggeteli in poco olio ben caldo; lasciateli poi asciugare su carta assorbente e metteteli al caldo. Pulite le acciughe dal sale e diliscatele, quindi tritatele finemente e amalgamatele con una piccola manciata di prezzemolo tritato, un bicchiere d'olio, una puntina di senape e un cucchiaio d'aceto. Mescolate con cura la salsa, poi lasciatela riposare in luogo fresco per 10 minuti. Ricoprite gli agoni fritti con la salsa e servite.

Aguglie e cipolle

◆ Tempo: 15 minuti + 4 ore ✱ Difficoltà: facile
❖ 500 g di aguglie fresche, 1 cipolla rossa, 1/2 l d'aceto, olio extravergine d'oliva, sale, crostini di pane.

Pulite le aguglie togliendo testa e lisca interna, sciacquatele e stendetele ad asciugare. Disponetele ben aperte in un piatto da portata dai bordi alti e ricopritele con l'aceto al quale avrete emulsionato circa mezzo bicchiere di sale fino. Fatele riposare nella marinata per almeno 4 ore, quindi scolatele e disponetele in un contenitore dai bordi alti (preferibilmente in vetro o ceramica), ricoprendole con olio. Servitele fredde dopo averle insaporite con la cipolla rossa affettata a rondelle; accompagnate con dei crostini di pane tostati.

Alici all'agretto (Sicilia)

◆ Tempo: 20 minuti ✷ Difficoltà: facile

❖ 800 g di alici, 4 pomodori freschi, 2 spicchi d'aglio, 2 limoni, 1 mazzetto di basilico, origano, olio extravergine d'oliva, sale, pepe.

Pulite le alici, togliendo loro la testa e le interiora, e lavatele; coprite il fondo di una teglia da forno con fettine di limone complete di scorza e quindi adagiatevi sopra le alici insieme ai pomodori pelati, che avrete privato dei semi e tagliato a pezzetti. Condite con aglio tritato, olio, foglie di basilico, sale, origano, pepe e infornate a calore moderato. Si possono gustare anche fredde.

Alici marinate

◆ Tempo: 15 minuti + 4 ore ✷ Difficoltà: facile

❖ 500 g di alici freschissime, 1 limone, 2 foglie d'alloro, 1 ciuffo di prezzemolo, 1 l d'aceto di vino bianco, olio extravergine d'oliva, sale

Pulite le alici privandole della testa e della lisca dorsale (dovreste riuscire a rimuovere entrambi con un solo gesto secco), lavatele e fatele asciugare. Sistematele poi in un recipiente di vetro o ceramica dai bordi alti e conditele con le foglie d'alloro, la scorza del limone (solo la parte gialla) grattugiata e le foglie di prezzemolo. Ricopritele a questo punto con l'aceto fatto prima bollire e lasciatele macerare. Dopo circa 4 ore, scolate le acciughe e disponetele in un altro recipiente in ceramica dai bordi alti, salatele e ricoprite con un leggero strato d'olio.

Anguilla in salsa verde

◆ Tempo: 30 minuti ✱ Difficoltà: facile

❖ 2 anguille da 600 g ciascuna, 3 acciughe sottosale, 1 uovo, 1 ciuffo di prezzemolo, 1 spicchio d'aglio, 2 panini, aceto bianco, olio extravergine d'oliva, sale, pepe.

Pulite le anguille e, senza spellarle, tagliatele a tocchetti di circa 5 cm che salerete e disporrete sulla griglia del forno. Fatele cuocere inizialmente a 220 °C per circa 5 minuti, poi abbassate la temperatura a 170 °C e portate a termine la cottura (circa 15 minuti). Intridete il pane sbriciolato con l'aceto, pestate le acciughe dissalate, mescolatele con l'uovo sodo, unite 2 bicchieri d'olio, il prezzemolo e l'aglio tritati, unite e mescolate tutti gli ingredienti fino a ottenere una salsina omogenea. Una volta terminata la cottura disponete l'anguilla in un piatto da portata, conditela con la salsa verde e servite caldo.

Arancini ai gamberetti

◆ Tempo: 45 minuti ✱ Difficoltà: media

❖ 300 g di riso, 150 g di gamberetti sgusciati, 1 scalogno, 2 cucchiaini di curry, pangrattato, prezzemolo, 4 uova, 50 g di grana, olio extravergine d'oliva, sale, pepe.

In un tegame fate insaporire lo scalogno tritato con qualche cucchiaio d'olio, unite i gamberetti tagliati a pezzettini, salate e pepate; fate cuocere su fiamma vivace fino a quando non avrete ottenuto un sugo denso, spolverate con prezzemolo tritato e spegnete. Lessate il riso in abbondante acqua salata nella quale avrete sciolto il curry, scolatelo al dente e conditelo con un giro d'olio e il formaggio grana; quando si sarà intiepidito amalgamatevi 2 uova. Prelevate un pugnetto di riso e, aiutandovi con le mani, ricavatene un incavo centrale in cui metterete un cucchiaino di sugo di gamberetti; chiudete con altro riso formando delle palline e proseguite così fino a esaurimento del riso e del sugo. Passate gli arancini prima in 2 uova sbattute con il sale, poi nel pangrattato, quindi fateli dorare uniformemente in olio ben caldo. Lasciateli quindi asciugare bene su carta assorbente da cucina e serviteli caldi.

Aspic di mare

◆ Tempo: 45 minuti ✶ Difficoltà: media

❖ 1,5 kg tra cozze e vongole, 3 peperoni (1 giallo, 1 verde e 1 rosso), 2 spicchi d'aglio, prezzemolo, gelatina di pesce, 1/2 bicchiere di vino bianco secco, sale, pepe.

Pulite con cura i molluschi poi fateli schiudere su fiamma vivace in una padella con gli spicchi d'aglio, il prezzemolo, il vino bianco. Man mano che si aprono separate i molluschi dalle valve e, a operazione conclusa, filtrate il sughetto rimasto nella padella e unitelo al brodo di pesce con cui preparerete la gelatina di pesce. Non appena la gelatina avrà raggiunto la viscosità dell'olio, versatene un primo strato in un apposito stampo – o in stampini monoporzione – e passate in frigorifero perché si solidifichi. Disponete sopra la superficie di gelatina solida un primo strato di frutti di mare e velatelo con dell'altra gelatina, rimettendo il tutto in frigorifero; quando anche il secondo strato si sarà solidificato, guarnite con i peperoni tagliati a cubetti e con un nuovo velo di gelatina. Proseguite alternando tutti gli ingredienti fino a terminarli, quindi fate raffreddare l'aspic in frigorifero per almeno 4 ore prima di sformare – aiutatevi immergendo un istante lo stampo in acqua calda – e servite.

Baccalà alla cappuccina (Liguria)

◆ Tempo: 40 minuti ✶ Difficoltà: facile

✣ 700 g di baccalà, 50 g di burro, pangrattato, farina bianca, 2 foglie di alloro, 2 cipolle, 8 filetti d'acciughe, 50 g di uva passa, 50 g di pinoli, cannella, noce moscata, 15 g di zucchero, olio extravergine d'oliva, sale, pepe.

Riducete a pezzetti il baccalà eliminando con cura tutte le spine e infarinatelo. In una padella fate soffriggere in qualche cucchiaio d'olio e un po' di burro le cipolle affettate, mescolate e aggiungete il baccalà. Versate un po' d'acqua, mescolate e unite anche i filetti d'acciuga, le foglie di alloro, l'uvetta, i pinoli, la cannella, la noce moscata, lo zucchero e salate leggermente. Ricoprite la preparazione di acqua, aggiungete una spolverata di pangrattato e proseguite la cottura a fiamma bassissima fino a quando la preparazione risulterà piuttosto densa. A questo punto trasferite l'intingolo in un tegame e ponetelo in forno già caldo, finché la superficie della preparazione risulti leggermente dorata.

Bocconcini ubriachi

◆ Tempo: 25 minuti ✶ Difficoltà: facile

✣ 12 capesante, 4 dl di spumante, 2 scalogni, 2 cucchiai di panna, 80 g di burro, sale, pepe.

La parte più laboriosa di questa ricetta consiste nella preparazione della salsa allo spumante: in un tegame fate ridurre di 2/3 lo spumante insieme con un trito fine di scalogno, poi spegnete e, quando la salsa sarà tiepida, incorporatevi i cucchiai di panna, salate e pepate. Rimettete la casseruola su fiamma bassa e continuate a mescolare finché la salsa non avrà una consistenza omogenea, facendo attenzione che non raggiunga mai l'ebollizione. A questo punto mettete la casseruola a bagnomaria e, sempre mescolando, unite il burro fatto precedentemente ammorbidire. Passate ora a lavare, aprire e mondare le capesante; pulite per bene le mezze conchiglie cave e riponete al loro interno il mollusco, poi disponetele su una piastra e fatele cuocere in forno molto caldo per circa 4 minuti. Disponetele su un vassoio da portata tenuto caldo e irroratele con la salsa allo spumante appena tolta dal fuoco, quindi servite immediatamente.

Buttariga (Sardegna)

◆ Tempo: 15 minuti ✱ Difficoltà: facile

✣ Uova di muggine o tonno, 1 limone, olio extravergine d'oliva, sale, pepe nero (facoltativo).

Per ottenere una buttariga più delicata, è preferibile usare le uova di muggine, pesce che appartiene al gruppo dei cefali e che ne viene considerato il rappresentante più pregiato, anche se attualmente l'inquinamento dei suoi habitat preferenziali (acque costiere, lagune e foci) comporta a volte uno scadimento qualitativo delle carni. Se di sicura provenienza rimane comunque un pesce di qualità, con carne bianca e soda, e si presta a svariate preparazioni. La bottarga è una di queste. Incidete innanzitutto il ventre del pesce ed estraetene con delicatezza la sacca ovarica. Versate in una scatola di legno bassa uno strato di sale fino, disponetevi quindi le uova e cospargetele con un altro strato di sale.

Coprite il tutto con una tavoletta di legno pressata da un peso di 4 kg circa, in modo che le uova possano prendere una forma stretta e allungata come quella di un salame piatto. Per i primi giorni lasciate la cassetta in un ambiente a calore naturale, poi spostatela in un luogo fresco e asciutto; lasciatela così fino a quando la buttariga non avrà assunto un bel colore ambrato. Al momento di servirla, almeno mezzora prima tagliatela a fettine sottili e conditela con succo di limone, un po' d'olio e, se lo gradite, spolveratela con del pepe nero.

Calzoncini al sapore di mare

◆ Tempo: 25 minuti ✷ Difficoltà: facile

✣ 500 g di impasto per pizza (vedi pag. 9), 200 g di polpa di granchio, 1 pomodoro maturo, 1 spicchio d'aglio, peperoncino rosso, olio extravergine d'oliva, sale.

Soffriggete in poco olio l'aglio e il pomodoro spellato e tagliato a pezzetti. Unite la polpa di granchio e lasciate cuocere per 10 minuti. Stendete l'impasto e formate dei piccoli dischetti con un bicchiere capovolto. Ponete su una teglia oliata i dischetti e farciteli per metà con poco sugo. Chiudete piegando a metà, premete i bordi e cuocete a 200 °C per 15 minuti.

Capesante alla veneziana (Veneto)

◆ Tempo: 15 minuti ✷ Difficoltà: facile

✣ 12 capesante, 1 spicchio d'aglio, 1 ciuffo di prezzemolo, il succo di 1 limone, olio extravergine d'oliva, sale, pepe.

Lavate con cura i molluschi, eliminate i gusci e privateli delle interiora. Conservate le conchiglie. Fate insaporire l'aglio e il prezzemolo tritati per qualche minuto in un po' d'olio, quindi aggiungete le capesante, aggiustate di sale e pepe. Lasciate cuocere per circa 5 minuti scuotendo la padella. Unite il succo di limone e lasciatelo sfumare, mescolate e servite i molluschi nelle conchiglie. Decorate con il prezzemolo fresco.

Capesante gratinate

◆ Tempo: 25 minuti ✷ Difficoltà: facile

✣ 2-3 capesante per commensale, pangrattato, prezzemolo, cognac, burro, sale, pepe in grani.

Pulite le capesante eliminando la parte di guscio piatta. Mescolate il pangrattato con il prezzemolo tritato, un pizzico di sale, una macinata di pepe e un goccio di cognac (l'impasto non deve risultare troppo umido).
A questo punto impanate le capesante e rimettetele in conchiglia, bagnatele con un altro goccio di cognac e mettete un pezzetto di burro sopra ciascuna.
Lasciate gratinare le capesante in forno caldo per una decina di minuti e servitele ben calde.

Carciofi al caviale

◆ Tempo: 25 minuti ✶ Difficoltà: facile

❖ 4 carciofi piuttosto grandi, 30 g di caviale, il succo di 1 limone, panna da cucina, sale.

Pulite e lavate con cura i carciofi (la qualità migliore di carciofi da utilizzare, se volete ottenere un ottimo risultato, sono le "mamme"), eliminate le foglie esterne più dure, la barba interna e ricavatene i cuori; fateli cuocere per pochi minuti in poca acqua leggermente salata e acidulata con il succo filtrato di limone.
Scolateli con cura, lasciateli raffreddare e asciugare e poi, aiutandovi con un cucchiaio, scavate leggermente all'interno del cuore e inserite nel foro ottenuto un cucchiaino di panna densa; sopra la panna disponete un cucchiaino di caviale.
Se preferite, potete sostituire la panna con un ricciolo di burro e incorporare al caviale un cucchiaio di polpa di carciofi prima di distribuire il composto sulla verdura.

Carpaccio di merluzzo

◆ Tempo: 15 minuti + 2 ore ✳ Difficoltà: facile

❖ 400 g di filetti di merluzzo, 4 pomodori maturi e sodi, 1 cipollina, 1 gambo di sedano, 1 manciata di basilico, prezzemolo, 1/2 cucchiaino di semi di finocchio, 1 limone, 1 bicchiere di vino bianco secco, olio extravergine d'oliva, peperoncino rosso, sale, pepe.

Affettate trasversalmente i filetti di merluzzo con un coltello affilato e a lama flessibile – tagliate i filetti quando sono molto freddi, in modo che risultino più sodi. Disponete le fette in una terrina facendo in modo che non si sovrappongano e conditele con una salsa preparata mescolando il succo di limone, il vino, un pizzico di sale e uno di pepe, peperoncino e semi di finocchio. Coprite con della pellicola trasparente e lasciate macerare in frigorifero per almeno 2 ore.
Lavate le verdure, tagliate a fettine sedano e cipolla e tritate grossolanamente i pomodori dopo averli fatti scolare dall'acqua. Scolate il merluzzo dalla marinata e disponetelo su un piatto da portata, copritelo con le verdure e conditelo con un filo d'olio e un trito di basilico e prezzemolo.

Frittelle di bianchetti

◆ Tempo: 25 minuti ✳ Difficoltà: facile

❖ 500 g di bianchetti freschissimi, 1 uovo, 1 cucchiaio di farina, timo, olio extravergine d'oliva, sale, pepe.

Lavate i bianchetti che devono essere freschissimi, ancora vivi. Sbattete l'uovo con la farina, un pizzico di sale, una macinata di pepe e un trito di timo, poi amalgamatevi i bianchetti: dovrebbe risultare un impasto fluido grazie all'acqua del pesce. Fate scaldare abbondante olio in una padella dai bordi alti e friggetevi il composto a cucchiaiate in modo da formare delle frittelline che farete poi asciugare su carta assorbente da cucina prima di servirle ben calde.

Gamberetti fritti

◆ Tempo: 25 minuti ✶ Difficoltà: facile

❖ 700 g di gamberetti di laguna, olio per friggere, sale.

I gamberetti di laguna possono essere serviti anche fritti e in tal caso non è necessario procedere alla loro preventiva sgusciatura. Dopo averli ben lavati sotto acqua fredda e scolati con cura, sgusciateli e friggeteli in abbondante olio; quindi toglieteli dal tegame e lasciateli asciugare per un attimo su carta assorbente da cucina prima di salarli e trasferirli su un piatto da portata adatto e portarli in tavola con una buona e fumante polenta.

Granceola al limone (Veneto)

◆ Tempo: 50 minuti ✶ Difficoltà: facile

❖ 1 granceola non troppo grossa per commensale, 1/2 cipolla, 2 foglie di alloro, 1 limone, prezzemolo, olio extravergine d'oliva, sale, pepe.

Lessate le granceole in abbondante acqua salata (eventualmente, se gradite un sapore più deciso, potete aromatizzare l'acqua di cottura con mezza cipolla, alloro, prezzemolo). Dopo circa mezzora scolatele, lasciatele raffreddare e staccate i dorsi dalle zampe, tenendo da parte il corallo. Ricavate la polpa sia dal carapace sia dalle zampe dei crostacei, tritatela e rimettetela nei gusci (ben lavati). Condite con un filo d'olio, un po' di succo di limone, sale e pepe. Servite guarnendo con il corallo e abbondante prezzemolo tritato.

Insalata di mare

◆ Tempo: 30 minuti ✶ Difficoltà: facile

✣ 3 kg di molluschi vari (cozze, vongole, cannolicchi ecc.), 6 moscardini, 1-2 limoni, 2 spicchi d'aglio, prezzemolo, alloro, olio extravergine d'oliva, sale, pepe.

Pulite i moscardini: se sono molto piccoli lasciateli interi, altrimenti separate i tentacoli dalla sacca che taglierete in 3-4 pezzi. Tuffateli poi in acqua bollente salata, acidulata con qualche fetta di limone e aromatizzata con una foglia d'alloro e qualche grano di pepe.
Lasciateli lessare per 3-4 minuti, poi scolateli bene. Preparate anche i molluschi: dopo averli accuratamente puliti e fatti spurgare, metteteli al fuoco in una capiente padella insieme con qualche cucchiaiata d'olio e un trito d'aglio.
Fate schiudere le conchiglie a fuoco vivace, poi sgusciateli; a fine operazione filtrate il liquido rimasto sul fondo del tegame. Riunite i molluschi sgusciati e i moscardini in un piatto da portata e conditeli con il liquido rimasto dalla cottura filtrato ed emulsionato con limone, pepe e prezzemolo tritato.
L'insalata risulta sicuramente più gustosa se viene servita in tavola leggermente tiepida.

Polipetti alla veneziana (Veneto)

◆ Tempo: 20 minuti ✶ Difficoltà: facile

✣ 12 polipetti, 1 limone, 1 ciuffo di prezzemolo, olio extravergine d'oliva, sale, pepe.

Pulite con cura i polipetti vuotando la testa dalle interiora e poi asportando il becco corneo. Fateli cuocere in una pentola d'acqua bollente sino a quando siano belli teneri (tastate la consistenza con i rebbi di una forchetta). Quindi scolateli, tagliateli a metà nel senso della lunghezza e disponeteli su un piatto da portata. Conditeli con olio, limone, sale e pepe.

Sardine marinate

◆ Tempo: 15 minuti + 3 ore ✶ Difficoltà: facile

❖ 800 g di sardine, 3 spicchi d'aglio, mollica di pane, origano, aceto di vino, olio extravergine d'oliva, sale, pepe.

Per la riuscita di questo piatto è molto importante scegliere del pesce molto fresco. Pulite le sardine e fatele marinare per circa 3 ore in un piatto con abbondante aceto, sale, pepe, origano e aglio tritato.
Trascorso questo tempo imbottitele di mollica di pane, adagiatele in una teglia da forno, cospargetele d'olio e infornate per 5 minuti circa a forno caldo. Sono ugualmente buone servite sia calde sia fredde.

Scapece di alicette (Molise)

◆ Tempo: 15 minuti ✶ Difficoltà: facile

❖ 400 g di alicette piccole, farina di grano duro, 2 spicchi d'aglio, 4 foglie di salvia, aceto, olio per friggere, sale, pepe.

Sciacquate con cura le alicette, lasciatele sgocciolare, passatele nella farina e friggetele in una padella con abbondante olio. Scolatele, aggiustatele di sale e adagiatele su un piatto da portata. Tritate finemente l'aglio con le foglie di salvia e, con il trito ottenuto, cospargetevi le alicette uniformemente. Mescolate un po' d'acqua con un goccio d'aceto, salate leggermente, fatela bollire e versatela calda sulle alicette.
Attendete qualche giorno prima di servire.

Schiumini di trota

◆ Tempo: 30 minuti + 2 ore ✱ Difficoltà: facile

❖ 2 trote di circa 400 g cad., 2 uova, 1 limone, 2 cucchiai di zenzero grattugiato, 2,5 dl di panna montata non zuccherata, 1 bicchiere di panna liquida, gelatina di pesce, sale, pepe.

Pulite le trote con cura e ricavatene dei filetti; frullate la polpa con la panna liquida, lo zenzero, sale e pepe. Mescolate 3 cucchiai di gelatina di pesce al composto mescolando bene. Aggiungete la panna montata e gli albumi montati a neve con un pizzico di sale, mescolando con delicatezza dal basso verso l'alto. Versate la spuma in uno stampo (o in stampini individuali) che avrete prima inumidito con il succo di limone e lasciate raffreddare in frigorifero prima di servire.

Sedanini di aragosta

◆ Tempo: 35 minuti + 2 ore ✱ Difficoltà: media

❖ 1 aragosta di circa 1 kg, 2 dl di panna montata non zuccherata, maionese q.b., gelatina di pesce, 1 cucchiaio di besciamella abbastanza densa, 1 limone, senape in polvere, 1 cucchiaino di cognac, sale, pepe bianco, pane casereccio.

Pulite e lessate l'aragosta; apritela e prelevatene la polpa. Mescolate la polpa tritata con la besciamella, un pizzico di sale e pepe, mezzo cucchiaino di senape sciolto in pochissima acqua e il cognac. Mescolate la gelatina di pesce e amalgamatela all'impasto di aragosta; mescolate bene e passate al setaccio poi, sempre mescolando con cura, unite anche la panna montata. Versate la crema in uno stampo battendolo sul piano di lavoro in modo che non rimangano bolle d'aria, poi mettete il tutto in frigorifero o sotto ghiaccio per 2 ore. Al momento di servire rovesciate lo stampo su un piatto da portata, scrollandolo con cura in modo da staccare la spuma dallo stampo senza incidenti. Guarnite infine con fettine di limone e accompagnate con crostini di pane e maionese.

Sfiziosità di acciughe marinate

◆ Tempo: 15 minuti + 2 ore ✶ Difficoltà: facile

❖ 1 kg di acciughe fresche, 1/4 di aceto di vino bianco, 1 uovo, 1/2 mazzetto di prezzemolo, 2 foglie d'alloro sminuzzate, 3 spicchi d'aglio, 6 cucchiai d'olio d'oliva, sale, 1/2 cucchiaio di pepe in grani.

Per prima cosa bisogna pulire le acciughe: lavatele, staccate le teste, fate un taglio lungo la pancia e togliete le interiora; apritele a libro e togliete le lische cercando di lasciare la coda attaccata. Sciacquatele bene e asciugatele con carta da cucina. Formate degli strati in un piatto profondo alternando acciughe, alloro e grani di pepe. Spruzzate con l'aceto, coprite con pellicola trasparente e mettete in frigo a marinare per 2 ore. Nel frattempo mettete l'uovo in un pentolino con acqua fredda e cuocetelo per 8 minuti dall'inizio dell'ebollizione, passatelo sotto l'acqua fredda, sgusciatelo e sminuzzatelo.
Sbucciate e tritate gli spicchi d'aglio e lavate, asciugate e tritate il prezzemolo. Togliete le acciughe dalla marinatura e sgocciolatele bene, mettetele in un piatto da portata e distribuitevi sopra l'uovo, l'aglio e il prezzemolo; salate appena e passate un filo d'olio.

Antipasti vegetariani

Antipasto di carote piccanti

◆ Tempo: 15 minuti ✶ Difficoltà: facile

✣ 400 g di carote, peperoncino rosso in polvere il succo di 1 limone, 1 cucchiaino di zucchero di canna, olio extravergine d'oliva, sale.

Pulite accuratamente le carote sotto acqua corrente spazzolandole e poi pelatele con lo strumento apposito. Quindi asciugatele, grattugiatele e disponetele in un'insalatiera, condendole subito con qualche cucchiaio d'olio e il succo del limone filtrato. A questo punto unite lo zucchero di canna, un pizzico di sale e una spolverata di peperoncino. Mescolate con cura e infine servite.

Antipasto di ovoli e tartufi

◆ Tempo: 15 minuti ✶ Difficoltà: facile

✣ 400 g di ovoli giovanissimi e freschi, 1 tartufo bianco di media grandezza, il succo di 1 limone, 3 cucchiai di olio extravergine d'oliva, sale.

Pulite con molta cura gli ovoli, eliminando il terriccio del gambo con un coltellino e strofinandoli delicatamente con un canovaccio pulito e umido. Poi pulite anche il tartufo. Con il tagliatartufi affettate prima i funghi e quindi, a parte, il tartufo. Adagiate le fettine di ovolo su un piatto da portata, conditele con olio, il succo di limone e un pizzico di sale, quindi disponetevi sopra le fettine di tartufo. Lasciate al fresco per 15 minuti prima di servire.

Basilico in pastella di ceci

◆ Tempo: 55 minuti ✶ Difficoltà: facile

✣ 100 g di farina di ceci, 1 mazzetto di basilico, 4 spicchi d'aglio, olio per friggere, sale.

Mescolate la farina di ceci con 1 dl di acqua, unite la polpa degli spicchi d'aglio cotti interi in forno preriscaldato a 200 °C per 40 minuti circa e poi sbucciati, e mezzo cucchiaino di sale. Immergetevi velocemente le foglie di basilico e friggetele in olio bollente. Fate scolare l'olio in eccesso su carta assorbente da cucina, cospargete di sale e servite.

Bruschetta (Lazio)

◆ Tempo: 15 minuti ✶ Difficoltà: facile

✣ 4 fette di pane casereccio, 2 spicchi d'aglio, olio extravergine d'oliva, sale, pepe.

La bruschetta è una preparazione semplicissima, che deve la sua buona riuscita soprattutto alla qualità dell'olio, cosicché è preferibile utilizzare del buon olio spremuto a freddo. Fate dunque abbrustolire leggermente sulle braci (o sulla griglia del forno) le fette di pane, che dovrebbero essere almeno del giorno prima. Appena diventano croccanti in superficie, strofinatele con l'aglio, cospargetele con un pizzico di sale e insaporitele con una buona macinata di pepe nero.

Versate infine su ciascuna un filo d'olio extravergine e servitele subito, mentre sono caldissime e l'olio non ha ancora impregnato il pane.

Questa preparazione a base di pane casereccio in Toscana è conosciuta con il nome di fettunta.

Bruschetta con salsa verde

◆ Tempo: 20 minuti ✶ Difficoltà: facile

❖ 4 fette di pane, 1 peperone verde, 1/2 cipolla bianca, 1 spicchio di aglio, 3 rametti di prezzemolo, 6 foglie di basilico, 50 g di acciughe, 1 cucchiaio di succo di limone, peperoncino rosso, olio extravergine d'oliva, sale.

Tagliate il peperone, eliminatene i semi e le parti bianche, quindi affettatelo a piccoli pezzi. Tritate la cipolla e l'aglio sbucciati, il prezzemolo, il basilico e le acciughe lavate e diliscate. Mescolate tutti gli ingredienti in una ciotola, salate e aggiungete un pizzico di peperoncino.
Diluite con l'olio e amalgamatelo con cura al composto, quindi fatelo riposare in frigorifero. Da ultimo preparate la bruschetta: abbrustolite le fette di pane, adagiatele su un piatto e ricopritele, quando ancora sono caldissime, con 2 o 3 cucchiai di salsa. Questa bruschetta costituisce un ottimo accompagnamento per le uova sode.

Cazzilli (Sicilia)

◆ Tempo: 15 minuti ✶ Difficoltà: facile

❖ 800 g di patate, 1 spicchio d'aglio, 1 mazzetto di prezzemolo, olio per friggere, sale, pepe.

Fate bollire le patate con la buccia e, quando sono morbide, scolatele, sbucciatele e, utilizzando lo schiacciapatate a fori piccoli riducetele a una purea piuttosto densa alla quale aggiungerete l'aglio e il prezzemolo tritati, un pizzico di sale e uno di pepe. Modellate delle crocchette ovali e friggetele in abbondante olio di semi di arachide ben caldo. Nella Sicilia orientale le crocchette vengono anche passate nell'uovo sbattuto e nel pangrattato prima di essere fritte.

Cipolline in agrodolce

◆ Tempo: 35 minuti ✱ Difficoltà: facile

❖ 600 g di cipolline, 200 g di pomodori pelati, 1 foglia di alloro, 1 cucchiaio di zucchero, 1/2 bicchiere di vino bianco secco, 3 cucchiai di aceto bianco, 2 cucchiai di olio extravergine d'oliva, 40 g di burro, sale, pepe.

Mondate le cipolline dopo averle scottate per pochi istanti in acqua bollente. Mettete lo zucchero in una padella con 3 cucchiai di olio e poco burro, aggiungete mezzo bicchiere di vino bianco secco, mezzo bicchiere di aceto bianco e fate prendere un colore rosato al tutto. Rosolate quindi le cipolline nella stessa padella, aggiungete l'alloro, i pomodori pelati tritati, sale, pepe e portate quasi a completa cottura. Togliete dal fuoco e distribuite nei vasi; nel caso in cui il sugo fosse troppo abbondante, fatelo restringere qualche minuto sul fuoco e versatelo poi sulle cipolline, lasciando raffreddare completamente. A questo punto coprite con olio e chiudete ermeticamente i vasi, che sterilizzerete per circa 20 minuti.

Crostini alla ciociara (Lazio)

◆ Tempo: 15 minuti ✱ Difficoltà: facile

❖ 4 fette di pane, 150 g di formaggio caprino giovane, 2 pomodori maturi, olive nere, aceto, peperoncino rosso in polvere, olio extravergine d'oliva.

Mettete sul fuoco un padellino con il formaggio caprino sminuzzato, l'olio e l'aceto, quindi fate sciogliere il formaggio a fuoco molto basso. Poco prima di togliere dal fuoco, unite il pomodoro tagliato a dadini, le olive snocciolate e tagliate a pezzetti, un pizzico di peperoncino. Lasciate insaporire e intanto mettete ad abbrustolire le fette di pane; adagiatele infine su un piatto e versateci sopra la salsa.

Crostini alla provatura (Campania)

◆ Tempo: 15 minuti ✱ Difficoltà: facile

❖ 500 g di pane raffermo, 400 g di fiordilatte asciutto (o provola), acciughe sottolio, latte, 100 g di burro.

Togliete la crosta al pane e tagliate delle fette di forma più o meno rettangolare. Tagliate il fiordilatte (o la provola) in fette che abbiano all'incirca la stessa dimensione. Imburrate uno stampo rettangolare e sistemate verticalmente le fette di pane alternandole a quelle di fiordilatte; vi conviene adoperare degli spiedini di legno per tenere unita la preparazione. Inumidite i crostini allineati con un pennello intinto nel latte freddo. Mettete in forno caldo (240 °C) e, quando il formaggio sarà morbido e il pane abbrustolito e croccante, versate sui crostini il burro liquefatto in cui sia stato stemperato qualche filetto d'acciuga. Servite caldissimo.

Crostini alle noci

◆ Tempo: 25 minuti ✱ Difficoltà: media

❖ 150 g di fontina, 2 bicchieri di latte, 1 cucchiaino di maizena (amido di mais), peperoncino in polvere, noce moscata, 8 fette di pane raffermo, 16 gherigli di noci.

Tagliate a cubetti la fontina e lasciatela in ammollo nel latte per un'intera notte. Al mattino fatela sciogliere a bagnomaria aggiungendo la maizena ma non portate a bollore, perché altrimenti la parte grassa e quella sierosa del formaggio si divideranno. Quando la fontina è sciolta, spegnete ma lasciate il pentolino a bagno nell'acqua calda e aggiungete la noce moscata e del peperoncino. Ricavate 16 cubetti dalle fette di pane, infilzate ogni cubetto con lo stuzzicadenti e tuffatelo nella fontina fusa. Mettete poi il cubetto su un piatto e adagiatevi sopra un gheriglio di noce. Quindi fate lo stesso per tutti i cubetti. Lasciate raffreddare e servite.

Focaccette alla caprese

◆ Tempo: 15 minuti ✶ Difficoltà: facile

⁘ 4 focaccette, 1melanzana, 2 pomodori rossi, 1 mozzarella di bufala, 1 ciuffo di basilico, peperoncino in polvere, olio extravergine d'oliva, sale.

Ricavate dalla melanzana 4 fette. Quindi grigliatele in una grossa padella da entrambe le parti. Salatele e spennellatele abbondantemente con dell'olio. Aprite le focaccette, distribuite su ciascuna una fetta di melanzana, una fetta di pomodoro, ripulita dei semi e una fetta di mozzarella di bufala. Spolverate di peperoncino e guarnite con foglie di basilico. Ricomponete le focacce e servitele.

Frittelline di pomodori

◆ Tempo: 15 minuti + 1 ora ✶ Difficoltà: facile

⁘ 4 pomodori non troppo maturi e sodi, 125 g di farina, 1 uovo, burro, 1 ciuffetto di basilico, olio per friggere, sale, pepe.

In una terrina preparate la pastella unendo alla farina setacciata l'uovo, un pizzico di sale, il burro fuso e tanta acqua quanta sarà necessaria per ottenere un composto liscio e omogeneo. Lasciate riposare la pastella per un'ora. Nel frattempo lavate, asciugate, private dei semi e tagliate a fette regolari i pomodori. Cospargete di basilico e pepe ogni fetta da entrambi i lati. Passate le fettine nella pastella, friggetele in abbondante olio bollente, girandole a metà cottura. Quando sono diventate di un bel colore dorato ritirate le frittelline con la paletta forata, asciugatele su carta da cucina, salatele e servitele.

Fritto misto alla piazzese (Sicilia)

◆ Tempo: 25 minuti ✱ Difficoltà: facile

✣ 700 g di farina, 4 uova, 30 g di lievito di birra, 4 carciofi, 1 cavolfiore, 500 g di cardi bolliti, 2 mele, 500 g di alici fresche, olio per friggere, sale.

Preparate una pastella, mescolando le uova con la farina, il lievito (precedentemente sciolto in un po' d'acqua tiepida) e un pizzico di sale. Pulite i carciofi, eliminando le spine e le parti più dure, tagliandoli a fettine. Pulite accuratamente le alici. Dividete il cavolfiore in cimette e lessatele in acqua salata. Tagliate le mele a fette. Versate nella pastella le fette di carciofo, le cimette di cavolfiore, le fette di mela e le alici.
Friggete il tutto in una padella capiente con abbondante olio di semi di arachide. Aggiustate di sale, fate leggermente scolare il fritto dall'olio su qualche foglio di carta assorbente da cucina e servitelo ben caldo.
Si tratta di un antipasto tipico di Piazza Armerina.

Gnocchetti fritti (Emilia Romagna)

◆ Tempo: 20 minuti + 1 ora ✱ Difficoltà: facile

✣ 300 g di farina, 4 dl di latte, 1/2 cubetto di lievito di birra, 1 cucchiaino di zucchero, strutto (oppure olio) per friggere, 1 cucchiaio d'olio extravergine d'oliva, 1 cucchiaino di sale.

Lasciate intiepidire il latte e fatevi sciogliere il cubetto di lievito. Mescolate la farina con gli altri ingredienti e lavorate l'impasto per 10 minuti fino a ottenere un composto omogeneo e piuttostro morbido. Lasciate la pasta a lievitare per almeno un'ora coperta con un canovaccio e in luogo fresco. A questo punto tirate una sfoglia non troppo sottile, ritagliatene dei rettangoli e friggeteli in abbondante olio oppure strutto bollente. Scolateli, asciugate l'unto in eccesso appoggiandoli su carta assorbente da cucina e infine disponeteli su un piatto da portata. Servite gli gnocchi caldissimi, con verdurine.

Insalata alla napoletana (Campania)

◆ Tempo: 15 minuti ✱ Difficoltà: facile

❖ 4 pomodori maturi ma ancora ben sodi, 200 g di mozzarella, 50 g di origano, 3 cucchiai di olio extravergine d'oliva, sale.

Lavate i pomodori, asciugateli e tagliateli a pezzetti. Tagliate a pezzetti di uguale grandezza anche la mozzarella e mescolatela ai pomodori. Condite quindi con l'olio, il sale e l'origano e infine portate in tavola.

Insalata di carciofi e parmigiano

◆ Tempo: 15 minuti ✱ Difficoltà: facile

❖ 5 carciofi, 100 g di parmigiano, peperoncino rosso in polvere, olio extravergine d'oliva, sale.

Procuratevi dei carciofi con poco "pelo" all'interno, privateli delle foglie esterne e accorciate le brattee rimaste. Tagliateli a fettine molto sottili e conditele subito in un piatto da portata con il parmigiano tagliato a scagliette, dell'olio, sale e un pizzico di peperoncino. Mescolate delicatamente e servite.

Insalata di cavolfiore e capperi

◆ Tempo: 15 minuti + 15 minuti ✱ Difficoltà: facile

❖ 1 piccolo cavolfiore, 2 cucchiai d'aceto di mele, 3 cucchiai di capperi sotto sale, 1 cucchiaino di maggiorana tritata, sale, 3 cucchiai d'olio extravergine d'oliva, sale.

Lavate bene il cavolfiore e mondatelo delle foglie, lavatelo e tagliatelo sottile. Preparate poi un'emulsione con l'olio, l'aceto di mele, la maggiorana tritata finemente, i capperi sciacquati e tritati, poco sale. Con essa condite quindi il cavolfiore, aggiustate di sale se necessario e lasciatelo riposare al fresco per un quarto d'ora prima di portarlo in tavola.

Palline verdi

◆ Tempo: 20 minuti ✱ Difficoltà: facile

✣ 300 g di spinaci, 100 g di ricotta fresca, noce moscata, peperoncino rosso in polvere, sale.

Quest'antipasto naturale si prepara senza difficoltà e in poco tempo. È importante però che la ricotta sia decisamente fresca e dolce. Dopo averli accuratamente puliti e lavati, lessate in poca acqua salata gli spinaci. Quindi strizzateli, tritateli, incorporatevi la ricotta, lavorate a lungo il compostoe insaporite con un pizzico di noce moscata appena macinata. Aggiustate di sale e unite del peperoncino, ma senza esagerare. Modellate delle palline grosse quanto una ciliegia e servite.

Pandorato (Lazio)

◆ Tempo: 15 minuti + 2 ore ✱ Difficoltà: facile

✣ 4 fette di pane casereccio, 250 g di provatura o mozzarella freschissima, latte, 2 uova, farina, olio per friggere, sale.

Dividete anzitutto il pane in fettine quadrate alte 2 cm circa. Tagliatele quindi a metà lasciandole unite da un lato. Sistemate poi all'interno delle fette di mozzarella delle stesse dimensioni del pane, chiudete le fette, tuffatele nel latte e quindi infarinatele completamente e sistematele su un piatto da portata abbastanza fondo. Sbattete a parte le uova, salatele leggermente e versatele sul pane infarinato. Poi lasciate riposare il tutto per un paio di ore. Circa mezzora prima di andare a tavola, mettete sul fuoco una padella per fritti nella quale avrete versato abbondante olio. Scaldatelo a dovere e quindi ponete nella padella le fette di pane e fatele dorare da entrambe le parti. Scolatele man mano che sono pronte e adagiatele su un foglio di carta assorbente da cucina, mantenendole al caldo sino al momento di servirle.

Piadine deliziose (Emilia Romagna)

◆ Tempo: 25 minuti ✱ Difficoltà: facile

❖ 8 piadine romagnole, 4 pomodori perini, 8 sottilette, 70 g di parmigiano grattugiato, 2 dl di vino bianco secco, burro, pepe in grani.

Ponete su una teglia da forno 4 piadine, bagnatele con il vino e lasciatele riposare fino a quando il vino sarà stato assorbito. Cospargete le stesse piadine di parmigiano, spolverizzate con il pepe macinato di fresco, coprite con le sottilette e con fette di pomodoro sottili, a cui avrete tolto i semi, e cospargete con qualche fiocchetto di burro. Ricoprite ciascuna piadina con un'altra piada di quelle 4 tenute da parte. Mettete in forno a 220 °C per circa 5 minuti. Quando le piadine cominceranno a prendere colore toglietele dal forno e servitele.

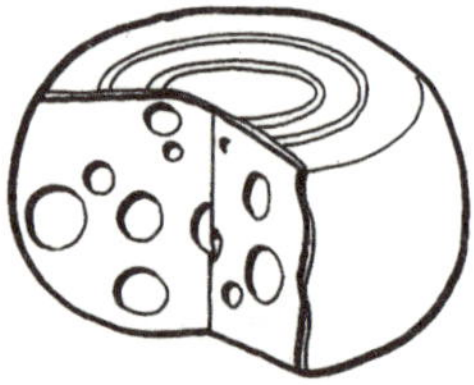

Pirus e formadi (Friuli)

◆ Tempo: 15 minuti ✱ Difficoltà: facile

❖ 2 pere, 150 g di rucola, 200 g di formaggio Montasio fresco, pepe nero in grani.

Adagiate la rucola, lavata e mondata, su di un grande piatto piano. Utilizzando possibilmente una grattugia da verdura a

fori abbastanza larghi, grattugiatevi sopra il formaggio Montasio e, sopra ancora, grattugiarvi le pere (non troppo mature) sbucciate.
Servite questo sfizioso antipastino con un pizzico di pepe nero macinato all'istante e, per chi desiderasse un gusto più agrodolce, si può accompagnare con marmellatine a parte.

Radicchio alle olive (Veneto)

◆ Tempo: 15 minuti ✱ Difficoltà: facile

❖ 2 cespi piuttosto grossi di radicchio di Verona, una manciata di olive verdi, peperoncino in polvere, acidulato di riso, olio extravergine d'oliva, sale.

Mondate il radicchio conservando i torsoli. Quindi lavatelo, asciugatelo con un canovaccio o servendovi dell'apposita centrifuga a mano e sistematelo in un'insalatiera assieme ai torsoli affettati piuttosto sottilmente.
Snocciolate le olive, tagliatele a fettine e aggiungetele al radicchio; condite con dell'olio, acidulato, sale e poco peperoncino, mescolate e infine portate in tavola.

Radicchio sulla polenta (Veneto)

◆ Tempo: 15 minuti ✱ Difficoltà: facile

❖ 4 cespi di radicchio trevigiano, 4 fette sottili di polenta, 1 spicchio d'aglio, peperoncino, olio extravergine d'oliva, sale.

Lasciate insaporire per qualche ora un po' d'olio con lo spicchio d'aglio a fettine, sale e peperoncino. Mondate il radicchio e mettetelo a cuocere sulla griglia spennellandolo con l'olio aromatico precedentemente preparato; fate poi grigliare anche le fette di polenta lasciandole colorire da entrambi i lati. Servite la polenta con sopra il radicchio e condite con olio.

Scagliuozzuoli (Campania)

◆ Tempo: 20 minuti ✱ Difficoltà: facile

❖ 300 g di farina gialla, olio per friggere, sale.

Con 200 g di farina gialla preparate una polenta piuttosto densa. Versatela, quando sarà cotta, sul marmo leggermente bagnato. Stendetela con la mano umida fino allo spessore di 3 cm e lasciatela raffreddare completamente.

Tagliatela allora in bastoncini rettangolari larghi 4 cm e lunghi 8. Sollevateli con una spatola e passateli nella farina gialla rimasta. Friggete in olio bollente i bastoncini pochi per volta e toglieteli quando si è formata una crosticina croccante all'esterno. Scolateli su carta assorbente, spolverizzateli con sale e serviteli caldi.

Sedano al gorgonzola (Lombardia)

◆ Tempo: 15 minuti + 2 ore ✱ Difficoltà: facile

❖ 3 gambi di sedano bianco, 250 g di gorgonzola, 50 g di burro.

Lasciate il burro e il gorgonzola a temperatura ambiente prima di cominciare a preparare questo piatto. Lavorate il formaggio con il burro fino a ottenere una pasta morbida e omogenea. Mondate il sedano, eliminate i filamenti e le parti più dure e infine riducetelo a bastoncini non troppo sottili. Spalmateli con la pasta di gorgonzola e lasciateli in frigorifero per circa 2 ore prima di servire.

Spiedini capricciosi

◆ Tempo: 25 minuti ✱ Difficoltà: facile

❖ 300 g di caciotta, 200 g di pancetta affumicata in un solo pezzo, 150 g di pane di segale, 12 pomodori ciliegia, cipolline sottaceto, olio extravergine d'oliva.

Tagliate a spicchi la caciotta e a dadini della stessa misura la pancetta. Prendete ora degli spiedini in acciaio e infilate alternando: un dadino di pane nero, uno di caciotta, uno di pane, un pomodorino e un dadino di pancetta, completate poi con una cipollina. Una volta esauriti gli ingredienti, collocate gli spiedini su un piatto che vada in forno e fateli cuocere a 220 °C per 15 minuti circa irrorandoli, a metà cottura, con un filo d'olio. Serviteli subito ben caldi.

Stuzzichini di pane

◆ Tempo: 20 minuti ✶ Difficoltà: facile

❖ 200 g di pasta per pane casereccio, 3 acciughe, 150 g di mozzarella di bufala, olio per friggere, olio extravergine d'oliva, sale, pepe bianco.

Tagliate la mozzarella a bastoncini e le acciughe a julienne, mescolate e condite con olio extravergine d'oliva, pepe bianco e un pizzico di sale. Stendete la pasta di pane (si acquista già pronta dal panettiere) con il matterello a uno spessore di 2 mm e ritagliatene dei dischi con un tagliapasta. Bucherellateli con una forchetta e friggeteli in olio di semi di arachide ben caldo. Fateli scolare su carta assorbente e, mentre sono ancora caldi, distribuiteci il composto di mozzarella e acciughe.

Tartine arlecchino

◆ Tempo: 15 minuti ✶ Difficoltà: facile

❖ 8 fette di pancarrè, 2 pomodori non troppo maturi e sodi, 2 cipollotti, 1 mozzarella di bufala, 6 olive verdi, 1 cucchiaino di origano, 1 ciuffo di prezzemolo, olio extravergine d'oliva, burro, sale, pepe.

Lavate i pomodori, divideteli a metà, togliete i semi, salateli e capovolgeteli, lasciando che perdano un po' dell'acqua di vegetazione. Tagliate a fettine la mozzarella. Tagliate a rondelle i cipollotti e le olive; tagliate a dadini i pomodori e raccogliete tutto in un recipiente. Unite il prezzemolo tritato molto finemente, salate, pepate e ammorbidite con un po' d'olio versato a filo, mescolate per ben amalgamare. Tostate le fette di pancarrè tagliate a dischetti, imburratele e sopra distribuitevi il composto tritato. Decorate la superficie con una fettina di mozzarella e cospargete di origano.

Topini di taleggio alla zucca

◆ Tempo: 1 ora ✱ Difficoltà: media

❖ 1/2 kg di patate farinose, 2 uova, 80 g di farina di noci, 100 g di farina bianca, parmigiano grattugiato, 150 g di taleggio, 1/4 di zucca, 1 cipolla, 2 fettine di spalla stagionata, brodo vegetale, 50 g di noci tritate, salvia, 50 g di burro, sale, pepe.

Fate imbiondire il trito di cipolla nel burro, aggiungete la spalla e la zucca a tocchetti e lasciatela ammorbidire. Frullate il tutto e condite con sale e pepe. Lessate le patate, pelatele e passatele allo schiacciapatate. Setacciate insieme le farine, amalgamatele al purè di patate e continuate a lavorare il composto incorporando le uova, il parmigiano e un pizzico di sale. Quando l'impasto raggiunge la giusta consistenza, formate delle palline. Tagliate il taleggio a pezzetti e inseritene uno in ogni gnocco. Lessate gli gnocchi e poi fateli saltare in padella con del burro caldo, la salvia e le noci tritate. Servite questo sfizioso antipasto (che in dosi più consistenti può essere anche un primo piatto) con la crema di zucca.

Primi piatti

Una ricca serie di gustose preparazioni
nelle quali la cucina italiana si esprime
in tutto il suo sapore e in tutta la sua varietà.
Piatti gustosi e succulenti che stuzzicano
il palato coniugando con successo
tipiche ricette regionali e metodi moderni
di preparazione e cottura.

ZUPPE E MINESTRE A BASE DI CARNE

Cappelletti in brodo (Emilia Romagna)

◆ Tempo: 1 ora ✶ Difficoltà: media

❖ Sfoglia-base (vedi pag. 14), 100 g di petto di pollo, 100 g di lombo di maiale, 100 g di vitello, 150 g di prosciutto crudo, 1 fetta di mortadella, 100 g di parmigiano grattugiato, 2 uova, noce moscata, burro, brodo di carne, sale, pepe.

In una teglia cuocete con poco burro la carne. Tritatela poi insieme con il prosciutto crudo e con la mortadella; amalgamate il tutto con le uova, il parmigiano grattugiato, un pizzico di noce moscata e, infine, il sale e il pepe.
Preparate la sfoglia-base seguendo le indicazioni fornite nell'introduzione e tiratela in sfoglie sottili che ritaglierete in tanti quadratini. Sopra ogni quadratino di pasta disponete un po' del ripieno. Chiudeteli a triangolo, facendoli girare intorno a un dito, attaccando le due estremità insieme e rovesciandone esternamente il lembo.
Non rimane che cuocere i cappelletti nel brodo di carne fatto bollire nel frattempo e servire con una spolverata di ottimo parmigiano grattugiato.

Malfattini in brodo (Emilia Romagna)

◆ Tempo: 30 minuti + 1 ora ✱ Difficoltà: facile

✣ 300 g di farina, 3 uova, 2 l di brodo di carne, parmigiano grattugiato.

Impastate la farina con le uova e formate una palla soda e lasciate asciugare all'aria per circa un'ora. Stendete la sfoglia sottilmente, quindi tagliatela a fette non troppo larghe; lasciatele asciugare per una decina di minuti e poi tritatele grossolanamente con una mezzaluna. Servite il brodo a bollore e versate i malfattini. Portate in tavola la minestra accompagnando con parmigiano grattugiato servito a parte.

Minestra alla genovese (Liguria)

◆ Tempo: 4 ore e 20 minuti + 3 ore ✱ Difficoltà: media

✣ 1 kg di trippe, 300 g di pasta di piccolo formato (ditalini), 500 g di pomodori, 2 cipolle, 1 spicchio d'aglio, rosmarino, 1 ciuffo di prezzemolo, alloro, parmigiano grattugiato, vino bianco secco, olio extravergine d'oliva, sale, pepe.

Pulite con cura le trippe, sciacquatele e fatele bollire per circa 3 ore in 2 l d'acqua leggermente salata insieme con qualche foglia d'alloro e una cipolla. Una volta cotte scolatele tenendo da parte il brodo e tagliatele a striscioline mentre, a parte, preparerete un soffritto di cipolla tritata nel quale verserete le trippe con un paio di foglie d'alloro. Appena saranno rosolate, bagnatele con del vino bianco.

Portata a termine l'evaporazione aggiungete i pomodori a pezzi, aggiustate di sale e pepe e fate cuocere per un quarto d'ora. Poi unite un battuto d'aglio, prezzemolo e rosmarino; coprite e lasciate sul fuoco per 40 minuti circa. Infine versate il brodo che avete tenuto da parte; quando alzerà il bollore, mettete la pasta. Servite con parmigiano grattugiato a parte.

Minestra di cavoli e zampetti

◆ Tempo: 1 ora e 20 minuti ✳ Difficoltà: media

✣ 2 zampetti di maiale, 150 g di pancetta, 2 cavoli verza, 3 patate, 1 cipolla, 300 g di pasta di media grossezza, pecorino grattugiato, olio extravergine d'oliva,sale, pepe.

Dopo aver pulito gli zampetti di maiale, metteteli a cuocere per circa 15-20 minuti in una pentola con acqua; poi scolateli, sgrassate il brodo e tenetelo da parte. Agli zampetti fate terminare la cottura in un altro recipiente con acqua, sale e pepe; una volta cotti tagliateli a pezzetti. In una pentola, soffriggete la cipolla tritata con la pancetta a dadini in abbondante olio, quindi aggiungete il brodo di zampetti, i cavoli tagliati a strisce e le patate a pezzi. Aggiustate di sale e pepe e fate cuocere per 40 minuti circa. Unite gli zampetti di maiale a pezzi e la pasta e portate a cottura. Versate la minestra in una zuppiera servendo con pecorino grattugiato.

Mollica in brodo

◆ Tempo: 50 minuti + 30 minuti ✳ Difficoltà: facile

✣ 150 g di mollica di pane, 1 l di brodo di carne, 2 uova, noce moscata, 1/4 di l di latte, 2 cucchiai di parmigiano grattugiato, 50 g di burro, sale, pepe.

Mettete in ammollo nel latte tiepido la mollica sbriciolata, lasciandola riposare per circa 30 minuti.

Nel frattempo in un tegamino dai bordi piuttosto alti fate sciogliere a fiamma bassa il burro, quindi unite la mollica strizzata e lasciate sul fuoco sinché non si sarà asciugato tutto il liquido. In una zuppiera amalgamate con cura la mollica alle uova e al parmigiano, insaporendo con sale, pepe e una macinata di noce moscata, quindi lasciate riposare il composto coperto prima di servire. Portate il brodo di carne a bollore e tuffatevi le palline di mollica ricavandole dall'impasto con le dita e con l'aiuto di un cucchiaino. Mantenete la fiamma molto bassa (potete utilizzare la retina frangifiamma per un risultato migliore) e, dopo qualche minuto, spegnete. A questo punto versate la minestra in una zuppiera e servitela molto calda accompagnandola con un'abbondante spolverata di parmigiano grattugiato.

Palline al formaggio

◆ Tempo: 30 minuti ✳ Difficoltà: facile

❖ 200 g di pangrattato, 200 g di formaggio dolce grattugiato, 1 uovo, noce moscata, brodo di carne, olio extravergine d'oliva, sale.

Amalgamate con cura il pangrattato al formaggio grattugiato e impastate il tutto con un po' d'olio e l'uovo intero. Insaporite con un pizzico di sale e una spolverata di noce moscata e mescolate a lungo per amalgamare gli ingredienti finché otterrete un impasto di giusta consistenza. Ricavate dal composto delle palline piuttosto piccole e compatte che cuocerete per circa 10 minuti in brodo di carne portato a bollore. Spegnete e servite.

Passatelli in brodo (Emilia Romagna)

◆ Tempo: 30 minuti ✳ Difficoltà: facile

❖ 100 g di pangrattato, 100 g di parmigiano grattugiato, 2 uova, noce moscata, brodo di carne.

Sbattete le uova, unite il pangrattato e il parmigiano insaporendo con una grattugiata di noce moscata. Mescolate con cura fino a ottenere un composto sodo e duro (eventualmente unite ancora pangrattato e parmigiano) che dovrete terminare di impastare con le mani. Date all'impasto una forma a palla e passatelo su una grattugia a buchi grossi o con l'apposito attrezzo (in questo caso dovrà essere tenuto più morbido). Portate il brodo di carne a bollore e mettete a cottura i passatelli finché non vengono a galla. Serviteli ben caldi accompagnando con parmigiano grattugiato servito a parte.

Quadretti in brodo (Lombardia)

◆ Tempo: 30 minuti ✱ Difficoltà: media

❖ 200 g di quadretti all'uovo, 150 g di fegatini di gallina, 1 l di brodo di carne, 3 uova, 1 spicchio d'aglio, 4 foglie di salvia, rosmarino, 50 g di parmigiano grattugiato, 60 g di burro, sale.

Oggi i quadretti all'uovo si possono acquistare tranquillamente in negozio, mentre un tempo venivano ricavati dagli avanzi della pasta rimasta dopo la preparazione degli agnoli, cosicché venivano cotti nello stesso brodo che veniva impiegato per gli agnoli. Pulite bene i fegatini e fateli rosolare in un tegame con 20 g di burro, l'aglio e la salvia. Una volta rosolati toglieteli dal fuoco, tritateli a pezzettini molto fini, riversateli nel tegame dopo aver tolto l'aglio e la salvia e fateli cuocere con il restante burro, il rosmarino e il sale.
In una pentola fate bollire il brodo, versatevi i fegatini, fateli cuocere per 2 minuti e infine aggiungete i quadretti, che saranno pronti in pochi minuti. Mescolate con un cucchiaio di legno e spolverate con il parmigiano grattugiato.

Sópa de coa (Veneto)

◆ Tempo: 50 minuti + 2 ore ✱ Difficoltà: media

❖ 1,2 kg di coda di bue, 1 cipolla, 1 carota, alcune foglie di sedano, 1 foglia di alloro, timo, 1 mazzetto di prezzemolo, sale, pepe.
PER I CROSTINI: 400 g di pane casareccio.

Con la coda di bue tradizionalmente si prepara una saporita minestra invernale, certo un po' lontana dai gusti culinari e dal-

le mode dietetiche di oggi, ma val la pena cimentarsi con la sua preparazione perché si tratta di un piatto veramente speciale. Cominciate dunque con l'occuparvi della pulizia della coda: spellatela, tagliatela in pezzi più o meno uguali e lasciateli per un paio d'ore in acqua corrente, così che spurghino a dovere. Trascorso questo tempo, versateli in una pentola e unitevi la cipolla e la carota pulite a affettate, le foglie di sedano, la foglia di alloro e un po' di timo, salate, pepate senza troppa enfasi e portate a bollore.
A questo punto moderate la fiamma, incoperchiate e proseguite la cottura sino a quando i pezzi di coda risultino ben cotti e il brodo si sia ristretto.
Alcuni minuti prima di togliere dal fuoco completate con abbondante prezzemolo tritato e infine lasciate riposare la zuppa per qualche minuto coperta e quindi servitela ben calda, senza le verdure, che dovrete provvedere a eliminare con un mestolo forato.
Versate la zuppa in piatti sul fondo dei quali avrete predisposto dei crostini di pane precedentemente abbrustoliti e non trascurate di proporre insieme a questa gustosa pietanza una bottiglia di vino rosso abbastanza corposo.

Zuppa di cardi e vitello (Abruzzo - Molise)

◆ Tempo: 40 minuti ✶ Difficoltà: facile

❖ 1 cardo di media grossezza, 300 g di polpa di vitello macinata finemente, rigaglie di 2 polli, 3 uova, 1 limone, 1,2 l di brodo di verdura o di pollo, 1/2 bicchiere di vino bianco secco, 2 cucchiai di passata di pomodoro, 150 g di parmigiano grattugiato, 30 g di burro, 5 cucchiai d'olio extravergine d'oliva, sale, pepe.

Pulite il cardo, utilizzando solo la parte più bianca; tagliatelo a dadini e lessatelo in acqua salata e acidulata con qualche goccia di limone. In una terrina, mescolate la polpa di vitello con il formaggio, le uova, un pizzico di sale e pepe. Con l'impasto cosi ottenuto formate delle palline e friggetele in olio e burro. Sminuzzate le rigaglie di pollo, fatele rosolare in poco olio, aggiungete il vino e la passata di pomodoro, eventualmente allungata con un po' di brodo. Cuocete ancora per 5 minuti, unite le palline di macinato fritte, i dadini di cardo e lasciate insaporire il tutto per 10 minuti. Versate il brodo caldo e, quando riprenderà il bollore, spegnete, cospargete di formaggio e servite con crostini di pane fritti nell'olio.

Zuppa di manzo e uovo

◆ Tempo: 1 ora e 20 minuti ✱ Difficoltà: facile

❖ 150 g di polpa di manzo, 2 cipollotti, 1 gambo di sedano, 1 uovo, 1,5 l di brodo di carne, sale, pepe.

Versate in una pentola il brodo di carne precedentemente preparato e portatelo a ebollizione. Aggiungete la carne tagliata a pezzetti piccolissimi (non tritata), il sedano sottilmente tagliato, una presa di sale, una di pepe e fate cuocere per circa un'ora. Trascorso questo tempo unite l'uovo sbattuto, mescolando velocemente e lasciando la pentola sul fuoco. Pepate la zuppa, versatela nelle ciotole individuali e cospargetela di cipollotti affettati sottilmente.

Zuppa salsiccia e patate (Trentino)

◆ Tempo: 30 minuti ✱ Difficoltà: facile

❖ 250 g di salsicce, 400 g di patate di montagna, 2 pomodori pelati, 1 cipolla, 1 spicchio d'aglio, 1 ciuffo di prezzemolo, 4 foglie di salvia, 1,5 l di brodo di carne, olio extravergine d'oliva, sale, pepe, fette di pane casereccio.

Levate la "pelle" alle salsicce, sgranatele e mettetele a rosolare in un soffritto di cipolla, salvia e aglio tritati.
Aggiungete i pomodori passati, il prezzemolo tritato, le patate sbucciate e tagliate a spicchi e il brodo di carne riscaldato precedentemente; salate, pepate leggermente e completate la cottura a fiamma moderata. Servite accompagnando con fette di pane tostate.

Zuppa saporita

◆ Tempo: 30 minuti ✱ Difficoltà: facile

❖ 150 g di polpa di manzo, 3 dl di succo di pomodoro fresco, 1 cipolla, 1 carota, 1 0gambo di sedano, 50 g di pancetta, 100 g di riso, prezzemolo, 1 ciuffetto di cerfoglio, olio extravergine d'oliva, sale.

Tritate finemente cipolla, carota, sedano e pancetta. Rosolate il trito in un po' d'olio e bagnatelo con il succo di pomodoro fresco. Cuocete per 10 minuti sempre mescolando. Aggiungete poi l'acqua sufficiente per una minestra per 4 persone e, dopo altri 10 minuti di cottura, aggiungete il riso, aggiustando di sale. Quando il riso sarà cotto, insaporite con il prezzemolo e il cerfoglio tritati.

Zuppe e minestre a base di pesce

Bagnun d'acciughe (Liguria)

◆ Tempo: 30 minuti ✶ Difficoltà: facile

❖ 1 kg di acciughe; uno spicchio di aglio, 1 ciuffo di prezzemolo, basilico, cipolla, 500 g di pomodori da sugo, 1 dl di vino bianco secco, olio extra vergine d'oliva, sale, 4 gallette.

Pulite le acciughe strappando loro la testa che trascinerà anche la lisca e le interiora. Tritate tutte le verdure ad eccezione del basilico e soffriggetele in abbondante olio. Tritate i pomodori e aggiungeteli al soffritto. Regolate il sale e proseguite la cottura per 10 minuti.
Disponete le acciughe nel tegame e cuocete per altri 10 minuti. Disponete le gallette spezzate nei piatti individuali, versatevi sopra le acciughe con il loro sugo e lasciate riposare qualche minuto prima di servire.

Burrida (Liguria)

◆ Tempo: 1 ora e 30 minuti ✶ Difficoltà: media

❖ 1 kg di pesce (comprensivo di 1 polpo piccolo e 1 seppia), 500 g di cozze, 500 g di gamberetti, 50 g di pancetta, 3 filetti d'acciuga, 500 g di pomodori, 1 cipolla, 1 carota, 1 gambo di sedano, 1 spicchio d'aglio, prezzemolo, basilico, 1 dl di vino bianco, brodo (facoltativo), olio extravergine d'oliva, sale, pepe, fette di pane casereccio.

Pulite e lavate con cura i vari pesci, quindi lasciateli asciugare e tagliateli a pezzi. Raschiate con cura le cozze, quindi lasciatele spurgare in acqua fredda salata. Ponete al fuoco un tegame con olio e la pancetta tagliata a dadini, aggiungete la cipolla e l'aglio tritati e poi unite un trito di carota, sedano, prezzemolo e filetti d'acciuga; dopo qualche minuto aggiungete anche i pomodori, pelati, privati dei semi e tagliati a cubettini. Mettete a cottura polpo e seppia a pezzetti, bagnate il tutto con il vino e un bicchiere d'acqua o brodo caldi, regolate di sale e pepe. Proseguite la cottura a fuoco moderato e, dopo mezzora, aggiungete il resto del pesce al sugo, cozze comprese, e lasciate sul fuoco per altri 20 minuti, alzando leggermente la fiamma. A fine cottura servite il pesce dopo aver disposto nei singoli piatti fette di pane abbrustolito e irrorate con il brodo. Spolverate con basilico spezzettato.

Cacciucco (Toscana)

◆ Tempo: 2 ore ✱ Difficoltà: media

❖ Per 6 persone: 600 g di pesce da zuppa con lisca, 800 g di pesce da taglio (palombo, coda di rospo, muggine ecc.), 1 kg di molluschi, 6 canocchie, 500 g di pomodori maturi, 1 cipolla, 1 carota, 1 gambo di sedano, 2 spicchi d'aglio, 1/2 bicchiere di vino rosso, 1 ciuffo di prezzemolo, peperoncino rosso in polvere, olio extravergine d'oliva, sale, 6 fette di pane casereccio.

Pulite tutto il pesce tenendo da parte alcune teste. Lavate e tritate insieme cipolla, aglio, carota e sedano e fateli rosolare in abbondante olio. Aggiungete i polpi e le seppie tagliati in pezzi grossolani; fate soffriggere leggermente e irrorateli con il vino. Dopo 10 minuti levateli dalla pentola in cui aggiungerete invece i pomodori pelati, privati dei semi e tagliati a cubetti, i pesci da zuppa e le teste messe da parte; bagnate con dell'acqua calda. Dopo 15-20 minuti di cottura passate il pesce al setaccio e rimettete sul fuoco. Aggiungete ora i molluschi, precedentemente cotti, ed eventualmente allungate con acqua calda, in modo che la zuppa rimanga piuttosto liquida; salate e aromatizzate con il peperoncino. Dopo 20 minuti unite gli ultimi pesci (cicale, calamari, pesci da taglio) e mantenete sul fuoco per altri 20 minuti; poco prima di spegnere unite una buona manciata di prezzemolo tritato. Servite in ciotole con fette di pane abbrustolite.

Zuppa casalinga

◆ Tempo: 30 minuti ✶ Difficoltà: media

⁘ 1,5 kg di pesce misto per zuppa (seppie, palombo, pesce cappone ecc.), 500 g di cozze, qualche scampo, 1 cipolla piccola, 1 gambo di sedano, 1 pomodoro maturo, 1 spicchio d'aglio, prezzemolo, olio extravergine d'oliva, sale, pepe, fette di pane casereccio.

In una pentola di terracotta fate soffriggere nell'olio la cipolla, il sedano e l'aglio tritati; quando la cipolla si sarà ammorbidita aggiungete il pomodoro pelato (tuffatelo un momento in acqua bollente) privato dei semi e tritato. Dopo una decina di minuti iniziate a unire al sughetto i pesci di cottura più lunga (puliti, lavati e tagliati a pezzi qualora lo richiedano). Copriteli d'acqua, regolate di sale e pepe, alzate la fiamma e fate bollire il tutto per 10 minuti.
Aggiungete il resto dei pesci e proseguite la cottura sempre a fiamma vivace per altri 20 minuti. Intanto, dopo averle ben raschiate, fate schiudere le cozze sul fuoco. Unitele al resto della zuppa a fine cottura assieme a una manciata di prezzemolo tritato. Servite la zuppa su fette di pane abbrustolite.

Zuppa di pesce partenopea

◆ Tempo: 1 ora ✶ Difficoltà: media

❖ 1,5 kg di pesce fresco (scorfano, coccio, tracina e seppia), 250 g di polipetti veraci, 500 g di vongole veraci, 1 kg di cozze, 1 kg di pomodori pelati, 1 dl di vino bianco secco, 1 ciuffo di prezzemolo, 6 spicchi d'aglio, olio extravergine d'oliva, sale, pepe, fette di pane tostato.

Pulite bene il pesce; lavate e tagliate a pezzetti i molluschi. Nettate bene le cozze, mettetele in una pentola larga, incoperchiate e mettete su fuoco vivace; dopo pochi minuti alzate il coperchio, girate con una schiumarola e man mano che le cozze si aprono levatele dalla pentola riponendole su un piatto grande; filtrate il loro brodo e conservatelo a parte. Fate la stessa cosa con le vongole (dopo averle fatte spurgare). Lavate i pomodori, toglietene i semi e tagliateli a pezzetti. In un tegame grande soffriggete l'aglio nell'olio e una volta imbiondito aggiungete i polipetti, coprite il tegame e lasciate cucinare a fuoco lento per circa 10 minuti, aggiungete le seppie e sempre a tegame chiuso lasciate cucinare a fuoco lento fino a quando non si asciuga il tutto; allora aggiungete il vino e lasciatelo evaporare. Aggiungete i pomodori e cucinate per un'altro po'. Unite insieme al brodo dei frutti di mare il pesce e fatelo cucinare da tutti e due i lati per circa 20 minuti a fuoco lento. Verificate il sale (il brodo di cozze e vongole di solito basta a insaporire il tutto). Aggiungete i frutti di mare con i loro gusci, il prezzemolo e girate. Spolverate di pepe e servite accompagnando con fette di pane tostato.

Zuppa di seppie e carciofi

◆ Tempo: 45 minuti ✶ Difficoltà: facile

❖ 5 seppie, 5 carciofi, 1 scalogno, 1 spicchio d'aglio, prezzemolo, 1 l di brodo di pesce, vino bianco secco, olio extravergine d'oliva, sale, pepe, crostini di pane.

Pulite le seppie e tagliatele a strisce di 2 cm circa. Pulite i carciofi privandoli delle foglie esterne e tagliando le punte; lavateli sotto acqua corrente, fateli sgocciolare bene e poi tagliateli in 6-8 spicchi, pulendo il cuore dalla peluria interna. Fate rosolare le seppie in poco olio, insaporitele poi con un trito di scalogno, lo spicchio d'aglio schiacciato e il vino bianco. Fate evaporare, poi togliete l'aglio e unite i carciofi, coprendo il tutto con il brodo di pesce caldo. Salate, pepate e cuocete a fiamma moderata per 20 minuti.
Servite accompagnando con crostini di pane abbrustoliti. Volendo potete conservare il sacchetto di inchiostro delle seppie e poi aggiungerlo alla zuppa negli ultimi minuti di cottura.

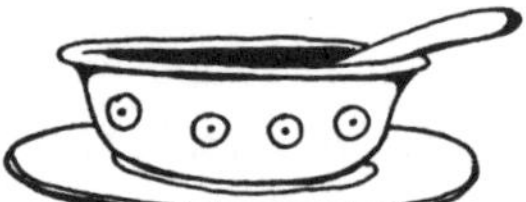

Zuppa di vongole alla barese (Puglia)

◆ Tempo: 30 minuti ✶ Difficoltà: facile

❖ 1 kg di vongole, 1 fetta di pane raffermo, 1/4 di l di vino bianco secco, 1 ciuffo di prezzemolo, 2 spicchi d'aglio, 1 peperoncino rosso, olio extravergine d'oliva, sale, pepe.

Lavate molto bene le vongole sotto l'acqua fredda, lasciatele a bagno in acqua e sale, scolatele ed eliminate quelle rotte. Tritate finemente l'aglio, tagliate il peperoncino a rondelle, togliete la crosta alla fetta di pane e pestatela possibilmente nel mortaio con 4 cucchiai di vino. Lavate il prezzemolo, asciugatelo e tritatelo finemente.
Scaldate qualche cucchiaio d'olio in una padella a bordi alti e fatevi imbiondire l'aglio e il peperoncino; unite le vongole e cuocete per 2 o 3 minuti, scuotendole di tanto in tanto. Aggiungete il pane pestato con il vino e poi il vino rimanente; cuocete coperto per 5-6 minuti scuotendo spesso la padella.

Alla fine aggiungete il prezzemolo tritato, mescolate bene e servite subito accompagnando con del pane fresco.

Zuppa saporita di cozze

◆ Tempo: 35 minuti ✱ Difficoltà: facile

❖ 1 kg di cozze, 350 g di pomodori maturi, 1 cipolla piccola, 1 peperone verde piccolo, 1 spicchio d'aglio, alloro, timo, 1 ciuffo di prezzemolo, olio extravergine d'oliva, sale, pepe.

Spazzolate le cozze, poi lasciatele spurgare in acqua fredda salata. Scolate i molluschi e metteteli al fuoco in una grande casseruola assieme a 3 bicchieri d'acqua, coprite e portate a bollore. Abbassate la fiamma e fate schiudere le cozze.
Con un mestolo forato prelevate le cozze dalla pentola e sgusciatele, facendo attenzione a scartare quelle che non si saranno schiuse e conservandone comunque 8 (le più belle!) intere. Filtrate e tenete da parte il brodetto rimasto sul fondo della casseruola.
In un tegame capiente fate soffriggere un trito di cipolla, peperone e aglio, quindi aggiungete i pomodori, pelati, privati dei semi e tritati. Insaporite con l'alloro, il timo, sale e pepe e cuocete per circa 5 minuti. A questo punto versate il liquido di cottura delle cozze filtrato e mezzo litro d'acqua calda salata. Proseguite la cottura per 15 minuti a pentola coperta e fuoco moderato, poi unite le cozze sgusciate e lasciate insaporire ancora per 5 minuti; prima di spegnere togliete la foglia d'alloro e aggiustate di sale e pepe. Servite guarnendo ciascun piatto con abbondante prezzemolo tritato e con le cozze intere tenute da parte.

ZUPPE E MINESTRE VEGETARIANE

Acquacotta

◆ Tempo: 30 minuti ✶ Difficoltà: facile

❖ 500 g di funghi porcini, 250 g di pomodori, 1/4 di bicchiere d'olio extravergine d'oliva, 1 spicchio d'aglio, 3 uova, 50 g di parmigiano grattugiato, sale, pepe, 4 fette di pane raffermo.

Pulite i funghi con delicatezza, con un coltellino raschiate i gambi, lavateli, asciugateli e tagliateli a strisce. In una casseruola fate riscaldare l'olio e unitevi lo spicchio d'aglio. Quando ha preso colore, unitevi i funghi, salateli e pepateli leggermente. Poi continuate la cottura a fuoco moderato, mescolando di tanto in tanto e intanto pelate i pomodori e tritateli. Quindi uniteli ai funghi, aggiungete un litro d'acqua bollente salata e proseguite la cottura. Fate abbrustolire il pane, poi ponetelo nei piatti fondi; rompete le uova in una zuppiera, unitevi una parte del parmigiano, mescolate, quindi aggiungetevi il brodo. Infine servitelo con il pane tostato e parmigiano.

Infarinata (Toscana)

◆ Tempo: 1 ora e 30 minuti ✶ Difficoltà: facile

❖ 450 g di farina di mais, 400 g di fagioli rossi freschi, 300 g di cavolo nero, 2 cotenne di maiale, 1 cipolla, 1 carota, 2 spicchi d'aglio, 1 gambo di sedano, rosmarino, basilico, semi di finocchio selvatico, olio extravergine d'oliva, sale.

Mettete i fagioli a bollire in acqua salata assieme alle cotenne. Intanto in una pentola capiente fate soffriggere nell'olio gli aromi, la cipolla, il sedano e la carota puliti e affettati, l'aglio sbucciato e schiacciato. Quando la cipolla inizia ad appassire, aggiungete il cavolo nero pulito, lavato e tagliato a pezzetti. Mescolate e lasciate insaporire per qualche minuto prima di versare nella pentola anche i fagioli, giunti a 3/4 di cottura, con tutto il loro brodo. Regolate di sale e incoperchiate, facendo sobbollire per circa mezzora. Spolverizzate la superficie della zuppa con la farina gialla, mescolate e lasciate cuocere per altri 3/4 d'ora, rigirando spesso perché la farina non formi grumi. Servite l'infarinata calda o anche fredda.

Maccu (Sicilia)

◆ Tempo: 3 ore e 30 minuti + 12 ore ✱ Difficoltà: facile

❖ PER 6 PERSONE: 500 g di fave secche, 2 grossi pomodori maturi, 1 cipolla, olio extravergine d'oliva, sale, pepe.

Il maccu è la minestra siciliana per eccellenza: semplice, sostanziosa e saporita. Sgusciate le fave e lasciatele a bagno nell'acqua fredda per 12 ore. Il giorno successivo mettetele a cuocere in abbondante acqua salata, a fuoco molto basso per circa 3 ore, avendo cura di mescolarle e schiacciarle di tanto in tanto con un cucchiaio di legno durante tutta la cottura. Nel frattempo preparate in una padella un soffritto con la cipolla tagliata finemente, i pomodori spellati, privati dei semi e tagliati a pezzetti, olio, sale e pepe.

Quando le fave saranno diventate una vera e propria crema unitevi il soffritto, aggiustate di sale e pepe, e togliete la minestra dal fuoco. Servite il maccu tiepido o freddo.

Minestra d'orzo

◆ Tempo: 50 minuti + 12 ore ✱ Difficoltà: facile

❖ 200 g di orzo mondo, 50 g di fagioli secchi, 2 carote, 1 patata, 1 cipolla, 1 gambo di sedano, 75 g di carne affumicata (osso di prosciutto o pancetta affumicata), olio extravergine d'oliva, sale.

Dopo averli lavati, lasciate in ammollo per una notte i fagioli e l'orzo, in contenitori separati e con acqua fredda. Rosolate in poco olio la cipolla grossolanamente tritata, quindi aggiungete le carote e la patata tagliate a dadini, e il gambo di sedano a piccoli pezzi. Unite dell'acqua tiepida (circa 1 litro), i fagioli scolati e l'orzo con l'acqua dell'ammollo. Portate a ebollizione, quindi abbassate la fiamma, incoperchiate e, dopo una mezzora di cottura a fuoco molto moderato, aggiungete la carne affumicata tagliata a pezzettini. Proseguite la cottura e aggiustate di sale prima di togliere dal fuoco e servire.

Panzanella (Toscana)

◆ Tempo: 30 minuti + 20 minuti ✱ Difficoltà: facile

❖ 350 g di pane casereccio raffermo, 200 g di pomodori freschi non troppo maturi, 1 mazzetto di basilico, 2 cipollotti freschi, 1 cetriolo, aceto di vino rosso, olio extravergine d'oliva, sale, pepe bianco.

La panzanella è un'antica preparazione contadina che veniva consumata soprattutto come prima colazione o come merenda rustica. Tagliate a grosse fette il pane raffermo e ponetelo in una terrina, ricopritelo d'acqua e lasciatelo riposare per 20 minuti circa. Nel frattempo pulite i cipollotti, il basilico, i pomodori e il cetriolo; quindi tagliate le verdure a pezzetti, sminuzzate il basilico e disponete il tutto in un'insalatiera. Strizzate il pane, sbriciolatelo e unitelo alle verdure; condite con sale, pepe bianco, abbondante aceto e olio, mescolate bene e, prima di servire, lasciate riposare per mezzora circa.

Pappa al pomodoro (Toscana)

◆ Tempo: 35 minuti ✱ Difficoltà: facile

❖ 700 g di pomodori ben maturi, 300 g di pane casereccio raffermo, 1/2 bicchiere scarso d'olio extravergine d'oliva, 1 l di brodo di carne un po' insipido, 3 spicchi d'aglio, 6 foglie di basilico, sale, pepe.

Per preparare questo famoso e celebrato piatto molto nutriente, adatto ai bambini e buonissimo anche riscaldato, lavate anzitutto con cura i pomodori, tagliateli, spezzettateli e fateli cuocere in una casseruola a fuoco moderato. A cottura ultimata passateli al setaccio.
Tagliate quindi le fette di pane raffermo e fatele tostare in forno. In un'altra casseruola fate poi scaldare il brodo, aggiungete il passato di pomodoro, il pane tostato, l'olio, l'aglio tritato finissimo, le foglie di basilico intere, sale, pepe e fate cuocere a fuoco moderato mescolando molto spesso con il cucchiaio di legno fino a ottenere una consistenza densa. Quindi togliete il basilico, assaggiate e, se serve, aggiustate di sale e pepe. Infine servite, scodellando nei piatti e aggiungendo un filo di olio crudo.

Ribollita (Toscana)

◆ Tempo: 1 ora e 45 minuti ✱ Difficoltà: facile

❖ 150 g di fagioli bianchi o cannellini già lessati, 150 g di fagioli borlotti già lessati, 250 g di bietola, 250 g di cavolo nero, 150 g di spinaci, 150 g di carote, 50 g di sedano, 1 piccola cipolla, 2 cucchiai di concentrato di pomodoro, 2 spicchi d'aglio, 1 rametto di salvia e 1 di rosmarino, 1 l di brodo di carne, olio extravergine d'oliva, sale, pepe, pane casereccio raffermo.

Sbucciate la cipolla, tagliatela a pezzettini, tritatela finemente e fatela rosolare con un po' d'olio in una casseruola, prefe-

ribilmente di coccio. Quando è ben rosolata, aggiungete il concentrato di pomodoro e un mestolo di brodo.
Fate bollire per qualche minuto; intanto pulite e lavate le carote e il sedano e tagliate le verdure a pezzetti. Poi versatele nella casseruola e lasciatele stufare a fuoco lento. Pulite e lavate gli spinaci, le bietole e il cavolo, tagliate il tutto grossolanamente e aggiungetelo agli altri ingredienti bagnando con il brodo. Poi lasciate stufare per 30 minuti a fuoco moderato e quindi aggiungete i fagioli (eventualmente con la loro acqua di cottura) e lasciate bollire ancora per 10 minuti. Aggiustate di sale e aggiungete dell'olio bollente in cui avrete fatto soffriggere l'aglio tagliato finemente, la salvia e il rosmarino. Tagliate il pane raffermo a fette sottili, prendete una capiente zuppiera e formate vari strati di pane bagnato con abbondante zuppa; quindi lasciate riposare per qualche ora. Prima di portarla in tavola, riscaldate la ribollita in un saltiere, spappolatela un po' con un mestolo di legno e insaporitela con del pepe.

Scripelle 'mbusse (Abruzzo)

◆ Tempo: 30 minuti ✱ Difficoltà: facile

✣ 4 uova, 100 g di pecorino grattugiato, prezzemolo, 1,5 l di brodo di carne, 1/2 bicchiere di latte, farina, olio extravergine d'oliva, sale, pepe.

Preparate una pastella con le uova, il prezzemolo tritato, il latte, un pizzico di sale e uno di pepe; aggiungete infine poca farina amalgamandola perfettamente. In un padellino appena unto d'olio versate una cucchiaiata di pastella, otterrete una piccola frittatina che farete dorare sui due lati.
Procedete in questo modo fino a esaurimento del composto. Spolverate le frittatine con una dose abbondante di pecorino grattugiato e arrotolatele. Mettete 2 rotolini in ogni piatto, versate del brodo bollente che avrete precedentemente preparato, spolverate con altro pecorino grattugiato e servite.

Stracciatella (Lazio)

◆ Tempo: 15 minuti ✶ Difficoltà: facile

✣ 3 cucchiai di semolino, 3 uova, 1,5 l di brodo di carne, noce moscata, 50 g di parmigiano grattugiato, sale.

Portate a bollore il brodo di carne in una pentola piuttosto ampia. Nel frattempo sbattete con cura le uova con una forchetta, aggiungete il semolino versandolo a pioggia, il parmigiano grattugiato e una spolverata di noce moscata. Aggiustate di sale e amalgamate bene il tutto, quindi versate nel brodo bollente e mescolate in continuazione lasciando cuocere per 5 minuti. Un'altra versione non prevede l'impiego del semolino.

Zuppa di funghi

◆ Tempo: 50 minuti ✶ Difficoltà: facile

✣ 300 g di funghi (possibilmente porcini), 1/2 gambo di sedano, 1/2 cipolla, 2 cucchiai di passato di pomodoro, 1 cucchiaio di prezzemolo tritato, brodo, parmigiano grattugiato, olio extravergine d'oliva, sale, pepe, 4 fette di pane casereccio.

Dopo averle adeguatamente pulite, fate soffriggere in un po' d'olio le verdure tritate finemente (tranne il prezzemolo), quindi unite i funghi puliti, lavati, asciugati e tagliati a pezzi e fateli cuocere per 10 minuti prima di aggiungere il passato di pomodoro e un paio di grosse tazze di brodo caldo. Unite anche il prezzemolo e lasciate sobbollire per mezzora, aggiungendo altro brodo se necessario. Quando è pronta, cospargetela con abbondante parmigiano grattugiato e servitela su fette di pane casereccio disposte nei piatti.

Zuppa di patate

◆ Tempo: 1 ora e 25 minuti ✱ Difficoltà: facile

❖ 1 kg di patate, 300 g di pancetta affumicata, 1 grossa cipolla, 2 carote, 1 pezzo di sedano di Verona, 1 gambo di sedano, 1 l di brodo, prezzemolo, 30 g di burro, sale.

Fate dorare il burro in una pentola, unitevi la pancetta tagliata a dadini e fatela soffriggere per qualche minuto; aggiungetevi poi la cipolla affettata, le carote, il sedano di Verona e il gambo di sedano tagliati a pezzetti. Sbucciate e tagliate a pezzi anche le patate e unitele alle altre verdure, infine aggiungete il brodo, coprite e lasciate cuocere per un'ora a fuoco moderato. Trascorso questo tempo, passate metà delle verdure al passaverdure e rimettetele nella pentola, aggiungete il prezzemolo, salate, mescolate con cura e lasciate cuocere ancora per qualche minuto a fuoco piuttosto basso. Servite infine la zuppa ben calda, accompagnando con crostini di pane abbrustolito.

Zuppa di pomodori

◆ Tempo: 50 minuti ✱ Difficoltà: facile

❖ 500 g di pomodori da sugo molto maturi, 100 g di sedano rapa, 1 cipolla, 1 spicchio d'aglio, 1 carota, 2 scalogni, 1 ciuffo di prezzemolo, 8 foglie di basilico, brodo vegetale, 50 g di burro, sale.

Schiacciate l'aglio. Tagliate a fettine sottili la cipolla, il sedano rapa, la carota e gli scalogni. Fate sciogliere a fuoco moderato il burro e unitevi il trito di verdure fino a che non imbiondiscono. Sbollentate i pomodori e spellateli; tagliateli quindi a filetti e versateli nel tegame. Fate cuocere per 2 minuti. Aggiungete il prezzemolo e il basilico, lasciando insaporire per altri 3-4 minuti. Versatevi metà del brodo caldo e, aggiustando di sale, cuocete per 10 minuti. Scolate gli ingredienti, tenendo però da parte il brodo, e passateli nel tritatutto prima e al setaccio poi, ottenendo così una crema densa. Unitela al brodo di cottura mescolando con cura e, un po' alla volta, allungatelo con la seconda metà del brodo. Cuocete per 15 minuti. Mescolate e servite calda.

Zuppa e soffritto (Campania)

◆ Tempo: 1 ora e 20 minuti + 1 ora ✻ Difficoltà: facile

❖ 1 kg di frattaglie di maiale (cuore, milza e polmone), rosmarino, peperoncino, 1,5 l di brodo di carne, salsa di pomodoro, 1 bicchiere di vino rosso, olio extravergine d'oliva, 30 g di strutto, sale, pepe, crostini di pane.

Lasciate le interiora a bagno in acqua corrente per circa un'ora. Scaldate in una pentola strutto e olio in parti uguali, quindi aggiungete le interiora tagliate a pezzetti e lasciate rosolare leggermente. Bagnate con il vino rosso e lasciate evaporare. A questo punto coprite il tutto con abbondante salsa di pomodoro, insaporite con un pizzico di sale, una spolverata di pepe, peperoncino e rosmarino. Unite il brodo di carne bollente un mestolo dopo l'altro e lasciate cuocere a fiamma bassa per circa un'ora. Servite la zuppa con crostini di pane.

Zuppa gratinata

◆ Tempo: 30 minuti ✻ Difficoltà: facile

❖ 100 g di fontina, 3 cipolle, noce moscata, 1,5 l di brodo di carne, 4 cucchiai di parmigiano, 4 cucchiai d'olio extravergine d'oliva, sale, pepe, 5 fette di pane raffermo.

Lasciate imbiondire le cipolle finemente affettate in olio caldo, quindi copritele con brodo di carne bollente aggiungendo pepe e noce moscata grattugiata. Disponete sul fondo di ogni piatto le fette di pane, la fontina tagliata e il parmigiano grattugiato, poi coprite il tutto con il brodo. Passate in forno i piatti, a calore moderato, per 10-15 minuti e servite.

PASTA CON LA CARNE

Bigoli alla veneta (Veneto)

◆ Tempo: 30 minuti ✱ Difficoltà: facile

❖ 400 g di bigoli, 200 g di fegatini e cuori di pollo e coniglio, 2 cipolle, 1 ciuffo di prezzemolo, 4 foglie di salvia, 1/2 bicchiere di vino bianco secco, olio extravergine d'oliva, sale, pepe.

Mondate e affettate le cipolle, poi fatele stufare in una casseruola con un po' d'olio e le foglie di salvia (che vanno tolte appena diventano scure), mantenendo la fiamma bassa e mescolando di tanto in tanto perché non scuriscano troppo. Regolate di sale e lasciatele sul fuoco per una decina di minuti. Nel frattempo lavate bene i cuori e pulite i fegatini, badando a eliminare del tutto le sacche del fiele.

Quindi tagliateli a pezzetti e uniteli alle cipolle, fateli insaporire bene, poi bagnate il tutto con il vino bianco, aspettando che evapori prima di salare e pepare.

Lasciate sul fuoco per altri 5 minuti. Lessate i bigoli al dente, scolateli e versateli nella casseruola del sugo, aggiungete il prezzemolo tritato facendo saltare la pasta per pochi istanti, infine servite.

Bucatini all'amatriciana (Lazio)

◆ Tempo: 30 minuti ✱ Difficoltà: facile

❖ 400 g di bucatini, 200 g di guanciale magro di maiale o pancetta tesa, 300 g di pomodorini maturi e sodi, 1/2 cipolla, peperoncino rosso in polvere, pecorino grattugiato, olio extravergine d'oliva, sale.

Tagliate il guanciale a dadini e rosolatelo in alcuni cucchiai d'olio: non appena il grasso si sarà sciolto, prelevatelo dal tegame e tenetelo da parte. Nel fondo di cottura fate imbiondire la cipolla finemente tritata, quindi unite i pomodori (che avrete prima sbollentato in acqua in modo da pelarli) privati dei semi e tagliati a filettini. Salate e lasciate asciugare il sugo per una decina di minuti, quindi mettete nuovamente a cottura il guanciale e insaporite con il peperoncino.

Utilizzate il sugo per condire i bucatini lessati e scolati al dente, completando con un'abbondante spolverata di pecorino.

In origine la ricetta non prevedeva, o quasi, l'utilizzo del pomodoro, quindi è possibile evitare o diminuirne l'impiego.

Bucatini con l'agnello (Molise)

◆ Tempo: 30 minuti ✶ Difficoltà: facile

❖ 400 g di bucatini, 200 g di polpa d'agnello, 400 g di polpa di pomodoro, 2 spicchi d'aglio, 1 rametto di rosmarino, 2 foglie d'alloro, vino rosso, pecorino grattugiato, olio extravergine d'oliva, sale, pepe.

Tagliate l'agnello a pezzettini e rosolateli in una padella piuttosto capiente con abbondante olio e con gli spicchi d'aglio sbucciati e schiacciati (eliminate l'aglio non appena prende colore), il rametto di rosmarino e le foglie di alloro. A questo punto irrorate la preparazione con un po' di vino rosso e lasciatelo evaporare mescolando bene e girando i pezzi di carne. Dopo qualche minuto aggiungete anche la polpa di pomodoro, sale e pepe e portate a termine la cottura su fiamma bassa. Intanto lessate i bucatini in abbondante acqua salata, scolateli al dente e uniteli al sugo con una spolverata di pecorino.

Cavatieddi al prosciutto (Puglia)

◆ Tempo: 50 minuti ✶ Difficoltà: media

❖ PER I CAVATIEDDI: 200 g di farina bianca, 100 g di farina di semola, sale.
PER IL SUGO: 500 g di pomodori maturi e sodi, 1 fetta di prosciutto crudo di 100 g, 1 cipolla, 1 carota, 1/2 gambo di sedano, peperoncino rosso, vino rosso, pecorino grattugiato, olio extravergine d'oliva, sale.

Mischiate le 2 farine e disponetele a fontana su un piano di lavoro infarinato, quindi impastatele con un po' d'acqua tiepida in cui avrete sciolto un pizzico di sale. Lavorate fino a ottenere un impasto omogeneo e morbido, che suddividerete prima in lunghi cilindri grossi mezzo centimetro e quindi in pezzettini grossi come dei cannellini. Strisciate ogni pezzettino con la punta del coltello, in modo da ottenere delle piccole conchigliette allungate che porrete poi ad asciugare su un canovaccio leggermente infarinato. Preparate un battuto di cipolla, carota e sedano e fatelo rosolare in un tegame di coccio insieme con un po' d'olio. Unite al soffritto il prosciutto tagliato a dadini, lasciate insaporire quindi bagnate con il vino e fate evaporare. Mettete a cottura anche i pomodori che avrete pelato tuffandoli in acqua bollente, privato dei semi e tritato, condite con sale e un pizzico di peperoncino e lasciate cuocere per circa 20 minuti a fuoco basso. Lessate i cavatieddi in abbondante acqua salata, scolateli al dente e conditeli con il sugo e un'abbondante spolverata di pecorino. Servite caldo.

Fettuccine alla papalina

◆ Tempo: 50 minuti ✶ Difficoltà: facile

❖ 400 g di tagliatelle confezionate o fresche, 100 g di prosciutto cotto a fette sottili, 200 g di piselli fini, 1/2 cipolla, 2 uova, 4 cucchiai di parmigiano grattugiato, olio extravergine d'oliva, sale, pepe in grani.

Fate rosolare la cipolla tritata in qualche cucchiaio d'olio, quindi mettete a cottura i piselli, salate e pepate; abbassate la fiamma, coprite e portate a cottura, aiutandovi eventualmente con un po' d'acqua calda. Tagliate il prosciutto a listarelle e unitelo ai piselli poco prima di spegnere. In una zuppiera tiepida amalgamate con cura le uova insieme al parmigiano, al sale e al pepe fresco. Non appena la pasta sarà cotta al dente scolatela, versatela subito nella zuppiera con le uova e conditela con il sugo.

Fettuccine alla romana (Lazio)

◆ Tempo: 30 minuti ✶ Difficoltà: facile

❖ 400 g di fettuccine, 500 g di pomodori, 300 g di polpa di manzo, 1 cipolla, 1 carota, 1 gambo di sedano, peperoncino, 1/2 bicchiere di vino, 40 g di strutto, sale.

Per preparare il sugo rosolate un battuto di cipolla, carota e sedano nello strutto, quindi unite la polpa di manzo tagliata a pezzettini e cosparsa di sale e peperoncino. Bagnate con il vino e lasciate evaporare, poi unite i pomodori che avrete pelato tuffandoli in acqua bollente, privato dei semi e tritato. Portate il sugo a cottura dopo aver controllato il sale.
A questo punto lessate le fettuccine in acqua salata, scolatele al dente e servitele dopo averle condite con il sugo.

Filatieddi al sugo (Calabria)

◆ Tempo: 2 ore + 30 minuti ✶ Difficoltà: media

❖ PER I FILATIEDDI: 400 g di farina, 4 uova, 1 cucchiaino d'olio extravergine d'oliva, sale.
PER IL SUGO: 800 g di spalla d'agnello, 500 g di pomodori, 80 g di funghi secchi, 1/2 cipolla, prezzemolo, peperoncino, 60 g di pecorino, 30 g di farina, 1/2 bicchiere di vino bianco, 10 g di strutto, 2 cucchiai d'olio extravergine d'oliva, sale.

Versate la farina a fontana e nel centro rompetevi le uova, unite un pizzico di sale e l'olio e sbattetele con una forchetta. Impastate con le dita e lavorate la pasta sino a ottenere un impasto solido. Formate una palla, avvolgetela in un canovaccio bagnato con acqua tiepida e ben strizzato, e lasciate riposare per circa 30 minuti. Intanto fate sciogliere in una casseruola lo strutto, unitevi l'agnello a pezzetti, conditelo con sale e peperoncino e rosolatelo a fuoco lento e a pentola coperta per 25 minuti. Fate rinvenire i funghi secchi in acqua tiepida per 15 minuti e tritateli. Togliete l'agnello dalla casseruola e tenetelo in caldo; aggiungete al fondo di cottura l'olio e i funghi, fateli insaporire per alcuni minuti a calore vivo e poi uniteli all'agnello. Sempre nel fondo di cottura fate imbiondire la cipolla tritata finemente, bagnate con il vino e fatelo evaporare completamente. Togliete il recipiente dal fuoco, incorporate la farina alla cipolla e rimettete sul fornello mescolando; appena la farina sarà rossastra aggiungetevi i pomodori passati al passaverdura, regolate di sale e continuate la cottura per 20 minuti. Stendete la pasta con il matterello in due sfoglie che taglierete a quadratini e, con l'aiuto delle dita, formate con la pasta dei rotolini. A mano a mano che sono pronti allineateli su un vassoio e lasciateli riposare per 5 minuti. Nel frattempo portate a ebollizione una pentola di abbondante acqua salata. Unite al sugo i pezzi d'agnello e i funghi, coprite e continuate la cottura per 10 minuti. Unite il prezzemolo tritato. Lessate i filatieddi, scolateli al dente, versateli in un piatto da portata e conditeli con il sugo e il pecorino grattugiato.

Fusilli alla carrettiera

◆ Tempo: 30 minuti ✶ Difficoltà: facile

❖ 400 g di fusilli, 150 g di carne di manzo, 1 cipolla, 1 bicchiere di vino rosso, 400 g di pomodori da sugo, pecorino stagionato, strutto, sale, pepe.

In un tegame fate rosolare la carne tagliata a tocchetti nello strutto e con la cipolla affettata sottilmente. Quando la carne inizia a prendere colore, fatevi sfumare il vino rosso. Mescolate e unite i pomodori precedentemente spellati e tritati. Aggiustate di sale e pepe e proseguite la cottura fino a quando la carne non risulterà molto tenera. Con il sugo preparato condite i fusilli che avrete scolato abbastanza al dente. Mescolate e servite il piatto cosparso di pecorino grattugiato.

Maccheroncelli alla partenopea

◆ Tempo: 2 ore e 30 minuti ✱ Difficoltà: facile

❖ 400 g di maccheroncelli (bucatini sottili), 800 g di polpa di pomodoro, 300 g di carne di manzo, 80 g di parmigiano grattugiato, 40 g di prosciutto cotto, 40 g di burro, 1 uovo, 1/2 cipolla, 1 spicchio d'aglio, 1 ciuffo di prezzemolo, 1/2 limone, 1 cucchiaio di pangrattato, 1 dl di vino bianco secco, farina, origano, olio extravergine d'oliva, sale, pepe.

In un tegame, mettete qualche cucchiaio d'olio e fate rosolare la carne; aggiungete il prosciutto tritato e la cipolla. Quando questa sarà imbiondita versate il vino e lasciatelo evaporare. Aggiungete la polpa di pomodoro precedentemente sminuzzata o passata e l'acqua necessaria a ricoprire la carne. Condite con sale e pepe e coprite il tegame con il coperchio fino a ebollizione, quindi abbassate la fiamma al minimo e fate proseguire la cottura per 2 ore circa. Togliete poi la carne dal tegame e lasciatela raffreddare. Intanto passate il sugo di cottura e tenetelo in caldo. Tritate la carne e aggiungete il pangrattato, il prezzemolo e l'aglio sminuzzati, la scorza del limone, il tuorlo dell'uovo, sale e pepe. Mescolate e con l'impasto ottenuto formate degli gnocchetti, aiutandovi con un po' di farina, quindi lessateli in acqua salata. Cuocete anche i maccheroncelli; dopo averli scolati, poneteli in un piatto da portata, conditeli con fiocchetti di burro e parmigiano, coprite con il sugo di cottura della carne e distribuitevi sopra gli gnocchetti, spolverizzando con poco origano.

Maccheroni con salsiccia e ricotta

◆ Tempo: 30 minuti ✶ Difficoltà: facile

❖ 400 g di maccheroni, 400 g di ricotta, 150 g di salsiccia, pecorino grattugiato, olio extravergine d'oliva, sale, pepe.

Lavorate a lungo la ricotta in una zuppiera condendola con sale, un'abbondante macinata di pepe e la salsiccia che avrete prima privato del budello e fatto rosolare su fiamma bassissima senza altro condimento che il suo grasso. Mescolate con cura allungando con un paio di cucchiai dell'acqua di cottura della pasta che nel frattempo avrete messo a lessare.
Scolate i maccheroni al dente e passateli nella zuppiera con la ricotta, mescolateli con cura condendo con pecorino grattugiato e un giro d'olio crudo.

Malloreddus al cinghiale (Sardegna)

◆ Tempo: 2 ore e 30 minuti ✶ Difficoltà: media

❖ PER I MALLOREDDUS: 250 g di semola fine, 150 g di farina, zafferano, sale.
PER IL SUGO: 450 g di polpa di cinghiale macinata, 450 g di passata di pomodoro, 1 cipolla, alcune foglie d'alloro, pecorino grattugiato, olio extravergine d'oliva, sale, pepe.

Unite la farina di semola alla farina bianca e sistematele a fontana sopra una spianatoia, nel centro versate una tazza e mezzo d'acqua tiepida con qualche presa di zafferano sciolto precedentemente. Aggiungete un pizzico di sale e amalgamate tutto con cura. Quando la pasta risulterà omogenea, formate dei piccoli cilindri che dividerete in tocchetti di un paio di centimetri; passate i malloreddus sull'apposito strumento oppure sul retro della grattugia, per rigarli esternamente. Lasciateli asciugare per un paio di giorni. In una teglia rosolate la cipolla tritata in abbondante olio, aggiungete la polpa di cinghiale macinata, insaporite con sale e pepe e lasciatela colorire per qualche minuto prima di unire la passata di pomodoro e qualche foglia d'alloro. Cuocete per un paio d'ore, quindi lessate i malloreddus in acqua salata, scolateli e conditeli con il sugo.

Orecchiette alla lucana (Basilicata)

◆ Tempo: 3 ore ✱ Difficoltà: media

❖ PER LE ORECCHIETTE: 350 g di farina bianca, 100 g di semola di grano duro, sale.
PER IL SUGO: 500 g di pomodori maturi e sodi, 300 g di carne di vitello macinata, 1 cipolla, 4-5 foglie di basilico, peperoncino rosso, pecorino grattugiato, olio extravergine d'oliva, sale.

Iniziate con il preparare le orecchiette: sul piano di lavoro infarinato disponete a fontana la farina bianca mischiata con la semola e con un pizzico di sale, quindi lavoratele con l'acqua tiepida necessaria a ottenere un impasto piuttosto sodo e ben omogeneo. Dopo circa 10 minuti di lavoro suddividete la pasta in pezzetti; distendeteli in modo da formare dei lunghi cilindri da cui staccherete tanti pezzettini lunghi un centimetro. Aiutandovi con la punta del coltello trascinate ogni pezzetto di pasta sul piano di lavoro infarinato in modo da dare la forma di conchiglia. Appoggiate poi ciascuna conchiglia sulla punta del pollice e rovesciatela all'indietro così da formare le orecchiette, che disporrete infine ad asciugare su canovacci leggermente infarinati. Tritate la cipolla e fatela ammorbidire in un tegame di coccio con qualche cucchiaio d'olio; non appena diventa trasparente unite la carne macinata, salate e, mescolando, lasciate insaporire per qualche minuto. Aggiungete anche i pomodori che avrete pelato tuffandoli in ac-

qua bollente, privato dei semi e spezzettato, poi proseguite su fiamma bassa per circa 2 ore, mantenendo mescolato ed eventualmente allungando con un poco d'acqua calda. Prima di spegnere controllate il sale e insaporite con peperoncino e il basilico sminuzzato.
Lessate le orecchiette in abbondante acqua salata, scolatele e conditele con il sugo e il pecorino grattugiato.

Paglia e fieno al fagiano

◆ Tempo: 1 ora e 30 minuti + 3 ore ✱ Difficoltà: media

❖ 400 g di tagliatelle paglia e fieno, 1 fagiano, fieno di pimpinella, vino rosso, 3 foglie di alloro, 2 chiodi di garofano, cannella, rosmarino, miele, farina, semi di papavero, olio extravergine d'oliva, sale, pepe.

Immergete per 3 ore il fagiano aperto lungo tutto il ventre in una marinata composta da vino rosso, alloro, cannella, rosmarino e miele. Togliete il fagiano dalla marinata e asciugatelo avvolgendolo in abbondante erba pimpinella, sia all'esterno che all'interno, salate e pepate l'interno del fagiano aggiungendo qualche foglia d'alloro. Ricomponete il fagiano con l'erba legandolo con dello spago da cucina. Mettete in una teglia con olio d'oliva, parte della marinata e infornate in forno caldo a 200 °C per un'ora. Lessate le tagliatelle al dente e conditele caldissime con il resto della marinata molto ristretta insieme a un cucchiaio d'olio d'oliva e semi di papavero. Servite disponendo il fagiano a pezzi sulle tagliatelle.

Pappardelle al cinghiale

◆ Tempo: 2 ore ✳ Difficoltà: media

❖ 400 g di pappardelle fresche, 400 g di polpa magra di cinghiale macinata grossa, 350 g di polpa di pomodoro, 1 cipolla, 1 carota piccola, 1 gambo di sedano, 2 foglie d'alloro, peperoncino rosso, 1 cucchiaio di concentrato di pomodoro, vino rosso, olio extravergine d'oliva, sale.

Preparate le pappardelle utilizzando l'impasto descritto nella ricetta sfoglia-base (vedi pag. 13) e suddividete la sfoglia in strisce di 1 cm e 1/2, quindi lasciatele asciugare su un canovaccio infarinato. Mettete a scaldare in un tegame un battuto di cipolla, carota e sedano con un po' d'olio, quindi unite la carne macinata e lasciatela rosolare bene. Bagnate con il vino e fate evaporare, poi unite la polpa e il concentrato di pomodoro diluito in poca acqua calda. Salate, insaporite con il peperoncino e con l'alloro e cuocete a fiamma bassa per circa un'ora e mezzo. Lessate le pappardelle in abbondante acqua salata, scolatele al dente e spadellatele nel sugo di cinghiale prima di servirle. Alcune varianti utilizzano due parti di polpa di cinghiale e una parte di polpa di manzo per diminuire il sapore di selvatico, altre impiegano solo un po' di concentrato eliminando l'impiego della polpa di pomodoro.

Pappardelle alla lepre (Toscana)

◆ Tempo: 2 ore ✳ Difficoltà: media

❖ 400 g di pappardelle fresche, 1 schienale di lepre disossato, 50 g di prosciutto, 100 g di passata di pomodoro, 1 cipolla, 1 carota, 1 gambo di sedano, 1 foglia d'alloro, 1 cucchiaio di prezzemolo, timo e rosmarino tritati assieme, 4 bacche di ginepro, 1 bicchiere di vino rosso, brodo, olio extravergine d'oliva, sale, pepe.

Preparate le pappardelle utilizzando l'impasto descritto nella ricetta sfoglia-base (vedi pag. 13) e suddividete la sfoglia in strisce di 1 cm e 1/2, quindi lasciatele asciugare su un canovaccio infarinato. Mettete a soffriggere tutti gli aromi e le verdure tritate finemente e, quando la cipolla inizia a prendere colore, unite il prosciutto tagliuzzato e la carne a pezzi. Rigirate un po' per far insaporire, quindi irrorate con il vino rosso che lascerete evaporare. Quando la carne comincia ad asciugarsi, versate il passato di pomodoro e proseguite la cottura a fuoco basso per circa un'ora e mezzo, tenendo morbido il sugo con un po' di brodo caldo. Alcuni preferiscono unire un bicchiere di latte. Lessate intanto le pappardelle al dente e servitele in una zuppiera riscaldata in precedenza, condite con il sugo e decorate con i pezzi di carne appoggiati in superficie.

Penne strascicate

◆ Tempo: 1 ora e 30 minuti ✱ Difficoltà: facile

❖ 400 g di penne rigate, 300 g di carne macinata di vitello, 6 pomodori da sugo, 1/2 cipolla, 1 carota, 1 gambo di sedano, parmigiano, 1 dl di brodo, olio extravergine d'oliva, sale, pepe.

Preparate un battuto tritando finemente tutti gli odori (cipolla, carota e sedano precedentemente lavati e sbucciati) con un coltello o con la mezzaluna e poi lasciatelo soffriggere in una padella antiaderente con un po' d'olio.

Quando le verdure iniziano ad appassire, unite la carne macinata, lasciatela insaporire bene per circa mezzora sempre mescolando con un cucchiaio di legno e bagnate via via con il brodo. A questo punto aggiungete i pomodori precedentemente spellati e privati dei semi e proseguite la cottura per circa 45 minuti.

Lessate le penne e, a metà cottura, scolatele e versatele insieme al sugo in una teglia piuttosto ampia e con i bordi alti. Ripassatele sul fuoco a fiamma bassa per circa una decina di minuti sempre mescolando e scuotendo il tegame e unite abbondante parmigiano grattugiato prima di servire.

Spaghetti alla carbonara (Lazio)

◆ Tempo: 30 minuti ✶ Difficoltà: facile

❖ 400 g di spaghetti, 200 g di guanciale magro o pancetta tesa, 4 uova, 1 spicchio d'aglio, 3 cucchiai di parmigiano grattugiato, 3 cucchiai di pecorino grattugiato, olio extravergine d'oliva, sale, pepe in grani.

Tagliate il guanciale a dadini di circa mezzo cm di lato e fatelo rosolare in un tegame insieme con alcuni cucchiai d'olio e lo spicchio d'aglio (che toglierete non appena prende colore). In una zuppiera calda amalgamate con cura le uova (2 intere e 2 soli tuorli) a temperatura ambiente con i formaggi grattugiati, condendo con sale e abbondante pepe macinato fresco; dovrete ottenere una cremina omogenea.
La preparazione del condimento deve essere eseguita con la pasta quasi sul punto di essere scolata, in modo che venga versata immediatamente nella zuppiera, mescolata all'uovo e alla pancetta croccante e calda. Infine servite in tavola la carbonara ben calda.

Spaghetti alla chitarra (Basilicata)

◆ Tempo: 45 minuti ✶ Difficoltà: facile

❖ 400 g di spaghetti alla chitarra, 1 fetta di carne di maiale di 500 g, 500 g di pomodori maturi e sodi, 4 fettine di pancetta, 3 spicchi d'aglio, prezzemolo, pecorino fresco, vino rosso, 1 cucchiaio di strutto, 1 pezzetto di lardo, sale, pepe.

Tritate 2 spicchi d'aglio con un po' di prezzemolo e impastatelo allo strutto con un po' di pepe macinato fresco, poi spalmate il composto sulla fetta di maiale che avrete leggermente battuto. Sul lardo distribuite le fettine di pancetta e quindi qualche pezzetto di pecorino. Avvolgete la carne su se stessa a formare un rotolo che fermerete con del filo da cucina. Rosolate in un tegame di coccio il lardo tagliato a pezzetti e lo spicchio d'aglio rimasto, quindi ponetevi la carne a colorire. Bagnatela con un po' di vino, fatelo evaporare e insaporite con sale e pepe; unite poi i pomodori che avrete pelato tuffandoli in acqua bollente, privato dei semi e grossolanamente tritato. Portate il sugo a cottura; prima di spegnere prelevate e tenete al caldo la carne. Lessate gli spaghetti in abbondante acqua salata, scolateli al dente e conditeli con il sugo; la carne verrà invece servita come secondo piatto.

Tagliatelle al coniglio

◆ Tempo: 30 minuti + 1 ora ✱ Difficoltà: facile

❖ 400 g di tagliatelle confezionate o fresche,
200 g di polpa di coniglio (o lepre), 1 spicchio d'aglio,
qualche rametto di rosmarino, farina, 1/2 bicchiere
di vino bianco secco, burro, olio extravergine d'oliva,
sale, pepe.

Tagliate a pezzettini la polpa di coniglio e lasciatela marinare immersa in una mistura composta con il vino, un pizzico di sale, una spolverata di pepe e un rametto di rosmarino. Scolate la carne dopo circa un'ora e rosolatela in una padella in alcuni cucchiai d'olio lasciati prima insaporire con lo spicchio d'aglio sbucciato e schiacciato. Salate e portate il coniglio a cottura bagnandolo di tanto in tanto con la marinata. Scolate il coniglio dal sugo e tenetelo da parte; nel fondo di cottura stemperate una noce di burro in cui avrete impastato un cucchiaino di farina.

Non appena il sugo si sarà raddensato unite nuovamente il coniglio e spadellatevi le tagliatelle che nel frattempo avrete lessato e scolato al dente.

Tagliatelle alla bolognese (Emilia Romagna)

◆ Tempo: 2 ore e 30 minuti ✶ Difficoltà: facile

❖ 400 g di tagliatelle, 200 g di polpa di manzo macinata, 50 g di pancetta tesa, 1/2 cipolla, 1/2 gambo di sedano, 1 carota piccola, 2 cucchiai di concentrato di pomodoro, 1/2 bicchiere di vino rosso, brodo di carne, parmigiano grattugiato, olio extravergine d'oliva, sale, pepe.

Tritate cipolla, carota e sedano e, a parte, tagliate a dadini la pancetta. In un tegame fate rosolare quest'ultima con qualche cucchiaio d'olio; quando il grasso si sarà sciolto, mescolando con cura, unite il trito di verdura e, non appena risulta ammorbidito, fatevi rosolare la polpa di manzo. Continuate a mescolare in modo che la carne assuma un colore bruno uniforme; a questo punto bagnate con il vino e lasciate che questo evapori. Aggiungete il concentrato di pomodoro sciolto in un po' di brodo caldo, regolate di sale e pepe; abbassate la fiamma e cuocete ancora a tegame coperto per circa 2 ore bagnando di tanto in tanto con un cucchiaio di brodo. Fate cuocere le tagliatelle in abbondante acqua salata, scolatele e conditele con il ragù di carne e una spolverizzata di parmigiano grattugiato.

Tagliatelle con ragù

◆ Tempo: 30 minuti ✶ Difficoltà: facile

❖ 400 g di tagliatelle confezionate o fresche, 250 g di pomodori, 200 g di macinato di manzo, 100 g di prosciutto crudo, 1 cipolla, 1 carota, 1 gambo di sedano, tartufo nero, vino bianco, olio extravergine d'oliva, sale, pepe.

Soffriggete in qualche cucchiaio d'olio la cipolla, la carota e il sedano tritati; aggiungete poi la carne e il prosciutto tagliato a dadini. Dopo qualche minuto, bagnate con un po' di vino;

quando sarà evaporato unite il pomodoro fresco, spellato e a pezzi. Salate, pepate e cuocete a fuoco moderato; prima di ultimare la cottura grattugiate sul ragù del tartufo nero. Scolate le tagliatelle, conditele con il sugo e servite.

Vermicelli salsiccia e zafferano

◆ Tempo: 30 minuti ✶ Difficoltà: facile

❖ 400 g di vermicelli, 250 g di salsiccia fresca, 1/2 cipolla tritata, 1/2 bicchiere di vino bianco, 1 bustina di zafferano, 1 rametto di salvia e rosmarino, 2 cucchiai di grana grattugiato, 40 g di burro, olio extravergine d'oliva, sale, pepe.

Fate rosolare la cipolla in una padella antiaderente con il burro, l'olio, la salvia e il rosmarino. Nel frattempo spellate la salsiccia, sbriciolatela, aggiungetela al soffritto e fatela rosolare per pochi minuti a fiamma vivace. Bagnate poi con il vino bianco, unite lo zafferano sciolto in mezzo bicchiere d'acqua calda, mescolate e proseguite la cottura per 10 minuti circa. A fine cottura togliete il rosmarino. Nel frattempo fate cuocere la pasta in abbondante acqua salata e scolatela al dente. Condite i vermicelli con il sugo, aggiungete una manciata di pepe, spolverizzate con il grana grattugiato e servite subito.

Pasta con il pesce

Bavette sul pesce

◆ Tempo: 1 ora ✱ Difficoltà: media

❖ 400 g di bavette, 600 g tra calamaretti, seppioline, piccoli scampi e cicale di mare, 3 spicchi d'aglio, 1 ciuffo di prezzemolo, 1 peperoncino rosso, 1/2 bicchiere di vino bianco, olio extravergine d'oliva, sale.

Private i molluschi di penna o osso interni, occhi, rostro e interiora (da estratte dalla sacca tirando i tentacoli senza rompere le vescichette dell'inchiostro che possono essere utilizzate per insaporire questo o un altro sugo); lavateli, tagliate poi a listarelle le sacche se troppo grosse e lasciate i ciuffetti dei tentacoli interi. Lavate i crostacei con cura e tagliate eventualmente a tocchetti le cicale che verranno poi golosamente "succhiate" dai commensali. In un tegame capiente, fate insaporire abbondante olio con aglio e peperoncino; unite il pesce e, dopo averlo rosolato, bagnatelo con il vino che lascerete in parte evaporare. La preparazione tradizionale prevede a questo punto che le bavette vengano aggiunte spezzate nel tegame del pesce e cotte con aggiunta d'acqua bollente salata a mo' di risotto. Se non siete disposti a "rischiare", lessate le bavette, scolatele al dente e spadellatele con il sugo prima di servirle. Unite alla pasta una generosa spolverata di prezzemolo tritato.

Bigoli con le sarde (Veneto)

◆ Tempo: 20 minuti ✱ Difficoltà: facile

❖ 400 g di bigoli, 6 sarde di lago, 1 spicchio d'aglio, 1 manciata di prezzemolo, olio extravergine d'oliva, sale.

Pulite le sarde privandole di testa, lisca e coda; lavatele, lasciatele asciugare su un canovaccio e poi tagliatele a pezzettini. Rosolatele nell'olio caldo in modo che si spappolino e, prima di spegnere, unite un trito d'aglio e prezzemolo. Lessate i bigoli in abbondante acqua salata; scolateli al dente e conditeli con il sugo di sarde. È anche possibile utilizzare le sarde sottosale che, ben pulite (evitando se è possibile di sciacquarle con acqua) e diliscate, verranno poi adoperate come quelle fresche.

Fusilli con scampi e zucchine

◆ Tempo: 30 minuti ✷ Difficoltà: facile

❖ 400 g di fusilli, 450 g di scampi, 350 g di zucchine, 1 scalogno, 1 ciuffo di prezzemolo, 1/2 l di fumetto di pesce, olio extravergine d'oliva, sale, pepe.

Rosolate in qualche cucchiaio d'olio lo scalogno finemente tritato e, non appena sarà diventato trasparente, unite le zucchine tagliate a julienne e gli scampi ben lavati. Salate, pepate e portate a cottura su fiamma dolce, aiutandovi con un po' di fumetto di pesce caldo. Lessate i fusilli in abbondante acqua salata e scolateli al dente. Spadellateli nel sugo condendo con un giro d'olio crudo e una manciata di prezzemolo tritato.

Linguine con frutti di mare

◆ Tempo: 30 minuti ✷ Difficoltà: facile

❖ 400 g di linguine, 400 g di vongole, 400 g di cozze, 150 g di pomodorini, origano fresco, 1 ciuffo di basilico, 1 ciuffo di prezzemolo, 3 spicchi d'aglio, olio extravergine d'oliva, sale.

Pulite le vongole e le cozze con molta cura. In una padella fate aprire separatamente prima le cozze e poi le vongole con l'aglio, un po' d'olio e l'origano fresco. Filtrate il liquido delle vongole e tenetelo da parte. Pelate i pomodorini tuffandoli 2 minuti in acqua bollente, riduceteli a tocchetti e fateli saltare in padella con 2 cucchiai di olio e 2 spicchi di aglio. Lessate le linguine al dente. A questo punto versate la pasta nel sugo ancora caldo insieme ai frutti di mare e condite con le foglie di basilico, il prezzemolo tritato e il liquido delle vongole. Rivestite con carta d'alluminio una teglia e versatevi tutti gli ingredienti, richiudete molto bene e passate il tutto in forno caldissimo per circa 5 minuti. Aprite i cartocci al momento di servire.

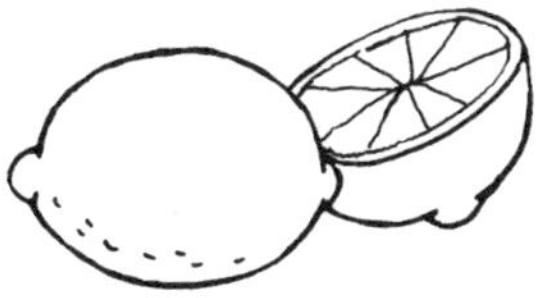

Maltagliati con calamari e verdure

◆ Tempo: 30 minuti ✱ Difficoltà: media

❖ 400 g di maltagliati freschi, 300 g di calamari, 3 cespi di scorzonera, 200 g di pomodori maturi, 2 grosse patate, 1 spicchio d'aglio, prezzemolo, peperoncino rosso, olio extravergine d'oliva, sale.

Preparate i maltagliati utilizzando l'impasto descritto nella ricetta sfoglia-base (vedi pag. 13): suddividete la sfoglia in strisce di 1,5×6-7 cm tagliandole senza particolare precisione, quindi lasciatele asciugare sopra un canovaccio infarinato.
Pulite il pesce, tagliatelo a listarelle e rosolatelo in qualche cucchiaio d'olio; dopo qualche minuto unite i pomodori che avrete pelato tuffandoli in acqua bollente, privato dei semi e grossolanamente tritato. Portate a cottura e, alcuni minuti prima di spegnere, condite con sale, un pizzico di peperoncino e un trito di prezzemolo e aglio. Portate a bollore una pentola capiente d'acqua salata e mettete a cottura le patate, da cui avrete ricavato delle fette di circa 1/2 cm di spessore, e la scor-

zonera che avrete pulito e tagliato a fettine. Dopo 5 minuti mettete a cuocere nella stessa pentola anche i maltagliati e scolate poi tutto insieme. Passate la pasta con la verdura nel tegame con il sugo e spadellate sul fuoco per qualche istante mescolando in modo che si insaporisca bene. Condite con un giro d'olio crudo e portate in tavola.

Pappardelle al branzino

◆ Tempo: 30 minuti ✶ Difficoltà: facile

✣ 400 g di pappardelle, 250 g di polpa di branzino, 200 g di pomodorini sodi, 15 g di aneto fresco, 1 spicchio d'aglio, 1 dl di panna, vino bianco secco, olio extravergine d'oliva, sale, pepe in grani.

Lasciate insaporire lo spicchio d'aglio in qualche cucchiaio d'olio, poi unite la polpa del pesce tritata e l'aneto sminuzzato. Lasciate che il pesce si insaporisca, poi bagnate con un po' di vino bianco e fatelo sfumare. Unite al sugo i pomodorini che avrete pelato tuffandoli in acqua bollente, privati dei semi e tritati; lasciateli restringere sul fuoco, poi diluite con la panna e aggiustate di sale. Fate cuocere su fiamma moderata finché il sughetto non avrà raggiunto la giusta consistenza. Condite con questo sugo le pappardelle che avrete nel frattempo lessato al dente.

Penne con salmone e noci

◆ Tempo: 30 minuti ✶ Difficoltà: media

✣ 400 g di penne, 200 g di fettine di salmone affumicato, 10 gherigli di noce, 50 g di pistacchi spellati, 1 cipollotto, 1 uovo, cognac, olio extravergine d'oliva, sale, pepe in grani.

In un tegame piuttosto ampio fate soffriggere in qualche cucchiaio d'olio un trito fine di cipollotto con uno più grossola-

no di noci e pistacchi. Dopo qualche minuto bagnate con un goccio di cognac e lasciate evaporare, poi unite il salmone tagliato a filettini e una macinata di pepe fresco; mescolate con un cucchiaio di legno e lasciate insaporire ancora per qualche istante quindi spegnete.
In una zuppiera mescolate il tuorlo d'uovo con qualche cucchiaio d'olio e un pizzico di sale; versateci sopra la pasta scolata al dente e condite con il sugo, amalgamando con cura prima di servire.
Una variante della ricetta utilizza 1/4 di l di panna liquida fresca al posto dell'uovo.

Penne e gamberetti al cartoccio

◆ Tempo: 30 minuti ✱ Difficoltà: media

❖ 400 g di penne, 150 g di gamberetti sgusciati, 1 fetta di prosciutto affumicato di 100 g, 150 g di pisellini sgranati, 1 cipollotto, vino bianco secco, olio extravergine d'oliva, sale, pepe.

Lavate i gamberetti e rosolateli in qualche cucchiaio d'olio, poi bagnateli con il vino. Fate ammorbidire il cipollotto finemente tritato nell'olio, unite il prosciutto tagliato a dadini e i pisellini; salate, pepate e portate a cottura i piselli (aiutatevi semmai con un mestolo d'acqua calda). Lessate la pasta in abbondante acqua salata e scolatela ben al dente. Conditela con un giro d'olio crudo e amalgamatela ai gamberetti e ai piselli, poi versatela sul foglio di carta d'alluminio per il cartoccio e richiudete. Passate in forno caldo (180 °C) per una decina di minuti, poi portate in tavola il cartoccio aperto.
Potrete scegliere se fare un unico grande cartoccio o più cartocci monoporzione.

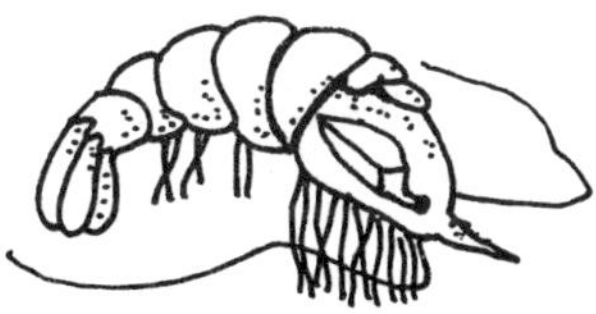

Spaghetti ai calamari

◆ Tempo: 1 ora e 20 minuti ✱ Difficoltà: media

❖ 400 g di spaghetti, 4-5 calamari per un totale di circa 500 g, 500 g di spinaci, 500 g di pomodori sodi e maturi, 200 g di funghi, 1 uovo, 1 spicchio d'aglio, 1 ciuffo di prezzemolo, peperoncino rosso, 2 cucchiai di pangrattato, 2 cucchiai di parmigiano grattugiato, olio extravergine d'oliva, sale, pepe.

Mondate la verdura. Fate appassire i funghi affettati in qualche cucchiaio d'olio, salate e pepate, poi tritateli insieme con gli spinaci che avrete lessato in poca acqua e ben strizzato. Pulite i calamari; separate i tentacoli dalla sacca (eliminando le viscere e facendo attenzione a non rompere la vescichetta dell'inchiostro), tritateli e amalgamateli alle verdure insieme con un po' di prezzemolo anch'esso tritato, l'uovo, il formaggio, il pangrattato, sale e pepe. Mescolate con cura in modo da ottenere un composto omogeneo che utilizzerete per farcire le sacche dei calamari richiudendole con del filo da cucina. Fate insaporire qualche cucchiaio d'olio con lo spicchio d'aglio schiacciato; non appena quest'ultimo avrà preso colore toglietelo e unite i pomodori, che avrete pelato tuffandoli in acqua bollente, privato dei semi e grossolanamente tritato.
Quando il sugo avrà preso a sobbollire, unite i calamari, un pizzico di sale e un po' di peperoncino (la dose varia a seconda dei gusti); cuocete a pentola coperta per circa 30-40 minuti, poi scolate i pesci dal tegame e teneteli da parte insieme con qualche cucchiaio di salsa.
Nel frattempo lessate gli spaghetti e scolateli al dente. Spadellateli nel sugo rimasto nel tegame, condendo con una spolverata di prezzemolo tritato e un eventuale giro d'olio crudo. Mescolate con cura e serviteli guarnendo la pasta con i calamari affettati e il sugo tenuto a parte.

Spaghetti al caviale

◆ Tempo: 15 minuti ✻ Difficoltà: facile

❖ 400 g di spaghetti, 1 scatoletta di caviale (o uova di lompo), 1 limone, 1,5 dl di panna liquida fresca, 80 g di burro, sale, pepe in grani.

Trasferite il caviale in una scodella e conditelo con qualche goccia di succo di limone. Nella zuppiera con cui servirete la pasta, lavorate il burro ammorbidito insieme con la panna che avrete prima leggermente scaldato. Lessate gli spaghetti al dente, versateli nella zuppiera e conditeli mescolandoli con delicatezza al burro e panna, al caviale e a un po' di pepe fresco.

Spaghetti al nero di seppia

◆ Tempo: 45 minuti ✻ Difficoltà: media

❖ 400 g di spaghetti, 400 g di seppie piccole, qualche sacchetto di inchiostro, 5 pomodori maturi, 1 spicchio d'aglio, 1 ciuffo di prezzemolo, peperoncino rosso, olio extravergine d'oliva, sale.

Pulite e lavate le seppie, poi tritatele grossolanamente. Fate soffriggere un trito d'aglio in poco olio, unite le seppie e un mestolo d'acqua calda e fate cuocere 15 minuti. Aggiungete i pomodori (pelati e privati dei semi) grossolanamente tritati e quando il sugo si sarà ristretto, rompete nel tegame i sacchetti dell'inchiostro. Condite con una manciata di prezzemolo tritato, sale e peperoncino. Lasciate insaporire prima di spadellarvi gli spaghetti che nel frattempo avrete scolato al dente.
Una variante della ricetta non prevede l'impiego dei pomodori; in questo caso si può aggiungere un po' di vino bianco secco o di brodo caldo.

Spaghetti al tonno

◆ Tempo: 30 minuti ✶ Difficoltà: media

❖ 400 g di spaghetti, 600 g di pomodori pelati, 125 g di tonno sottolio, 1 cipolla, 1 spicchio d'aglio, prezzemolo, olio extravergine d'oliva, sale, pepe.

Semplice e saporito piatto, gli spaghetti al tonno appartengono all'antica tradizione della vigilia di Natale e del venerdì senza carne. Versate in una casseruola dell'olio e fatevi soffriggere aglio e cipolla sbucciati e finemente tritati. Aggiungete i pomodori pelati spezzettati e fate asciugare a fuoco basso. A cottura ormai ultimata, liberate il tonno dall'olio, sminuzzatelo e versatelo nella casseruola assieme al sale. Lasciate sul fuoco qualche minuto mescolando e, poco prima di togliere dal fuoco, aggiungete un po' di prezzemolo fresco tritato e un pizzico di pepe. Nel frattempo portate a ebollizione abbondante acqua salata, calatevi gli spaghetti, scolateli quando la cottura è al dente e infine conditeli con il sugo di tonno e servite.

Spaghetti alici e tartufo (Piemonte)

◆ Tempo: 30 minuti ✶ Difficoltà: media

❖ 400 g di spaghetti, 4 tartufi neri di media grossezza, 4 alici sottosale, 1 spicchio d'aglio, olio extravergine d'oliva, sale, pepe bianco.

Lavate con cura sotto acqua corrente le alici e spinatele, tenendo da parte i filetti. Pulite i tartufi eliminando del tutto il terriccio e lavorateli molto finemente in un mortaio. Fate quindi sciogliere in una casseruola con un poco d'olio i filetti d'alice, aggiungete l'aglio pestato e, senza che soffrigga, i tartufi, sale e pepe. Nel frattempo mettete sul fuoco una pentola con abbondante acqua e, quando raggiunge l'ebollizione, salatela e cuocetevi gli spaghetti. Scolateli al dente, conditeli con il sugo di alici e tartufo e portateli in tavola.

Spaghetti all'aragosta (Sardegna)

◆ Tempo: 30 minuti ✶ Difficoltà: media

❖ 400 g di spaghetti, 1 aragosta di media grossezza, 250 g di passata di pomodoro oppure polpa di pomodoro fresca, 2 spicchi d'aglio, 1 ciuffo di prezzemolo, olio extravergine d'oliva, sale, pepe in grani.

Lessate per qualche minuto l'aragosta in acqua salata, scolatela, liberatela dal guscio e tagliatela a pezzetti. In una teglia, fate dorare gli spicchi d'aglio spellati e schiacciati in qualche cucchiaio d'olio, unite l'aragosta che lascerete insaporire qualche minuto, quindi aggiungete la passata di pomodoro, un trito di prezzemolo e il sale e portate lentamente a cottura. Nel frattempo lessate la pasta, scolatela al dente e servitela con il sugo di aragosta e qualche grano di pepe macinato al momento. Servite con una bella spolverata di prezzemolo.

Spaghetti con alici fresche

◆ Tempo: 20 minuti ✶ Difficoltà: facile

❖ 400 g di spaghetti, 250 g di alici freschissime, 1/2 limone, 2 spicchi d'aglio, 1 manciata di prezzemolo, peperoncino rosso, 40 g di pangrattato, olio extravergine d'oliva, sale.

Il sugo di questa ricetta è di velocissima preparazione, richiede un po' d'impegno solo nella fase di pulizia del pesce.

Pulite le alici eliminando la testa, la coda e la spina centrale; lavate accuratamente i filetti sotto acqua corrente, poi metteteli in una casseruola con un trito d'aglio e prezzemolo, il pangrattato e l'olio.

Lasciate sul fuoco piuttosto vivace per qualche minuto, mescolando sino a quando le alici siano tenere e il pangrattato risulti ben dorato; condite con sale e peperoncino. Scolate la pasta al dente e spadellatela con la salsa prima di servire, irrorando il tutto con il succo di limone.

Spaghetti con i cannolicchi

◆ Tempo: 45 minuti ✱ Difficoltà: media

❖ 400 g di spaghetti alla chitarra, 1 kg di cannolicchi (o tartufi di mare, o telline), 800 g di pomodori maturi, 3 spicchi d'aglio, 1 ciuffo di prezzemolo, 1 peperoncino rosso, 1/2 bicchiere di vino bianco secco, olio extravergine d'oliva, sale.

Dopo averli ben lavati, fate aprire i cannolicchi mettendoli in un tegame su fiamma vivace insieme con il vino; separate i molluschi dai gusci (tenetene alcuni interi per decorazione) e filtrate il liquido che avranno lasciato sul fondo del tegame. In qualche cucchiaiata d'olio, fate rosolare un trito d'aglio e il peperoncino spezzettato, poi unite i pomodori pelati, privati dei semi e grossolanamente tritati; salate e fate cuocere per 15 minuti circa.
Allungate il sugo con il liquido di cottura dei cannolicchi e, dopo 10 minuti, unite anche i molluschi tagliati a pezzetti. Fate cuocere ancora 5 minuti prima di spegnere e utilizzate il sugo per condire gli spaghetti che nel frattempo avrete scolato al dente. Spolverate la pasta con prezzemolo tritato, mescolate e guarnite con i gusci tenuti da parte. La ricetta riuscirà ugualmente bene con qualsiasi altro tipo di mollusco in conchiglia o con un misto di pesce.

Spaghetti con la bottarga (Sardegna)

◆ Tempo: 15 minuti ✱ Difficoltà: facile

❖ 400 g di spaghetti, 3 fettine di bottarga, 1/2 limone, 1/2 spicchio d'aglio, 1 ciuffo di prezzemolo, olio extravergine d'oliva, pepe.

La bottarga, che si presenta come una specie di salamino duro di colore nocciola grigiastro, altro non è che ovaie di cefalo (o spigola) conservate sottosale. Può essere utilizzata ridotta in sottili fettine per la preparazione di tartine o grattugiata per condire una semplice pasta in bianco. Ma vediamo ora un altro possibile impiego sempre in accompagnamento alla pasta. Lessate gli spaghetti e nel frattempo fate sciogliere in un tegamino la bottarga con 3 cucchiai d'olio e un po' d'acqua di cottura della pasta; non appena si sarà sciolta diluitela con il succo di limone. Scolate la pasta al dente e spadellatela nel sugo di bottarga, spolverando con pepe e un trito di prezzemolo e aglio; volendo, guarnite con qualche ulteriore pezzetto di bottarga.

Spaghetti con le ceche (Toscana)

◆ Tempo: 30 minuti ✱ Difficoltà: facile

✣ 400 g di spaghetti, 200 g di ceche freschissime, 1 spicchio d'aglio, qualche foglia di salvia, 4 cucchiai di salsa di pomodoro, olio extravergine d'oliva, sale, pepe.

In un tegame piuttosto ampio e con il fondo antiaderente fate rosolare le foglie di salvia e lo spicchio d'aglio spellato e schiacciato in abbondante olio, poi unite le ceche accuratamente pulite e lavate. Siate molto veloci in questa operazione e aiutatevi con un coperchio poiché è facile che le ceche a contatto del calore saltino al di fuori del tegame. Regolate la fiamma, condite il tutto con la salsa di pomodoro e lasciate cuocere a fuoco allegro per una decina di minuti mescolando continuamente con un cucchiaio di legno.
Lessate in acqua salata gli spaghetti e scolateli al dente, poi versateli nel tegame delle ceche e mescolate per amalgamare bene tutti gli ingredienti. Spadellate la pasta amalgamando con cura e regolate di sale prima di servire.

Spaghetti con le sarde (Sicilia)

◆ Tempo: 20 minuti ✶ Difficoltà: facile

❖ 400 g di spaghetti, 300 g di sarde fresche, 100 g di finocchio selvatico, 30 g di pinoli, 20 g di uva passa, 4 filetti d'acciuga, 1 cipolla, olio extravergine d'oliva, sale, pepe.

Lavate bene e tritate molto finemente il finocchio selvatico. In una teglia fate dorare la cipolla affettata in abbondante olio, aggiungete il finocchio, i pinoli, l'uva passa (lasciata in ammollo in acqua tiepida e successivamente strizzata) e i filetti d'acciuga. Dopo qualche minuto unite le sarde, pulite e diliscate e un dito d'acqua tiepida; salate, pepate e portate a cottura. Lessate gli spaghetti, scolateli al dente e conditeli con il sugo di pesce.

Spaghetti con le vongole

◆ Tempo: 30 minuti + 30 minuti ✶ Difficoltà: facile

❖ 400 g di spaghetti, 1 kg di vongole veraci e freschissime, 2 spicchi d'aglio, 1 ciuffo di prezzemolo, 1 peperoncino rosso, vino bianco secco (facoltativo), olio extravergine d'oliva, sale.

Pulite le conchiglie sotto acqua corrente quindi lasciatele a bagno per almeno mezzora in acqua salata in modo che perdano le impurità e l'eventuale sabbia racchiusa tra le valve. In una padella coperta e su fiamma vivace fate aprire le vongole insieme con abbondante olio, uno spicchio d'aglio affettato, il peperoncino e, volendo, un po' di vino.

Nel frattempo lessate gli spaghetti, scolateli al dente e versateli nella padella delle vongole. Mescolate la pasta mantenendo la fiamma dolce e spolverando con un trito d'aglio e prezzemolo, quindi servite. Poiché il sugo non va filtrato è bene pulire con cura i molluschi prima della cottura in modo da evitare la sgradevole presenza di sabbia.

Tagliatelle con acciughe e mollica

◆ Tempo: 30 minuti ✱ Difficoltà: facile

❖ 400 g di tagliatelle fresche, 6 acciughe sottosale, 4 cucchiaiate di mollica di pane raffermo grattugiata, 25 g di pinoli, 3 spicchi d'aglio, prezzemolo, peperoncino rosso, olio extravergine d'oliva, sale.

Pulite le acciughe dal sale e dalle lische aiutandovi con un coltello e un panno umido. Stemperatele poi in mezzo bicchiere d'olio fatto prima insaporire con gli spicchi d'aglio (toglieteli non appena prendono colore) e un po' di peperoncino spezzettato. Unite un po' di prezzemolo tritato e i pinoli. In un tegamino antiaderente fate tostare uniformemente la mollica del pane girandola con il cucchiaio di legno (deve prendere colore ma non diventare scura).
Nel frattempo lessate la pasta in acqua salata e scolatela al dente. Versatela in un piatto da portata dopo averla amalgamata al sugo d'acciughe e a metà della mollica tostata. Servite accompagnando con il resto della mollica che verrà utilizzata dai commensali a mo' di parmigiano grattugiato.

Tagliatelle con la trota (Lombardia)

◆ Tempo: 30 minuti ✱ Difficoltà: facile

❖ 400 g di tagliatelle, 250 g di filetti di trota, 4 pomodori pelati, 3 zucchine, 1 cipolla piccola, vino bianco secco, olio extravergine d'oliva, sale, pepe.

Soffriggete la cipolla ben tritata con un po' d'olio d'oliva, quindi aggiungete i filetti di trota tagliati a bastoncini e spruzzate con 2 dita di vino bianco. Lasciate evaporare, poi aggiungete i pomodori tagliati a pezzi e le zucchine sezionate a rondelle sottili. Insaporite con sale e pepe e portate a cottura a fuoco lento. Nel frattempo lessate le tagliatelle in abbondante acqua salata, scolatele al dente e servitele guarnendole con il sugo di trota.

Tagliatelle con le capesante (Veneto)

◆ Tempo: 30 minuti ✱ Difficoltà: media

❖ 400 g di tagliatelle nere, 12 capesante, 1 scalogno, 1 spicchio d'aglio, prezzemolo, 2 dl di fumetto di pesce, 1 dl di panna liquida, 1/2 bicchiere di vermut secco, 1 dl di vino bianco secco, 120 g di burro, sale, pepe.

Tritate finemente lo scalogno e fatelo ammorbidire mettendolo al fuoco insieme con il vino e il fumetto di pesce. Lasciate ridurre il liquido della metà, poi allungatelo con la panna e, senza smettere di mescolare, lasciate addensare su fiamma dolce. Incorporate alla panna 100 g di burro fatto prima ammorbidire e tagliato a pezzettini; salate, pepate e togliete dal fuoco tenendo la salsa al caldo. Aprite le capesante e separate i molluschi dalle valve; puliteli e tagliateli in due.
Fate insaporire il burro rimasto con lo spicchio d'aglio (toglietelo non appena prende colore) e rosolatevi le capesante; dopo un paio di minuti bagnatele con il vermut e lasciate quasi del tutto evaporare. Spegnete e tenete al caldo le capesante dopo aver regolato di sale e pepe e averle spolverate di prezzemolo tritato. Lessate le tagliatelle nere e scolatele piuttosto al dente. Conditele con la salsa al burro e servitele ben calde guarnendole con le capesante.

Tagliatelle nere con i gamberoni

◆ Tempo: 20 minuti ✱ Difficoltà: facile

❖ 400 g di tagliatelle nere, 8 gamberoni, 1 spicchio d'aglio, 1 mazzetto di prezzemolo, 1 bicchiere di vino bianco secco, olio extravergine d'oliva, sale.

Rosolate in qualche cucchiaio d'olio i gamberoni ben puliti e insaporite con un trito di prezzemolo, aglio e un pizzico di sale; innaffiate con il vino bianco, fatelo sfumare e cuocete a fuoco vivace per 3 minuti. Lessate la pasta in abbondante acqua salata, scolatela bene al dente e versatela nella padella con il sugo. Delicatamente rimescolate sul fuoco per un paio di minuti, togliete dal fuoco e servite le tagliatelle bollenti, guarnendo con il rimanente prezzemolo tritato molto fine.

Tagliatelle seppie e peòci (Veneto)

◆ Tempo: 1 ora ✱ Difficoltà: media

❖ 350 g di tagliatelle, 350 g di seppie, 200 g di peòci (cozze), 1/2 cipolla, 1/2 bicchiere scarso di olio extravergine d'oliva, 1/2 bicchiere di vino bianco secco, 200 g di pomodori pelati, 1/2 peperone giallo, sale, pepe.

Prima di tutto pulite le seppie, togliendo loro i sacchettini dell'inchiostro e tenendoli accuratamente da parte. Poi tagliatele a listarelle. Sbucciate la cipolla, affettatela sottilmente e fatela soffriggere in una casseruola con metà dell'olio. Aggiungetevi le seppie, fatele rosolare per qualche minuto, bagnatele con il vino, lasciatelo evaporare, unitevi i sacchettini dell'inchiostro e i pomodori pelati schiacciati con una forchetta. Proseguite quindi la cottura a fuoco moderato, coprendo con un coperchio e mescolando di tanto in tanto con un cucchiaio di legno. Nel frattempo pulite il peperone, tagliatelo a sottili listarelle e fatelo saltare in un tegame con l'olio rimanente. Dopo alcuni minuti di cottura unitevi le cozze e lasciate cuocere a fuoco moderato per una decina di minuti. Versate quindi le cozze e i peperoni nella casseruola in cui sono state cotte le seppie, aggiustate di sale e pepe e lasciate cuocere a fiamma moderata ancora per alcuni minuti, mescolando con un cucchiaio di legno, così che i sapori possano adeguatamente amalgamarsi. Intanto mettete sul fuoco una pentola con dell'acqua, portatela a bollore, salatela e calatevi le tagliatelle. Lasciatele cuocere al dente, scolatele accuratamente e conditele infine con il sugo di seppie e cozze.

Tagliolini al salmone

◆ Tempo: 30 minuti ✶ Difficoltà: facile

❖ 400 g di tagliolini, 200 g di salmone affumicato, 1 spicchio d'aglio, 1 limone, 1 tazza di panna liquida fresca, 2,5 dl di brodo, 30 g di burro, sale, pepe bianco in grani.

In una padella fate soffriggere lo spicchio d'aglio tritato finemente con qualche cucchiaio di olio. Quando inizia a imbiondire, unite 2 cucchiai di brodo, un pizzico di sale, una grattugiata di pepe e fatelo cuocere a fiamma media per 2 minuti. Aggiungete il salmone spezzettato e lasciatelo scottare appena, il tempo necessario a fargli prendere colore. Spegnete il fuoco, aggiungete una spolverata di pepe e un po' di prezzemolo tritato e mescolate bene.

Nel frattempo lessate i tagliolini in abbondante acqua salata e, poco prima di scolarla, versate un po' di acqua di cottura nella padella con il sugo, quindi accendete ancora il fuoco e saltate la pasta a fiamma vivace con il condimento, aggiungete la panna e mescolate servite subito i tagliolini decorando con il prezzemolo tritato tenuto da parte.

PASTA CON LA VERDURA

Bigoli al gorgonzola

◆ Tempo: 15 minuti ✳ Difficoltà: facile

❖ 400 g di bigoli, 200 g di gorgonzola dolce, panna liquida, olio extravergine d'oliva, sale.

Lessate i bigoli in abbondante acqua leggermente salata. Nel frattempo fate sciogliere la panna e il gorgonzola in un piccolo tegame, a fuoco basso e con retina frangifiamma. Quando i bigoli saranno cotti scolateli e metteteli in una zuppiera versandoci sopra la salsa di gorgonzola e qualche cucchiaio d'olio. Amalgamate bene la salsa alla pasta e servite.

Bigoli con i finocchi

◆ Tempo: 25 minuti ✳ Difficoltà: facile

❖ 400 g di bigoli, 150 g di passata di pomodoro, 2 finocchi, 1 cipolla, 1 ciuffo di prezzemolo, parmigiano grattugiato, olio extravergine d'oliva, sale.

Lavate i finocchi, tagliateli in quarti e scottateli in acqua salata. Tritate cipolla e prezzemolo e soffriggeteli in poco olio a fuoco basso. Appena la cipolla appassisce, unite i finocchi tritati e fate cuocere 10 minuti. Aggiungete la passata di pomodoro, un pizzico di sale e fate rapprendere, coperto, fino a quando i finocchi saranno teneri e ben amalgamati al sugo. Poi cuocete i bigoli, scolateli al dente e conditeli con il sugo bollente, olio e parmigiano, quindi servite.

Bigoli panna e noci

◆ Tempo: 15 minuti ✱ Difficoltà: facile

❖ 400 g di bigoli, 100 g di gherigli di noci, 1 bicchiere di panna liquida, 1 spicchio d'aglio, noce moscata, 3 foglie di salvia, parmigiano grattugiato, 50 g di burro, sale, pepe in grani.

Tostate in forno per un paio di minuti i gherigli, quindi liberateli della pellicina e pestateli in un mortaio. Fate sciogliere e dorare il burro in un pentolino, insaporendolo con la salvia e l'aglio. Cuocete la pasta, scolatela e versatela in padella. Aggiungete il burro aromatizzato (dopo aver eliminato aglio e salvia), le noci pestate, la panna, un pizzico di noce moscata in polvere, uno di pepe macinato al momento e mescolate bene il tutto. Spolverate con abbondante parmigiano e servite.

Bucatini al basilico

◆ Tempo: 20 minuti + 2 ore ✱ Difficoltà: facile

❖ 400 g di bucatini, 150 g di olive snocciolate, 4 spicchi d'aglio, 1 ciuffo di basilico, 100 g di parmigiano grattugiato, olio extravergine d'oliva, sale.

Schiacciate con cura l'aglio e tritate grossolanamente il basilico e le olive. Lasciate il tutto a macerare nell'olio, per un paio d'ore circa, dentro una zuppiera. Lessate la pasta e, a cottura ultimata, scolatela al dente e versatela nella zuppiera nella quale avete preparato il condimento. Aggiungete il parmigiano grattugiato, un giro d'olio crudo, mescolate con cura e portate in tavola. La buona riuscita di questo piatto dipende, in gran parte, dalla qualità del basilico che deve essere comunque freschissimo.

Cavatelli alla rucola (Puglia)

◆ Tempo: 50 minuti + 20 minuti ✳ Difficoltà: media

❖ PER I CAVATELLI: 400 g di farina, 80 g di semolino di grano duro, sale.
PER IL SUGO: 800 g di rucola, 600 g di pomodori maturi, 2 spicchi d'aglio, 1 ciuffo di prezzemolo, alcune foglie di basilico, 1/2 bicchiere d'olio extravergine d'oliva, sale, pepe.

Lavate la rucola e sgocciolatela; pulite i pomodori, passateli al passaverdura e raccogliete la polpa in una terrina. Mettete a fontana sul tavolo la farina mescolata al semolino e nel mezzo versate, poco alla volta, un bicchiere d'acqua tiepida leggermente salata.
Manipolate con energia gli ingredienti in modo da ottenere un impasto morbido ed elastico; formate una palla, mettetela in una fondina infarinata, copritela con un canovaccio e lasciatela riposare per 20 minuti. Dividete l'impasto in più parti e formate dei bastoncini che dividerete in pezzi lunghi 4 cm, attorcigliandoli poi intorno a un ferro da calza. Disponeteli a mano a mano su un vassoio di cartone infarinato e lasciateli asciugare. In una casseruola fate rosolare l'aglio schiacciato con l'olio, versatevi la polpa di pomodoro, il basilico e il prezzemolo tritati, regolate di sale e pepe e cuocete per circa 30 minuti a calore moderato. In una pentola portate a bollore abbondante acqua leggermente salata, tuffatevi la rucola e, dopo pochi minuti, unitevi la pasta; scolate al dente, versate il tutto in un piatto da portata e condite con il sugo caldo.

Farfalle al limone

◆ Tempo: 20 minuti ✳ Difficoltà: facile

❖ 400 g di farfalle, 2 limoni, 1 ciuffo di basilico ed erba cipollina, 1/2 bicchiere di panna liquida, 50 g di burro, sale, pepe.

Lasciate ammorbidire il burro tagliato a pezzettini fuori dal frigorifero, quindi lavoratelo in una zuppiera con il succo di un limone e mezzo e la panna fino a ottenere una crema morbida. Insaporite con sale, pepe e un trito finissimo di erbe aromatiche. Lessate le farfalle e scolatele al dente, poi passatele nella zuppiera con il burro al limone e mescolatele accuratamente prima di servire. Qualora i limoni utilizzati fossero molto succosi, ne basterà uno.

Fusilli ai 4 formaggi

◆ Tempo: 30 minuti ✶ Difficoltà: facile

❖ 400 g di fusilli, 100 g di gorgonzola dolce, 100 g di fontina, 100 g di gruviera, 100 g di taleggio, 1/2 bicchiere di panna liquida, latte, parmigiano grattugiato, sale, pepe in grani.

In un tegamino antiaderente fate sciogliere gorgonzola, fontina, taleggio e gruviera tagliati a dadini insieme con un po' di latte e mantenete mescolato su fiamma molto dolce. Diluite poi la salsa con la panna e condite con sale, parmigiano e pepe macinato di fresco. Cuocete fino a ottenere una cremina fluida. Nel frattempo lessate i fusilli, scolateli al dente e spadellateli con la salsa al formaggio; servite spolverando con del parmigiano.

Fusilli con le fave (Basilicata)

◆ Tempo: 40 minuti ✶ Difficoltà: facile

❖ 400 g di fusilli, 400 g di fave fresche, 400 g di pomodori maturi e sodi, 2 spicchi d'aglio, qualche foglia di basilico, peperoncino rosso, olio extravergine d'oliva, sale.

Pulite le fave eliminando l'"occhietto" nero, quindi mettetele a cottura in un tegame in cui avrete già fatto rosolare un trito d'aglio in qualche cucchiaio d'olio. Fate insaporire per un istante, poi unite i pomodori che avrete pelato tuffandoli in acqua bollente, privato dei semi e tritato. Condite con sale e un pizzico di peperoncino e proseguite la cottura su fiamma moderata, unendo di tanto in tanto un po' d'acqua calda; prima di spegnere insaporite con le foglie di basilico spezzettate. Lessate la pasta in abbondante acqua salata, quindi scolatela al dente e conditela con il sugo di fave e un giro d'olio.

Linguine al cavolfiore

◆ Tempo: 1 ora ✱ Difficoltà: facile

❖ 400 g di linguine, 1 cavolfiore di media grossezza, 1 cipolla, 80 g di uva passa, 80 g di pinoli, parmigiano grattugiato, olio extravergine d'oliva, sale, pepe.

Mettete l'uva passa a rinvenire in poca acqua tiepida. Nel frattempo pulite il cavolfiore, lessatelo in poca acqua salata, quindi scolatelo piuttosto al dente e suddividetelo in piccoli pezzi. In un tegame saltate in poco olio la cipolla tritata e, dopo qualche minuto di cottura, aggiungete il cavolfiore, i pinoli, l'uva passa scolata, un po' d'acqua dell'ammollo, un pizzico di sale e di pepe e lasciate il condimento su fiamma moderata. Lessate la pasta e, quando è al dente, scolatela e versatela in una zuppiera tiepida, mescolandovi metà del condimento. Portate in tavola e distribuite il rimanente condimento sulle singole porzioni. Servite a parte il parmigiano grattugiato.

Maccheroni con ricotta (Calabria)

◆ Tempo: 30 minuti ✱ Difficoltà: facile

❖ 400 g di maccheroni, 250 g di ricotta fresca, 100 g di ricotta salata grattugiata, peperoncino rosso, strutto, sale.

Portate a bollore l'acqua salata per la pasta, versate i maccheroni e mentre cuociono sciogliete in un tegamino un po' di strutto, aggiungetevi la ricotta fresca e amalgamate bene. Scolate la pasta, conditela con la ricotta sciolta e quella salata grattugiata, un pizzico di peperoncino e portate in tavola.

Malloreddus con le patate (Sardegna)

◆ Tempo: 1 ora ✷ Difficoltà: media

❖ PER I MALLOREDDUS: 250 g di semola fine, 150 g di farina, zafferano, sale.
PER IL SUGO: 400 g di patate, 200 g di cipolle, pecorino grattugiato, olio extravergine d'oliva, sale, pepe in grani.

Unite la farina di semola alla farina bianca e sistematele a fontana sopra una spianatoia, nel centro versate una tazza e mezzo d'acqua tiepida con qualche presa di zafferano sciolto precedentemente. Aggiungete un pizzico di sale e amalgamate tutto con cura. Quando la pasta risulterà omogenea, formate dei piccoli cilindri che dividerete in tocchetti di un paio di cm; passate i malloreddus sull'apposito strumento oppure sul retro della grattugia, per rigarli esternamente. Lasciateli asciugare per un paio di giorni prima di consumarli. Ricordiamo che i malloreddus vanno utilizzati ben asciutti ed è bene quindi prepararli con un paio di giorni d'anticipo.
Preparate ora il sugo: sbucciate le patate e tagliatele a cubettini, affettate le cipolle.
Portate a bollore una pentola d'acqua salata e ponete a cuocere le patate; dopo circa 15 minuti versate la pasta. Scolate sia la pasta sia le patate al dente e passate tutto in un tegame nel quale, nel frattempo, avrete fatto rosolare le cipolle finemente affettate con alcuni cucchiai d'olio. Spadellate per qualche istante su fiamma moderata, condendo con pecorino e una macinata di pepe; quindi servite.

Mille cosedde (Calabria)

◆ Tempo: 1 ora e 30 minuti + 24 ore ✱ Difficoltà: facile

❖ 350 g di pasta corta, 150 g di fave secche, 150 g di ceci secchi, 150 g di fagioli secchi, 50 g di pancetta affumicata, 1/2 verza, 1 cipolla, 1 carota, 1 gambo di sedano, peperoncino rosso, pecorino grattugiato, olio extravergine d'oliva, sale, pepe.

Mettete in ammollo, in acqua tiepida, i legumi per 24 ore. L'indomani, scolateli, versateli in una pentola con acqua salata e fateli cuocere. Pulite la verza, tagliandola sottilmente; tritate la carota, la cipolla, il sedano insieme alla pancetta, passate il trito in una pentola con abbondante olio e fate rosolare a fiamma bassa. Quindi unite i legumi scolati, la verza e 2 litri d'acqua, aggiustate di sale, pepe e peperoncino. Ai primi bollori versate la pasta e quando sarà cotta servite con abbondante pecorino grattugiato.

Orecchiette con le cime (Puglia)

◆ Tempo: 40 minuti ✱ Difficoltà: facile

❖ 400 g di orecchiette, 300 g di cime di rapa, 2 spicchi d'aglio, 2 acciughe sottosale, 1 cucchiaio di uva passa (facoltativa), 1 cucchiaio di pinoli (facoltativi), peperoncino rosso, pecorino grattugiato, olio extravergine d'oliva, sale.

Lavate con cura le cime di rapa dividetele se troppo grosse e lessatele al dente in abbondante acqua salata, che poi non getterete ma utilizzerete per cuocere la pasta. Rosolate l'aglio tritato con alcuni cucchiai d'olio, quindi unite le acciughe pulite dal sale e stemperatele nel condimento. Aggiungete le cime di rapa e portate a cottura (aiutatevi con dell'acqua calda salata o del brodo vegetale se fosse necessario); poco prima di spegnere controllate il sale, insaporite con peperoncino e unite, se graditi, i pinoli e l'uva passa prima lasciata ammorbidire in acqua tiepida e asciugata.

Lessate le orecchiette, scolatele al dente e spadellatele nel tegame delle cime di rapa, condendole con abbondante pecorino grattugiato.

Pappardelle funghi e tartufo (Umbria)

◆ Tempo: 1 ora ✶ Difficoltà: media

❖ 500 g di pappardelle fresche, 100 g di porcini, 40 g di tartufo nero, 60 g di prosciutto crudo, 1 dl di panna liquida, 4 cucchiai di latte, 60 g di parmigiano, 30 g di burro, sale, pepe.

Preparate le pappardelle (vedi pag. 13) e suddividete la sfoglia in strisce di 1 cm e 1/2, quindi lasciatele asciugare su un canovaccio infarinato. In una grande padella rosolate il prosciutto a dadini nel burro, quindi aggiungete i funghi affettati sottilmente; salate, pepate, lasciate insaporire per qualche minuto poi versate la panna. Lessate le pappardelle in abbondante acqua salata, scolatele al dente lasciando un po' dell'acqua di cottura e versatele nel tegame della salsa. Amalgamate con delicatezza aggiungendo il latte caldo. Togliete dal fuoco e spolveratele con il parmigiano e scaglie di tartufo.

Pasta agli spinaci

◆ Tempo: 35 minuti ✶ Difficoltà: facile

❖ 400 g di pasta integrale, 400 g di spinaci, 2 uova, 2 cucchiai di tamari, 100 g di parmigiano grattugiato, olio extravergine d'oliva, sale, pepe.

Lavate accuratamente gli spinaci e scottateli per qualche minuto in pochissima acqua salata. Poi scolateli, tritateli e conditeli con dell'olio. Cuocete la pasta, scolatela al dente, versatela in una zuppiera mescolandola agli spinaci, alle uova sbattute, al tamari e a un pizzico di pepe. Trasferite il tutto in una pirofila oliata, cospargete con il parmigiano grattugiato e passate in forno caldo per poco più di 10 minuti a 180 °C. Sfornate e servite.

Pasta ai peperoni

◆ Tempo: 45 minuti ✱ Difficoltà: facile

❖ 400 g di spaghetti o tagliatelle confezionate, 4 peperoni (2 verdi e 2 gialli), 1 cipolla, 1 spicchio d'aglio, 1 mazzetto di basilico, vino bianco secco, olio extravergine d'oliva, sale, pepe in grani.

Lavate i peperoni, privateli del torsolo, dei semi e dei filamenti interni, tagliateli a cubetti. In un tegame fate ammorbidire la cipolla tritata, unite i peperoni e fateli rosolare, mescolando di tanto in tanto. Bagnate con un poco di vino, lasciate evaporare, salate e abbassate quindi la fiamma lasciando stufare a tegame coperto per una ventina di minuti. Poco prima di spegnere unite il basilico sminuzzato, l'aglio sottilmente affettato, una macinata di pepe fresco e un giro d'olio crudo. Lessate la pasta, scolatela al dente versandola ben calda in una zuppiera e conditela poi con il sugo.

Pasta al pangrattato

◆ Tempo: 20 minuti ✱ Difficoltà: facile

❖ 400 g di pasta (formato a scelta), 2 grosse cipolle, 2 spicchi d'aglio, origano, peperoncino rosso, 4 cucchiai di pangrattato, 2 bicchieri di vino bianco, olio extravergine d'oliva, sale.

Affettate finemente cipolla e aglio e poneteli a rosolare in un largo tegame con abbondante olio. Dopo qualche istante unite anche il pangrattato in modo che anch'esso si rosoli, ma fate attenzione che la cipolla non prenda troppo colore. Non appena il condimento tende a essere assorbito, bagnate con il vino e condite con un pizzico di origano, sale e un po' di peperoncino. Lessate nel frattempo la pasta, scolatela al dente e passatela nel tegame con le cipolle e il vino che non sarà ancora del tutto evaporato. Spadellate per un istante sul fuoco aggiungendo eventualmente un po' d'olio.

Pasta alla Norma (Sicilia)

◆ Tempo: 45 minuti ✱ Difficoltà: media

❖ 400 g di pasta, 4 melanzane, 500 g di polpa di pomodoro, 100 g di ricotta salata, 40 g di grasso fresco di maiale, 1 cipolla, olio extravergine d'oliva, sale, pepe.

Preparate il sugo mettendo in una teglia il grasso fresco di maiale a pezzetti, la cipolla affettata e qualche cucchiaiata d'olio; fate rosolare, quindi unite la polpa di pomodoro, il sale e il pepe. Cuocete a fuoco moderato per 20 minuti. Intanto affettate le melanzane, lasciate che perdano il liquido amarognolo e passatele nell'olio bollente. Quando saranno dorate, ritiratele, asciugandole su carta assorbente da cucina e spruzzatele di sale. Lessate la pasta in abbondante acqua salata e scolatela molto al dente, conditela con la salsa di pomodoro e con una spolverata di ricotta salata. Ricoprite le singole porzioni con 2 o 3 fette di melanzane fritte e servite subito.

Pasta alla trapanese (Sicilia)

◆ Tempo: 30 minuti ✱ Difficoltà: media

❖ 400 g di pasta (formato a scelta), 300 g di pomodori rossi, 5 cucchiai di mandorle, 3 spicchi d'aglio, 1 ciuffo di basilico, olio extravergine, sale, pepe.

Pestate in un mortaio gli spicchi d'aglio con le foglie di basilico fresco. Aggiungete l'olio a filo mescolando bene con un cucchiaio di legno. A parte pestate le mandorle spellate e aggiungetele al pesto di aglio. Lavate e tritate i pomodori eliminando i semi e un po' di acqua di vegetazione. Salate leggermente, mescolate tutti gli ingredienti aggiungendo ancora un po' d'olio e unite la pasta calda. Decorate con fogliolinedi basilico fresco.

Pasta con parmigiana (Campania)

◆ Tempo: 1 ora + 1 ora ✶ Difficoltà: media

❖ 400 g di pasta (formato a scelta), 800 g di zucchine, 1 kg di pomodori maturi, 150 g di mozzarella, alcune foglie di basilico, peperoncino rosso, parmigiano grattugiato, olio extravergine d'oliva, olio per friggere, sale.

Lavate le zucchine e tagliatele a fette nel senso della lunghezza. Fatele riposare per circa un'ora, quindi friggetele nell'olio facendole poi asciugare su carta assorbente. Cuocete metà dei pomodori a pezzetti in un tegame, con la sola aggiunta di un pizzico di sale e di qualche foglia di basilico. In una pirofila unta d'olio disponete a strati il sugo di pomodoro, le zucchine, le fettine di mozzarella, il parmigiano grattugiato, terminando con uno strato di zucchine coperte dagli ultimi cucchiai di sugo. Passate in forno caldo per circa mezzora. Preparate, nel tegame usato precedentemente, un sugo con gli altri pomodori spellati e tritati, olio, sale, peperoncino. Quando è pronto, versate nel tegame la parmigiana di zucchine, mescolate e lasciate cuocere per 10 minuti, aggiungendo, se necessario, un po' d'acqua. Cuocete la pasta, scolatela e versatela in una zuppiera. Coprite con il sugo.

Pasta con piselli e carciofi

◆ Tempo: 50 minuti ✶ Difficoltà: media

❖ 400 g di pasta, 250 g di piselli, 2 carciofi, 2 cucchiai di passata di pomodoro, parmigiano grattugiato, olio extravergine d'oliva, sale.

Mettete in un tegame qualche cucchiaio d'olio, i piselli, la parte più tenera dei carciofi tagliata a fettine sottili, 1/2 bicchiere d'acqua, la passata di pomodoro e mettete sul fuoco per circa 20 minuti dopo aver salato. Cuocete la pasta, scolatela al dente e riversatela in una zuppiera condendola con le verdure. Servite a parte il parmigiano grattugiato.

Pasta e lenticchie

◆ Tempo: 45 minuti + 12 ore ✶ Difficoltà: media

❖ 400 g di pasta (formato a scelta), 200 g di lenticchie, 1 carota, 1 gambo di sedano, 2 spicchi d'aglio, 2 foglie d'alloro, prezzemolo, peperoncino rosso, olio extravergine d'oliva, sale.

Tenete le lenticchie in ammollo per 12 ore. Scolatele, gettate l'acqua dell'ammollo e cuocetele in abbondante acqua salata assieme al sedano tagliato a pezzettini, la carota tagliata a dadini e l'alloro. Coprite la pentola e mantenete una cottura a fuoco moderato. Quando le lenticchie hanno quasi ultimato la cottura, unite la pasta e togliete il tutto dal fuoco quando quest'ultima sarà cotta al dente. Trasferite quindi in una zuppiera e servite con una salsina preparata con olio, prezzemolo tritato, aglio affettato sottilmente e peperoncino che avrete lasciato insaporire per qualche minuto.

Pasta e patate

◆ Tempo: 45 minuti ✶ Difficoltà: media

❖ 400 g di pasta integrale, 500 g di patate, 300 g di pomodori, 1 cipolla, prezzemolo, pecorino o parmigiano grattugiato (facoltativo), olio extravergine d'oliva, sale, pepe.

Affettate sottilmente la cipolla, mettetela in un tegame con poco olio e lasciate su fuoco moderato, mescolando di tanto in tanto. Dopo qualche minuto, quando la cipolla si è ammorbidita, unitevi la polpa dei pomodori sbucciati e passati al passaverdura, sale e poco pepe. Pelate le patate, tagliatele a pezzi e unitele al pomodoro, coprendo con un po' d'acqua intiepidita se i pomodori non fossero molto sugosi. Continuate quindi la cottura a fuoco basso, evitando di arrivare al bollore vero e proprio. Cercate di lessare la pasta ben al dente in coincidenza con la cottura delle patate. Versatela quindi nel tegame del sugo. Rigirate qualche istante e aggiungete infine il prezzemolo tritato. Servite a parte parmigiano o pecorino grattugiato. Volendo potrete utilizzare pasta di tipo speciale, per esempio di grano saraceno.

Penne al limone e peperone

◆ Tempo: 20 minuti ✱ Difficoltà: facile

✣ 400 g di penne, 2 limoni, 1 peperone verde, 1 cipolla, 2 cucchiai di parmigiano grattugiato, 30 g di burro, sale.

Mondate il peperone e tagliatelo a striscioline. Tagliate a velo la cipolla. In un tegame sciogliete il burro: versate la cipolla e il peperone, salate e bagnate con il succo filtrato dei limoni. Cuocete per 10 minuti, mescolando spesso. Lessate intanto le penne in acqua salata. Scolate la pasta al dente e conditela con il sugo di cipolla e peperone, mescolando velocemente. Spolverate di formaggio grattugiato e decorate con scorzette di limone.

Penne all'arrabbiata (Lazio)

◆ Tempo: 45 minuti ✱ Difficoltà: media

✣ 400 g di penne, 500 g di pomodori maturi e sodi, 2 spicchi d'aglio, 1 peperoncino rosso, pecorino grattugiato, olio extravergine d'oliva, sale.

Rosolate gli spicchi d'aglio sbucciati e schiacciati bene con un cucchiaio in una padella con il fondo antiaderente con alcune cucchiaiate d'olio, poi aggiungete i pomodori che avrete precedentemente pelato (per aiutarvi tuffateli per un attimo in acqua bollente), privato dei semi e quindi tritato piuttosto grossolanamente. Lasciate asciugare lentamente il sugo mescolando con un cucchiaio di legno per qualche minuto, quindi condite il sugo con un pizzico di sale e il peperoncino spezzettato e fate cuocere su fiamma moderata per circa 20 minuti, mescolando di tanto in tanto. A questo punto lessate la pasta in abbondante acqua salata e scolatela al dente. Spadellatela su fiamma vivace con il sugo piccante, condendo con una spolverata abbondante di pecorino. Servite subito.

Penne alla nuorese (Sardegna)

◆ Tempo: 45 minuti ✱ Difficoltà: facile

❖ 400 g di penne, 400 g di patate, 3 cipolle, pecorino grattugiato, olio extravergine d'oliva, sale.

Pelate le patate e tagliatele a cubetti; mettetele a cuocere in acqua salata, quando incominciano a disfarsi, unite la pasta e portate a cottura. In un tegamino rosolate in poco olio le cipolle finemente affettate; scolate la pasta con le patate e condite con il soffritto e pecorino grattugiato.

Penne con peperoni e capperi

◆ Tempo: 1 ora ✱ Difficoltà: media

❖ 400 g di penne, 400 g di peperoni rossi e gialli, 400 g di pomodorini maturi e sodi, 50 g di capperi sottosale, 2 spicchi d'aglio, 1 ciuffo di prezzemolo, peperoncino rosso, olio extravergine d'oliva, sale.

Mondate i peperoni privandoli dei semi e dei filamenti interni, quindi passateli in forno dentro una teglia unta d'olio, in modo da farli ammorbidire e riuscire (sempre con una certa dose di pazienza) a liberarli della pellicina esterna. Tagliateli poi

a filetti e conservate l'eventuale sugo di cottura. In un tegame fate insaporire alcuni cucchiai d'olio con gli spicchi d'aglio schiacciati; non appena prendono colore togliete l'aglio e mettete a cottura i peperoni con il loro sugo.
Lasciateli insaporire, quindi aggiungete i pomodori che avrete nel frattempo pelato (tuffandoli per qualche istante in acqua bollente), privato dei semi e grossolanamente tritato.
Dopo una decina di minuti di fiamma allegra unite anche i capperi, prima sciacquati sotto acqua corrente e asciugati, quindi condite con sale e, poco prima di spegnere, peperoncino e prezzemolo tritato. Condite le penne che porterete in tavola ben calde.

Pici all'aglione (Toscana)

◆ Tempo: 45 minuti ✱ Difficoltà: facile

❖ 400 g di pici, 2 spicchi di aglio fresco, 700 g di pomodori pelati, 50 g di pecorino grattugiato, olio extravergine d'oliva, sale, pepe.

Sbucciate l'aglio, tagliatelo a fettine e mettetelo in una casseruola di coccio con abbondante olio. Fatelo rosolare a fuoco basso, quindi unite i pomodori pelati, lavati e passati al setaccio, aggiungete sale e pepe e lasciate cuocere per 30 minuti a fuoco lento. Poi fate cuocere i pici in abbondante acqua bollente salata, scolateli a giusta cottura, conditeli in un saltiere con il sugo caldissimo e portateli subito in tavola.

Reginette ai carciofi

◆ Tempo: 1 ora ✱ Difficoltà: facile

❖ 400 g di reginette, 6 carciofi, 2 spicchi d'aglio, prezzemolo, 1/2 limone, 100 g di parmigiano grattugiato, olio extravergine d'oliva, sale, pepe.

Procuratevi dei carciofi piccoli e teneri. Togliete le foglie esterne più dure, le eventuali spine e la "barba" interna. Lavateli quindi accuratamente, tagliandoli poi a spicchi di 1 cm circa. Lasciateli qualche istante in acqua con poco succo di limone e adagiateli poi a raggiera in una pentola con un leggero strato d'olio sul fondo. Aggiungete gli spicchi d'aglio schiacciati e acqua sufficiente a coprire per metà gli spicchi di carciofo. Cuocete a fiamma allegra e salate appena l'acqua raggiunge il bollore, quindi spolverate di pepe, coprite la pentola e tenete il fuoco piuttosto basso. A cottura ultimata aggiungete il prezzemolo tritato e aggiustate di sale. Lessate la pasta e scolatela al dente versandola in una zuppiera nella quale aggiungerete i carciofi e un po' d'olio. Dopo aver mescolato bene, potrete spolverare con del parmigiano grattugiato e servire.

Trofie al pesto (Liguria)

◆ Tempo: 20 minuti ✱ Difficoltà: facile

❖ 400 g di trofie, 100 g di basilico genovese, 1 spicchio d'aglio, 20 g di pinoli, pecorino stagionato grattugiato, olio extravergine d'oliva, sale.

Lavate il basilico e ascigatelo. Tritate o pestate in un mortaio il basilico, l'aglio e i pinoli e mescolate aggiungendo il pecorino grattugiato e olio fino a ottenere un composto omogeneo. Amalgamate bene tutti gli ingredienti mescolando con un cucchiaio di legno. Cuocete le trofie in abbondante acqua salata, scolatele e unite il pesto mescolando con cura. Si possono servire con patate lesse e fagiolini verdi.

PASTA AL FORNO

Cannelloni con gli spinaci

◆ Tempo: 45 minuti ✱ Difficoltà: media

❖ 16 quadrati di pasta per cannelloni, 300 g di spinaci, 50 g di parmigiano grattugiato, 50 g di burro, 2 dl di besciamella, 2 uova, 100 g di ricotta fresca, noce moscata, burro, sale, pepe.

Cuocete i quadrati di pasta in abbondante acqua salata, scolateli, fermatene la cottura in acqua fredda, scolateli nuovamente e fateli asciugare. Mondate, lavate e lessate gli spinaci in poca acqua salata, quindi scolateli strizzandoli bene e tritateli finemente. In una terrina lavorate la ricotta con una forchetta e amalgamatela agli spinaci, ai tuorli e a qualche cucchiaio di parmigiano; insaporite con sale, pepe e noce moscata. Con l'impasto che ne otterrete farcite i quadrati di pasta che avvolgerete poi su se stessi; disponeteli quindi in una teglia sul cui fondo avrete distribuito un po' di besciamella. Versate il resto della salsa sui cannelloni e condite con parmigiano e burro, poi passate in forno caldo (200 °C) a gratinare. Sfornate e aspettate qualche minuto prima di servire.

Cannelloni ripieni di carne

◆ Tempo: 45 minuti ✱ Difficoltà: media

❖ 16 quadrati di pasta per cannelloni, 500 g di polpa di vitello (punta di petto, spuntatura delle bistecche, copertina, fianchetto), 1/2 cappone (o gallina), 1 osso da brodo, 1 carota, 1 cipolla, 1 gambo di sedano, sale.

Mettete anzitutto sul fuoco una pentola d'acqua, portatela a bollore, salatela e lessatevi i cannelloni al dente. Fateli quindi scolare, fermatene la cottura sotto un getto di acqua fredda e stendeteli su un canovaccio pulito e umido. Dedicatevi poi alla preparazione del ripieno. Con il latte, il burro, la farina, un pizzico di sale e un po' di noce moscata, preparate una besciamella piuttosto densa. Tritate le carni insieme con il formaggio, fatele rosolare nel burro e aggiungetevi metà della besciamella.
Servendovi di un cucchiaino, riempite quindi i cannelloni con l'impasto preparato e poneteli uno accanto all'altro in una teglia ben imburrata; versatevi sopra la besciamella rimanente, completate con dei fiocchetti di burro e infornate a 180 °C sino a quando sulla superficie dei cannelloni si formi una leggera crosticina dorata.

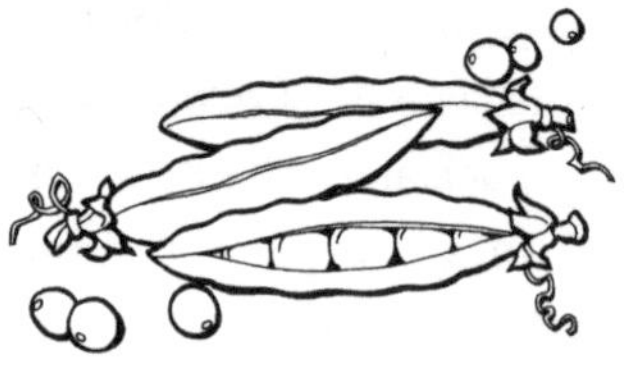

Conchiglioni alla parmigiana

◆ Tempo: 1 ora e 30 minuti ✶ Difficoltà: media

❖ 500 g di conchiglioni, 1 kg di pomodori pelati, 50 g di olive di Gaeta, 200 g di provola, 500 g di melanzane, 2 spicchi d'aglio, qualche foglia di basilico, parmigiano, olio extravergine d'oliva, sale.

Fate imbiondire gli spicchi d'aglio sbucciati e tagliati a metà in una padella con un po' d'olio, unite i pomodori e le olive snocciolate e mescolate a fiamma bassa per 20 minuti. Pulite le melanzane, tagliatele a dadini e friggetele in abbondante olio bollente. A questo punto lessate la pasta in abbondante acqua leggermente salata e scolatela al dente. In una pirofila alternate strati di pasta a strati di sugo e di basilico completando sempre con il parmigiano. Infornate per 30 minuti circa.

Eliche alla zucca e fontina

◆ Tempo: 45 minuti ✷ Difficoltà: facile

❖ 400 g di eliche, 400 g di zucca, 200 g di fontina, 1 bicchiere di brodo, 1 tuorlo d'uovo, noce moscata, parmigiano, 60 g di burro, sale, pepe.

Mondate la zucca dei semi e dei filamenti e lessatela in acqua leggermente salata; prelevatene la polpa con un cucchiaio, e frullatela insieme al tuorlo, al brodo e a un pizzico di sale e pepe fino a ottenere un composto morbido e omogeneo. Lessate la pasta al dente, conditela con il burro, la salsa di zucca, una spolverata di noce moscata e la fontina tagliata a dadini. Mescolate bene tutti gli ingredienti e versateli in una pirofila, distribuite il parmigiano grattugiato sulla preparazione e mettete in forno già caldo per circa 10 minuti fino a quando non vedrete la crosticina dorata sulla superficie.

Lasagne al forno (Emilia Romagna)

◆ Tempo: 2 ore + 30 minuti ✷ Difficoltà: media

❖ 400 g di farina, 50 g di burro, 40 g di pancetta, 4 uova, 150 g di spinaci lessati, 150 g di carne macinata di manzo, 50 g di carne macinata di maiale, 1 cucchiaio di concentrato di pomodoro, brodo, 1/2 bicchiere di vino bianco secco, 1 cipolla, 1 carota, 1/2 gambo di sedano, 1 chiodo di garofano, 1 bicchiere di latte, 5 cucchiai di parmigiano grattugiato, sale, pepe.

Pulite e tritate cipolla, carota e sedano; tritate anche la pancetta. In una casseruola rosolate tutti gli odori e la pancetta con un po' di burro e, mescolando, lasciate ammorbidire. Prima che prendano colore aggiungete la carne macinata, il chiodo

di garofano e fate rosolare uniformemente; bagnate con il vino, quindi aggiungete un bicchiere di brodo nel quale avrete sciolto il concentrato di pomodoro. Unite il latte, abbassate la fiamma e lasciate sobbollire per 45 minuti. Nel frattempo frullate gli spinaci lessati e strizzati. Disponete la farina a fontana, mescolatevi gli spinaci frullati, un po' di sale e amalgamatevi le uova. Impastate energicamente fino a ottenere un impasto liscio e uniforme e lasciatelo riposare per mezzora coperto. Dividete l'impasto a metà, stendetelo e ricavatene 2 sfoglie non troppo sottili. Ritagliatele in quadrati (circa 15 cm di lato), lessatele al dente e scolatele.
Imburrate una pirofila, sistemate il primo strato di lasagne, irroratele con il ragù preparato, quindi disponete un secondo strato di lasagne e cospargetelo di besciamella e parmigiano. Proseguite fino a esaurimento di tutti gli ingredienti e terminate con la besciamella e il parmigiano. Fate cuocere in forno già caldo a 180 °C per circa 20 minuti, lasciate riposare le lasagne per qualche minuto e servitele direttamente nella pirofila di cottura.

Maccheroni pomodori e capperi

◆ Tempo: 1 ora ✶ Difficoltà: facile

❖ 350 g di maccheroni, 4 pomodori maturi, 50 g di pangrattato, 2 spicchi d'aglio, origano, qualche foglia di basilico, 20 g di capperi in salamoia, olio extravergine d'oliva, sale.

Lavate i pomodori, tagliateli a spicchi piuttosto grossi e lasciateli per qualche minuto sullo scolapasta per perdere un po' di acqua di vegetazione. Tritate finemente gli spicchi d'aglio, le foglie di basilico e i capperi ben sgocciolati dalla salamoia. Ungete appena d'olio un tegame, disponete sul fondo gli spicchi di pomodoro in un solo strato. Unite in superficie il trito di aglio, basilico e capperi, il pangrattato, l'origano e un pizzico di sale. Condite in superficie con un filo di olio, passate il recipiente in forno caldo a 160 °C e fate cuocere per 30 minuti circa. In una pentola, portate a bollore abbondante acqua, salatela e lessatevi i maccheroni. Scolateli piuttosto al dente e uniteli ai pomodori nel loro tegame. Mescolate per ben amalgamare e rimettere il tegame in forno per altri 5 minuti prima di servire.

Pasticcio di maccheroni ai funghi

◆ Tempo: 1 ora ✱ Difficoltà: media

❖ 400 g di maccheroni, 200 g di funghi, 100 g di emmental, 1 spicchio d'aglio, prezzemolo, 1 tazza di besciamella piuttosto liquida, 100 g di parmigiano grattugiato, burro, olio extravergine d'oliva, sale, pepe.

Mondate i funghi, puliteli strofinandoli con un canovaccio inumidito, affettateli e stufateli in un po' d'olio fatto precedentemente insaporire con lo spicchio d'aglio schiacciato; una volta cotti togliete l'aglio e condite con sale, pepe e prezzemolo finemente tritato.

Amalgamate l'emmental tagliato a dadini con la besciamella e 2 cucchiai dei funghi precedentemente preparati.

Lessate la pasta in abbondante acqua salata, scolatela bene al dente e conditela con i funghi, mescolando bene in modo da amalgamare bene tutti gli ingredienti, quindi disponetela a strati in una teglia da forno alternandola con besciamella e parmigiano grattugiato. Terminate con besciamella, parmigiano e qualche fiocchetto di burro; passate a cuocere in forno caldo per 15 minuti.

Pasticcio di melanzane (Calabria)

◆ Tempo: 1 ora + 1 ora ✶ Difficoltà: media

❖ 400 g di maccheroncini, 2 grosse melanzane, 150 g di olive nere, 4 grossi pomodori maturi, 60 g di capperi sottosale, origano, peperoncino rosso in polvere, salsa di pomodoro, farina, olio extravergine d'oliva, sale.

Lavate le melanzane, asciugatele e tagliatele a fette. Mettetele poi a scolare sopra un piano inclinato con una spolverata di sale. Dopo circa un'ora strizzatele, infarinatele e friggetele in olio (oppure arrostitele al forno).
Lessate poi la pasta in abbondante acqua salata, scolatela bene al dente e conditela con metà della salsa di pomodoro. Quindi ungete d'olio una teglia da forno e fate uno strato di pasta, condendola con origano, olive tagliate a pezzetti e capperi, coprite di melanzane, sugo e di nuovo pasta.
Aggiungete ancora qualche pezzetto di olive, capperi, origano e coprite il tutto con i pomodori tagliati a fette spesse in senso orizzontale. Salate, spolverate con poco peperoncino in polvere e passate in forno caldo per poco più di un quarto d'ora, sinché i pomodori non saranno appassiti; quindi sfornate e servite.

Pasticcio di pesce

◆ Tempo: 1 ora e 30 minuti ✶ Difficoltà: media

❖ 400 g di lasagne, besciamella, 500 g di pomodori pelati, 250 g di totani, 200 g di cozze, 200 g di vongole, 100 g di gamberetti, 100 g di scampi, 4 spicchi d'aglio, 1 manciata di prezzemolo, 1 peperoncino rosso, basilico, 1 bicchiere di vino bianco secco, olio extravergine d'oliva, sale.

Preparate la sfoglia-base (vedi pag. 9), lessatela in abbondante acqua salata e lasciatela asciugare su canovacci. Pulite i di-

versi tipi di pesce; tagliate a listarelle i totani e fate aprire le conchiglie mettendole in una padella coperta su fiamma viva – man mano che si schiudono separate i molluschi dalle valve e a fine operazione, filtrate e tenete da parte il liquido rimasto sul fondo. In un tegame fate insaporire qualche cucchiaio d'olio con due spicchi d'aglio. Non appena questi avranno preso colore, toglieteli e mettete a cottura i totani e dopo 5 minuti il resto del pesce.
Bagnate prima con il vino e, quando sarà quasi del tutto evaporato, con il liquido di cottura dei molluschi. Aggiungete anche i pelati tritati e il peperoncino spezzettato e proseguite la cottura per 15-20 minuti. Insaporite con un trito fine di prezzemolo e l'aglio rimasto e regolate di sale; aspettate poi qualche minuto prima di spegnere.
Preparate una besciamella abbastanza fluida seguendo le indicazioni date. Distribuite sul fondo di una pirofila uno strato di sugo e besciamella e ricopritelo poi con uno di pasta; proseguite così a strati alternati – e ben conditi – fino a esaurimento degli ingredienti; terminate con il sugo e spolverate la superficie del pasticcio con foglioline di basilico. Lasciate gratinare in forno caldo (200 °C) prima di servire.

Pizzoccheri al forno (Lombardia)

◆ Tempo: 1 ora ✱ Difficoltà: media

❖ 300 g di pizzoccheri, 200 g di verza o bietola, 200 g di patate, 3 spicchi d'aglio, 1 rametto di salvia, 150 g di formaggio tenero tipo fontina o bitto, 150 g di grana grattugiato, 100 g di burro, olio extravergine d'oliva, sale.

Lavate, tagliate a pezzi verze e patate e lessate entrambe in abbondante acqua salata; nella stessa pentola mettete a cottura anche i pizzoccheri calcolando i tempi di cottura in modo da scolare tutto bene al dente. Nel frattempo tagliate il formaggio tenero a sottili listarelle e fate sciogliere il burro con qualche cucchiaio d'olio, insaporendolo con la salvia e gli spicchi d'aglio schiacciati (toglierete questi ultimi non appena prendono colore). In una pirofila da forno, disponete un primo strato di pasta e verdura, poi distribuite sulla superficie un misto di grana e fontina tagliati a dadini e condite con il burro alla salvia. Continuate con un secondo strato di pasta e via via con gli altri ingredienti. Terminate con un'abbondante spolverata di grana e un po' di burro e cuocete in forno caldo per una decina di minuti.

Tagliatelle al forno in verde (Veneto)

◆ Tempo: 1 ora e 30 minuti ✱ Difficoltà: media

⁘ 400 g di tagliatelle, 1 kg di asparagi, 250 g di ricotta fresca, 2 uova, noce moscata, parmigiano grattugiato, olio extravergine d'oliva, sale, pepe.

Pulite gli asparagi eliminando il pezzo di gambo più coriaceo e fateli cuocere in acqua salata e bollente per circa 15 minuti, scolateli e lasciateli sgocciolare senza fretta, poi tagliateli a piccoli pezzi sino ad arrivare alla parte eventualmente ancora dura. In un largo tegame fate scaldare un po' d'olio, aggiungetevi i pezzi di asparagi facendoli dorare e nel frattempo sbriciolate la ricotta in una terrina e lavoratela con pochissima acqua, il sale e il pepe, sino a ottenere una crema liscia e omogenea. Mettete sul fuoco la pentola per la cottura delle tagliatelle: portate l'acqua a ebollizione, salatela, calatevi la pasta, fatela cuocere al dente e intanto ungete d'olio una teglia da forno.

Condite quindi le tagliatelle con l'olio e il parmigiano grattugiato e formate un primo strato nella teglia, a cui far seguire gli asparagi e metà della crema di ricotta. Continuate poi con le tagliatelle, gli asparagi, la ricotta e con un altro strato di tagliatelle.

Sulla superficie dell'ultimo strato di pasta distribuite le uova sbattute con poco sale e pepe, un pizzico di noce moscata e un paio di cucchiai di parmigiano grattugiato. Infine mettete la teglia nel forno preriscaldato e lasciate gratinare il pasticcio per mezzora.

Taleggio e tonno con farfalle

◆ Tempo: 30 minuti ✱ Difficoltà: facile

❖ 380 g di farfalle, 120 g di taleggio, 100 g di tonno sottolio, 12 olive, 4 acciughe sottolio, 1 bicchiere di passata di pomodoro, 8 foglie di basilico, olio extravergine d'oliva, sale, pepe.

Mentre portate a cottura molto al dente le farfalle, mescolate in una terrina la passata di pomodoro con le acciughe tagliuzzate, il taleggio tagliato a dadini, le olive spezzettate, il tonno sbriciolato, le foglie di basilico grossolanamente tritate, il sale e il pepe. Scolate la pasta e unitela agli ingredienti mescolando con cura.

Preparate 4 fogli di carta da forno e all'interno distribuite le farfalle condite. Avvolgete la carta in modo da formre dei cartocci ben chiusi. Metteteli nel forno disponendoli a cerchio e cuoceteli a 180 °C per una decina di minuti. Lasciate riposare qualche minuto e servite.

Timballo ai cavolfiori

◆ Tempo: 1 ora e 30 minuti ✱ Difficoltà: media

❖ 400 g di lasagne, 1 grosso cavolfiore, 1 spicchio d'aglio, 1 pizzico di noce moscata, peperoncino rosso in polvere, besciamella vegetale (preparata con farina, olio extravergine d'oliva, acqua di cottura del cavolfiore, sale, timo), 100 g di gruviera grattugiato, 100 g di parmigiano grattugiato, olio extravergine d'oliva, sale.

Preparate la sfoglia-base (vedi pag. 9), lessatela in acqua bollente salata e lasciatela asciugare su canovacci. Lavate il cavolfiore, tagliatelo a cimette e quindi bollitelo per qualche minuto in poca acqua; scolatelo, conservate l'acqua di cottura e ripassatelo in padella con un poco d'olio, lo spicchio d'aglio, un pizzico di peperoncino e uno di noce moscata. Poi preparate la besciamella usando l'acqua di cottura del cavolfiore e unendo anche una manciata di parmigiano e una di gruviera grattugiati. Oliate una teglia da forno, fate uno strato di lasagne e poi proseguite con strati di besciamella, parmigiano e gruviera grattugiati, cavolfiore; ripetete gli strati sino a esaurimento degli ingredienti, terminando con la besciamella e i formaggi grattugiati. Infine mettete a cuocere in forno preriscaldato per una quindicina di minuti o fino a quando si sarà formata una crosticina dorata.

Timballo ai finocchi

◆ Tempo: 1 ora e 30 minuti ✱ Difficoltà: media

❖ 400 g di lasagne, 1 kg di finocchi, 1 spicchio d'aglio, 1 pizzico di noce moscata, peperoncino rosso in polvere, besciamella vegetale (preparata con farina, olio extravergine d'oliva, acqua di cottura dei finocchi, timo, sale), 100 g di gruviera grattugiato, 100 g di parmigiano grattugiato, olio extravergine d'oliva, sale.

Preparate la sfoglia-base (vedi pag. 9), lessatela in acqua bollente salata e lasciatela asciugare su canovacci. Lavate accuratamente i finocchi, quindi tagliateli a ventaglietti in verticale e sbollentateli in poca acqua salata. Scolateli quando sono an-

cora al dente (conservate l'acqua di cottura) e passateli in padella con dell'olio, lo spicchio d'aglio, un pizzico di peperoncino e uno di noce moscata. Preparate la besciamella usando l'acqua di cottura dei finocchi e incorporandovi anche una manciata di parmigiano e di gruviera grattugiati.
Ungete una teglia da forno, disponetevi sul fondo uno strato di lasagne e poi proseguite coprendo con uno strato di besciamella, uno di parmigiano e gruviera grattugiati, uno di finocchi. Ripetete gli strati sino a esaurimento degli ingredienti, terminando con la besciamella e una spolverata di formaggi grattugiati. Infine mettete in forno già caldo sino a quando si formerà una crosticina dorata.

Timballo ai peperoni

◆ Tempo: 1 ora e 30 minuti ✱ Difficoltà: media

❖ 400 g di lasagne, 3 peperoni, 2 pomodori maturi, 1 cipolla, 1 mozzarella grossa, salsa di pomodoro, peperoncino rosso in polvere, parmigiano grattugiato, olio extravergine d'oliva, sale.

Preparate la sfoglia-base (vedi pag. 9), lessatela in acqua bollente salata e lasciatela asciugare su canovacci. Se già non l'avete in casa, preparate anche una buona salsa di pomodoro arricchita con carote, sedano, cipolla e foglie di basilico aggiunte al termine della cottura. Poi lavate e tagliate a striscioline i peperoni, liberandoli dei filamenti interni e dei semi. Metteteli quindi in una grossa padella con una cipolla tagliata a fettine e poco olio e fate saltare il tutto a fuoco inizialmente allegro, tenendo mescolato con un cucchiaio di legno e abbassando poi la fiamma.
Quando i peperoni saranno appassiti, unite un paio di pomodori da sugo tagliati a dadini. Aggiungete sale e peperoncino solo al termine della cottura. Appena i peperoni risulteranno pronti, ungete una teglia da forno e cominciate con il

fare uno strato di lasagne; cospargetele quindi di salsa di pomodoro, copritele di mozzarella tagliata a dadini, parmigiano grattugiato e peperoni.
Ripetete con le lasagne e così via sino a esaurimento degli ingredienti, terminando comunque con uno strato di lasagne, pomodoro e parmigiano. Infornate infine a forno caldo, lasciando cuocere una ventina di minuti; quindi sfornate e portate in tavola.

Timballo capriccioso

◆ Tempo: 1 ora e 30 minuti ✱ Difficoltà: media

❖ 400 g di lasagne, 800 g di pomodori maturi e sodi, 1 mozzarella, 2 melanzane, 2 peperoni, 2 zucchine, 2 cipolle, 1 carota, 1 gambo di sedano, origano, peperoncino rosso in polvere, parmigiano grattugiato, olio extravergine d'oliva, sale.

Preparate la sfoglia-base (vedi pag. 9), lessatela in abbondante acqua salata e lasciatela asciugare su canovacci. Lavate, asciugate e tagliate a pezzetti le melanzane, le zucchine e i peperoni (questi ultimi dovranno essere privati anche dei semi e dei filamenti interni). Mettete tutte le verdure in una padella con una cipolla affettata sottilmente e un poco d'olio e fate saltare il tutto per qualche minuto a fuoco medio. Poi abbassate la fiamma e continuate la cottura condendo con sale e un pizzico di peperoncino solo poco prima di togliere dal fuoco. Nel frattempo preparate anche una salsa di pomodoro con i pomodori sbucciati, una cipolla, la carota e il sedano tritati e un pizzico di origano.
Quando il sugo è pressoché pronto, unitelo alle altre verdure e lasciate sul fuoco qualche minuto in modo che i sapori possano amalgamarsi. Ungete d'olio una teglia da forno, fate uno strato di lasagne, cospargetele di salsa di pomodoro e di mozzarella tagliata a dadini e spolveratele di parmigiano; ripetete

gli strati sino a esaurimento degli ingredienti, terminando con uno strato di lasagne, pomodoro e parmigiano. Infine infornate a forno caldo e lasciate cuocere per una ventina di minuti prima di servire.

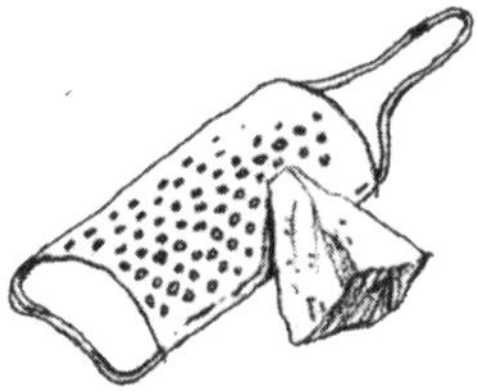

Timballo di magro

◆ Tempo: 45 minuti ✱ Difficoltà: facile

✣ 400 g di spaghetti, 300 g di piselli freschi sgranati, 3 carciofi, 1/2 cipolla, peperoncino rosso in polvere, 100 g di gruviera, pangrattato, olio extravergine d'oliva, sale.

Affettate sottilmente la cipolla e fatela saltare in padella con qualche cucchiaio d'olio; dopo qualche minuto aggiungete i piselli freschi e i carciofi precedentemente privati delle foglie esterne e tagliati a sottili spicchi. Insaporite con un pizzico di sale e un po' di peperoncino (attenzione a non esagerare), mettete un coperchio e lasciate cuocere a fuoco moderato per qualche minuto.
Quando le verdure saranno pressoché cotte, portate a ebollizione abbondante acqua salata e lessatevi gli spaghetti, scolandoli piuttosto al dente. Condite la pasta con un po' d'olio e trasferitela in una pirofila oliata, alternando uno strato di pasta con uno di gruviera tagliato a sottili fettine.
A metà di quest'operazione mettete al centro del timballo le verdure, poi finite di riempire la pirofila, spolverizzate la superficie di pangrattato e mettete in forno preriscaldato. Dopo 20 minuti, sformate e servite caldo.

Timballo di spinaci

◆ Tempo: 1 ora e 15 minuti ✱ Difficoltà: media

❖ 400 g di lasagne, 1 kg di spinaci, 400 g di ricotta, 1 pizzico di noce moscata, peperoncino rosso in polvere, 100 g di parmigiano grattugiato, olio extravergine d'oliva, sale.

Preparate la sfoglia-base (vedi pag. 9), lessatela in acqua bollente salata e lasciatela asciugare all'aria su dei canovacci. Mondate gli spinaci, lavateli con cura e cuoceteli con poca acqua leggermente salata; scolateli e strizzateli molto accuratamente. Quindi tritateli e mescolateli alla ricotta sbriciolata, aggiungendo eventualmente un poco della loro acqua di cottura o di latte in modo da ammorbidire il composto che deve assumere una consistenza cremosa. Per completare, unite anche il parmigiano grattugiato e insaporite con un pizzico di sale, uno di peperoncino rosso e uno di noce moscata. Oliate una teglia da forno, stendetevi uno strato di lasagne, uno strato di composto di spinaci e ricotta, cospargete di parmigiano grattugiato e ripetete gli strati a partire dalle lasagne sino all'esaurimento degli ingredienti. Terminate con uno strato di spinaci e parmigiano, infornate a forno preriscaldato e lasciate cuocere a media temperatura una quindicina di minuti o sinché la superficie si sia dorata.

Tortiera di bucatini (Campania)

◆ Tempo: 30 minuti ✱ Difficoltà: facile

❖ 200 g di bucatini, 400 g di patate, 200 g di pomodori pelati, 2 cipolle, origano, basilico, 50 g di parmigiano grattugiato, 3 cucchiai d'olio extravergine d'oliva, sale, pepe.

Sbucciate le patate e tagliatele a fette. Disponete uno strato di patate sul fondo di una tortiera a bordi alti e mobili, copritelo con un po' di pomodori passati al setaccio, quindi con una

cipolla tagliata a fettine molto sottili. Condite con 2 cucchiaiate d'olio e un po' di parmigiano. Salate, pepate e profumate con abbondante origano e basilico. Su tutto fate uno strato di bucatini spezzettati.
Ripetete gli strati con le patate, i pomodori e i bucatini, conditi allo stesso modo. Terminate con uno strato di patate, poiché la pasta dovrà rimanere "chiusa" al centro della tortiera. Versatevi sopra il tutto la quantità d'acqua necessaria a coprire la pasta e cuocete su fuoco basso per 20 minuti. Di tanto in tanto mescolate con un cucchiaio di legno – facendo però attenzione a non rovinare gli strati dello sformato –, in modo che la pietanza risulti cotta quasi al vapore.

Vincisgrassi (Marche)

◆ Tempo: 3 ore ✱ Difficoltà: media

❖ PER LA SFOGLIA: 400 g di farina, 200 g di semolino, 5 uova, vin santo, 40 g di burro, sale.
PER IL SUGO: 450 g di animelle-filoni di vitello, 300 g di rigaglie di pollo, 100 g di grasso di prosciutto, 250 g di polpa di pomodoro, 1 cipollina, noce moscata, besciamella, vino bianco, brodo, 200 g di parmigiano grattugiato, burro, olio extravergine d'oliva, sale, pepe.

In una terrina mettete la farina, il semolino, le uova, il burro fuso, un po' di sale, un dito di vin santo. Impastate e lasciate riposare per circa mezzora. Tirate l'impasto a sfoglia che taglierete in strisce di 10×15 cm. Lessatele in abbondante acqua salata e a metà cottura scolatele, ponendole a raffreddare sopra alcuni canovacci. Preparate il sugo soffriggendo nell'olio il grasso di prosciutto e la cipolla tritata, aggiungete poi le rigaglie di pollo tagliate finemente, lasciate rosolare alcuni minuti e versate il vino bianco. Appena il liquido sarà evaporato aggiungete la polpa di pomodoro e insaporite con sale, pe-

pe e un pizzico di noce moscata; dopo un quarto d'ora circa unite le animelle e i filoni di vitello tagliati a pezzetti, aggiustate di sale e fate bollire a pentola coperta per un'ora e mezzo e, se necessario, aggiungete brodo caldo.
Imburrate una teglia e disponetevi a strati le strisce di pasta, un po' di besciamella, il parmigiano grattugiato, il sugo e qualche pezzetto di burro; ripetete tutto nuovamente fino a esaurimento degli ingredienti. Terminate con uno strato di pasta ricoperto di besciamella e formaggio parmigiano grattugiato. Infornate e lasciate cuocere per 30-40 minuti circa.

Zite ripiene

◆ Tempo: 1 ora ✱ Difficoltà: media

❖ 600 g di zite, 200 g di carne macinata, 50 g di prosciutto, 50 g di pancetta, 1 cipolla, 200 g di concentrato di pomodoro, 1 spicchio d'aglio, 1 ciuffo di prezzemolo, vino rosso, 200 g di ricotta, parmigiano grattugiato, salvia, maggiorana, timo, 1 uovo, vino bianco secco, olio d'oliva extravergine, sale, pepe.

In una padella fate soffriggere un trito di aglio, mezza cipolla, pancetta e prosciutto, mescolate e poi unite la carne macinata. Fatevi sfumare il vino, unite i pomodori e proseguite la cottura per altri 15 minuti. A questo punto fate imbiondire in olio molto caldo l'altra metà della cipolla affettata sottilmente e aggiungetevi la carne macinata con gli aromi e il pomodoro. Mescolate e, a cottura ultimata, lasciate raffreddare e versate in una terrina in cui aggiungerete la ricotta, il formaggio e l'uovo. Con il ripieno preparato farcite le zite e poi adagiatele in una teglia leggermente imburrata. Irrorate la preparazione con il ragù e infornate per 25 minuti circa.

Pasta ripiena

Agnolotti al formaggio (Campania)

◆ Tempo: 1 ora e 30 minuti ✱ Difficoltà: media

❖ Per la pasta: sfoglia-base (vedi pag. 12).
Per il ripieno: 300 g di ricotta, 1 mozzarella grossa, 2 uova, 1 manciata di foglie di basilico, sale, pepe in grani.
Per il ragù: 500 g di polpa di pomodoro, 300 g di polpa di manzo, 1 cipolla, qualche foglia di basilico, vino rosso, olio extravergine d'oliva, sale, pepe.

Preparate la sfoglia-base per gli agnolotti seguendo le indicazioni date. Nel frattempo preparate il ripieno lavorando in una terrina la ricotta, le uova, il basilico e la mozzarella tritati, sale e una macinata di pepe fresco. Mettete al fuoco anche il ragù: fate ammorbidire la cipolla tritata in un tegame di coccio insieme con qualche cucchiaio d'olio, unite quindi la carne tagliata a pezzettini e lasciate rosolare mantenendo mescolato. Salate e bagnate con uno spruzzo di vino; dopo qualche minuto aggiungete la polpa di pomodoro. Fate cuocere il ragù a fuoco basso per circa un'ora e, prima di spegnere, insaporite con foglie di basilico spezzettate e una macinata di pepe. Stendete la sfoglia sul piano di lavoro leggermente infarinato e tagliatela in grossi cerchi aiutandovi con la rondella tagliapasta o con un bicchiere; nel mezzo di ciascun cerchio distribuite un po' di ripieno compatto, poi ripiegate la sfoglia e formate gli agnolotti premendo bene sui bordi. Lessate gli agnolotti in abbondante acqua salata, scolateli e serviteli conditi con ragù e, volendo, con parmigiano grattugiato.

Agnolotti al tartufo (Piemonte)

◆ Tempo: 1 ora + 30 minuti ✱ Difficoltà: media

❖ PER LA PASTA: sfoglia-base (vedi pag. 12).
PER IL RIPIENO: 150 g di carne di maiale magra, 150 g di prosciutto crudo, 100 g di carne di vitello, 1/2 tartufo bianco o nero, 1 uovo, vino bianco secco (facoltativo), parmigiano grattugiato, 50 g di burro,
PER IL CONDIMENTO: 1/2 tartufo, parmigiano grattugiato, burro, sale, pepe.

Preparate la sfoglia-base seguendo le indicazioni date. Mettete anzitutto in un pentolino il burro, la carne di vitello e la carne di maiale macinate, il prosciutto tritato, metà del tartufo pulito e tagliato a sottili fettine con il tagliatartufi, l'uovo, una manciata di parmigiano grattugiato, sale e pepe. Fate cuocere a fuoco basso legando bene tutti gli ingredienti e bagnando, solo se occorre, con poco vino bianco. Quando il tutto è ben cotto stendete la sfoglia sopra una spianatoia e su metà di essa disponete un poco del ripieno in tanti mucchietti. Quindi ripiegate e tagliate con la rondella, dando la forma preferita; lasciate gli agnolotti per mezzora all'aria sopra un canovaccio. Nel frattempo mettete a bollire in una pentola abbondante acqua salata e appena rompe il bollore, gettatevi gli agnolotti e scolateli man mano che vengono a galla, raccogliendoli con la paletta bucata. Disponeteli sopra un piatto da portata caldo e cospargeteli con parmigiano grattugiato e burro fuso, spolverizzando con il 1/2 tartufo inutilizzato.

Agnolotti di patate (Friuli)

◆ Tempo: 1 ora ✱ Difficoltà: media

❖ PER LA PASTA: sfoglia-base (vedi pag. 12).
PER IL RIPIENO: 600 g di patate, 1 cipolla, 3 foglie di menta, cannella, 1 bicchierino di cognac, burro, sale, pepe.
PER IL CONDIMENTO: ricotta affumicata grattugiata, burro.

Preparate la sfoglia-base per gli agnolotti seguendo le indicazioni date. Per il ripieno occorre lessare e sbucciare le patate, poi passarle con lo schiacciapatate, aggiungervi sale e pepe, il liquore, la menta tritata e un pizzico di cannella. In un tegamino rosolate la cipolla affettata sottilmente con un po' di burro; giunta alla giusta doratura unitela alle patate, amalgamando bene.
Tirate la sfoglia e su metà di essa disponete un poco del ripieno in tanti mucchietti; quindi ripiegate e tagliate con l'apposita rondella.
Quando l'acqua bolle, salatela leggermente, versatevi gli agnolotti, scolateli e serviteli condendo con burro fuso e ricotta affumicata grattugiata.

Agnolotti in brodo (Lombardia)

◆ Tempo: 1 ora + 4 ore ✶ Difficoltà: media

❖ PER LA PASTA: sfoglia-base (vedi pag. 12).
PER IL RIPIENO: 200 g di lombo di maiale, 100 g di petto di pollo, 1 salamella, fegatini e magoncini (facoltativi), noce moscata, pangrattato, brodo di carne, 150 g di grana grattugiato, sale, pepe.

Preparate la sfoglia-base per gli agnolotti seguendo le indicazioni date. Mettete in una casseruola la carne di pollo e quella di maiale tagliata a pezzi, la salamella pulita dalla pelle e sminuzzata e, volendo, anche le interiora. Versate 1 l d'acqua salata e fate bollire lentamente. A cottura ultimata (circa un paio d'ore), scolate e macinate la carne; aggiungete al trito il formaggio, una spolverata di pangrattato, un pizzico di noce moscata, sale, pepe e il brodo di cottura necessario a dare la giusta consistenza al composto per il ripieno. Mescolate fino ad amalgamare bene gli ingredienti e lasciate riposare a temperatura ambiente per un paio d'ore, così che i sapori si amalgamino bene tra loro. Stendete a questo punto la sfoglia su una spianatoia, tagliatela a quadrati di circa 4 cm di lato e ponete nel centro di ciascuno una pallina di ripieno. Ripiegate poi la pasta a triangolo e avvolgetela attorno al dito premendo sulle due estremità per saldarle insieme. Cuoceteli nel brodo di carne e serviteli caldi.

Cappelletti al salmone

◆ Tempo: 1 ora ✷ Difficoltà: media

❖ PER LA PASTA: sfoglia-base (vedi pag. 14).
PER IL RIPIENO: 300 g di polpa di salmone, 100 g di ricotta, 1 ciuffo di prezzemolo, noce moscata, sale.
PER IL CONDIMENTO: panna liquida, 1 spicchio d'aglio, prezzemolo, 1 limone, burro.

Preparate la pasta per i cappelletti seguendo le indicazioni fornite. Passate nel frullatore il salmone crudo e il prezzemolo. In una terrina amalgamate il pesce insieme alla ricotta, a un pizzico di sale e a uno di noce moscata. Distribuite con un cucchiaino il ripieno così ottenuto sulla sfoglia, tagliate e chiudete i cappelletti premendo bene con le dita umide lungo i bordi. A questo punto fateli cuocere in abbondante acqua leggermente salata, scolateli e disponeteli in una zuppiera tiepida. Coprite la preparazione con la panna liquida, aggiungete alcune foglioline di prezzemolo finemente tritate, cospargete con un po' di scorza di limone grattugiata, mescolate il tutto e versate infine il burro fuso aromatizzato con l'aglio. Mescolate bene e servite subito.

Culingionis di patata (Sardegna)

◆ Tempo: 1 ora e 30 minuti ✷ Difficoltà: media

❖ 500 g di farina, 600 g di patate, 1 cipolla, 2 spicchi d'aglio, menta fresca, 2 foglie di salvia, burro o salsa di pomodoro, 300 g di pecorino stagionato grattugiato, olio extravergine d'oliva, sale.

Impastate la farina con un po' d'acqua calda, quel tanto che basta per ottenere un impasto omogeneo ed elastico. Salatelo leggermente, lavoratelo con cura, formate una palla, quindi copritelo con un canovaccio da cucina pulito e lasciatelo riposare in luogo fresco e asciutto.
Nel frattempo sbucciate, lavate, lessate le patate, passatele nello schiacciapatate più volte e mescolatele in una terrina assieme al pecorino grattugiato.
Sbucciate quindi la cipolla e gli spicchi d'aglio, tritate il tutto insieme con alcune foglie di menta e fatelo rosolare per qualche minuto con un po' d'olio in un tegame possibilmente di coccio, quindi unite il soffritto alle patate e al pecorino, mescolando con cura. A questo punto con l'impasto ottenuto formate tante palline.
Prendete poi la pasta che avete lasciato riposare, tiratela a sfoglia sulla spianatoia e adagiatevi sopra le palline di patate e formaggio, facendo attenzione a distanziarle tra di loro; poi copritele con l'altra sfoglia, premete delicatamente con le dita in modo da formare tanti piccoli fagotti, divideteli con l'aiuto della rotella tagliapasta e infine chiudeteli pizzicando delicatamente i lembi.
Cuoceteli infine in abbondante acqua leggermente salata, quindi scolateli con cura e conditeli subito con del burro fuso oppure, se preferite, con la salsa di pomodoro (meglio se preparata con il pomodoro fresco). Mescolate delicatamente con un cucchiaio di legno facendo attenzione a non rompere la pasta e poco prima di servire, spolverate i culingionis con abbondante pecorino grattugiato e decorate con qualche fogliolina di salvia.

Langaroli piemontesi (Piemonte)

◆ Tempo: 1 ora e 30 minuti ✱ Difficoltà: media

❖ PER LA PASTA: 500 g di farina 00, 4 uova, olio extravergine d'oliva, un pizzico di sale.
PER IL RIPIENO: 100 g di carne di bovino lessata, 50 g di riso lessato, 50 g di cavolo verza, 50 g di toma d'Alba, 2 uova, noce moscata, burro, sale, pepe.
PER IL CONDIMENTO: 150 g di coscia di vitello, 2 pomodori, 1 porro, 1 rametto di rosmarino, parmigiano, olio extravergine d'oliva, sale, pepe.

Preparate la pasta per i langaroli impastando farina, uova, olio e sale fino a ottenere un impasto omogeneo. Lasciate riposare, poi impastate di nuovo e con il matterello stendete una sfoglia. Lavate e asciugate le foglie di verza, tagliatele a striscioline e fatele appassire nel burro. Aggiungete la carne lessata tritata, salate, speziate con pepe e noce moscata, quindi lasciate rosolare per alcuni minuti. Spegnete il fuoco e aspettate che la carne si raffreddi prima di aggiungere le uova, il riso lessato e la toma d'Alba grattugiata. Amalgamate il tutto, poi con un cucchiaino disponete il ripieno a piccoli mucchi sulla sfoglia. Ricoprite con una seconda sfoglia e schiacciate con le dita intorno al ripieno. Con il coltello tagliate la pasta a quadri di circa 1 cm e 1/2 di lato, poi pizzicate tra pollice e indice il bordo del langarolo e ruotate leggermente chiudendo bene. Mettete in un tegame il porro tagliato fine, il rosmarino e fateli imbiondire nell'olio, aggiungete la coscia di vitello tritata e fate rosolare per alcuni minuti. Unite i pomodori pelati e sminuzzati, salate, pepate e lasciate consumare a fuoco moderato. Cuocete i langaroli, scolateli e versateli in una terrina. Condite con ragù di carne, parmigiano grattugiato e servite.

Pansotti liguri (Liguria)

◆ Tempo: 1 ora e 30 minuti ✶ Difficoltà: media

❖ PER LA PASTA: 400 g di farina, 2 uova, olio extravergine d'oliva, sale.
PER IL RIPIENO: 150 g di ricotta, 50 g di parmigiano, 2 uova, 1 spicchio di aglio, 2 rametti di maggiorana, 500 g di prebbogion, 700 g di borragine e bietoline, scarola e indivia.

Preparate la pasta per i pansotti mescolando la farina con le uova, l'olio e un pizzico di sale. Impastate bene con le mani fino a ottenere un impasto omogeneo. Lasciate riposare coperto, poi impastate di nuovo e con il matterello stendete una sfoglia. Mondate e lavate le verdure, lessatele e tritatele. In una terrina impastate insieme la ricotta, il parmigiano grattugiato, le uova, il sale e una grattatina di noce moscata; alla fine aggiungete le verdure tritate. Tagliate la sfoglia in quadrati di 6 cm di lato. Ponete al centro di ogni quadrato di sfoglia un mucchietto di ripieno, ripiegate la pasta a triangolo premendo bene sui bordi, quindi lasciate asciugare su un canovaccio. Dedicatevi ora alla preparazione della salsa. Tritate finemente noci, pinoli e aglio e amalgamate il tutto versandovi l'olio a filo. Infine lessate i pansotti, disponeteli in un piatto da portata riscaldato, ricopriteli con la salsa a base di noci e servite.

Ravioletti alle zucchine

◆ Tempo: 1 ora e 30 minuti ✶ Difficoltà: media

❖ PER LA PASTA: sfoglia-base (vedi pag. 12)
PER IL RIPIENO: 200 g di zucchine, 150 g di ricotta fresca, parmigiano grattugiato, noce moscata, sale, pepe.
PER IL CONDIMENTO: 4 pomodori maturi e sodi, qualche foglia di basilico, 1 porro, qualche foglia di salvia, 40 g di burro, parmigiano grattugiato, olio extravergine d'oliva, sale, pepe.

Preparate la pasta per i ravioli seguendo le indicazioni date. Pulite le zucchine, affettatele fini e fatele appassire in un po' di burro, insaporendo con sale e noce moscata. Passatele al setaccio e amalgamatele in una terrina con la ricotta e una manciata di parmigiano grattugiato. Confezionate i ravioli disponendo sulla sfoglia il ripieno in mucchietti della grandezza di una noce; ripiegate la pasta e schiacciatela con le dita intorno al ripieno, tagliando con l'apposita rotella dei quadri di circa 4 cm di lato. Fate dorare il porro tagliato fine in poco olio. Pelate i pomodori dopo averli tuffati in acqua bollente, privateli dei semi, sminuzzateli e uniteli al soffritto con un pizzico di sale. Lasciateli poi consumare mentre sciogliete il burro aromatizzato con alcune foglioline di salvia. Cuocete i ravioli in abbondante acqua salata, scolateli molto bene e poneteli in una terrina; versate il burro fuso, il condimento preparato e mescolate. Spolverate con parmigiano e servite subito.

Ravioli al nasello

◆ Tempo: 50 minuti ✱ Difficoltà: media

❖ PER LA PASTA: 400 g di farina, 4 tuorli, qualche cucchiaio di latte, 80 g di spinaci lessati e strizzati.
PER IL RIPIENO: 300 g di polpa di nasello, 120 g di burro, 1 dl di panna liquida, 2 fette di pancarré, 1 uovo, 1 mazzetto di prezzemolo.
PER IL CONDIMENTO: salvia, alloro, 1 scalogno, olio extravergine d'oliva, sale, pepe.

Impastate la farina con 4 tuorli d'uovo, amalgamatevi il latte e un pizzico di sale. Dividete l'impasto in due parti e in una aggiungete gli spinaci tagliuzzati mescolando bene fino a ottenere un composto omogeneo. Avvolgete gli impasti in due canovacci e lasciateli riposare in frigorifero per circa 30 minuti. Preparate il ripieno: fate ammorbidire il pancarré nella panna; tritate con il mixer il pesce crudo e mettetelo in una ciotola. Aggiungete il pancarré e la panna, 1 uovo, le foglie di un mazzetto di prezzemolo tritate finemente e un pizzico di pepe. Stendete sulla spianatoia leggermente infarinata la pasta bianca, ricavatene una sfoglia, poi, allo stesso modo, stendete anche quella verde. Sulla pasta bianca appoggiate il ripieno a mucchietti giustamente distanziati e ricopriteli con la sfoglia verde. Premete tutt'intorno al ripieno, sigillando perfettamente la pasta dopo aver eliminato eventuali bolle d'aria, poi, con un tagliapasta tondo o un bicchierino, ricavate i ravioli appoggiandoli man mano su un vassoio coperto con un telo leggermente infarinato. Mettete sul fuoco una casseruola con abbondante acqua; quando prende il bollore, salatela, poi tuffatevi i ravioli e cuoceteli al dente. Fate intanto fondere in un tegamino il burro e aromatizzatelo con lo scalogno, grossolanamente tritato, 3 foglie di salvia e 1 d'alloro. Estraete i ravioli con un mestolo forato, sgocciolateli molto bene e metteteli in una capace zuppiera calda, condendoli man mano con il burro aromatizzato da cui avrete eliminato lo scalogno e le erbe.

Ravioli con i funghi

◆ Tempo: 1 ora + 30 minuti ✶ Difficoltà: media

❖ Per la pasta: 250 g di farina di segale, 250 g di farina di frumento, 4 uova, latte, sale.
Per il ripieno: 400 g di funghi freschi, 150 g di ricotta, 50 g di burro, 2 spicchi d'aglio, 2 uova, 1 ciuffetto di prezzemolo, noce moscata, sale, pepe.
Per il condimento: burro, parmigiano grattugiato, pepe.

Disponete sul piano di lavoro le 2 farine a fontana, e versate al centro, poco alla volta, le uova, sbattute con un pizzico di sale e tanto latte tiepido quanto sarà necessario per ottenere una pasta liscia di buona consistenza. Lavoratela a lungo; poi fatela riposare, coperta da un canovaccio umido per almeno 1 ora. Preparate il ripieno: trifolate i funghi, mondati e tagliati a dadini, con un po' di burro e con un trito d'aglio e prezzemolo. Mescolatevi la ricotta setacciata, un pizzico di sale, uno di pepe e uno di noce moscata. Riprendete la pasta; dividetela in pezzi e spianatela molto sottilmente. Ritagliatevi dei dischi di circa 6 cm di diametro e chiudete dentro ciascun dischetto un cucchiaino di ripieno. Formate, dunque, i ravioli, chiudendo i dischetti a mezzaluna; pressatene bene i bordi, affinché il ripieno non possa uscire. Quindi, lessateli in acqua salata. Fateli cuocere per pochi minuti; scolateli e divideteli nelle fondine. Conditeli con burro sciolto e cosparsi di parmigiano grattugiato e pepe.

Ravioli di pesce povero

◆ Tempo: 1 ora e 30 minuti ✱ Difficoltà: media

❖ PER LA PASTA: sfoglia-base (vedi pag. 12)
PER IL RIPIENO: 800 g di pesce "povero", prezzemolo, 2 cipolle bianche, 1 carota, parmigiano grattugiato, 1 uovo, sale, pepe.
PER IL CONDIMENTO: 1 granchio, 1/2 bicchiere di vino bianco, prezzemolo, olio extravergine d'oliva, burro.

Preparate la pasta seguendo le indicazioni date, stendetela e tagliatela a rettangoli. Scegliete un pesce povero ovvero gallinella, pesce cappone o coda di rospo. Pulitelo e cuocetelo in acqua fredda con un ciuffo di prezzemolo e le verdure. Appena cotto, togliete le spine e fate un impasto con la polpa, prezzemolo tritato, parmigiano grattugiato, il tuorlo, sale e pepe. Dividete l'impasto in noccioline e distribuitelo sui rettangoli di pasta, che ripiegherete per formare i ravioli. Lasciate riposare e preparate il condimento. Estraete dal granchio la polpa, tritate finemente la cipolla che vi è rimasta e cuocetela con un filo d'olio.

Aggiungete poi la polpa del granchio che avete diviso in pezzettini e allungate il tutto con il vino bianco, fatelo evaporare lentamente e spegnete. In acqua bollente, leggermente salata, cuocete i ravioli. Appena cotti, aggiungete una manciata di prezzemolo tritato e una noce di burro. Condite adesso con il sugo di granchio e servite in tavola ben caldo.

Tortelli alla mugellana (Toscana)

◆ Tempo: 1 ora e 30 minuti ✱ Difficoltà: media

❖ PER LA PASTA: 500 g di farina, 3 uova.
PER IL RIPIENO: 200 g di patate, parmigiano reggiano grattugiato, 2 uova, polpa di zucca lessata, qualche cucchiaio di sugo di arrosto (facoltativo).

Lessate le patate a vapore, sbucciate e ripetete l'operazione con la zucca quindi passate il tutto nello schiacciapatate. Aggiungete il parmigiano, le uova, il sugo di arrosto e il sale e mescolate il composto ottenuto.
Mescolate tutti gli ingredienti per la sfoglia fino a ottenere un impasto morbido ed elastico e stendete la sfoglia piuttosto sottile. Tagliate la pasta in striscioline larghe 5 cm circa e distribuitevi delle piccole palline di ripieno, a distanze regolari. Passate adesso a coprire la sfoglia con un'altra striscia di pasta. Con le dita, facendo pressione vicino ai mucchietti di ripieno, eliminate l'aria presente tra le 2 sfoglie, sigillate tutto intorno ai mucchietti e separateli con la rotellina dentata. Lasciateli asciugare su un canovaccio.
Lessateli in abbondante acqua salata versandoli un po' alla volta, conditeli a piacere con sugo di pomodoro, burro e salvia oppure ragù.

Tortelli alla trevigiana

◆ Tempo: 1 ora e 30 minuti ✶ Difficoltà: media

❖ PER LA PASTA: sfoglia-base (vedi pag. 12).
PER IL RIPIENO: 100 g di lonza di maiale, 100 getto di pollo, 80 g di mortadella, 80 g di ricotta, 1 uovo, 1 dl di vino bianco, 80 g di parmigiano, 20 g di burro, noce moscata, olio extravergine d'oliva, sale, pepe.

Preparate la pasta per i tortelli seguendo le indicazioni date. Preparate nel frattempo il ripieno: rosolate la carne in un tegame con qualche cucchiaio d'olio e il burro, poi sfumate con il vino, salate, pepate e cuocete a fuoco medio per 10-12 minuti. Tritatela finemente e mettetela in una terrina. Aggiungete al composto la mortadella tritata, l'uovo, la ricotta, il parmigiano grattugiato, un pizzico di sale, pepe e noce moscata e amalgamate bene il tutto. Stendete la pasta sfoglia e con il ripieno preparate i tortelli che farete cuocere in acqua bollente salata. Nel frattempo pulite il radicchio e i porri, tagliateli a listarelle, salateli e fateli appassire per 2-3 minuti in un tegame con il burro rimasto. Scolate i tortelli al dente, uniteli al condimento e serviteli con il parmigiano a parte.

Tortelli di fontina e noce moscata

◆ Tempo: 1 ora ✶ Difficoltà: media

❖ PER LA PASTA: sfoglia-base (vedi pag. 12).
PER IL RIPIENO: 500 g di fontina, 1rametto di timo fresco, noce moscata, sale, pepe.
PER IL CONDIMENTO: 1 fetta spessa di prosciutto cotto, 1 spicchio d'aglio, 1 rametto di salvia, 40 g di burro, parmigiano grattugiato.

Preparate la pasta per i tortelli seguendo le indicazioni fornite. Passate poi a realizzare il ripieno: tagliate la fontina a dadini, pestatela nel mortaio fino a ottenere una crema omogenea, aggiustate di sale e pepate leggermente, aggiungete il timo fresco tritato, un pizzico di noce moscata e amalgamate il tutto. Stendete la pasta prendendone piccole porzioni così da ottenere una striscia sottile. Disponete al centro e ben distanziati dei piccoli mucchietti di ripieno. Coprite con un'altra striscia di pasta e fate aderire bene le due sfoglie. Poi, con l'apposita rotella tagliapasta, tagliate i tortelli. Preparate adesso il condimento: fate rosolare il prosciutto tagliato a dadini in un po' di burro; fate dorare il burro rimanente aromatizzandolo con l'aglio e la salvia. A questo punto cuocete i tortelli per circa 5 minuti (controllate la cottura con i rebbi di una forchetta), scolateli e versateli in una terrina. Conditeli con il burro fuso, eliminando salvia e aglio e aggiungendo i dadini di prosciutto rosolati. Cospargete infine di parmigiano grattugiato e servite in tavola.

Tortelli di zucca (Lombardia)

◆ Tempo: 1 ora e 30 minuti + 36 ore ✱ Difficoltà: media

❖ PER LA PASTA: 500 g di farina 00, 4 uova, olio extravergine d'oliva, sale.
PER IL RIPIENO: 1,5 kg di zucca gialla dolce, 150 g di amaretti, 150 g di mostarda mantovana o cremonese, noce moscata, grana grattugiato.
PER IL CONDIMENTO: 100 g di burro, 4-5 foglie di salvia, parmigiano grattugiato.

Preparate il ripieno il giorno prima. Tagliate a pezzi la zucca con la buccia, eliminate i semi e i filamenti, e passatela in forno a 180 °C per 10 minuti. Passate la polpa al setaccio; in una terrina amalgamate alla purea di zucca gli amaretti ridotti in polvere, la mostarda tritata, un paio di cucchiai del suo sugo, 4 cucchiaiate di parmigiano, la scorza grattugiata e il succo del limone. Mescolate e tenete coperto al fresco. Mescolate bene gli ingredienti per la sfoglia: amalgamate uova e farina fino a ottenere un impasto omogeneo ed elastico. L'impasto, dopo essere stato ben lavorato, va lasciato riposare per circa 12 ore. Quindi stendete la sfoglia e, con l'apposita rondella tagliatela a strisce, distribuite su metà delle sfoglie il ripieno a mucchietti, poi ricoprite con l'altra striscia, premete con le dita intorno al ripieno per saldare la pasta e tagliate i tortelli con la rotella. Lessateli in acqua bollente salata e appena la pasta sarà cotta ma al dente, scolateli e conditeli con burro fuso, salvia e parmigiano grattugiato.

Tortellini al ragù (Emilia Romagna)

◆ Tempo: 30 minuti ✱ Difficoltà: media

❖ PER LA PASTA: sfoglia-base (vedi pag. 14).
Per il ripieno: 150 g di prosciutto crudo, 100 g di petto di pollo, 100 g di lombo di maiale, 100 g di polpa di vitello, 1 fetta di mortadella abbastanza spessa, 2 uova, noce moscata, 100 g di parmigiano grattugiato, burro, sale, pepe.
PER IL CONDIMENTO: ragù di carne.

Preparate la sfoglia-base seguendo le indicazioni fornite. Tritate la carne e rosolatela in un tegame con una noce di burro, quindi unitela al prosciutto e alla mortadella anch'essi tritati e amalgamate il tutto con le uova, il parmigiano, un pizzico di noce moscata, sale e pepe. Tirate la sfoglia sottilissima e ritagliatela in quadratini di 4-5 cm di lato .
Sopra ogni quadratino mettete un po' del ripieno, poi chiudetelo a triangolo. Sigillate bene i bordi, fateli girare intorno a un dito, attaccate le due estremità insieme e girate esternamente il lembo superiore.
Cuocete i tortellini in acqua salata o nel brodo di carne, quindi scolateli e conditeli con un ragù di carne oppure solo con burro fuso aromatizzato con foglie di salvia.

INSALATE DI PASTA E RISO

Ditaloni pistacchi e mortadella

◆ Tempo: 30 minuti ✱ Difficoltà: facile

❖ 400 g di ditaloni rigati, 1 mazzetto di ravanelli, 1 fetta spessa di mortadella, 3 cucchiai di pistacchi sgusciati, erba cipollina, 1 ciuffo di prezzemolo, 1 cucchiaino di senape delicata, 1/2 limone, olio extravergine d'oliva, sale, pepe.

Cuocete la pasta, scolatela al dente e passatela sotto l'acqua fredda. Mettetela in una zuppiera e conditela con un filo d'olio e qualche goccia di limone. Mondate, lavate, asciugate i ravanelli e affettateli a rondelle. Tagliate la fetta di mortadella a cubetti e tritate grossolanamente i pistacchi. Aggiungete tutti gli ingredienti alla pasta, aromatizzandola poi con un pizzico di erba cipollina finemente tagliuzzata. Preparate una salsina con l'olio, la senape, il prezzemolo tritato, il succo del limone, sale e pepe. Irrorate la pasta condita con la salsina ottenuta e servitela fresca.

Eliche ai dadini di melanzana

◆ Tempo: 30 minuti + 1 ora ✱ Difficoltà: facile

❖ 400 g di eliche, 2 melanzane, 3 pomodori maturi e sodi, 1 mozzarella di bufala, origano, basilico genovese, olio extravergine d'oliva, sale.

Lavate bene le melanzane, spuntatele, tagliatele a cubetti di circa 1 cm, salatele e lasciate che espellano l'amaro per un'ora circa. Trascorso il tempo, scolatele bene, friggetele in olio bollente e scolatele su carta assorbente. Lessate la pasta in acqua bollente salata; mentre cuoce, tagliate a dadini la polpa dei pomodori pelati, sgocciolate la mozzarella dal liquido di conserva e fatela a cubetti. Scolate la pasta, mettetela in una zuppiera, unite un cucchiaio d'olio, mescolatela e fatela raffreddare. Aggiungete a quel punto le melanzane, i pomodori e la mozzarella, cospargete con origano, basilico tagliuzzato, sale e completate con un paio di cucchiai d'olio.

Farfalle bella Capri

◆ Tempo: 20 minuti ✶ Difficoltà: facile

❖ 400 g di farfalle, qualche fiore di zucchina, 2 pomodori, 150 g di broccoli, 1 cipolla, 1/2 limone, olio extravergine d'oliva, sale, pepe.

Lessate molto al dente le farfalle in acqua salata, poi fatele raffreddare, condendole con un cucchiaio d'olio. Lessate i broccoli dopo averli divisi in cimette. Lavate con cura i pomodori e tagliateli a fettine eliminando i semi. Sbucciate e affettate la cipolla a rondelle sottili. Condite le farfalle con tutte le verdure tagliate, i fiori di zucchina ben lavati e scottati per 2 minuti, insaporendo con un'emulsione ottenuta mescolando 4 cucchiai d'olio, il succo di limone, un pizzico di sale e uno di pepe. Lasciate riposare in frigorifero prima di servire.

Fusilli alla napoletana

◆ Tempo: 20 minuti ✶ Difficoltà: facile

❖ 400 g di fusilli, 7 pomodori maturi, 80 g di olive nere snocciolate, 6 filetti di alici sottolio, 2 cucchiai di erba cipollina secca, 20 mozzarelline a ciliegia, 12 foglie di basilico, olio extravergine d'oliva, sale.

Portate a bollore abbondante acqua salata e cuocere la pasta. Nel frattempo preparate il condimento: fate bollire per un minuto i pomodori in modo da poterli sbucciare meglio; privateli dei semi e dell'acqua di vegetazione e fateli a piccoli pezzetti. Dividete a metà le olive snocciolate e spezzettate i filetti delle alici. Mettete poi questi ingredienti con l'olio in una zuppiera, aggiungendovi anche le mozzarelline tagliate a metà. Scolare la pasta ancora al dente e passatela sotto l'acqua fredda per fermarne la cottura. Versatela nella zuppiera e prima di servire mescolatela con cura.

Fusilli salmone e asparagi

◆ Tempo: 30 minuti ✱ Difficoltà: facile

❖ 400 g di fusilli, 200 g di asparagi, 150 g di salmone affumicato, 1 cucchiaio di vino bianco, olio extravergine d'oliva, sale, pepe rosa in grani.

Lessate al dente i fusilli in acqua leggermente salata, quindi scolateli, versateli in una zuppiera, conditeli con un filo d'olio e fateli raffreddare. Nel frattempo lessate gli asparagi in acqua leggermente salata e tagliateli a pezzettini. Poi conditeli con un po' d'olio e il cucchiaio di vino bianco. Tagliate il salmone a listarelle. Condite i fusilli con gli asparagi, il salmone e qualche grano di pepe rosa.

Insalata di farro e mais

◆ Tempo: 1 ora e 30 minuti ✱ Difficoltà: facile

❖ 300 g di farro, 150 g di mais lessato, 20 pomodori ciliegini, 2 cucchiai di capperi sottosale, 1 ciuffo di prezzemolo, il succo di 1/2 limone, olio extravergine d'oliva, sale, pepe.

Lessate il farro in acqua bollente salata. Scolatelo, fermatene la cottura passandolo sotto l'acqua fredda, riscolandolo bene di nuovo. Versatelo in una insalatiera, aggiungetevi il mais, i pomodorini tagliati a metà, i capperi sciacquati bene dal sale e il trito di prezzemolo. Infine, per condire l'insalata, preparate una citronette con il succo di limone, un pizzico di sale e una spolverata di pepe.

Insalata di mare

◆ Tempo: 45 minuti ✶ Difficoltà: facile

❖ 200 g di riso, 1,5 kg tra cozze e vongole, 200 g di scampi, 3 filetti di acciuga salati e diliscati, 1 cipolla piccola, 1 gambo di sedano, prezzemolo, 2 limoni, 1 spicchio d'aglio, alloro, 1/2 bicchiere di vino bianco, olio extravergine d'oliva, sale, pepe.

Lavate i frutti di mare, metteteli in una padella, bagnateli con il vino e fateli schiudere su fiamma vivace; separate i molluschi dal guscio e metteteli da parte. Dopo averli puliti, fate lessare gli scampi per pochi minuti in un brodo preparato con cipolla, sedano, prezzemolo (gambi compresi), una foglia di alloro, un po' di sale e qualche grano di pepe. Scolateli, sgusciateli e tagliateli a tocchetti. Intanto cuocete al dente il riso; scolatelo e sciacquatelo sotto acqua corrente, poi passatelo in una zuppiera.

In una scodellina fate sciogliere le acciughe in un po' d'olio e succo di limone, unite un po' di prezzemolo e aglio tritati, sale, pepe; mescolate bene. Unite al riso i frutti di mare e gli scampi, poi conditeli con la salsina alle acciughe, mescolate e infine servite.

Insalata di riso

◆ Tempo: 30 minuti ✶ Difficoltà: facile

❖ 300 g di riso, 20 funghetti sottolio, 20 carciofini interi sottolio, 3 falde di peperoni in agrodolce, 40 g di olive verdi denocciolate, 250 g di tonno sottolio, 200 g di piselli fini già cotti, erba cipollina, prezzemolo, olio extravergine d'oliva, sale, pepe.

Fate cuocere il riso al dente in abbondante acqua salata. Scolatelo, fermatene la cottura sotto l'acqua fredda corrente e scolatelo nuovamente. Nel frattempo, versate in una zuppiera i funghetti, i piselli ben scolati, le erbe aromatiche, il tonno scolato e sbriciolato, i peperoni tagliati in filetti, le olive tagliate a rondelle e i carciofini tagliati in fette.
Aggiungete il riso, un po' d'olio e mescolate delicatamente. Regolare eventualmente di sale e pepe.

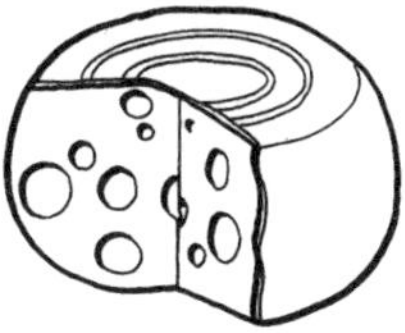

Insalata di riso al pecorino

◆ Tempo: 20 minuti ✱ Difficoltà: facile

❖ 300 g di riso parboiled, 80 g di pecorino, 6 pomodorini ciliegia maturi, 1 cipollotto rosso, 8 gherigli di noce, il succo di 1 limone, olio extravergine d'oliva, sale, pepe in grani.

Lessate il riso in acqua bollente salata, scolatelo al dente e passatelo sotto l'acqua corrente per fermare la cottura. Pulite il cipollotto e tagliatelo ad anelli, aggiungete il pecorino tagliato a dadini e i pomodorini ciliegia lavati e tagliati a spicchi. Aggiungete il riso freddo e i gherigli di noce tritati grossolanamente. Condite con 4 cucchiai d'olio, una presa di sale, abbondante pepe e il succo di un limone. Mescolate e servite.

Insalata fresca al pesto

◆ Tempo: 45 minuti ✱ Difficoltà: facile

❖ 400 g di fusilli, 1 melanzana, 3 patate, 4 cucchiai di pesto, 4 spicchi d'aglio, basilico tritato finemente, olio extravergine d'oliva, pinoli, sale.

Pelate le patate e lessatele per mezzora in acqua bollente salata. Lavate la melanzana e tagliatela a dadini, quindi saltatela in un tegame con 2 cucchiai di olio, l'aglio sbucciato e una presa di sale. Lessate la pasta in abbondante acqua salata, scolatela tenendo da parte un po' dell'acqua di cottura e lasciatela raffreddare. Scolate le patate e tagliatele a dadini grandi come quelli della melanzana, unitele a questa e fatele dorare. Aggiustate di sale. Diluite il pesto con poca acqua di cottura della pasta in un'insalatiera, quindi unitevi la pasta e condite con la verdura, decorate con foglie di basilico tritate finemente e pinoli, lasciate raffreddare il tutto a temperatura ambiente e servite.

Insalata primaverile

◆ Tempo: 25 minuti ✶ Difficoltà: facile

❖ 300 g di riso, 1 ciuffo di prezzemolo, 3 cipolline fresche, 1 peperone giallo, 1 peperone verde, 3 pomodori, paprica, aceto di vino bianco, olio extravergine d'oliva.

Lessate il riso in acqua salata, raffreddatelo sotto il getto dell'acqua corrente per fermarne la cottura. Versatelo in un contenitore da asporto e conditelo con un filo d'olio, aceto e un pizzico di paprica, infine aggiungete le foglioline di prezzemolo. Cospargete con anellini di cipolla fresca, cubetti di peperone verde e giallo, e spicchi di pomodoro.

Maccheroncini estivi

◆ Tempo: 30 minuti ✶ Difficoltà: media

❖ 400 g di maccheroncini, 5 pomodori verdi, 100 g di olive nere snocciolate, 1 finocchio, 1,5 dl di yogurt, 1 cucchiaino di paprica, alcune gocce di salsa di soia, 1/2 limone, 1 ciuffetto di basilico, olio extravergine d'oliva, sale.

Cuocete come prima cosa in acqua salata i maccheroncini molto al dente, scolateli e lasciateli raffreddare, condendoli con un filo d'olio. Privare dei semi i pomodori e tagliateli a tocchetti, tagliate a pezzetti le olive e a dadini il finocchio. Mescolate tutte le verdure e conditele con lo yogurt, alcune gocce di salsa di soia, il succo di mezzo limone, un pizzico di sale e un pizzico di paprica. Condite con queste verdure la pasta e spolverate con basilico tritato. Lasciate riposare in frigorifero prima di servire.

Maccheroni mediterranei

◆ Tempo: 30 minuti ✷ Difficoltà: facile

❖ 300 g di maccheroni, 3 pomodori da insalata rossi e sodi, 2 cetrioli, 70 g di olive, 1 cipolla rossa di Tropea, 200 g di feta a cubetti, 1/2 limone, 1 cucchiaio di origano, 1 cucchiaio di menta fresca, limone, 2 rametti di origano, olio extravergine d'oliva, sale, pepe.

Lessate la pasta in abbondante acqua bollente salata, scolatela, mettetela in una grossa ciotola a raffreddare e conditela con 1 cucchiaio d'olio. Lavate, asciugate, tagliate a spicchi i pomodori e aggiungeteli alla pasta, assieme ai cetrioli sbucciati e affettati, alle olive intere e al formaggio. Cospargete con la cipolla sbucciata e affettata finemente e mescolate con cura. Preparate a questo punto il condimento per i maccheroni sbattendo bene con una forchetta l'olio rimasto, il succo filtrato del limone, l'origano e la menta sminuzzati, sale e pepe. Quindi condite la pasta e trasferitela su un piatto rotondo, largo e basso, circondandola con rondelle di limone alternate a rametti di origano e foglioline di menta.

Mezze penne ai polipetti

◆ Tempo: 1 ora ✱ Difficoltà: facile

❖ 400 g di mezze penne, 200 g di polipetti, 100 g di champignon, 1/2 peperone rosso, 1 zucchina, 60 g di olive snocciolate, 10 foglie di basilico, 1 cucchiaio di aceto balsamico, olio extravergine d'oliva, sale, pepe.

Lessate la pasta in abbondante acqua salata e scolatela al dente. Fatela raffreddare passandola velocemente sotto un getto d'acqua fredda, scolatela di nuovo e versatela in un'insalatiera. Irroratela con l'olio e mescolatela bene. Quindi, dedicatevi alla preparazione del condimento: tuffate i polipetti in acqua fredda e cuoceteli per circa mezzora a recipiente coperto. Trascorso questo tempo spegnete il fuoco, lasciateli raffreddare nell'acqua di cottura e poi affettateli. Mondate e lavate i funghi, la zucchina e il peperone, riduceteli a striscioline. A questo punto versate tutti gli ingredienti nell'insalatiera con le mezze penne. Unite le olive, le foglioline di basilico lavate e mescolate bene. Insaporite con un pizzico di sale e una macinata di pepe. Mescolate ancora e servite.

Orecchiette tonno e funghi

◆ Tempo: 30 minuti ✱ Difficoltà: facile

❖ 400 g di orecchiette, 100 g di champignon, 100 g di olive snocciolate, 60 g di carciofini, 50 g di prosciutto, 150 g di tonno, basilico, olio extravergine d'oliva, sale, pepe.

Cuocete le orecchiette in abbondante acqua salata. Una volta al dente scolatele e raffreddatele sotto l'acqua corrente. Mettetele quindi in una zuppiera e conditele con poco olio extravergine d'oliva. Pulite con cura e delicatamente gli champignon e infine affettateli sottilissimi. Snocciolate e sminuzzate le olive. Tagliate il prosciutto a dadini. Sbriciolate con una forchetta il tonno. Tagliate a spicchi i carciofini e tritate finemente il basilico. Versate tutti gli ingredienti nella zuppiera dove avete trasferito le orecchiette, aggiungete olio, salate, pepate e amalgamate bene il tutto per insaporire.

Penne broccoli e mozzarella

◆ Tempo: 30 minuti ✱ Difficoltà: facile

❖ 400 g di penne, 300 g di broccoli, 300 g di mozzarella, 50 g di parmigiano, aceto, 1 spicchio d'aglio, noce moscata, olio extravergine d'oliva, sale.

Dividete i broccoli in cimette e scottateli per qualche minuto in acqua bollente. Lasciateli poi a raffreddare nello scolapasta spolverizzati di noce moscata. In un pentolino scaldate l'olio con dell'aglio schiacciato e una spruzzatina d'aceto. Mettete i broccoli in una zuppiera e cospargeteli con il condimento all'aceto. Lessate le penne in abbondante acqua salata, scolatele e fermatene la cottura sotto l'acqua fredda. A questo punto versate la pasta nella zuppiera dei broccoli, unite la mozzarella tagliata a cubetti, il parmigiano a scaglie e servite.

Pennette allo scoglio

◆ Tempo: 30 minuti ✱ Difficoltà: facile

❖ 400 g di pennette rigate, 700 g di cozze, 200 g di provola, 200 g di pomodori pachino, 100 g di olive nere snocciolate, 1 ciuffetto di basilico, olio extravergine d'oliva, sale, pepe.

Cuocete le pennette in abbondante acqua bollente salata e scolatele al dente. Raffreddatele sotto l'acqua corrente, poi sistematele in una zuppiera e irroratele con un po' d'olio. Nel frattempo lavate e raschiate le cozze, ponetele in una casseruola con 2 cucchiai d'olio, fatele aprire, sgusciatele e tenetele da parte. Lavate i pomodori, tagliateli a dadini e salateli. Tagliate a dadini anche la provola. Lavate e tritate il basilico. Condite quindi le pennette con i pomodori, la provola, le cozze, le olive e il basilico. Aggiustate di pepe e irrorate con altro olio.

Riso primavera

◆ Tempo: 35 minuti ✶ Difficoltà: media

❖ 350 g di riso, 1 rotolo di pasta fillo, 300 g di zucchine, 250 g di fagiolini, 1 peperone, 1 cetriolo, 1 limone, qualche foglia di basilico, olio extravergine d'oliva, sale, pepe rosa.

La pasta fillo è una pasta sottilissima di origine greca molto versatile che si presta a preparazioni in forno o fritte, sia dolci sia salate. Pur essendo molto croccante, questo tipo di pasta non è friabile come la sfoglia e ciò consente la realizzazione di sfiziosi contenitori da riempire come meglio e più aggrada.
Srotolate il rotolo di pasta fillo, prelevatene 3 fogli e sovrapponeteli; tagliate il triplo foglio preparato in 4 rettangoli uguali e accomodate ciascun quadrato sull'esterno di uno stampino a cupola capovolto dopo averlo unto d'olio. Infornate gli stampini per 5 minuti. Togliete gli stampini dal forno e sformate la pasta ottenendo 4 cestini. Cuocete il riso al dente in abbondante acqua salata, scolatelo e passatelo sotto l'acqua fredda mescolandolo. Tagliate e scottate gli zucchini e i fagiolini, tagliate a cubetti le melanzane e fatele saltare con un goccio d'olio e un pizzico di origano. Abbrustolite sulla fiamma il peperone, spellatelo e riducetelo a striscioline. Sbucciate il cetriolo e affettatelo. Mescolate tutti gli ingredienti al riso, condite con olio e limone e farcitevi i cestini di pasta. Guarnite con qualche chicco di pepe rosa e foglie di basilico.

Riso e risotti

Risi e bisi (Veneto)

◆ Tempo: 45 minuti ✱ Difficoltà: facile

❖ 400 g di riso, 400 g di piselli freschi sgusciati, 1 cipollotto, prezzemolo, 1 fetta di prosciutto cotto o di pancetta di 50 g (facoltativa), 1,5 l di brodo, burro, parmigiano grattugiato, sale, pepe.

Soffriggete in una casseruola il cipollotto tritato con il prosciutto tagliato a dadini e una noce di burro; unite poi i piselli e lasciateli rosolare su fiamma moderata per una decina di minuti. Salate, pepate e allungate con il brodo; non appena prende il bollore versate il riso e mescolando portate a cottura. Spegnete, condite con un po' di prezzemolo tritato, un pezzetto di burro e parmigiano, mescolate bene e poi coprite, lasciando riposare qualche minuto prima di servire. Qualora si utilizzassero piselli molto piccoli (che rischiano di spappolarsi durante la cottura), sarà possibile lessarli per una decina di minuti nel brodo utilizzato per cuocere il riso, scolarli e quindi riunirli al riso 10 minuti prima del termine della cottura.

Riso alla montanara (Lombardia)

◆ Tempo: 40 minuti ✱ Difficoltà: facile

❖ 400 g di riso, 1/2 cipolla, 1,5 l di brodo di dado o di carne, 1/2 bicchiere di passata di pomodoro (o alcuni pomodori maturi tritati), 100 g di lardo, sale.

Fate soffriggere il lardo con un poco di cipolla tritata; quando la cipolla sarà dorata, aggiungete la passata di pomodoro e lasciate rosolare bene, quindi unite il riso e lasciate cuocere fino a che quest'ultimo risulti ben tostato rimestando accuratamente perché insaporisca tutto. Quando il riso comincia a colorire, versate poco per volta l'acqua salata nella quale avrete fatto sciogliere mezzo dado oppure il brodo bollente e, mescolando sempre con cura perché non attacchi, portate a cottura. Servite questa specialità delle vallate alpine bresciane ben calda.

Riso con la terdùra (Emilia Romagna)

◆ Tempo: 50 minuti ✶ Difficoltà: media

❖ 350 g di riso, 2 uova, 1/2 cipolla, noce moscata, 1,2 l di brodo di carne, 3 cucchiai di parmigiano grattugiato, 40 g di burro, sale.

La terdùra è una minestra d'antica origine padana, un tempo preparata con il brodo avanzato della domenica che i tuorli d'uovo e il formaggio avevano la funzione di "rinforzare". Molto facile da preparare, può essere insaporita a piacere con altri ingredienti. Tritate la cipolla, versatela in una pentola e lasciatela soffriggere nel burro mescolando con un cucchiaio di legno. Versate nella pentola il brodo, aggiungetevi il riso e lasciatelo sul fuoco sino a quando è pressoché cotto. A quel punto versate in una scodellina i tuorli delle uova, unitevi il formaggio grattugiato, sale e un pizzico di noce moscata, mescolate il tutto con una forchetta e allungate l'impasto con un poco del brodo nel quale state cuocendo il riso. Versate la terdùra nella pentola di cottura quando il riso è ancora al dente, mescolate a dovere e infine portate in tavola.

Riso con pesce fritto (Veneto)

◆ Tempo: 1 ora ✱ Difficoltà: facile

❖ 400 g di riso, 800 g di pesce misto d'acqua dolce (anguilla, pesce gatto, gamberi ecc.), 1 acciuga sottosale, 1 cipolla, 1 spicchio d'aglio, farina, olio per friggere, olio extravergine d'oliva, sale.

Pulite il pesce – tagliandolo in tranci qualora fosse di pezzatura grande – e infarinatelo leggermente. Friggetelo in abbondante olio bollente e lasciatelo asciugare su carta assorbente da cucina. Fate ammorbidire la cipolla finemente tritata in qualche cucchiaio d'olio insieme con lo spicchio d'aglio; non appena prende colore, toglietelo e stemperate nel condimento l'acciuga ben pulita dal sale. A questo punto aggiungete al sugo d'acciuga metà del pesce fritto e lasciate insaporire.
Lessate il riso in abbondante acqua salata, scolatelo al dente, conditelo con il sugo alle acciughe e disponetelo in un piatto da portata guarnendolo con il pesce fritto tenuto da parte.

Riso con pesce lesso (Lombardia - Veneto)

◆ Tempo: 45 minuti ✱ Difficoltà: facile

❖ 400 g di riso, 1 kg di pesce misto d'acqua dolce (carpa, luccio, pesce gatto, anguilla ecc.), 1 cipolla piccola, 1 spicchio d'aglio, 1 ciuffo di prezzemolo, olio extravergine d'oliva, sale, pepe.

Di seguito presentiamo una versione più "leggera" della ricetta precedente. Pulite il pesce e lessatelo in abbondante acqua salata; scolatelo e pulitelo da pelle e lische. Tenete da parte qualche grosso pezzo di polpa per la guarnizione finale, il resto tagliatelo a pezzettini e fatelo insaporire in un soffritto d'aglio, cipolla e olio; salate, pepate e dopo qualche minuto spegnete. Lessate il riso in abbondante acqua salata, scolatelo al dente e conditelo con il sugo di pesce, una spolverata di prezzemolo finemente tritato e un eventuale giro d'olio crudo. Servite il riso disponendolo in un piatto da portata e guarnendolo con i pezzi più grossi tenuti da parte.

Riso e asparagi

◆ Tempo: 30 minuti ✷ Difficoltà: media

❖ 400 g di riso, 2 mazzi di asparagi, 50 g di pecorino, 1 cipolla, 1 dl di vino rosso, brodo, olio extravergine d'oliva, burro.

Pulite gli asparagi, prelevatene le punte e tenerle da parte. Affettate finemente la metà del gambo superiore. In una padella scaldate un po' d'olio e fatevi soffriggere la cipolla tritata finemente. Unite gli asparagi e lasciateli insaporire per qualche minuto mescolando continuamente. Aggiungete il vino e lasciatelo evaporare. A questo punto unite il riso e fatelo tostare 2 minuti). Aggiungete un po' di brodo e lasciate cuocere continuando a mescolare. A metà cottura aggiungete le punte degli asparagi tenute da parte. Quando il riso è cotto spegnete il fuoco, condite con un pezzetto di burro e con abbondante pecorino. Lasciate mantecare qualche minuto e servite.

Riso e scampi al cartoccio

◆ Tempo: 50 minuti ✷ Difficoltà: media

❖ 400 g di riso, 450 g di scampi, 1 cipolla, 1 ciuffo di prezzemolo, 2 cucchiaini di curry, burro, sale, pepe.

Sgusciate gli scampi e con gusci e teste preparate un fumetto di crostacei. Filtrate accuratamente il brodo e, tenutone da parte circa mezzo bicchiere, portate il resto a ebollizione per cuocervi il riso ben al dente dopo aver aggiunto un pizzico di curry e regolato il sale. Probabilmente sarà necessario aggiungere dell'acqua calda in modo da permettere una cottura regolare. A parte fate ammorbidire la cipolla tritata in una noce di burro, poi unite gli scampi, salate e pepate. Portate a

cottura il pesce bagnando di tanto in tanto con un po' del fumetto tenuto da parte in cui avrete sciolto il resto del curry. Prima di spegnere insaporite con prezzemolo tritato.
Mescolate al riso scolato bene al dente metà del sugo di scampi, poi disponetelo sulla carta d'alluminio per il cartoccio e guarnitelo con il rimanente sugo. Chiudete bene i bordi a cordoncino e cuocete in forno caldo (180 °C) per circa 15 minuti; servite portando in tavola il cartoccio aperto su un piatto da portata. A vostra scelta potrete fare un unico grande cartoccio oppure più cartocci monoporzione. Non gradendo l'aroma forte del curry potrete sostituirlo con dello zafferano.

Riso in cagnone (Lombardia)

◆ Tempo: 30 minuti ✱ Difficoltà: facile

❖ 400 g di riso, 1 rametto di salvia, 100 g di parmigiano grattugiato, 100 g di burro, sale.

Lessate il riso in acqua salata e nel frattempo fate sciogliere il burro in un tegamino, aromatizzando con qualche foglia di salvia: attenzione, deve colorire ma non diventare scuro. Scolate il riso al dente e passatelo in una zuppiera condendolo bene con il parmigiano grattugiato e il burro fuso.
Amalgamate velocemente e servite. Questa semplice preparazione in Lombardia viene spesso utilizzata quando il riso viene presentato in tavola come contorno per ossibuchi o intingoli di altro genere.

Risotto ai carciofi

◆ Tempo: 1 ora ✱ Difficoltà: facile

❖ 400 g di riso, 6 carciofi, 1 cipolla piccola, 1 spicchio d'aglio, 1 mazzetto di prezzemolo, 50 g di pancetta, 1 limone, brodo, parmigiano grattugiato, olio extravergine d'oliva, sale, pepe.

Mondate i carciofi di buona parte del gambo, delle foglie esterne più dure e delle spine, poi tagliateli a spicchi e lasciateli riposare in acqua acidulata con il succo del limone. Tritate finemente cipolla e aglio e fateli soffriggere insieme con un battuto di pancetta in qualche cucchiaio d'olio; unite quindi i carciofi che avrete scolato e tagliato a pezzettini. Quando questi si saranno ammorbiditi salate, pepate e versate il riso, mescolate accuratamente in modo che assorba un po' il condimento, quindi portatelo a cottura unendo un mestolo di brodo caldo alla volta e mantenendo mescolato. Al termine spegnete, condite con un trito di prezzemolo e parmigiano grattugiato, mescolate e lasciate riposare a pentola coperta per qualche minuto prima di servire. Lo stesso procedimento può essere utilizzato per la preparazione di un risotto con i topinambur oppure con i finocchi, sostituendo i carciofi con un'equivalente dose della verdura desiderata.

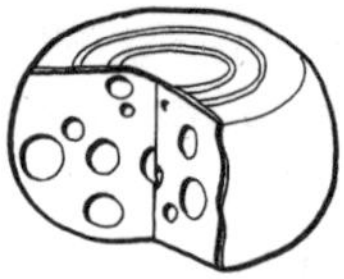

Risotto al gorgonzola e prosciutto

◆ Tempo: 45 minuti ✱ Difficoltà: facile

❖ 400 g di riso, 150 g di prosciutto crudo tagliato a fette non troppo sottili, 100 g di gorgonzola, 1 cipolla piccola, 1 ciuffo di prezzemolo, 3 cucchiai di panna liquida, brodo, vino bianco secco, 50 g di burro, sale, pepe.

Lasciate appassire la cipolla tritata finemente in un tegame in cui avrete fatto ammorbidire il burro poi, prima che prenda colore, versate il riso mescolando per qualche istante.
Bagnate con uno spruzzo di vino bianco e lasciatelo evaporare, salate, pepate leggermente e portate a cottura aggiungendo un mestolo di brodo caldo alla volta. Spegnete il riso be-

ne al dente, conditelo con il gorgonzola tagliato a piccoli pezzi e lavorato con la panna e con il prezzemolo tritato. Versate il riso in uno stampo a corona che avrete precedentemente foderato con le fette di prosciutto crudo e poi sformatelo sopra un piatto caldo da portata.

Risotto al nero di seppia (Veneto)

◆ Tempo: 55 minuti ✶ Difficoltà: facile

❖ 400 g di riso, 1 kg di seppie, 1 cipolla, 2 spicchi d'aglio, prezzemolo, 1 l di brodo di pesce, 1/2 bicchiere di vino bianco secco, olio extravergine d'oliva, sale, pepe.

Pulite le seppie tenendo da parte il sacchetto con l'inchiostro, lavatele e tagliatele a piccole listarelle. In una pentola di coccio fate soffriggere l'aglio e la cipolla tritati in qualche cucchiaiata d'olio, aggiungete le seppie e fatele cuocere a fuoco moderato bagnando con il vino. Dopo una decina di minuti rompete nella pentola alcuni sacchetti d'inchiostro e lasciate insaporire. Unite il riso e mescolando fatelo tostare, poi iniziate a versare i primi mestoli di brodo di pesce; continuate così fino a cottura del riso. Salate, pepate e unite una manciata di prezzemolo tritato. Lasciate insaporire e servite.

Risotto al piccione (Toscana)

◆ Tempo: 1 ora ✶ Difficoltà: media

❖ 400 g di riso, 1 piccione di 600 g, 1 filetto d'acciuga sottosale, 1 piccolo tartufo nero, 1 cipolla piccola, 1 foglia d'alloro, 1 rametto di rosmarino, scorza di limone, 1 bicchierino di marsala, brodo, parmigiano grattugiato, burro, olio extravergine d'oliva, sale, pepe.

Preparate un battuto con l'acciuga, la scorza di limone (solo la parte gialla) e gli aghi di rosmarino, quindi utilizzatelo con la foglia d'alloro per farcire il piccione (pulito e fiammeggiato) che cuocerete in forno caldo per 20 minuti condendolo con olio, sale, pepe. Sfornatelo e non appena si sarà intiepidito, disossatelo e tagliatene la polpa a sottili filetti. Rimettete le ossa e le interiora del piccione nuovamente nella teglia con il sugo di cottura, unendo 2 mestoli di brodo e aromatizzando con un goccio di marsala; fate cuocere in forno caldo per 10 minuti, spegnete e filtrate il sugo tenendolo poi al caldo. In una casseruola rosolate la cipolla tritata in qualche cucchiaio d'olio, quindi versate il riso e mescolando attendete che assorba il condimento; bagnate poi con il marsala rimanente e lasciatelo evaporare. Portate il riso a cottura unendo brodo caldo un mestolo alla volta; 5 minuti prima di spegnere aggiungete il sugo e la carne di piccione.

Spegnete la fiamma, insaporite il risotto con una spolverata di parmigiano grattugiato e con un pezzetto di burro, quindi lasciate riposare per qualche istante a pentola coperta. Mescolate e servite il risotto ricoprendolo con scaglie di tartufo.

Risotto al tartufo (Piemonte)

◆ Tempo: 45 minuti ✶ Difficoltà: facile

❖ 400 g di riso, 1 tartufo bianco piccolo, 1 scalogno, brodo, 1/2 bicchiere di vino bianco secco, burro, pepe in grani.

Preparate un trito con lo scalogno sbucciato, ponetelo in una padella e fatelo ammorbidire nel burro a fiamma dolce; appena il soffritto è pronto versate il riso e mescolando con cura amalgamatelo al condimento. Bagnate con il vino e fatelo evaporare; portate quindi il riso a cottura unendo il brodo caldo un mestolo alla volta (circa 4 mestoli in totale). Spazzolate il tartufo e lavatelo nel vino bianco, quindi affettate la buccia superficiale (potete utilizzate lo strumento apposito) e tritatela finemente. A questo punto spegnete il riso al dente e conditelo con una noce di burro e il trito di tartufo, spolverate con una macinata di pepe, mescolate con un cucchiaio di legno e lasciate riposare il risotto per qualche minuto coperto con un telo pulito. Servite in una zuppiera guarnendo la superficie del risotto con sottili lamelle di tartufo.

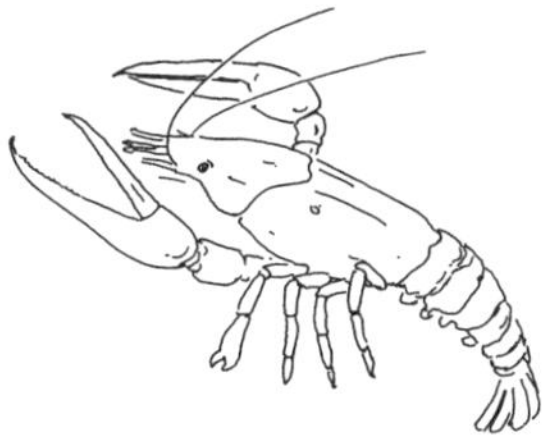

Risotto all'aragosta

◆ Tempo: 1 ora ✱ Difficoltà: media

❖ 400 g di riso, 1 aragosta piccola, 2 scalogni, 1 porro, 1 carota, cerfoglio, 1 cucchiaio di passata di pomodoro, 2 bicchieri di vino bianco, brandy, burro, olio extravergine d'oliva, sale, pepe in grani.

Ponete al fuoco una pentola con abbondante acqua salata, aromatizzandola con il porro e la carota tagliati a pezzetti, un bicchiere di vino bianco e qualche granello di pepe. Dopo un quarto d'ora di bollore tuffatevi l'aragosta e lasciatela cuocere per un quarto d'ora circa, quindi scolatela e lasciatela intiepidire. Nel frattempo filtrate il brodo e tenetelo da parte al caldo. Pulite l'aragosta: staccate le zampe e le antenne e con l'aiuto di un batticarne estraetene tutta la polpa possibile, tagliandola poi a filetti.

Prelevate anche la polpa dalla coda e tagliatela a fettine. In un tegame fate soffriggere un trito finissimo di scalogno in qualche cucchiaio d'olio, quindi versate il riso e fatelo tostare mescolandolo. Bagnate con il vino bianco e lasciate evaporare, poi unite la passata di pomodoro, sale e, mestolo dopo mestolo, il brodo di aragosta. Qualche minuto prima di spegnere amalgamate al riso la polpa di aragosta tagliata a filetti; la polpa del-

la coda tagliata a fettine la farete invece insaporire a parte in un tegamino con una noce di burro. Dopo qualche istante spruzzate con del brandy e fiammeggiate.
Versate il risotto su un piatto da portata caldo, guarnitelo con l'aragosta a fettine e con una leggera spolverata di cerfoglio tritato finemente.

Risotto all'istriana (Friuli)

◆ Tempo: 1 ora ✱ Difficoltà: media

❖ 400 g di riso, 800 g tra seppioline, moscardini e calamaretti, 400 g di cozze già sgusciate, 500 g di pomodori maturi e sodi, 1 cipolla piccola, 1 spicchio d'aglio, prezzemolo, peperoncino rosso, 1 l di brodo di pesce o brodo vegetale, 1 bicchiere di vino bianco secco, olio extravergine d'oliva, sale.

Lavate i molluschi con molta cura; lasciate interi quelli più piccoli e separate le sacche dai tentacoli di quelli più grandi, tagliandoli a striscioline. Fate ammorbidire la cipolla finemente tritata in qualche cucchiaio d'olio, poi unite i molluschi e dopo averli lasciati scaldare, bagnateli con il vino bianco.
Quando questo sarà quasi del tutto evaporato unite al condimento la polpa tritata dei pomodori, che avrete pelato tuffandoli in acqua bollente, privato dei semi e fatto scolare dall'acqua di vegetazione. Condite con abbondante peperoncino in polvere e una presa di sale, poi coprite e lasciate cuocere per circa mezzora a fiamma molto dolce utilizzando la retina frangifiamma. Versate il riso nel sugo di pesce e dopo averlo rimescolato per qualche minuto, portatelo a cottura unendo il brodo di pesce molto caldo e filtrato un mestolo alla volta. Alcuni minuti prima di spegnere aggiungete le cozze, una manciata di prezzemolo finemente tritato e un giro di ottimo olio extravergine d'oliva crudo. Spegnete e mantecate bene prima di servire.

Risotto all'ortolana

◆ Tempo: 55 minuti ✱ Difficoltà: facile

❖ 400 g di riso, 100 g di piselli, 1 melanzana, 1 peperone (rosso o giallo), 1 zucchina, 1 cipolla, 1 carota, 1 gambo di sedano, basilico, brodo, vino bianco secco, parmigiano grattugiato, burro, olio extravergine d'oliva, sale, pepe.

Abbiamo indicato solo alcune delle verdure che è possibile impiegare per questo classico risotto; tra gli ingredienti possono infatti rientrare anche pomodori, funghi, carciofi ecc. a seconda delle disponibilità della stagione e del proprio orto. Pulite con cura la verdura: fate un battuto di cipolla, carota e sedano; tagliate la zucchina a tocchettini; affettate la melanzana, cospargetela di sale e lasciatela spurgare per una mezzora, poi lavatela asciugatela e tagliatela a dadini; private il peperone della buccia abbrustolendolo e tagliatelo a filetti; scottate i piselli in acqua bollente salata per una decina di minuti. In una casseruola lasciate ammorbidire il battuto di verdure con un po' d'olio, quindi unite peperone, zucchina e melanzana e lasciate insaporire; versate il riso e mescolatelo nel condimento. Spruzzate con il vino e fate evaporare, quindi portate a cottura unendo un mestolo di brodo caldo alla volta. Prima di spegnere unite i piselli e, una volta tolto il riso dal fuoco, condite con un po' di burro, parmigiano e un po' di basilico tritato. Lasciate riposare prima di servire.

Risotto alla certosina (Lombardia)

◆ Tempo: 1 ora ✱ Difficoltà: media

❖ 400 g di riso, 400 g di gamberi con il guscio, 6 filetti di pesce persico, 4 rane, 400 g di piselli lessati, 6 pomodori, 2 porri, 1 carota, 1 cipolla, alcune foglie di sedano bianco, 1 spicchio d'aglio, alloro, vino bianco, 80 g di burro, olio extravergine d'oliva, sale, pepe.

Fate sciogliere in una casseruola una cucchiaiata di burro con 2 d'olio, unitevi i porri, le foglie di sedano e la carota grossolanamente tritati. Lasciate soffriggere bene, salate, mettere nel recipiente le rane ben pulite; fatele rosolare per qualche minuto poi irroratele con un bicchiere di vino bianco secco, lasciatelo evaporare quindi levate il recipiente dal fuoco. Togliete le cosce alle rane e tenetele da parte; versate nella casseruola un litro e mezzo d'acqua, salate leggermente e ponetela su fuoco moderato, coperta. Mettete in una piccola casseruola dell'acqua salata, aromatizzata con una foglia d'alloro, tre grani di pepe e l'aglio; lasciate sobbollire per qualche minuto, poi immergetevi le code di gamberi e lessatele per 3-4 minuti; trascorso questo tempo scolatele, sgusciatele e mettetele assieme alle cosce di rana. Pestate nel mortaio i gusci, uniteli al brodo di rana e lasciate sobbollire per qualche minuto. Tritate finemente mezza cipolla e fatela appassire dolcemente in metà del burro rimasto, unite il riso e tostatelo per qualche istante; a questo punto iniziate a irrorarlo con il brodo bollente filtrato e portatelo a cottura. Mentre cuoce fate rosolare nel restante burro l'altra mezza cipolla tritata, aggiungete i filetti di pesce persico tagliati a pezzi larghi circa 2 cm e bagnateli con un po' di vino bianco; appena sarà evaporato unite i pomodori tagliati a filetti, le code di gambero, le cosce di rana e i piselli. Coprite e lasciate cuocere a fuoco bassissimo per una decina di minuti.
Quando il risotto sarà pronto incorporatevi quanto preparato e una macinata di pepe, mescolando con cura.

Risotto alla milanese (Lombardia)

◆ Tempo: 45 minuti ✶ Difficoltà: facile

❖ 400 g di riso, 50 g di midollo di manzo, 1/2 cipolla, 1 bustina di zafferano, brodo, parmigiano grattugiato, 50 g di burro, sale.

In una casseruola rosolate la cipolla finemente affettata con metà del burro e il midollo; non appena sarà diventata trasparente versate il riso e mescolate in modo che assorba bene il condimento. Salate e portate a cottura unendo il brodo caldo un mestolo alla volta e mescolando continuamente. A 3 o 4 minuti dal termine della cottura unite lo zafferano sciolto in un mestolo di brodo caldo. Spegnete il riso al dente e incorporatevi un'abbondante spolverata di parmigiano grattugiato e il burro rimasto. Coprite e lasciate riposare per alcuni minuti prima di servire. Secondo tradizione questo riso, oltre che essere servito da solo, accompagna gli ossibuchi alla milanese, altro grande vanto della cucina di questa provincia.

Risotto alla parmigiana (Emilia Romagna)

◆ Tempo: 30 minuti ✱ Difficoltà: facile

❖ 400 g di riso, 1 cipolla, brodo, vino bianco secco, parmigiano grattugiato, 60 g di burro, sale, pepe.

Tritate finemente la cipolla e rosolatela con una noce di burro; quando sarà diventata trasparente versate il riso e mescolando lasciate che assorba il condimento. Bagnate con una spruzzata di vino e fate evaporare, quindi salate e portate il riso a cottura unendo un mestolo di brodo caldo alla volta. Quando il riso sarà al dente spegnete, condite con il burro, pepe, parmigiano e mescolate. Lasciate riposare a pentola coperta prima di servire. Piatto ideale per accompagnare intingoli e ragù con pesce, verdura o carne.

Risotto alla pilota (Lombardia)

◆ Tempo: 55 minuti ✱ Difficoltà: media

❖ 400 g di riso Vialone nano, 4 salamelle o l'equivalente di pasta di salame fresca, 8 dl di brodo, parmigiano grattugiato, burro, sale.

Portate il brodo a bollore su fiamma vivace, quindi versate il riso a pioggia – deve rimanere sommerso dal brodo – scuotete la casseruola per i manici e fate sobbollire per 12 minuti. Coprite, spegnete e avvolgete la pentola in due canovacci da cucina, poi lasciate riposare al caldo per 15 minuti. Nel frattempo in un tegamino rosolate in una noce di burro la pasta di salame sbriciolata o le salamelle liberate dal budello esterno. Unitele poi al riso cotto – che dovrà risultare asciutto, al dente e con i chicchi ben staccati tra loro – assieme ad abbondante parmigiano grattugiato. Servite il risotto dopo averlo mescolato con cura e versato in una zuppiera calda.
Una versione più "leggera" utilizza polpa di maiale macinata al posto della pasta di salame. In questo caso occorre però aumentare un poco il condimento.

Risotto alla riminese (Emilia Romagna)

◆ Tempo: 1 ora ✱ Difficoltà: media

❖ 400 g di riso, 500 g tra polpi e seppie, 500 g tra arselle e vongole, 200 g di code di gambero sgusciate, 2 spicchi d'aglio, peperoncino rosso, 1 bicchiere di vino bianco secco, olio extravergine d'oliva, sale.

Pulite il pesce; tagliate a listarelle le seppie e a fettine i polpi e fate aprire le conchiglie cuocendole separatamente ben coperte d'acqua salata (filtrate e conservate i liquidi di cottura). Soffriggete in abbondante olio gli spicchi d'aglio; non appena prendono colore, toglieteli e mettete a cottura polpi e seppie. Dopo qualche minuto unite le code di gambero e quando saranno rosolate, bagnate con il vino, quindi aggiungete anche le arselle e le vongole.
Quando il vino sarà quasi del tutto evaporato versate il riso e dopo averlo lasciato insaporire, bagnatelo con il liquido di cottura dei datteri e condite con sale e peperoncino. Senza smettere di mescolare cuocete il riso al dente, aiutandovi sem-

mai con qualche mestolo del liquido di cottura dei molluschi anch'esso filtrato; infine versate il riso su un piatto da portata e servite.

Risotto alla rucola

◆ Tempo: 40 minuti ✱ Difficoltà: facile

❖ 300 g di riso, 40 g di rucola, 2 dl di champagne (o spumante brut), 1 l di brodo vegetale, parmigiano grattugiato, 2 scalogni, 30 g di burro, 1/2 spicchio d'aglio, pomodorini ciliegia, olio extravergine d'oliva, sale, pepe rosa.

Lavate la rucola e asciugatela. Spezzettate le foglie (tenendone da parte alcune intere) e raccoglietele in un mortaio insieme con l'aglio, un pizzico di sale, qualche bacca di pepe rosa. Pestate il tutto, aggiungendo olio a filo, così da ottenere una crema. Potete usare anche il mixer al posto del mortaio (in questo caso il gusto un po' amarognolo della rucola sarà più evidente). In una casseruola con metà del burro fate appassire gli scalogni sbucciati e tagliati a fettine sottili; versateci il riso e lasciatelo tostare per un minuto circa, mescolando; quindi bagnate il riso con lo champagne (o lo spumante) e fatelo evaporare. Continuate la cottura aggiungendo, a poco a poco il brodo caldo.
A cottura ultimata, versate il pesto di rucola nella casseruola del riso e mescolate, incorporando anche il burro rimasto a fiocchetti e il parmigiano; mescolate delicatamente e salate.
Servite questo profumato risotto guarnito con le foglioline di rucola intere, alcune bacche di pepe rosa pestate e i pomodorini a spicchi.

Risotto con acciughe e finocchi

◆ Tempo: 40 minuti ✱ Difficoltà: facile

❖ 400 g di riso, 6 filetti d'acciuga sottolio, 2 finocchi, 1 mazzetto di rucola, 1 cipolla, 1 l di brodo di pesce o brodo vegetale, 1/2 bicchiere di vino bianco, 2 cucchiai di parmigiano grattugiato, olio extravergine d'oliva, sale, pepe.

Mondate la verdura; togliete ai finocchi le foglie esterne più dure e affettateli sottilmente. Rosolate la cipolla finemente tritata in qualche cucchiaio d'olio, poi unite i filetti d'acciuga e scioglieteli nel condimento. Mettete a cottura anche il finocchio e non appena avrà preso sapore, versate anche il riso mescolandolo bene.
Bagnatelo con il vino bianco e quando sarà quasi del tutto evaporato, portatelo a cottura unendo il brodo di pesce, caldo e filtrato, un mestolo alla volta.
Poco prima di togliere dal fuoco regolate sale e pepe, unite il formaggio grattugiato e la rucola tritata.
Spegnete e lasciate riposare il risotto qualche istante prima di servirlo su un piatto da portata.

Risotto con fonduta (Valle d'Aosta)

◆ Tempo: 45 minuti + 2 ore ✱ Difficoltà: facile

❖ 400 g di riso, 200 g di fontina, 1 cipolla, 1/2 spicchio d'aglio, 1 tartufo (facoltativo), 2 uova, latte, brodo, vino bianco secco, burro, sale, pepe.

Togliete la crosta alla fontina e tagliatela prima a listarelle sottili e quindi a quadratini; fatela riposare coperta di latte assieme all'aglio schiacciato, tenendola in luogo fresco (non freddo) per un paio d'ore. Scolatela e mettetela in una pentolina antiaderente assieme a una noce di burro. Lasciatela fondere su fiamma bassissima a bagnomaria, mescolandola continuamente. Quando la consistenza lo permette, incorporate un tuor-

lo alla volta mescolando velocemente; spegnete non appena otterrete una salsa liscia e cremosa.
Nel frattempo preparate un semplice risotto facendo soffriggere la cipolla finemente tagliata assieme a una noce di burro; aggiungete il riso e mescolate per un minuto; bagnate con il vino e lasciatelo evaporare; portate a termine la cottura aggiungendo un mestolo di brodo per volta.
Spegnete quando il riso è ancora al dente e condite con pepe e un po' di fonduta, quindi sistematelo su un piatto da portata caldo e copritelo con il resto della fonduta.
Volendo potrete guarnire con scaglie di tartufo che avrete spazzolato e lavato nel vino bianco. Infine portate in tavola.

Risotto con gamberi e sedano

◆ Tempo: 50 minuti ✱ Difficoltà: media

❖ 350 g di riso, 600 g di gamberi, 2 gambi di sedano bianco, 1 spicchio d'aglio, cerfoglio, 1 dl di vino bianco, olio extravergine d'oliva, burro, sale, pepe.

Pulite i gamberi, sgusciateli e utilizzate gusci e teste per fare un fumetto di crostacei.
Fate appassire un trito d'aglio in qualche cucchiaio d'olio, poi unite le code di gambero e, non appena avranno preso colore, bagnatele con il vino bianco lasciandolo poi quasi del tutto evaporare. Versate il riso e lasciatelo tostare mescolandolo; poi portatelo a cottura aggiungendo il fumetto di crostacei caldo e filtrato un mestolo per volta.
A metà cottura mescolate al riso il sedano che avrete mondato, lavato e tagliato a tocchettini. Poco prima di togliere dal fuoco aggiustate di sale e pepe, unite una noce di burro e una

manciata di cerfoglio tritato. Spegnete e lasciate riposare qualche istante prima di servire su un piatto da portata caldo.

Risotto con i fegatini (Veneto)

◆ Tempo: 40 minuti ✶ Difficoltà: facile

❖ 400 g di riso, 4 fegatini di pollo, 4 ventrigli, 1 cipolla, 1 ciuffo di prezzemolo, 2 foglie di salvia, brodo, parmigiano grattugiato, olio extravergine d'oliva, sale, pepe.

Tritate la cipolla e fatela ammorbidire in alcuni cucchiai d'olio insieme con le foglie di salvia. Unite i ventrigli e i fegatini tagliati a pezzettini, lasciate rosolare quindi versate il riso e mescolatelo al condimento. Salate, pepate, poi coprite il riso con il brodo (circa un litro e mezzo) ben caldo e fate cuocere per 15-20 minuti su fiamma vivace. A fine cottura il riso deve risultare al dente e all'onda.
Spegnete, condite con prezzemolo tritato e parmigiano grattugiato, poi lasciate riposare a pentola coperta per qualche minuto prima di servire.

Risotto con il coniglio

◆ Tempo: 45 minuti ✶ Difficoltà: media

❖ 400 g di riso, 400 g di polpa di coniglio, 60 g di olive verdi, 1 cipolla piccola, 1 spicchio d'aglio, 1 rametto di rosmarino, peperoncino rosso, brodo, vino bianco secco, parmigiano grattugiato, olio extravergine d'oliva, sale.

La polpa di coniglio che utilizzerete dovrà essere perfettamente disossata: tagliatela a dadini e fatela colorire in alcuni cucchiai d'olio in cui avrete già rosolato un trito di cipolla e aglio. Salate con moderazione e unite il riso mescolando continuamente in modo che possa assorbire il condimento. Aggiungete le olive snocciolate e tagliate a metà, bagnate con il vino e fatelo evaporare, infine insaporite con peperoncino. Portate il riso a cottura unendo il brodo caldo un mestolo alla volta. Spegnete, condite con parmigiano e un trito di rosmarino. Mescolate e lasciate riposare il riso qualche minuto prima di servire.

Risotto con il polpo (Liguria)

◆ Tempo: 50 minuti ✱ Difficoltà: media

❖ 400 g di riso, 1 polpo di media grossezza, 30 g di funghi secchi, 5 pomodori maturi, 1 cipolla, 1 carota, 1 gambo di sedano, 1 ciuffo di prezzemolo, 1 l di brodo di pesce, olio extravergine d'oliva, sale, pepe.

In una padella soffriggete in poco olio un trito di cipolla, carota, sedano; dopo qualche minuto aggiungete anche i pomodori pelati (tuffateli per un attimo in acqua bollente) e privati dei semi e i funghi, precedentemente ammollati in acqua e tritati. Quando la cipolla sarà diventata trasparente aggiungete il polpo battuto e tagliato a piccoli pezzi e lasciate cuocere per 15 minuti circa a fiamma moderata. A questo punto versate il riso e lasciatelo tostare mescolando con cura; sempre mescolando aggiungete 2 mestoli di brodo di pesce bollente, aspettate che il brodo si sia assorbito prima di aggiungerne dell'altro e portate a cottura il riso.
Prima di spegnere salate, pepate e aggiungete un'abbondante manciata di prezzemolo tritato; lasciate insaporire e servite subito.

Risotto con il radicchio (Veneto)

◆ Tempo: 30 minuti ✱ Difficoltà: media

❖ 400 g di riso, 4 cespi di radicchio trevigiano, 1 cipolla, 1 spicchio d'aglio, prezzemolo, brodo, 1 bicchiere di vino rosso, parmigiano grattugiato, olio extravergine d'oliva, sale, pepe in grani.

Mondate, lavate e tagliate a listarelle il radicchio, poi fatelo appassire con la cipolla tritata in alcuni cucchiai d'olio; bagnate quindi con un po' di brodo caldo, coprite, abbassate la fiamma e lasciate stufare la verdura per qualche minuto. Versate il riso e mescolando lasciate che assorba il condimento. Bagnate con il vino e fatelo evaporare; quindi salate, spolverate con una macinata di pepe e portate a cottura unendo un mestolo di brodo caldo alla volta. Spegnete, condite con un po' di prezzemolo tritato e parmigiano grattugiato; lasciate riposare a pentola coperta, quindi servite.

Risotto con l'amarone (Veneto)

◆ Tempo: 45 minuti ✱ Difficoltà: facile

❖ 400 g di riso, 2 bicchieri di amarone, 1 cipolla piccola, brodo, parmigiano grattugiato, burro, olio extravergine d'oliva, sale, pepe in grani.

Tritate finemente la cipolla e fatela appassire in alcuni cucchiai d'olio; non appena sarà diventata trasparente versate il riso e mescolatelo per alcuni istanti nel condimento. Bagnate con il vino e lasciate assorbire, quindi salate e portate a cottura unendo il brodo caldo un mestolo alla volta. Spegnete il riso al dente, conditelo con una buona macinata di pepe fresco, parmigiano e una noce di burro, lasciando poi riposare a pentola coperta per 5 minuti. Alcune versioni prevedono l'aggiunta di salsiccia fatta rosolare con la cipolla. Volendo è possibile sostituire l'amarone con barolo o valpolicella.

Risotto con l'anguilla (Lombardia - Veneto)

◆ Tempo: 1 ora ✱ Difficoltà: media

❖ 400 g di riso, 1 anguilla di 800 g, 1 cipolla, 2 cucchiai di concentrato di pomodoro, fumetto di pesce, 1/2 bicchiere di vino bianco, olio extravergine d'oliva, sale, pepe.

Pulite e lavate l'anguilla, tagliatela a pezzi di 5 cm circa. Soffriggete la cipolla tritata nell'olio e rosolatevi i pezzi di anguilla; quando avranno preso colore bagnate con il vino bianco e lasciate consumare. Aggiungete il concentrato di pomodoro e un po' di fumetto di pesce, poi lasciate cuocere per una mezzora. Dopo aver salato e pepato, togliete dalla pentola e tenete da parte al caldo l'anguilla, tranne un pezzetto che dovrete sbriciolare nell'intingolo di cottura.
Versate il riso e mescolate finché non avrà assorbito il sugo dell'anguilla. Portate infine a cottura aggiungendo il fumetto un mestolo alla volta; fate in modo che il riso rimanga ben asciutto. Servite il risotto distribuendolo lungo il bordo di un piatto da portata nel cui centro avrete disposto i pezzetti d'anguilla ben caldi.

Risotto con la zucca (Lombardia - Veneto)

◆ Tempo: 50 minuti ✶ Difficoltà: facile

❖ 400 g di riso, 500 g di zucca bernoccoluta, 1 cipolla piccola, 1 spicchio d'aglio, 3 foglie di salvia, parmigiano grattugiato, burro, olio extravergine d'oliva, sale, pepe.

Tritate la cipolla molto finemente e mondate la zucca da semi e buccia tagliandola poi a tocchettini; ponete entrambe in una casseruola assieme all'aglio sbucciato e schiacciato o tritato, alle foglie di salvia tritate e a qualche cucchiaio d'olio. Coprite e lasciate che le verdure si ammorbidiscano su fiamma bassa per circa 15 minuti. Scoperchiate, togliete l'aglio e spappolate la zucca aiutandovi con un cucchiaio fino a ottenere una purea, poi versate circa un litro e mezzo d'acqua salata bollente. Riportate a bollore alzando la fiamma e versate il riso, mantenendo mescolato. A cottura ultimata il riso dovrà risultare all'onda. Spegnete, condite con una noce di burro, pepe e parmigiano grattugiato. Lasciate riposare a pentola coperta per un paio di minuti prima di portare in tavola.

Risotto con le capesante (Veneto)

◆ Tempo: 30 minuti ✱ Difficoltà: media

❖ 350 g di riso, 8 capesante, 1 mazzetto di rucola, 2 spicchi d'aglio, 1 dl scarso di panna liquida, 1,5 l di brodo di pesce, 1/2 bicchiere di vino bianco, 50 g di burro, olio extravergine d'oliva, sale, pepe.

Spazzolate anzitutto le capesante (o conchiglie di san Giacomo) e lavatele con cura, quindi apritele in modo da estrarre il mollusco. Se non riuscite a schiuderle da crude, adagiatele dalla parte convessa sul fondo di un tegame o sulla piastra del forno e non appena le valve si socchiudono per effetto del calore fate leva con un coltellino sulla cerniera tra le due valve in modo da staccare la conchiglia superiore.
Sempre aiutandovi con la lama flessibile del coltellino scollate quindi la "noce" (o muscolo bianco) da entrambe le pareti e staccate il mollusco. Separate la "noce" e il corallo dalla membrana e le frange che li circondano, sciacquateli sotto l'acqua per liberarli dalla sabbia, poi passate a occuparvi della rucola. Pulitela, tritatela grossolanamente e scaldatela nell'olio in cui avrete prima fatto appassire uno spicchio d'aglio tritato. Dopo pochi minuti togliete dal fuoco e tritate il tutto con una mezzaluna o semplicemente passatelo nel frullatore insieme con la panna, quindi salate e pepate e rimettete la salsa al fuoco ancora per qualche minuto, così che possa soddisfacentemente addensarsi. Portate a bollore il brodo e scottatevi per pochi istanti le capesante, poi spegnete lasciando dentro i molluschi.
In una pentola fate ammorbidire nel burro il rimanente spicchio d'aglio pulito e tritato e poi versate il riso tostandolo bene. Bagnate con il vino e, non appena sarà evaporato, portate il riso a cottura unendo un mestolo alla volta il brodo da cui avrete tolto le capesante. In ultimo amalgamate al riso la crema di rucola e le capesante a fettine, quindi spegnete, lasciate mantecare e portate in tavola.

Risotto con le cozze

◆ Tempo: 30 minuti ✱ Difficoltà: media

❖ 400 g di riso, 2 kg di cozze, 1 cipolla piccola, basilico, peperoncino rosso, fumetto di pesce o brodo vegetale, olio extravergine d'oliva, sale.

Fate schiudere le cozze (ben lavate e lasciate spurgare per mezzora in acqua salata) in un tegame coperto posto su fiamma vivace; man mano che si aprono separate i molluschi dalle valve tenendone da parte alcuni interi per guarnire. A fine operazione filtrate con cura e tenete al caldo il liquido rimasto sul fondo del tegame.
Rosolate i molluschi sgusciati con un trito di cipolla e il peperoncino a pezzetti, poi versate il riso e mescolando fatelo asciugare nel condimento. Salate e bagnate con il liquido di cottura delle cozze.
Portate il riso a cottura unendo il fumetto di pesce, caldo e filtrato, un mestolo alla volta e mescolando spesso. Prima di togliere dal fuoco spolverate il risotto con basilico lavato, asciugato e finemente tritato e lasciatelo riposare qualche istante.
Versate il risotto su un piatto da portata caldo, guarnitelo con le cozze tenute da parte e portate in tavola.

Risotto con seppioline (Liguria)

◆ Tempo: 30 minuti ✱ Difficoltà: media

❖ 350 g di riso, 400 g di seppie, 400 g di pomodori pelati, 1 cipolla, 1 carota, 1 gambo di sedano, 1 spicchio d'aglio, prezzemolo, 1 l di brodo di pesce, olio extravergine d'oliva, sale, pepe.

Lavate e pulite le seppioline e tagliatele a strisce. Soffriggete in qualche cucchiaio d'olio lo spicchio d'aglio, un trito di cipolla, carota e sedano; levate lo spicchio d'aglio, unite i pomodori pelati sminuzzati e cuocete per una decina di minuti. Aggiungete le seppioline, sale e pepe. Versate il riso e bagnate con il brodo di pesce mestolo dopo mestolo fino a cottura; quindi servite dopo aver spolverato con prezzemolo tritato.

Risotto con sgombri

◆ Tempo: 50 minuti ✱ Difficoltà: media

✣ 350 g di riso, 250 g di sgombri sottolio, 1 cipolla piccola, 1 limone, prezzemolo, 1 dl di panna liquida, 1 cucchiaio di farina, 1,5 l di brodo di pesce, 1/2 bicchiere di vino bianco, olio extravergine d'oliva, burro, sale, pepe.

Fate ammorbidire la cipolla finemente tritata in qualche cucchiaio d'olio, poi versate il riso e lasciatelo tostare senza smettere di mescolare. Bagnate con il vino bianco e fatelo sfumare quasi completamente; poi continuate a mescolare e iniziate ad aggiungere il brodo di pesce, caldo e filtrato, un mestolo alla volta. Intanto preparate una salsina: fate sciogliere una noce di burro, unite la farina e fate tostare senza smettere di mescolare. Diluite poi (poco per volta in modo da non formare grumi) la salsa con 2 tazze di brodo e lasciatela raddensare per alcuni minuti. Togliete la salsa dal fuoco, allungatela con la panna e aromatizzatela con la scorza grattugiata (solo la parte gialla) e il succo filtrato del limone. Amalgamate alla salsa gli sgombri puliti da pelle e lische e tagliati a pezzetti; condite con sale e pepe e unite la salsa al riso quasi giunto a cottura; spolverate con del prezzemolo finemente tritato. Spegnete e lasciate riposare qualche istante prima di servire.

Gnocchi, canederli e crêpes

Canederli (Trentino-Alto Adige)

◆ Tempo: 40 minuti ✱ Difficoltà: facile

❖ 400 g di mollica di pane raffermo, 100 g di pancetta affumicata, 50 g di salame, 2 uova, prezzemolo, 1,5 l di brodo di carne, 1,5 dl di latte, farina, olio extravergine d'oliva, sale.

Tagliate la mollica di pane a dadini e inumiditela nel latte senza farla impregnare troppo; quindi strizzatela delicatamente. Nel frattempo rosolate in poco olio la pancetta e il salame tagliati a cubetti e poi mescolateli alla mollica, a un po' di farina, a una manciata di prezzemolo tritato e alle uova. Salate e lavorate il tutto in modo da ottenere un impasto uniforme e alquanto consistente.
Formate con l'impasto delle polpette rotonde, grosse quanto un mandarino e ponetele a cuocere in una pentola di brodo bollente per 20 minuti circa finché non salgono in superficie. Presentate i canederli in brodo di carne caldo o, se preferite, asciutti e conditi con salsa di pomodoro oppure con burro fuso e parmigiano grattugiato.

Canederli agli spinaci

◆ Tempo: 30 minuti ✱ Difficoltà: media

❖ 300 g di mollica di pane raffermo, 350 g di spinaci cotti, 2 uova, 1,5 dl di latte, 100 g di burro, noce moscata, 1 spicchio d'aglio, 1 cipolla piccola tritata, 50 g di farina, 60 g di pangrattato, parmigiano grattugiato, sale, pepe.

In una terrina mettete a bagno nel latte il pane tagliato a dadini. Strizzate bene gli spinaci per eliminarne l'acqua e triturateli molto finemente. In una padella fate soffriggere l'aglio, la cipolla tritata con una noce di burro e fatevi insaporire bene gli spinaci per qualche minuto. Spegnete il fuoco e unite alla preparazione il pane strizzato. Aggiungete le uova, il sale, il pepe, un po' di noce moscata, la farina e il pangrattato. Mescolate bene e con le mani inumidite forgiate i canederli che lesserete in acqua salata per circa 10 minuti. Trascorso il tempo necessario, scolate i canederli, adagiateli in una zuppiera e conditeli con il burro fuso e il parmigiano grattugiato.

Canederli al formaggio

◆ Tempo: 25 minuti + 2 ore ✱ Difficoltà: facile

❖ 500 g di pane raffermo, 3 uova, 1,5 dl di latte, 200 g di formaggio fondente, 50 g di erba cipollina, 60 g di farina, sale, pepe.

Riducete il pane e il formaggio a pezzetti e lasciate ammorbidire il pane con l'erba cipollina nel latte per almeno 2 ore. Montate le uova, unite un pizzico di sale e di pepe e mescolate fino a ottenere un composto omogeneo. Versate il composto di uova sul pane strizzato, mescolate, aggiungete la farina e amalgamate bene gli ingredienti fino a ottenere un impasto morbido. Modellate i canederli e cuoceteli in acqua salata bollente per circa 10 minuti. Scolateli e serviteli con burro fuso, pinoli e abbondante formaggio grattugiato.

Crêpes ai formaggi

◆ Tempo: 25 minuti ✱ Difficoltà: facile

❖ 100 g di farina, 1,5 dl di latte, 2 uova, burro, sale.
PER IL RIPIENO: 100 g di gorgonzola, 100 g di fontina, 100 g di groviera, 50 g di parmigiano, 1/2 bicchiere di panna da cucina, noce moscata, burro, sale, pepe.

Sbattete in una terrina l'uovo, unitevi un pizzico di sale; in un altro recipiente mettete la farina e diluitela con il latte, in modo da ottenere un composto abbastanza liquido; unite il miscuglio di latte e farina alle uova e lavorate il tutto in modo da amalgamare bene gli ingredienti. Tagliate a dadini il gorgonzola, la fontina e il groviera, fateli sciogliere in un tegame assieme alla panna e a una noce di burro. Regolate di sale e pepe e spolverate con noce moscata. Scaldate fino a ottenere una crema omogenea. Riscaldate la padella con un po' d'olio, versatevi la pastella e fatela cuocere roteando la padella in modo che il composto vi si distribuisca in modo uniforme e in uno strato sottile. Cercate di ottenere 4 crêpes. Versate il composto preparato sulle crêpes, cospargetele di parmigiano, ripiegatele a ventaglio e servite.

Crêpes all'italiana

◆ Tempo: 20 minuti + 30 minuti ✱ Difficoltà: facile

⁘ 100 g di farina, 2 uova, 2 pomodori maturi, 1,5 dl di latte, sale, pepe.
PER IL RIPIENO: 6 pomodorini, 1 ciuffo di rucola, parmigiano, olio extravergine d'oliva, sale, pepe.

Con le uova, la farina e il latte preparate la pastella; regolatela di sale e pepe e lasciate riposare per mezzora. Scottate i pomodori, sbucciateli, tagliateli a dadini e uniteli alla pastella. Tagliate a spicchi i pomodorini, mescolateli con la rucola tritata e al parmigiano a scagliette; condite con un filo d'olio, sale e pepe. Riscaldate la padella con un po' d'olio, fatevi cuocere la pastella roteando la padella in modo che la pastella vi si distribuisca bene. Farcite le crêpes con le verdure e servite.

Crespelle ai gamberetti

◆ Tempo: 30 minuti ✱ Difficoltà: media

❖ 100 g di farina, 1,5 dl di latte, 2 uova, burro, sale.
PER IL RIPIENO: 400 g di gamberetti cotti e sgusciati, 4 pomodori, 1 peperone verde, 1 cipolla, 1 spicchio d'aglio, prezzemolo, 1 dl di panna da cucina, 2 cucchiai di parmigiano grattugiato, 2 cucchiai d'olio extravergine d'oliva, 1 cucchiaio di rum, sale, pepe.

Mescolate gli ingredienti indicati per la preparazione delle crespelle (vedi pag. 8) e unite un po' d'acqua fino a ottenere un composto omogeneo. Per la preparazione del ripieno, scaldate l'olio in un tegame, fatevi dorare leggermente la cipolla e l'aglio tritati, aggiungete il peperone, privato dei semi e tagliato a pezzetti, e i pomodori, a loro volta tagliati a piccoli pezzi. Fate cuocere il tutto a fuoco lento, mescolando fino a ottenere un composto omogeneo. Salate, pepate e aggiungete i gamberetti. Proseguite la cottura a fuoco moderato per 10 minuti e unite quindi il rum.
Distribuite sulle crespelle l'impasto con i gamberetti, chiudetele su se stesse e sistematele in una pirofila. Irrorate con la panna, distribuite sopra il parmigiano grattugiato e fate gratinare per qualche minuto nel forno a 200 °C. Decorate con foglie di prezzemolo e servite immediatamente.

Crespelle al radicchio

◆ Tempo: 30 minuti ✱ Difficoltà: media

❖ 100 g di farina, 1,5 dl di latte, 2 uova, burro, sale.
PER IL RIPIENO: 600 g di radicchio trevigiano, 1 cipolla, besciamella, vino bianco secco, parmigiano grattugiato, burro, olio extravergine d'oliva, sale, pepe in grani.

Mescolate gli ingredienti indicati per la preparazione delle crespelle (vedi pag. 8) e unite un po' d'acqua fino a ottenere un composto omogeneo. Affettate finemente la cipolla; lavate accuratamente il radicchio e affettatelo in striscioline sottili, quindi fate appassire cipolla e radicchio in un tegame insieme con qualche cucchiaiata d'olio. Spruzzate la verdura con vino bianco, salate, spolverate con una macinata di pepe fresco e abbassando il fuoco, proseguite la cottura per altri 10 minuti. Amalgamate un po' di besciamella a metà al radicchio stufato. Con il composto ottenuto farcite le crespelle che ripiegherete poi in 4 e disporrete in una pirofila imburrata in modo che si sormontino leggermente l'una all'altra. Condite la superficie delle crespelle con altra besciamella, con una spolverata di parmigiano grattugiato e qualche fiocchetto di burro, quindi lasciate gratinare in forno caldo.

Crespelle con asparagi e provolone

◆ Tempo: 55 minuti ✱ Difficoltà: facile

❖ 100 g di farina, 1,5 dl di latte, 2 uova, burro, sale.
PER IL RIPIENO: 1 kg di punte d'asparagi, 2 uova, 1/2 cipolla bianca, 50 g di parmigiano, besciamella, olio extravergine d'oliva, sale, pepe.
PER LA SALSA: 100 g di provolone dolce, 100 g di panna da cucina, sale.

Mescolate gli ingredienti indicati per la preparazione delle crespelle (vedi pag. 8) e unite un po' d'acqua fino a ottenere un composto omogeneo. Mondate e lavate le punte d'asparagi; versatele in un tegame dove avrete precedentemente fatto soffriggere in un po' d'olio la cipolla tritata, salate, pepate, bagnate con poca acqua, coprite e fate cuocere per circa 20 minuti. Quando gli asparagi saranno cotti passateli al passaverdura; mettetene metà in una ciotola, amalgamatevi la besciamella, le uova, il parmigiano grattugiato e con questo composto farcite le crespelle. Piegatele a triangolo e, man mano che sono pronte, adagiatele in una pirofila imburrata; cospargetele con qualche fiocchetto di burro e cuocetele in forno a

180 °C per circa 20 minuti. Mettete in un tegamino la panna, il provolone tritato, un pizzico di sale e fate amalgamare a fuoco dolce; aggiungete poi l'altra metà del passato di asparagi e mescolate bene. Servite le crespelle cosparse di salsa.

Crespelle con mortadella e ricotta

◆ Tempo: 30 minuti ✱ Difficoltà: facile

❖ 100 g di farina, 3 cucchiai di emmental grattugiato, 2 uova, 1,5 dl di latte, burro, sale.
PER IL RIPIENO: 400 g di ricotta, 120 g di mortadella, 100 g di gherigli di noce, basilico, prezzemolo, erba cipollina, burro.

Mescolate gli ingredienti indicati per la preparazione delle crespelle (vedi pag. 8) e unite un po' d'acqua fino a ottenere un composto omogeneo. In una terrina lavorate la ricotta e mescolatevi la mortadella e le erbe aromatiche tritate. Distribuite su ogni crespella un po' di ripieno alla ricotta e aggiungetevi parte dei gherigli di noce tritati. Arrotolate le crespelle e accomodatele in una pirofila imburrata. Infornate per pochi minuti a 180 °C; servite nel recipiente di cottura dopo aver guarnito con i gherigli rimasti e un trito di erbe aromatiche.

Crespelle di verdure

◆ Tempo: 25 minuti ✱ Difficoltà: facile

❖ 100 g di prosciutto cotto, 100 g di farina, 3 uova, 1,5 dl di latte, 2 cucchiai d'olio extravergine d'oliva, sale, pepe bianco.
PER IL RIPIENO: 1 tazza di piselli cotti, 1 tazza di carote lessate, 1 tazza di fagiolini lessati, 2 zucchine lessate, 2 cucchiai di erbe aromatiche tritate, 200 g di parmigiano, 1 cucchiaio d'olio extravergine d'oliva.

Preparate il composto per le crespelle sbattendo le uova con la farina, il latte, sale e pepe e unitevi il prosciutto tagliato a

striscioline. Infine preparate le crespelle cuocendo il composto in una padella oliata (fate modo che ciascuna crespella abbia alcuni pezzetti di prosciutto).
Preparate il ripieno: riscaldate in un tegame assieme all'olio tutte le verdure già lessate (meglio se al dente) e affettate a listarelle, aggiungete anche le erbe aromatiche e lasciate insaporire per 5 minuti. Tagliate a cubetti metà del formaggio e unitelo alle verdure; grattugiate grossolanamente il resto. Farcite le crespelle con il composto di verdure e sistematele in una pirofila; cospargetele di formaggio grattugiato e passate a gratinare per 5 minuti nel forno a 200 °C.

Fagottini casertani (Campania)

◆ Tempo: 1 ora ✻ Difficoltà: media

✣ 100 g di farina, 1,5 dl di latte, 2 uova, burro, sale.
PER IL RIPIENO: 300 g di carne di manzo tritata, 100 g di ricotta romana, 150 g di mozzarella, 1 cipolla, 1/2 bicchiere di vino bianco secco, 4 cucchiai di olio extravergine d'oliva, noce moscata, sale, pepe.
PER LA SALSA: 400 g di pomodori maturi e sodi, 1 cipolla, 1 ciuffo di maggiorana, 1 ciuffo di basilico, 1 foglia di alloro, 1 foglia di salvia, 1 pizzico di zucchero, 2 cucchiai di olio extravergine d'oliva, sale, pepe.

Preparate le crespelle seguendo le indicazioni fornite (vedi pag. 8). Dedicatevi alla preparazione della salsa: sbucciate la cipolla e tritatela finemente. Fate scottare per qualche minuto i pomodori in acqua bollente, privateli della pelle e dei semi; tritate quindi la polpa grossolanamente. Ponete in un tegame l'olio, la cipolla tritata, mezzo mazzetto di basilico, l'alloro, la salvia, lasciate a fuoco dolce fino a far appassire la cipolla senza farla colorire. Aggiungete i pomodori spezzettati e lo zucchero, regolate di sale e pepe e fate cuocere a fuoco moderato, facendo restringere la salsa. A cottura ultimata, eliminate le erbe aromatiche e l'alloro e unite, tritandolo, il basilico rimasto. Per il ripieno: sbucciate la cipolla e tritatela finemente; mettetela in un tegame con 2 cucchiai di olio e fatela appassire senza lasciarla colorire; unitevi la carne tritata e fatela dorare, mescolando con un cucchiaio di legno; versate il vino e fatelo evaporare a fuoco vivace. Insaporite con sale, pepe e noce moscata e continuate la cottura a fuoco moderato per 30 minuti, mescolando di tanto in tanto. Togliete il composto dal fuoco, versatelo in una ciotola e lasciatelo raffreddare. Tagliate la mozzarella a dadini e passate la ricotta al setaccio; uniteli al composto di carne ormai freddo e mescolate fino ad amalgamare bene il tutto. Adagiate le crespelle sul piano da lavoro e distribuitevi al centro un cucchiaio della farcia preparata, poi ripiegatele in 4. Ungete una pirofila con un cucchiaio d'olio; adagiatevi le crespelle, una vicino all'altra, e spennellatele con il rimanente olio. Ponete la pirofila in forno preriscaldato a 180 °C e fate gratinare le crespelle per 10 minuti circa. Servitele con la salsa calda.

Gnocchetti alla fiorentina (Toscana)

◆ Tempo: 45 minuti ✶ Difficoltà: facile

❖ 1 kg di patate, 300 g di spinaci, 200 g di farina, 1 uovo, salvia, burro, parmigiano grattugiato, sale.

Sbucciate le patate e lessatele in acqua salata; lessate anche gli spinaci, strizzandoli molto bene una volta cotti. Passate le patate allo schiacciapatate e gli spinaci al setaccio amalgamandoli poi tra loro con l'aiuto dell'uovo. Impastate incorporando la farina (qualora l'impasto risultasse troppo morbido potete aggiungerne ancora un po'). Dalla pasta ricavate dei lunghi cilindri che dividerete in tanti pezzetti di un paio di centimetri allineandoli su un piano di lavoro infarinato. Tuffate gli gnocchetti in acqua bollente salata e non appena verranno a galla, scolateli con un mestolo forato. Conditeli con burro fuso insaporito con salvia e una spolverata abbondante di parmigiano grattugiato.

Gnocchetti di saraceno (Trentino)

◆ Tempo: 30 minuti ✱ Difficoltà: facile

❖ 150 g di farina di grano saraceno, 100 g di farina, 1 cucchiaio d'olio extravergine d'oliva, 2 uova, noce moscata, sale, 100 g di pancetta affumicata, 50 g di burro, 1 bicchiere di panna liquida, 50 g di grana grattugiato.

Formate un impasto, amalgamando l'olio, la farina, le uova, un pizzico di sale e uno di noce moscata con un bicchiere d'acqua. Attraverso un apposito colino, ricavate dall'impasto ottenuto degli gnocchetti che verserete direttamente nell'acqua bollente salata.

Quando gli gnocchetti verranno a galla passateli, per fermarne la cottura, sotto un getto d'acqua fredda. Nel frattempo soffriggete nell'olio e nel burro la pancetta tagliata a dadini, bagnandola con la panna e facendola pian piano evaporare. Spadellate nel condimento gli gnocchi, spolverateli di grana e serviteli caldi.

Gnocchetti zucchine e gamberetti

◆ Tempo: 50 minuti ✱ Difficoltà: facile

❖ 1 kg di patate, 3 zucchine con i fiori, 2 scalogni, 300 g di gamberetti sgusciati, 1/2 bicchiere di vino bianco secco, olio extravergine d'oliva, sale, pepe.

Lavate le zucchine, conservatene i fiori, e poi riducetele a tocchetti piccoli. Fate insaporire le zucchine in una padella con un po' d'olio, aggiustate di sale e di pepe finché le zucchine non risultano leggermente dorate. Scolatele e tenetele al caldo. Nella stessa padella mettete gli scalogni tritati con un po' d'olio, unite il vino e fatelo evaporare quasi completamente. Aggiungete i gamberi e fateli cuocere per 5 minuti sempre mescolando. A questo punto unite le zucchine, rimestate nuovamente e spegnete il fuoco.
Sbucciate le patate, lessatele in acqua salata, passatele con lo schiacciapatate e con il composto ottenuto forgiate gli gnocchi. Mettete sul fuoco una pentola con abbondante acqua salata, portate a ebollizione e tuffatevi gli gnocchi e scolateli non appena vengono a galla.
Versate gli gnocchi nella padella con il sugo preparato e i gamberi, aggiustate di sale e pepe, unite i fiori di zucchina lavati e ripassate il tutto sul fuoco ancora per qualche minuto prima di servire.

Gnocchi alla malghese (Veneto)

◆ Tempo: 25 minuti ✶ Difficoltà: media

✣ 400 g di farina, 1 l di latte, 1 bustina di lievito, burro di malga, ricotta affumicata.

Disponete la farina a fontana, unite un pizzico di sale e versate il latte a filo. Amalgamate tutti gli ingredienti, aggiungendo il lievito, fino a ottenere un impasto omogeneo e lasciatelo riposare. Nel frattempo fate bollire abbondante acqua salata e, con l'aiuto di un cucchiaio versatevi delle piccole porzioni dell'impasto preparato.
Quando gli gnocchi affioreranno in superficie, pescateli con una schiumarola e scolateli con cura. Condite questi ottimi gnocchi con burro fuso di malga e abbondante ricotta affumicata grattugiata.

Gnocchi alla romana (Lazio)

◆ Tempo: 45 minuti ✱ Difficoltà: media

❖ 200 g di semolino, 2 uova, alcune foglie di salvia, noce moscata, 6,5 dl di latte, 100 g di parmigiano grattugiato, 60 g di burro, sale.

Mettete sul fuoco il latte con una presa di sale e una noce di burro e, quando giunge a bollore, versate il semolino a pioggia mescolando con una frusta in modo da non formare grumi. Dopo 10-15 minuti amalgamate al semolino i tuorli delle uova, 30 g di burro e 30 g di parmigiano grattugiato, un pizzico di noce moscata e mescolate accuratamente. Versate su un piano, possibilmente di marmo, stendendo l'impasto con una spatola a uno spessore di 2 cm circa e lasciate raffreddare. Con l'apposito stampino o un bicchiere dal bordo bagnato ricavate poi dei dischetti e disponeteli in una pirofila unta di burro in modo che si sormontino leggermente l'uno all'altro. Condite con abbondante parmigiano, qualche fiocchetto di burro, salvia e fate gratinare in forno già caldo per circa 15 minuti.

Gnocchi alla valdostana (Valle d'Aosta)

◆ Tempo: 1 ora ✱ Difficoltà: media

❖ 200 g di farina di mais grossa, 100 g di farina di mais fine, 150 g di fontina, 2 uova, noce moscata, 1 l di latte, parmigiano grattugiato, burro, sale, pepe.

In una pentola mettete il latte e, quando sta per bollire, versatevi insieme le farine e un pizzico di sale, mescolando e cuocendo come si fa per una normale polenta. Quando sarà cotta (dopo circa 40 minuti) aggiungete, amalgamando bene, la fontina tagliata a cubetti, un cucchiaio di burro e un pizzico di noce moscata. Lasciate intiepidire, quindi incorporate i 2 tuorli d'uovo e stendete la pasta allo spessore di 1 cm sopra un piano. Quando la pasta si sarà raffreddata ritagliate dei cerchietti usando un bicchiere del diametro di 4 o 5 cm e disponeteli a scaletta in una pirofila rettangolare precedentemente imburrata. Spolverate con parmigiano grattugiato e pepe, condite con burro fuso e gratinate in forno caldo per una decina di minuti, quindi servite.

Gnocchi di formaggio toma

◆ Tempo: 30 minuti ✱ Difficoltà: facile

✣ 500 g di pane, 50 g di farina, 100 g di toma, 2,5 dl di latte, 1 cipolla, 4 uova, olio extravergine d'oliva, 100 g di formaggio caprino, 2 porri, burro.

Rosolate la cipolla tritata in un po' d'olio e quindi mescolatela al pane che avrete tagliato a dadini. Aggiungete le uova sbattute con il latte, e i dadini di toma.
Quindi spolverate con la farina, mescolate e, con il composto ottenuto, formate degli gnocchi. Fateli bollire per 10 minuti in acqua salata.
In una padella glassate i porri, tagliati a rondelle, con un po' di burro e formaggio caprino; condite gli gnocchi con questo sughetto e serviteli caldi.

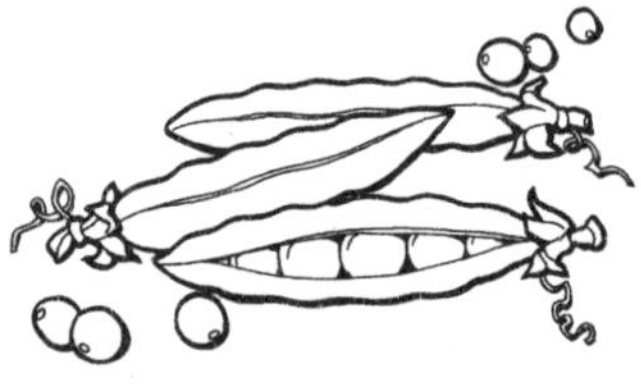

Gnocchi di pane allo speck

◆ Tempo: 30 minuti + 1 ora ✱ Difficoltà: facile

✣ 300 g di pane raffermo, 2,5 dl di latte, 150 g di montasio, erba cipollina, 30 g di farina, 3 uova,100 g di speck, 150 g di piselli già lessati o in scatola, 2 cipolle, 40 g di burro, sale, pepe.

Scaldate il latte, versatelo bollente sul pane tagliato a pezzi e fatelo così ammollare per un'ora. Tagliate a dadini il montasio e unitelo al pane ammorbidito insieme alla farina, alle uova, all'erba cipollina e a un pizzico di sale. Impastate gli ingredienti fino a ottenere un composto omogeneo. Ricavate con l'aiuto di un cucchiaio degli gnocchetti della grandezza di una noce. Tuffateli in acqua bollente salata e cuoceteli per circa 15 minuti. Sbucciate le cipolle e affettatele ad anelli molto sottili. Soffriggeteli in una padella con il burro, aggiustate di sale e di pepe e conditevi gli gnocchi.

Gnocchi di patate

◆ Tempo: 45 minuti ✱ Difficoltà: facile

❖ 1 kg di patate, 200 g di farina, salsa di pomodoro, salvia, 60 g di burro, sale.

Lessate le patate con la buccia, quindi sbucciatele e schiacciatele ancora calde con l'apposito schiacciapatate, lasciandole cadere sopra una spianatoia. Lavoratele poi con mano leggera incorporandovi sale e la farina necessaria a ottenere una giusta consistenza (gli gnocchi riescono morbidi se si preparano con poca farina, usando il tipo di patate più adatto). Con l'impasto ottenuto formate dei cilindri grossi un dito, quindi tagliateli a pezzetti e date loro la caratteristica forma passandoli con l'indice sul rovescio di una grattugia.
In un tegamino a parte lasciate imbrunire una buona dose di burro, aromatizzandolo con qualche fogliolina di salvia. In una pentola capiente portate a bollore abbondante acqua salata, quindi tuffatevi gli gnocchi, pochi per volta. Appena salgono a galla, scolateli aiutandovi con una schiumarola e distribuiteli nei piatti dei commensali condendoli con la salsa di pomodoro e un po' di burro fuso. Gli gnocchi rappresentano un ottimo primo piatto e, oltre che con la salsa di pomodoro, po-

tranno essere conditi anche con ragù di carne, pesto alla genovese, con il gorgonzola o, ancora, con abbondante burro fuso e un pizzico di cannella.

Gnocchi di pesce

◆ Tempo: 45 minuti ✱ Difficoltà: media

❖ 600 g di patate, 300 g di filetti di sogliola (o altro tipo di pesce a polpa delicata), 400 g di polpa di pomodoro, 150 g di farina, 2 filetti d'acciuga sottolio, 1 uovo, 1 cipolla, 1 scalogno, 1 spicchio d'aglio, 1 mazzetto aromatico (salvia, rosmarino, maggiorana), 1 cucchiaio di pasta di olive, vino bianco secco, olio extravergine d'oliva, sale, pepe.

Rosolate un trito finissimo di cipolla e aglio in 2 cucchiai d'olio, poi unite il pesce tagliato a pezzettini e lasciate insaporire per qualche minuto. Bagnate con il vino bianco e quando sarà quasi del tutto evaporato, salate, pepate lasciando sul fuoco ancora pochi minuti. Lessate le patate in acqua salata, pelatele ancora calde e passatele allo schiacciapatate facendole cadere sul piano di lavoro infarinato. In un incavo centrale rompete l'uovo e mettete la polpa di pesce che avrete nel frattempo frullato, poi impastate il tutto aiutandovi con la farina (aggiunta poco alla volta) fin quando non otterrete un composto omogeneo di giusta consistenza. Tenete al caldo l'impasto e preparate il sugo per condire gli gnocchi. In un tegame fate rosolare lo scalogno finemente tritato in qualche cucchiaio d'olio, poi stemperate i filetti d'acciuga nel condimento. Unite la pasta di olive, la polpa di pomodoro, sale e pepe; fate cuocere per 5 minuti poi, poco prima di spegnere, insaporite con un trito di erbe aromatiche. Riprendete in mano l'impasto e preparate dei gnocchetti, cui darete la tipica forma premendoli velocemente sui rebbi di una forchetta o sul retro di una grattugia. Lessateli pochi alla volta in abbondante acqua salata; scolateli con una schiumarola non appena vengono in superficie e serviteli condendoli con il sugo di pomodoro e acciughe.

Gnocchi di prugne (Friuli Venezia Giulia)

◆ Tempo: 1 ora ✷ Difficoltà: media

❖ 1 kg di patate, 1 kg di prugne, 200 g di farina, 1 uovo, 30 g di burro, zucchero q.b., sale.

Con gli ingredienti di cui sopra (prugne e zucchero a parte, è ovvio), preparate l'impasto come per i consueti gnocchi di patate, ma ricavatene degli gnocchi grossi circa il doppio del solito. In ciascuno praticate poi un incavo con le dita e adagiatevi una prugna privata del nocciolo, che andrà sostituito con un cucchiaino di zucchero: è buona regola aver cura che gli gnocchi siano formati da un'uguale quantità di patate e di prugne. Portate a bollore abbondante acqua salata, versate gli gnocchi; nel momento in cui affioreranno in superficie, calcolate circa 15 minuti per completare la cottura.
La particolarità di questo piatto (tipico della tradizione triestina) sta nel prestarsi a essere gustato come primo, condito col pangrattato rosolato nel burro, come secondo, se accompagna portate di selvaggina, e come dolce, se è servito con l'aggiunta di burro fuso, zucchero e cannella (a piacere).

Gnocchi di ricotta

◆ Tempo: 30 minuti + 30 minuti ✷ Difficoltà: facile

❖ 400 g di ricotta fresca, 300 g di farina, 2 uova, 1 rametto di salvia, zenzero, noce moscata, pangrattato, parmigiano grattugiato, burro, olio extravergine d'oliva, sale.

Mettete la ricotta in una terrina e lavoratela con un cucchiaio di legno fino a renderla cremosa. Aggiungete 3 cucchiai d'olio, le uova, un poco di sale, 3 cucchiai di parmigiano, un pizzico di zenzero grattugiato al momento e uno di noce moscata; infine, unite la farina e un po' di pangrattato in modo che l'impasto risulti giustamente sodo.
Amalgamate con cura e lasciate poi riposare per una mezzoretta in frigorifero; quindi ricavatene dei lunghi cilindri che suddividerete in gnocchetti della misura desiderata.
Lessateli poi in abbondante acqua salata, scolateli quando vengono in superficie con un mestolo forato. Conditeli con burro fuso aromatizzato con la salvia e parmigiano.
Per realizzare una ricetta davvero tipica, si può utilizzare la fioreta, ricotta semiliquida ottenuta non scolando completamente il siero, tipica della Valle dell'Agno (provincia di Vicenza).

Gnocchi di ricotta e spinaci

◆ Tempo: 25 minuti ✶ Difficoltà: facile

❖ 1 kg di spinaci, 350 g di ricotta, 2 uova, qualche foglia di salvia, noce moscata, farina, parmigiano grattugiato, burro, sale, pepe.

Lessate gli spinaci in poca acqua salata; strizzateli accuratamente e infine tritateli molto finemente.
In una zuppiera lavorate la ricotta con una forchetta, quindi unite gli spinaci tritati e amalgamate il tutto con i tuorli d'uovo e 2 cucchiai di parmigiano grattugiato insaporendo con sale, pepe e noce moscata.
Dall'impasto (che deve risultare morbido) con l'aiuto di un cucchiaio bagnato ricavate delle palline della grandezza di una noce, che passerete nella farina e tufferete in una pentola d'acqua salata portata a bollore. Non appena vengono a galla, con delicatezza scolatele e servitele con parmigiano e burro fuso aromatizzato con la salvia.

Gnocchi di zucca

◆ Tempo: 45 minuti ✳ Difficoltà: media

❖ 1,5 kg di zucca gialla dolce, 250 g di farina, 2 uova, zenzero, peperoncino rosso, 150 g di parmigiano grattugiato, 100 g di burro, sale.

Pelate la zucca e privatela dei semi, quindi lessatela in acqua bollente o cuocetela al vapore. Quando la polpa risulterà tenera, scolatela, frullatela e mettetela in una terrina con la farina, le uova, sale, un pizzico di peperoncino e dello zenzero grattugiato al momento. Mescolate bene in modo da amalgamare gli ingredienti, formate dei cilindretti e suddivideteli in gnocchi. Lessateli poi in acqua bollente leggermente salata, scolandoli appena vengono a galla (è consigliabile cuocerne un po' alla volta e toglierli dalla pentola usando un mestolo forato). Infine condite con burro fuso e parmigiano.

Gnocchi gialli

◆ Tempo: 50 minuti ✳ Difficoltà: facile

❖ 600 g di patate, 2 bustine di zafferano, 2 cespi di radicchio trevisano, farina, parmigiano grattugiato, panna da cucina, burro, olio extravergine d'oliva, sale.

Lessate le patate con la buccia, quindi sbucciatele e schiacciatele ancora calde con l'apposito schiacciapatate, lasciandole cadere sopra una spianatoia. Lavoratele poi con mano leggera incorporandovi sale e la farina necessaria a ottenere una giusta consistenza (gli gnocchi riescono morbidi se si preparano con poca farina, usando il tipo di patate più adatto). Con l'impasto ottenuto formate dei cilindri grossi un dito, quindi tagliateli a pezzetti e date loro la caratteristica forma passandoli con l'indice sul rovescio di una grattugia. Lasciate soffriggere in padella l'insalata tagliata a strisce con pochissimo burro e olio. Aggiungetevi la panna da cucina, un po' di burro e lo zafferano stemperato in poca acqua calda. Fate cuocere gli gnocchi in abbondante acqua salata, scolateli e uniteli al sughetto preparato cuocendo per alcuni minuti a fuoco moderato. Serviteli con un'abbondante grattugiata di parmigiano.

Strangolapreti (Trentino)

◆ Tempo: 40 minuti ✱ Difficoltà: media

❖ 200 g di mollica di pane raffermo, 5 dl di latte, 2 uova, 400 g di spinaci (o bietole), 1 cucchiaio di farina, 1 cucchiaio di pangrattato, 50 g di uvetta sultanina, parmigiano grattugiato, burro, sale.

Spezzettate la mollica di pane in un recipiente e bagnatela con il latte tiepido. Quando sarà imbevuta (non deve però rilasciare del latte, altrimenti scolatelo), aggiungete le uova, mescolate e schiacciate con una forchetta gli eventuali pezzi di pane non ancora imbevuti. Lessate gli spinaci, strizzateli per eliminare l'acqua, tritateli e amalgamateli al pane. Mescolate e unite l'uvetta precedentemente ammollata e ben asciugata, la farina e il pangrattato, fino a ottenere un composto morbido; aggiustate di sale. Fate bollire dell'acqua in una pentola non molto alta, salatela e portatela a bollore dolce, immergete gli strangolapreti pochi per volta, prendendo il composto con un cucchiaio e spingendolo nell'acqua con un altro cucchiaio. Se il composto fosse troppo molle, incorporatevi altro pangrattato. Dopo qualche minuto scolateli con una schiumarola, disponendoli in piatti caldi. Conditeli con burro e formaggio, o con sughi a piacere.

Secondi piatti

Una ricca scelta di secondi piatti
particolarmente appetitosi e invitanti.
Dai profumati intingoli a base di carne,
alle sfiziose ricette di pesce e crostacei, con un
capitolo interamente dedicato a gustose
preparazioni a base di uova e formaggio.
Molte ricette proposte appartengono alla più
antica tradizione gastronomica regionale
italiana, ma non mancano piatti
più attuali, fantasiosi e moderni.

VITELLO E MANZO

Agresto (Trentino-Alto Adige)

◆ Tempo: 30 minuti + 2 giorni ✱ Difficoltà: facile

❖ 1 kg di carne di manzo, 1 cipolla grossa, 1 spicchio d'aglio, 4 chiodi di garofano, aceto, burro, sale.

Tagliate a pezzi la carne e mettetela in un vaso di vetro pressandola leggermente. Aggiungete l'aglio e la cipolla nella quale avrete inserito i chiodi di garofano. Coprite con del buon aceto, possibilmente di preparazione artigianale.
Lasciate macerare in un luogo fresco per due giorni e quindi cuocete con del burro unendo, poco alla volta, la marinata. Regolate di sale prima di spegnere, quindi servite con una polenta preparata mescolando farina di mais a farina di grano saraceno.

Arrosto al tartufo (Umbria)

◆ Tempo: 1 ora e 30 minuti ✱ Difficoltà: media

❖ 1 kg di carne magra di vitello (noce o contronoce), 1 tartufo nero, grasso di prosciutto, olio extravergine d'oliva, sale, pepe.

Per questa preparazione si consiglia l'impiego della noce di vitello, taglio pregiato spesso utilizzato per bolliti e brasati. Con la punta di un coltellino fate qualche incisione nel mezzo della carne e introducetevi del grasso di prosciutto cosparso di sale e di pepe e dei pezzetti di tartufo nero puliti. Legate poi la carne in modo che prenda una forma regolare, sistematela con abbondante olio in una teglia non troppo larga, aggiustate di sale e cuocetela in forno a calore moderato per più di un'ora. Di tanto in tanto voltate la carne e bagnatela con qualche cucchiaiata d'acqua se vedete che tende a prendere troppo colore. Per accertarvi dell'avvenuta cottura, introducete nella carne un grosso ago da cucina che dovrà penetrare facilmente lasciando uscire un sugo bianco che non presenta tracce di sangue, segno inequivocabile che l'arrosto non è cotto al punto giusto.

Arrosto di manzo con maiale

◆ Tempo: 1 ora e 20 minuti ✱ Difficoltà: facile

❖ 1 fetta di manzo di 800 g, 150 g di macinato di maiale, 1 fetta di prosciutto crudo di 150 g, 1 uovo, 1 limone, alloro, noce moscata, 1 panino al latte, latte, vino bianco, brodo (facoltativo), 50 g di parmigiano grattugiato, burro, sale, pepe.

Preparate la farcitura mescolando assieme il macinato di maiale, il prosciutto tagliato a dadini, l'uovo, un panino bagnato nel latte tiepido e quindi strizzato, il parmigiano, la noce moscata, la buccia di limone grattugiata (solo la parte gialla), sale e pepe. Mescolate accuratamente tutti gli ingredienti amalgamandoli tra loro. Stendete la fetta di manzo e battetela bene, quindi distribuite la farcia sulla superficie, arrotolate e fermate l'arrosto con uno spago. In un tegame mettete una grossa noce di burro, adagiate poi l'arrosto e fatelo rosolare girandolo di tanto in tanto. Aggiungete qualche foglia d'alloro, alzate la fiamma, spruzzate con il vino bianco, lasciate evaporare quindi abbassate; salate e procedete la cottura a fuoco basso per circa un'ora.

Se fosse necessario bagnate con del brodo di tanto in tanto. Quando l'arrosto sarà cotto aspettate che si intiepidisca prima di tagliarlo a fette.

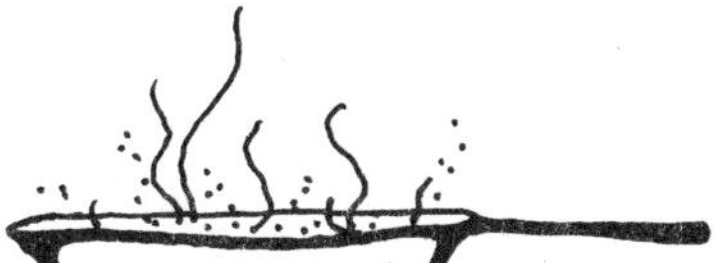

Bistecca alla fiorentina (Toscana)

◆ Tempo: 15 minuti ✱ Difficoltà: facile

❖ 1 fiorentina di vitello di razza Chianina (con filetto e controfiletto) alta non meno di 3 cm e non più di 4,5, olio extravergine d'oliva, sale, pepe.

Per la famosa bistecca alla fiorentina è d'obbligo usare carne di manzo giovane; va tagliata nella costata e comprende filetto e controfiletto. Disponete la carne sulla graticola rovente, possibilmente sopra braci di carbone di legna; fatele cuocere 5-6 minuti per parte, quindi insaporitele con sale e pepe (rigorosamente a fine cottura). Servite subito condendo con un filo d'olio extravergine d'oliva crudo.

Bistecchine ai funghi

◆ Tempo: 30 minuti ✱ Difficoltà: facile

❖ 1 braciola di manzo spessa 6 cm di 900 g, 300 g di piccoli funghi freschi (preferibilmente chiodini), 1 scalogno, cerfoglio, 60 g di burro, 2 cucchiai d'olio extravergine d'oliva, sale fino e grosso, pepe in grani.

Cominciate impastando 40 g di burro con un paio di cucchiai di cerfoglio tritato assai finemente, così da ottenere una crema piuttosto densa che avvolgerete in carta stagnola, ponendola nella parte alta del frigo. Pelate lo scalogno e tritatelo finemente, pulite i funghi, lavateli in acqua corrente e asciugateli bene. Nel frattempo preriscaldate per 5 minuti a massima potenza la griglia.

Spalmate d'olio la braciola servendovi di un pennellino e passatela in una miscela formata da un cucchiaino di sale grosso e uno di pepe appena macinato. Quando la griglia è calda, fatevi rosolare la braciola da ambedue i lati.

Poi lavate e asciugate il piatto e fatelo scaldare nuovamente per 4 minuti a massima potenza. Quando è pronto, fatevi sciogliere i 20 g di burro rimanenti, mettetevi lo scalogno e fatelo cuocere per un minuto. A questo punto aggiungete finalmente i funghi, conditeli con sale e pepe macinato e cuoceteli per 3 minuti. Infine tagliate la braciola a fette e servitela con i funghi, mettendo in ogni piatto una fetta di burro al cerfoglio.

Bollito misto

◆ Tempo: 3 ore e 30 minuti ✱ Difficoltà: media

❖ 1 kg di muscolo di spalla di manzo, 1 kg di fiocco di vitello, 1 gallina di circa 1 kg, 500 g di testina di vitello, 1 lingua di vitello di circa 500 g, 1 cotechino di 300 g, 3 coste di sedano, 2 cipolle, 2 carote, 2 chiodi di garofano, sale.

Ponete sul fuoco una pentola con molta acqua e le verdure; quando inizia a bollire aggiungete una presa di sale e il muscolo di spalla. Lasciate bollire a fuoco basso per un'ora, quindi mettete nel tegame anche il fiocco, la testina e la lingua di vitello, oltre alla gallina, e fate cuocere ancora per 2 ore.
Nel frattempo preparate anche il cotechino, immergendolo in acqua fredda dopo aver bucato più volte la pelle con una forchetta: dal momento che prenderà a bollire, occorrerà circa un'ora perché sia cotto. Servite i pezzi di carne immersi in poco brodo caldissimo tagliandoli a fette al momento di servire. Per accompagnare vi consigliamo le salse verdi a base di prezzemolo, una salsa di pomodoro molto ristretto oppure una salsa pearà o una buona mostarda.

Braciole in salsa rossa

◆ Tempo: 30 minuti ✱ Difficoltà: facile

❖ 4 braciole di vitello, 300 g di polpa di pomodoro, 2 uova, 1 spicchio d'aglio, prezzemolo, zenzero, pangrattato, olio extravergine d'oliva, olio per friggere, sale.

Sbattete le uova con un pizzico di sale, quindi adagiatevi le braciole. Preparate un battuto con l'aglio, il prezzemolo e lo zenzero e fatelo soffriggere con poco olio in una padella; aggiungetevi il pomodoro, poca acqua e sale facendo cuocere a tegame coperto e a fuoco moderato. Levate le braciole dall'uovo e passatele nel pangrattato quindi friggetele in una padella con poco olio. Quando saranno cotte unitele al pomodoro, rigirandole bene nel sugo.

Brasato al barolo (Piemonte)

◆ Tempo: 2 ore e 20 minuti ✱ Difficoltà: facile

❖ 1,5 kg di polpa di manzo, 3 bicchieri di barolo, grasso di prosciutto crudo, 2 cipolle, 2 carote, 1 gambo di sedano, 1 foglia d'alloro, salvia, rosmarino, olio extravergine d'oliva, sale, pepe.

Mettete a rosolare con dell'olio la polpa di manzo insieme con i pezzetti di grasso di prosciutto; irrorate la carne con il vino e abbassate la fiamma. Aggiungete gli aromi: le cipolle, le carote e il sedano tagliati a pezzetti, la foglia d'alloro, qualche foglia di salvia e un rametto di rosmarino.
Salate, pepate, unite qualche bicchiere d'acqua e fate cuocere lentamente per circa 2 ore. Tagliate la carne a fette e servitela con il suo sugo passato al setaccio.

Brüschitt (Lombardia)

◆ Tempo: 3 ore e 20 minuti ✱ Difficoltà: media

❖ 1 kg di polpa di manzo, 2 spicchi d'aglio, 1 cucchiaio di semi di finocchio, 1 foglia d'alloro, noce moscata, 1 l di vino rosso, 1/2 cucchiaio di concentrato di pomodoro, 100 g di burro, 50 g di lardo, sale, pepe.

In un tegame mettete a freddo: il burro, il lardo e la carne tagliati a dadini piccolissimi, il concentrato di pomodoro, un pizzico di noce moscata, l'alloro, sale e pepe. Iniziate una cottura lentissima a tegame coperto; quando la carne comincia a soffriggere mescolate e coprite con il vino. Aggiungete i semi di finocchio e l'aglio racchiusi assieme in un sacchetto di garza, richiudete il tegame e lasciate cuocere sempre a fiamma bassissima per 3 ore circa. Ogni tanto ricordatevi di bagnare con poco vino o acqua, rimestate e rimettete il coperchio.

Coda alla vaccinara (Lazio)

◆ Tempo: 5 ore e 50 minuti ✶ Difficoltà: media

✣ 1 kg di coda di bue, 150 g di pomodori pelati, 1 cipolla, 1 gambo di sedano, 3 spicchi d'aglio, 30 g di pinoli, 1 bicchiere di vino bianco secco, 50 g di lardo, 1/2 bicchiere d'olio extravergine d'oliva, sale, pepe.

Tagliate a pezzi la coda e fatela soffriggere nel lardo e nell'olio con la cipolla tritata e l'aglio. Salate, pepate e bagnate con il vino. Dopo mezzora aggiungete anche i pomodori e lasciate cuocere adagio per 5 ore. Quando la carne sarà così tenera da staccarsi dall'osso, aggiungete il sedano pulito e tagliato a pezzi lunghi un dito, quindi completate con i pinoli. Cuocete la carne ancora per 20 minuti, poi servitela ben calda.

Costolette alla milanese (Lombardia)

◆ Tempo: 20 minuti ✶ Difficoltà: facile

✣ 4 costolette di vitello con l'osso, 2 limoni, 1 uovo, pangrattato, burro, sale.

Le vere costolette alla milanese sono quelle con l'osso, vanno battute leggermente da entrambi i lati per renderle più piatte e snervate. Passate le costolette nell'uovo sbattuto con un pizzico di sale e poi nel pangrattato, comprimendo bene. Fate scaldare del burro; una volta caldo, sistematevi le costolette. Rosolatele da una parte e dall'altra e lasciate cuocere a fuoco moderato per circa 10 minuti. Servite con spicchi di limone e patate fritte.

Cotolette alla bolognese (Emilia Romagna)

◆ Tempo: 30 minuti ✶ Difficoltà: facile

❖ 4 fette di fesa di vitello, 4 fette di prosciutto crudo, 1 uovo, passata di pomodoro, pangrattato, parmigiano, burro, sale.

Spianate leggermente con il batticarne le fette di vitello, immergetele nell'uovo sbattuto con un po' di sale, quindi passatele nel pangrattato. In un tegame fate fondere del burro, adagiate le cotolette e, dopo averle velocemente dorate da entrambe le parti, ponete su ognuna una fetta di prosciutto crudo, scaglie di parmigiano e un po' di passata di pomodoro. Coprite il tegame e abbassate il fuoco al minimo. Saranno pronte quando il formaggio sarà fuso.

Crocchette di carne (Emilia Romagna)

◆ Tempo: 30 minuti + 30 minuti ✶ Difficoltà: facile

❖ 300 g di avanzi di carne di vitello o di manzo cotta, 300 g di avanzi di coniglio o pollo cotto, 150 g di cervella di vitello, 2 uova, prezzemolo, besciamella, farina, 50 g di parmigiano grattugiato, olio per friggere, sale, pepe.

Mettete la cervella a bagno in acqua tiepida per mezzora. Tritate tutti gli avanzi di carne e metteteli in una terrina aggiungendo anche le cervella scolate e tagliate a pezzetti. Mescolatevi un po' di besciamella e, poco prima di spegnere, unite il parmigiano e la carne. Mescolate sul fuoco per qualche minuto, spegnete e aggiungete il prezzemolo tritato. Aspettate che l'impasto si intiepidisca, poi unite le uova, aggiustate di sale e di pepe; amalgamate l'impasto e formate delle crocchette che passerete nella farina prima di friggerle in olio bollente.

Falsomagro (Sicilia)

◆ Tempo: 1 ora e 30 minuti ✱ Difficoltà: media

❖ 1 fetta di manzo di 800 g, 150 g di carne di maiale magra tritata, 3 fette di pancetta, 2 salsicce, 2 uova, 1 cipolla, 1 spicchio d'aglio, vino rosso, brodo, 50 g di pecorino fresco, olio extravergine d'oliva, sale, pepe.

Lessate le uova per 8 minuti, quindi sgusciatele. Preparate la farcia per l'arrosto mescolando assieme la carne tritata e le salsicce alle quali avrete tolto il budello. Soffriggete le carni per 10 minuti in poco olio aggiungendo mezza cipolla affettata. Stendete bene la fetta di manzo e distribuitevi il trito di carne rosolato, adagiatevi le fette di pancetta, le uova a fette, il pecorino a fettine sottili e lo spicchio d'aglio tritato. Salate leggermente e pepate. Avvolgete su se stessa la carne così farcita e legatela con uno spago. In una casseruola mettete dell'olio e la restante cipolla affettata, rosolatevi l'arrosto farcito e spruzzate con vino rosso che farete poi evaporare. Procedete la cottura aggiungendo il brodo poco per volta. Cuocete per un'ora circa.

Fegato alla veneziana (Veneto)

◆ Tempo: 15 minuti + 1 ora ✱ Difficoltà: facile

❖ 700 g di fegato di vitello, 700 g di cipolle bianche, prezzemolo, latte o aceto, burro, olio extravergine d'oliva, sale.

Mettete a marinare il fegato tagliato a listerelle nel latte (oppure in acqua e aceto) per almeno un'ora. Tagliate le cipolle a fettine e fatele appassire molto lentamente in burro e olio. Aggiungete le listerelle di fegato sgocciolandole dalla marinata e fatele cuocere a fuoco vivo per qualche minuto. Salate verso fine cottura, spolverate con abbondante prezzemolo tritato e servite.

Filetto al pepe verde

◆ Tempo: 25 minuti + 2 ore ✱ Difficoltà: facile

❖ 4 fette di filetto spesse 2,5 cm, 3 cucchiai di pepe verde in grani, 1 spicchio d'aglio, 4 cucchiai di senape dolce, 4 cucchiai di panna liquida, 1/2 bicchiere d'olio extravergine d'oliva, sale.

Il giorno prima di cucinare il filetto lasciate insaporire l'olio con i grani di pepe leggermente schiacciati. Un paio d'ore prima di metterlo a cottura filtrate parte dell'olio al pepe e utilizzatelo per far marinare le fette di carne che avrete prima strofinato con lo spicchio d'aglio.

Nel frattempo dedicatevi alla preparazione della salsa: in una scodellina amalgamate con cura un cucchiaio di pepe verde e un po' d'olio con la senape e la panna leggermente montata. Al momento di servire, cuocete i filetti (il tempo dipendente dal grado di cottura desiderato) dopo averli ben sgocciolati dalla marinata; salateli e disponeteli su piatti caldi, irrorandoli con la salsa e guarnendo con il pepe verde in grani rimasto.

Finanziera (Piemonte)

◆ Tempo: 45 minuti ✱ Difficoltà: media

❖ 100 g di carne tritata, 100 g di filetto di vitello, 100 g di filoni, 100 g di cervella, 100 g di lacetto, 50 g di fegatini di pollo, 50 g di fegato di maiale, 50 g di creste di gallo, 50 g di animella, 50 g di rognone, 100 g di porcini sottolio, 50 g di piselli sgranati, 1 tazza di brodo, 1 bicchiere di barolo, 2 cucchiai di marsala, 1 cucchiaio d'aceto, farina, 60 g di burro, sale, pepe.

Tagliate il filetto di vitello a striscioline e il rognone a pezzetti, poi fateli rosolare nel burro aggiungendo un po' di brodo e un pizzico di sale e di pepe.

A parte preparate delle palline di carne tritata e tagliate il filone a tocchetti di circa 3 cm; tagliate a pezzetti anche le cer-

vella, l'animella, il lacetto, i fegatini di pollo, il fegato di maiale e le creste di gallo; infarinate tutto e fate rosolare lentamente nel burro, aggiungendo infine anche i piselli sgranati e i funghi sottolio affettati a lamelle. Una volta cotto, aggiungete il secondo preparato di carne al primo, innaffiate con il barolo e fate consumare.
Poco prima di servire, spruzzate con l'aceto, il marsala e amalgamate bene, presentando la pietanza su un grande piatto da portata tiepido.

Fiorentine ai funghi (Toscana)

◆ Tempo: 50 minuti ✱ Difficoltà: media

❖ 4 bistecche di lombata di manzo di circa 200 g cad., 500 g di funghi coltivati, 4 cipolle bianche, 1 dl di panna liquida, 1 bicchierino di sherry, 50 g di burro, olio extravergine d'oliva, sale, pepe.

In un tegame fate sciogliere il burro assieme all'olio e aggiungete poi le cipolle che avrete finemente tagliato, lasciandole appassire molto lentamente.
Nel frattempo pulite con delicatezza i funghi, poi tagliateli e uniteli al trito di cipolle, aggiustate di sale e spruzzate con lo sherry. A questo punto fate cuocere per mezzora a tegame coperto rigirando di tanto in tanto.
In un'altra padella iniziate a cuocere le fiorentine insaporendole con burro, sale e pepe a piacere.
Quando i funghi saranno cotti aggiungetevi la panna e lasciate che il tutto si amalgami. Unite infine la carne ai funghi lasciando insaporire il tutto sul fuoco e mescolando per qualche minuto prima di servire.

Garretto di manzo ai peperoni

◆ Tempo: 3 ore e 30 minuti ✶ Difficoltà: facile

❖ 1 garretto di manzo disossato, 6 peperoni (2 rossi, 2 verdi e 2 gialli), 500 g di pomodori, 1/2 cipolla, peperoncino rosso, vino bianco, olio extravergine d'oliva, sale.

Lessate il garretto in abbondante acqua salata per 20 minuti. Scolatelo e mettetelo in una pirofila unta d'olio, contornate la carne con i peperoni e la cipolla tagliati a fettine, i pomodori a pezzetti, un pizzico di peperoncino in polvere e sale. Condite con un giro d'olio e irrorate con vino bianco fino a coprire il tutto. Cuocete in forno caldo per almeno 3 ore, quindi sfornate e servite.

Gulasch (Friuli)

◆ Tempo: 2 ore e 30 minuti ✶ Difficoltà: media

❖ 800 g di muscolo di manzo, 2 cipolle grosse, 2 spicchi d'aglio, 2 cucchiai di paprica, 1 cucchiaino di semi di cumino, 1/2 cucchiaino di foglie di maggiorana, 1 foglia d'alloro, 1 limone, 1 bicchiere di vino rosso, 1 bicchiere d'aceto di vino, 4 cucchiai di strutto, 1 cucchiaio di burro, sale.

Il gulasch è un piatto di origine ungherese molto diffuso nelle tradizioni culinarie dolomitiche. Presenta diverse varianti e quella da noi presentata è forse la più adatta a essere servita con una buona e fumante polenta. Scaldate lo strutto in una pentola dal fondo pesante, aggiungeteci le cipolle tagliate ad anelli piuttosto sottili e fatele dorare; raccogliete gli anelli di cipolle in un mucchietto su un lato del fondo della pentola e rosolate, nello spazio libero, la carne tagliata a pezzi non troppo grossi. Poi mescolate la carne alle cipolle e continuate a rosolare, sin quando sul fondo della pentola si sia formata una sottile crosta dorata. Annaffiate con il vino e l'aceto, la-

sciate evaporare un po' di liquido e quindi salate, spolverate di paprica, allungate con un bicchiere d'acqua e lasciate stufare a fuoco moderato per un'ora e mezza circa.
Tritate finemente gli aromi e con i rebbi di una forchetta mescolateli al burro fatto prima ammorbidire, quindi uniteli al gulasch assieme alla scorza (solo la parte gialla) e qualche goccia di limone. Prima di servire in tavola, lasciate insaporire il gulasch sul fuoco ancora per qualche minuto.

Involtini crudi al parmigiano

◆ Tempo: 20 minuti ✱ Difficoltà: facile

❖ 8 fettine sottilissime di polpa di manzo, 150 g di parmigiano, olive nere, 1 limone, olio extravergine d'oliva, sale, pepe.

Stendete le fettine di carne sopra un tagliere, distribuite il parmigiano a scaglie al centro di ogni fetta di carne, condite con succo di limone, sale, pepe e poco olio. Chiudete la carne intorno al formaggio e fermate con uno stecchino guarnito con un'oliva. Potrete sostituire il parmigiano con provolone piccante e aggiungere al formaggio del prezzemolo sminuzzato.

Lingua in salsa (Piemonte)

◆ Tempo: 1 ora ✱ Difficoltà: facile

❖ 1 lingua di bue di circa 1 kg, 1 cipolla, 1 carota, 1 gambo di sedano, 1 spicchio d'aglio, alloro, basilico, dragoncello, capperi, senape in polvere, aceto di vino bianco, vino bianco, olio extravergine d'oliva, sale, pepe verde in grani.

Bollite la lingua per mezzora in acqua salata con l'aggiunta di sedano, carota, cipolla, lo spicchio d'aglio e alloro. Sgocciolatela e liberatela dalla pelle e dal grasso, quindi rimettetela nel brodo e proseguite la cottura finché sarà tenera. Sgocciolatela nuovamente e tagliatela a fettine sottili. Preparate una salsa sciogliendo un cucchiaio di senape in polvere in poco aceto tiepido e mescolate in modo che non si formino grumi. Aggiungete mezzo bicchiere di vino, 2 cucchiai di capperi tritati, qualche foglia di basilico tritata, un pizzico di dragoncello, poco sale, un po' di pepe verde in grani e olio. Emulsionate molto bene e versate la salsa sopra alle fettine di lingua.

Lombata al forno

◆ Tempo: 1 ora e 45 minuti ✶ Difficoltà: facile

❖ 2 kg di lombata di vitello, 100 g di pancetta, 2 spicchi d'aglio, 2 rametti di rosmarino, 5 foglie di salvia, olio extravergine d'oliva, sale, pepe.

Tritate finemente gli aromi e distribuiteli sulle fettine di pancetta disposte su un piano. Appoggiate ora la lombata cosparsa di sale e pepe sulla pancetta e avvolgetevela dentro, legando poi tutto fermamente con spago da cucina. Ungete leggermente d'olio una teglia e infornate a 250 °C. Dopo 20 minuti abbassate la temperatura a 140 °C e lasciate cuocere per un'ora prima di spegnere. Non levate subito la carne, ma lasciatela nel forno spento ancora per 20 minuti, in modo che si cuocia dentro rimanendo però rosata.
Servitela tagliata a fette piuttosto grosse, dopo aver levato la parte esterna.

Magro di vitella arrosto

◆ Tempo: 1 ora ✶ Difficoltà: facile

❖ 1 kg di magro di vitella, 1 rametto di rosmarino, 2 spicchi d'aglio, olio extravergine d'oliva, sale, pepe.

Praticate dei tagli all'interno della carne con un coltello dalla lama affilata; inserite in ogni foro aghi di rosmarino, fettine d'aglio, sale e pepe. Salate e pepate anche all'esterno e sistemate la carne in un tegame con dell'olio. Cuocete a fuoco basso per circa 50 minuti girando di tanto in tanto l'arrosto.

Ossibuchi alla milanese (Lombardia)

◆ Tempo: 1 ora e 10 minuti ✷ Difficoltà: media

❖ 4 ossibuchi di vitello, farina, 1 acciuga sottosale, vino bianco secco, 1 cipollina, 1 spicchio d'aglio, prezzemolo, 1 limone, brodo q.b., 150 g di burro, sale, pepe.

Infarinate bene gli ossibuchi e metteteli a rosolare nel burro; salate, pepate e bagnate il tutto con un po' di vino bianco secco. Quando si sarà asciugato aggiungete il brodo caldo (o acqua calda) sufficiente per la cottura che dovrà protrarsi per circa un'ora. Una decina di minuti prima di spegnere unite un trito di prezzemolo, buccia di limone (solo la parte gialla) grattugiata, aglio, cipolla e acciuga lavata e diliscata. Fate insaporire rivoltando gli ossibuchi. Servite accompagnando con un buon risotto alla milanese.

Polpettone con verdure

◆ Tempo: 1 ora e 30 minuti ✷ Difficoltà: media

❖ 500 g di carne già cotta tra manzo, vitello e pollo, fette sottili di pancetta, 2 uova, 2 cucchiai di funghi secchi, 1 patata piccola, 1 rapa piccola, 1 peperone, 1 carota, curry, mollica di pane, latte, vino bianco, 50 g di parmigiano grattugiato, 50 g di burro, sale, pepe.

Preparate un trito con la carota, la rapa, il peperone e i funghi precedentemente lasciati in ammollo e poi strizzati.
In una padella sciogliete il burro e fatevi rosolare il trito di

verdure per qualche minuto. Riducete in purea la patata precedentemente lessata, e amalgamate il passato al pane, fatto prima ammorbidire con poco latte tiepido e quindi strizzato e sbriciolato. Mettete in una terrina il trito di verdure stufate, la purea di patate con il pane e le carni tritate. Amalgamate bene aggiungendo le uova, una spruzzata di vino, il parmigiano, un pizzico di curry, sale e pepe. Date all'impasto la forma di un salame, avvolgetelo nelle fette di pancetta, poi legatelo con uno spago e cuocetelo in una casseruola dove avrete fatto sciogliere il burro. Bagnatelo di tanto in tanto con poca acqua e fatelo cuocere a fiamma bassa per circa un'ora.

Roast-beef

◆ Tempo: 45 minuti ✶ Difficoltà: facile

⁘ 1 kg di costata o lombata di manzo disossata e ben frollata, sale.

Mettete in una pirofila il pezzo di carne, mezzo bicchiere d'acqua e infornate a forno preriscaldato e molto caldo. Giratelo di tanto in tanto e dopo circa 15 minuti estraetelo dal forno e salatelo. Rimettete in forno e cuocete 5 minuti per ognuno dei quattro lati del pezzo di carne. In totale (tra prima e dopo la salatura) il tempo di permanenza nel forno non dovrà superare i 40 minuti. Infilate le punte di una forchetta nella carne: se esce un sugo rosato la cottura sarà perfetta. Servite il roast-beef freddo, tagliandolo a fette sottili.

Saltimbocca alla romana (Lazio)

◆ Tempo: 20 minuti ✶ Difficoltà: facile

⁘ 12 piccole fettine di vitello, 200 g di prosciutto crudo, salvia, vino bianco, olio extravergine d'oliva, sale, pepe.

Salate e pepate leggermente le fettine di carne, ponete su ognuna una fetta di prosciutto crudo e una foglia di salvia, quindi avvolgetele su se stesse fermandole poi con uno stecchino. Disponete i saltimbocca in una padella con dell'olio e mettete a cuocere aggiungendo, dopo qualche minuto, un po' di vino bianco. Servite la carne su un piatto da portata con il suo sugo di cottura.

Scaloppine al limone

◆ Tempo: 30 minuti + 30 minuti ✱ Difficoltà: facile

❖ 400 g di fettine di vitello, 2 limoni, 1 ciuffo di prezzemolo, olio extravergine d'oliva, sale, pepe.

In una fondina emulsionate un cucchiaio d'olio con il succo di un limone e il pepe, quindi ponetevi a marinare le fettine di carne leggermente battute; lasciatele per almeno 30 minuti rigirandole ogni tanto.
Mettete al fuoco una larga padella con il fondo antiaderente con qualche cucchiaio d'olio e fate rosolare il vitello da entrambe le parti; poi disponetele in un piatto da portata tenuto al caldo. Rimettete la padella al fuoco e all'eventuale fondo di cottura unite il liquido di marinata e il succo del limone avanzato, sale e un po' di pepe.
Mescolate e fate scaldare la salsina sul fuoco, quindi versatela sulle scaloppine e servitele cospargendo di prezzemolo tritato e scorza di limone (solo la parte gialla) grattugiata.

Spezzatino ai carciofi

◆ Tempo: 1 ora e 10 minuti ✱ Difficoltà: facile

❖ 800 g di polpa di vitello, 50 g di pancetta tesa, 8 carciofi, 50 g di olive nere, 1 cipolla, 1 spicchio d'aglio, 1 limone, vino bianco secco, brodo, olio extravergine d'oliva, sale, pepe.

Pulite i carciofi, quindi suddivideteli in spicchi e lasciateli a bagno in acqua e succo di limone. Rosolate la pancetta a dadi-

ni e la carne a pezzi in un po' d'olio; non appena avranno preso colore unite la cipolla tritata, l'aglio e spruzzate con il vino. Salate, pepate e proseguite la cottura a fiamma bassa, bagnando con un po' di brodo caldo.
Dopo mezzora mettete a cottura anche i carciofi e le olive snocciolate, coprite e proseguite per altri 40 minuti, mescolando di tanto in tanto.

Trippa alla fiorentina (Toscana)

◆ Tempo: 1 ora ✶ Difficoltà: facile

❖ 1,5 kg di trippa di vitello, 300 g di pomodori pelati, 100 g di pancetta, 1 gambo di sedano, 1 cipolla, 1 carota, 2 foglie di alloro, 1 bicchiere di vino bianco, brodo, 50 g di burro, olio extravergine d'oliva, sale, pepe.

Lavate molto bene la trippa e poi lessatela in acqua salata per circa mezzora. A parte preparate un battuto con gli odori, la pancetta e l'alloro e fatelo soffriggere nell'olio. Aggiungete il burro, fatevi sfumare il vino, unite i pomodori, un pizzico di sale e pepe. Quando il sugo comincerà ad amalgamarsi unite la trippa scolata, mescolate bene e proseguite la cottura su fuoco moderato finché la trippa non risulterà ben tenera.

Vitello in guazzetto

◆ Tempo: 45 minuti ✶ Difficoltà: facile

❖ 500 g di polpa di vitello, 30 g di rigatino, 30 g di burro, 1 limone, 1 bicchiere di latte, olio extravergine d'oliva, sale, pepe.

Coprite il fondo di una casseruola con il burro, il rigatino e il limone a fette sottili, private di scorza e semi. Adagiatevi il vitello e fate rosolare. Aggiungete il sale e un po' di pepe, quindi bagnate con un bicchiere di latte caldo. Coprite e cuocete a fuoco basso. Prima di servire, filtrate il sugo.

Maiale e cinghiale

Arista al forno

◆ Tempo: 2 ore e 30 minuti ✻ Difficoltà: facile

❖ 1 kg di carré di maiale, 1 rametto di rosmarino, 2 spicchi d'aglio, 1 chiodo di garofano, brodo, olio extravergine d'oliva, sale, pepe nero.

Tritate finemente aglio e rosmarino, salate e pepate la carne, quindi ungetela d'olio e distribuitevi sopra il trito aromatico e il chiodo di garofano. Legatela con filo da cucina e infornatela a temperatura media. Cuocete l'arista per circa 2 ore, rigirandola spesso per farla dorare uniformemente e aggiungendo un mestolino di brodo caldo se dovesse seccarsi troppo: la carne all'interno deve rimanere bianca e morbida. Potete servirla sia calda sia fredda, tagliata a fette sottili.
L'arista si conserva bene in frigorifero per qualche giorno, e può essere un'ottima soluzione anche per uno spuntino o addirittura una merenda.

Arrosto a fette

◆ Tempo: 50 minuti ✻ Difficoltà: facile

❖ 800 g di filetto di maiale a fette, 1 spicchio d'aglio, salvia, rosmarino, marsala, lardo, sale.

Preparate un battuto di lardo, mettetene la metà in una pirofila assieme allo spicchio d'aglio schiacciato, coprite con le fette di carne e con il restante battuto. Aggiungete qualche foglia di salvia, un rametto di rosmarino e salate. Bagnate con il marsala e mettete in forno già caldo, facendo cuocere a temperatura moderata per circa mezzora. Servite su un piatto da portata caldo.

Arrosto con patate (Alto Adige)

◆ Tempo: 1 ora ✱ Difficoltà: facile

❖ 1 kg di carne di maiale (metà spuntature e metà spalla), 800 g di patate, 2 spicchi d'aglio, 1 cucchiaino di semi di cumino, olio extravergine d'oliva, sale, pepe.

Dividete anzitutto la carne in grossi pezzi e insaporitela con un miscuglio d'aglio schiacciato, semi di cumino pestati, sale e pepe. In una casseruola scaldate l'olio, mettetevi la carne e rosolatela. Annaffiatela poi con poca acqua, lasciandola cuocere su fuoco non troppo allegro. Dopo una mezzoretta aggiungete le patate sbucciate e divise a quarti e proseguite la cottura (aggiungendo acqua se vi sembrasse necessario) finché le patate e la carne risulteranno ben cotte (complessivamente sarà necessaria circa un'ora). Prima di portare in tavola su un piatto da portata, aggiustate di sale e cospargete con semi di cumino, servendo eventualmente con dei crauti.

Braciole alla contadina (Toscana)

◆ Tempo: 25 minuti ✱ Difficoltà: facile

❖ 4 braciole di maiale, 200 g di pomodori pelati, 100 g di olive toscane, 1 spicchio d'aglio, salvia, rosmarino, farina, olio extravergine d'oliva, sale, pepe.

Preparate un battuto con l'aglio, il rosmarino e la salvia. Versate dell'olio in una padella e lasciate soffriggere il battuto per alcuni minuti. Infarinate le braciole di maiale e fatele leggermente dorare nel soffritto. Aggiungete sale, pepe, i pomodori e le olive snocciolate. Terminate la cottura facendo restringere bene il sugo, quindi adagiate la carne su un piatto da portata e servite.

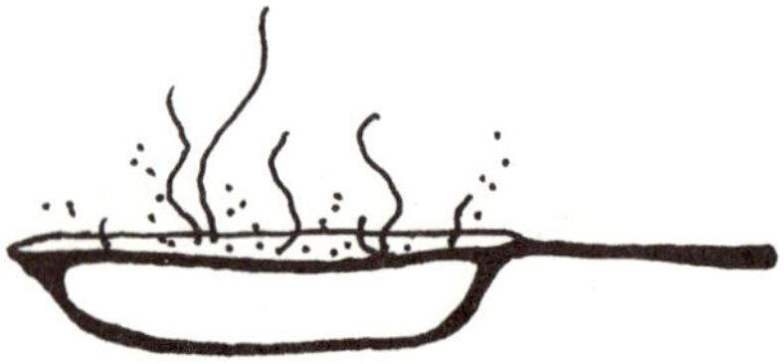

Cassoeûla (Lombardia)

◆ Tempo: 1 ora ✱ Difficoltà: media

❖ 500 g di costine di maiale, 300 g di tempia di maiale, 300 g di lombo, 200 g di cotenne, 5 salamini, 1 piedino di maiale, 1 verza grossa, 2 carote, 2 gambi di sedano, 1 cipolla, 3 cucchiai di conserva di pomodoro, vino bianco secco, 100 g di burro, 50 g di lardo, sale, pepe.

Tagliate la cipolla a fettine e fatela imbiondire in una grande pentola insieme con il lardo e il burro. Tagliate a pezzettini le carni e mettetele a rosolare nel soffritto. Dopo circa 10 minuti aggiungete anche le verdure grossolanamente tritate. Sciogliete poi la conserva di pomodoro in poca acqua e unitela alle carni, salate, pepate e lasciate cuocere a pentola coperta e fuoco basso. A metà cottura unite i salamini e la verza sottilmente tagliata; procedete la cottura aggiungendo di tanto in tanto poco vino bianco. La cottura sarà ultimata quando la verza risulterà completamente sfatta. Servite in tavola accompagnando con una polenta fumante.

Cinghiale ai tartufi (Umbria)

◆ Tempo: 1 ora ✱ Difficoltà: media

❖ 1 kg di cinghiale, 3 tartufi di media grossezza, 150 g di prosciutto cotto, 1 cipolla, 1 spicchio d'aglio, 1 mazzetto di prezzemolo, brodo, 1 bicchiere di vino bianco secco, aceto di vino rosso, burro, sale, pepe.

Lavate il cinghiale con l'aceto e dopo averlo accuratamente asciugato, mettetelo in una casseruola insieme con una grossa noce di burro, la cipolla sottilmente affettata e il prosciutto tagliato a dadini. Fatelo rosolare rivoltando frequentemente finché acquisterà un bel colore dorato; quindi salate e aggiungete 2 mestoli di brodo, il vino, il prezzemolo e l'aglio puliti e tritati e un pizzico di pepe. Appena il sugo si sarà ben ristretto (circa 15 minuti prima di togliere il cinghiale dal fuoco) aggiungete i tartufi precedentemente puliti con cura e tagliati a sottili fettine con il tagliatartufi. Lasciate insaporire per qualche minuto sul fuoco e infine servite il cinghiale ben caldo su un bel piatto da portata accompagnato da verdure fresche o cotte di stagione.

Cinghiale alla cacciatora (Toscana)

◆ Tempo: 1 ora e 30 minuti + 30 minuti ✱ Difficoltà: facile

❖ 1 kg di carne di cinghiale, 100 g di prosciutto crudo tagliato a fette sottili, 1 cipolla, 1 gambo di sedano, 1 ciuffo di prezzemolo, brodo, 1 bicchiere di vino bianco, aceto, burro, sale, pepe.

Mettete a bagno il cinghiale nell'aceto per almeno mezzora; poi fatelo sgocciolare e rivestitelo con fette sottili di prosciutto, fermandole con uno spago. Mettete del burro in un tegame e fatevi rosolare la carne; salate, pepate e continuate la cottura rigirando il cinghiale di tanto in tanto. Aggiungete il sedano e la cipolla tagliati grossolanamente, un ciuffo di prezzemolo, un bicchiere di vino bianco e del brodo. Lasciate cuocere a fiamma bassa per circa un'ora e fate rapprendere il sugo prima di portare in tavola.

Cinghiale in salsa

◆ Tempo: 1 ora + 6 ore ✱ Difficoltà: facile

❖ 1 kg di cosciotto di cinghiale, 150 g di pancetta, 50 g di burro, 2 dl di vino rosso, 2 carote, 2 cipolle, 1 spicchio d'aglio, 1 ciuffo di prezzemolo, 1 cucchiaino di timo, 1 foglia di alloro, 2 chiodi di garofano, 1 bicchiere di aceto, olio extravergine d'oliva, sale, pepe in grani.

Scaldate un po' d'olio in una padella dai bordi alti e fatevi rosolare le carote, le cipolle e l'aglio tritati finemente; unite poi il timo, la foglia di alloro spezzettata, i chiodi di garofano, fatevi sfumare il vino e l'aceto, aggiustate di sale e pepe e versate la preparazione in una scodella. Strofinate la carne con un po' di sale e lasciatela marinare per almeno 6 ore nella scodella con il sugo. Trascorso il tempo necessario, scolate il cosciotto, asciugatelo e fatelo rosolare uniformemente in una padella con 2 cucchiai d'olio e la pancetta tagliata a tocchetti. Aggiungete il liquido della marinata e proseguite la cottura per circa 10 minuti. Trasferite la carne in una teglia e fatela cuocere in forno preriscaldato a 200 °C per circa 45 minuti girando la carne a metà cottura. A questo punto levate il cinghiale e fate restringere il sughetto di cottura aggiungendo un po' di burro e aggiustando di sale e pepe. Servite il cosciotto con la salsa calda e guarnite con qualche funghetto.

Cinghiale marinato

◆ Tempo: 3 ore e 30 minuti ✱ Difficoltà: facile

❖ 1 kg di coscia di cinghiale, 2 carote, 1 cipolla, 1 porro, 1 gambo di sedano, aglio, timo, alloro, chiodi di garofano, farina, 1 l di vino rosso, 1 bicchiere d'aceto di vino rosso, burro, olio extravergine d'oliva, sale, pepe nero in grani.

Affettate finemente la cipolla, le carote, il sedano e la parte bianca del porro. Mettete le verdure tagliate in una capace casseruola con abbondante olio e lasciatele stufare per 15 minuti. Aggiungete poi tutto il vino, l'aceto di vino rosso e tutti gli aromi: aglio, timo, alloro, qualche grano di pepe nero, 2 chiodi garofano. Fate bollire il tutto per mezzora, quindi aggiungete la carne e proseguite la cottura per 10 minuti circa. Toglierete la carne dalla marinata calda facendola sgocciolare molto bene, quindi infarinatela e mettetela poi in un'altra casseruola con del burro. Fatela rosolare rigirandola di tanto in tanto, salatela e poi ricopritela con la marinata bollente. Alzate la fiamma perché il tutto riprenda bollore, poi abbassate, mettete un coperchio e lasciate cuocere a fuoco basso per un'ora e mezza circa. Infine adagiate la carne su un bel piatto da portata e servite.

Cotechino (Emilia Romagna)

◆ Tempo: 4 ore e 45 minuti ✱ Difficoltà: media

❖ 1 cotechino di 800 g circa (oppure 4 salsicce),
1 kg di verze, 1 cipolla grossa, 1/2 bicchiere d'aceto,
1 cucchiaio di concentrato di pomodoro, 100 g di lardo,
30 g di burro, 2 cucchiai d'olio extravergine d'oliva.

Per la cottura del cotechino dovete prima forarlo con una forchetta o uno stuzzicadenti e avvolgerlo in un canovaccio bianco che andrà poi legato alle estremità facendo anche passare un giro di corda lungo tutto il cotechino. Riempite una pentola d'acqua fredda, immergete il cotechino, portate a ebollizione, abbassate la fiamma e lasciate cuocere per circa 3 ore. Nel frattempo pulite e tritate la cipolla, lavate le verze e affettatele in strisce sottili, quindi fate rosolare la cipolla tritata in un tegame capiente con il burro, l'olio e il lardo tritato. Appena la cipolla è rosolata, fate sciogliere il concentrato di pomodoro in un bicchiere d'acqua calda e versatelo nel tegame, aggiungete l'aceto e le verze tritate, poi fate bollire a fuoco lento per circa un'ora, affinché le verze assorbano bene il sugo. Quando il cotechino è cotto, toglietelo subito dall'acqua e lasciatelo raffreddare bene, in modo da poterlo affettare senza romperlo. Immergete infine le fette di cotechino nel sugo delle verze, tenendo il fuoco piuttosto basso e cercando di mescolare con attenzione per non rompere le fette. Quando cotechino e verze saranno di nuovo caldi sarà giunto il momento di servire.

Se invece volete utilizzare i salamini (o salamelle) al posto del cotechino dovete prestare attenzione ad alcune varianti. I salamini infatti vanno cotti assieme alle verze, quindi prima di metterli nel tegame dovete farli bollire per circa un'ora immergendoli in una pentola d'acqua fredda. Trascorsa l'ora di cottura in acqua prendete i salamini e metteteli nel tegame nello stesso momento in cui aggiungete le verze al soffritto. Lasciate cuocere un'altra ora, verificate il grado di cottura dei salamini, quindi portate in tavola.

Cotiche e fagioli

◆ Tempo: 3 ore + 12 ore ✱ Difficoltà: media

❖ 600 g di cotiche di maiale, 200 g di fagioli cannellini secchi, 150 g di sugo di pomodoro, 40 g di grasso di prosciutto crudo, 1 cipolla, 1 spicchio d'aglio, olio extravergine d'oliva o strutto, prezzemolo, sale, pepe.

Lavate i fagioli e lasciateli in ammollo nell'acqua per una dozzina di ore. Trascorso questo tempo, scolateli, rinnovate l'acqua e fateli lessare: portateli a bollore a fuoco allegro, poi abbassate la fiamma e lasciate proseguire la cottura a fuoco lento e tegame coperto. Contemporaneamente pulite e lavate accuratamente le cotiche e fatele bollire per un'ora e mezzo circa in un'altra pentola. Quindi scolatele, tagliatele a striscioline e rimettetele al fuoco con acqua fredda e sale, fino a portarle a soddisfacente cottura. In un tegame di terracotta scaldate dell'olio o sciogliete dello strutto, unite un battuto di cipolla, aglio, prezzemolo e grasso di prosciutto, lasciate insaporire per qualche istante, poi unite la salsa di pomodoro, un bicchiere scarso d'acqua, sale, pepe. Fate cuocere per 15 minuti e quindi versate nel tegame i fagioli lessati e scolati e le cotiche con un po' di acqua di cottura. Lasciate insaporire per mezzora a fuoco moderato e servite ben caldo.

Frisse (Piemonte)

◆ Tempo: 45 minuti ✶ Difficoltà: facile

❖ 250 g di carne di maiale, 250 g di fegato di maiale, 150 g di salsiccia, omento di maiale (retina), 1 bicchiere scarso di vino rosso, 10 bacche di ginepro, timo, farina di frumento, noce moscata, olio extravergine d'oliva, sale, pepe.

Tritate insieme la carne, il fegato e la salsiccia. Aromatizzate il tutto con le bacche di ginepro pestate, un po' di timo, un pizzico di noce moscata e uno di sale e una macinata abbondante di pepe.
Amalgamate bene gli ingredienti e, utilizzando le mani, preparate delle palline grandi due volte una noce, avvolgetele nell'omento e poi infarinatele. Versate dell'olio in un tegame, scaldatelo e quindi rosolatevi le polpettine, lasciandole sul fuoco per una ventina di minuti, innaffiandole con il vino rosso e rigirandole di tanto in tanto. Infine portate in tavola le frisse molto calde.

Galantina di maiale

◆ Tempo: 2 ore ✶ Difficoltà: difficile

❖ 600 g di carré di maiale magro, 1 fetta di prosciutto cotto di 100 g, 100 g di lardo, 1 fetta di lingua salmistrata di 100 g, 1 pezzo di rete di maiale, 10 pistacchi, 1 mazzetto di odori, tartufo in polvere, noce moscata, 1/2 bicchiere di marsala, sale, pepe.

Immergete la rete di maiale in acqua tiepida in modo che possa ammorbidirsi. Tagliate a dadini metà della lingua e la parte magra del prosciutto, mettendo tutto in una terrina. Unitevi i pistacchi pelati, sale e pepe, una spolverata di noce moscata, il marsala e un po' di tartufo in polvere. Mescolate accuratamente tutti gli ingredienti e conservate al fresco, coprendo con un piatto. Passate al tritatutto la carne di maiale,

la lingua rimasta, il grasso del prosciutto e il lardo, quindi unite il trito agli altri ingredienti amalgamando bene. Scolate la rete dall'acqua, asciugatela con un canovaccio, poi stendetela sul tagliere e sistemate all'interno il composto preparato precedentemente dandogli la forma di un grosso salame. Ripiegate le due estremità, poi avvolgete il tutto in un panno pulito, legando con uno spago.
Infine lessate in abbondante acqua salata insieme con un mazzetto di odori e, a cottura ultimata, togliete dall'acqua di cottura e lasciatela raffreddare con un peso sopra.

Guanciale di Lucifero

◆ Tempo: 2 ore ✱ Difficoltà: media

❖ 1 kg di guanciale, 4 pomodori, 3 peperoni rossi, basilico, 1 spicchio d'aglio, 3 acciughe sottosale, 30 g di capperi, vino bianco, olio extravergine d'oliva, sale, pepe.

Preparate un trito con i capperi, le acciughe ripulite dal sale e lo spicchio d'aglio. Fate bollire dell'acqua non salata e buttatevi il guanciale lasciandovelo per qualche minuto; poi sgocciolatelo e tagliatelo a pezzi. Mettete dell'olio in una pirofila e aggiungetevi i pezzi di guanciale; poi salate, pepate e mettete in forno caldo. Ogni tanto estraete la pirofila dal forno e girate i pezzi di carne per farli rosolare bene, quindi unite i pomodori e i peperoni tagliati a pezzi, e il trito precedentemente preparato. Aggiungete qualche foglia di basilico, sale, pepe e bagnate abbondantemente con il vino.
Rimettete in forno e continuate la cottura finché il guanciale non sarà tenero e il sugo di peperoni ben ristretto. Infine servite su un piatto da portata.

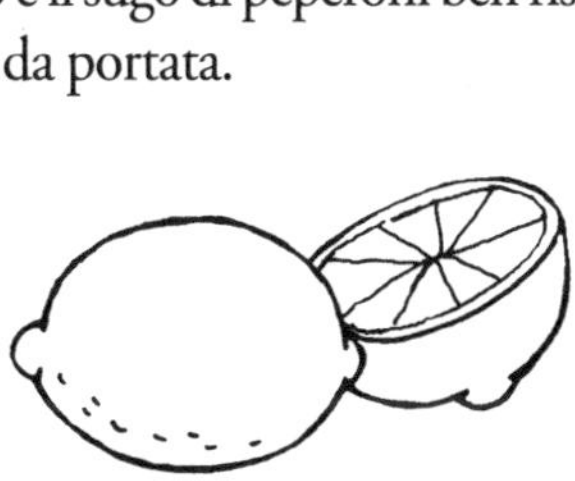

Involtini di maiale (Lombardia)

◆ Tempo: 50 minuti ✱ Difficoltà: facile

❖ 8 fettine di lonza di maiale, 8 foglie di verza, 200 g di lardo, 1 foglia d'alloro, 8 fogliоline di salvia, 1 spicchio d'aglio, vino bianco, olio extravergine d'oliva, sale, pepe.

Stendete bene le fettine di carne sopra altrettante foglie di verza bollite per qualche minuto in acqua leggermente salata. Sistemate sopra ogni fettina di carne alcuni pezzetti di lardo, la fogliolina di salvia, poco sale e pepe. Arrotolate le fettine assieme alle foglie di verza e formate così degli involtini che fermerete con alcuni stecchini. Scaldate in una padella dell'olio, lo spicchio d'aglio e la foglia d'alloro e sistemate poi gli involtini rigirandoli nel soffritto. Bagnate con del vino bianco e cuocete per circa mezzora.

Involtini pepati

◆ Tempo: 1 ora ✱ Difficoltà: facile

❖ 8 fettine sottilissime di lombo di maiale, 300 g di fegato di maiale tritato, 200 g di lombo di maiale tritato, 1 spicchio d'aglio, marsala, farina, olio extravergine d'oliva, sale, pepe in grani.

Fate soffriggere le carni tritate in una padella appena unta d'olio, aggiungete lo spicchio d'aglio schiacciato, poco sale e moltissimo pepe macinato al momento. Spegnete dopo qualche minuto e lasciate raffreddare.

Stendete bene le fettine di lombo di maiale e mettete al centro di ognuna una cucchiaiata di ripieno di carne. Formate degli involtini che chiuderete con uno stecchino. A questo punto passateli nella farina cercando di distribuirla in modo uniforme, salateli e metteteli in un tegame con poco olio; bagnate con il marsala e fate cuocere per mezzora.

Maiale al latte

◆ Tempo: 1 ora + 2 giorni ✱ Difficoltà: facile

✤ 700 g di polpa magra di maiale, 50 g di burro, 1 l di latte, 1/2 l di vino bianco secco, alcune foglie di salvia, 1 rametto di rosmarino, sale, pepe.

Utilizzando come recipiente una scodella, lasciate anzitutto macerare la polpa di maiale per un paio di giorni nel vino. Poi togliete la carne dalla marinata, scolatela e fatele prendere colore in una casseruola nella quale avrete preventivamente sciolto il burro. Salate, pepate a piacere, aggiungete il rosmarino e la salvia e quindi unite il latte, lasciando poi cuocere a fuoco assai moderato (se il latte non fosse sufficiente a coprire la carne, provvedete ad aggiungerne dell'altro). Pochi minuti prima di togliere dal fuoco aumentate però la fiamma, così da accentuare la riduzione del liquido. Al momento di portare in tavola, affettate la carne e quindi ricomponetela su un piatto da portata fondo, bagnandola con il sugo di cottura.

Maiale saporito

◆ Tempo: 30 minuti ✱ Difficoltà: facile

✤ 800 g di lombo di maiale, 200 g di salsiccia, 500 g di fagioli borlotti freschi, 500 g di pomodori pelati, 1 cipolla, 1 carota, basilico, olio extravergine d'oliva, sale, pepe.

Tritate la cipolla e la carota. Mettete la salsiccia tagliata a pezzetti in una casseruola insieme con poco olio e lasciate che con il calore il grasso si sciolga. Unite alla salsiccia la cipolla e la carota tritate e aspettate che appassiscano. A questo punto unite la carne che avrete tagliato a pezzetti e fatela rosolare. Aggiungete i fagioli, i pelati, il basilico, sale e pepe, coprite la pentola e fate cuocere a fuoco basso finché il sugo non risulterà ben ristretto.

'Ndocca 'ndocca (Abruzzo)

◆ Tempo: 4 ore e 25 minuti ✱ Difficoltà: facile

❖ 1,5 kg tra piedini, orecchie, cotiche e muso di maiale, 3 pomodori pelati, 1 foglia d'alloro, rosmarino, peperoncino rosso, olio extravergine d'oliva, sale.

Sbollentate le carni tagliate a pezzi in acqua salata per qualche minuto, quindi sgocciolatele e passatele in un tegame (possibilmente di coccio) dove avrete fatto scaldare poco olio con rosmarino, alloro e un pizzico di peperoncino rosso.
Salate, coprite con acqua fredda e iniziate una lenta cottura. Dopo circa 3 ore aggiungete i pelati e cuocete ancora per un'ora. Servite molto caldo.

Porceddu al forno (Sardegna)

◆ Tempo: 2 ore e 30 minuti ✱ Difficoltà: media

❖ 1 maialino da latte,100 g di lardo, alcuni rametti di mirto,1 ciuffo di prezzemolo, sale, pepe nero in grani.

Pulite e lavate con cura il maialino, privatelo delle interiora e strofinatelo prima con il lardo all'interno e all'esterno esalatelo abbondantemente. Inserite al suo interno dei grani di pepe nero, delle foglioline e qualche rametto di mirto. Adagiate il maialino in una teglia unta con il lardo fuso a bagnomaria, e copritelo con altro mirto. Fatelo cuocere in forno ben caldo per circa 2 ore; di tanto in tanto rigiratelo e bagnatelo con il fondo di cottura.

Puntine con i crauti (Trentino-Alto Adige)

◆ Tempo: 3 ore ✱ Difficoltà: media

❖ 400 g di puntine di maiale, 1 kg di crauti, 200 g di pancetta affumicata, 2 luganighe di maiale fresche, olio extravergine d'oliva, sale, pepe.

Scottate le luganighe in acqua bollente in modo che possano perdere la maggior parte del loro grasso. In una pentola versate un filo d'olio; dopo averlo scaldato aggiungeteci i crauti e, se vi sembrasse il caso, poca acqua. Mescolate con un cucchiaio di legno, quindi unite le luganighe, le puntine di maiale e la pancetta affumicata tagliata a striscioline.
Salate, pepate e cuocete il tutto per un paio d'ore a fuoco moderato e a pentola coperta. Mescolate di tanto in tanto e aggiungete eventualmente acqua o brodo caldo. Non mancate di portare in tavola con della polenta fumante.

Rosticciana (Toscana)

◆ Tempo: 20 minuti ✶ Difficoltà: facile

❖ Spuntatura delle costole di maiale, olio extravergine d'oliva, sale, pepe.

Mescolate un po' di olio con sale e pepe e con questo ungete con cura i pezzi di carne. Preparate la griglia ben calda e cuocetevi la rosticciana. Durante la cottura ungete spesso la carne con il condimento utilizzando possibilmente un rametto di rosmarino. Sarà pronto quando le costine avranno assunto un aspetto dorato.

Rustisciada

◆ Tempo: 1 ora ✶ Difficoltà: facile

❖ 400 g di lombata di maiale, 200 g di luganighe, 500 g di cipolline, 1 bicchiere scarso di vino, passata di pomodoro, 20 g di burro, sale, pepe.

Inizialmente soffriggete, a fiamma vivace, le cipolle in poco burro; vanno cotte senza sale perché non sfibrino perdendo troppa acqua, e state bene attenti che non brucino, perché diverrebbero scure e amare, ma fatele colorire appena. Alle cipolle imbiondite aggiungete le fette di lombata appena infarinate; quando hanno preso colore innaffiatele con il vino (preferibilmente bianco e secco). Un quarto d'ora prima che si concluda la cottura aggiustate di sale e pepe e aggiungete le luganighe con poca passata di pomodoro. Cuocete il tutto a fuoco moderato per 15 minuti. Se prolungate eccessivamente il tempo di cottura le carni della salsiccia risulteranno dure. Questo piatto risulta ottimo accompagnanto con la polenta.

Spezzatino di cinghiale

◆ Tempo: 2 ore ✱ Difficoltà: facile

❖ 800 g di spezzatino di cinghiale, 800 g di pomodori pelati, 150 g di olive nere, 2 spicchi d'aglio, rosmarino, 1 bicchiere di vino rosso, 1 bicchiere di marsala, olio extravergine d'oliva, sale, pepe.

In una pentola preparate un soffritto con dell'olio, gli spicchi d'aglio tagliati a fettine e un rametto di rosmarino. Unite la carne tagliata a pezzetti e lasciatela dorare assieme al soffritto. Quando la carne sarà ben rosolata versate il marsala e il vino facendoli poi evaporare a fiamma vivace. Aggiungete quindi i pomodori, un bicchiere d'acqua, le olive snocciolate, sale e pepe. Appena il tutto comincerà a bollire, abbassate il fuoco e procedete la cottura per circa un'ora e mezza finché il sugo non risulterà ben ristretto.

Spiedini di maiale

◆ Tempo: 30 minuti ✱ Difficoltà: facile

❖ 600 g di carne di maiale, 1 fetta di pancetta da 400 g, 1 spicchio d'aglio (facoltativo), 3 foglie di salvia, vino bianco, olio extravergine d'oliva, sale, pepe in grani.

Ricavate dalla carne ne tanti pezzetti; fate altrettanto con la pancetta. Infilate, alternandoli, quattro pezzi di carne e quattro pezzi di pancetta sopra ogni spiedino. Infilate anche qualche foglia di salvia, cospargete con poco sale e una macinata di pepe. Mettete gli spiedini in una padella piuttosto grande e leggermente unta d'olio e cuoceteli rigirandoli di tanto in tanto, bagnando con un po' di vino bianco. Se desiderate potete insaporire con lo spicchio d'aglio.

Spuntature con i gobbi (Lazio)

◆ Tempo: 2 ore ✱ Difficoltà: media

✣ 1,2 kg di spuntature di maiale, 600 g di cardi romaneschi, 100 g di cipolla, 100 g di pomodori pelati, 1 bicchiere di vino bianco secco, 2 dl di olio extravergine d'oliva, sale, pepe.

Per cominciare sgrassate le spuntature e tagliatele a quadretti lunghi all'incirca 4 cm. Poi spellate accuratamente i cardi, tagliateli sino a raggiungere la grandezza di una sigaretta e lessateli leggermente in acqua salata bollente. Mettete quindi in un tegame l'olio, la cipolla sbucciata e affettata sottilmente e le spuntature, salate, pepate a piacere, incoperchiate e lasciate cuocere a fiamma allegra ma non eccessiva, mescolando di tanto in tanto con una paletta di legno. Quando le spuntature sono rosolate, aggiungete il vino bianco in due riprese, alzando leggermente la fiamma e poi, dopo averla nuovamente abbassata, lasciate proseguire la cottura ancora per circa 40 minuti, allungando eventualmente il fondo con un po' di acqua calda, se vi sembrasse necessario.
Trascorso il tempo previsto, aggiungete i pomodori e lasciate cuocere ancora per una decina di minuti prima di unire anche i cardi e aggiustare di sale e pepe.
A quel punto sarà necessario far proseguire la cottura ancora per circa mezzora prima di togliere dal fuoco e quindi lasciar riposare per qualche minuto prima di servire. Se dovesse raffreddarsi eccessivamente, riscaldate a bagnomaria prima di portare in tavola.

Stinco di maiale al forno

◆ Tempo: 30 minuti ✱ Difficoltà: media

❖ 4 stinchi di maiale, 1 cipolla, 2 spicchi d'aglio, 1 rametto di rosmarino, 1 bicchiere di vino bianco secco, 100 g di strutto, brodo, olio extravergine d'oliva, sale, pepe.
PER ACCOMPAGNARE: patate arrosto.

Disponete gli stinchi in una teglia da forno con lo strutto e un po' d'olio. Distribuiteci il rametto di rosmarino, la cipolla tagliata in 4 spicchi e gli spicchi d'aglio interi. Girate gli stinchi, così da ungerli bene, e passate in forno caldo a 200 °C. Fateli prima rosolare, poi bagnateli con il vino. Una volta sfumato continuate la cottura bagnando con un po' di brodo. Serviteli caldi accompagnati da patate arrosto.

Tôfeja canavesana (Piemonte)

◆ Tempo: 3 ore + 12 ore ✱ Difficoltà: media

❖ 1 zampetto di maiale, 1 cotechino di media grossezza, 2 codini di maiale, 4 orecchie di maiale, 150 g di cotiche di maiale, 400 g di fagioli secchi, 1/2 cipolla, 2 foglie d'alloro e 1 ciuffo di prezzemolo legati insieme, 1/2 bicchiere d'olio extravergine d'oliva, sale, pepe.

La sera precedente mettete in ammollo i fagioli in abbondante acqua. L'indomani con uno spillo forate il cotechino; pulite lo zampetto e, dopo averlo diviso in due, spartitelo in ulteriori pezzetti e lavatelo; pulite le orecchie di maiale e dopo averle fiammeggiate, dividetele in due; in ugual modo raschiate e passate alla fiamma le cotiche, tagliatele a quadretti e lavatele; uguale trattamento anche per i codini. Mettete il tutto in una grossa pentola, coprite d'acqua e cuocete a fuoco lento. Aggiungete i fagioli, la cipolla a pezzi, gli aromi e l'olio. Salate, pepate e cuocete per 2 ore. Distribuite carne e fagioli su un piatto e disponete al centro il cotechino affettato.

Pollo e tacchino

Amburghesi al cartoccio

◆ Tempo: 1 ora e 15 minuti ✱ Difficoltà: facile

❖ 4 galletti amburghesi, 200 g di pancetta a fette sottili, 4 peperoncini, aglio, rosmarino, bacche di ginepro, alcune foglie di menta, sale.

Pulite bene i galletti, fiammeggiateli e lavateli, quindi cospargeteli con un battuto preparato con rosmarino, menta, aglio e peperoncino rosso.

All'interno dei galletti mettete il sale e alcune bacche di ginepro. Avvolgete ogni galletto con fette sottili di pancetta fermandole con dello spago da cucina – i galletti dovranno rimanere ben chiusi durante la cottura.

Sistemate un galletto in un pezzo di foglio d'alluminio e chiudete bene i bordi a cordoncino. Adagiate i cartocci in una grande teglia e metteteli in forno caldo per circa un'ora.

Servite un galletto per ogni commensale, lasciandolo all'interno del cartoccio che aprirete appena.

Amburghesi alla livornese (Toscana)

◆ Tempo: 50 minuti ✱ Difficoltà: facile

❖ 4 galletti amburghesi, 3 limoni, 4 spicchi d'aglio, 1 bicchiere di vino bianco, brodo, olio extravergine d'oliva, sale, pepe.

Pulite i galletti e farciteli con mezzo limone, uno spicchio d'aglio, sale e pepe. Fate scaldare dell'olio in un tegame e ponetevi a cuocere i galletti, salate, aggiungete il succo del limone rimanente, il vino e del brodo. Cuocete a fuoco moderato per una quarantina di minuti rigirando i galletti di tanto in tanto. Serviteli caldissimi.

Cappone alla fiorentina (Toscana)

◆ Tempo: 2 ore e 20 minuti ✱ Difficoltà: facile

❖ 1 cappone da 2 kg, 1 cipolla, 1 carota, 1 gambo di sedano,1 spicchio d'aglio, 2 foglie di alloro, timo fresco, 100 g di prosciutto crudo, 1 bicchiere di vin santo, 200 g di salsa di pomodoro, 1/2 l di brodo, 50 g di burro, olio extravergine d'oliva, sale, pepe.

Pulite e fiammeggiate il cappone, rosolatelo poi in una teglia con gli odori tritati finemente, abbondante olio e un po' di burro. Fatelo colorire uniformemente girandolo spesso, abbassate il fuoco e proseguite la cottura per circa mezzora, sempre mescolando e bagnandolo con il suo sugo di cottura e con il brodo. Unite poi il prosciutto tagliato a listarelle e, dopo 2 minuti, la salsa di pomodoro. Aggiustate di sale e pepe e proseguite, a fuoco bassissimo, ancora per un'ora e mezzo. Aggiungete a questo punto il vin santo e cuocete ancora per 5 minuti. Servite il cappone intero disposto in un piatto da portata e irrorato con il sugo di cottura caldo.

Cappone ripieno

◆ Tempo: 2 ore + 12 ore ✱ Difficoltà: media

❖ 1 cappone di circa 800 g, 250 g di carne magra di maiale, 4 fette di prosciutto crudo, 2 uova, 1 tartufo, 1/2 bicchiere di vino bianco secco, 6 cucchiai di cognac, 6 cucchiai di sherry, farina, 50 g di lardo, burro, sale, pepe.

Bagnate con un po' di cognac il tartufo sottilmente tagliato e cospargetelo con sale e pepe. Con un coltello a lama sottile, scollate la pelle dalla carne del cappone nella zona del petto e delle cosce e introducete alcune fettine di tartufo sotto la pelle. Infarinate accuratamente il cappone, avvolgetelo in una carta unta di burro, legandolo molto bene. Poi lasciatelo in frigorifero per 12 ore circa, in modo che il tartufo possa insaporirlo adeguatamente. Macinate finemente la carne di maiale e il lardo, insaporite con del sale, il rimanente cognac, le fettine di tartufo rimaste, lo sherry e le uova sbattute; mescolate e amalgamate con molta cura. Liberate il cappone dalla carta che lo avvolge e farcitelo con l'impasto, fasciatelo poi con le fette di prosciutto e legatelo saldamente. Trasferitelo in una casseruola e ponete in forno assai caldo per almeno un quarto d'ora, quindi riducete il calore e proseguite la cottura per un'ora, girandolo ogni 15 minuti e irrorandolo con il suo stesso sugo. Al momento di servire bagnatelo con il fondo di cottura mescolato con mezzo bicchiere di vino e guarnite con dei funghi stufati in padella insaporiti con l'olio, l'aglio, il prezzemolo e il sale.

Cibreo (Toscana)

◆ Tempo: 1 ora e 30 minuti ✷ Difficoltà: media

✣ 200 g di creste e bargigli di pollo, 100 g di fegatini e durelli di pollo, 2 uova, 1/2 limone, 1 cipolla, 2 foglie di salvia, 1/2 l di brodo, 40 g di burro, sale.

Il cibreo è una pietanza tradizionale che ha come ingredienti principali le rigaglie del pollo. Si può preparare anche con un accompagnamento di verdure, come zucchini, carote e fagioli, che nella ricetta che qui riportiamo potrebbero essere dosati in 50 g per ogni tipo di verdura.

Pulite e lessate le creste e i bargigli, cuocendoli per mezzora prima di spellarli. Preparate intanto la cipolla finemente tritata e mettetela a imbiondire con il burro in una teglia larga assieme alla salvia. Quando è rosolata, aggiungete le creste e i bargigli, fateli insaporire e poi irrorateli con il brodo caldo.

Chi vuole, può aggiungere ora le verdure a pezzetti. Lasciate cuocere a fuoco basso per circa 20 minuti prima di unire anche i durelli e i fegatini ben puliti e tagliati a pezzetti.
Nel frattempo separate i tuorli delle uova e mescolateli con il succo di limone. Dopo 10 minuti spegnete il fuoco e versate i tuorli sulla carne, mescolando velocemente per evitare che si rapprendano. Aggiustate di sale e rimettete sulla fiamma per 2 minuti senza far levare il bollore.

Faraona al pepe (Friuli)

◆ Tempo: 1 ora e 45 minuti ✶ Difficoltà: facile

❖ 1 faraona, 100 g di pancetta tesa, salvia, olio extravergine d'oliva, sale, pepe verde.

Lavate e asciugate la faraona. Salatela e pepatela con il pepe verde sia all'interno che all'esterno. Introducete nella faraona la pancetta e la salvia e avvolgetela in un foglio di carta stagnola. Mettetela in una casseruola e fatela cuocere in forno per circa un'ora e mezzo. Una volta cotta, staccate le cosce dai petti e servite un pezzo di petto e uno di coscia. Nappate la faraona con il sugo ottenuto dalla cottura, al quale saranno stati aggiunti la pancetta tritata e i granelli di pepe.

Faraona con la peverada (Veneto)

◆ Tempo: 2 ore ✶ Difficoltà: media

❖ 1 faraona di media grossezza, 3 spicchi d'aglio, 2 rametti di rosmarino, 3 foglie di salvia, alcune fettine di pancetta, 1 bicchiere di vino bianco secco, 30 g di burro, olio extravergine d'oliva, sale, pepe.
Per la salsa: 180 g di soppressa, 180 g di polpa di maiale, 180 g di vitello, il fegato della faraona, 2 limoni, 3 spicchi d'aglio, 2 bicchieri di vino bianco secco, brodo, 2 cucchiai d'olio extravergine d'oliva, sale, pepe.

Se non la si acquista già pulita, la prima cosa da fare è dedicarsi alla pulizia della faraona: spennatela, bruciacchiatela sulla fiamma, svuotatela delle interiora tenendo da parte il fegato, passate l'interno con un panno umido e, se necessario, ripetete l'operazione all'esterno. Insaporitela all'interno e all'esterno con sale e pepe macinato al momento. Mettetevi all'interno delle foglie di salvia, del rosmarino, gli spicchi d'aglio sbucciati e alcune fettine di pancetta. Bagnatela all'esterno con dell'olio e sistematela in una casseruola con il burro, lasciandola quindi cuocere.
Quando prende colore, spruzzatela di vino bianco, abbassate la fiamma e portatela a cottura.
Nel frattempo occupatevi della preparazione della salsa: versate l'olio in un tegame e fatevi soffriggere gli spicchi d'aglio interi. Quando hanno preso colore eliminateli e versate nel tegame un trito ottenuto con la soppressa, la polpa di maiale e di vitello, il fegato della faraona. Mescolate il tutto con un cucchiaio di legno e lasciatelo rosolare a fuoco lento, unitevi il vino bianco, salate e insaporite generosamente con del pepe macinato al momento. Lasciate evaporare il vino, aggiungete un po' di brodo caldo e, a metà cottura, il succo dei limoni.
Quando la faraona è cotta al punto giusto, tagliatela a pezzi, sistematela su un letto di polenta fumante e copritela con la salsa calda.

Faraona grassa

◆ Tempo: 2 ore + 24 ore ✱ Difficoltà: media

❖ 1 faraona di circa 1 kg, 50 g di tartufo nero, fettine di lardo, 1/2 bicchiere di vino bianco, brodo, 50 g di burro, 6 cucchiai d'olio extravergine d'oliva, sale, pepe.

Pulite la faraona, svuotatela, staccate la pelle dal petto e dalle cosce. Poi sistemate tra la pelle e la carne delle sottili fette di lardo e metà del tartufo tagliato a fette unte d'olio. Rimettete a posto la pelle e spalmate l'interno dell'animale con una parte del burro amalgamato con il resto del tartufo tritato, quindi legate la faraona e lasciatela riposare in un luogo fresco per una giornata. Trascorso questo tempo, sistemate la faraona in un tegame con olio e burro, rosolatela e rigiratela a fuoco vivace insaporendola con del sale. Mettete poi il tegame nel forno preriscaldato per completare la cottura, bagnando di tanto in tanto con il sugo che si forma sul fondo del recipiente per evitare che la carne si secchi troppo. A cottura ultimata, togliete la faraona dal tegame, riponetela al caldo su un piatto da portata e aggiungete al fondo di cottura il vino bianco. Fatelo evaporare, unitevi un poco di brodo e tenetelo sul fuoco non troppo vivace ancora per qualche minuto. Infine fate filtrare il sugo, riscaldatelo e servitelo con la faraona.

Faraona tartufata

◆ Tempo: 2 ore ✷ Difficoltà: media

❖ 1 faraona giovane, 2 tartufi neri di media grossezza, 1/2 bicchiere di marsala, 30 g di burro, sale, pepe.

Svuotate la faraona e privatela del collo e delle zampe. Pulite i tartufi e mettetene qualche fettina nella pancia della faraona e sotto la pelle. Fate quindi rosolare le restanti fettine di tartufo per un paio di minuti nel burro con sale e pepe, bagnandole con il marsala.

Togliete poi dal fuoco, lasciate raffreddare e farcite la faraona con il composto prima di ricucirla sia nella parte inferiore, sia nella parte superiore (dove è stato levato il collo). Salatela e avvolgetela in una carta d'alluminio da cucina unta di burro, poi trasferitela in una teglia e fatela cuocere in forno a fuoco medio-alto. A due terzi di cottura togliete la faraona dalla carta d'alluminio e lasciatela ancora in forno in modo che possa prendere colore. Infine portatela in tavola ben calda.

Fesa di tacchino al bianco

◆ Tempo: 30 minuti ✱ Difficoltà: facile

❖ 4 fettine di fesa di tacchino, 2 tartufi bianchi di media grossezza, 2 uova, succo di limone (facoltativo), pangrattato, farina, burro.

Spianate con delicatezza le fettine di tacchino, passatele nella farina, poi nelle uova sbattute e infine nel pangrattato. Friggetele in abbondante burro, scolatele e deponetele su un piatto da portata. Insaporite la superficie con il tartufo precedentemente pulito e affettato sottilmente con il tagliatartufi. Infine portate in tavola spruzzando, se gradite, con succo di limone.

Filetti al tartufo (Emilia Romagna)

◆ Tempo: 1 ora ✱ Difficoltà: media

❖ 4 filetti di tacchino, 1 tartufo piccolo, 60 g di emmental, 50 g di prosciutto cotto, 3 uova, pasta sfoglia pronta, 1 dl di panna liquida, 50 g di parmigiano grattugiato, burro, sale.

Battete per bene i filetti di tacchino e rosolateli nel burro. Poi tagliate il prosciutto a listarelle, come pure l'emmental e il tartufo precedentemente pulito. A parte preparate un composto battendo le uova e incorporandovi la panna, il parmigiano grattugiato e un pizzico di sale, sino a ottenere una consistenza cremosa. Con la pasta sfoglia tirata sottilmente foderate una teglia da forno, spalmate sulla sfoglia una parte del composto di uova e formaggio, in modo da ricoprire il fondo, quindi adagiatevi sopra i filetti di tacchino. Proseguite poi distribuendo sopra ai filetti le listarelle di prosciutto, di emmental e di tartufo, infine coprite con il resto del composto. Mettete infine in forno caldo e, non appena sarà ben dorato, togliete e servite immediatamente.

Galantina di cappone

◆ Tempo: 2 ore e 30 minuti ✶ Difficoltà: media

✣ 1 cappone grosso disossato, 500 g di petti di pollo macinati, 400 g di fesa di vitello macinata, 150 g di lingua salmistrata macinata, 1 fetta di prosciutto cotto di 200 g, 100 g di mandorle, 1 tartufo nero, 1 cipolla, 1 carota, 1 gambo di sedano, sale, pepe.

Mettete le carni macinate in una terrina, aggiungete il prosciutto tagliato a cubetti, le mandorle spellate e il tartufo finemente tagliato. Salate, pepate e amalgamate molto bene gli ingredienti tra loro. Riempite il cappone disossato con questa farcia, avvolgetelo poi in una tela e legatelo bene con uno spago. Mettete a bollire dell'acqua con la cipolla, il sedano e la carota e immergetevi il rotolo facendolo lessare per circa 2 ore. Trascorso questo tempo gettate l'acqua e lasciate sgocciolare la galantina sopra un piano inclinato. Quando sarà fredda liberatela dalla tela e tagliatela a fette, disponendole su un piatto da portata. Servite con un contorno di verdure di stagione.

Gallina e verze

◆ Tempo: 1 ora ✶ Difficoltà: media

✣ 1 gallina, 1 verza di media grossezza, 1 cipolla, 1 carota, 1 gambo di sedano, 1 spicchio d'aglio, 1 foglia d'alloro, vino rosso, olio extravergine d'oliva, sale, pepe.

Tritate grossolanamente la carota, il sedano e la cipolla e fateli ammorbidire in una casseruola insieme con lo spicchio d'aglio schiacciato e qualche cucchiaiata d'olio. Tagliate a pezzi la gallina pulita, fiammeggiata e lavata e mettetela a rosolare con il trito di verdure. Aggiungete 2 bicchieri di vino rosso e un bicchiere d'acqua, l'alloro, sale, pepe e lasciate cuocere adagio. Dopo circa mezzora unite alla gallina la verza tagliata a listarelle, quindi continuate la cottura finché la verdura non risulterà sfatta.

Gallina ripiena (Emilia Romagna)

◆ Tempo: 4 ore e 30 minuti ✱ Difficoltà: media

❖ 1 gallina, 300 g di polpa di manzo (scamone, punte di costa, doppia), 1 cipolla, 1 carota, 1 gambo di sedano, 1 uovo, 40 g di pangrattato, 1/4 di dado, 1/2 bicchiere di latte, 1 cucchiaino di concentrato di pomodoro, 70 g di parmigiano grattugiato, 30 g di burro, sale.

Preparate il ripieno portando a ebollizione il latte, e con questo, in una scodella, scottate il pangrattato, il burro, il dado e il concentrato di pomodoro che avrete in precedenza sciolto in mezzo bicchiere d'acqua calda. Amalgamate con cura il composto, quindi aggiungetevi il parmigiano grattugiato, l'uovo intero, aggiustate eventualmente di sale e continuate poi a mescolare sino a ottenere un composto uniforme e omogeneo. Nel caso il ripieno risultasse troppo morbido, potrete renderlo più asciutto aggiungendo altro parmigiano grattugiato oppure del pangrattato, mantenendo sempre le giuste proporzioni. Prendete una gallina intera, già pulita e senza interiora, lavatela ancora accuratamente e infine sistemate il ripieno al suo interno. Cucite poi con dello spago in modo da non lasciare aperture e legate le ali della gallina al petto e le cosce l'una con l'altra.

Riempite per 3/4 d'acqua leggermente salata una pentola capiente, inseritevi la cipolla, il sedano e la carota puliti e lavati, fate bollire e immergetevi la gallina. Aggiungete anche le parti di manzo che in primo luogo hanno la funzione di rendere migliore il brodo di cottura, anche se poi potrete consumarle accompagnate da una salsina oppure conservarle per preparare delle polpette. Cuocete la gallina per circa 3 ore e mezzo, quindi tagliatela come si deve nelle sue diverse parti, mettete in un piattino il ripieno e servite.

Involtini al pecorino sardo

◆ Tempo: 1 ora ✱ Difficoltà: media

⁘ 1/2 kg di petto di tacchino tagliato a fette,
100 g di pecorino sardo, 2 carote, 2 zucchine,
100 g di fagiolini, 4 cipollotti, 1 ciuffo di prezzemolo,
qualche foglia di menta, erba cipollina, 2 foglie di alloro,
olio extravergine d'oliva,sale, pepe.

Lessate i fagiolini per circa un quarto d'ora; tagliate le carote e le zucchine a julienne e sbollentatele per qualche minuto in acqua bollente. Fate un trito di prezzemolo, menta e erba cipollina e mescolatelo al pecorino grattugiato. Farcite ciascuna fetta di tacchino con un cucchiaio di trito di erbette, qualche fagiolino e un cucchiaio di carote e zucchine, salate e arrotolate formando un involtino. Prendete 4 spiedini di legno, infilate su ciascuno prima una foglia d'alloro, quindi 2 involtini e infine mezzo cipollotto, e condite con olio. Disponeteli sulla griglia del forno già caldo (200 °C) e lasciateli cuocere per un quarto d'ora, girandoli una volta per farli rosolare su entrambi i lati. Sfornate e servite.

Oca arrosto con ripieno di mele

◆ Tempo: 1 ora e 30 minuti ✱ Difficoltà: media

⁘ 1 oca giovane sgrassata e pulita di circa
1,3 kg, 800 g di mele renette, il fegato dell'oca,
350 g di peperoni rossi o gialli, 20 olive nere, 1 cipolla,
4 foglie d'alloro, 1 bicchiere di vino bianco, 1 bicchierino
di cognac, 60 g di lardo, sale, pepe.

Tagliate a fettine le mele sbucciate e senza torsolo; tagliate a listarelle i peperoni puliti dai semi; affettate finemente la cipolla; pestate il lardo e il fegato dell'oca assieme alle olive snocciolate. Mescolate il tutto con il vino, salate, pepate, aggiungete le foglie d'alloro e riempite l'oca con questo composto. Disponete l'oca in una casseruola ovale, sul fondo della qua-

le avrete prima versato un po' d'olio, e infornate cospargendo ogni tanto la superficie con il grasso di cottura e un goccio di cognac.
Cuocete lentamente, variando il tempo a seconda della dimensione dell'oca. Servitela debitamente tagliata a pezzi assieme al ripieno.

Petto all'aceto balsamico

◆ Tempo: 40 minuti ✳ Difficoltà: facile

❖ 1 petto d'oca, 2 spicchi d'aglio, 3 foglie di salvia, peperoncino in polvere, 50 g di burro, aceto balsamico, olio extravergine d'oliva, sale.

Spellate i petti e tagliateli a filetti sottili aiutandovi con un coltello affilato. Spellate l'aglio e strofinatelo sulle fettine di carne. Fate scaldare abbondante olio in una padella antiaderente e unite una noce di burro e poi le foglie di salvia. Aggiungete i filetti d'oca, aggiustate di sale e fateli rosolare a fuoco vivo per qualche minuto, quindi aggiungete l'aceto balsamico e fatelo sfumare. Mescolate in una zuppiera 4 cucchiai d'olio con 3 cucchiai di aceto balsamico, sbattete bene con una frusta manuale, unite poi un po' di peperoncino e un pizzico di sale. Disponete le fette di carne su un piatto da portata, versatevi sopra la salsa e servite subito.

Piccioni in tegame (Toscana)

◆ Tempo: 1 ora ✳ Difficoltà: facile

❖ 3 piccioni teneri e giovani, 15 filetti d'acciuga, 2 spicchi d'aglio, salvia, 1 bicchiere di vino bianco secco, olio extravergine d'oliva, sale, pepe.

Spennate i piccioni, puliteli internamente e liberateli di testa, collo e zampette. Fiammeggiateli, lavateli, asciugateli e insaporite la carne con sale e pepe. Farcite in più punti i volatili

con dei pezzetti d'acciuga. Fate rosolare in un tegame gli spicchi d'aglio in mezzo bicchiere d'olio, aggiungete i piccioni e lasciate dorare per una decina di minuti.
Innaffiate con il vino bianco e unite al sugo i rimanenti filetti d'acciuga e qualche foglia di salvia.
Cuocete a fuoco basso per circa mezzora. Servite i piccioni nel loro fondo di cottura, accompagnati da funghi trifolati oppure piselli o cipolline rosolate.

Piccioni ripieni (Basilicata)

◆ Tempo: 1 ora ✷ Difficoltà: media

❖ 2 piccioni, fette di prosciutto crudo, vino bianco, 1 cucchiaio di strutto, frattaglie dei piccioni, 1 uovo, 1 spicchio d'aglio, rosmarino, pangrattato, olio extravergine d'oliva, sale, pepe.

Spennate e pulite molto bene i piccioni, conservando le frattaglie; aggiustateli di sale e pepateli. Tagliate le interiora, unitele a 2 o 3 cucchiai di pangrattato, qualche foglia di rosmarino sminuzzata, lo spicchio d'aglio tritato, un po' d'olio e infine amalgamate al composto il tuorlo d'uovo.
Mescolate bene, aggiungendo anche un po' di sale e farcite con cura i piccioni, ricucendo l'apertura con del filo bianco da cucina. Copriteli con una fetta di prosciutto crudo e accomodateli in una teglia dove avrete sciolto lo strutto.
Rosolate i piccioni assieme a mezzo bicchiere di vino bianco, quindi passateli in forno già caldo e portateli a cottura; se occorresse aggiungete un po' d'acqua calda salata. La cottura varia da 30 a 45 minuti.

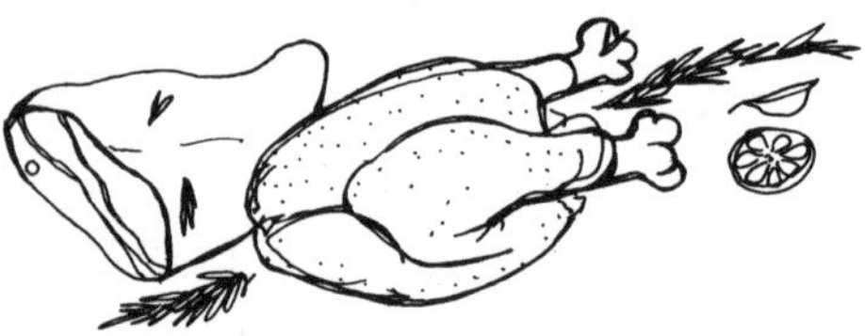

Pollo acciugato

◆ Tempo: 1 ora e 30 minuti ✱ Difficoltà: facile

❖ 1 pollo, 10 acciughe sottosale, 300 g di polpa di pomodoro, 1 spicchio d'aglio, 1 foglia d'alloro, basilico, prezzemolo, brodo, olio extravergine d'oliva, sale, pepe.

Lavate accuratamente il pollo e tagliatelo a pezzi. Mettete in una casseruola dell'olio e le acciughe ripulite dal sale, lavate e tagliate a pezzetti. Aggiungete il pollo e fatelo rosolare da tutte le parti, quindi salatelo e pepatelo. Unite poi la polpa di pomodoro e alcune foglie di basilico. Allungate con 2 bicchieri di brodo, insaporite con la foglia d'alloro, regolate di sale e di pepe. Procedete la cottura a fuoco basso per circa un'ora. Se il tutto dovesse asciugarsi troppo e attaccarsi al fondo della casseruola, aggiungete dell'altro brodo. Infine spolverate con una manciata di prezzemolo e lo spicchio d'aglio tritati assieme, mescolate bene e servite su un bel piatto da portata.

Pollo al forno

◆ Tempo: 1 ora e 15 minuti ✱ Difficoltà: facile

❖ 1 pollo, 3 pomodori, 2 carote, 2 gambi di sedano, 1 cipolla, basilico, vino rosso, brodo, olio extravergine d'oliva, sale, pepe.

Pulite il pollo, lavatelo, asciugatelo bene e mettetelo intero in una pirofila. Aggiungete il sedano, le carote, la cipolla e i pomodori tagliati a pezzetti, alcune foglie di basilico, olio, sale, pepe e un bicchiere di vino rosso.
Allungate il tutto con del brodo e mettete in forno per circa un'ora bagnando il pollo con il sugo di tanto in tanto.
Qualora la carne nel corso della cottura dovesse asciugarsi in modo eccessivo, estraete la pirofila dal forno, aggiungete altro brodo e rimettete in forno fino a cottura ultimata.

Pollo alla cacciatora

◆ Tempo: 1 ora e 10 minuti ✱ Difficoltà: facile

❖ 1 pollo da 1 kg, 400 g di funghi, 300 g di pomodori maturi e sodi, 1 spicchio d'aglio, 1 cipolla, farina, 1 bicchiere di vino bianco secco, 1,5 dl di brodo, olio extravergine d'oliva, sale, pepe.

Pulite, fiammeggiate e tagliate il pollo a pezzi, che passerete nella farina dopo averli strofinati con sale e pepe. Disponeteli in una teglia con alcuni cucchiai d'olio, la cipolla tritata finemente e fateli rosolare per circa 15 minuti mescolando con cura; bagnate con il vino e proseguite la cottura per altri 5 minuti a fuoco basso, fino a fare sfumare il vino. Aggiungete a questo punto i pomodori che avrete pelato, privato dei semi e grossolanamente tritato. Salate, pepate e fate cuocere per 15 minuti coperto a fiamma dolce, bagnando ogni tanto con il brodo. Unite a questo punto i funghi – puliti e tagliati a pezzettini – con l'aglio schiacciato; salate, pepate e, cuocete per circa 20 minuti mescolando spesso. Potete servite accompagnando con polenta.

Pollo alla diavola

◆ Tempo: 1 ora ✱ Difficoltà: facile

❖ 1 pollo grosso, alcune fette di prosciutto crudo, 1 fetta grossa di pancetta, rosmarino, 1 bicchiere di vino bianco, brodo, olio extravergine d'oliva, sale, pepe.

Pulite il pollo dalle interiora, levate testa e zampe e lavatelo molto bene sotto l'acqua corrente, quindi asciugatelo. Tagliate a pezzetti la pancetta e sistematela all'interno del pollo insaporendo con sale e pepe. Salate il pollo anche all'esterno e poi mettetelo a rosolare in un grande tegame con dell'olio e un rametto di rosmarino. Coprite il tegame, rigirate di tanto in tanto il pollo e aggiungete poco brodo se si attaccasse al fondo.

Quando il pollo sarà quasi cotto ricopritelo con le fette di prosciutto crudo e spruzzate con il vino lasciandolo poi evaporare. Spolverate ancora con il pepe e servite.

Pollo saporito

◆ Tempo: 40 minuti + 6 ore ✳ Difficoltà: media

❖ 1 pollo di 1,5 kg, 1 cipolla, 3 foglie di alloro, 1/2 limone, salvia, rosmarino, 3 peperoncini, 1 spicchio d'aglio, 10 olive nere, olio extravergine d'oliva, sale, pepe.

Pulite con cura i pezzi di pollo, spolverizzateli con sale e abbondante pepe, e poneteli in una ciotola; unite la cipolla tagliata ad anelli, lo spicchio d'aglio schiacciato, le olive, la salvia, il rosmarino, le foglie d'alloro, i peperoncini spezzati a metà e privati dei semi, il succo del mezzo limone e l'olio. Rigirate più volte i pezzi di pollo nella marinata, in modo che si insaporiscano, coprite il recipiente con un foglio di pellicola trasparente e lasciate marinare per 6 ore in luogo fresco. Trascorso il tempo indicato, sgocciolate i pezzi di pollo dalla marinata e poneteli sulla griglia calda dalla parte della pelle, lasciateli cuocere 15 minuti per parte e abbiate cura di spennellarli di tanto in tanto con la marinata. Servite il pollo caldissimo.

Pollo sotto il mattone (Toscana)

◆ Tempo: 1 ora + 12 ore ✳ Difficoltà: facile

❖ 1 pollo giovane di circa 1 kg (pulito), 2 spicchi d'aglio, salvia, peperoncino rosso, 1 limone, 1/2 bicchiere d'olio extravergine d'oliva, sale, pepe.

Per preparare questo piatto, occupatevi sin dal giorno prima del pollo: pulitelo e lavatelo, asciugatelo, dividetelo in 2 parti e schiacciatelo con un batticarne. Quindi adagiatelo in un vassoio, conditelo con abbondante olio, l'aglio sbucciato e tagliato a fettine, qualche foglia di salvia e lasciatelo marinare per tutta la notte in frigorifero. Al mattino togliete il pollo dal frigorifero, sistematelo dapprima dalla parte della pelle su una graticola (meglio se si tratta di una griglia a legna o a carbone) e insaporitelo con sale, pepe e peperoncino macinato, appoggiatevi sopra un mattone e fate attenzione che il calore non sia eccessivo. Poi togliete il mattone, girate il pollo, spennellatelo con un po' d'olio e ricopritelo nuovamente con il mattone, tenendo conto che per la cottura servono circa 40 minuti. Servite con qualche spicchio di limone e con un contorno di fresca insalata dell'orto.

Scottiglia (Toscana)

◆ Tempo: 1 ora e 15 minuti ✳ Difficoltà: media

❖ (Per 15 persone) 1 faraona, 1 pollo, 1/2 coniglio, 2 piccioni, 500 g di magro di vitello, 500 g di magro di maiale, 1 cipolla, 1 carota, 1 costola di sedano, 500 g di pomodori pelati freschi, 2 spicchi d'aglio, 1 peperoncino rosso, 1 mazzetto di prezzemolo, succo di 2 limoni, 1 bicchiere di vino rosso, brodo di carne, 15 fette di pane casereccio, olio extravergine d'oliva, sale.

La scottiglia, chiamata anche cacciucco di carni, è una tipica ricetta toscana adatta per un'allegra tavolata di amici. Le dosi qui proposte possono bastare per una bella comitiva di una quindicina di persone. Tagliate anzitutto le carni a pezzi e mettetele da parte; poi sbucciate uno spicchio d'aglio e la cipolla, pulite e lavate il sedano, la carota e il prezzemolo. Quindi tritate tutto insieme con il peperoncino rosso. Mettete il trito in una larga casseruola, preferibilmente di terracotta, e lasciatelo rosolare con 3-4 cucchiai di olio. Quando il soffritto è ben dorato, unite i pezzi di carne e fateli rosolare a fuoco vivace, rigirateli usando il mestolo di legno, quindi aggiungete il succo di limone, lasciatelo evaporare e spruzzate il vino rosso; poi lasciate cuocere a fuoco moderato e, quando il sugo si

è ben ritirato, unite i pomodori passati al setaccio e un po' di brodo. Dopo aver aggiustato di sale, fate cuocere mescolando di tanto in tanto e fate in modo che, a fine cottura, il liquido risulti abbondante.
Infine tostate al forno le fette di pane e strofinatele con uno spicchio d'aglio, poi disponetele sulle fondine o su un largo tegame, copritele con i pezzi di carne irrorati di sugo, lasciate riposare il tutto per qualche minuto e quindi servite. Se volete, aggiungete alle carni previste anche della salsiccia.

Tacchinella ripiena

◆ Tempo: 2 ore e 30 minuti ✱ Difficoltà: media

❖ 1 tacchinella di circa 2 kg con il suo fegato, 100 g di carne di vitello macinata, 100 g di carne di maiale macinata, 100 g di lardo, 1 tartufo grosso, brodo, 50 g di burro, 3 cucchiai d'olio extravergine d'oliva, sale, pepe.

Pulite, fiammeggiate la tacchinella e insaporitela internamente con poco sale e pepe. Farcitela con un composto preparato con il lardo tritato, le carni di vitello e di maiale macinate, il fegato della tacchinella anch'esso macinato, metà del tartufo pulito e finemente tritato, sale e pepe. Cucite l'apertura della tacchinella con del filo da cucina.
Tagliate a sottili fettine il rimanente tartufo e inseritelo sotto la pelle, cercando di distribuirlo in modo piuttosto uniforme; imburrate poi tutta la superficie. Sistemate la tacchinella in una teglia capace, conditela con poco olio e fate cuocere in forno a calore moderato per circa 2 ore controllando spesso la cottura e spennellando di tanto in tanto con il sugo che si raccoglierà sul fondo e con del brodo, se fosse necessario.
Infine portate la tacchinella in tavola, accompagnando con un saporito contorno di patate arrosto aromatizzate con foglioline di rosmarino e aglio.

Tordi in salsa

◆ Tempo: 2 ore ✱ Difficoltà: media

❖ 8 tordi, 80 g di prosciutto crudo, 80 g di rigatino, 1 cipolla di media grossezza, 1 carota, 1 gambo di sedano, qualche bacca di ginepro, 50 g di burro, 1/2 bicchiere di vino bianco, brodo di carne, olio extravergine d'oliva, sale, pepe, crostini di pane casereccio.

Pulite accuratamente i tordi, fiammeggiateli, lavateli e asciugateli con un panno da cucina pulito. Pulite e lavate il sedano e la carota, sbucciate la cipolla e preparate un pesto tritando le verdure insieme con il prosciutto e il rigatino, quindi fate rosolare il tutto a fuoco moderato, in una teglia, con l'olio e un po' di burro. Dopo qualche minuto sistemate i tordi nel soffritto ben dorato, salate, pepate e farcite l'interno degli uccelletti con le bacche di ginepro. Fate quindi rosolare, bagnate con il vino bianco, lasciate evaporare e unite un po' di brodo. Poi lasciate cuocere a fuoco lento per un'ora, fino a ottenere un sughetto denso. Intanto preparate i crostini di pane casereccio: sciogliete una noce di burro in una terrina, adagiatevi le fette di pane e fatele rosolare da ambo i lati. Infine servite i tordi assieme ai crostini ben caldi.

Agnello, capretto e cavallo

Abbacchio alla cacciatora (Lazio)

◆ Tempo: 1 ora ✱ Difficoltà: facile

❖ 1 cosciotto di abbacchio di circa 1 kg tagliato a pezzi, acciughe sottosale, 2 spicchi d'aglio, rosmarino, salvia, timo, farina, 1/2 bicchiere d'aceto di vino bianco, olio extravergine d'oliva, sale, pepe.

Infarinate i pezzi di cosciotto, salateli, pepateli e rosolateli nell'olio in modo uniforme. Tritate finemente alcune acciughe ben lavate dal sale, l'aglio, il rosmarino, la salvia e il timo e spolverate l'abbacchio con questo trito. Aggiungete l'aceto e un bicchiere d'acqua, coprite la casseruola e cuocete per circa 50 minuti, rigirando di tanto in tanto la carne. Servitelo caldissimo accompagnando con fagioli o piselli lessati.

Abbacchio con patate (Lazio)

◆ Tempo: 1 ora e 30 minuti ✱ Difficoltà: facile

❖ 1 kg abbondante di cosciotto e spalla d'abbacchio, 70 g di grasso e magro di prosciutto, 1 kg di patate, aglio, rosmarino, alloro, vino bianco secco, strutto, olio extravergine d'oliva, sale, pepe.

Forate la carne dell'agnello con un coltello dalla lama lunga e sottile e inserite nei tagli alcuni spicchi d'aglio, piccoli rametti di rosmarino e pezzetti di prosciutto grasso e magro. Ungetela con un po' di strutto, salate e pepate. Mettetela in una teglia da forno con dell'olio e alcune foglie d'alloro; intorno alla carne disponete le patate sbucciate, curando di condirle con sale, pepe e un filo d'olio. Infornate e, dopo circa una mezzora, spruzzate l'agnello con mezzo bicchiere di vino bianco. Rivoltate ogni tanto le patate e l'arrosto per evitare che si attacchino sul fondo della teglia. Lasciate cuocere per altri 30 minuti e, quando l'abbacchio e il contorno avranno assunto una bella doratura, sfornate; tagliate la carne a pezzi e servite.

Agnello al finocchietto (Marche)

◆ Tempo: 1 ora e 30 minuti ✱ Difficoltà: facile

❖ 1 kg abbondante di agnello, finocchio selvatico, 2 spicchi d'aglio, rosmarino, vino bianco, brodo (facoltativo), olio extravergine d'oliva, sale, pepe.

In un tegame versate mezzo bicchiere d'olio e mettetevi a rosolare un battuto preparato con foglie di rosmarino, spicchi d'aglio e un po' di finocchio selvatico. Lasciate il soffritto sul fuoco per pochi minuti mescolando in continuazione. Aggiungete l'agnello tagliato e lavato, salate e pepate; dopo che la carne avrà preso colore, bagnate con 2 dita di vino bianco. Proseguite la cottura per circa un'ora a pentola coperta rigirando l'agnello di tanto in tanto e bagnando la carne con acqua o brodo se fosse necessario, quindi servite.

Agnello al forno (Sicilia)

◆ Tempo: 2 ore + 2 ore ✱ Difficoltà: media

❖ 1,5 kg di agnello, 2 cipolle, rosmarino, sale, pepe.
PER LA MARINATA: 2-3 spicchi d'aglio, qualche rametto di rosmarino, aceto, vino bianco, olio extravergine d'oliva, sale, pepe.

Tagliate a pezzi l'agnello, lavatelo e mettetelo a marinare per 2 ore in un "bagno" preparato con il vino, qualche cucchiaiata d'aceto, un bicchiere d'olio, gli spicchi d'aglio, 2 o 3 rametti di rosmarino, sale e pepe. Trascorso il tempo di riposo, scolate i pezzi di carne e sistemateli in una teglia insieme con le cipolle tritate, alcuni rametti di rosmarino, il sale, il pepe e un po' della marinata. Fate cuocere in forno caldo per circa un'ora e mezza, bagnando di tanto in tanto con ancora un po' della marinata.

Agnello all'uovo e limone (Molise)

◆ Tempo: 3 ore e 30 minuti ✱ Difficoltà: media

❖ 1,5 kg di carne d'agnello, 4 uova, 1/2 limone, 2 spicchi d'aglio, 1 bicchiere di vino bianco, brodo, 1/2 bicchiere d'olio extravergine d'oliva, sale, pepe.

Mettete l'olio e gli spicchi d'aglio schiacciati in una casseruola. Aggiungete i pezzi d'agnello e quando l'aglio comincerà a prendere colore, eliminatelo. Fate rosolare bene la carne, salate, pepate e spruzzate con il vino che lascerete poi evaporare. Aggiungete un bicchiere di brodo e iniziate una lenta cottura a tegame coperto. Se il sugo dovesse asciugarsi troppo aggiungete altro brodo.

A cottura ultimata scolate la carne dal sugo e adagiatela sopra un piatto da portata che avrete precedentemente riscaldato. Levate il tegame dalla fiamma e stemperate velocemente nel fondo di cottura della carne il succo di limone e i tuorli delle uova; rimettete sul fuoco, mescolate e quando la salsa accennerà il primo bollore versatela sulla carne. Servite bollente.

Agnello alla diavola (Abruzzo)

◆ Tempo: 3 ore + 30 minuti ✱ Difficoltà: facile

❖ 1 kg di agnello, 1 spicchio d'aglio, alcuni rametti di rosmarino, 1 peperoncino rosso, 1 bicchiere di vino bianco secco, olio extravergine d'oliva, sale, pepe.

Dopo aver tagliato a pezzi l'agnello, metteteli in un recipiente. Aggiungetevi l'aglio sbucciato e schiacciato, il rosmarino, il peperoncino, un bicchiere d'olio, sale, pepe e lasciate marinare il tutto per mezzora. Trascorso il tempo previsto, in una padella dal bordo alto scaldate un paio di cucchiai di olio, unendovi l'olio della marinatura, l'aglio, il peperoncino e il rosmarino. Fate rosolare l'aglio tenendo mescolato con una paletta di legno, poi aggiungete i pezzi di carne e, rigirandoli con la solita paletta di legno, fateli rosolare a fuoco allegro. Bagnate quindi con il vino abbassando la fiamma al minimo e poi lasciate proseguire la cottura per 3 ore circa, cioè sino a quando la carne di agnello si stacchi perfettamente dalle ossa.

Agnello cacio e uova (Campania)

◆ Tempo: 1 ora e 30 minuti ✶ Difficoltà: facile

✣ 1 kg di spezzatino d'agnello, 50 g di pecorino, 3 uova, 1/2 l di vino rosso secco, 1 cipolla, 1/2 bicchiere d'olio d'oliva, succo di 1 grosso limone, sale.

Preparate un composto mescolando con cura le uova e il formaggio grattugiato. Sbucciate la cipolla, affettatela sottilmente e fatela soffriggere a fuoco lento in una capiente padella con l'olio caldo. Poi unite la carne alzando la fiamma e girandola spesso; quando vedete che è ben rosolata da tutte le parti bagnate con il vino a fuoco vivace e lasciate evaporare fino a cottura ultimata. Prima di spegnere, aggiustate di sale, aggiungete il succo di limone e il composto precedentemente preparato.

Agnello carciofato (Sardegna)

◆ Tempo: 1 ora ✶ Difficoltà: facile

✣ 1 piccolo cosciotto d'agnello, 4 carciofi, 1 cipolla, 2 spicchi d'aglio, 1 mazzetto di prezzemolo, 3 pomodori secchi, 1 limone, olio extravergine di oliva, sale.

Pulite e lavate anzitutto i carciofi, eliminate le foglie esterne troppo dure e la cima spinosa, tagliateli in 4 parti e metteteli a bagno nell'acqua fresca acidulata con il succo del limone.
Intanto pulite il cosciotto di agnello, tagliatelo a grandi pezzi e rosolateli con un po' d'olio in una casseruola possibilmente di terracotta.
Quando sarà trascorso qualche minuto di cottura, girate la carne con il cucchiaio di legno, fatela dorare uniformemente, quindi togliete i pezzi di cosciotto dalla casseruola e teneteli al caldo. Nel sugo rimasto versate i carciofi leggermente bagnati e un trito di cipolla, aglio, prezzemolo lavato e asciugato e i pomodori secchi. Fate cuocere a fuoco vivace, mescolando delicatamente con il cucchiaio di legno, lasciate asciugare e quindi unite dell'acqua calda, quel tanto che basta per ricoprire il soffritto. Poi proseguite la cottura a fuoco moderato e, dopo qualche minuto, unite i pezzi di agnello; salate, coprite la casseruola con il coperchio e fate ancora cuocere per circa mezzora.

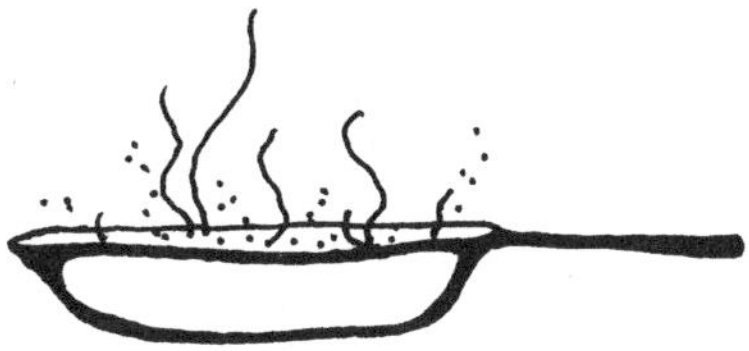

Agnello con patate (Molise)

◆ Tempo: 1 ora ✱ Difficoltà: facile

❖ 500 g di carne d'agnello, 500 g di patate, 1/2 cavolo cappuccio di media grossezza, 1 cipolla, burro, sale.

Tagliate la carne a pezzi. In una teglia fate rosolare la cipolla finemente tagliata con del burro e aggiungetevi poi la carne. A metà cottura unitevi anche le patate sbucciate e tagliate a piccoli tocchi e il cavolo tagliato grossolanamente, quindi salate. Portate a cottura a fuoco moderato mescolando di tanto in tanto. Potete servire con una polenta di granturco appena tolta dal fuoco e un abbondante contorno di verdure crude di stagione.

Agnello crudo

◆ Tempo: 45 minuti + 1 ora ✱ Difficoltà: media

❖ 500 g di spalla d'agnello, 150 g di bulghur (frumento decorticato e pestato), 1 cipolla di media grossezza, 10 foglie di menta fresca, peperoncino rosso in polvere, olio extravergine d'oliva, sale.

Mettete la spalla d'agnello – disossata, ripulita del grasso, delle cartilagini, delle membrane e finemente tritata –, la cipolla e sette foglie di menta in un capace mortaio e riducete il tutto a una pasta. Fate ammollare il bulghur in acqua per un'ora e quindi strizzatelo e aggiungetelo all'agnello, continuando a pestare sinché il composto risulterà omogeneo. Poi trasferite il tutto in una terrina, salate, aggiungete del peperoncino rosso e spruzzate d'olio. Impastate con le mani, aggiungete ancora un po' d'olio e continuate a lavorare e ad aggiungere olio incorporandolo al composto, rendendolo così uniforme e morbido. Modellate quindi l'impasto su un piatto da portata appiattendone la sommità, poi bagnatevi le mani con un poco d'olio e lisciatene la superficie. Infine, con il manico di un cucchiaio, fate una serie di conchette lungo il bordo superiore e in ognuna versate qualche goccia d'olio. Dopo aver guarnito con foglie di menta, portate in tavola.

Agnello del pastore (Sardegna)

◆ Tempo: 1 ora e 30 minuti ✱ Difficoltà: facile

❖ 800 g di agnello, 250 g di olive verdi e nere, 2 cipolle, qualche foglia di basilico, 1 bicchiere di passata di pomodoro, olio extravergine d'oliva, sale, pepe.

Pulite e lavate l'agnello, asciugatelo e tagliatelo a pezzetti, quindi sistematelo in una teglia di coccio, bagnatelo con un po' d'olio, aggiungete la passata di pomodoro, un pizzico di sale e di pepe e fatelo cuocere a fuoco vivo per circa un'ora, mescolando di tanto in tanto con il cucchiaio di legno. Nel frattempo sbucciate le cipolle, snocciolate le olive, lavate e asciugate le foglie di basilico e tritate tutto grossolanamente. Unite il trito alla carne e fate cuocere ancora per 15 minuti circa. Togliete infine la pentola dal fuoco, portatela in tavola e servite l'agnello.

Capretto al forno (Sardegna)

◆ Tempo: 2 ore ✱ Difficoltà: facile

❖ 1,5 kg di capretto (dorso e spalla), fette di lardo tagliate sottili, 1 spicchio d'aglio, 50 g di prezzemolo tritato, basilico, mirto, pangrattato, olio extravergine d'oliva, sale, pepe in grani.

Lavate e tagliate a grossi pezzi la carne di capretto, insaporitela con un pizzico di sale e una spolverata di pepe fresco, avvolgetela nelle fette di lardo e ponetela in un tegame con mezzo bicchiere d'olio. Mettete in forno già caldo per circa mezzora, poi ritirate la teglia e cospargete il capretto con un trito di aromi al quale sarà stato mescolato un cucchiaio abbondante di pangrattato e un po' d'olio.

Riponete in forno per ultimare la cottura e rigirate i pezzi di carne di tanto in tanto bagnandoli piuttosto frequentemente con il loro sugo (controllate spesso la preparazione in modo che non asciughi). Una volta cotti, suddividete i pezzi di capretto in porzioni più piccole e serviteli belli caldi, accompagnati eventualmente da un contorno di patatine novelle cotte al forno.

Capretto ripieno (Calabria)

◆ Tempo: 2 ore ✶ Difficoltà: media

❖ 1 capretto da latte, 1 kg di patate, 1 kg di polpa di pomodoro, 1 carota, 1 cipollina, 1 gambo di sedano, 1 spicchio d'aglio, alloro, salvia, peperoncino rosso, 100 g di strutto, sale.

Pulite le frattaglie del capretto e tagliatele a pezzi. Fate un trito con la cipolla, la carota, lo spicchio d'aglio e il sedano; ponetelo in una teglia con metà dello strutto e lasciate imbiondire. Quindi unite le frattaglie, alcune foglie d'alloro e di salvia; dopo qualche minuto aggiungete la polpa di pomodoro, insaporite con sale e molto peperoncino rosso.
Cuocete per circa mezzora a calore moderato. Pulite e preparate il capretto per la cottura. Riempitelo nella parte svuotata con le frattaglie e una parte di sugo (il resto lo potrete usare per condire la pasta) e ricucite l'apertura.
Cospargetelo di strutto, un po' di sale e una spolverata di peperoncino rosso; disponetelo in una grande teglia, contornatelo con le patate tagliate a spicchi e condite con gli stessi ingredienti del capretto. Passate il tegame in forno e lasciatevelo fino a completa cottura, bagnando la carne di tanto in tanto con strutto fuso.

Castrato in salamoia (Trentino-Alto Adige)

◆ Tempo: 1 ora + 8 ore ✶ Difficoltà: facile

❖ 1 kg di polpa di castrato, 3 spicchi d'aglio, 1 ciuffo di prezzemolo, 1 rametto di rosmarino, 2 foglie d'alloro, noce moscata, 1 bicchiere d'aceto di vino, olio extravergine d'oliva, sale, pepe.

Tagliate la carne a grossi pezzi e disponeteli in un grande vaso di vetro o in una terrina di terracotta. Salate, pepate, aggiungete una grattugiata di noce moscata, il prezzemolo e l'aglio tritati, gli aghetti di rosmarino, le foglie d'alloro, l'aceto. Infine coprite con dell'olio in modo che la carne non affiori in superficie (aiutatevi magari con un coperchio di legno che la costringa a rimanere sotto l'olio). Preparate il tutto la sera prima, in modo che possa rimanere tutta la notte in salamoia e al fresco. Al momento della cottura trasferite carne e marinata in un tegame e lasciate restringere per circa 40 minuti a fuoco moderato. Servite accompagnando con polenta.

Caurèt (Trentino-Alto Adige)

◆ Tempo: 1 ora e 30 minuti ✱ Difficoltà: facile

✣ 1,5 kg di capretto, 2 uova, la scorza di 1 limone, pangrattato, latte, burro di malga, lardo, sale.

Tagliate a pezzi il capretto, passatelo nelle uova sbattute e salate e poi nel pangrattato. Adagiate la carne in un soffritto di burro e lardo, aggiungendo un battuto di scorza di limone. Rosolate a fuoco allegro e quando i pezzi (che avrete provveduto a girare alcune volte) saranno rosolati da tutte le parti, bagnate con del latte e portate a cottura a fuoco moderato. Infine servite con verdure crude di stagione e con del buon vino bianco, magari anche con una fumante polenta.

Coratella al pomodoro (Abruzzo)

◆ Tempo: 1 ora ✱ Difficoltà: facile

✣ 400 g di coratella d'agnello (cuore, polmoni, fegato), 150 g di pomodori maturi, 1 cipolla, 2 peperoncini rossi dolci, 1 spicchio d'aglio, 2 foglie d'alloro, 1 rametto di rosmarino, 1 bicchiere di vino bianco, peperoncino rosso in polvere, 1 dl di olio extravergine d'oliva, sale.

Questo piatto è sicuramente tra i più classici della tradizione abruzzese; veniva consumato a metà mattinata, soprattutto nei giorni dedicati alla trebbiatura, come una vera e propria seconda colazione, che seguiva quella che era stata consumata alle prime luci dell'alba. Può essere eseguita anche impiegando coratella di capra in luogo della coratella d'agnello.
Lavate accuratamente la coratella, sbollentatela e tagliatela a fettine. Versate l'olio in un tegame, possibilmente di coccio, e fatevi soffriggere l'aglio sbucciato, le foglie di alloro, il rosmarino, la cipolla sbucciata e affettata e i peperoncini dolci puliti e tagliati a pezzetti. Quando l'aglio è dorato, eliminatelo e versate nel recipiente le fettine di coratella, salate e insaporite con un po' di peperoncino.
Lasciatele cuocere per qualche minuto a fiamma allegra e poi abbassatela e proseguite la cottura per mezzora, aggiungendo il vino, i pomodori e un po' d'acqua. I pomodori migliori in questo caso sono indubbiamente quelli "a lampadina". Servite ben caldo.

Cosciotto al forno (Puglia)

◆ Tempo: 2 ore ✱ Difficoltà: facile

❖ 1 cosciotto di montone, 500 g di patate, 50 g di pancetta, 2-3 spicchi d'aglio, rosmarino, 1/2 bicchiere di vino bianco, olio extravergine d'oliva, sale, pepe.

Disossate il cosciotto, lardellatelo con pancetta, rosmarino e aglio, insaporite con sale e pepe. Per tenere bene raccolta la carne legatela con un grosso filo di cotone. In un tegame mettete un po' d'olio, disponete quindi il cosciotto insieme con le patate sbucciate, divise in grossi spicchi e condite con olio, sale e pepe. Infornate a calore moderato e appena la carne apparirà colorita, bagnatela con vino bianco. Proseguite la cottura per circa un'ora e mezzo, bagnando di tanto in tanto con acqua o brodo. Servite su un bel piatto da portata.

Costate di castrato scottadito

◆ Tempo: 30 minuti + 2 ore ✱ Difficoltà: facile

❖ 8 costate di castrato, 1/2 l di vino rosso, 2 spicchi d'aglio, 1 peperoncino rosso, 1 rametto di rosmarino, 2 chiodi di garofano, olio extravergine d'oliva, sale, pepe in grani.

Lasciate marinare le costate di castrato per un paio di ore in olio, aglio tritato, peperoncino sminuzzato, rosmarino, chiodi di garofano, sale e pepe in grani, coprendo tutto con il vino. Trascorso il tempo necessario alla marinatura, preparate la graticola ben calda e mettetevi sopra le costate. Irroratele di tanto in tanto con il liquido della marinata e, quando sono cotte in modo soddisfacente, servitele subito, così che possano essere gustate ben calde.

Costolette d'agnello fritte

◆ Tempo: 30 minuti ✱ Difficoltà: facile

❖ 8 costolette d'agnello, 2 uova, pangrattato, olio extravergine d'oliva, sale.

Battete bene le costolette e passatele nelle uova sbattute e leggermente salate, poi nel pangrattato. Mettetele a friggere nell'olio bollente girandole ogni tanto per una perfetta doratura. Al termine, scolate per bene dal condimento, salatele e servite le costolette ben calde.

Impanada (Sardegna)

◆ Tempo: 2 ore + 30 minuti ✱ Difficoltà: media

❖ 200 g di farina, 4 cucchiai di strutto, 1,2 kg di carne di pecora, 600 g di patate, 1 piccola cipolla, 2 carote, 1 gambo di sedano, qualche pomodoro secco, sale, 1 limone (facoltativo).

Preparate anzitutto la pasta: disponete la farina a fontana sulla spianatoia, impastatela con un poco d'acqua tiepida salata e aggiungete lo strutto, poco per volta; lavorate sino a ottenere una pasta liscia e omogenea e quindi lasciatela riposare per circa mezzora coperta con un panno da cucina pulito. Mentre l'impasto riposa tagliate la carne a dadini e fatela rosolare in una casseruola possibilmente di coccio, con il lardo tagliato a pezzettini e la cipolla sbucciata e tritata. Fate cuocere a fuoco moderato e lasciate che la carne prenda colore. Nel frattempo dedicatevi alla preparazione del ripieno: tagliuzzate i pomodori secchi, lavate, asciugate e tritate il prezzemolo e quindi unite tutto alla carne insieme con i piselli o le favette freschi, il basilico, lo zafferano, pepe, sale, il concentrato di pomodoro e un mestolino di brodo. Fate quindi cuocere a fuoco molto moderato.

Trascorso il tempo previsto, tirate la pasta in modo da ottenere 2 sfoglie rotonde e non troppo sottili, una più larga dell'altra. Ungete con dello strutto o del burro una teglia rotonda e con la sfoglia più grande foderate la teglia facendola risalire sui bordi, riempitela con il ripieno preparato precedentemente e quindi copritela con la sfoglia più piccola, saldando bene i bordi.

Quindi ungete la superficie con strutto o burro e con uno stecchino fate un foro nel centro e infilateci un piccolo imbuto di carta oleata, che servirà a far uscire il vapore durante la cottura. Mettete la teglia nel forno ben caldo e fate cuocere a calore moderato per circa 40 minuti, sfornando quando la sfoglia è ben dorata. Portate quindi in tavola e servite subito.

Lombata di cavallo con fagioli

◆ Tempo: 1 ora + 12 ore ✱ Difficoltà: facile

✣ 1 kg di lombata di cavallo, 300 g di fagioli freschi, 1 salsiccia di cavallo, 200 g di frattaglie di pollo a piacere, 2 cipolle, 1 carota, 1 gambo di sedano, alloro, peperoncino rosso in polvere, 100 g di lardo, sale.

Lessate i fagioli in acqua bollente insieme con il sedano, la carota e una cipolla, salando verso fine cottura. Mettete il lardo in una casseruola, fatelo sciogliere e aggiungete una cipolla tagliata finemente, facendola appassire. Unite la carne di cavallo tagliata a pezzi, le frattaglie di pollo, la salsiccia tagliata a tocchetti e qualche foglia d'alloro. Salate e fate cuocere finché la carne non risulterà tenera; a quel punto aggiungete i fagioli lessati, un pizzico di peperoncino rosso e procedete la cottura per circa mezzora.

Pastisàda de cavàl (Veneto)

◆ Tempo: 1 ora e 30 minuti ✱ Difficoltà: facile

❖ 1 kg di polpa di puledro, 1 kg di cipolle, 3 carote, 2 foglie d'alloro, 4 chiodi di garofano, paprica, 1 l circa di vino rosso secco, burro, olio extravergine d'oliva, sale, pepe.

Questo tipico piatto veronese è uno stracotto di carne di cavallo molto appetitoso che risulterà migliore tanto più sarà cotto. Pulite e mondate tutte le verdure, tritatele molto finemente e soffriggetele in un tegame con olio e una noce di burro, quindi aggiungete la carne a pezzi e lasciatela rosolare per qualche minuto; poi unite il vino, le spezie, il sale e il pepe e cuocete a fuoco molto lento.
La pietanza sarà pronta quando la carne tenderà a sfarsi e le verdure saranno ridotte in purea. Servite accompagnando con una buona polenta fumante, non troppo soda.

Sauté con piselli

◆ Tempo: 1 ora ✱ Difficoltà: facile

❖ 800 g di spalla d'agnello, 800 g di piselli freschi, 1 cipolla, 1 spicchio d'aglio,1 bicchiere di vino bianco secco, 50 g di burro, olio extravergine d'oliva, sale, pepe.

Lasciate i piselli sgusciati a bagno in abbondante acqua fredda. Tagliate la carne a tocchetti e fateli soffriggere in una padella antiaderente con un po' di burro, 2 cucchiai di olio e lo spicchio d'aglio tritato finemente. Fatevi poi sfumare il vino e rimestate con cura. Scolate i piselli e uniteli al soffritto insieme alla cipolla tagliata a rondelle sottili. Aggiustate di sale e pepe e fate cuocere a fiamma dolce aggiungendo ogni tanto un po' d'acqua calda. A cottura ultimata scolate la carne e fate rapprendere il sughetto ancora per una decina di minuti unendo alla fine un po' di burro e mescolando continuamente. Disponete i pezzi di carne su un piatto da portata caldo e nappateli con la salsa.

Spezzatino di pecora (Lazio)

◆ Tempo: 1 ora e 30 minuti ✱ Difficoltà: facile

❖ 1 kg di pecora, 1 cipolla, 1 gambo di sedano, 1 carota, peperoncino rosso, 2 foglie di alloro, 200 g di conserva di pomodoro, 2 chiodi di garofano, prezzemolo, olio extravergine d'oliva, sale, pepe.

Tagliate anzitutto a pezzetti piccoli la carne di pecora e metteteli in una casseruola. Pulite la cipolla e affettatela sottilmente, pulite anche il sedano e la carota e tagliateli a pezzetti. Versate le verdure nella casseruola, unitevi l'olio, le foglie di alloro, la conserva di pomodoro, sale, pepe e un pezzetto di peperoncino a piacere; quindi mettete sul fuoco dopo aver ben mescolato il tutto, incoperchiate e lasciate cuocere a fiamma abbastanza allegra.

Quando inizia a bollire, abbassate il fuoco, aggiungete i chiodi di garofano e lasciate proseguire la cottura per un'ora e mezzo circa. A quel punto, se la cottura vi sembra soddisfacente, completate con una spolverata di prezzemolo tritato, lasciate sul fuoco solamente per qualche istante e infine servite ben caldo.

Coniglio e selvaggina

Anatra al formaggio

◆ Tempo: 1 ora ✶ Difficoltà: media

❖ 1 anatra già pulita, 3 caprini, 50 g di erba cipollina, 100 g di lardo affettato, sale, pepe.

Tagliate finemente l'erba cipollina e impastatela con i formaggi caprini e condite con un pizzico di sale e una spolverata di pepe. Lavate bene l'anatra quindi salatela, pepatela e riempitela con la farcia al formaggio. Avvolgete l'anatra ripiena con le fette di lardo e arrotolatela in un foglio d'alluminio, adagiandola poi in una teglia. Scaldate il forno a 200 °C e cuocete l'anatra per circa mezzora. Attendete qualche minuto prima di svolgerla dall'alluminio, quindi servitela.

Anatra in umido (Emilia Romagna)

◆ Tempo: 1 ora ✶ Difficoltà: facile

❖ 1 anatra, 50 g di prosciutto crudo, 300 g di polpa di pomodoro, 1 carota, 1 gambo di sedano, prezzemolo, brodo, aceto, burro, olio extravergine d'oliva, sale, pepe.

Preparate un trito con il sedano, la carota e il prezzemolo. Tagliate finemente alcune fette di prosciutto crudo che metterete assieme al trito di verdure in un tegame con olio e burro. Lasciate scaldare leggermente quindi aggiungete l'anatra (dalla quale avrete tolto la ghiandola odorifera) lavata con l'aceto. Fatela rosolare rigirandola di tanto in tanto, quindi unite anche la polpa di pomodoro, un po' di brodo, sale e pepe. Continuate la cottura finché la carne sarà tenera e il sugo rappreso, quindi servite.

Anatra speziata

◆ Tempo: 1 ora e 30 minuti + 8 ore ✱ Difficoltà: media

❖ 1 anatra, 500 g di cipolline, 200 g di funghi coltivati o 1 bustina di funghi secchi, aglio, noce moscata, chiodi di garofano, cannella, bacche di ginepro, prezzemolo, timo, alloro, 3 bicchieri di vino rosso, 1 bicchierino di grappa, 100 g di lardo, olio extravergine d'oliva, sale, pepe.

La sera precedente pulite bene l'anatra, levatele la ghiandola odorifera, tagliatela a pezzi e mettetela in una terrina coprendola con 3 bicchieri di vino rosso, un bicchierino di grappa, alcuni spicchi d'aglio schiacciati, un pizzico di noce moscata, chiodi di garofano, cannella, bacche di ginepro, prezzemolo, timo, alloro. Il giorno seguente scolate l'anatra dalla marinata che terrete da parte e sistematela in una casseruola con il lardo tagliato finemente e dell'olio. Cuocete la carne a fuoco vivace con coperchio per 15 minuti, poi aggiungete la marinata, sale, pepe e i funghi freschi puliti e tagliati (oppure i funghi secchi fatti rinvenire in poca acqua calda per 15 minuti). Continuate la cottura a fiamma bassa per mezzora, quindi aggiungete le cipolline e cuocete per un'altro quarto d'ora. Infine servite dopo aver disposto la carne e le cipolline su un bel piatto da portata.

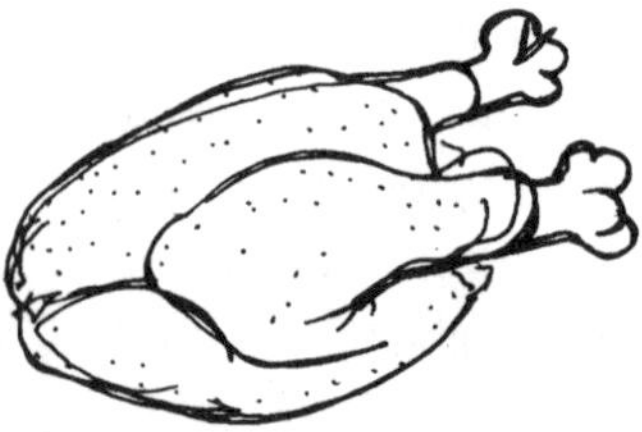

Capriolo al forno (Trentino-Alto Adige)

◆ Tempo: 1 ora e 30 minuti ✱ Difficoltà: media

❖ 1,5 kg di capriolo, 2 cipolle, 2 carote, 2 gambi di sedano, 2 foglie d'alloro, alcune bacche di ginepro, farina, vino rosso corposo, olio extravergine d'oliva, sale.

Pulite le verdure e tagliatele a pezzetti, quindi rosolatele nell'olio aggiungendo anche le foglie d'alloro e le bacche di ginepro e mescolate con un cucchiaio di legno. Nel frattempo infarinate i pezzi di capriolo e poi fateli friggere in una padella con dell'olio. Trasferiteli quindi in una teglia già preparata con abbondante olio e le verdure precedentemente rosolate; salate e mettete in forno caldo e lasciate dorare girando i pezzi di carne di tanto in tanto. Aggiungete del vino e, quando sarà evaporato, girate nuovamente la carne, bagnando con acqua e vino. Portate a termine la cottura e servite con della polenta appena preparata.

Capriolo con mirtilli (Piemonte)

◆ Tempo: 2 ore + 24 ore ✱ Difficoltà: media

❖ 1 kg di polpa di capriolo, 1 vasetto di gelatina di mirtilli, 1 cipolla, 4 foglie d'alloro, 8 bacche di ginepro, 1 rametto di rosmarino, 1 bottiglia di buon vino rosso piemontese, 1 bicchiere di panna liquida fresca, farina, olio extravergine d'oliva, sale, pepe.

Preparate una marinata con l'alloro, il rosmarino, le bacche di ginepro, il vino e la carne tagliata a pezzetti. Lasciate in infusione almeno 24 ore, quindi tritate finemente il lardo e la cipolla e rosolateli con l'olio.

Quando la cipolla appassisce, aggiungete la carne ben scolata e leggermente infarinata, lasciandola dorare bene per almeno 20 minuti. Proseguite la cottura bagnando con il liquido della marinata. Dopo circa un'ora e mezza la carne sarà cotta. Levatela allora dal tegame e passate il fondo di cottura per renderlo cremoso, aggiungeteci la panna, mescolate e rimettete la carne nel suo sugo spegnendo la fiamma. Servite direttamente nei piatti dei commensali, accompagnando piccole cucchiaiate di capriolo con la gelatina di mirtilli.

Capriolo in umido (Valle d'Aosta)

◆ Tempo: 2 ore e 20 minuti + 24 ore ✱ Difficoltà: media

❖ 1 kg di capriolo, 50 g di pancetta, 5-6 foglie d'alloro, vino rosso, brodo, burro, 1 l di vino rosso, 2-3 rametti di rosmarino, 5-6 foglie di salvia, 3-4 chiodi di garofano, timo, olio extravergine d'oliva, sale, pepe.

Lasciate marinare per 24 ore la carne di capriolo ricoprendola con il vino rosso e insaporendola con le foglie di salvia, i rametti di rosmarino, i chiodi di garofano e alcuni rametti di timo. Trascorso il tempo preparate in una teglia un battuto di pancetta insieme con un po' d'olio e un pezzo di burro; scolate la carne dalla marinata, tagliatela a pezzi e fatela rosolare assieme alla pancetta. Regolate di sale e pepe, spruzzate con un po' di vino rosso e poco dopo versate un mestolo di brodo aggiungendo le foglie d'alloro. Cuocete lentamente per circa 2 ore aggiungendo altro brodo se necessario.

Coniglio ai cavoli

◆ Tempo: 2 ore ✱ Difficoltà: media

❖ 1 coniglio di circa 1 kg, 1 cavolo-verza grosso, 250 g di lardo salato, 4 cipolle, 2 carote, 1 spicchio d'aglio, 1 bicchiere di brandy, 30 g di strutto, olio extravergine d'oliva, sale, pepe.

Lavate il cavolo, tagliatelo a pezzetti e fatelo stufare per mezz'ora con olio, aglio e un pizzico di sale. Spezzettate il coniglio e fatelo dorare nello strutto, lasciando che i pezzi assumano un bel colore dorato; quindi riponeteli al caldo. Nella stessa pentola fate imbiondire il lardo tagliato a dadini, aggiungete le carote e le cipolle tagliate a rondelle e fate cuocere lentamente. In una pirofila alternate uno strato di cavoli e uno strato di coniglio; infine versate il lardo, le carote e le cipolle. Salate, pepate, allungate con un po' d'acqua e con il brandy; coprite e lasciate cuocere per circa un'ora e un quarto, quindi servite.

Coniglio al cartoccio

◆ Tempo: 1 ora e 30 minuti ✶ Difficoltà: facile

❖ 1 coniglio, 2 fette di pancetta, 1 cipolla, 2 spicchi d'aglio, salvia, menta, rosmarino, prezzemolo, 1 limone, vino bianco secco, olio extravergine d'oliva, sale, pepe.

Lavate il coniglio, tagliatelo a pezzetti e disponeteli sopra un foglio d'alluminio abbastanza grande. Tritate finemente tutti gli odori insieme con la pancetta e la cipolla. Sbucciate il limone e tagliatelo a fettine sottili. Mettete il trito sopra il coniglio, decorate con le fettine di limone, salate, pepate, bagnate con il vino bianco e un po' d'olio. Chiudete infine il foglio d'alluminio lasciando un po' di spazio tra la carne e la chiusura e mettete in forno per circa un'ora.

Coniglio al forno (Lombardia)

◆ Tempo: 2 ore ✶ Difficoltà: facile

❖ 1 coniglio, 2 carote, 1 cipolla, 1 gambo di sedano, 1 rametto di rosmarino, salvia, bacche di ginepro, 1 bicchiere di vino bianco secco, 1 bicchiere di latte, 1 cucchiaio di farina, 50 g di lardo, 50 g di burro, olio extravergine d'oliva, sale.

Tagliate il coniglio a pezzi e quindi ponetelo in una teglia con poco olio. Aggiungetevi del sale, alcune foglie di salvia, il rosmarino, delle bacche di ginepro, le verdure pulite e tagliate finemente, il lardo spezzettato e alcuni riccioli di burro. Mettete nel forno già caldo e cuocete per circa un'ora, girando ogni tanto e bagnando con vino e acqua. Sopra la carne versate poi la farina sciolta in un bicchiere di latte. Dopo 30 minuti il coniglio sarà pronto. Da gustare con la polenta.

Coniglio al marsala

◆ Tempo: 1 ora e 15 minuti + 2 ore ✱ Difficoltà: facile

❖ 4 cosce di coniglio grosse, 2 bicchierini di marsala, 1 cipolla, 1 carota, 1 rametto di timo, 2 foglie d'alloro, 1/4 di l di vino bianco secco, 20 g di burro, 4 cucchiai d'olio extravergine d'oliva, sale, pepe.

Mettete le cosce di coniglio in una terrina, bagnate con il marsala, cospargete con timo e alloro sminuzzato. Coprite e lasciate macerare per almeno un paio d'ore (meglio se per tutta la notte). Scolate quindi i pezzi di coniglio dalla marinata e passateli in una casseruola con l'olio, il burro, la carota e la cipolla tagliate a fettine. Salate, spolverate abbondantemente con pepe e fate rosolate lentamente rigirando il coniglio di tanto in tanto. Quando la carne sarà dorata, bagnatela con un po' di vino, coprite il recipiente e proseguite la cottura.
Man mano che il fondo di cottura si asciuga, unite altro vino fino a esaurirlo. La cottura del coniglio dovrà durare circa 50 minuti. Servite caldo.

Coniglio al pesto (Liguria)

◆ Tempo: 1 ora + 2 ore ✱ Difficoltà: facile

❖ 1 coniglio, acciughe, capperi, olive verdi, sedano, aglio, rosmarino, salvia, 1 limone, 1 bicchiere di vino bianco, olio extravergine d'oliva, sale, pepe.

Tritate acciughe, capperi, aglio, rosmarino e salvia e pestateli in un mortaio; aggiungete un bicchiere di vino bianco e succo di limone. Lavate il coniglio e mettetelo a colare per circa 2 ore. Sistematelo in padella con dell'olio, il sedano a pezzi grossi, alcune foglie di salvia, un rametto di rosmarino e qualche spicchio d'aglio. Fatelo rosolare, togliete gli odori, salate e pepate e lasciate cuocere a fuoco moderato per mezzora. Poco prima di toglierlo dal fuoco aggiungete il "pesto" e le olive.

Coniglio alla cacciatora (Valle d'Aosta)

◆ Tempo: 1 ora + 1 ora ✱ Difficoltà: facile

❖ 1 coniglio, 2 cipolle, 1 pomodoro grosso maturo, 2 spicchi d'aglio, 1 rametto di rosmarino, 1/2 l d'aceto di vino bianco, vino bianco secco, olio extravergine d'oliva, sale.

Tagliate il coniglio a pezzi non troppo piccoli e lasciateli in acqua e aceto per un'ora. Poi scolateli bene, asciugateli con un canovaccio e metteteli in una teglia con dell'olio e gli spicchi d'aglio. Rosolate la carne da tutte le parti fino a quando prenderà un bel colore rosato e bagnate con del vino bianco. Lasciate evaporare, poi levate i pezzi di coniglio dalla teglia e mettetevi la cipolla tritata e il rosmarino. Quando la cipolla sarà rosolata rimettete nuovamente il coniglio nella teglia, salate e aggiungete anche il pomodoro grossolanamente affettato. Poi aggiungete ancora un poco di vino e acqua e cuocete a fuoco piuttosto moderato. Anche in questo caso, sarà consigliabile servire il coniglio con della buona e fumante polenta e un adeguato contorno di verdure crude di stagione.

Coniglio alla panna (Lombardia)

◆ Tempo: 1 ora ✱ Difficoltà: facile

❖ 1 coniglio, 1/2 l di panna liquida, 1 spicchio d'aglio, 1 ciuffo di prezzemolo, 1 cucchiaio di farina, sale, pepe.

Tagliate il coniglio a pezzi e mettetelo in una pirofila con lo spicchio d'aglio, salate e pepate.

A parte, stemperate la farina con qualche cucchiaiata di panna, quindi diluite con il resto della panna. Versate il composto sul coniglio rigirando i pezzi in modo che la salsa li ricopra bene. Mettete in forno a calore moderato per circa 45 minuti. Al termine, cospargete la carne con del prezzemolo tritato, sistematela su un piatto da portata e servite.

Coniglio allo spiedo

◆ Tempo: 45 minuti ✶ Difficoltà: facile

❖ 1 coniglio, pancetta a fette, aglio, rosmarino, salvia, olio extravergine d'oliva, sale, pepe.

Pulite il coniglio e tagliatelo a piccoli pezzi. Insaporite con aglio, rosmarino, sale e pepe. Avvolgete ogni pezzo di coniglio con una fetta di pancetta e una foglia di salvia e fermate il tutto con uno stecchino. Infilzate tutti i pezzi di coniglio nello spiedo del forno (oppure sopra la griglia elettrica) e cuocete avendo l'avvertenza di oliare quando la pancetta si sarà seccata.

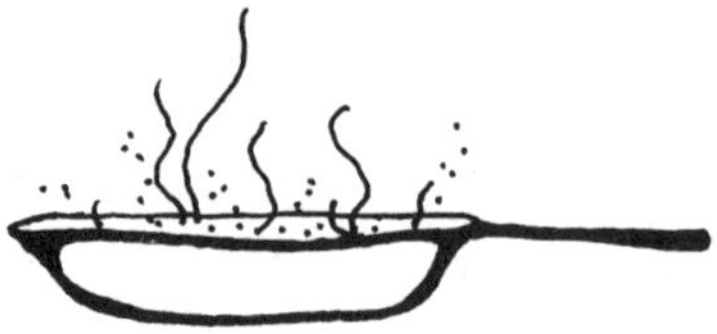

Coniglio arrosto

◆ Tempo: 1 ora ✶ Difficoltà: facile

❖ 1 coniglio di 1 kg abbondante, 1 cipolla, 3 spicchi d'aglio, rosmarino, origano, olive nere, 1 bicchiere di vino bianco, brodo q.b., olio extravergine d'oliva, sale, pepe.

Lavate, tagliate a pezzi e mettete a rosolare il coniglio con la cipolla tritata, gli spicchi d'aglio interi, il rosmarino e un pizzico d'origano; il tutto irrorato da buon olio extravergine d'oliva. Quando la carne avrà preso colore, insaporite di sale e pepe e bagnate con il vino bianco.

Finita l'evaporazione aggiungete qualche cucchiaiata di brodo, coprite la pentola e fate cuocere lentamente. Ogni tanto rigirate i pezzi di carne e aggiungete dell'altro brodo se fosse necessario. Poco prima di togliere dal fuoco, unite una manciata di olive nere snocciolate, mescolate e servite.

Coniglio con i funghi (Trentino)

◆ Tempo: 2 ore + 1 ora ✶ Difficoltà: facile

❖ 1 coniglio di circa 1,5 kg, 100 g di funghi secchi, 4 pomodori pelati, 1 cipolla, 2 rametti di rosmarino, 2-3 foglie di salvia, vino bianco secco, farina, burro, olio extravergine d'oliva, sale, pepe.

Fate ammorbidire per circa un'ora i funghi in acqua tiepida, quindi sgocciolateli bene in modo da lasciare sul fondo le impurità e la terra. Pulite e lavate il coniglio, asciugatelo e tagliatelo a pezzi. In un tegame abbastanza largo fate soffriggere la cipolla tritata con mezzo bicchiere d'olio e una noce di burro. Quando la cipolla comincia a imbiondire aggiungete il coniglio, fatelo rosolare bene da tutte le parti, spolveratelo di farina e, dopo un paio di minuti, aggiungete i pomodori pelati, il rosmarino e la salvia tritati finemente. Salate, pepate e aggiungete un bel bicchiere di vino bianco secco. Lasciate cuocere a tegame coperto e a fuoco moderato per circa tre quarti d'ora, bagnando di tanto in tanto con dell'altro vino bianco. Infine, dopo averli ben strizzati, aggiungete i funghi e fate cuocere ancora per un'altra mezzora.

Coniglio con le olive (Sicilia)

◆ Tempo: 1 ora ✶ Difficoltà: facile

❖ 1 coniglio di 1,5 kg, 200 g di olive verdi, sedano, 4 spicchi d'aglio, 1 ciuffo di foglie di menta, 1 bicchiere d'aceto bianco, olio extravergine d'oliva, sale, pepe.

Pulite, tagliate a pezzi e lavate il coniglio. In un tegame fate rosolare in un po' d'olio gli spicchi d'aglio, qualche gambo di sedano a pezzetti e le olive snocciolate, quindi unite il coniglio e le foglie di menta.
Attendete qualche minuto in modo che la carne si rosoli bene e poi bagnate con un bicchiere d'aceto di vino bianco e mescolate con cura utilizzando un cucchiaio di legno. A evaporazione compiuta aggiustate di sale, pepate leggermente e aggiungete un paio di mestoli d'acqua calda o brodo. Coprite la pentola e portate al termine la cottura su fiamma molto moderata controllando spesso la preparazione.

Coniglio con le rape

◆ Tempo: 1 ora e 15 minuti ✶ Difficoltà: facile

❖ 1 coniglio, 1 kg di rape piccole, 2 cipolle, 1 spicchio d'aglio, 1 ciuffo di erbe aromatiche (timo, alloro, prezzemolo), 1 limone, farina, brodo, burro, sale, pepe, crostini di pane.

Tagliate il coniglio a pezzi. Fate dorare in una casseruola un po' di burro con le cipolle mondate e affettate; unite il coniglio e fatelo rosolare bene. Cospargete di farina, bagnate con il succo di limone, salate e pepate; aggiungete il ciuffo d'erbe aromatiche e lo spicchio d'aglio tritato, coprite e fate cuocere adagio. Se il sugo si dovesse restringere troppo, bagnate con poco brodo.
Mondate le rape, fatele lessare al dente in acqua salata, quindi sgocciolatele e unitele al coniglio. Aggiungete del burro e guarnite con crostini di pane.

Coniglio fritto (Campania)

◆ Tempo: 1 ora + 1 ora ✶ Difficoltà: facile

❖ 1 kg di coniglio a pezzi, 2 uova, 1 bicchiere di latte, 2 bicchierini di sherry, 4 cucchiai di farina, olio per friggere, sale, pepe bianco.

Con il latte, la farina e le uova fate una pastella che dovrà risultare molto densa (se necessario aumentate la farina), unite sale, pepe, sherry e amalgamate bene il tutto. Lasciate riposare la pastella per almeno un'ora.
Lavate e asciugate i pezzi di coniglio, infarinateli e passateli nella pastella; poi friggeteli in abbondante olio caldissimo. Deponete i pezzi di coniglio sopra un foglio di carta assorbente e servite subito.

Coniglio in padella

◆ Tempo: 1 ora e 20 minuti + 3 ore ✶ Difficoltà: facile

❖ 1 coniglio già pulito, 1 spicchio d'aglio, 5 bacche di ginepro, 1 rametto di rosmarino, 2 foglie di salvia, 1 bicchiere di vino bianco secco, 4 cucchiai di aceto, olio extravergine d'oliva, sale, pepe.

Tritate molto finemente lo spicchio d'aglio sbucciato conle foglioline di rosmarino e le foglie di salvia. In un'ampia ciotola sbattete con una forchetta l'aceto con un poco di sale e una spolverata di pepe; emulsionatevi l'olio, quindi unite il trito aromatico, le bacche di ginepro e mescolate con cura. Mettervi a marinare il coniglio per almeno 3 ore rigirandolo di tanto in tanto. Versate infine il tutto in un tegame e fate cuocere, coperto, a fuoco moderato per almeno un'ora. Scoperchiate, alzate un poco la fiamma e lasciate restringere l'intingolo per qualche minuto. Servite questo piatto ben caldo e decorate a piacere con rametti di rosmarino ed eventualmente qualche pomodorino.

Fagiano al cartoccio

◆ Tempo: 1 ora e 30 minuti ✱ Difficoltà: facile

❖ 1 fagiano, 100 g di lardo a fette, 1 spicchio d'aglio, 1 rametto di rosmarino, burro, olio extravergine d'oliva, sale, pepe.

Sventrate il fagiano, fiammeggiatelo e lavatelo bene. Sistematevi all'interno una noce di burro, l'aglio, il rosmarino, sale e pepe. Salate e pepate leggermente anche all'esterno, avvolgetelo nelle fettine di lardo e poi in un abbondante foglio d'alluminio.

Mettete il cartoccio in forno e cuocete a calore medio per circa un'ora, quindi servite in tavola.

Lepre alla cacciatora (Umbria)

◆ Tempo: 2 ore e 30 minuti ✱ Difficoltà: media

❖ 1 lepre, 50 g di grasso e magro di prosciutto, 2 acciughe, 2 cucchiaiate di capperi, 1 cipolla, rosmarino, peperoncino rosso, 1/2 bicchiere di vino bianco, aceto, olio extravergine d'oliva, sale, pepe.

Pulite, tagliate a pezzi e lavate con aceto la lepre; quindi mettetela in un tegame antiaderente e fatela asciugare a fuoco basso e senza alcun ingrediente. In una casseruola versate dell'olio e preparate un soffritto con la cipolla e il prosciutto tritati, unite poi i pezzi di lepre insaporiti con sale e pepe. Mentre la carne si rosola, preparate un trito con un paio di acciughe diliscate, rosmarino sminuzzato e capperi.

Aggiungete il composto alla lepre, diluendo con poco olio e mezzo bicchiere di vino bianco e insaporendo con un pizzico di peperoncino rosso. Fate evaporare il vino a tegame scoperto, copritelo con un coperchio e cuocete lentamente per circa 2 ore.

Lepre alla sarda (Sardegna)

◆ Tempo: 2 ore e 30 minuti + 2 ore ✷ Difficoltà: facile

❖ 1 lepre di circa 1,5 kg, 1 kg di polpa di pomodoro, 3-4 spicchi d'aglio, prezzemolo, 1/2 l di vino bianco secco, olio extravergine d'oliva, sale, pepe.

Pulite e tagliate la lepre in piccoli pezzi; poneteli in una terrina a marinare nel vino bianco con gli spicchi d'aglio, un trito di prezzemolo, un bicchiere d'olio, sale e pepe.
Lasciate riposare per un paio d'ore poi, in un tegame unto d'olio, rosolate i pezzi di lepre ben sgocciolati, quindi unitevi la marinata che lascerete restringere. Aggiungete poi la polpa di pomodoro, salate e fate cuocere a calore molto moderato per circa 2 ore a pentola coperta. Qualora il sugo si asciugasse troppo, bagnate con qualche cucchiaio d'acqua calda.

Lepre in agrodolce (Friuli)

◆ Tempo: 2 ore e 30 minuti + 15 minuti ✷ Difficoltà: facile

❖ 1 lepre, 100 g di pancetta, 400 g di pomodori, 2 carote, 1 cipolla, cannella, pinoli, uva passa, 1/2 limone, 1 cucchiaio di zucchero, farina gialla, 1/2 bicchiere di vino rosso, brodo q.b., olio extravergine d'oliva, sale, pepe.

Pulite, tagliate a pezzi la lepre e rosolatela in un olio insieme con la pancetta a dadini e con la cipolla e le carote tritate. Raggiunta la doratura, spolverate con una grossa presa di farina gialla e mescolate. Innaffiate con il vino rosso e, a evaporazione finita, unite lo zucchero, i pomodori sminuzzati, la

cannella, una manciata di pinoli, un po' di uva passa (lasciata per 15 minuti a bagno nell'acqua tiepida e quindi strizzata), la scorza di limone grattugiata, sale e pepe.
Fate insaporire, quindi aggiungete del brodo e proseguite la cottura che deve essere molto lenta.
Potrete, infine, servire accompagnando la pietanza con una polenta fumante.

Lepre in salmì

◆ Tempo: 1 ora + 3 giorni ✱ Difficoltà: media

❖ 1 lepre con il suo fegato, 1 cipolla, 1 carota, 1 gambo di sedano, 1 spicchio d'aglio, 1 pera, 1 limone, 4 noci, 1 cucchiaio di bacche di ginepro, 2 chiodi di garofano, 1 rametto di rosmarino, salvia, 1 l di vino rosso, 50 g di burro, 50 g di lardo, sale, pepe in grani.

Pulite e tagliate a pezzi la lepre, quindi lasciatela marinare per 2-3 giorni in un recipiente con il vino nel quale avrete messo il sedano, la carota e la cipolla affettati, l'aglio schiacciato, la pera affettata, le noci, le bacche di ginepro, i chiodi di garofano, qualche grano di pepe, la scorza del limone, la salvia, il rosmarino e del sale.
Trascorso il tempo indicato, in una padella fate sciogliere il burro assieme a un battuto di lardo e mettetevi a rosolare i pezzi di carne sgocciolati dalla marinata.
Quando saranno adeguatamente rosolati, aggiungete le verdure e un po' alla volta il vino della marinata, proseguendo la cottura. Poi, quando le verdure saranno cotte, toglietele dalla padella, passatele al setaccio e quindi rimettetele nuovamente nella padella con la carne.
Aggiungete a questo punto il fegato passandolo al setaccio. Se fosse necessario durante la cottura bagnate con del vino o un po' d'acqua, aggiustando di sale poco prima di togliere dal fuoco. Servite con una polenta di grano saraceno.

Pasticcio di fagiano (Piemonte)

◆ Tempo: 3 ore ✱ Difficoltà: media

❖ 1 fagiano di circa 1 kg, 1 tartufo di media grossezza, 30 g di lingua salmistrata, 3 uova, 1 cipolla, 1 carota, 1 gambo di sedano, prezzemolo, gelatina di carne o 1 bustina di gelatina liofilizzata, 1 tazza di besciamella, 1/4 di l di vino bianco secco, 70 g di burro, olio extravergine d'oliva, sale, pepe.

Pulite accuratamente il fagiano, conditelo con sale e pepe e mettetelo a rosolare in un tegame con dell'olio e metà del burro. Aggiungetevi quindi la carota, la cipolla e il sedano tagliati a pezzetti e il prezzemolo tritato. Bagnate con il vino bianco e lasciate cuocere finché la carne non sarà quasi sfatta, in modo da poter agevolmente disossare il fagiano e passarne la polpa al tritatutto. Quindi macinatela e aggiungete al trito ottenuto la besciamella e i tuorli d'uovo; amalgamate i sapori mescolando con cura e infine unite anche 2 albumi montati a neve ben soda. Ungete di burro una forma da pâté e rivestite l'interno con delle strisce di carta pergamena anch'esse unte di burro; versatevi il composto precedentemente preparato in modo da riempire lo stampo per 3/4, scuotete bene, poi mettete a cuocere a bagnomaria nel forno preriscaldato. Quando il composto si sarà solidificato, lasciatelo raffreddare nel suo recipiente di cottura, quindi sformatelo ed eliminate le strisce di carta pergamena.

Ripulite accuratamente lo stampo e distribuite uno strato di gelatina di carne (precedentemente preparata) alto un paio di cm, poi mettete a rapprendere in freezer o nella parte più fredda del frigorifero.

Quando la gelatina si sarà rappresa, guarnite con il tartufo tagliato a fettine e con dadini di lingua salmistrata. Riempite con altra gelatina fluida dopo aver sistemato il pâté di fagiano e infine mettete in frigorifero.

Piccioni selvatici in salmì (Umbria)

◆ Tempo: 2 ore ✱ Difficoltà: media

❖ 2 piccioni, 1 acciuga, 1 cipolla, 1 carota, 1 gambo di sedano, 1 spicchio d'aglio, prezzemolo, salvia, rosmarino, alloro, vino bianco, aceto, olio extravergine d'oliva, sale, pepe, crostini di pane.

Pulite, lavate e tagliate a pezzi i piccioni; metteteli in tegame a rosolare assieme a un battuto di cipolla, carota, sedano, prezzemolo e un giro d'olio. Aggiungete qualche foglia di salvia, il rosmarino sminuzzato, alloro, 2 dita di vino bianco e altrettanto d'aceto. Salate e pepate, lasciando poi cuocere per circa un'ora. Togliete dal tegame i piccioni e passate il sugo di cottura attraverso un colino; una volta filtrato, vi unirete l'acciuga spinata, lo spicchio d'aglio pestato e un po' d'aceto. Rimettete i piccioni nel tegame con il sugo e fate insaporire per qualche minuto. Servite con crostini di pane fritti.

Polpettone di lepre

◆ Tempo: 2 ore ✱ Difficoltà: media

❖ 1 lepre, 1 cipolla, 1 carota, 1 gambo di sedano, 1 spicchio d'aglio, 1 foglia d'alloro, prezzemolo, timo, noce moscata, 1 uovo, 1 panino, latte, gelatina di carne (facoltativa), vino bianco, sale, pepe.

Disossate la lepre, tritate la carne e sistematela in una terrina. Mettete a bagno un panino in poco latte tiepido, quindi strizzatelo e sbriciolatelo sopra la carne. Unite l'uovo, il prezzemolo tritato assieme allo spicchio d'aglio, una spruzzata di vino, un pizzico di noce moscata e di timo, sale e pepe. Amalgamate l'impasto e sistematelo poi a forma di salame sopra una fitta garza, arrotolando bene e fissando i bordi con uno spago. Mettete le ossa della lepre in una pentola con dell'acqua, la cipolla, la carota, il sedano e la foglia d'alloro. Portate a ebollizione, salate, levate le ossa della lepre e immergete il polpettone che dovrà cuocere per circa un'ora. Levatelo poi dal brodo e lasciatelo raffreddare. Liberate il polpettone dalla garza e tagliatelo a fette servendolo freddo e ricoprendolo, se gradita, con gelatina di carne.

Quaglie ai tartufi (Piemonte)

◆ Tempo: 1 ora ✶ Difficoltà: facile

✣ 4 quaglie, 3 piccoli tartufi bianchi, 4 fette di pancetta, 1 cipolla, 1 carota, 1 foglia di sedano, brodo, 4 cucchiaini di brandy, 50 g di burro, sale, pepe.

Per prima cosa occupatevi della pulizia delle quaglie: svuotatele, lavatele e asciugatele. Pulite accuratamente i tartufi. Mettete quindi all'interno di ogni animale mezzo tartufo, sale, pepe e un cucchiaino di brandy, avvolgete poi ogni quaglia in una fetta di pancetta. Legatele per bene e allineatele in una casseruola. A parte fate soffriggere nel burro un trito di cipolla, carota e sedano finché sarà diventato tenero, poi versatelo nella casseruola intorno alle quaglie. Aggiungete un mestolo di brodo, mettete un coperchio e lasciate cuocere a fuoco moderato per mezzora. Quindi togliete dal fuoco, aggiungete il tartufo che avrete tenuto da parte sottilmente affettato, e lasciate la casseruola per pochi minuti al caldo vicino al fornello. Infine, prima di portare in tavola su un bel piatto da portata, slegate le quaglie e levate la pancetta. Filtrate il liquido di cottura e utilizzatelo come condimento.

Quaglie arrosto (Marche)

◆ Tempo: 45 minuti ✶ Difficoltà: facile

✣ 4 quaglie, 4 fette sottili di pancetta, salvia, vino bianco, olio extravergine d'oliva, sale, pepe.

Spennate e pulite le quaglie, salatele e pepatele. Avvolgete ognuna in una fettina di pancetta insieme con alcune foglioline di salvia. Disponetele poi in un tegame dove avrete versato qualche cucchiaiata d'olio e lasciate rosolare, quindi spruzzate con del vino bianco. Cuocete per una ventina di minuti a fuoco moderato rigirando i volatili di tanto in tanto, quindi servite.

Spezzatino di capriolo (Trentino-Alto Adige)

◆ Tempo: 3 ore e 30 minuti ✱ Difficoltà: media

✣ 1,5 kg di capriolo (o cervo), 2 carote, 2 gambi di sedano, 1 cipolla, 2 foglie d'alloro, 1 rametto di rosmarino, 2 chiodi di garofano, 1 pizzico di cannella, 1 bicchiere di vino rosso, 2 cucchiaini di farina, 3-4 mestoli di brodo vegetale, olio extravergine d'oliva, sale, pepe.

Pulite e lavate la cipolla, le carote e il sedano. Poi tritate le verdure finemente e rosolatele in un tegame con un poco d'olio. Aggiungete la carne tagliata a pezzi come un normale spezzatino, rosolate, salate e pepate leggermente. Bagnate con il vino, fatelo evaporare e, prima che si consumi tutto il liquido, aggiungete il brodo di verdura. Lasciate bollire lentamente unendo l'alloro, il rosmarino, la cannella e i chiodi di garofano. Fate attenzione che la carne sia sempre coperta dal liquido e che non attacchi sul fondo; lasciate cuocere a fuoco lento per 3 ore. Mezzora prima del termine della cottura, aggiungete la farina sciolta nell'acqua in modo da addensare il sugo. Infine portate in tavola preferibilmente con della buona polenta di grano saraceno, particolarmente indicata nella stagione fredda.

Starne arrosto

◆ Tempo: 30 minuti + 2 ore ✱ Difficoltà: media

✣ 2 starne, 1 l di latte, 50 g di burro, succo di 1 limone, 200 g di pancetta tesa, 6 bacche di ginepro, brodo, 1 bicchiere di panna liquida, sale, pepe.

Lavate con cura le starne e lasciatele a bagno nel latte per circa 2 ore. Trascorso il tempo necessario, scolatele, conditele con sale e pepe e inseritevi all'interno qualche bacca di ginepro. Chiudetele con del filo bianco da cucina e avvolgetele nella pancetta fermandola con degli stecchini. Scaldate il forno a 200 °C e, non appena raggiunge la temperatura desiderata, infornate le starne irrorate con il succo di limone e adagiate in una teglia imburrata. Fatele cuocere per circa 20 minuti girandole a metà cottura e bagnandole con il brodo caldo. A cottura ultimata, disponetele su un piatto da portata caldo, eliminate gli stecchini e il filo da cucina, tagliatele a metà e irroratele con il loro sughetto eventualmente fatto restringere sul fuoco per qualche minuto.

Tordi al ginepro

◆ Tempo: 1 ora ✶ Difficoltà: media

✣ 8 tordi, 100 g di prosciutto crudo, 100 g di lardo, 100 g di passata di pomodoro, 1 spicchio d'aglio, bacche di ginepro, burro, sale, pepe.

Pulite bene i tordi e riempiteli con il prosciutto tritato. Fate sciogliere una noce di burro assieme al lardo finemente tagliato in una padella e insaporite con lo spicchio d'aglio. Rosolate bene i tordi nel soffritto e poi toglieteli dalla padella e disponeteli sopra un piatto piuttosto ampio.

Procedete la cottura del sugo facendovi rapprendere il pomodoro; poi rimettete i tordi in padella, salate e pepate e continuate la cottura per circa 15 minuti. Schiacciate bene una decina di bacche di ginepro e unitele al sugo mescolando, quindi spegnete.

Tordi d'autunno

◆ Tempo: 45 minuti ✱ Difficoltà: facile

❖ 8 tordi, 8 fettine di pancetta, 8 foglie di vite, 1 grappolo d'uva nera, panna liquida, vino bianco, 100 g di burro, sale, pepe.

Pulite i tordi e avvolgete ognuno in una foglia di vite e poi in una fetta di pancetta, fermando con uno stecchino. Fate sciogliere il burro e rosolatevi i tordi per circa 10 minuti, poi alzate la fiamma, spruzzate con il vino, aggiungete poco sale, un pizzico di pepe e unite gli acini d'uva precedentemente lavata e asciugata. Abbassate la fiamma e procedete la cottura per 15 minuti, quindi aggiungete qualche cucchiaio di panna e servite.

Uccelletti in salmì

◆ Tempo: 45 minuti ✱ Difficoltà: facile

❖ 16 uccelletti, 150 g di olive nere, 1 cipolla, salvia, conserva di pomodoro, 1 bicchiere di vino rosso, olio extravergine d'oliva, sale, pepe.

Pulite, fiammeggiate e lavate gli uccelletti; quindi salateli e pepateli leggermente. Preparate un battuto con la cipolla e la salvia e soffriggetelo in un tegame con dell'olio.

Fate rosolare nel soffritto gli uccelletti, aggiungete poi il vino alzando la fiamma per farlo evaporare. Unite 2 o 3 cucchiaiate di conserva, un bicchiere d'acqua e le olive snocciolate. Lasciate sul fuoco a calore moderato fino a completa cottura degli uccelletti; quindi servite.

MOLLUSCHI E CROSTACEI

Aragosta alla griglia

◆ Tempo: 50 minuti ✷ Difficoltà: media

❖ 1 aragosta di circa 800 g ogni 2 commensali o 1 aragosta piccola per commensale, 1 cipolla, 1 carota, 1 mazzetto aromatico (alloro, prezzemolo, salvia ecc.), erbe aromatiche (prezzemolo, basilico, timo ecc.), 1 bicchierino di brandy, 150 g di burro, olio extravergine d'oliva, sale, pepe in grani.

Se usate delle aragostine piccole da porzione non sarà necessario ammorbidirle con una "precottura", altrimenti prima di grigliarli lessate i crostacei in un brodo preparato con abbondante acqua salata, la cipolla e la carota tagliate a pezzetti, il mazzetto aromatico, qualche grano di pepe.
Fate bollire per 15 minuti poi tuffatevi per 3 minuti le aragoste legate a un'assicella (se non avete a disposizione le assicelle, ricordatevi di legare le antenne e le zampe all'indietro e aderenti al corpo del crostaceo). Scolatele, liberatele dall'assicella e tagliatele a metà del dorso nel senso della lunghezza; pulitele togliendo l'intestino, la sacca della sabbia e l'eventuale corallo.
Adagiate le aragoste sulla graticola dalla parte del dorso e insaporitele con un pizzico di sale, una spolverata di pepe, le erbe aromatiche tritate e un filo d'olio.
Fatele cuocere per 15-20 minuti rigirandole e spennellandole con olio e il sugo che dovesse colare durante la cottura. Servite le aragoste condite con un trito di prezzemolo e una sal-

sina preparata facendo sciogliere il burro sul fuoco e insaporendo con il brandy, sale e pepe.

Aragosta in bellavista

◆ Tempo: 1 ora ✶ Difficoltà: media

❖ 1 aragosta di circa 1,5 kg, 700 g circa di maionese, 200 g di macedonia di legumi, 2 cespi di lattuga, 6 pomodori piccoli, 6 fondi di carciofo, 6 ravanelli, 6 uova sode, 1 tartufo, capperi, cerfoglio, 1 l di gelatina di pesce, burro, sale.

Lessate l'aragosta legata a un'assicella. Lasciatela raffreddare nel liquido di cottura, sgocciolatela e con 2 incisioni parallele aprite a metà il guscio, facendo molta attenzione a non rompere la carne della coda e a non rovinare il carapace. Prelevate con cura dal guscio la polpa e la parte cremosa. Tagliate la coda a medaglioni che disporrete in un piatto decorando ciascuna superficie con filetti di tartufo e foglioline di cerfoglio, ricopriteli poi con un velo di gelatina.
Tagliate i cespi di lattuga a julienne e passateli velocemente in padella con una noce di burro. Ricoprite il fondo di un grosso piatto da portata con la gelatina, disponetevi sopra i carapaci di aragosta (all'interno dei quali avrete disposto le foglie di lattuga) e, al di sopra, ricostruite la coda dell'aragosta accavallando le fettine gelatinate.
A questo punto gran parte della riuscita del piatto sta nella ricca guarnizione con cui viene portato in tavola. Vediamone alcune possibilità. Lavate i pomodorini, tagliateli a metà e svuotateli riempiendoli con la loro stessa polpa privata dei semi mescolata a pezzettini di polpa di aragosta e maionese; decorateli con tartufo e lucidatene la superficie con gelatina. Lessate i fondi di carciofo in acqua salata e farciteli con la macedonia di legumi mescolata a maionese; decorateli con fettine di ravanello e lucidate la superficie con un velo di gelati-

na. Tagliate a metà le uova sode e svuotatele del tuorlo che lavorerete a parte con un po' di maionese e capperi finemente tritati; con questa crema farcite gli albumi aiutandovi con una tasca da pasticciere con il beccuccio a stella e lucidatene la superficie con un velo di gelatina.
L'aragosta va preferibilmente accompagnata da maionese rossa cioè lavorata con il corallo del crostaceo.

Aragosta piccante in salsa

◆ Tempo: 30 minuti ✱ Difficoltà: facile

✣ 1 aragosta di circa 1 kg, 1 uovo, 1 cucchiaino di peperoncino rosso piccante, besciamella, latte, 1/2 bicchiere di marsala, burro, sale.

Lessate l'aragosta e pulitela prelevando la polpa che taglierete a fette spesse circa 2 cm. Rosolate le fette di aragosta insieme con un pezzo di burro, sale e peperoncino; bagnate con il marsala e lasciate evaporare. Diluite la besciamella con un po' di lattein modo che risulti abbastanza fluida e amalgamatevi il tuorlo d'uovo. Su un piatto da portata caldo disponete le rondelle di aragosta, coprite con la salsa e guarnite a piacere.

Calamaretti alla napoletana

◆ Tempo: 50 minuti ✱ Difficoltà: facile

✣ 800 g di calamaretti, 500 g di pomodori maturi e sodi, 100 g di olive nere snocciolate, 50 g di pinoli, 50 g di uva passa, 2 spicchi d'aglio, olio extravergine d'oliva, sale, pepe, fette di pane casereccio.

Pulite e tagliate i calamaretti ad anelli, lasciando intere le teste coi tentacoli. Scottate e pelate i pomodori, tagliateli a pezzi e cuoceteli con un soffritto d'olio e aglio aggiungendo poi i pinoli, l'uva passa (lasciata prima ammorbidire in acqua calda), le olive e i calamaretti. Salate, pepate leggermente, coprite la pentola e lasciate cuocere a fuoco basso, aggiungendo acqua se occorresse. Servite in tavola i calamaretti su crostini di pane caldi, condendoli con il sugo di cottura.

Calamari alla romana (Lazio)

◆ Tempo: 1 ora e 20 minuti ✶ Difficoltà: facile

❖ 800 g di calamari, 2 acciughe sottosale diliscate, 3 carciofi, 1 spicchio d'aglio, prezzemolo, peperoncino rosso, 1 bicchiere di vino bianco secco, olio extravergine d'oliva, sale.

Pulite e lavate i calamari, asciugateli e tagliateli a listarelle. Pulite i carciofi e preparateli tagliati a spicchi. In un tegame fate aromatizzare qualche cucchiaiata d'olio con il peperoncino e lo spicchio d'aglio schiacciato; togliete l'aglio e versate i calamari.

Dopo averli fatti asciugare, bagnateli con il vino e unite le acciughe lavate che farete sciogliere. Quando il vino sarà evaporato aggiungete un mestolo d'acqua calda e i carciofi; salate, abbassate la fiamma e proseguite la cottura per un'ora, eventualmente aiutandovi con qualche altro mestolo d'acqua.

Prima di servire aggiustate di sale e cospargete con del prezzemolo tritato.

Calamari alla siciliana (Sicilia)

◆ Tempo: 1 ora e 30 minuti ✶ Difficoltà: media

❖ 1 kg di calamari, 2 acciughe sottosale diliscate, 50 g di olive verdi, 30 g di capperi sottosale, 2 spicchi d'aglio, prezzemolo, peperoncino rosso, pangrattato, 1/2 bicchiere di vino bianco, olio extravergine d'oliva, sale.

Pulite, lavate e asciugate i calamari. Preparate un ripieno mescolando le olive, il prezzemolo e uno spicchio d'aglio tritati con le acciughe e i capperi puliti dal sale, il pangrattato, un cucchiaio d'acqua e tanto olio quanto basta a renderlo morbido e pastoso. Con questo impasto farcite le sacche dei calamari e chiudete l'apertura con uno stecchino (o del filo da cucina). In una pentola di coccio fate aromatizzare qualche cucchiaiata d'olio con uno spicchio d'aglio schiacciato e il peperoncino; togliete l'aglio e disponete i calamari. Non appena avranno consumato la loro acqua bagnateli con il vino e, quando sarà quasi del tutto evaporato, salate, unite un mestolo d'acqua calda e proseguite la cottura sinché i calamari non saranno morbidi. Particolarmente gustosa la variante che prevede della caciotta o del pecorino freschi tagliati a cubetti aggiunti nell'impasto del ripieno, e consiglia di cuocere i calamari in forno caldo, appoggiati su uno strato di fette di limone.

Calamari alla veneta (Veneto)

◆ Tempo: 1 ora ✳ Difficoltà: media

❖ 800 g di calamari, 2 pomodori, 1 cipolla, 2 spicchi d'aglio, basilico, 2 cucchiai di pangrattato, olio extravergine d'oliva, sale.

Lavate e pulite i calamari togliendo con cura le vescichette dell'inchiostro che metterete da parte in una ciotola; spingete i tentacoli nella sacca del corpo. In una grande padella fate scaldare dell'olio e mettete a rosolare la cipolla tritata a fuoco basso; dopo alcuni minuti aggiungete anche i pomodori pelati, privati dei semi e tagliati a pezzetti. Quando la salsa sarà avviata a cottura aggiungete i calamari e lasciateli cuocere per 15 minuti, poi scolateli dal sugo. Aggiungete alla salsa l'aglio e il basilico tritati, il pangrattato, un po' d'acqua e salate; fate cuocere pochi minuti e unite l'inchiostro, rompendo le sacche e mescolando bene. Unite i calamari e portateli a cottura.

Calamari imbottiti (Sardegna)

◆ Tempo: 1 ora ✱ Difficoltà: facile

❖ 1 kg di calamari, 3 acciughe, 3 spicchi d'aglio, 1 ciuffo di prezzemolo, 50 g di pangrattato, olio extravergine d'oliva, sale, pepe.

Pulite anzitutto con cura i calamari: eliminate la vescichetta dell'inchiostro, gli occhi e la bocca, lavate bene la sacca, tagliate i tentacoli e lessateli. Tritateli quindi insieme con l'aglio spellato e il prezzemolo lavato e asciugato, mescolate assieme al pangrattato e alle acciughe tagliuzzate finemente. Con questo impasto farcite poi i calamari e fateli cuocere in un tegame di coccio con dell'olio per circa 30 minuti girandoli ogni tanto. Serviteli in tavola nella teglia di cottura.

Calamari ripieni (Friuli)

◆ Tempo: 45 minuti ✱ Difficoltà: facile

❖ 8 calamari già puliti, 2 spicchi d'aglio, 1 ciuffo di prezzemolo, 1 uovo (facoltativo), pangrattato, olio extravergine d'oliva, sale, pepe.

Preparate il ripieno tritando i tentacoli dei calamari assieme all'aglio e al prezzemolo; completate di sale e pepe e soffriggete il composto nell'olio, dove avrete precedentemente rosolato il pangrattato. Una volta che l'intingolo per il ripieno si è intiepidito legate gli ingredienti col tuorlo dell'uovo. Riempite con la farcia i calamari, chiudeteli con stuzzicadenti e arrostiteli, adeguatamente unti e salati, sulla griglia già calda.

Canocchie alla viareggina (Toscana)

◆ Tempo: 50 minuti ✱ Difficoltà: facile

❖ 2 kg di canocchie, 2 spicchi d'aglio, 1 pezzetto di zenzero, 1 tazza di salsa di pomodoro, olio extravergine d'oliva, sale, pepe, fette di pane casereccio.

Lavate le canocchie, poi rosolatele in padella con dell'olio e l'aglio; aggiungete la salsa di pomodoro, lo zenzero e un po' d'acqua. Salate, pepate e fate cuocere per circa mezzora. Servite il pesce su fette di pane tostato, irrorandolo con il sugo.

Conchiglie agrodolci

◆ Tempo: 1 ora + 3 ore ✱ Difficoltà: media

✣ 1,5 kg di cozze, 600 g di vongole, 2 scalogni, 1 cucchiaio di pinoli, 1 cucchiaio di uva passa, 1 cucchiaio di capperi sottaceto, 1 bustina di zafferano, 2 spicchi d'aglio, prezzemolo, peperoncino rosso, 1/2 bicchiere di vino bianco secco, olio extravergine d'oliva, sale.

Lavate con cura le conchiglie dopo averle fatte spurgare e fatele schiudere ponendole al fuoco in una casseruola insieme a 2 cucchiai d'olio, mezzo bicchiere d'acqua, gli spicchi d'aglio pelati e schiacciati, qualche fogliolina di prezzemolo, peperoncino e il vino bianco. Quando si saranno tutte ben aperte scolatele, eliminando quelle rimaste chiuse; tenete da parte, dopo averlo accuratamente filtrato, il liquido rimasto dalla cottura.

In una padella fate rosolare gli scalogno finemente tritati in qualche cucchiaio d'olio, quindi unite i pinoli e l'uva passa lasciata prima ammorbidire in acqua tiepida per almeno 2 o 3 ore. Bagnate il tutto con il brodetto filtrato di cozze e vongole in cui avrete sciolto lo zafferano e proseguite la cottura per un'altra decina di minuti; poco prima di spegnere unite al sughetto un trito fine di prezzemolo e i capperi risciacquati. Disponete a questo punto le conchiglie in un grande piatto da portata dai bordi piuttosto alti e ricopritele con cura e uniformemente con il sughetto; fatele poi marinare per qualche ora in luogo fresco prima di portare in tavola. Servite il piatto con verdure fresche o al forno.

Cozze gratinate

◆ Tempo: 40 minuti ✱ Difficoltà: facile

❖ 1 kg di cozze, 1 spicchio d'aglio, prezzemolo, pangrattato, olio extravergine d'oliva, sale, pepe.

Pulite con cura le cozze e fatele schiudere mettendole al fuoco in un tegame coperto. Dividete i gusci, buttando via quelli vuoti e adagiando quelli con il mollusco su una teglia da forno; a fine operazione filtrate il liquido lasciato sul fondo e tenetelo da parte. Amalgamate il pangrattato, il prezzemolo e l'aglio tritati, un pizzico di sale e una buona macinata di pepe con l'olio necessario a rendere il tutto un composto pastoso. Con un cucchiaino di questa salsa coprite ciascun mollusco, condite con un filo leggero d'olio e passate in forno caldo per una decina di minuti. Eventuali variazioni per la preparazione di questa pietanza sono: l'aggiunta di una fettina di mozzarella sopra ciascuna cozza; del prosciutto cotto tritato oppure un battuto di cipolla e pomodoro fresco nell'impasto per gratinare.

Cozze ripiene (Sicilia)

◆ Tempo: 1 ora ✱ Difficoltà: media

❖ 1 kg di cozze, 300 g di pomodori maturi e sodi, 100 g di mortadella, 50 g di tonno sottolio, 3 spicchi d'aglio, prezzemolo, zenzero, 2 uova, 1 fetta di pane, latte, 1 bicchiere di vino bianco secco, parmigiano grattugiato, olio extravergine d'oliva, sale, pepe.

Lavate con cura le cozze, apritele a crudo aiutandovi con la lama di un coltello e lasciatele sgocciolare senza dividere i gusci; attenzione a non forzare troppo rischiando di rompere i gusci, basterà riuscire a socchiuderle.

Preparate il ripieno amalgamando la mortadella e il tonno tritati con il pane fatto ammollare nel latte e strizzato, una manciata di formaggio grattugiato, le uova; insaporite con un trito fine d'aglio e prezzemolo, sale e pepe. Dopo aver mescolato con cura farcite con l'impasto le cozze e richiudetele legandole con filo da cucina. In una larga padella fate scaldare qualche cucchiaio d'olio insaporito con un trito d'aglio, prezzemolo e zenzero; bagnate con il vino bianco e non appena sarà evaporato unite i pomodori prima sbucciati (aiutatevi tuffandoli in acqua bollente), privati dei semi e tritati finemente. Fate cuocere per una decina di minuti regolando di sale e pepe, poi unite le cozze formando uno strato unico. Proseguite la cottura per una ventina di minuti sempre mescolando prima di servire.

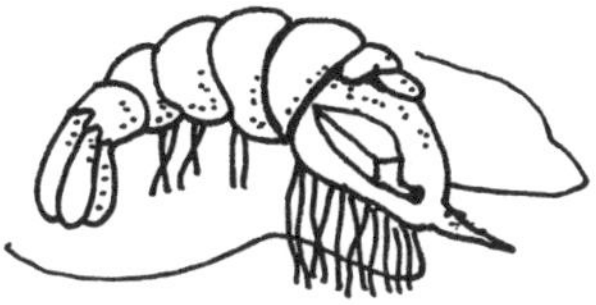

Crostacei in guazzetto

◆ Tempo: 30 minuti ✱ Difficoltà: facile

❖ 12 scampi, 12 gamberoni grossi, 1 spicchio d'aglio, 1 ciuffo di prezzemolo, 1 pezzetto di peperoncino rosso, farina, 1/2 bicchiere di vino bianco secco, cognac, olio extravergine d'oliva, sale.

Lavate e sgusciate scampi e gamberoni senza privarli della testa, infarinateli uniformemente e disponeteli in un largo tegame. Conditeli con l'olio, l'aglio schiacciato, il peperoncino sbriciolato, sale e fateli rosolare. Bagnateli con una spruzzata di cognac e il vino bianco e fateli cuocere per un quarto d'ora circa a fuoco basso e tegame coperto.

Negli ultimi istanti di cottura cospargete di prezzemolo tritato; lasciate insaporire e servite.

Fasolari con patatine novelle

◆ Tempo: 40 minuti ✱ Difficoltà: facile

✣ 8 fasolari, 1 seppia da 400 g, 300 g di patatine novelle, 200 g di sedano rapa, 1 cespo di insalata riccia, 1 limone, 2 spicchi d'aglio, 1 ciuffo di prezzemolo tritato, 4 dl di brodo di pesce, olio extravergine d'oliva, sale.

Fate spurgare in acqua salata i fasolari, sbucciate le patatine novelle, tagliate a palline il sedano rapa. Fate aprire le conchiglie in acqua bollente acidulata con succo di limone; scolatele ed eliminate la sacca nera. Pulite la seppia e tagliate la sacca a triangoli. Rosolate in una padella l'aglio con 4 cucchiai d'olio; unitevi le patate e il sedano (precedentemente scottati in acqua bollente) e il brodo di pesce. Aggiungete i fasolari, i pezzi e i tentacoli di seppia, coprite e cuocete per 3-4 minuti. Distribuite nei piatti alcune foglie d'insalata e adagiatevi a fianco il pesce e le verdure cotte. Unite al condimento rimasto in padella un po' d'olio crudo e abbondante prezzemolo tritato, regolate di sale e versate la salsa sui piatti. Servite decorando con una conchiglia di fasolare.

Frittura (Veneto - Emilia Romagna)

◆ Tempo: 30 minuti ✱ Difficoltà: facile

✣ Calamaretti, seppioline, canestrelli, cozze, gamberetti, scampi, farina (o pastelle e/o marinate), limone, olio per friggere, sale.

Pulite e sgusciate cozze e canestrelli; sciacquate sotto acqua corrente i gamberetti e gli scampi e asciugateli. Pulite bene i calamaretti; se piccoli lasciateli interi, altrimenti tagliateli a listarelle lasciando però interi i ciuffetti. Pulite le seppie e tagliatele a listarelle. Sciacquate seppie e calamaretti sotto acqua fredda corrente e asciugateli bene. A seconda del tipo di procedimento prescelto per la frittura lasciate il pesce a marinare o a riposo nella pastella per il tempo consigliato. Friggete il misto di pesce in olio bollente, fate asciugare su della carta assorbente e salate. Servite il pesce ben dorato e caldissimo accompagnando con spicchi di limone. Un accorgimento originale per dare un sapore "in più" alla vostra frittura è quello di aromatizzare l'olio bollente con alcuni pezzettini di zenzero; toglieteli prima che prendano colore e quindi mettete a cottura il pesce.

Frutti di mare allo zafferano

◆ Tempo: 25 minuti ✱ Difficoltà: facile

❖ Frutti di mare a piacere (cozze, vongole, ostriche), 1 bustina di zafferano, 2,5 dl di brodo di pesce, 1 limone, 2 cucchiai di farina, paprica, 100 g di burro, sale.

Fate sciogliere il burro in una casseruola e stemperatevi la farina e lo zafferano sciolto precedentemente in un po' di brodo di pesce caldo. Aggiungete il resto del brodo continuando a mescolare, condite a piacere con sale e paprica e proseguite la cottura fino a quando la salsetta inizia a rapprendersi. Lavate sotto l'acqua i frutti di mare, spazzolate bene le cozze e lasciatele spurgare per qualche ora in acqua fresca insieme alle vongole. Fate aprire i frutti di mare in padella e poi ripassateli con un po' d'olio e l'aglio schiacciato. Disponete i frutti di mare su un grande piatto da portata, irrorateli con la salsa di zafferano a parte e qualche crostino di pane nero.

Gamberi all'aceto (Emilia Romagna)

◆ Tempo: 30 minuti ✱ Difficoltà: facile

❖ 16 grossi gamberi, 20 asparagi, 1 misto di insalata (radicchio, valerianella, rucola, lattuga riccia), 2 funghi prugnoli, aceto balsamico, olio extravergine d'oliva, sale, pepe.

Mondate e lavate la verdura. Lessate gli asparagi al dente in acqua salata e, una volta scolati e fatti intiepidire, tagliateli diagonalmente a pezzetti. Uniteli poi all'insalata che avrete tagliato a pezzi e disposto in un piatto da portata e condite il tutto con una salsina preparata emulsionando olio, aceto, pepe e sale. Lavate i gamberi e sgusciateli. Tagliateli poi longitudinalmente e fateli rosolare in una padella insieme con dell'olio; dopo alcuni minuti unite qualche goccia d'aceto balsamico e spegnete. Affettate sottilmente i prugnoli sopra l'insalata e disponetevi i gamberi prima di servire.

Gamberi di fiume in salsa (Lombardia)

◆ Tempo: 30 minuti ✳ Difficoltà: facile

❖ 600 g di gamberi d'acqua dolce, 100 g di capperi, 2 spicchi d'aglio, 1 foglia d'alloro, prezzemolo, chiodi di garofano, mollica di pane, aceto, 1/2 bicchiere d'olio extravergine d'oliva, sale, pepe.

Dopo averli lavati, mettete i gamberi in una casseruola con acqua leggermente salata, mezzo bicchiere d'aceto, la foglia d'alloro, gli spicchi d'aglio, qualche chiodo di garofano e un po' di pepe. Fateli bollire per circa 15 minuti, poi scolateli e, una volta freddi, liberateli dall'involucro che li protegge. Accomodateli sopra un piatto e serviteli con una salsina così preparata: prendete un pugno di mollica di pane, bagnatela nell'acqua e strizzatela bene; fate un trito molto fine con i capperi e una manciata di prezzemolo e unitelo al pane, mescolando con cura e aggiungendo un po' d'aceto e l'olio. Servite i gamberi con la salsina e verdure a piacere.

Guazzetto di mare

◆ Tempo: 1 ora ✳ Difficoltà: media

❖ 500 g di cozze, 500 g di vongole veraci, 350 g di moscardini, 1,5 dl di vino bianco secco, 300 g di pomodori, qualche filo di erba cipollina, 1 ciuffo di prezzemolo, 1 spicchio d'aglio, sale, pepe.

Lavate le vongole e fatele spurgare in abbondante acqua salata per alcune ore. Raschiate e pulite bene le cozze. Pulite i moscardini, eliminatene le interiora, sciacquateli con cura sotto l'acqua corrente. Fate scottare i pomodori in acqua bollente, scolateli, spellateli, privateli dei semi e dell'acqua di vegetazione, quindi tagliateli a pezzetti. Versate le vongole e le cozze in un tegame piuttosto ampio e aggiungete 1 dl di vino bianco e un po' d'olio. Fate aprire i molluschi sul fuoco avendo cura di scuotere ogni tanto il tegame. Togliete i molluschi dal guscio e metteteli in un pentolino. Quindi filtrate il liquido di cottura e mettetelo da parte. Mettete i moscardini in un tegame con 3 cucchiai d'olio, l'aglio schiacciato e lasciateli rosolare per circa 5 minuti.
Bagnateli con il vino rimasto, lasciatelo sfumare a fuoco vivace, aggiustate di sale e pepe e teneteli da parte al caldo. In un'altra padella fate cuocere i pomodori a pezzetti insieme al liquido di cottura dei frutti di mare e dei moscardini per circa 10 minuti. Aggiungete i molluschi e i moscardini e proseguite la cottura per altri 5 minuti. Cospargete con abbondante prezzemolo tritato e servite il guazzetto con crostini di pane abbrustolito.

Murici alla diavola (Marche)

◆ Tempo: 1 ora + 2 ore ✱ Difficoltà: media

❖ 1 kg di murici (tipo di lumachine di mare),
700 g di pomodori maturi, 7 acciughe sottosale,
2 foglie di alloro, 2 spicchi d'aglio, 1 peperoncino rosso,
1 bicchiere di vino bianco secco, olio extravergine
d'oliva, sale.

Lavate bene i murici e lasciateli un paio d'ore in acqua e sale, poi metteteli a bollire in acqua, pepe nero e 2 foglie d'alloro per 10 minuti. In una capiente pentola di coccio fate rosolare nell'olio un trito d'aglio e peperoncino e le acciughe ben pulite dal sale e diliscate che avrete cura di far sciogliere. Bagnate con il vino e quando questo sarà quasi del tutto evaporato unite i pomodori (pelati e privati dei semi) spezzettati.
Fate cuocere per 20 minuti prima di unire i molluschi; mescolate con cura e proseguite poi la cottura per altri 20 minuti abbassando la fiamma.

Pepata di cozze

◆ Tempo: 30 minuti ✶ Difficoltà: facile

❖ 2 kg di cozze, il succo di 1 limone, 1 ciuffo di prezzemolo, pepe in grani.

Dopo aver ben pulito le cozze mettetele su fuoco vivo in una padella molto larga insieme con un'abbondante macinata di pepe e coprite. Fatele aprire scuotendo spesso la padella per i manici e, verso fine cottura, aggiungete abbondante prezzemolo tritato. Servite le cozze accompagnandole con il loro sughetto e con succo di limone.
Questa preparazione può essere utilizzata anche per condire gli spaghetti (in questo caso è meglio eliminare parte dei gusci). Ottima anche la versione con le vongole.

Polpo al prezzemolo (Sardegna)

◆ Tempo: 1 ora e 30 minuti + 10 ore ✶ Difficoltà: media

❖ 1 grosso polpo di circa 1 kg, 1 limone, 2 spicchi d'aglio, prezzemolo, alloro, olio extravergine d'oliva, sale, pepe.

Pulite e battete il polpo per ammorbidirne la carne (per essere tenero il polpo deve presentare 2 filari di ventose). Portate a bollore una pentola d'acqua con una foglia d'alloro, un spicchio d'aglio e sale; aggiungete il polpo e fatelo cuocere per un'ora: sarà cotto quando le punte della forchetta vi penetreranno facilmente. Spegnete e lasciate il polpo in pentola sin quando non si sarà intiepidito, quindi scolatelo e tagliatelo a pezzetti regolari che metterete in una terrina. A parte mescolate il succo di limone con l'olio, un trito di prezzemolo e aglio, sale e pepe. Condite il polpo con la salsa e lasciate riposare al fresco almeno per 10 ore prima di servire in tavola.

Polpo piccante (Sicilia)

◆ Tempo: 1 ora ✳ Difficoltà: facile

❖ 1 grosso polpo di circa 1 kg, 500 g di pomodori maturi, 1 cipolla, 1 gambo di sedano, basilico, zafferano, sale peperoncino rosso in polvere, olio extravergine d'oliva.

Pulite e lavate il polpo e, se non è stato già battuto dal pescivendolo, fatelo voi in modo da ammorbidirlo, poi immergetelo per qualche minuto in acqua bollente salata.
Scolatelo e tagliatelo a pezzetti regolari. In un tegame di coccio fate soffriggere la cipolla e il sedano tritati, poi unite i pomodori (pelati e privati dei semi) anch'essi tritati; quando si saranno un po' asciugati, bagnateli con un mestolo d'acqua o brodo vegetale caldi in cui avrete fatto sciogliere lo zafferano e la polvere di peperoncino. Aggiungete il polpo e portatelo a cottura aiutandovi con qualche mestolo d'acqua o brodo. Prima di spegnere unite qualche foglia di basilico e servite.

Sauté di vongole (Campania)

◆ Tempo: 25 minuti ✳ Difficoltà: facile

❖ 2 kg di vongole, 3 spicchi d'aglio, prezzemolo, peperoncino rosso, olio extravergine d'oliva.

Lavate bene le vongole, fatele spurgare e poi mettetele in una padella in cui avrete fatto insaporire l'olio con 2 spicchi d'aglio e il peperoncino. Fate cuocere a fuoco vivo e coperto finché non si saranno tutte aperte; di tanto in tanto scuotete la padella. Scolate le vongole e filtrate il sughetto per eliminare la sabbia, poi rimettete il tutto in padella, cospargete con abbondante prezzemolo e con l'aglio rimasto; lasciate insaporire e servite. Il sauté è anche base per un sugo: in questo caso dimezzate la dose di vongole.

Scampi al forno

◆ Tempo: 50 minuti + 1 ora ✶ Difficoltà: facile

❖ 12 scampi nostrani, 300 g di calamari, 200 g di favette secche, 1 limone, 1 spicchio d'aglio, 1 foglia di alloro, 1 ciuffo di prezzemolo, olio extravergine d'oliva, sale, pepe in grani.

Lessate le favette con l'aglio e la foglia di alloro per 30 minuti (dopo un ammollo di circa un'ora) quindi frullatele. Pulite i calamari, tagliateli a frange mantenendo un lembo attaccato e grigliateli per 3 minuti. Spazzolate con cura gli scampi sotto acqua corrente, asciugateli, incideteli sul dorso e disponeteli sulla piastra del forno su cui avrete predisposto un foglio di carta metallizzata. Distribuite una spruzzata di limone sugli scampi, condite con sale e pepe e coprite con un altro foglio di carta metallizzata. Fate cuocere in forno già caldo (180 °C) per circa un quarto d'ora e servite con i calamari e la crema di favette.

Scampi alla mugnaia

◆ Tempo: 20 minuti ✶ Difficoltà: facile

❖ 600 g di scampi sgusciati, 40 g di prezzemolo tritato, 1/2 limone, 50 g di burro, sale.

Fondete circa 30 g di burro in una casseruola. Aggiungete gli scampi sgusciati, salateli leggermente e cuoceteli a fuoco dolce, mescolando ogni tanto, per una decina di minuti. Fuori dal fuoco unite il prezzemolo, il succo di limone e il burro rimasto; mescolate per sciogliere il burro e servite.

Seppie al nero (Veneto)

◆ Tempo: 1 ora e 30 minuti ✶ Difficoltà: media

❖ 1,5 kg di seppie, 2 cipolle, 2 spicchi d'aglio, 2 foglie d'alloro, noce moscata, 2 limoni, 2 bicchieri di vino bianco secco, 1 bicchiere scarso d'olio extravergine d'oliva, sale, pepe in grani.

Pulite accuratamente le seppie. Eliminate anzitutto la pellicina nerastra che le ricopre, quindi incidetene il dorso nel senso della lunghezza, servendovi di un coltellino affilato. Allargando il taglio estraete l'osso che è lungo quanto l'intero corpo del mollusco, facendo attenzione a non rompere il sacchetto dell'inchiostro.

Aiutandovi con un dito, estraete il sacchetto delle viscere e da questo staccate quello dell'inchiostro e tenetelo da parte. Separate poi i tentacoli dalla sacca appena sotto gli occhi, che vanno tolti. In mezzo ai tentacoli si trova la bocca (o rostro), che va rimossa. Sciacquate quindi sotto acqua corrente e lasciate asciugare su dei canovacci. Sbucciate e tritate le cipolle e l'aglio, fateli imbiondire nell'olio versato in una casseruola, unitevi le seppie tagliate a striscioline di un paio di centimetri circa, insaporite con sale e pepe macinato fresco, aggiungetevi l'alloro, la scorza dei limoni e un pizzico di noce moscata. Mescolate, unitevi anche l'inchiostro diluito nel vino e lasciate cuocere a fuoco moderato, facendo restringere il sughetto e mescolando di tanto in tanto con un cucchiaio di legno. Lasciate sul fuoco per un tempo che, a seconda della consistenza delle seppie, può variare tra i 40 e i 60 minuti; se però i molluschi non risultassero sufficientemente morbidi, non abbiate timore di prolungare la cottura.

Seppie con piselli (Abruzzo)

◆ Tempo: 1 ora ✶ Difficoltà: facile

❖ 1 kg di seppie, 500 g di piselli sgranati, 3 pomodori maturi, 1 cipolla, prezzemolo, vino bianco secco, olio extravergine d'oliva, sale, pepe.

Pulite le seppie e tagliatele a listarelle. Sgranate i piselli e metteteli a bagno coperti d'acqua. Fate imbiondire la cipolla tritata in olio, poi unite le seppie, sale e pepe. Quando il liquido delle seppie si sarà asciugato, bagnate con il vino e lasciate evaporare, unite i piselli e la loro acqua e proseguite la cottura a fuoco moderato per mezzora. Aggiungete i pomodori (pelati e privati dei semi) grossolanamente tritati e, prima di servire, prezzemolo tritato.

Seppioline in umido

◆ Tempo: 1 ora ✶ Difficoltà: facile

❖ 1 kg di seppioline, 1 cipollotto, 1 spicchio d'aglio, 1 ciuffo di prezzemolo, alcuni cucchiai di salsa di pomodoro, 1 bicchiere di brodo di pesce o vegetale, 1 bicchiere di vino bianco, olio extravergine d'oliva, sale, pepe, polenta.

Pulite accuratamente le seppioline tenendo da parte le vescichette dell'inchiostro, poi tagliate le più grandi a striscioline. In una capace padella versate abbondante olio e fatevi soffriggere il cipollotto pulito e tritato e lo spicchio d'aglio pulito e schiacciato, che toglierete appena inizia a prendere colore. Quindi aggiungete le seppioline e lasciatele cuocere per una decina di minuti prima di bagnare con il vino e lasciarlo evaporare. Non appena il vino è evaporato, versate nella padella il brodo di pesce o di verdure in cui avrete fatto sciogliere l'inchiostro delle vescichette tenute da parte, aggiungete la salsa di pomodoro, salate, pepate e lasciate sul fuoco per una mezzoretta. A cottura ultimata cospargete di prezzemolo tritato e infine portate in tavola insieme a una polenta.

Spiedini di frutti di mare (Marche)

◆ Tempo: 45 minuti ✳ Difficoltà: facile

✣ 8 conchiglie di san Giacomo, 20 cozze, 12 gamberi, 180 g di pancetta affumicata, 2 cipolle, 2 peperoni, 2 spicchi d'aglio, 40 g di erbe aromatiche tritate, 1 dl di vino bianco, olio extravergine d'oliva, sale, pepe.

Spazzolate bene le cozze e le conchiglie di san Giacomo sotto acqua corrente, poi fatele aprire mettendole al fuoco in una padella insieme con gli spicchi d'aglio schiacciati e il vino bianco; quando si saranno schiuse sgusciate le cozze e separate il muscolo bianco dal resto delle conchiglie di san Giacomo (scartate la membrana e utilizzate il corallo per preparare un sugo o un'insalata mista). Pulite i gamberi staccando la testa e incidete con cura il carapace in modo da sgusciarli senza romperli. Mondate e preparate la verdura: tagliate le cipolle a spicchi e i peperoni a falde. Tagliate la pancetta a dadi. Preparate gli spiedini alternando i vari ingredienti tra loro (ripiegate i peperoni su se stessi), poi metteteli a cuocere sulla griglia per un quarto d'ora. Durante la cottura rigirateli e spennellateli regolarmente con una salsina preparata mescolando olio, sale, pepe ed erbe aromatiche tritate finemente.

Spiedini di scampi

◆ Tempo: 40 minuti ✳ Difficoltà: facile

✣ 12 code di scampi, 2 filetti d'acciuga sottolio, 2 spicchi d'aglio, 8 foglie d'alloro, 1 cucchiaino di peperoncino rosso in polvere, 1 cucchiaio di succo di limone, 2 cucchiai di brandy, burro, olio extravergine d'oliva, sale, pepe.

Lavate e asciugate gli scampi; incidetene il guscio con un coltellino affilato e infilzatene 3 su ogni spiedino, inframmezza-

ti a foglie d'alloro. Salate leggermente, pepate, ungete d'olio una teglia e disponetevi gli spiedini.
Infornate a 180 °C per un quarto d'ora, bagnando di tanto in tanto con il sugo che si verrà a formare.
A questo punto, in un pentolino, fate fondere un pezzetto di burro e rosolatevi l'aglio; toglietelo e aggiungete il peperoncino, poi versate il brandy che lascerete evaporare, a fuoco vivo, per qualche istante. Spegnete e amalgamatevi i filetti d'acciuga con un altro pezzetto di burro e il succo di limone. Versate questa salsina su un piatto da portata caldo, allineatevi sopra gli spiedini ben caldi e servite.

Terrina di granchio e broccoli

◆ Tempo: 1 ora ✳ Difficoltà: media

❖ 2 cime di broccoli, 150 g di polpa di granchio, 1 uovo, 3 cucchiai di pangrattato, 1 spicchio d'aglio, 50 g di burro, 1/2 peperoncino, 1 barbabietola cotta, 1 ciuffo di erba cipollina, 4 fette di pane casereccio, 4 pomodorini ciliegia, olio extravergine d'oliva, sale, pepe bianco.

Sbollentate i broccoli per 2 minuti in acqua salata; saltateli quindi in padella con l'aglio, un po' di olio e il peperoncino tritato. Aggiustate di sale e di pepe, e lasciate intiepidire. Nel frattempo montate l'albume a neve con un pizzico di sale, e aggiungetelo ai broccoli tiepidi e scolati dal fondo di cottura. Condite la polpa di granchio con sale, pepe e olio; dividetela sul fondo di 4 stampini in alluminio imburrati e passati con il pangrattato. Riempite con i broccoli e pressate con cura. Infornate a 200 °C per 10 minuti. Intanto tostate il pane tagliato a dischi e doratelo in padella con un filo di olio e sale. Frullate la barbabietola con l'olio, il sale, il pepe e l'erba cipollina; passate il composto al setaccio e tenete da parte. Sformate le terrine e ponetele sopra i crostini caldi, condite con la salsa di barbabietola e servite decorando con i pomodorini.

Pesce di mare e di fiume

Agghiotta di pesce spada (Sicilia)

◆ Tempo: 1 ora e 15 minuti ✶ Difficoltà: media

❖ 1 kg di pesce spada, 500 g di polpa di pomodoro, 1 cipolla, 1 spicchio d'aglio, alloro, prezzemolo, capperi sottosale, farina, vino bianco, olio extravergine d'oliva, olio per friggere, sale.

Togliete la pelle al pesce e tagliatelo a fette, infarinatelo e mettetelo a friggere in una padella con abbondante olio, quindi scolatelo, adagiatelo su carta assorbente e insaporitelo con sale. In un tegame ponete a freddo la cipolla e l'aglio tritati, alcune foglie d'alloro spezzettate, la polpa di pomodoro, un pizzico di sale e un giro d'olio.
Cuocete per una ventina di minuti, quindi togliete dal fuoco e unite le fette di pesce fritto spolverando con del prezzemolo tritato, aggiungendo qualche cappero e una spruzzata di vino bianco. Infornate a calore medio per circa un quarto d'ora, quindi portate in tavola.

Agoni essiccati (Lombardia)

◆ Tempo: 10 minuti ✶ Difficoltà: facile

❖ Agoni a piacere.

Ecco un piatto famoso, saporito e tipico del lago di Como. In quelle zone vengono chiamati missoltini gli agoni pescati in primavera, eviscerati ed esposti all'aria su fili appesi a struttu-

re triangolari in modo che essicchino per il vento e il sole, poi salati e pressati in barili di legno o di latta in modo da poterli conservare a lungo. I barili che contengono gli agoni essiccati vengono chiusi con un coperchio sul quale vanno posti dei pesi, in modo che i pesci, pressati, emettano un olio che contribuisce alla loro conservazione. I missoltini si mangiano dopo averli riscaldati su una griglia posta sopra della brace di legna o su una piastra o pietra, sempre sopra fuoco lento, facendo attenzione a tenere le griglie inclinate in modo che l'olio presente nei pesci possa defluire. Il pesce infatti non deve cuocere nel proprio grasso: l'olio che cola viene bruciato e sprigiona un aroma perfetto per stuzzicare l'appetito.
I missoltini vanno lasciati sulla griglia solo per il tempo necessario a riscaldarli; se infatti si protrae troppo a lungo la cottura le carni divengono legnose anziché rosse e morbide. Non appena tolti dalla griglia i pesci vanno ripuliti con un coltello delle scaglie che si sono sollevate, vanno aperti per il lungo e privati della lisca centrale, quindi spruzzati con aceto e un filo d'olio. Il prezzemolo può essere aggiunto a piacere.

Aguglie al pomodoro (Sicilia)

◆ Tempo: 1 ora ✱ Difficoltà: facile

❖ 1 kg di aguglie, 800 g di pomodori maturi e sodi, 1 cipolla, 1 spicchio d'aglio, prezzemolo, origano, olio extravergine d'oliva, sale, pepe in grani.

L'aguglia è un pesce "azzurro", caratterizzato da corpo sottile e lungo. Pulite e spinate il pesce, ricavandone dei filetti che lascerete poi riposare in frigorifero stesi su un canovaccio. In un tegame fate ammorbidire un trito d'aglio e cipolla nell'olio, poi unite i pomodori pelati (tuffateli per un attimo in acqua bollente) privati dei semi e tritati. Salate e fate restringere il sugo per una ventina di minuti su fiamma bassa. Trascorso questo tempo unite origano e prezzemolo tritato e una macinata abbondante di pepe; quindi adagiate i filetti di aguglia nel sugo di pomodoro e continuate la cottura per circa 15 minuti rivoltando il pesce e smuovendo il tegame per i manici di tanto in tanto. Infine, a cottura ultimata, sistemate il pesce su un piatto da portata e servite.

Alborelle al vino

◆ Tempo: 40 minuti ✱ Difficoltà: facile

❖ 1 kg di alborelle, 2 limoni, 1 rametto di rosmarino, basilico, 1/2 bicchiere di vino bianco secco, olio extravergine d'oliva, sale, pepe.

Pulite e squamate le alborelle; poi lasciatele asciugare. In un tegame capiente fate scaldare l'olio aromatizzandolo con il rosmarino, poi mettete a cottura il pesce rosolandolo da entrambi i lati (se praticherete dei tagli trasversali sul corpo eviterete che si incurvi durante la cottura). Bagnate il pesce con il vino bianco e insaporitelo con sale e pepe.
Quando il vino sarà evaporato e il pesce cotto, cospargetelo di basilico tritato insieme con un po' di scorza di limone (solo la parte gialla). Servite caldo guarnendo con alcuni spicchi di limone.

Anguilla con piselli (Lombardia - Veneto)

◆ Tempo: 1 ora ✱ Difficoltà: media

❖ 1 kg di anguilla, 400 g di piselli, 200 g di salsa di pomodoro, 1 cipolla, qualche foglia di salvia, rosmarino, vino rosso q.b., burro, olio extravergine d'oliva, sale.

Versione mantovana della ricetta veneta del bisato col tocio (anguilla con il sugo) che può essere utilizzata anche per cucinare il pesce gatto o la tinca. Tagliate a pezzi l'anguilla dopo averla spellata; preparate un trito di salvia, rosmarino e cipolla. Fate rosolare il trito di aromi in un po' di burro e olio, aggiungete l'anguilla e il vino che farete poi evaporare completamente; regolate di sale e fate cuocere per 20 minuti circa. Versate la salsa di pomodoro e i piselli freschi (se usate invece quelli in scatola aggiungeteli solo all'ultimo momento) e lasciate insaporire completando la cottura. Servite l'anguilla accompagnandola con polenta appena fatta.

Anguilla in umido (Veneto)

◆ Tempo: 45 minuti + 30 minuti ✱ Difficoltà: media

❖ 800 g di anguilla, 3 pomodori pelati, 1 cipolla di media grossezza, 2 spicchi d'aglio, 1 cucchiaio di prezzemolo tritato, 1 bicchiere di vino bianco secco, farina di mais (o sale grosso o pangrattato), 20 g di burro, aceto, 3 cucchiai d'olio extravergine d'oliva, sale, pepe in grani.

Dopo aver sfregato l'anguilla con della farina o del sale grosso oppure del pangrattato, pulitela delle interiora e lasciatela a bagno in acqua e aceto per circa mezzora.

Nel frattempo sbucciate la cipolla e l'aglio e tritateli finemente. Trascorso il tempo nel quale avete lasciato l'anguilla a bagno, mettete in una casseruola l'olio e il burro e soffriggetevi il trito di cipolla e aglio: quando inizia a prendere colore, aggiungetevi l'anguilla tagliata in piccoli pezzi di 5-6 cm e passata nella farina versata in un piatto. Lasciate rosolare leggermente il pesce, poi giratelo, aggiungetevi il vino, fate evaporare e, subito dopo, unite i pomodori pelati e privati dei semi. Proseguite la cottura sino a tre quarti, per circa 15 minuti, aggiustate di sale, insaporite con del pepe macinato al momento e portate a cottura a tegame coperto. Infine aggiungete il prezzemolo tritato, mescolate e servite.

Crostini toscani p. 20

Sfiziosità di acciughe marinate p. 44

Topini di taleggio alla zucca p. 58

Zuppa di vongole alla barese p. 72

Pappa al pomodoro p. 77

Bucatini con l'agnello p. 83

Linguine con frutti di mare p. 98

Trofie al pesto p. 128

Cannelloni ripieni di carne p. 129

Lasagne al forno p. 131

Ravioli al nasello p. 152

Tortelli alla mugellana p. 155

Farfalle bella Capri p. 160

Riso primavera p. 168

Risotto alla rucola p. 183

Risotto con i fegatini p. 186

Crespelle di verdure p. 198

Gnocchi alla romana p. 203

Gnocchi di ricotta e spinaci p. 208

Bistecca alla fiorentina p. 214

Vitello in guazzetto p. 228

Cotechino p. 234

Porceddu al forno p. 240

Spezzatino di cinghiale p. 242

Pollo alla cacciatora p. 258

Agnello del pastore p. 268

Coniglio in padella p. 287

Frutti di mare allo zafferano p. 307

Scampi al forno p. 312

Orata al cartoccio p. 329

Pesce spada alla catanese p. 332

Frittata alle zucchine e patate p. 342

Mozzarelle ripiene p. 349

Pomodorini ripassati p. 365

Melanzane in barca p. 387

Carciofi ripieni p. 412

Piatto ricco di avena, ceci e carote p. 444

Pizza napoletana p. 463

Focaccia alle cipolle p. 472

Torta di fagiolini p. 497

Strudel al radicchio rosso p. 509

Parrozzo p. 525

Torta gianduia p. 536

Tronchetto siciliano p. 538

Zuccotto p. 553

Zeppole p. 563

Baci di dama p. 588

Cannoli siciliani p. 593

Baccalà al forno (Basilicata)

◆ Tempo: 1 ora e 10 minuti ✶ Difficoltà: facile

❖ 1 kg di stoccafisso bagnato tagliato a pezzi, 3 cipolle, noce moscata, 4 cucchiai di farina, pangrattato, 1,5 tazze di latte, 100 g di burro.

In realtà per questa preparazione viene adoperato lo stoccafisso (merluzzo essiccato e non sottosale come il baccalà), ma poiché la ricetta è più conosciuta con questo nome l'abbiamo mantenuto. Lavate lo stoccafisso sotto acqua corrente, ponetelo in una pentola riempita d'acqua e fatelo bollire per un quarto d'ora scarso. A questo punto, spellatelo, diliscatelo e tagliatelo a scaglie. Affettate le cipolle e rosolatele nel burro, unendo poco alla volta farina e latte; mescolate continuamente perché non si formino grumi. Grattugiate un po' di noce moscata, aggiungete lo stoccafisso e lasciate cuocere per circa mezzora. Versate il tutto in una pirofila, cospargete di pangrattato e qualche fiocchetto di burro e lasciate gratinare in forno caldo per una decina di minuti.

Baccalà alla napoletana (Campania)

◆ Tempo: 50 minuti ✶ Difficoltà: media

❖ 1 kg di stoccafisso bagnato, 600 g di pomodori, 150 g di olive nere, capperi, 3 spicchi d'aglio, prezzemolo, farina, olio extravergine d'oliva, olio per friggere, sale, pepe.

In realtà per questa preparazione viene adoperato lo stoccafisso (merluzzo essiccato e non sottosale come il baccalà), ma poiché la ricetta è nota con questo nome l'abbiamo mantenuto. Tagliate a pezzi lo stoccafisso, infarinatelo e friggetelo in olio bollente. Scolatelo e asciugatelo su carta assorbente da cucina. In un tegame rosolate nell'olio gli spicchi d'aglio togliendoli quando prendono colore, poi unite i pomodori pelati (tuffateli per un attimo in acqua bollente) e a pezzetti, una manciata di capperi tagliati grossolanamente e le olive snocciolate; insaporite con sale e pepe e fate cuocere per un quarto d'ora circa. Aggiungete lo stoccafisso, spolverate con prezzemolo tritato e continuate la cottura a fuoco basso e a pentola coperta finché il sugo non si sarà ristretto.

Baccalà alla vicentina (Veneto)

◆ Tempo: 40 minuti + 3 ore ✱ Difficoltà: facile

❖ 1 kg di stoccafisso bagnato, 50 g di acciughe sottosale, 300 g di cipolle, 1 mazzetto di prezzemolo, farina, latte, olio extravergine d'oliva, sale, pepe.

In realtà per questa preparazione viene adoperato lo stoccafisso (merluzzo essiccato e non sottosale come il baccalà), ma poiché la ricetta è più conosciuta con questo nome l'abbiamo mantenuto. Affettate sottilmente la cipolla e rosolatela in alcuni cucchiai d'olio; non appena si sarà ammorbidita (non deve prendere colore) unite il prezzemolo tritato con le acciughe ben pulite dal sale e dalle lische. Lasciate scaldare bene il sugo mescolando in modo che le acciughe si sciolgano nell'olio, poi spegnete. Pulite lo stoccafisso da pelle e lische, poi tagliatelo a pezzi e infarinatelo leggermente. Disponetelo in una pentola di coccio e ricopritelo di cipolla e prezzemolo e poi con olio e latte in parti uguali fino a sommergerlo. Mettete il coperchio e lasciate cuocere a fiamma bassa per almeno 3 ore smuovendo di tanto in tanto la pentola per i manici.

Baccalà fritto (Lazio)

◆ Tempo: 30 minuti ✱ Difficoltà: facile

❖ 1 kg abbondante di stoccafisso bagnato, 6 cucchiai di farina, olio extravergine d'oliva, olio per friggere, sale.

Per questa preparazione viene adoperato lo stoccafisso (merluzzo essiccato e non sottosale come il baccalà), ma poiché la ricetta è più conosciuta con questo nome l'abbiamo mantenuto. In una terrina sciogliete la farina in un po' d'acqua, unite un cucchiaio d'olio extravergine d'oliva e un pizzico di sale. Lavorate bene la pastella che deve risultare liscia e omogenea. Asciugate lo stoccafisso e tagliatelo a strisce di un paio di cm di larghezza, immergete i pezzetti nel composto e poi friggeteli in una padella con abbondante olio bollente. Scolate con cura, fate assorbire l'eccesso d'olio su carta assorbente da cucina e servite ben caldo.

Branzino farcito

◆ Tempo: 1 ora ✶ Difficoltà: facile

❖ 1 branzino di circa 1,5 kg, 200 g di salmone affumicato, 2 limoni, 1 uovo, 1 spicchio d'aglio, prezzemolo, 100 g di mollica di pane, 50 g di farina, 50 g di burro, olio extravergine d'oliva, sale, pepe bianco.

Pulite il branzino e, aiutandovi con un coltello molto affilato, privatelo della lisca centrale. Preparate il ripieno mescolando la mollica di pane con salmone, prezzemolo e aglio tritati, sale, pepe e amalgamate con l'olio fino a ottenere un composto omogeneo di giusta consistenza; farcite il ventre del branzino e cucitelo con del filo da cucina.

Passate il branzino nella farina e poi nell'uovo sbattuto; disponetelo in una pirofila da forno e fatelo rosolare sul fornello per alcuni minuti da entrambi i lati. Portatelo poi a cottura mettendolo dentro il forno già caldo. Servite accompagnando con una salsa da preparare emulsionando il fondo di cottura con il succo filtrato dei limoni e il burro fuso.

Capitone all'arancia

◆ Tempo: 1 ora e 30 minuti + 1 ora ✱ Difficoltà: media

❖ 1 capitone di circa 1 kg, 2 arance, 30 g di uva passa, 1/2 cipolla, 1 spicchio d'aglio, farina, 1,5 dl di marsala, olio extravergine d'oliva, sale, pepe.

Ricordate che per non correre rischi è bene acquistare il capitone ancora vivo e ucciderlo soltanto al momento di cucinarlo. Pulite il pesce e spellatelo; lavatelo, asciugatelo e tagliatelo a tocchetti. Lasciate riposare il capitone per circa un'ora in una marinata preparata con marsala e succo di un'arancia filtrato, avendo cura di rigirarlo di tanto in tanto. Fate rosolare un trito finissimo d'aglio e cipolla in poco olio, quindi unite i pezzi di capitone che avrete sgocciolato con cura e leggermente infarinato. Fateli rosolare da entrambi i lati quindi scolateli, lasciateli asciugare su della carta assorbente da cucina e cospargeteli con sale e pepe.

Pulite il tegame dal condimento e rimettetelo sul fuoco con i pezzi di capitone, l'uva passa, fatta prima ammorbidire in acqua tiepida e sgocciolata, e il liquido utilizzato per marinare. Lasciate cuocere su fuoco moderato per circa mezzora, mantenendo ben mescolato in modo da insaporire bene i pezzi di pesce. A fine cottura il sugo dovrebbe risultare ben denso; se fosse troppo liquido scolate i pezzi di pesce e addensatelo con un po' di farina. Disponete il pesce su un piatto da portata e copritelo con la salsa; guarnite con alcune fettine d'arancia spellata.

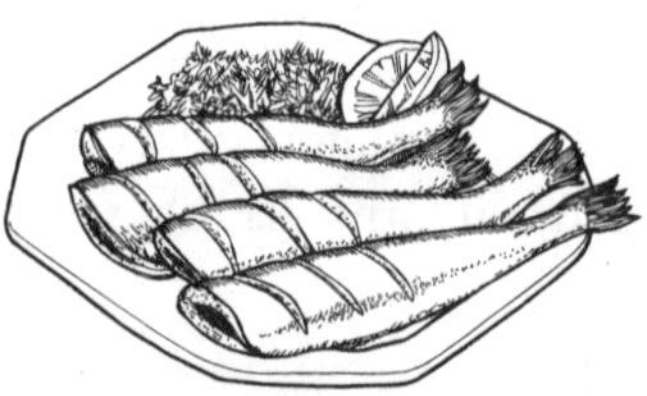

Carpa arrosto

◆ Tempo: 30 minuti + 2 ore ✱ Difficoltà: facile

❖ 1 carpa di circa 1 kg, 9 bacche di ginepro, 3 spicchi d'aglio, 2 rametti di rosmarino, olio extravergine d'oliva, sale, pepe.

Poiché la carpa vive immersa nei fondali sabbiosi, a volte si può avere l'impressione che la carne sappia di fango e perciò c'è chi consiglia di tenerla a mollo per un paio d'ore prima di pulirla e cucinarla. In ogni caso dedicatevi alla sua accurata pulizia, eliminando lische, squame, interiora. Poi lavatela molto bene e quindi riempitela con le bacche di ginepro, gli spicchi d'aglio puliti e tritati, i rametti di rosmarino, salatela, pepatela a piacere e trasferitela in un tegame adatto. Aggiungetevi dell'olio e cuocetela a fuoco abbastanza allegro per una decina di minuti circa.

La carpa arrosto può essere servita con della polenta e un contorno di insalata verde condita con aceto balsamico.

Cavedano in bianco

◆ Tempo: 1 ora ✱ Difficoltà: facile

❖ 1 cavedano di circa 1,5 kg, 1 cipolla, 1 carota, 1 gambo di sedano, 2 spicchi d'aglio, 1 rametto di salvia, 1 rametto di rosmarino, 2 bacche di ginepro, prezzemolo, maionese, 1 bicchiere d'aceto, sale, pepe in grani.

In un tegame portate a bollore un litro d'acqua con l'aceto, le verdure a pezzi, gli aromi, qualche grano di pepe, una presa di sale. Cuocete il cavedano, che avrete pulito e sciacquato, poi lasciatelo fremere a pentola coperta per circa 20 minuti. Spegnete e lasciate intiepidire il pesce nel brodo, quindi scolatelo e pulitelo da pelle e lische. Intanto preparate una salsa lavorando la maionese con il prezzemolo tritato. Disponete la polpa di cavedano su un piatto da portata e nappatela con la salsa maionese.

Cernia farcita

◆ Tempo: 1 ora e 15 minuti ✶ Difficoltà: media

❖ 1 cernia di circa 1,5 kg, 25 g di funghi secchi, 2 spicchi d'aglio, 1 rametto di rosmarino, prezzemolo, 1 uovo, 4 cucchiai di pangrattato, 1/2 bicchiere di vino bianco secco, olio extravergine d'oliva, sale, pepe.

Pulite la cernia, squamatela, lavatela e lasciatela asciugare. Tritate insieme l'aglio e il prezzemolo. Preparate a questo punto il ripieno: tagliate grossolanamente i funghi lasciati prima ammorbidire in acqua tiepida, poi fateli rosolare in qualche cucchiaio d'olio e poco prima di spegnere conditeli con metà del trito d'aglio e prezzemolo. Amalgamate i funghi con il pangrattato, l'uovo, il resto del trito di prezzemolo e aglio, sale, pepe; unite tanto olio quanto ne sarà necessario a ottenere un composto omogeneo e di consistenza soda. Farcite con il ripieno il ventre della cernia e richiudete sovrapponendo i lembi del taglio e premendo con cura in modo che non si aprano (volendo potrete "fermare" il tutto con uno stuzzicadenti). Mettete la cernia in una pirofila condendola con un giro d'olio, rosmarino e qualche fettina d'aglio; ponete in forno caldo (180 °C) e dopo circa un quarto d'ora irrorate con il vino bianco. Lasciate passare altri 10 minuti e con delicatezza rigirate la cernia. Proseguite la cottura per un altro quarto d'ora prima di servire.

Coda di rospo ai funghi

◆ Tempo: 1 ora e 30 minuti ✶ Difficoltà: media

❖ 1,5 kg di coda di rospo, 1 kg di porcini freschi, 4 gamberoni, 1 piccolo cespo di radicchio trevigiano, 2 spicchi d'aglio, prezzemolo, salsa Worcester, brandy, olio extravergine d'oliva, sale, pepe.

Pulite la coda di rospo e lasciatela asciugare; sgusciate i gamberoni. Mondate i funghi e puliteli accuratamente con un

panno umido, tritateli grossolanamente e lasciateli appassire nell'olio insaporito con l'aglio. Dopo qualche minuto di cottura unite i gamberoni anch'essi tagliati a grossi pezzi. Bagnate con un goccio di brandy e condite con sale e pepe e uno spruzzo di salsa Worcester; lasciate raddensare la salsa su fiamma dolce e poco prima di spegnere cospargete con un po' di prezzemolo finemente tritato. Foderate l'interno della coda di rospo con le foglie di radicchio, farcite con il ripieno di funghi e richiudete legando con filo da cucina.
Disponete la coda di rospo in una pirofila e conditela con un giro d'olio poi portatela a cottura in forno caldo (180 °C); abbiate cura di rigirarla e bagnarla con il sugo di cottura.

Involtini di agoni (Lombardia)

◆ Tempo: 1 ora ✱ Difficoltà: media

❖ 12 agoni, 3 acciughe sottosale, 1 cipolla bianca, 1 ciuffo di prezzemolo, origano, 1 uovo, parmigiano grattugiato, olio extravergine d'oliva, sale, pepe.

Pulite gli agoni, apriteli a libro privandoli della lisca centrale e della testa, lavateli e lasciateli asciugare stesi su un canovaccio. Pulite le acciughe dal sale (senza lavarle con acqua) e tritatele finemente insieme con la cipolla, il prezzemolo e un po' d'origano. Amalgamate il trito con il tuorlo d'uovo, sale, pepe e tanto parmigiano grattugiato quanto ne servirà per ottenere un composto morbido (aiutatevi eventualmente anche con un po' d'olio). Distribuite il composto sui filetti di pesce e richiudeteli, avvolgendoli poi su se stessi e fermandoli con uno stecchino. Disponete gli involtini sul fondo di un tegame capiente, irrorateli con un filo d'olio e fate cuocere per mezzora a pentola coperta su fiamma moderata. Abbiate cura di rigirare gli involtini di tanto in tanto per farli cuocere in modo uniforme e, poco prima di spegnere, cospargete con un trito di prezzemolo e origano.

Lavarelli al pomodoro

◆ Tempo: 45 minuti ✱ Difficoltà: facile

❖ 4 lavarelli di circa 200 g cad., 2 pomodori sodi e maturi, 2 peperoni rossi, 2 spicchi d'aglio, olio extravergine d'oliva, sale, pepe.

Pulite, lavate e asciugate i lavarelli. Cuoceteli alla griglia, diliscateli e disponete i filetti su un grande piatto da portata mantenuto al caldo. Mondate la verdura e tritate i peperoni e i pomodori. Scaldate alcuni cucchiai d'olio con l'aglio tritato e unite poi i peperoni e i pomodori; salate, pepate e lasciate raddensare il sugo. Frullate la salsa e rimettetela sul fuoco per scaldarla, quindi distribuitela sui filetti di lavarello e servite subito.

Luccio in padella (Emilia Romagna)

◆ Tempo: 30 minuti ✱ Difficoltà: facile

❖ 1 luccio di circa 1 kg, 2 acciughe sottosale, 1 spicchio d'aglio, prezzemolo, spezie a piacere, vino bianco, 50 g di burro, olio extravergine d'oliva, sale.

Preparate un battuto con il prezzemolo, lo spicchio d'aglio pelato e le acciughe lavate dal sale e diliscate; fatelo rosolare in una padella nel burro e poco olio. Unite il pesce ben pulito e lavato, aggiungete un po' di vino bianco diluito con dell'acqua e lasciate evaporare. Insaporite con il sale e le spezie e portate a cottura su fuoco moderato. Servite il pesce molto caldo con il suo sugo.

Merluzzo alla fiorentina (Toscana)

◆ Tempo: 40 minuti ✱ Difficoltà: facile

❖ 4 merluzzi medi, 1 mazzo di bietole, salsa Mornay, 2 bicchieri di vino bianco, 3 cucchiai di parmigiano grattugiato, olio extravergine d'oliva, sale.

Pulite i merluzzi e tagliateli a filetti; disponeteli in una padella antiaderente e copriteli con il vino bianco, poi fateli cuocere a pentola coperta su fiamma bassa. Scottate per pochi minuti le foglie di bietola in acqua bollente salata, scolatele con una schiumarola e lasciatele asciugare distese su un canovaccio pulito. Utilizzatele poi per foderare una pirofila da forno leggermente unta d'olio, disponete all'interno i filetti di merluzzo e ricoprite con la salsa Mornay. Cospargete la superficie con del parmigiano grattugiato e passate a gratinare in forno caldo prima di servire.

Nasello in umido (Basilicata)

◆ Tempo: 45 minuti ✱ Difficoltà: facile

❖ 2 naselli di circa 500 g cad., 300 g di pomodori, 1 cipolla, prezzemolo, vino bianco, olio extravergine d'oliva, sale, pepe.

In un tegame con dell'olio fate soffriggere la cipolla tritata; poi aggiungete i pomodori a pezzi, salate e cuocete per una quindicina di minuti. Nel frattempo pulite i pesci, lavateli e metteteli nel sugo con un trito di prezzemolo lasciando insaporire. Unite mezzo bicchiere di vino bianco che farete poi evaporare, quindi aggiustate di sale e pepe. Rigirate i naselli molto delicatamente e cuoceteli per circa 15 minuti. Servite con il sugo di cottura.

Orata al cartoccio

◆ Tempo: 45 minuti ✱ Difficoltà: facile

❖ 4 orate (una per porzione), 10 pomodorini camone, 800 g di patatine novelle, 1 cipolla, 1 ciuffo di finocchietto, olio extravergine d'oliva, sale, pepe.

Distendete un'orata in un pezzo di foglio d'alluminio grande abbastanza per avvolgere il pesce, contornatela con le pa-

tatine sbucciate e i pomodorini; aggiustate di sale, distribuite un paio di grani di pepe e un poco di finocchietto anche all'interno del pesce, cospargete con un cucchiaio d'olio e chiudete bene il foglio d'alluminio facendo in modo che i bordi combacino perfettamente.
Ripetete l'operazione per le altre orate, mettetele tutte in una teglia e infornate a 160 °C. Cuocete per 15 minuti circa e lasciate la teglia nel forno spento per altri 5 minuti. Disponete i cartocci nei piatti singoli, portate in tavola e lasciateli aprire ai commensali.

Palombo alla livornese (Toscana)

◆ Tempo: 40 minuti ✱ Difficoltà: facile

❖ 4 tranci di palombo, 4 pomodori maturi e sodi, 1 cipolla, 1 carota, farina, 1 bicchiere di vino rosso, olio extravergine d'oliva, sale, pepe.

Tritate la cipolla e la carota e fatele soffriggere in alcuni cucchiai d'olio. Non appena le verdure si saranno ammorbidite unite i tranci di pesce leggermente infarinati; lasciateli colorire da entrambi i lati, salate, pepate e bagnate con il vino. Quando il vino sarà quasi del tutto evaporato unite i pomodori (pelati e privati dei semi) tagliati a pezzi e fate cuocere a fuoco basso; unite eventualmente un po' d'acqua calda se il sugo si asciugasse troppo. La preparazione si addice anche alla cottura del pesce spada a tranci.

Pesce in carpione (Lombardia)

◆ Tempo: 1 ora + 24 ore ✱ Difficoltà: media

❖ 1 kg circa tra alborelle e agoni, 1 cipolla, 1 carota piccola, 1/2 gambo di sedano, 1 spicchio d'aglio, 2 foglie d'alloro, qualche rametto di timo selvatico, prezzemolo, 2 chiodi di garofano, 1 bicchiere di vino bianco secco, 1 bicchiere d'aceto, olio extravergine d'oliva, sale, pepe.

I pesci in carpione si servono freddi, come antipasto o come secondo; questo tipico piatto una volta pronto va lasciato riposare per qualche ora, anzi meglio per un giorno intero, in modo che i pesci assorbano pienamente l'aroma del carpione. Pulite le alborelle, gli agoni o gli altri pesci da mettere in carpione dalle interiora, lavateli, asciugateli e infarinateli, quindi friggeteli in olio bollente e abbondante. Ponete i pesci su dei fogli di carta assorbente sui quali lasceranno l'olio in eccesso; stendeteli in un capace tegame di terracotta nel quale verserete, mentre è ancora bollente, il carpione, cioè la marinata. Per ottenerla ponete a imbiondire in poco olio cipolla, sedano, carota, aglio, un trito di prezzemolo unendo anche pepe e chiodi di garofano. Solo quando le verdure saranno rosolate aggiungete un bicchiere d'aceto e uno di vino bianco e portate tutto a ebollizione. Aggiungete timo selvatico e alloro solo a fine cottura.

Pesce persico alle verdure (Lombardia)

◆ Tempo: 45 minuti ✱ Difficoltà: facile

❖ 600 g di filetti di pesce persico, 150 g di spinaci, 2 cipolle, 2 gambi di sedano, 1 ciuffo di prezzemolo, timo, pangrattato, 100 g di burro, sale, pepe.

Tritate gli spinaci con il sedano, le cipolle e il prezzemolo e mescolate il tutto aggiungendo un pizzico di timo. Ungete una pirofila, predisponete uno strato con il composto alle verdure preparato e allineatevi sopra i filetti di persico insaporiti con sale e pepe. Ricoprite con un altro strato di composto rifinendo il tutto con burro fuso. Ora spolverate con pangrattato e infornate per circa 20 minuti.

Pesce spada al forno (Calabria)

◆ Tempo: 1 ora ✶ Difficoltà: facile

❖ 4 tranci di pesce spada, 60 g di capperi, 3 spicchi d'aglio, 1 ciuffo di prezzemolo, origano, vino bianco secco, olio extravergine d'oliva, sale, pepe.

Preparate un trito con gli spicchi d'aglio e il prezzemolo aggiungendoci un pizzico d'origano; togliete la pelle alle fette di pesce, quindi salatele, pepatele e passatele nel battuto aromatico. Disponete il pesce in un tegame, ben irrorato d'olio, ricoprite con il trito rimasto, bagnate con un bicchiere di vino e cospargete di capperi. Mettete in forno per 40 minuti.

Pesce spada alla catanese (Sicilia)

◆ Tempo: 50 minuti ✶ Difficoltà: facile

❖ 4 tranci di pesce spada, 60 g di olive nere, 50 g di capperi sottosale, 50 g di battuto di erbe aromatiche, 1 spicchio d'aglio, 1 ciuffo di basilico, peperoncino rosso, 1 bicchiere di vino bianco, olio extravergine d'oliva, sale.

Fate rosolare con olio il battuto di erbe e l'aglio pestato, aggiungete il pesce spada, i capperi sciacquati, le olive e versate il vino. Condite con un po' di sale e un pizzico di peperoncino, poi portate a cottura. Servite cospargendo con abbondante basilico sminuzzato.

Saraghi saporiti (Sicilia)

◆ Tempo: 1 ora ✶ Difficoltà: media

❖ 1 kg di saraghi, 350 g di patate, 350 g di cipolline, 1 limone, rosmarino, peperoncino rosso, farina, 1 bicchiere di marsala, olio extravergine d'oliva, sale.

Rosolate le cipolline, finemente affettate, in alcuni cucchiai d'olio a fiamma bassa; non appena si saranno ammorbidite (non

dovranno però prendere colore) unite le patate tagliate a tocchetti, rosmarino, sale e peperoncino.
Pulite, lavate e lasciate asciugare i pesci su un canovaccio, poi infarinateli. Scaldate l'olio in una pirofila posta sulla fiamma del fornello e rosolatevi i pesci da entrambi i lati; bagnate con il marsala e il succo filtrato del limone e lasciate evaporare.
Unite al pesce le patate e passate la pirofila in forno caldo a 180 °C per una ventina di minuti; nel corso della cottura abbiate cura di girare i pesci delicatamente, bagnandoli con il sugo, e di rimescolare le patate.

Sarde a beccafico (Sicilia)

◆ Tempo: 1 ora ✱ Difficoltà: media

❖ 1 kg di sarde, 5 acciughe sottosale, 80 g di uva passa, 80 g di pinoli, 1 ciuffo di prezzemolo e basilico, 1 rametto d'alloro, 1 limone, 2 cucchiai di zucchero, 150 g di pangrattato, olio extravergine d'oliva, sale, pepe.

Pulite e spinate le sarde aprendole a libro, lavatele e lasciatele asciugare stese su un canovaccio. Pulite le acciughe dal sale e da eventuali lische e tritatele finemente, poi amalgamatele al pangrattato che avrete rosolato con qualche cucchiaio d'olio, all'uva passa lasciata ammorbidire in acqua tiepida e scolata, al prezzemolo tritato e ai pinoli; salate e pepate.
Distribuite il composto sulle sarde e arrotolatele a involtino fermando con uno stecchino. Sistemate gli involtini in una pirofila, in cui avrete versato un filo d'olio, alternandoli con foglie d'alloro e conditeli con una salsina preparata sciogliendo lo zucchero nel limone e allungando con qualche cucchiaio d'olio. Passate a cuocere in forno caldo a 200 °C per una ventina di minuti. Servite le sarde a beccafico spolverando con abbondante basilico sminuzzato e accompagnando con qualche spicchio di limone.

Sarde in saor (Veneto)

◆ Tempo: 1 ora + 2 giorni ✶ Difficoltà: media

❖ 700 g di sarde fresche, 700 g di cipolle, 1 manciata di uva passa, 4 foglie d'alloro, 3 chiodi di garofano, 1 limone, farina, 2 bicchieri d'aceto, olio per friggere, sale, pepe.

Mettete a bagno l'uva passa. Pulite le sarde togliendo la testa e spinandole; lavatele e lasciatele asciugare stese su un canovaccio. Infarinatele, friggetele in olio bollente e fatele asciugare su carta assorbente. Nell'olio della frittura fate appassire le cipolle tagliate a rondelle, aggiungete l'aceto e la scorza del limone grattugiata. Spegnete dopo un paio di minuti. In vasi di vetro disponete uno strato di pesce fritto, salate, pepate e ricoprite con uno strato di cipolle, chiodi di garofano, alloro e uva passa; proseguite così, alternando gli ingredienti fino a esaurirli, finendo con le cipolle. Coprite e conservate in frigorifero per qualche giorno prima di gustare.

Sarde in teglia (Campania)

◆ Tempo: 40 minuti ✶ Difficoltà: facile

❖ 1 kg di sarde, 3-4 pomodori maturi, 1 rametto di ramerino, origano, olio extravergine d'oliva, sale, pepe.

Dopo aver pulito e lavato bene il pesce, disponetelo ben allineato in una teglia capiente bagnata d'olio, insaporite con sale, pepe, rosmarino tagliuzzato e un pizzico d'origano.
Sistemate i filetti di pomodoro pelati (per facilitare l'operazione tuffateli in acqua bollente per 2 minuti) e privi di semi sul pesce, aggiungendo un filo d'olio per completare il condimento. Ponete sul fuoco a cuocere facendo attenzione a rivoltare le sarde con delicatezza in modo che non si rompano; la cottura varia dai 15 ai 20 minuti. Servitele molto calde.

Spigola al cartoccio (Sardegna)

◆ Tempo: 45 minuti ✱ Difficoltà: facile

❖ 1 spigola di 250 g, 2 patate, pomodori freschi, 1 spicchio d'aglio, rosmarino, 1 ciuffo di prezzemolo, olio extravergine d'oliva, sale.

Squamate la spigola e pulitela perfettamente. Pelate i pomodori e tagliateli a dadini. Pelate le patate e tagliatele a fettine. Prendete un vassoio e copritelo con uno strato di stagnola, lasciandone abbastanza per coprire poi il contenuto. Appoggiate la spigola e inserite al suo interno un pizzico di sale, il prezzemolo e un po' di rosmarino; coprite il pesce con il pomodoro e le patate; irrorate con l'olio, spolverizzate con sale, unite l'aglio e coprite perfettamente con la stagnola. Fate cuocere in forno caldo, a 250 °C per mezzora circa.

Stoccafisso alla genovese (Liguria)

◆ Tempo: 1 ora + 24 ore ✱ Difficoltà: facile

❖ 1 kg di stoccafisso, 2 acciughe sottosale, 4 funghi freschi, 2 pomodori, 1 cipolla, 1 carota, 1 gambo di sedano, 1 spicchio d'aglio, 1 ciuffo di prezzemolo, olio extravergine d'oliva, sale, pepe.

Pulite e tritate molto finemente la cipolla, l'aglio sbucciato, la carota, il sedano e un ciuffo di prezzemolo. Mettete a soffriggere le verdure in una teglia con abbondante olio e aggiungete poi le acciughe pulite dal sale, facendole disfare nel soffritto. Unite anche lo stoccafisso – che sarà stato lasciato in ammollo per almeno 24 ore – tagliato a pezzi; pepatelo e lasciatelo insaporire qualche istante. Infine aggiungete i funghi sottilmente tagliati e i pomodori freschi, senza semi e a pezzetti; regolate di sale e cuocete a fuoco piuttosto moderato fino a perfetta cottura.

Storione al barolo (Piemonte)

◆ Tempo: 1 ora + 30 minuti ✶ Difficoltà: media

❖ 1 trancio di storione di circa 800 g, 2 bicchieri di barolo, 80 g di pancetta, 1 cipolla, 1 carota, 1 gambo di sedano, 1 mazzetto aromatico (rosmarino, prezzemolo, salvia, alloro ecc.), 1 cucchiaio di farina, 1 bicchiere di brodo di pesce, brandy, olio extravergine d'oliva, burro, sale, pepe.

Lavate e asciugate lo storione, lardellatelo con la pancetta e strofinatelo con sale misto a pepe; fatelo marinare per mezzora nel vino mescolato a una spruzzata di brandy. Mondate e tritate verdure e aromi; rosolate il trito in abbondante olio, quindi scolatelo e nell'olio di cottura fate dorare il pesce scolato dalla marinata e leggermente infarinato. Scaldate la marinata e unitela al pesce insieme con le verdure tenute da parte e al brodo di pesce. Infornate a 200 °C per circa mezzora. Terminata la cottura scolate il pesce e disponetelo su un piatto da portata mantenuto caldo e filtrate il fondo di cottura. Addensate il sugo su fiamma vivace, legandolo con una noce di burro lavorata con la farina. bagnate con la salsa e servite.

Tinca ripiena al forno

◆ Tempo: 1 ora ✶ Difficoltà: media

❖ 1 tinca di circa 2 kg, 2 spicchi d'aglio, 1 rametto di salvia, 1 foglia d'alloro, prezzemolo, 3 uova, 1 bicchiere di vino bianco, 1/2 tazza di pangrattato, 100 g di parmigiano grattugiato, olio extravergine d'oliva, sale, pepe in grani.

Preparate il ripieno tritando e amalgamando accuratamente prezzemolo, aglio, salvia, alloro, pangrattato, parmigiano, uova, sale e una macinata di pepe. Utilizzate il composto per farcire la tinca che avrete pulito, lavato e asciugato; richiudete con del filo da cucina o degli stuzzicadenti. Versate un filo d'olio in una pirofila e disponetevi la tinca ripiena, salate, pepate. Mettete a cuocere in forno preriscaldato a 200 °C per circa 45 minuti, bagnando di tanto in tanto con il vino e con il sugo di cottura.

Tranci di tonno alle cipolle (Liguria)

◆ Tempo: 45 minuti ✳ Difficoltà: facile

❖ 500 g di ventresca di tonno fresco, 400 g di cipolle, 2,5 dl di vino bianco secco, olio extravergine d'oliva, sale.

Tagliate a fette la ventresca di tonno, lavatela e fatela asciugare. Pelate le cipolle, tagliatele a fettine sottili e fatele appassire per 5 minuti circa in qualche cucchiaio d'olio in un tegame abbastanza capiente. Unite poi le fette di ventresca, bagnandole con 2 bicchieri di vino bianco.
Lasciate cuocere a fuoco lento per una ventina di minuti, coperto, ricordandovi di girare il pesce a metà cottura in modo da cuocerlo uniformemente e fate evaporare completamente tutto il vino. A cottura terminata, aggiustate eventualmente di sale e servite il piatto caldo.

Triglie alla ligure (Liguria)

◆ Tempo: 50 minuti ✳ Difficoltà: facile

❖ 6 triglie, 400 g di salsa di pomodoro, 2 acciughe sottosale, 6 funghi freschi, 1 cipolla, 1 ciuffo di prezzemolo, semi di finocchio, vino bianco, olio extravergine d'oliva, sale.

Preparate un battuto con la cipolla, il prezzemolo ben lavato e asciugato, alcuni semi di finocchio, le acciughe pulite dal sale e qualche fungo fresco. Rosolate il tutto con abbondante olio; aggiungete la salsa di pomodoro, salate leggermente, bagnate con un po' di vino bianco e lasciate bollire per circa 20 minuti a fuoco basso. Intanto, dopo aver pulito le triglie, sistematele in una teglia con un po' d'olio e sale; quando il sugo sarà pronto versatelo sui pesci. Mettete in forno e, a cottura ultimata, servite subito senza far intiepidire.

Trote alla valdostana (Valle d'Aosta)

◆ Tempo: 45 minuti ✱ Difficoltà: media

❖ 4 trote di circa 200 g cad., 1/2 cipolla, 1 carota, 1 gambo di sedano, 1 spicchio d'aglio, 1 rametto di salvia, 1 rametto di rosmarino, 1 limone, 60 g di uva passa, 50 g di farina, 1 bicchiere d'aceto, brodo di pesce o vegetale, burro, olio extravergine d'oliva, sale, pepe.

Pulite e lavate le trote sotto acqua corrente, quindi lasciatele sgocciolare per bene. Mondate le verdure, lavatele e tagliatele a dadini, poi fatele rosolare in una casseruola sufficientemente capiente insieme con l'olio; insaporite con un battuto di aglio, salvia e rosmarino. Nella stessa pentola delle verdure mettete a cottura anche le trote e fatele rosolare da entrambi i lati; bagnatele con l'aceto e lasciate evaporare. Unite la scorza del limone grattugiata (solo la parte gialla) e l'uva passa, che avrete prima lasciato ammorbidire in acqua calda.
Salate, pepate e portate a cottura bagnando con brodo caldo se necessario. A cottura ultimata scolate le trote e tenetele in caldo, passate il sugo e rimettetelo sul fuoco ispessendolo con il burro lavorato con la farina. Versate la salsa sulle trote in modo uniforme e servite.

UOVA E FORMAGGIO

Cacio all'argentera (Sicilia)

◆ Tempo: 15 minuti ✱ Difficoltà: facile

❖ 400 g di pecorino stagionato, 4 cipollotti, 4 cucchiai d'aceto di vino rosso, olio extravergine d'oliva.

Affettate i cipollotti e rosolateli nell'olio. Tagliate a dadini il formaggio e aggiungetelo ai cipollotti, mescolando finché sarà morbido. Aggiungete l'aceto, che farete evaporare velocemente a fuoco vivo. Servite il cacio bollente.

Caciocavallo fritto (Sicilia)

◆ Tempo: 15 minuti ✱ Difficoltà: facile

❖ 600 g di caciocavallo, 2 spicchi d'aglio, origano, aceto, olio d'oliva, sale, pepe, fette di pane casereccio.

Tagliate il formaggio a fette; in una padella fate scaldare dell'olio con gli spicchi d'aglio che toglierete non appena prenderanno colore. Fate rosolare le fette di caciocavallo da entrambi i lati; scolatele bene dall'eccesso d'olio e deponetele sopra un foglio di carta assorbente.
Bagnatele appena con un po' d'aceto, profumatele con un pizzico d'origano, sale e pepe e servitele caldissime sopra fette di pane abbrustolito.

Caprese di mozzarella di bufala

◆ Tempo: 15 minuti ✱ Difficoltà: facile

❖ 1 mozzarella di bufala da 300 g, 4 pomodori maturi, 1 ciuffo di basilico, olio extravergine d'oliva, sale.

Lavate i pomodori e tagliateli a rondelle (se volete potete eliminare i semi), affettate la mozzarella e disponetela insieme alle fette di pomodoro su un piatto da portata cercando di alternare gli ingredienti e di disporli a cerchi concentrici. Decorate con le foglie di basilico e condite con olio e sale.

Crocchette di fontina

◆ Tempo: 1 ora ✶ Difficoltà: media

❖ 400 g di fontina, 7 uova, 50 g di farina di riso, 50 g di farina bianca, noce moscata, pangrattato, 3 bicchieri di latte, 100 g di burro, olio extravergine d'oliva, sale.

Unite i 2 tipi di farina setacciandoli assieme, quindi sciogliete il burro in un tegame di terracotta e incorporatevi poca alla volta la farina, mescolando energicamente con un cucchiaio di legno per evitare che si formino grumi. Quando avrete versato tutta la farina, diluite lentamente il composto con il latte caldo, ottenendo così una crema omogenea. Aggiungete poi la fontina tagliata a pezzetti e privata della crosta. Mescolate ancora per alcuni minuti, finché il formaggio si scioglie completamente, poi unite un pizzico di noce moscata, aggiustate di sale e aggiungete 2 uova intere e quattro tuorli. Cuocete per altri 4 minuti, mescolando continuamente, quindi spegnete la fiamma e lasciate che il composto si raffreddi. Rompete in una terrina l'uovo tenuto da parte, salatelo e sbattetelo leggermente. Con il composto al formaggio formate delle crocchette che passerete nell'uovo sbattuto e nel pangrattato prima di friggerle in olio abbondante e ben caldo. Quando sono dorate, asciugatele e servitele calde.

Fonduta alla piemontese

◆ Tempo: 30 minuti + 3 ore ✳ Difficoltà: facile

❖ 400 g di fontina piemontese, 4 tuorli, 1/4 di latte, 30 g di burro, pancarré, tartufo bianco, sale, pepe.

Tagliate il formaggio a fettine sottili, mettetelo in una casseruola, copritelo di latte e lasciatelo a bagno per almeno 3 ore. Quindi aggiungete il burro e fate sciogliere a bagnomaria, mescolando a lungo con un cucchiaio di legno.
Salate e pepate leggermente (essendo la fontina già saporita). Appena il formaggio si sarà sciolto unite i tuorli delle uova e mescolate ancora fino a ottenere una crema vellutata e omogenea. Ultimate la cottura sempre a bagnomaria, senza che l'acqua bolla. Servite la fonduta con triangolini di pancarré leggermente tostato.

Frittata al nero (Umbria)

◆ Tempo: 20 minuti ✳ Difficoltà: facile

❖ 6 uova, 40 g di tartufo nero, 1 limone, olio extravergine d'oliva, sale, pepe.

Sbattete le uova in una terrina, salatele, pepatele e aggiungete il tartufo pulito e grattugiato. Mescolate e poi versate il composto in una padella calda unta d'olio.
Mescolate bene e, appena il composto inizia a rapprendersi, scuotendo la padella staccate la frittata dal fondo, capovolgetela e cuocetela dall'altra parte. Infine servitela a fettine sopra foglie di insalata dopo averla spruzzata con succo di limone.

Frittata alla scamorza (Campania)

◆ Tempo: 15 minuti ✳ Difficoltà: facile

❖ 6 uova, 70 g di scamorza, 1 cipolla, 1 ciuffo di basilico burro, sale, pepe.

Amalgamate alle uova la scamorza tagliata a fettine sottili, un ciuffo di foglie di basilico spezzettate, qualche sottile rondella di cipolla, un pizzico di sale e uno di pepe e procedete cuocendola da entrambi i lati in una padella dove avrete sciolto una noce di burro. È ottima sia calda, che fredda.

Frittata alle erbette (Lombardia)

◆ Tempo: 20 minuti ✶ Difficoltà: facile

❖ 8 uova freschissime, 5 rametti di mentuccia, 10 foglie di erbette tenere, 3 foglie di borragine, poca erba cipollina, 1 cipolla di media grossezza, 1 ciuffo di prezzemolo, 30 g di grana grattugiato, 5 cucchiai d'olio extravergine d'oliva, sale, pepe.

Fate appassire nell'olio tutte le erbe ridotte a striscioline e la cipolla affettata sottilmente, e cuocete qualche minuto. Intanto mescolate in una ciotola le uova con il formaggio grana, il sale e il pepe, e versate il composto nella padella con le erbe. Fate addensare a fuoco moderato e rosolare la frittata prima da un lato e poi, rivoltandola, dall'altro. Servite la frittata, tiepida o fredda, tagliata a strisce guarnite da ciuffetti di prezzemolo.

Frittata alle zucchine e patate

◆ Tempo: 45 minuti ✶ Difficoltà: facile

❖ 6 uova, 600 g di zucchine, 2 patate, 1 cipolla, 1 ciuffo di basilico, 70 g di parmigiano grattugiato, burro, olio extravergine d'oliva, sale, pepe.

Tagliate a rondelle le zucchine e le patate sbucciate e cuocetele in una padella con qualche cucchiaiata d'olio e la cipolla tagliata a fettine. Lasciate raffreddare e unite il tutto alle uova sbattute, al parmigiano, qualche foglia di basilico spezzettata, un pizzico di sale e uno di pepe e procedete poi a cuocere la frittata in una padella con una noce di burro.

Frittata con gli spinaci

◆ Tempo: 20 minuti ✱ Difficoltà: facile

❖ 6 uova, 600 g di spinaci già lessati e strizzati, maggiorana, 50 g di parmigiano grattugiato, burro, sale, pepe in grani.

Tritate finemente gli spinaci già cotti e ben strizzati. Unite le uova, la maggiorana, il parmigiano grattugiato, un pizzico di sale e una macinata di pepe. Mescolate con cura e poi versate il composto in una padella dove avrete fatto sciogliere una noce di burro. Mescolate bene con un cucchiaio di legno e appena il composto inizia a rapprendersi, scuotendo la padella, staccate la frittata dal fondo, capovolgetela e cuocetela dall'altra parte.

Frittata con la soppressa (Veneto)

◆ Tempo: 30 minuti ✱ Difficoltà: facile

❖ 6 uova, 4 fette di soppressa, 1 cipolla di media grossezza, 1 bicchiere di vino bianco secco, 50 g di burro o lardo, sale.

Sbucciate anzitutto la cipolla e fatela soffriggere in una padella con il lardo battuto o il burro; spegnetela con il vino bianco e quindi unitevi la soppressa sbriciolata, mescolate e lasciate sul fuoco per 2-3 minuti. Nel frattempo rompete le uova in una scodella, salatele leggermente e sbattetele adeguatamente con una forchetta. Unite le uova alla soppressa, abbassate la fiamma, mescolate il composto con un cucchiaio di legno, così da dar modo agli ingredienti di amalgamarsi a dovere, scuotete la padella per impedire alla frittata di attaccare sul fondo e, quando si rapprende in superficie, fatela scivolare su un piatto, giratela e fatela cuocere dall'altro lato.
Una versione un po' meno saporita della ricetta non prevede l'impiego della cipolla e del vino bianco: la soppressa viene sal-

tata in padella con il lardo o il burro e vi vengono poi aggiunte le uova sbattute e salate.

Frittata con la trota

◆ Tempo: 20 minuti ✶ Difficoltà: facile

❖ 4 uova, la polpa di 1 trota cotta e diliscata, foglioline di timo, olio extravergine d'oliva, sale, pepe.

Sbattete le uova, salate, pepate, incorporate la polpa di trota e qualche pizzico di foglioline di timo (a piacere). Mescolate bene e versate in una padella d'olio bollente. Cuocete come una normale frittata.

Frittata con lardo (Lombardia)

◆ Tempo: 30 minuti ✶ Difficoltà: facile

❖ 6 uova, 100 g di taleggio, 40 g di lardo, 1 cipolla piccola, burro, sale, pepe.

Riducete il taleggio a pezzetti e sistematelo in una terrina; unite le uova, la cipolla tritata, il lardo tagliato a dadini, il sale e il pepe.
Amalgamate il tutto, versate in una padella dove avrete fatto sciogliere una noce di burro e cuocete la frittata prima da un lato e quindi – aiutandovi col coperchio della padella – dall'altro lato. A cottura ultimata servite la frittata molto calda.

Frittata con le cipolle

◆ Tempo: 30 minuti ✶ Difficoltà: facile

❖ 6 uova, 600 g di cipolle bianche, olio extravergine d'oliva, sale.

Affettate grossolanamente le cipolle e fatele stufare in padella con dell'olio. Lasciatele raffreddare e unitele alle uova precedentemente sbattute con un pizzico di sale. Ungete la padella con qualche cucchiaio d'olio e versate il composto lasciando cuocere a fuoco basso e rigirando la frittata a metà cottura finché la frittata non sarà ben cotta (ma non bruciata!).

Frittata con le cozze

◆ Tempo: 40 minuti ✱ Difficoltà: media

✣ 6 uova, 400 g di cozze, 2 porri non troppo grossi, 200 g di mollica di pane, latte, olio extravergine d'oliva, sale, pepe in grani.

Pulite le cozze e fatele schiudere mettendole su fiamma vivace in un tegame; man mano che si aprono sgusciatele.
A fine operazione filtrate il liquido rimasto sul fondo del tegame e rimettetelo al fuoco facendoci appassire i porri finemente affettati. Unite anche le cozze e lasciatele insaporire per almeno 5 minuti prima di spegnere.
In una ciotola sbattete le uova poi insaporite con una presa di sale e una macinata di pepe; quindi amalgamate il composto con la mollica del pane che avrete precedentemente lasciato intridere nel latte e poi strizzato.
In ultimo unite alle uova le cozze e i porri e mescolate con cura. Versate il composto in una padella antiaderente leggermente unta d'olio e fate cuocere la frittata da entrambi i lati rivoltandola a metà cottura con una paletta di legno.

Frittata con le ortiche (Valle d'Aosta)

◆ Tempo: 25 minuti ✱ Difficoltà: facile

✣ 6 uova, 600 g di punte di ortica, 3 cucchiai di parmigiano grattugiato, olio extravergine d'oliva, sale.

Procuratevi delle punte di ortica – proteggetevi le mani con un paio di guanti di gomma – lavatele accuratamente e lasciatele scolare. Fatele poi saltare qualche minuto in una padella appena unta d'olio, in modo da appassirle, mescolandole affinché non si attacchino. Nel frattempo sbattete le uova e unitevi il formaggio grattugiato e sale. Quando le ortiche si saranno intenerite, versate nella stessa padella le uova sbattute e proseguite la cottura finché la frittata sarà ben rappresa.

Frittata con le verdure

◆ Tempo: 1 ora + 20 minuti ✶ Difficoltà: media

❖ 4 uova, 1 patata, 2 zucchine, 2 pomodori, 3 cucchiai di piselli, 1/2 melanzana, 100 g di mozzarella, 50 g di fontina, qualche foglia di basilico, olio extravergine d'oliva, sale.

Questa frittata si gusta volentieri d'estate, quando si mangerebbero soltanto verdura e frutta. Inoltre ha il grande pregio che si può realizzare in un baleno, sfruttando gli avanzi dei contorni del pranzo precedente, anche se nella ricetta è indicato come preparare ogni ingrediente dall'inizio.
Tagliate a tocchetti la melanzana e mettetela sotto sale per 20 minuti, in modo di farne scolare l'acqua amara, poi fatela soffriggere in un po' d'olio assieme alla patata e agli zucchini affettati. Lessate i piselli se sono freschi, altrimenti, se sono in scatola, utilizzateli direttamente. Sbattete le uova, aggiungetevi tutte le verdure, i formaggi tagliati a dadini, i pomodori a pezzetti e il basilico tritato grossolanamente. Aggiustate di sale e cuocete in padella con un po' d'olio. È ottima gustata anche fredda.

Frittata con lo speck (Trentino-Alto Adige)

◆ Tempo: 35 minuti ✶ Difficoltà: facile

❖ 8 uova, 8-12 fette di speck, 200 g di formaggio di montagna tenero (facoltativo), burro, sale.

Nella cucina montanara le uova vengono utilizzate con molta semplicità e in abbinamento con pochi altri ingredienti in diverse preparazioni dolci e salate. In particolare, combinate

in frittate, omelette, uova all'occhio di bue, contribuiscono ad allestire pietanze sostanziose, veloci e molto gustose che costituiscono un cibo frequente nei posti di ristoro montanari. Di seguito forniamo indicazioni per quella che forse è la più semplice e diffusa versione di frittata di montagna.
Volendo variare sarà possibile sostituire lo speck con il solo formaggio, con salsiccia (cui verrà tolta la pellicina e che verrà fatta rosolare in poco burro con qualche aroma), con funghi trifolati, con cipolle, verze, patate ecc.
Fate sciogliere in una padella di ferro una noce di burro e scaldate le fette di speck, scolatele dal condimento e tenetele al caldo. Mettete nuovamente la padella al fuoco con ancora un po' di burro e versatevi le uova che avrete sbattuto con un pizzico di sale e il formaggio tagliato a pezzettini (se lo si desidera). Cuocete la frittata da un lato, quindi, aiutandovi con un piatto o un coperchio, rivoltatela e cuocetela anche dall'altro. Servitela poi distribuendo sopra le fette di speck calde.

Frittata di spaghetti

◆ Tempo: 30 minuti ✱ Difficoltà: facile

✣ 6 uova, 300 g di spaghetti freddi, 75 g di fontina, 3 cucchiai di latte, 2 cucchiai di parmigiano grattugiato, 100 g di burro (oppure metà olio extravergine d'oliva e metà burro), sale.

Questa ricetta è ottima per utilizzare la pastasciutta avanzata, e viene meglio se la pasta è condita semplicemente con salsa di pomodoro aromatizzata con le solite spezie. In una terrina sbattete le uova con il latte e un pizzico di sale, poi aggiungetevi la pastasciutta, dopo averla scaldata in una padella con un po' di burro e il parmigiano.
Scaldate il burro in una padella, versateci la pasta e fate dorare da un lato, quindi giratela aiutandovi con un piatto e fatela cuocere anche dall'altra parte. Terminata la cottura rove-

sciatela in un piatto da forno, coprite con la fontina tagliata a fettine sottili e mettete in forno caldo per qualche minuto, finché non si sarà formata una crosticina dorata. È una frittata buona sia calda sia fredda.

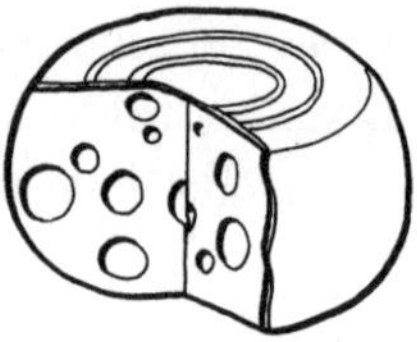

Gorgonzola al miele

◆ Tempo: 10 minuti ✶ Difficoltà: facile

❖ 100 g di gorgonzola piccante, 3 cucchiai di miele amaro, 1 cucchiaio di panna fresca da cucina.

Mettete in una terrina la panna fresca, aggiungetevi il miele amaro (prodotto particolarmente in Sardegna) e amalgamate con molta cura.
Con la crema ottenuta coprite il formaggio tagliato a fettine e servite in tavola come sfizioso contorno.

Involtini di formaggio

◆ Tempo: 30 minuti ✶ Difficoltà: facile

❖ 12 cubetti di caciotta fresca, 12 foglie di vite fresche, 12 fette di pane integrale.

Lavate le foglie di vite sotto l'acqua corrente, asciugatele su un panno morbido facendo attenzione a non sciuparle e avvolgetele intorno ai pezzetti di formaggio. Mettete gli involucri in una teglia, l'uno accanto all'altro, e infornateli a forno preriscaldato a 220 °C per 15 minuti circa o sino a quando le foglie si scuriranno iniziando ad abbrustolirsi e gli involtini risulteranno morbidi. A questo punto sfornateli e serviteli in tavola su fette di pane.

Mozzarella alla milanese (Lombardia)

◆ Tempo: 40 minuti ✱ Difficoltà: facile

❖ 2 mozzarelle, 1 uovo, pangrattato, burro, sale.

Tagliate la mozzarella a fette piuttosto spesse. Passatele nell'uovo sbattuto salato e poi nel pangrattato; quindi friggetele in una padella dove avrete fatto sciogliere del burro e lasciatele cuocere fino a completa doratura.

Mozzarelle ripiene

◆ Tempo: 15 minuti ✱ Difficoltà: facile

❖ 2 mozzarelle, 1 carota, 2 pomodori, 1 zucchina, basilico, olio extravergine d'oliva, sale.

Disponete 2 belle mozzarelle in un piatto e svuotatele con un coltellino. Pulite accuratamente le verdure, tagliatele a tocchetti e ripassatele in padella con uno spicchio d'aglio e un po' d'olio. A questo punto farcite le mozzarelle con le verdurine, decorate con il basilico fresco e condite con olio e sale.

Omelette agli asparagi

◆ Tempo: 1 ora ✱ Difficoltà: media

❖ 600 g di asparagi, 3 carciofi, 6 uova, 30 g di tartufo, 40 g di burro, sale.

Pulite gli asparagi e lessateli in acqua bollente salata, poi tagliate a pezzetti la parte verde. Pulite i carciofi, tagliate i cuori a dadini e fateli insaporire nel burro. Portateli a cottura, unitevi gli asparagi a pezzetti e cuocete ancora per qualche minuto. Prima di spegnere, aggiungete il tartufo tagliato a fette. In una padella fate sciogliere il burro, versatevi le uova sbattute e salate. Fate quindi cuocete l'omelette da un lato e sistematevi al centro il composto di carciofi, asparagi e tartufi, quindi ripiegatela e passate 2 minuti in forno prima di servire.

Omelette ai funghi

◆ Tempo: 40 minuti ✶ Difficoltà: media

❖ 6 uova, 250 g di funghi, prezzemolo, burro, olio extravergine d'oliva, sale.

Tagliate finemente i funghi e cuoceteli in poco olio salando verso fine cottura. Sbattete le uova con un pizzico di sale aggiungendovi il prezzemolo tritato.
In una padella, dove avrete fatto sciogliere una noce di burro, cuocete il composto senza girare però l'omelette dall'altra parte. A fine cottura sistemate i funghi stufati al centro dell'omelette e richiudetene i lembi esterni. Scaldate ancora per qualche istante e gustate.

Omelette al tartufo

◆ Tempo: 25 minuti ✶ Difficoltà: facile

❖ 6 uova, 60 g di tartufo nero, 1 mazzetto di erbe aromatiche, noce moscata, 1 bicchiere di madera, gelatina di carne q.b., 50 g di lardo, 50 g di burro, sale.

Pulite accuratamente il tartufo e tagliatelo a sottili fettine con il tagliatartufi. Fatelo quindi cuocere nel madera con il lardo, un trito di erbe aromatiche e poca gelatina di carne. Sbattete poi le uova con poco sale e un pizzico di noce moscata, versate il composto nella padella con il burro fuso e cuocete senza rivoltare l'omelette.
A cottura ultimata sistemate le fettine di tartufo all'interno dell'omelette, ripiegatene i lembi opposti e servite guarnendo con la salsa ottenuta con il fondo di cottura dei tartufi, ristretta e passata al colino.

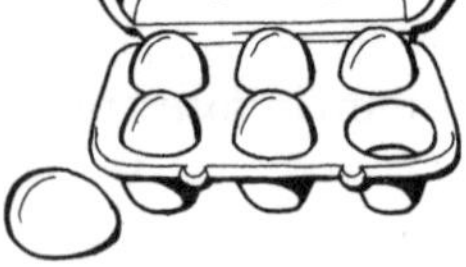

Pecorino alla griglia (Lazio)

◆ Tempo: 20 minuti + 1 ora ✳ Difficoltà: facile

❖ 400 g di pecorino fresco, foglie di menta, 1 grossa presa di origano, olio extravergine d'oliva.

Questa è una ricetta di estrema facilità e di sicuro sapore. Procuratevi del pecorino fresco, tagliatene 4 belle fette alte circa 1 cm e ponetele a riposare per circa un'ora in un piatto con olio e un trito di menta e origano; di tanto in tanto voltatele affinché assorbano bene il condimento.
Trascorso il tempo indicato, scolatele con cura e ponetele a cuocere sopra una griglia rovente insaporendole con l'olio aromatizzato rimasto nel piatto. Rigiratele cuocendo anche l'altro lato e, a cottura ultimata, servitele immediatamente.

Peperoni al formaggio (Piemonte)

◆ Tempo: 40 minuti ✳ Difficoltà: facile

❖ 500 g di peperoni, 200 g di fontina a fettine, 6 acciughe, aglio, olio extravergine d'oliva.

Lavate e scottate i peperoni per spellarli. Tagliateli a metà nel senso della lunghezza e privateli del picciolo, dei semi e dei filamenti. Disponete i mezzi peperoni in una teglia leggermente unta d'olio, farciteli con una fettina di fontina, un pezzetto d'acciuga dissalata e diliscata, e un po' d'aglio tritato. Infornate per 20 minuti, finché il formaggio fonde e servite.

Pere al gorgonzola

◆ Tempo: 20 minuti ✳ Difficoltà: facile

❖ 6 pere, 80 g di gorgonzola, 200 g di mascarpone, 2 cucchiai di zucchero, 1 chiodo di garofano, cannella, 1/2 l di vino bianco.

Sbucciate le pere, svuotatele e mettetele a cuocere con il vino bianco, lo zucchero, il chiodo di garofano e un pizzico di cannella. Lasciatele bollire per 5 minuti circa, poi scolatele e fatele raffreddare. In una ciotola impastate il gorgonzola e il mascarpone fino a ottenere una crema omogenea. Con il composto preparato farcite le pere. Servite subito.

Robiola al tartufo (Piemonte)

◆ Tempo: 15 minuti + 30 minuti ✶ Difficoltà: facile

❖ Robiola di capra o di pecora molto fresca, 1 tartufo bianco, olio extravergine d'oliva, sale, pepe.

La robiola è un formaggio da gustare molto fresco, particolarmente nel caso si desideri accompagnarla con il tartufo. Tagliatela a fette, disponetela su un piatto da portata e conditela con olio, sale e pepe mezzora prima di portare in tavola. Nel frattempo pulite tartufo: spazzolatelo con cura e poi strofinatelo delicatamente con un canovaccio. Al momento di servire, cospargete le fettine di robiola con abbondanti scaglie di tartufo tagliate molto sottilmente con l'apposito attrezzo.

Uova alla parmigiana (Emilia Romagna)

◆ Tempo: 40 minuti ✶ Difficoltà: facile

❖ 6 uova, 1/2 cipolla, 1 bicchiere scarso di salsa di pomodoro, parmigiano grattugiato, 50 g di burro, sale.

Sbattete le uova leggermente salate, sbattetele con una forchetta quindi, dopo aver sciolto metà del burro in un tegame posto su fiamma moderata, versate le uova sbattute e fate in modo di ottenere una soffice frittata. Quando la frittata è cucinata a dovere, toglietela dal tegame, tagliatela a strisce larghe circa 1 cm e versatele in un tegame nel quale avrete prima soffritto nel burro la cipolla tritata e lasciato restringere un po' di salsa di pomodoro. Mantenete sul fuoco per poco più di 20 minuti a fuoco moderato e coperto. Infine aggiustate di sale e cospargete con abbondante parmigiano grattugiato.

Contorni

La varietà di contorni che possono allietare
la nostra tavola è inimmaginabile,
ideali per accompagnare e soprattutto
arricchire molti tipi di pietanze.
Verdure in padella, fritte, alla griglia, al forno
e profumati piatti a base di legumi aiutano
a rendere ogni pasto una golosità inaspettata.

VERDURE IN PADELLA

Asparagini in padella (Sardegna)

◆ Tempo: 40 minuti ✶ Difficoltà: facile

❖ 1 mazzo di asparagi selvatici, 1 cucchiaio di capperi sottosale, 1 cucchiaio di mandorle sgusciate, 1 limone, olio extravergine d'oliva, sale, pepe.

Pulite con cura gli asparagi, raschiateli, lavateli e quindi immergeteli in una pentola con abbondante acqua salata. Lasciate affiorare le punte degli asparagi fuori dall'acqua, coprite con un coperchio, portate a ebollizione e lasciate cuocere per un quarto d'ora, quindi scolate (potete conservare l'acqua di cottura, che potrà essere impiegata per la preparazione di una minestra). Nel frattempo sciacquate i capperi sotto acqua corrente e quindi tritateli finemente assieme alle mandorle.
Mettete il trito in una ciotola e, con un cucchiaio di legno, emulsionate il succo del limone assieme all'olio. Mescolate fino a ottenere una salsina cremosa e quindi versatela in un tegame di coccio, unite gli asparagi scolati e lasciate cuocere il tutto a fuoco moderato, mescolando delicatamente con un cucchiaio di legno. Dopo 5 minuti spegnete la fiamma e servite, portando direttamente in tavola il tegame.

Caponata (Sicilia)

◆ Tempo: 45 minuti ✶ Difficoltà: facile

❖ 4 melanzane, 4 pomodori grossi maturi e sodi, 100 g di olive nere, 50 g di capperi sottosale, 1 cipolla, 1/2 gambo di sedano, 1 spicchio d'aglio, aceto di mele, olio extravergine d'oliva, sale grosso e fino.

Pulite le melanzane, tagliatele a cubetti, cospargetele di sale grosso e lasciatele sgocciolare a listarelle dentro un colapasta. Nel frattempo affettate finemente la cipolla, schiacciate l'aglio, passate al setaccio i pomodori dopo averli sbucciati (aiutatevi tuffandoli per qualche istante in acqua bollente), snocciolate le olive e tritatele grossolanamente, pulite e affettate il sedano piuttosto finemente.
Mettete poi tutto in una pentola con poco olio, aggiungete anche i capperi lavati e fate cuocere a fuoco non troppo allegro sino a ottenere una salsa piuttosto densa.
Tornate quindi a occuparvi delle melanzane; scolatele dall'acqua di vegetazione, saltatele a parte con dell'olio e unitele poi alla salsa, lasciando cuocere ancora per una decina di minuti, aggiustando di sale e aggiungendo un goccio di aceto. Servite la caponata preferibilmente fredda.

Carciofi al limone

◆ Tempo: 45 minuti + 30 minuti ✱ Difficoltà: facile

❖ 8 grossi carciofi del tipo senza spine, 2 limoni, olio extravergine d'oliva, sale, pepe.

Innanzitutto preparate i carciofi lavandoli con cura e poi eliminate le foglie esterne più dure, la "barba" interna e tagliando infine il gambo a 4 cm dal fiore; quindi lasciateli per circa mezzora completamente immersi in acqua acidulata con il succo di un limone.
Asciugateli con cura, allargate le foglie così da agevolare la cottura, salateli, pepateli e metteteli a "testa in giù" in una padella in cui avrete fatto scaldare abbondante olio.
Fateli cuocere rigirandoli bene quindi scolateli con cura e serviteli irrorandoli con una salsina preparata emulsionando la scorza grattugiata (solo la parte gialla) e il succo del limone rimasto, sale e pepe.

Carciofi al prezzemolo (Friuli)

◆ Tempo: 30 minuti + 30 minuti ✱ Difficoltà: facile

❖ 8 carciofi teneri, 1 limone, aglio, prezzemolo, abbondante pangrattato, olio extravergine d'oliva, sale, pepe.

I carciofi, prima di passare nel tegame, vanno trattati come segue: eliminate le foglie esterne più dure, pareggiate i gambi e spuntate le foglie tenere sino a tre quarti; a questo punto rullate i carciofi sul piano di lavoro premendo alla base con la mano e apriteli tanto da poter levare le fogliette centrali, notoriamente coriacee; pulite il resto dei gambi e affettateli. Ponete il tutto in acqua acidulata con succo di limone e lasciatevelo per almeno mezzora, quindi fate sgocciolare bene.
Al momento di cuocere i carciofi, divaricatene con cura le foglie e, con l'aiuto di un cucchiaino, introducete tra le une e le altre un trito d'aglio e prezzemolo, unito a sale, pepe e pangrattato, e bagnato con un paio di cucchiai d'olio. Allineate di seguito i carciofi assieme ai gambi in un tegame che li contenga perfettamente, cospargeteli con altro olio e copriteli d'acqua fino a metà altezza. Chiudere il tegame e lasciate sobbollire fino a che sarà evaporata tutta l'acqua, quindi servite i carciofi farciti irrorandoli col fondo di cottura ben ristretto.

Carciofi alla giudia (Lazio)

◆ Tempo: 1 ora ✱ Difficoltà: media

❖ 4 carciofi, 1 ciuffo di prezzemolo, alcune foglie di menta fresca, olio extravergine d'oliva, sale.

Pulite i carciofi, eliminate le foglie esterne, tagliate il gambo, lavateli, scolateli e asciugateli. Allargate un po' le foglie nel centro, mettetevi dentro un po' di prezzemolo e di menta tritati e un po' di sale. Sistemate i carciofi in una piccola casseruola dai bordi alti, in modo che stiano ritti, uno accanto all'altro, versateci tanto olio quanto ne occorre per arrivare circa a metà dei carciofi e mettete il recipiente sul fuoco. Cuocete a fiamma viva e, quando le foglie saranno diventate croccanti, coprite e lasciate cuocere ancora per qualche minuto a fiamma moderata. Infine scolate i carciofi e disponeteli su un piatto da portata.

Cavolfiore piccante (Piemonte)

◆ Tempo: 1 ora ✶ Difficoltà: facile

❖ 1 cavolfiore di c. 800 g, 4 acciughe diliscate e tritate, 1/2 limone, prezzemolo, 100 g di burro, sale.

Togliete al cavolfiore le grosse foglie verdi, quindi lavatelo e lessatelo in acqua salata dopo aver separato le infiorescenze. In un tegamino fate dorare leggermente il burro, poi aggiungete le acciughe sminuzzate e il prezzemolo tritato e dopo alcuni minuti di cottura togliete dal fuoco.
Scolate il cavolfiore, disponetelo su un piatto da portata, versatevi la salsa e il succo di limone. Servite subito.

Cavolo alla tirolese (Trentino-Alto Adige)

◆ Tempo: 40 minuti ✶ Difficoltà: facile

❖ 1 cavolo rosso grosso, 2 mele, zucchero (facoltativo), aceto, burro, 3 cucchiai d'olio extravergine d'oliva, sale, pepe.

Levate al cavolo le foglie esterne più dure, spartitelo in due parti e tagliatelo a fettine sottili.
In un tegame capace sciogliete una noce di burro assieme all'olio, quindi unitevi il cavolo. Dopo averlo rigirato per qualche minuto, spruzzatelo con un po' d'aceto; salate, pepate e cuocete a fuoco lento sotto coperchio. Frattanto scegliete 2 mele dal sapore acidulo, levate la buccia, affettatele e unitele al cavolo a metà cottura. Se gradito è possibile aggiungere alle mele 2 cucchiaini di zucchero. Servite ben caldo.

Cavolo con pancetta (Emilia Romagna)

◆ Tempo: 1 ora + 12 ore ✱ Difficoltà: facile

✣ 700 g di cavolo cappuccio, 80 g di pancetta, 1 cipolla, brodo (facoltativo), aceto di vino, 6 cucchiai di olio extravergine d'oliva, sale.

Dopo aver ben pulito il cavolo, sfogliatelo e lavate accuratamente le foglie, quindi asciugatele e tagliatele a striscioline sottili. Trasferite il tutto in una terrina e ricoprite d'aceto, lasciando quindi a bagno per un'intera notte. Al mattino strizzate bene le foglie e mettete in una casseruola l'olio, la cipolla pulita e tritata e la pancetta tagliata a dadini.
Fate rosolare il tutto tenendo mescolato con un cucchiaio di legno e, quando la cipolla è appassita, unitevi il cavolo adeguatamente scolato.
Mescolate e lasciate sul fuoco per alcuni minuti; se vi sembrasse necessario, aggiungete un poco di brodo e quindi proseguite la cottura per circa mezzora, mescolando frequentemente e lasciando che il brodo di cottura si restringa a dovere.

Cipolle in umido

◆ Tempo: 40 minuti ✱ Difficoltà: facile

✣ 8 cipolle di media grossezza, 2 pomodori maturi, 1 bicchiere di vino bianco, olio extravergine d'oliva, sale, pepe.

Pulite le cipolle e lessatele in poca acqua salata in modo che risultino piuttosto al dente, quindi scolatele e lasciatele asciugare su un piano inclinato. Disponete le cipolle in una padella piuttosto ampia e con i bordi alti e ricopritele con i pomodori tagliati a pezzi, un pizzico di sale e una spolverata di pepe. Fate stufare per 10 minuti e poi unite il vino bianco e lasciatelo sfumare. Proseguite la cottura per circa 20 minuti mescolando spesso e aggiungendo un po' d'acqua se necessario.

Cipolline in agrodolce

◆ Tempo: 1 ora e 25 minuti ✱ Difficoltà: facile

❖ 450 g di cipolline bianche, 40 g di zucchero, 1/2 bicchiere d'aceto balsamico, 60 g di burro, olio extravergine d'oliva, sale.

Cercate di procurarvi delle cipolline piatte, le più adatte a essere cucinate in agrodolce, pulitele, lavatele e asciugatele accuratamente con un telo pulito. Versatele poi in un largo tegame con i bordi piuttosto alti e ponetele su un fuoco a fiamma non eccessivamente alta (meglio utilizzare la retina frangifiamma); quando le cipolline cominciano a prendere colore, aggiungete il burro e un po' di olio e lasciatele rosolare tenendole mescolate con un cucchiaio di legno.
Aggiungete l'aceto balsamico, lasciate che venga assorbito in parte, quindi salate e unite lo zucchero sempre mescolando. Poi coprite la preparazione, moderate ulteriormente la fiamma, lasciate cuocere per mezzora, aggiungendo eventualmente un poco d'acqua se necessario. Trascorso questo tempo, rigirate le cipolline una a una e lasciate quindi proseguire la cottura per un'altra mezzora prima di spegnere.

Finferli in sugo (Trentino-Alto Adige)

◆ Tempo: 1 ora e 25 minuti ✱ Difficoltà: facile

❖ 1 kg di finferli, 400 g di pomodori pelati, 2 spicchi d'aglio, prezzemolo, 40 g di burro, olio extravergine d'oliva, sale.

Il finferlo è un fungo davvero squisito; può essere preparato assieme ad altri funghi o cotto da solo, come suggerisce questa ricetta. Dunque pulite i funghi, lavateli sotto acqua corrente, asciugateli e, se sono di grandi dimensioni, tagliateli nel senso della lunghezza.
Poi trasferiteli in un tegame appena unto d'olio e lasciateli cuocere mescolandoli con un cucchiaio di legno. Aggiungete dell'altro olio e il burro e fateli rosolare, poi unite i pomodori pelati e cuocete a fuoco lento per un'oretta. Prima di portarli in tavola, aggiustate di sale e insaporite con un trito di prezzemolo e aglio. Volendo potrete servirli con una buona polenta.

Finocchi in tegame (Lombardia)

◆ Tempo: 30 minuti ✱ Difficoltà: facile

✣ 4 finocchi grossi, 2 spicchi d'aglio, parmigiano grattugiato, olio extravergine d'oliva, sale, pepe.

Levate ai finocchi le foglie più esterne e lavateli sotto acqua corrente, quindi lessateli al dente in acqua bollente salata. Scolateli, lasciateli raffreddare e tagliateli a spicchi. In un tegame fate scaldare l'olio insaporendo con gli spicchi d'aglio schiacciati; non appena l'aglio prende colore, toglietelo e mettete a cottura i finocchi lasciandoli colorire con cura.
Pochi minuti prima di servire condite con sale, pepe macinato fresco e un'abbondante spolverata di parmigiano grattugiato. Lasciate sciogliere il formaggio mantenendo la pentola coperta e servite ben caldo.
Volendo è possibile esaltare il sapore della verdura condendo con un cucchiaino di semi di finocchio.

Fondi di carciofo in padella (Veneto)

◆ Tempo: 30 minuti ✱ Difficoltà: facile

❖ 12 fondi di carciofo, 1 spicchio d'aglio, 1 ciuffo di prezzemolo, 1 limone, olio extravergine d'oliva, sale, pepe.

I fondi di carciofo si ricavano dai carciofi che vengono privati dei gambi e delle foglie sino a conservare solamente il loro fondo che, a differenza delle altre parti, può continuare a rimanere abbastanza tenero anche quando la verdura è ormai un poco "passata". Preferite fondi di carciofo di media grandezza e abbastanza teneri e, nel caso provvediate voi stessi alla pulizia della verdura, immergete via via i fondi in acqua acidulata con un po' di succo di limone, per evitare che possano annerire. In un tegame versate l'olio e soffriggetevi lo spicchio d'aglio schiacciato con una forchetta, poi eliminatelo e mettetevi i fondi di carciofo, abbassando la fiamma e lasciando che prendano colore a fuoco moderato. Lasciateli sul fuoco un tempo non eccessivo, in modo da evitare che diventino troppo duri e poco prima di toglierli dal fuoco salateli, pepateli e spolverateli con il prezzemolo tritato. Infine serviteli come contorno dopo averli trasferiti in un piatto concavo e averli bagnati con il delizioso sugo di cottura.

Melanzane stufate (Calabria)

◆ Tempo: 1 ora + 1 ora ✱ Difficoltà: facile

❖ 6 melanzane, 600 g di pomodori, 3 cipolle, 50 g di pinoli, 3 spicchi d'aglio, basilico, prezzemolo, olio extravergine d'oliva, sale.

Lavate le melanzane, tagliatele a metà nel senso della lunghezza e lasciatele sottosale per un'ora circa. Intanto, in una teglia con dell'olio, ammorbidite le cipolle e gli spicchi d'aglio affettati. Scolate le melanzane dal liquido amaro e tagliatele a cubetti, unitele al soffritto e fate insaporire per qualche minuto. Aggiungete i pomodori a pezzetti e spellati (per questa operazione aiutatevi tuffandoli per un attimo in acqua bollente), i pinoli e il sale. Cuocete per circa 40 minuti a fuoco moderato; prima di portare in tavola cospargete le melanzane con un trito grossolano di basilico e prezzemolo.

Patate al lardo (Emilia Romagna)

◆ Tempo: 1 ora ✶ Difficoltà: facile

❖ 500 g di patate non farinose, 100 g di lardo fresco, 1 cipolla, 50 g di prezzemolo tritato, 50 g di farina, 1 bicchiere di brodo di carne, 1/2 bicchiere di vino bianco secco, 40 g di burro, sale, pepe in grani.

Dopo aver tagliato il lardo a dadi, trasferitelo in un pentolino, copritelo d'acqua e lasciatelo bollire per un minuto appena, quindi scolatelo, travasatelo in acqua fredda e poi scolatelo nuovamente e lasciatelo asciugare disteso su un canovaccio pulito. Nel frattempo sbucciate le patate, lavatele, asciugatele con cura e tagliatele a spicchi. Versate in una casseruola il lardo, aggiungetevi il burro e lasciate soffriggere mescolando sino a quando il lardo si sia sciolto. A quel punto aggiungete la cipolla pulita e sottilmente affettata e lasciatela appassire prima di unire la farina che dovrà poi dorare leggermente.

Aggiungete il brodo e il vino bianco e, mantenendo mescolato con un cucchiaio di legno, portate a bollore, poi unite finalmente le patate e il lardo. Dopo aver insaporito con sale e pepe macinato al momento, lasciate che il bollore diventi allegro e quindi moderate sensibilmente la fiamma, coprite e proseguite la cottura per poco più di mezzora. Poco prima che sia trascorso tale tempo, scaldate un piatto da portata. Scolate quindi le patate, trasferitele sul piatto da portata riscaldato, cospargetele con il prezzemolo tritato e servitele senza indugio.

Patate al rosmarino

◆ Tempo: 50 minuti ✷ Difficoltà: media

❖ 5 patate di media grossezza, 2 spicchi d'aglio, 2 rametti di rosmarino, 1/2 bicchiere d'olio extravergine d'oliva, brodo, sale, pepe.

Lavate bene le patate e mettetele a lessare intere e con la buccia in una pentola d'acqua fredda, aggiungendo un cucchiaino di sale per ogni litro d'acqua. A metà cottura (i rebbi della forchetta entreranno, ma con difficoltà) scolatele, pelatele, tagliatele a pezzetti piuttosto grossi.
Fatele rosolare lentamente in una padella con l'olio, gli spicchi d'aglio, il rosmarino, il sale, il pepe e poco brodo per evitare che attacchino al fondo della padella. Servitele in tavola calde o tiepide.

Peperonata (Campania)

◆ Tempo: 1 ora e 15 minuti ✷ Difficoltà: facile

❖ 500 g di peperoni rossi e gialli, 400 g di pomodori, 2 cipolle grosse, 2 cucchiai di capperi, basilico, origano, olio extravergine d'oliva, sale, pepe.

Bruciacchiate sul fuoco i peperoni per togliere la pelle esterna. Apriteli, privateli dei semi e tagliateli a listarelle. Pulite e spellate i pomodori (aiutatevi tuffandoli per un attimo in acqua bollente) riducendoli a pezzetti. Affettate le cipolle e fatele stufare in una teglia con un po' d'olio; aggiungete quindi i peperoni, i pomodori, i capperi, qualche foglia di basilico, un pizzico di origano e, infine, il sale e il pepe. Fate cuocere lentamente per circa tre quarti d'ora, mescolando di tanto in tanto. La peperonata può essere servita calda o fredda.

Peperoni alla napoletana (Campania)

◆ Tempo: 40 minuti - Difficoltà: facile

❖ 4 peperoni, 1 spicchio d'aglio, 70 g di olive verdi, brodo vegetale, 1 cucchiaio di capperi sottosale, olio extravergine d'oliva, sale.

Pulite i peperoni, tagliateli a metà, privateli dei semi, lavateli, asciugateli e tagliateli nel senso della lunghezza in striscioline larghe un paio di centimetri. Metteteli in un tegame con qualche cucchiaio d'olio e lo spicchio d'aglio sbucciato e schiacciato e lasciateli sul fuoco, mescolandoli spesso con un cucchiaio di legno. Portateli a cottura aggiungendo un po' di brodo se necessario e, prima di toglierli dal fuoco, aggiungete le olive verdi snocciolate e tritate e i capperi sciacquati. Aggiustate di sale, mescolate e servite.

Piselli al prosciutto (Lazio)

◆ Tempo: 30 minuti ✱ Difficoltà: facile

❖ 1 kg di piselli freschi, 150 g di prosciutto crudo, 1 cipolla, 1 ciuffetto di prezzemolo, brodo, burro, olio extravergine d'oliva, sale, pepe.

In una casseruola mettete la cipolla tagliata a fettine sottili, dell'olio e un pezzetto di burro. Appena la cipolla appassisce versate i piselli, salate, pepate e bagnate con un po' di brodo o acqua calda. Poco prima di portare a termine la cottura aggiungete il prosciutto crudo tagliato a dadini e il prezzemolo tritato.

Piselli alla maggiorana

◆ Tempo: 30 minuti ✱ Difficoltà: facile

❖ 1 kg di piselli freschi, 1 cipolla, 1 carota, 1/2 gambo di sedano, 1 pizzico di maggiorana, olio extravergine d'oliva, sale.

Tagliate la cipolla e il sedano a fette piuttosto sottili; lavate, pelate e tagliate la carota a rondelle. Ungete il fondo di una casseruola e fatevi saltare la cipolla e il sedano; aggiungete la carota e i piselli, coprite d'acqua e lasciate cuocere a fuoco moderato e a pentola coperta. A cottura quasi ultimata insaporite con sale e maggiorana.

Pomodorini ripassati (Calabria)

◆ Tempo: 15 minuti ✱ Difficoltà: facile

❖ 500 g di pomodorini secchi, 3 spicchi d'aglio, 3 peperoncini, 1 ciuffo di basilico, olio extravergine d'oliva, sale.

Fate ammollare i pomodorini sotto acqua tiepida per pochi secondi, poi apriteli a metà; nel frattempo tritate l'aglio, peperoncini e basilico e poi farcite ogni pomodorino con il trito preparato. Scaldate in una padella qualche cucchiaio d'olio, unite i pomodorini, aggiustate di sale e proseguite la cottura per 5 minuti prima di servire.

Porcini trifolati

◆ Tempo: 40 minuti ✱ Difficoltà: media

❖ 500 g di porcini freschi, 2 spicchi d'aglio, 1 ciuffo di prezzemolo, 50 g di burro, 4 cucchiai d'olio extravergine d'oliva, sale, pepe.

Pulite accuratamente e con delicatezza i porcini e tagliateli poi a fettine sottili. Nel frattempo in una casseruola fate soffriggere l'olio con il burro e l'aglio, aggiungendovi quindi i porcini assieme al prezzemolo tritato. Salate, pepate, mettete un coperchio e fate stufare a fuoco lento fino a perfetta cottura. Se nel frattempo i funghi si asciugassero troppo, aggiungete un po' d'acqua calda per inumidirli. Questa è la preparazione base non solo per i porcini, ma per molti altri funghi. A seconda dei gusti, l'aglio può essere messo a spicchi interi oppure tritato: in quest'ultimo caso mezzo spicchio può essere sufficiente.

Radicchio rosso in saór (Veneto)

◆ Tempo: 30 minuti + 1 ora ✱ Difficoltà: facile

❖ 8 cespi di radicchio rosso trevigiano, 150 g di cipolle, 40 g di uva passa, 30 g di pinoli, 1 cucchiaino di zucchero, 1/2 bicchiere d'aceto di vino rosso, olio extravergine d'oliva, sale, pepe in grani.

Lavate e a lasciate l'uva passa in ammollo in un po' d'acqua fredda per un'ora. Sbucciate e affettate sottilmente le cipolle, mettetele in un tegame, aggiungetevi l'olio e fatele appassire per alcuni minuti a fiamma non eccessiva, mescolando con un cucchiaio di legno. Poi aggiungete l'aceto e lo zucchero, mescolate, unite l'uva passa scolata e i pinoli, lasciate evaporare e togliete dal fuoco.
Pulite accuratamente il radicchio, lavatelo, asciugatelo con una centrifuga manuale e tagliate ogni cespo a quarti nel senso della lunghezza. Aggiungete il radicchio al soffritto e lasciatelo stufare a fuoco moderato, mescolando di tanto in tanto. Prima di portare in tavola, aggiustate di sale e insaporite con del pepe macinato al momento.

Taccole alla veneta (Veneto)

◆ Tempo: 1 ora e 25 minuti ✱ Difficoltà: facile

❖ 1 kg di taccole, 100 g di pancetta affumicata, 1 cipolla, 100 g di ricotta stagionata, 100 g di burro, olio extravergine d'oliva.

Lavate e mondate le taccole, spezzatele in due, mettetele in una padella a bordi alti con la cipolla affettata sottilmente, la pancetta tagliata a tocchetti, il burro e qualche cucchiaio d'olio.

Cuocete a fuoco piuttosto alto per una decina di minuti sempre mescolando. Abbassate il fuoco al minimo, incoperchiate e proseguite la cottura per almeno un'ora controllando spesso la cottura e continuando a mescolare.
A fine cottura versate le taccole in una scodella e grattugiatevi sopra la ricotta stagionata. Servite ben caldo.

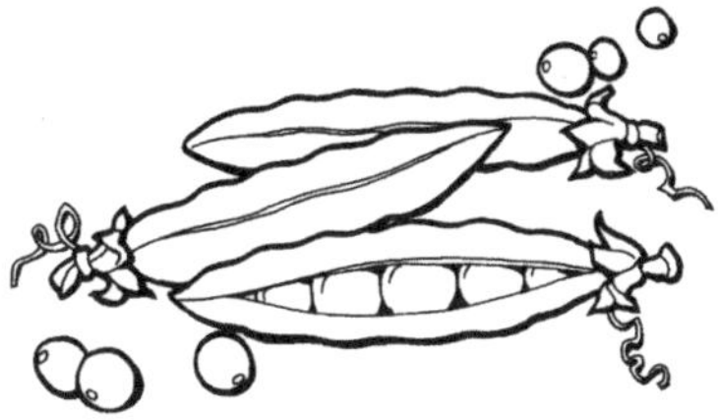

Tarassachi in sapore (Veneto)

◆ Tempo: 25 minuti + 30 minuti ✱ Difficoltà: facile

❖ 1 kg di tarassachi (rosetta basale, senza infiorescenze), 100 g di pancetta, 3 spicchi d'aglio, olio extravergine d'oliva, sale, pepe.

Pulite, lavate accuratamente i tarassachi e lessateli in acqua salata per circa mezzora. Strizzateli bene e poneteli in una teglia a insaporire con l'olio, gli spicchi d'aglio schiacciati, la pancetta tagliata a dadini e un pizzico di pepe.
Lasciate sul fuoco per circa 15 minuti e servite caldi come contorno ad arrosti o carni lesse.

Verze in padella (Lombardia)

◆ Tempo: 1 ora e 25 minuti ✱ Difficoltà: facile

❖ 1 verza da 1 kg, 100 g di lardo o pancetta, 3 spicchi d'aglio, olio extravergine d'oliva, sale, pepe.

Togliete alla verza le foglie esterne più dure, fatela quindi bollire per mezzora circa in abbondante acqua leggermente salata; scolatela bene e tagliatela a strisce sottili.

Nel frattempo tagliate la pancetta (o il lardo) a cubetti e fatela soffriggere assieme a qualche cucchiaio d'olio e all'aglio, schiacciato portando il tutto a lenta rosolatura.
A questo punto togliete l'aglio e unite al condimento la verza; salate e pepate, mescolate con cura facendo asciugare per circa 30 minuti a pentola coperta e fuoco molto basso.

Zucchine al funghetto (Toscana)

◆ Tempo: 45 minuti ✱ Difficoltà: facile

❖ 550 g di zucchine, 1 cipolla, 1 carota, 1 spicchio d'aglio, 200 g di pomodori freschi pelati, 150 g di funghi freschi o 20 g di funghi secchi, olio extravergine d'oliva, sale, pepe.

Spuntate, lavate e asciugate le zucchine, quindi tagliatele a pezzi non troppo grossi. Passate poi a occuparvi dei funghi: se sono freschi, puliteli, lavateli sotto acqua corrente, asciugateli con un canovaccio da cucina pulito e tagliateli a fettine. Se invece si tratta di funghi secchi, lasciateli in ammollo in un po' d'acqua, quindi strizzateli con cura e tritateli grossolanamente. A questo punto sbucciate la cipolla e tritatela insieme con la carota e lo spicchio d'aglio; fate rosolare il tutto per qualche minuto in una teglia possibilmente di terracotta, con un poco d'olio, quindi unitevi le zucchine; fate ritirare il liquido di cottura e poi unitevi i pomodori pelati e passati al setaccio e i funghi affettati o tritati.
Condite con sale e pepe e lasciate cuocere sino a ottenere un sughetto ben ristretto. Servite caldo.

VERDURE FRITTE

Asparagi di Bassano fritti (Veneto)

◆ Tempo: 30 minuti ✱ Difficoltà: facile

❖ 500 g di asparagi, 2 uova, parmigiano reggiano, pangrattato, maionese 1 vasetto di yogurt, 30 g di menta tritata, olio per friggere.

Eliminate il gambo degli asparagi e lavateli con cura. Scottateli in acqua bollente per circa 15 minuti. Nel frattempo, sbattete le uova con il parmigiano.
Scolate le punte degli asparagi e tuffatele nel pangrattato poi immergetele nel composto di uova e di nuovo nel pangrattato. Scaldate abbondante olio in una padella dai bordi piuttosto alti e fatevi friggere gli asparagi finché risulteranno ben dorati. Fateli asciugare su carta assorbente da cucina. Mescolate lo yogurt, la maionese e la menta.Trasferite gli asparagi in un piatto da portata e serviteli caldi, con la salsa a parte.

Cavolfiore con salsa di pomodoro

◆ Tempo: 25 minuti - Difficoltà: facile

❖ 1 cavolfiore da 1 kg circa, 160 g di farina, 3 uova, 1 bicchiere e 1/2 di latte, 1 limone, salsa di pomodoro già pronta, basilico, olio per friggere, sale.

Mondate, dividete e lavate le cimette del cavolfiore. Scottatele per pochi minuti in acqua salata bollente. Scolatele molto bene. In una terrina sbattete le uova e aggiungete la farina, il latte e sufficiente acqua per ottenere una pastella semifluida. Aromatizzate con sale e la scorza grattugiata del limone.

In una padella per friggere scaldate abbondante olio e un po' alla volta fatevi dorare a fuoco vivace le cimette di cavolfiore precedentemente passate nella pastella. Asciugatele su carta assorbente da cucina e sistematele sul piatto da portata. Nel frattempo in un tegamino scaldate la salsa di pomodoro e profumatela con il basilico. Appena pronta versatela in una salsiera e servitela a parte con il fritto di cavolfiore.

Cipolle in pastella

◆ Tempo: 30 minuti + 2 ore ✷ Difficoltà: facile

❖ 4 cipolle rosse, 100 g di farina bianca, 1,5 dl di acqua gassata, 2 uova, olio extravergine d'oliva, olio per friggere, sale.

Preparate la pastella unendo alla farina un pizzico di sale, le uova intere e un cucchiaio d'olio d'oliva. Unite tanta acqua fredda da ottenere un impasto omogeneo ma non troppo liquido. Mescolate bene con un cucchiaio di legno e, quando avrete finito, fate riposare la pastella per 2 ore. Nel frattempo, mondate le cipolle, lavatele con cura, asciugatele, sbucciatele e tagliatele a fette di 1 cm. Mettete le fette di cipolla nella pastella e fatele friggere nell'olio bollente, facendole dorare da entrambe le parti. Mettetele a scolare e servitele subito.

Finocchi fritti al burro

◆ Tempo: 30 minuti ✷ Difficoltà: media

❖ 4 finocchi, 1 uovo, formaggio grattugiato, 50 g di burro, sale.

Mondate, lavate e lessate i finocchi interi in acqua salata. Tagliateli a fettine spesse nel senso della larghezza e asciugateli su carta assorbente da cucina.
Passate le fettine di finocchio nell'uovo sbattuto con il sale e poi nel formaggio grattugiato. In un tegame antiaderente lasciate sciogliere il burro e doratevi le fettine da entrambi i lati. Servitele calde.

Fiori di zucca fritti

◆ Tempo: 30 minuti + 30 minuti ✱ Difficoltà: media

✣ 16 fiori di zucca, 2 uova, noce moscata, 150 g di farina, 1/2 bicchiere di vino bianco secco, 8-10 cucchiai d'olio extravergine d'oliva, olio per friggere, sale, pepe.

I fiori di zucca, come pure i fiori di zucchina, possono essere fritti dopo essere stati passati in una pastella di farina o possono essere cucinati in altri modi, magari "imbottendoli" con un po' di formaggio. Soprattutto nel caso si avesse la fortuna di poterli cogliere al mattino nel proprio orto, quando sono ben aperti e freschissimi, possono essere utilizzati per ottenere un contorno veramente stuzzicante.
Nella ricetta che segue è previsto l'utilizzo della pastella di farina. Mettete in una terrina la farina setacciata, i tuorli e insaporite con sale, pepe e noce moscata. Mescolate il composto, diluitelo con il vino aggiungendolo un po' alla volta, e lasciate riposare il tutto per una mezzora circa.
Trascorso tale tempo, unite al composto gli albumi montati a neve ben ferma e mescolate delicatamente con un movimento regolare dal basso verso l'alto.
Private i fiori dei gambi, eliminate il pistillo, quindi passate ogni fiore nella pastella, così che si ricopra bene. Poi scaldate l'olio in un tegame e fatevi dorare i fiori per pochi minuti. Infine deponeteli su un foglio di carta da cucina, completate con un po' di sale e servite.

Frittelle di carciofi e mozzarella

◆ Tempo: 50 minuti + 1 ora ✶ Difficoltà: media

❖ 4 carciofi (ideali i violetti), 1/2 limone, 1/2 spicchio d'aglio, 1 foglia d'alloro, 1 mazzetto di basilico, 1 mozzarella di bufala, 1 mazzetto di rucola, 80 g di farina bianca, 1 uovo, 30 g di latte, 30 g di birra, 2 g di lievito di birra, 1/2 l di olio di semi di arachidi, olio extravergine d'oliva, sale.
PER LA SALSA: 240 g di pomodoro, 1/2 limone, 1/2 arancia, salsa Worcester, 2 dl di olio extravergine d'oliva, sale, pepe.

In una casseruola fate intiepidire il latte e fatevi poi sciogliere il lievito. In una scodella stemperate la farina con le uova, unite il latte e la birra e lavorate bene; salate e pepate. Lasciate lievitare almeno un'ora a circa 25 °C.

Pulite i carciofi. Fate bollire dell'acqua, aggiungere un cucchiaio di olio, il basilico, lo spicchio d'aglio (senza togliergli la pellicina), l'alloro e il succo di mezzo limone; salate e quando il liquido bolle tuffatevi i fondi di carciofo. Cuocete per circa 20 minuti fino a quando risultano morbidi. Fate raffreddare i carciofi, tagliateli a metà per la lunghezza, tagliate la mozzarella a cubettoni. Farcite con un cubetto di mozzarella ogni mezzo carciofo, richiudete con l'altra metà, fissate con uno stuzzicadenti, salate e pepate. Mentre l'impasto lievita, frullate i pomodori (con la buccia) insieme all'olio, al sale, al pepe, al succo filtrato di mezzo limone e dell'arancia e a un poco di salsa Worcester, passate in un colino dalle maglie molto fini e tenete al fresco. Scaldate l'olio di semi di arachidi in una casseruola. Immergete i carciofi nella pastella e friggeteli nell'olio bollente fino a completa doratura. Asciugateli su carta assorbente e serviteli caldi accompagnati dalla salsa al pomodoro.

Frittelle di cime di rapa

◆ Tempo: 30 minuti + 1 ora ✱ Difficoltà: facile

❖ 1 kg di cime di rapa, 4 uova, 200 g di farina, olio per friggere, sale.

Pulite e lavate con cura la verdura dividendola in cimette; lavatela, scottatela in acqua bollente salata, quindi scolatela e lasciatela asciugare. Preparate una pastella sbattendo le uova insieme con un pizzico di sale e la farina e lasciatela riposare per circa un'ora. Passato il tempo versate la verdura nel composto, mescolando il tutto.

Friggete a cucchiaiate le cime di rapa in olio molto bollente. Scolatele quando saranno dorate, asciugatele su carta assorbente e servitele ben calde.

Frittelle di zucchine

◆ Tempo: 30 minuti ✱ Difficoltà: media

❖ 1 kg di zucchine, 4 uova, 250 g di provolone piccante,1 ciuffo di prezzemolo, 40 g di farina con lievito in polvere, olio per friggere, sale, pepe.

Lavate le zucchine, asciugatele, spuntatele e infine grattugiatele piuttosto grossolanamente lasciandole poi scolare dal liquido di vegetazione spremendole un po'.

Mettete a questo punto la polpa in una terrina e aggiungete il prezzemolo tritato finemente, il formaggio grattugiato, le uova sbattute; infine salate e pepate leggermente. Impastate molto bene il composto e aggiungete lentamente la farina setacciata fino a ottenere la giusta densità.

Nel frattempo, in una padella avrete scaldato abbondante olio per friggere. Con il composto ottenuto, forgiate delle polpette schiacciate e immergetele nell'olio bollente facendole friggere da entrambe le parti.

Toglietele dal fuoco quando saranno dorate, adagiatele su carta assorbente da cucina e servitele calde.

Frittelline di patate

◆ Tempo: 25 minuti ✱ Difficoltà: facile

❖ 3 patate, 1 cipollotto, 100 g di salsa Worcester, 1 spicchio d'aglio, 1 cucchiaio di zenzero, semi di sesamo, farina, olio per friggere, sale.

Lessate le patate in abbondante acqua leggermente salata, scolatele, sbucciatele, schiacciatele con lo schiacciapatate e impastatele con il cipollotto tritato finemente, lo spicchio d'aglio spremuto, la salsa Worcester e lo zenzero.
Modellate con l'impasto delle palline piuttosto piccole, appiattitele e cospargetele di semi di sesamo. Quindi passatele nella farina e, dopo aver scaldato abbondante olio in una padella dai bordi alti, friggetele finché non siano dorate (2 minuti per parte). Scolatele con un ramaiolo e, prima di servirle ben calde, fatele asciugare su un foglio di carta assorbente.

Melanzane a sorpresa

◆ Tempo: 40 minuti + 30 minuti ✱ Difficoltà: media

❖ 400 g di melanzane tonde, 100 g di scamorza affumicata, 80 g di prosciutto crudo, 2 uova, 1 ciuffo di prezzemolo, 2 cucchiai di formaggio grattugiato, pangrattato, olio per friggere, sale, pepe.

Lavate le melanzane e tagliatele a fette di circa 1/2 cm di altezza. Mettetele sotto sale in un piatto inclinato per circa mezz'ora, in modo che perdano l'acqua. Nel frattempo tritate il prosciutto con la scamorza e un ciuffo di prezzemolo e mettete tutto in una terrina. Unite 2 cucchiai di formaggio, salate e pepate. Sciacquate velocemente le melanzane, asciugatele con cura, spennellatele con un po' d'olio e arrostitele sulla griglia a fuoco vivace da entrambi i lati. Prendete 2 melanzane per volta, mettete nel mezzo il composto di prosciutto e scamorza e schiacciate bene le fette per fare aderire le parti; fermatele con stecchini di legno. Passate ogni coppia di melanzane prima nelle uova sbattute con un pizzico di sale, poi nel pangrattato. Friggetele in abbondante olio caldo facendole dorare in modo uniforme. Toglietele dal fuoco e asciugatele su carta da cucina. Togliete gli stecchini e servitele subito calde.

Polpette di funghi

◆ Tempo: 45 minuti - Difficoltà: media

❖ 400 g di funghi coltivati, 2 spicchi d'aglio, alcuni rametti di prezzemolo, 2 cucchiai di pecorino grattugiato, peperoncino rosso in polvere, 2 uova, pangrattato integrale, olio per friggere, olio extravergine d'oliva, sale.

Dopo aver pulito i funghi, lavateli rapidamente sotto acqua corrente, metteteli in una padella e poneteli sul fuoco, salateli e lasciateli cuocere per una ventina di minuti, aggiungendo un po' d'acqua solo se fosse necessario. Poi sgocciolateli accuratamente, tritateli e versate il trito in una scodella. Sbucciate l'aglio e tritatelo con il prezzemolo lavato e mondato, unite il trito ai funghi, aggiungetevi il formaggio grattugiato, del peperoncino, salate e incorporatevi le uova e del pangrattato, mescolando bene così da amalgamare il tutto e ottenere un impasto di media consistenza, con il quale dar forma a tante polpettine delle dimensioni di una noce.
Versate abbondante olio in una padella o in una friggitrice, scaldatelo e adagiatevi le polpettine. Lasciatele dorare a dovere e quindi estraetele con un mestolo forato e ponetele su della carta assorbente da cucina, in modo che possano perdere l'unto in eccesso. Servitele ben calde.

Polpettine di carciofi

◆ Tempo: 45 minuti ✶ Difficoltà: media

❖ 4 carciofi, 250 g di riso, 1 cipolla bianca, 2 dl di vino bianco, parmigiano grattugiato, 1 ciuffo di prezzemolo, pangrattato,1 limone, qualche foglia di rucola, olio extravergine d'oliva, sale, pepe.

Lessate il riso in acqua salata, poi scolatelo e mettetelo in una terrina. Mondate i carciofi privandoli dei gambi, delle punte, delle foglie esterne più dure e della peluria interna; poi affettateli molto sottilmente. Pulite, tritate la cipolla e rosolatela in una padella con dell'olio; non appena sarà appassita unite i carciofi e bagnate con il vino. A fine cottura amalgamate alla verdura il parmigiano grattugiato e il prezzemolo tritato, aggiustate di sale e pepe e amalgamate il tutto al riso. Non appena il composto si sarà raffreddato formate con questo delle piccole polpette che passerete nel pangrattato in maniera uniforme e poi farete dorare, sempre in padella, in abbondante olio bollente. Servite le polpettine di carciofi come sfizioso contorno calde o fredde; decorando il piatto con qualche fogliolina di rucola e fettine di limone.

Porcini dorati

◆ Tempo: 30 minuti ✶ Difficoltà: media

❖ 12 funghi porcini, farina, pangrattato, 2 uova, 1 limone, olio per friggere, sale, pepe.

Mondate i porcini scartando l'estremità dei gambi, quindi dividete ogni cappella in 8 spicchi e immergeteli in acqua acidulata con succo di limone via via che li preparate, poi scolateli. In una terrina sbattete le uova con una forchetta, salate e pepate. Passate i funghi prima nella farina, poi nell'uovo sbattuto, e infine nel pangrattato. Friggeteli in abbondante olio bollente fino a completa doratura; poi prelevateli con una paletta forata, scolateli su un foglio di carta assorbente, cospargete con un pizzico di sale e portate in tavola.

Radicchio impanato (Veneto)

◆ Tempo: 25 minuti ✱ Difficoltà: facile

✣ 2 cespi di radicchio di Treviso, 30 g di farina, 30 g di pangrattato, 2 uova, olio per friggere, sale, pepe in grani.

Mondate e lavate il cespo di radicchio e poi lasciatelo asciugare. A questo punto tagliatelo per lungo in modo da ottenere tanti "bastoncini" di insalata. Sbattete le uova con un pizzico di sale e una spolverata di pepe fresco. Passate le fettine di radicchio nella farina, poi nelle uova e infine nel pangrattato rigirandoli bene in modo da ricoprirli in modo uniforme. Scaldate abbondante olio in una padella e, quando è bollente, tuffatevi il radicchio impanato. Scolateli su carta assorbente da cucina, aggiustateli di sale e serviteli subito.

Zaletti di cipollini

◆ Tempo: 30 minuti + 2 ore ✱ Difficoltà: facile

✣ 300 g di gambi di cipollotti, 200 g di farina, lievito di birra, 1 uovo, olio extravergine d'oliva, olio per friggere, sale.

Lavate i gambi dei cipollotti e poi preparate la pastella sbattendo in una terrina il lievito sciolto in un po' di acqua calda, l'uovo, un po' d'olio e la farina setacciata. Lavorate bene fino a ottenere un composto omogeneo. Lasciate lievitare per circa 2 ore. Tagliate i gambi dei cipollotti a filetti piuttosto sottili e passateli in padella con poco olio e un pizzico di sale (versate un po' d'acqua, se necessario). Appena cotti, mescolateli alla pastella. Scaldate abbondante olio bollente e versatevi i gambi di cipollotti e, non appena diventano dorati, sgocciolateli su carta assorbente da cucina e salateli leggermente. Serviteli ben caldi.

Zucca fritta

◆ Tempo: 25 minuti ✱ Difficoltà: facile

❖ 1 kg di zucca, 3 uova, farina, olio per friggere, sale.

Togliete alla zucca la scorza esterna, eliminate poi i semi e i filamenti interni. Tagliate la polpa a fette sottili e non troppo grandi, infarinatele e passatele nelle uova sbattute e leggermente salate. Scaldate una padella dove avrete versato una dose abbondante di olio e, una volta bollente, versate le fettine di zucca, facendole dorare da entrambi i lati; scolatele, asciugate l'eccedenza d'olio con carta assorbente da cucina e infine aggiustate di sale.

Servitele finché sono calde, accompagnando eventualmente con fette di formaggio saporito.

Verdure al forno e alla griglia

Asparagi al forno

◆ Tempo: 30 minuti ✱ Difficoltà: facile

❖ 1 kg di asparagi, 4 pomodori, origano, timo, 2 spicchi d'aglio, 50 g di parmigiano, 3 cucchiai di olio extravergine d'oliva, sale.

Pulite gli asparagi e privateli dell'estremità legnosa. Legateli a mazzo e cuoceteli a fuoco piuttosto lento in poca acqua salata, tenendoli verticali in una pentola coperta. Quando sono cotti, togliete la pentola dal fuoco, estraete gli asparagi, lasciateli sgocciolare accuratamente e poi disponeteli in una teglia o un piatto da forno unto d'olio. Pulite e affettate i pomodori, distribuiteli sopra gli asparagi e cospargete quindi con un po' di origano, del timo e gli spicchi d'aglio sbucciati e pestati, spolverando infine con il parmigiano grattugiato. Lasciate in forno ben caldo per 10 minuti e quindi portate subito in tavola.

Carciofi alla fiorentina (Toscana)

◆ Tempo: 45 minuti ✱ Difficoltà: facile

❖ 8 carciofi grandi, 200 g di spinaci, 50 g di burro, panna da cucina, 1/2 l di besciamella, 1 limone, parmigiano, sale, pepe.

Pulite, pareggiate e scavate i carciofi aiutandovi con un cucchiaio e un coltellino. Lessateli in acqua leggermente salata per

10 minuti e poi rosolateli in padella con un il burro, un po' di panna e sale. Nel frattempo, lessate gli spinaci, strizzateli bene e uniteli al fondo di cottura dei carciofi. A questo punto adagiate i carciofi in una pirofila, farciteli con gli spinaci, nappateli con la besciamella e gratinateli per circa 20 minuti in forno già caldo spolverati con abbondante parmigiano.

Carciofi alla livornese (Toscana)

◆ Tempo: 1 ora ✱ Difficoltà: facile

❖ 4 carciofi, 50 g di pangrattato, 50 g di parmigiano grattugiato, 1 ciuffo di prezzemolo, olio extravergine d'oliva, sale.

Spuntate i carciofi, eliminate le foglie esterne in modo che restino solo le parti tenere, lavateli e tagliateli a fettine di circa 1/2 cm. Versate un po' d'olio in una teglia e adagiatevi sopra uno strato di fettine di carciofi, spolveratevi del pangrattato mescolato con il parmigiano, del sale e del prezzemolo tritato. Preparate in questo modo quattro o cinque strati in tutto, avendo cura di spargere un po' d'olio sopra ogni strato e infine mettete a cuocere in forno caldo per circa tre quarti d'ora. Trascorso questo tempo, sfornate e servite.

Cardi alla brindisina (Puglia)

◆ Tempo: 1 ora e 45 minuti ✱ Difficoltà: media

❖ 1 kg di cardi, 80 g di olive nere, 4 acciughe diliscate, capperi, prezzemolo, 1 limone, pangrattato, olio extravergine d'oliva, sale, pepe.

Pulite i cardi e tagliateli in modo da renderli simili a dei bastoncini di uguale lunghezza. Lessateli per circa un'ora in ac-

qua salata e leggermente acidulata con succo di limone; scolateli, asciugateli e disponeteli a strati in un tegame leggermente unto d'olio.
Tra uno strato e l'altro mettete un po' di capperi, le olive snocciolate, le acciughe tagliate a pezzetti, il trito di prezzemolo, sale e pepe. Infine, sopra l'ultimo strato, distribuite un giro d'olio e il pangrattato. Infornate a calore medio e raggiunta la giusta doratura, togliete dal forno.

Cardi alla parmigiana

◆ Tempo: 1 ora ✱ Difficoltà: facile

❖ 1 kg di cardi, 100 g di burro, 100 di parmigiano grattugiato, 1 limone, sale.

Pulite i cardi, pelateli e tagliateli in pezzi non troppo lunghi. Metteteli in un po' d'acqua acidulata con il succo del limone per circa un'ora, poi lessateli.
Imburrate una pirofila in modo uniforme e sistematevi uno strato di cardi, spolverizzateli con il parmigiano e irrorateli con il burro che avrete nel frattempo fuso.
Fate un secondo strato, conditelo nella stessa maniera, continuando così fino a esaurimento degli ingredienti. Passate la pirofila in forno preriscaldato a 150 °C e cuocete per circa mezzora. Servite i cardi ben caldi.

Cardi alla reggiana (Emilia Romagna)

◆ Tempo: 3 ore e 40 minuti ✱ Difficoltà: facile

❖ 800 g di cardi, 2 cucchiai di farina di frumento integrale, il succo di 1/2 limone, 120 g di formaggio tenero, 100 g di parmigiano grattugiato, olio extravergine d'oliva, sale.

Togliete i filamenti alle foglie dei cardi e tagliateli a pezzetti dopo averli lavati sotto acqua corrente. Misurate un litro d'ac-

qua e usatene un po' per diluire in un tegame la farina; sempre mescolando incorporatevi poi l'acqua rimanente, il succo del limone e un pizzico di sale. Mettete quindi il tegame sul fuoco, aggiungetevi i cardi e cuoceteli per circa 3 ore a fuoco molto moderato, mantenendo la pentola coperta con un coperchio e mescolando di tanto in tanto. Ungete poi una teglia da forno con un poco d'olio e disponetevi i cardi scolati, alternandoli con strati di formaggio tenero tagliato a dadini e parmigiano grattugiato.
Lasciate infine in forno caldo per circa mezzora e quindi portate in tavola la verdura sulla cui superficie si sarà formata una crosticina dorata.

Cavolfiore gratinato

◆ Tempo: 1 ora e 45 minuti ✳ Difficoltà: media

❖ 1 cavolfiore, 4 cucchiai di parmigiano grattugiato, 4 cucchiai di pangrattato, 1 ciuffo di prezzemolo, 70 g di burro, sale, pepe.

Fate sciogliere il burro in una padella piuttosto ampia su fiamma bassa, stemperatevi il parmigiano grattugiato e il pangrattato e mescolate. Lavate con cura il cavolfiore e dividetelo in cimette. Fatelo bollire in abbondante acqua leggermente salata, quindi scolatelo bene e disponetelo in una pirofila, ricoprendolo con il sughetto precedentemente preparato. Salate e spolverizzate con il prezzemolo che avrete tritato. Fate dorare in forno per un quarto d'ora circa. Lasciate intiepidire e portate in tavola. Esistono tre varietà di cavolfiore: il tipo palla di neve, di colore bianco candido; il tipo gigante di Napoli, di colore bianco crema; il tipo violetto di Sicilia, di colore violaceo, chiamato anche Cimoni. Quando li acquistate controllate che i cavofiori abbiano le foglie croccanti e aderenti alla testa, che a sua volta deve essere grossa e priva di macchie. Le cimette devono essere ben chiuse.

Cipolline al formaggio

◆ Tempo: 25 minuti ✱ Difficoltà: facile

❖ 20 cipolline novelle, 8 fette di pane di segale, 100 g di gorgonzola, 100 g di taleggio, 1 dl di panna da cucina, 2 cucchiai di trito di prezzemolo ed erba cipollina, il succo di 1/2 limone, olio extravergine d'oliva, sale, pepe.

Anzitutto preparate la salsa: togliete la crosta ai formaggi e tagliateleli a tocchetti. Metteli quindi in un pentolino, a fuoco basso, e unitevi la panna. Mescolando continuamente fate sciogliere i formaggi, finché non otterrete una crema omogenea. Toglietela dal fuoco e amalgamatevi il succo di limone e il trito di erbe aromatiche. Aggiustate di sale e di pepe. Mondate le cipolline novelle della prima buccia, eliminando anche le barbe alla base, facendo attenzione a non intaccare la polpa della cipollina. Spennellatele con un po' d'olio e fatele cuocere sulla griglia per 10 minuti complessivamente, girandole a metà cottura. Disponetele su un piatto da portata accompagnandole con crostoni di pane di segale arrostiti anch'essi sulla griglia e la salsa verde ai formaggi.

Cipollotti alla griglia

◆ Tempo: 20 minuti + 30 minuti ✱ Difficoltà: facile

❖ 8 cipollotti freschi, maggiorana, 2 cucchiai d'aceto di mele, olio extravergine d'oliva, sale, pepe in grani.

Mondate, lavate e asciugate accuratamente i cipollotti; lasciateli marinare interi per circa mezzora in un'emulsione d'olio, aceto di mele e maggiorana finemente tritata (se fresca). Poi sgocciolateli con cura e fateli cuocere per circa 10 minuti sulla griglia ben calda, bagnandoli di tanto in tanto con la marinata. Serviteli subito spolverando con sale e pepe macinato al momento.

Funghi ripieni (Toscana)

◆ Tempo: 3 ore e 40 minuti ✶ Difficoltà: facile

❖ 13 funghi porcini di media grossezza, 1 cipolla, 1 uovo, 2 spicchi d'aglio, 100 g di macinato magro, 50 g di parmigiano, la mollica di 1 panino, 1 cucchiaio di prezzemolo tritato, pangrattato, olio extravergine d'oliva, sale, pepe.

Pulite i funghi e tenetene da parte uno che userete per il ripieno. Staccate i gambi e mettete 12 cappelle in forno caldo per 5 minuti, in modo da asciugarle un po'. Intanto tritate il fungo tenuto da parte e tutti i gambi. Preparate un soffritto con la cipolla e l'aglio sbucciati e affettati finemente; quando imbiondiscono, aggiungete il macinato. Mescolate e fate rosolare la carne per qualche minuto prima di unire anche il trito di funghi e il prezzemolo. Lasciate cuocere ancora per 5 minuti, poi levate dal fuoco e incorporate anche l'uovo e la mollica del panino ammorbidita con un po' di acqua e sbriciolata. Mescolate con energia per ottenere un impasto omogeneo e usatelo per riempire l'interno delle cappelle dei porcini. Spolverizzate con pangrattato i funghi ripieni e metteteli in forno caldo per 20 minuti. Servite i funghi appena sfornati, accompagnando con fette abbrustolite di pane casereccio.

Gratin di porri

◆ Tempo: 45 minuti ✶ Difficoltà: facile

❖ 1,5 kg di porri, 1 scalogno, 200 g di salsa di pomodoro, 1/3 di l di panna da cucina, peperoncino rosso, olio extravergine d'oliva, sale.

Pulite con cura i porri, scartando la parte verde più coriacea, che potrete impiegare nella preparazione di una minestra. Poi lavateli, sbollentateli per circa 5 minuti, fateli sgocciolare e asciugateli in un canovaccio pulito prima di tagliarli a rondelle lunghe 4-5 centimetri.

Tritate lo scalogno, ponetelo in una teglia da forno con poco olio e lasciatelo su un fuoco moderato sin quando diventi trasparente.
Togliete allora la teglia dal fuoco e copritene il fondo con la salsa di pomodoro, disponendovi sopra i porri.
Versate la panna in un tegame a parte, portatela a ebollizione e riducetela a fuoco moderato in modo che si addensi. Salate i porri, insaporiteli con un pizzico di peperoncino e nappate con la panna, lasciando infine in forno preriscaldato per circa un quarto d'ora. Sfornate il gratin quando avrà assunto un bel colore e servitelo ben caldo.

Gratin di spinaci e funghi

◆ Tempo: 45 minuti ✱ Difficoltà: media

❖ 1 kg di spinaci, 200 g di funghi, succo di limone, 1/4 di l di panna da cucina, peperoncino rosso, 1 spicchio d'aglio, olio extravergine d'oliva, sale.

Mondate anzitutto gli spinaci privandoli dei gambi, lavateli accuratamente e cuoceteli piuttosto al dente in pochissima acqua o al vapore. Poi scolateli e strizzateli con le mani per privarli della maggior parte di acqua possibile.
Preparate i funghi: puliteli, lavateli sotto acqua corrente, asciugateli e affettateli a fettine piuttosto sottili, bagnandoli con un po' di succo di limone per evitare che anneriscano. Poi passateli in padella a fuoco medio, con un poco d'olio e, quando avranno reso l'acqua di vegetazione, toglieteli dal fuoco. Mettete l'acqua di vegetazione in un pentolino e fatela ridurre di metà a fuoco moderato. Nel frattempo versate la panna in

una padella e mettetela sul fuoco per farla ridurre; aggiungetevi poi i funghi e l'acqua di vegetazione ridotta e cuocete per un paio di minuti, aggiustando di sale e insaporendo con un pizzico di peperoncino. Passate gli spinaci in padella con un poco d'olio caldo, salateli e rimestateli con una forchetta su cui avrete provveduto a infilzare uno spicchio d'aglio. Preparate una teglia ben oliata e disponetevi sul fondo uno strato di spinaci, ricopriteli con i funghi alla panna. Prima di servire passate in forno caldo per qualche minuto, in modo da far prendere colore allo strato superiore del gratin.

Melanzane imbottite alla siciliana

◆ Tempo: 45 minuti ✱ Difficoltà: media

❖ 4 melanzane, 100 g di formaggio molle, 4 sardine sottolio, 1 cipolla, 30 g di capperi sotto sale, pangrattato, olio extravergine d'oliva, sale, pepe.

Pulite le melanzane, lavatele e tagliatele in due nel senso della lunghezza. Friggetele subito in abbondante olio bollente sino a ottenere una bella doratura e poi mettetele a sgocciolare su carta assorbente. Con un cucchiaio scavate le melanzane lasciando circa 1 cm di polpa aderente alla pelle e tenete da parte la polpa che avrete tolto. Soffriggete in poco olio la cipolla tritata, unite la polpa delle melanzane, salatela e fatela insaporire per alcuni minuti prima di metterla da parte a raffreddare.

Unite le sardine spellate e spinate, i capperi lavati e asciugati, il formaggio molle affettato e mescolate bene, aggiungendo un po' d'olio, sale e pepe, fino a ottenere un composto omogeneo. Disponete le mezze melanzane su una teglia da forno, imbottitele di ripieno, copritele di pangrattato e conditele con un filo d'olio. Passatele in forno a calore moderato e ritiratele quando saranno ben gratinate in superficie. Servitele subito ben calde.

Melanzane in barca

◆ Tempo: 40 minuti ✳ Difficoltà: facile

❖ 400 g di melanzane (possibilmente lunghe), 100 g di provola, 100 g di pomodori, 1 spicchio d'aglio, 8 foglie di basilico, olio extravergine d'oliva, sale, pepe.

Spuntate e pulite le melanzane, poi tagliatele a fette (per il verso della lunghezza) e grigliatele. Conditele quindi con un po' di sale, un pizzico di pepe e un filo d'olio. Aprite i pomodori e privateli dei semi. Rosolate lo spicchio d'aglio in un po' d'olio, quindi eliminatelo e versatevi la polpa di pomodoro, lasciandola cuocere a fiamma vivace per 5 minuti, infine aggiustatela di sale e pepe. Sistemate in una teglia da forno 4 fette di melanzana, coprite ciascuna con una fetta di provola, quindi appoggiatevi un'altra fetta di melanzana, su cui disporrete ancora una fetta di provola, terminando con una fetta di melanzana. Fermate ogni vascello con uno stecchino, versate sul ciascuno un po' di salsa di pomodoro e infornate per 5 minuti. Servite le barchette su un piatto da portata, realizzando le "vele" con due foglie di basilico per ciascuna fetta.

Melanzane ripiene (Calabria)

◆ Tempo: 50 minuti ✳ Difficoltà: facile

❖ 4 melanzane di media grossezza, 1 ciuffo di prezzemolo, alcune foglie di basilico, origano, 1 cucchiaio di capperi sottosale, 1 pomodoro, 1 uovo, 50 g di parmigiano grattugiato, pangrattato integrale, 1 spicchio d'aglio, olio extravergine d'oliva, sale.

Pulite le melanzane, lavatele, asciugatele, tagliatele a metà nel senso della lunghezza e fatele bollir, in acqua leggermente salata. Toglietele dal fuoco quando sono al dente, lasciatele raffreddare, poi strizzatele e togliete loro la polpa con un cucchiaino, raccogliendola in una scodella. Aggiungete il prezzemolo tritato e il basilico sminuzzato, un po' d'origano, i capperi sciacquati e tritati, il pomodoro tagliato a pezzetti, l'uovo, il formaggio grattugiato, un po' di pangrattato, l'aglio sbucciato e schiacciato e dell'olio. Amalgamate il tutto con cura, aggiustate di sale e riempite le melanzane con il composto ottenuto.

Ungete una teglia con dell'olio, disponetevi le melanzane ripiene, spolveratele di pangrattato e mettetele in forno a calore moderato. Fatele gratinare, quindi servitele ben calde.

Patate a sfinciuni (Sicilia)

◆ Tempo: 1 ora e 15 minuti ✶ Difficoltà: facile

❖ 750 g di patate, 400 g di pomodori maturi, 1 cipolla, origano, olio extravergine d'oliva, sale, pepe.

Tagliate anzitutto le patate a fette rotonde molto sottili e disponetele in una teglia da forno unta con abbondante olio, alternandole a strati con la cipolla a fette, i pomodori pelati e possibilmente senza semi, olio, sale, pepe e abbondante origano. Passate a forno moderato per un'ora circa, o comunque fino alla completa cottura delle patate. Come del resto tutte le pietanze a sfinciuni anche questa è una specialità della Sicilia occidentale.

Patate al forno

◆ Tempo: 50 minuti ✶ Difficoltà: facile

❖ 1 kg di patate, pangrattato, 1 gambo di sedano, 1 ciuffo di prezzemolo, 1 spicchio d'aglio, origano, 4 pomodori maturi, 1/2 cipolla, olio extravergine d'oliva, sale.

Sbucciate le patate, lavatele, tagliatele a fette rotonde dello spessore di 1/2 cm circa. In una ciotolina unite a un paio di cucchiai di pangrattato il sedano, il prezzemolo, l'aglio e l'origano finemente tritati. Lavate i pomodori, tagliateli a fettine, sbucciate e affettate sottilmente anche la cipolla. In una teglia unta d'olio mettete un primo strato di pomodori affettati, uno strato di patate, spolverate con il composto di pangrattato e aromi e completate con uno strato di pomodori e infine di cipolle.
Condite con dell'olio e salate. Poi continuate nello stesso modo anche negli strati successivi e, per concludere, fate uno strato con i pomodori spolverati con del pangrattato.
Infine mettete la teglia in forno già caldo e lasciate cuocere a fuoco non troppo sostenuto, fino a quando lo strato superiore della preparazione abbia preso un bel colore dorato e la superficie risulti croccante. Se volete arricchire ulteriormente, aggiungete 200 g di funghi freschi tagliati a fettine, da alternare agli strati di patate e pomodori.

Peperoni a falde

◆ Tempo: 20 minuti + 1 ora ✱ Difficoltà: facile

❖ Peperoni di differente colore, aglio (facoltativo), prezzemolo, peperoncino rosso, olio extravergine d'oliva, sale.

Lavate con cura i peperoni, asciugateli con delicatezza e poi fateli cuocere interi oppure divisi a metà sulla griglia; quindi spellateli (aiutatevi strofinandoli con la carta di un sacchetto del pane) e tagliateli a falde sottili. Condite con una salsina preparata emulsionando un trito di prezzemolo molto fresco (solo le foglioline) con olio, sale e un pizzico di peperoncino.
A questo punto lasciate riposare i peperoni almeno un'ora prima di servire. Se desiderate si può unire alla salsa un trito finissimo d'aglio.

Pomodori di quaresima (Sardegna)

◆ Tempo: 1 ora ✶ Difficoltà: facile

❖ 500 g di pomodori maturi e sodi, 200 g di tonno conservato al naturale, 4 acciughe sottolio, 1 ciuffo di prezzemolo, pane grattugiato, olio extravergine d'oliva, sale.

Procuratevi anzitutto dei pomodori piuttosto grossi, lavateli, divideteli a metà orizzontalmente, eliminate un po' della loro acqua e i semi, quindi sistemateli in una teglia di coccio, bagnateli con un po' d'olio e metteteli nel forno già caldo.
Fateli cuocere a calore moderato per circa un quarto d'ora e nel frattempo lavate, asciugate e tritate molto finemente il prezzemolo assieme alle acciughe.
Amalgamate il trito in una terrina con il tonno sbriciolato, un po' di sale e dell'olio e, trascorso il tempo di cottura previsto, cospargete questa salsina sopra i pomodori tolti per un attimo dal forno, spolverate sopra alla salsa un po' di pane grattugiato e infine rimettete i pomodori nel forno.
Lasciate cuocere ancora per circa 5 minuti e poi portate in tavola senza indugio.

Pomodori farciti al forno

◆ Tempo: 50 minuti ✶ Difficoltà: facile

❖ 4 grossi pomodori maturi, alcune foglie di basilico, alcuni rametti di prezzemolo, 200 g di pangrattato integrale, 100 g di pecorino, peperoncino rosso in polvere, 6 cucchiai di olio extravergine d'oliva, sale.

Dopo aver lavato con cura i pomodori, asciugateli, eliminate eventuali gambi e tagliateli a metà in senso orizzontale, eliminate poi i semi e l'acqua di vegetazione. Lavate delicatamente il basilico e il prezzemolo, mondateli, tritateli e versate il trito in una ciotola, unitevi il pangrattato e il pecorino grattugiato, salate, insaporite con un pizzico di peperoncino rosso

in polvere, bagnate con un paio di cucchiai d'olio e mescolate il tutto accuratamente.
Con la farcia preparata riempite i pomodori, trasferiteli in una teglia da forno, aggiungete l'olio rimanente e infornate a circa 170 °C per mezzora circa.
Potrete servire i pomodori farciti sia caldi che freddi.

Porcini alla griglia

◆ Tempo: 40 minuti ✱ Difficoltà: facile

❖ 4 porcini abbastanza grossi, 2 spicchi d'aglio, 1 ciuffo di prezzemolo, peperoncino rosso, olio extravergine d'oliva, sale.

Pulite i funghi con un panno umido e separate i cappelli dal gambo; spennellate entrambi con un'emulsione d'olio, sale, peperoncino e fateli cuocere per alcuni minuti sulla griglia girandoli da entrambe le parti. Toglieteli dalla griglia e disponeteli su un piatto da portata caldo, irrorandoli con una salsina d'olio, aglio e prezzemolo finemente tritati che nel frattempo avrete preparato. Servite dopo qualche minuto.

Porri al pomodoro

◆ Tempo: 50 minuti ✱ Difficoltà: facile

❖ 800 g di porri, 2 spicchi d'aglio, 400 g di pomodori pelati, origano, 100 g di pecorino grattugiato, peperoncino rosso in polvere, olio extravergine d'oliva, sale.

Pulite accuratamente i porri privandoli della parte verde più coriacea e cuoceteli in poca acqua bollente per un quarto d'ora circa. Quindi scolateli e lasciateli asciugare.
A parte saltate in un paio di cucchiai d'olio l'aglio sbucciato e schiacciato e aggiungeteci i pomodori pelati e tritati, un po' d'origano, del sale e un pizzico di peperoncino a piacere. Lasciate cuocere per un quarto d'ora circa, a fiamma molto mo-

derata. Dopo aver unto una teglia da forno con qualche cucchiaio d'olio, disponetevi i porri tagliati a metà nel senso della lunghezza e cospargeteli uniformemente di sugo al pomodoro e formaggio pecorino grattugiato, procedendo a strati e terminando infine con uno strato di sugo e una spolverata di formaggio. Per concludere mettete in forno a 200 °C per 20 minuti circa e servite caldo.

Spiedini alla siciliana (Sicilia)

◆ Tempo: 50 minuti + 30 minuti ✶ Difficoltà: facile

✣ 500 g di pomodorini ciliegia, 400 g di peperoni verdi e rossi carnosi e sodi, 400 g di bocconcini di mozzarella, 200 g di cetrioli, alcune foglie di basilico, 1 spicchio d'aglio, peroncino rosso in polvereolio extravergine d'oliva, sale.

Mondate le verdure, lavatele e asciugatele. Tagliate i peperoni a falde e i cetrioli a grosse rondelle, che lascerete riposare per mezzora dopo averle cosparse con del sale grosso. Alternate quindi sugli spiedini i bocconcini di mozzarella con i pomodorini, le falde di peperoni, le rondelle di cetriolo lavate e asciugate. Lasciate marinare per mezzora gli spiedini in un'emulsione preparata con dell'olio, il basilico tritato, l'aglio sbucciato e tritato, sale e peperoncino rosso a piacere; infine cuocete sulla grigliaper 2-4 minuti per parte e servite.

Spinaci al forno

◆ Tempo: 25 minuti ✶ Difficoltà: facile

✣ 1 kg di spinaci, 500 g di pomodori maturi, origano, 80 g di parmigiano grattugiato, olio extravergine d'oliva, sale.

Pulite e lavate gli spinaci, scottateli in pochissima acqua, scolateli e teneteli al caldo. Pelate i pomodori tuffandoli in acqua bollente, tritateli grossolanamente e mescolateli con un po' di origano, sale e alcuni cucchiai d'olio. Disponete gli spinaci in una pirofila precedentemente unta d'olio e versatevi sopra i pomodori tritati, cospargete di formaggio grattugiato e infornate in forno preriscaldato, per poco meno di 10 minuti.

Timballo di cardi

◆ Tempo: 50 minuti ✶ Difficoltà: facile

❖ 800 g di cardi, 100 g di ricotta fresca di capra, maggiorana, pangrattato integrale, olio extravergine d'oliva, sale.

Private le foglie dei cardi dei filamenti, tagliatele a metà e lavatele accuratamente sotto acqua corrente. Lessatele quindi in acqua salata e scolatele quando sono ancora al dente, poi lasciatele sgocciolare per bene. Farcitele con la ricotta sbattuta con la maggiorana tritata e a un pizzico di sale, disponetele in una pirofila unta d'olio e cosparsa di pangrattato e, infine, bagnatele con poco olio. Infornatele in forno già caldo per una ventina di minuti circa, quindi servite.

Timballo patate e speck (Trentino)

◆ Tempo: 1 ora e 20 minuti ✶ Difficoltà: facile

❖ 3 patate di media grandezza, 150 g di speck a fette, 150 g di formaggio di malga, 50 g di parmigiano grattugiato, 2 dl di panna da cucina, olio extravergine d'oliva, sale, pepe.

Sbucciate le patate e tagliatele a fette di 1/2 cm. Ungete una pirofila d'olio e disponete a strati prima le fette di patate (salate e pepate), poi lo speck e il formaggio di malga tagliato a fettine. Condite con un po' d'olio, la panna e il parmigiano grattugiato. Cuocete nel forno a 180 °C per 50 minuti circa.

Tortino alle verdure (Marche)

◆ Tempo: 40 minuti ✱ Difficoltà: facile

❖ 700 g di patate, 400 g di pomodori maturi, 3 peperoni grossi (2 gialli e 1 rosso), 1 cipolla, origano, olio extravergine d'oliva, sale, pepe.

Pulite, lavate e tagliate a fette tutte le verdure tenendole separate. In una teglia unta d'olio disponetele a strati alternando i sapori e condite ogni strato con olio, sale, pepe e origano. Mettete in forno caldo per circa un'ora, poi sfornate e attendete qualche minuto prima di servire.

Verdure fantasia

◆ Tempo: 30 minuti ✱ Difficoltà: facile

❖ 1 finocchio, 1 patata dolce piccola, 300 g di zucca, 2 peperoni rossi o gialli, 2 zucchine, sale.
PER LA SALSA: 70 g di gherigli di noce, 2 dl di yogurt naturale magro, 1 albume d'uovo, 1/2 spicchio d'aglio, 15 g di parmigiano grattugiato, paprica, 1 cucchiaio d'erbe tritate (prezzemolo, basilico, aneto, menta), 2 cucchiaini di olio extravergine d'oliva.

Macinate le noci per ottenere una farina grossolana; aggiungete, mescolando bene, lo yogurt, l'albume, il parmigiano, l'aglio schiacciato, un pizzico di paprica e le erbe tritate. Versate il composto in una pentola e scaldate a fiamma bassa per 1-3 minuti. Non bollite. Togliete dal fuoco e salate. Tagliate il finocchio a spicchi, la patata a fettine; sbucciate e tagliate a listarelle la zucca, mondate e tagliate i peperoni, tagliate in 4 le zucchine. Adagiate le verdure sulla griglia ben calda e spennellatele con l'olio.

Grigliate le verdure finché diventano scure in alcuni punti, ma devono restare croccanti (5-10 minuti). Grigliate anche qualche fetta di pane e tagliatela a bastoncini. Sistemate le verdure su un vassoio e servite con la salsa calda insieme al pane.

Zucca al forno

◆ Tempo: 35 minuti ✱ Difficoltà: facile

❖ 800 g di zucca, 1 rametto di rosmarino, 2 spicchi d'aglio, 1 cucchiaio di shoyu, alcune foglie d'insalata, olio extravergine d'oliva, sale.

Lavate la zucca senza sbucciarla, eliminate i semi e quindi tagliatela a fette di circa 2 cm di spessore.

Dopo aver versato alcuni cucchiai d'olio in una teglia, disponetevi le fette di zucca, cospargetele con il rosmarino tritato e l'aglio sbucciato e affettato, bagnatele con un filo d'olio e insaporitele con lo shoyu e del sale.

Mettete infine nel forno preriscaldato e lasciate cuocere a media temperatura per una ventina di minuti. Terminata la cottura servite su foglie d'insalata.

Zucca gratinata

◆ Tempo: 2 ore e 20 minuti ✱ Difficoltà: facile

❖ 1 kg di zucca sbucciata e privata dei semi, 4 cucchiai di farina semintegrale di frumento (tipo 2), 5 spicchi d'aglio, 1 ciuffo di prezzemolo, peperoncino rosso in polvere, olio extravergine d'oliva, sale.

Pulite la zucca, eliminate la buccia, tagliate la polpa a dadini e infarinateli uniformemente. A questo punto ungete con qualche cucchiaio d'olio il fondo e i lati di una casseruola di terracotta non trattata con vernici potenzialmente nocive, versatevi la zucca e cospargetela con l'aglio pelato e schiacciato oppure tritato molto finemente e il prezzemolo lavato pre-

cedentemente e tritato; salate, insaporite con un pizzico di peperoncino e condite il tutto con poco olio.
Mettete infine la casseruola con gli ingredienti nel forno che avrete precedentemente riscaldato a circa 180 °C e fate cuocere la zucca per 2 ore o più, sino a quando sulla superficie dei dadini si sia formata una crosta leggermente scura.

Zucchine al forno

◆ Tempo: 40 minuti ✶ Difficoltà: facile

❖ 700 g di zucchine, 150 g di formaggio fresco di capra, 1 cucchiaio d'erba cipollina tritata, 50 g di parmigiano grattugiato, 20 olive nere, 4 cucchiai di olio extravergine d'oliva, sale.

Spuntate le zucchine, lavatele, asciugatele, tagliatele a metà per il lungo e quindi scavatene l'interno. In una terrina sbattete energicamente il formaggio di capra con l'erba cipollina tritata, il parmigiano grattugiato, del sale e un po' della polpa di zucchine. Con l'impasto ottenuto riempite le zucchine e poi disponetele in una pirofila unta d'olio.
Infornate per una ventina di minuti a fiamma non troppo alta e, al momento di togliere dal forno, bagnate con un poco d'olio e decorate con le olive.

Legumi

Ceci profumati

◆ Tempo: 1 ora e 30 minuti + 12 ore ✱ Difficoltà: facile

❖ 300 g di ceci, 200 g di pomodoro, 1 cipolla, 1 carota, 1 gambo di sedano, 1 bustina di zafferano, 1 cucchiaino di curry, 1 ciuffo di erbe aromatiche (timo, maggiorana, basilico, menta), peperoncino rosso in polvere, olio extravergine d'oliva, sale.

Sciacquate molto bene i ceci sotto l'acqua corrente dopo averli tenuti a bagno per 12 ore, quindi metteteli in una casseruola ricoperti di acqua. Portate a ebollizione e cuoceteli a fuoco basso per quasi un'ora. Scolateli tenendo a parte un po' di acqua di cottura. Mondate, lavate e tritate il sedano, la carota e la cipolla. Mettete il trito in una teglia con un po' d'olio, fatelo leggermente dorare e aggiungete i ceci. Mescolate con cura, condite con il curry e con lo zafferano. Aggiustate di sale, unite il peperoncino sbriciolato, aggiungete l'acqua di cottura dei ceci e proseguite la cottura per 20 minuti.

Nel frattempo, lavate i pomodori, tuffateli per qualche istante in acqua bollente, scolateli, pelateli e tagliateli a pezzetti. Tritate le erbe aromatiche e qualche minuto prima di completare la cottura, uniteli ai ceci e al pomodoro ai filetti di pomodoro. Salate leggermente, mescolate e servite come contorno.

Cicoria e fave

◆ Tempo: 250 minuti + 1 ora ✱ Difficoltà: facile

❖ 1 kg di cicoria di campo, 500 g di fave secche, olio extravergine d'oliva, sale.

Coprite con acqua le fave e lasciatele bollire per circa un'ora. Salate e mescolate energicamente con un cucchiaio di legno, finché non saranno ben spappolate. Amalgamatevi qualche cucchiaio d'olio. Nel frattempo fate lessare la cicoria, scolatela e conditela con poco olio. Servire le due verdure assieme; sono ottime sia calde sia fredde.

Fagioli ai porri

◆ Tempo: 2 ore + 12 ore ✱ Difficoltà: facile

❖ 200 g di fagioli bianchi secchi, 1 foglia d'alloro, 2 porri, 3 cucchiai di olio extravergine d'oliva, 2 spicchi d'aglio, il succo di 1 limone, sale, peperoncino rosso in polvere.

Lasciate i fagioli in acqua fredda per una dozzina di ore, quindi scolateli e metteteli in una pentola, ricoprendoli con altra acqua e aggiungendo la foglia d'alloro. Lasciate cuocere a fuoco assai moderato per circa 1 ora o comunque fino a quando risultino cotti e teneri, allora scolateli e lasciateli intiepidire. Nel frattempo pulite accuratamente i porri eliminando la parte verde più coriacea e tagliateli a fettine sottilissime che verserete in un'insalatiera. Conditeli con qualche cucchiaio di olio, l'aglio sbucciato e finemente tritato, il succo di limone, sale e un pizzico di peperoncino, mescolate con cura e lasciate infine riposare per una mezzoretta prima di aggiungere i fagioli tiepidi e portare in tavola.

Fagioli al fiasco (Toscana)

◆ Tempo: 20 minuti ✱ Difficoltà: facile

❖ 50 g di fagioli cannellini sgranati, 2 spicchi d'aglio, 6 foglie di salvia, 1/2 bicchiere d'olio extravergine d'oliva, sale, pepe.

È una ricetta antica, la cui preparazione richiede tempo e pazienza. Innanzitutto procuratevi un fiasco vuoto di vetro della capacità di due litri; togliete la paglia e lavatelo bene. Ri-

empitelo di fagioli fino a due terzi, quindi aggiungete l'olio, la salvia tritata grossolanamente, l'aglio schiacciato e due bicchieri d'acqua. Tappate il fiasco con la paglia del rivestimento, con stoppa o cotone, ma senza premere troppo, in modo che l'acqua possa evaporare durante la cottura. A questo punto i contadini toscani appoggiavano il fiasco in verticale sulla brace coperta da cenere tiepida, lasciando cuocere i fagioli per almeno 5 ore o addirittura tutta la notte. In mancanza del camino, voi potrete mettere il fiasco in forno a temperatura media, immerso a bagnomaria in una pirofila.
I fagioli saranno pronti quando sarà evaporata tutta l'acqua del fiasco e i fagioli avranno assorbito completamente l'olio. Estraete dunque i fagioli dal fiasco, salateli e pepateli abbondantemente, quindi conditeli con tanto olio extravergine d'oliva che ci possano nuotare dentro.

Fagioli all'uccelletto (Toscana)

◆ Tempo: 2 ore + 12 ore ✳ Difficoltà: facile

❖ 00 g di fagioli freschi, 5-6 foglie di salvia, 6 cucchiai di passata di pomodoro, olio extravergine d'oliva, sale.

Lessate i fagioli in abbondante acqua, salando verso fine cottura; quindi scolateli. In un tegame unto d'olio fate soffriggere, a fuoco basso e per pochi minuti, la salvia.
Unite poi i fagioli e la passata di pomodoro, aggiustate di sale e lasciate insaporire, mescolando, per 10 minuti a fuoco moderato. Quando il pomodoro si sarà asciugato completamente, i fagioli saranno pronti. Servite dopo aver aggiunto un filo d'olio crudo e mescolato per bene.

Fagioli alla siciliana

◆ Tempo: 2 ore + 12 ore ✶ Difficoltà: facile

❖ 200 g di fagioli secchi, 100 g di gambo di sedano, olio extravergine d'oliva, sale (facoltativo), crostoni di pane.

Dopo averli lavati e tenuti a bagno in acqua per circa 12 ore, scolate i fagioli, sostituite l'acqua e metteteli in una pentola di coccio o d'acciaio assieme al sedano pulito e tagliato a fettine sottilissime. Ponete sul fuoco, portate a ebollizione, abbassate la fiamma, coprite e fate cuocere sino a che i fagioli siano ben teneri.

Quindi scolateli della poca acqua rimasta e conditeli con un po' di olio crudo e, se ne avete la possibilità, con qualche goccia di olio aromatizzato al peperoncino, salando solo se lo ritenete necessario.

Potrete infine portare in tavola accompagnando con dei crostoni di pane integrale leggermente tostati.

Fagioli alla veneziana (Veneto)

◆ Tempo: 1 ora e 20 minuti + 12 ore ✶ Difficoltà: facile

❖ 250 g di fagioli secchi, 5 acciughe sottosale, 2 spicchi d'aglio, prezzemolo, 1 bicchiere d'aceto, olio extravergine d'oliva, sale.

La sera prima mettete a bagno i fagioli in abbondante acqua fredda. La mattina seguente cuoceteli in acqua rinnovata, su fiamma bassa, per circa 3 ore, salando verso fine cottura; infine scolateli. In un tegame con fondo oliato mettete gli spicchi d'aglio schiacciati, togliendoli quando prenderanno colore; aggiungete poi le acciughe (dissalate e diliscate) cercando di scioglierle. Unite alle acciughe l'aceto facendolo evaporare per qualche minuto a fiamma vivace. Arricchite i fagioli con la salsina alle acciughe, un giro d'olio e il prezzemolo tritato; quindi serviteli dopo averli lasciati a riposo per per qualche ora.

Fagioli freschi alla mantovana

◆ Tempo: 1 ora e 30 minuti ✷ Difficoltà: facile

❖ 250 g di fagioli freschi sgranati, 3 patate, 1 carota, 1 zucchina, 2 pomodori maturi, 1 mazzetto di basilico, 1 ciuffo di prezzemolo, 1 cipolla, 1 gambo di sedano, 1 spicchio d'aglio, alcuni cucchiai d'olio extravergine d'oliva, 3 l di brodo vegetale, 200 g di verza, sale.

Sgranate i fagioli e sciacquateli. Pulite e tagliate a cubetti le patate, la carota e la zucchina. Immergete per qualche minuto i pomodori in acqua bollente, pelateli e tagliateli a pezzettini. Preparate un trito finissimo di basilico, prezzemolo, cipolla, sedano e aglio. Mettete il trito in una pentola con alcuni cucchiai d'olio, fate colorire il tutto a fiamma allegra, quindi aggiungetevi i fagioli, le patate, la carota e la zucchina, mescolando. Coprite il tutto con il brodo vegetale caldo, salate leggermente e portate a ebollizione. Nel frattempo lavate con cura la verza, tagliatela a striscioline e unitela alle altre verdure. Poi lasciate cuocere a fuoco molto basso per un'ora circa.

Fagioli in umido (Emilia Romagna)

◆ Tempo: 45 minuti + 12 ore ✷ Difficoltà: facile

❖ 250 g di fagioli bianchi di Spagna secchi, 600 g di salsa di pomodoro, 70 g di pancetta, 1 cipolla grossa, 1 carota, 1 gambo di sedano, 1 spicchio d'aglio, 1 cucchiaio di prezzemolo tritato, 1 bicchiere di brodo di carne, 1/2 bicchiere di vino bianco secco, 5 cucchiai d'olio extravergine d'oliva, sale, pepe.

Innanzitutto lavate bene i fagioli e metteteli in un contenitore pieno d'acqua per circa 12 ore in modo che rinvengano. Trascorso questo tempo, gettate l'acqua e mettete i fagioli a bollire in una pentola con acqua fresca, lasciandoli cuocere fino a che non saranno diventati teneri e aggiungendo il sale solo poco prima del termine della cottura.

Nel frattempo dedicatevi alla preparazione del soffritto e del sugo. Lavate e tritate la cipolla, la carota, il sedano e tritateli con la pancetta e l'aglio, quindi fateli rosolare in una padella in cui avrete fatto poco prima scaldare l'olio. Mescolate con un cucchiaio di legno fino a che la pancetta è rosolata e le verdure iniziano ad appassire e quindi aggiungete la salsa di pomodoro che in precedenza avrete fatto sciogliere un poco con il brodo caldo. Lasciate cuocere, mescolando, per 5 minuti, poi alzate la fiamma, versate il vino e riabbassate il fuoco quando il vino è evaporato.
Cuocete il tutto per altri 5 minuti, dopo di che trasferite questo sugo in una pentola di terracotta e continuate a cuocere aggiungendo anche i fagioli ormai teneri. La cottura deve durare altri 20 minuti, ma fate attenzione a mescolare di tanto in tanto con un cucchiaio di legno e ad aggiungere il prezzemolo tritato poco prima di spegnere il fuoco. Assai indicati come accompagnamento per il cotechino, i fagioli in umido sono comunque un contorno appropriato anche per altre parti del maiale come la salsiccia o le costine ai ferri.

Fagioli saporiti

◆ Tempo: 2 ore + 12 ore ✱ Difficoltà: facile

✣ 200 g di fagioli cannellini, 1 carota, 1 gambo di sedano, 1 spicchio d'aglio, 1 cucchiaio di shoyu, 1 cucchiaio di semi di cumino e di chiodi di garofano tritati, alcune foglie di basilico, prezzemolo, olio extravergine d'oliva, sale.

Lavate e lasciate i fagioli in ammollo in acqua per 12 ore, quindi scolateli, sostituite l'acqua e cuoceteli come al solito, coperti con un coperchio e a fuoco assai moderato, possibilmente in una pentola di terracotta non smaltata con vernici potenzialmente tossiche. Quando sono cotti, scolateli, lasciateli raffreddare e conditeli con le verdure tritate, le spezie, gli aromi e lo shoyu, aggiustate di sale, aggiungete un filo d'olio crudo e infine lasciateli riposare per almeno un'ora prima di servire.

Fave al guanciale

◆ Tempo: 30 minuti ✶ Difficoltà: facile

❖ 1 kg di fave fresche, 500 g di piselli freschi, 3 carciofi, 3 patate, 2 cipolle, peperoncino rosso in polvere, 1 limone, olio extravergine d'oliva, sale.

Tagliate anzitutto il guanciale a dadini e mettetelo in una casseruola con alcuni cucchiai di olio e la cipolla sbucciata e tritata. Fate rosolare il tutto tenendo mescolato con una spatola di legno e, quando la cipolla sarà appassita, unite le fave, aggiustate di sale e pepe e lasciate proseguire la cottura per 5 minuti, mescolando abbastanza spesso. Trascorso questo tempo, aggiungete un pizzico di origano e il vino, fatelo evaporare mescolando con un cucchiaio di legno, aggiungete un po' di brodo caldo, moderate la fiamma, incoperchiate e lasciate proseguire la cottura sino a quando le fave risultino tenere e il sugo abbastanza asciutto. A cottura ultimata completate con il basilico spezzettato e il prezzemolo tritato e servite.

Fave alla siciliana

◆ Tempo: 50 minuti ✶ Difficoltà: facile

❖ 850 g di fave fresche, 3 cipolline fresche, 350 g di piselli freschi, 5 carciofi, 1 bicchierino di aceto di mele, 2 cucchiai di zucchero, olio extravergine d'oliva, sale.

Dedicatevi anzitutto a tritare le cipolline e dividete quindi il trito ottenuto in 3 tegami. Mondate i carciofi liberandoli delle parti dure dei gambi, delle foglie esterne, delle punte e tagliateli a sottili fettine.
Metteteli poi in uno dei tegami, copriteli appena di acqua salata e fateli cuocere a fuoco assai moderato e tegame coperto.
Intanto sgranate le fave e i piselli e mettete le prime in uno dei tegami rimasti e gli altri nell'altro, coprendo anche in questo caso di acqua leggermente salata e lasciando cuocere a fuoco moderato e a pentola coperta.
Quando ciascuna verdura è quasi cotta, cercate di favorire l'evaporazione dell'acqua di cottura, alzando la fiamma e mettetele insieme quando saranno definitivamente cotte; conditele con alcuni cucchiai d'olio e lasciatele insaporire su fuoco moderato, mescolandole per una decina di minuti.
Nel frattempo emulsionate lo zucchero all'aceto e quindi versate il tutto sulle verdure che stanno concludendo la cottura.
Togliete dal fuoco e servite freddo.

Fave in umido (Valle d'Aosta)

◆ Tempo: 50 minuti ✶ Difficoltà: facile

❖ 600 g di fave fresche sgranate, 1 fetta di prosciutto crudo di 100 g, 1 cipolla, 1 spicchio d'aglio, polpa di pomodoro, brodo, olio extravergine d'oliva, sale, pepe.

Lessate le fave per circa 30 minuti o per lo meno fino a quando non saranno tenere, salando verso fine cottura; quindi scolatele con cura. Mettete al fuoco un tegame con qualche cucchiaio d'olio, il prosciutto tagliato a dadini, la cipolla affettata finemente e l'aglio tritati. Dopo pochi minuti aggiungete qualche cucchiaio di polpa di pomodoro, le fave, mescolate con cura , unite un po' di sale e pepe. Lasciate cuocere per 15 minuti circa, bagnando di tanto in tanto con brodo o acqua calda; quindi servite.

Fave stufate (Abruzzo)

◆ Tempo: 25 minuti ✶ Difficoltà: facile

❖ 600 g di fave fresche sgranate, 100 g di guanciale di maiale, 1 cipolla, olio extravergine d'oliva, sale.

Mondate le fave lasciandole in una scodella d'acqua fredda per alcuni minuti, così da eliminare impurità e semi guasti che salgano in superficie. In un tegame fate rosolare nell'olio la cipolla finemente affettata e il guanciale a tocchetti. Non appena il soffritto prende colore unite le fave sciacquate e sgocciolate; bagnate con mezzo bicchiere d'acqua, salate e proseguite la cottura per circa mezzora.

Insalata di borlotti

◆ Tempo: 2 ore e 15 minuti + 12 ore ✶ Difficoltà: facile

❖ 200 g di fagioli borlotti, 2 gambi di sedano, 10 ravanelli, 2 carote di media grossezza, 1 spicchio d'aglio, 1 cucchiaio di prezzemolo tritato, 1/2 cucchiaio di semi di cumino tritati, 2 chiodi di garofano, olio extravergine d'oliva, sale.

Lavate e lasciate in ammollo in acqua i fagioli per 12 ore, scolateli, sostituite l'acqua e fateli cuocere adeguatamente a fuoco moderato, in una pentola di terracotta o d'acciaio, sino a quando risultano teneri. A quel punto scolateli, lasciateli raffreddare e nel frattempo pulite e tagliate le verdure piuttosto finemente. Quando i fagioli sono raffreddati, unitevi le verdure, l'aglio e il prezzemolo tritati, il cumino e i chiodi di garofano pestati o tritati, dell'olio e un po' di sale. Mescolate e lasciate riposare al fresco prima di servire.

Insalata di legumi

◆ Tempo: 1 ora + 12 ore ✶ Difficoltà: facile

❖ 100 g di fagioli secchi, 100 g di lenticchie secche, 2 cipolle, 1 carota, 2 chiodi di garofano, peperoncino rosso in polvere, 2 cucchiai d'aceto di mele, 1/2 bicchiere di vino bianco secco, alcuni rametti di prezzemolo, 1 cucchiaio di cerfoglio tritato, 1 spicchio d'aglio, olio extravergine d'oliva, sale.

Lasciate in ammollo separatamente i fagioli e le lenticchie in acqua fredda e, dopo una dozzina di ore, scolateli e cuoceteli in due pentole con altra acqua, a fuoco assai moderato, aggiungendo in ognuna delle pentole mezza cipolla steccata con un chiodo di garofano e mezza carota.

Quando i legumi sono ben cotti (controllate spesso la cottura), preparate il condimento: amalgamate in un'insalatiera del sale, del peperoncino in polvere, l'aceto, metà del vino, l'olio, il prezzemolo, il cerfoglio e l'aglio tritati, la rimanente cipolla affettata finemente.

Scolate i legumi, conservate il liquido di cottura, uniteli al condimento e rimescolate. Quindi aggiungete il vino rimasto e un poco del liquido di cottura, così che l'insalata possa rimanere umida.

Lenticchie alla mediterranea

◆ Tempo: 50 minuti + 8 ore ✶ Difficoltà: facile

❖ 200 g di lenticchie secche, 1 cipolla, 1 spicchio d'aglio, 1 pizzico di origano, 2 pomodori pelati, olio extravergine d'oliva, sale, pepe.

Lavate le lenticchie, cambiate l'acqua più volte e infine lasciatele in ammollo in acqua con l'alga per circa 8 ore.

Fate quindi saltare la cipolla e l'aglio sbucciati e affettati in un tegame piuttosto ampio con un paio di cucchiai d'olio e un pizzico di origano, poi versate nello stesso recipiente le lenticchie

con dell'acqua sufficiente a coprirle e poi portate a ebollizione, abbassate la fiamma, coprite con un coperchio e continuate la cottura per una ventina di minuti controllando ogni tanto il grado di cottura.
Al termine, unite i pomodori pelati e continuate la cottura per un'altra mezzora circa. Condite infine con dell'olio extravergine e, se gradite, insaporite con un pizzico di sale e pepe.

Lenticchie in umido

◆ Tempo: 1 ora e 25 minuti + 8 ore ✷ Difficoltà: facile

✣ 250 g di lenticchie, 1 carota, 1 cipolla, 1 gambo di sedano, 1 tazza di polpa di pomodoro, 1/2 bicchiere di vino rosso, olio extravergine d'oliva, sale.

Mettete in ammollo le lenticchie per 8 ore. Preparate un trito di carota, cipolla e sedano e mettetelo in una casseruola con un po' d'olio, facendolo stufare su fiamma bassa.
Aggiungete le lenticchie scolate dall'acqua dell'ammollo, gettatevi sopra il vino e mescolate finché non ne evapora almeno la metà. A questo punto unite il pomodoro, dell'acqua fino a coprire le lenticchie e cuocete per circa un'ora. Verso fine cottura salate e alzate la fiamma, quindi servite.

Lenticchie ricche

◆ Tempo: 1 ora + 12 ore ✷ Difficoltà: facile

✣ 250 g di lenticchie, 2 salsiccette, qualche foglia di salvia, 2 spicchi d'aglio, olio extravergine d'oliva.

Lessate le lenticchie in abbondante acqua salata dopo averle lasciate a bagno per circa 8 ore. In un tegame mettete le salsiccette con 2 cucchiai di acqua o brodo, punzecchiatele con i rebbi di una forchetta e rosolatele per 10 minuti. A parte, in una padella, fate soffriggere l'aglio con la salvia, unite le lenticchie cotte e scolate e le salsicce. Mescolate e servite subito.

Piselli alla trevisana (Veneto)

◆ Tempo: 45 minuti ✱ Difficoltà: facile

❖ 700 g di piselli freschi, 2 cipolle, peperoncino rosso in polvere, 1 cucchiaio di zucchero di canna, 4 cespi di radicchio trevigiano, 3 cucchiai di olio extravergine d'oliva, sale.

Sbucciate le cipolle, tritatele finemente e fatele saltare in una padella con l'olio, tenendole mescolate con un cucchiaio di legno. Aggiungete a questo punto i piselli, sale e peperoncino a piacere, lo zucchero e un po' di acqua tiepida, quindi fate sobbollire per una ventina di minuti. Quando il liquido di cottura è assorbito, aggiungete il radicchio e, appena sono appassiti, togliete dal fuoco, disponete il radicchio in un grande piatto da portata e copritelo con i piselli e il fondo di cottura.

Piselli novelli alle carote

◆ Tempo: 50 minuti ✱ Difficoltà: facile

❖ 250 g di piselli freschi sgusciati, 1 cipolla, 1 pizzico di maggiorana, 4 carote, 1 gambo di sedano, 1 ciuffo di prezzemolo, 1 cucchiaio di tamari (facoltativo), olio extravergine d'oliva, sale.

Sbucciate e affettate sottilmente la cipolla e fatela saltare in un tegame con 3 cucchiai d'olio e un pizzico di maggiorana. Dopo averla fatta appassire per bene, aggiungete le carote pulite, pelate e tagliate a cubetti, il sedano pulito e sottilmente affettato e infine i piselli. Coprite il tegame con un coperchio e fate cuocere molto lentamente, per mezzora circa, aggiungendo pochissima acqua all'occorrenza.

Insaporite la pietanza con il tamari un paio di minuti prima di togliere dal fuoco, controllate se vi fosse bisogno di un pizzico di sale prima di portare in tavola e infine servite con una buona spolverata di prezzemolo fresco.

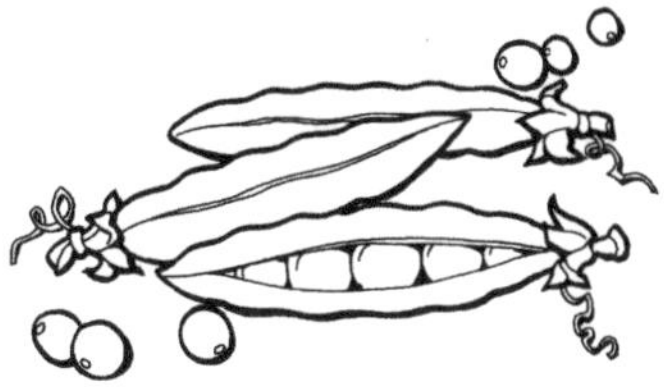

Piselli stufati

◆ Tempo: 40 minuti ✱ Difficoltà: facile

❖ 300 g di piselli freschi sgranati, 1 cipollotto, 1/2 tazza di brodo vegetale, 1 cucchiaio di farina integrale di frumento, il succo di 1/2 limone, 3 cucchiai di olio extravergine d'oliva, sale, fette di pane integrale.

Sbucciate e affettate sottilmente il cipollotto e fatelo appassire in un tegame con qualche cucchiaio d'olio. Unitevi quindi i piselli sgranati e il brodo vegetale.
Dopo una decina di minuti di cottura a fuoco moderato e tegame coperto, aggiungete la farina stemperata con poca acqua e il succo di limone. Cuocete ancora assai dolcemente per 10 minuti, infine aggiustate di sale e servite con delle fette di pane integrale leggermente tostate.

Purea di fave e cicoria

◆ Tempo: 1 ora e 25 minuti ✱ Difficoltà: facile

❖ 300 g di fave secche sgusciate, 150 g di patate, 300 g di cicorietta, olio extravergine d'oliva, sale.

Cuocete le patate e le fave a fuoco lento, aggiungendo l'acqua necessaria per completare la cottura. Proseguite la cottura per quasi un'ora o per lo meno fino a quando i legumi non risulteranno molto morbidi. Aggiustate di sale, aggiungete acqua

fredda fino a coprire gli ingredienti, quindi proseguite ancora la cottura, sempre a fuoco basso.
Appena le verdure e i legumi saranno cotti, battete le fave a lungo con un cucchiaio di legno e aggiungete qualche cucchiaio di olio extravergine d'oliva.
Nel frattempo, lessate a parte la cicorietta. Disponete infine la cicoria cotta sopra il composto di fave con un filo di olio crudo e servite in tavola.

Purea di piselli

◆ Tempo: 55 minuti ✷ Difficoltà: facile

❖ 400 g di piselli freschi sgusciati, 3 scalogni, brodo, prezzemolo tritato, olio extravergine d'oliva, sale.

Versate l'olio in una casseruola, unitevi gli scalogni puliti e tritati e lasciate insaporire per qualche minuto a fuoco medio, mescolando con un cucchiaio di legno. Poi aggiungete i piselli e il brodo, portate a ebollizione, coprite con un coperchio e lasciate cuocere a fuoco moderato sino a quando i piselli saranno teneri e avranno assorbito quasi tutto il liquido. Controllate il sale e frullate il tutto. Al momento di portare in tavola, guarnite la purea con il prezzemolo.

Piatti unici

Una gustosa soluzione per riunire in un unico
piatto, in modo sano e nutriente,
le proteine della carne, del pesce o dei legumi,
con le fibre e le vitamine delle verdure,
nonché con i carboidrati della pasta
o dei cereali. Una vasta scelta di proposte
ideali dal punto di vista nutrizionale
che traggono spunto dalla "tradizione povera",
e che vengono presentate in ricette
di facile esecuzione.

PIATTI UNICI A BASE DI CARNE

Arzigozzovigliera

◆ Tempo: 1 ora e 25 minuti ✶ Difficoltà: media

❖ 400 g di coniglio cotto, 100 g di pancetta tagliata a fettine, 50 g di provolone, 50 g di funghetti sottolio, 3 uova, 1 patata grossa lessata, 1 cipolla grossa, 2 spicchi d'aglio, 1 cucchiaio di paprica dolce, 60 g di farina, 2 cucchiai di panna liquida, 2 cucchiai di brandy, burro, olio extravergine d'oliva, sale.

Tritate la carne di coniglio eliminando tutti gli ossicini. Aggiungete la pancetta tagliata a quadratini, il provolone grattugiato e i funghetti tritati. Mescolando incorporate le uova sbattute a parte, la patata ridotta in purea, il sale, la paprica, il burro fuso, il brandy e la panna. Infine aggiungete la cipolla e l'aglio tritati e fatti soffriggere molto lentamente nell'olio. Quando l'impasto sarà omogeneo, versatelo in uno stampo rettangolare imburrato e spolverato di farina e cuocetelo in forno a calore moderato per circa un'ora. Lasciate raffreddare il composto, quindi sformatelo e tagliatelo a fette spesse.

Carciofi ripieni (Lazio)

◆ Tempo: 1 ora e 25 minuti ✶ Difficoltà: madia

❖ 8 carciofi, 200 g di manzo macinato, 200 g di riso, 150 g di ricotta romana, 1 uovo, 4 spicchi d'aglio, prezzemolo, pangrattato, 3 cucchiai di parmigiano grattugiato, olio extravergine d'oliva, sale.

Preparate il ripieno mescolando la carne, la ricotta, l'uovo, il parmigiano, 2 spicchi d'aglio e un ciuffo di prezzemolo tritati, una presa di pangrattato, il sale e un po' d'olio per amalgamare il tutto. Lessate il riso al dente e mescolatelo agli ingredienti del ripieno. Togliete ai carciofi le foglie esterne più dure, cimate le punte, ripiegate verso l'interno le tenere foglie del cuore dopo averle liberate dalla "barba"; quindi allargateli leggermente in modo da poterli riempire. Mettete dell'impasto nella cavità dei carciofi fino a formare una mezza cupoletta. Girateli e disponeteli uno vicino all'altro in un tegame dai bordi alti, unite un paio di bicchieri d'acqua, 2 spicchi d'aglio e qualche cucchiaiata d'olio. Coprite e lasciate cuocere lentamente per un'ora circa, secondo la grandezza dei carciofi.

Fritto misto (Piemonte)

◆ Tempo: 45 minuti ✱ Difficoltà: facile

❖ 300 g di salsiccia, 300 g di fegato, 300 g di polmone, 300 g di filetto di vitello a fettine, 100 g di cervella, 200 g di semolino, 100 g di zucchero, 6 amaretti, 6 carote, 3 patate, 2 mele, 2 uova, scorza di limone grattugiata, pangrattato, farina, 1/2 l di latte, olio per friggere.

Preparate tutti gli ingredienti per il fritto misto. Su fuoco dolce amalgamate il semolino con latte, zucchero e scorza di limone, mescolate fino ad avere una pastella densa come una crema, rovesciatela sul tavolo di marmo e, quando sarà fredda, tagliatela a losanghe. Fate rosolare in un po' d'olio la salsiccia a pezzetti. Pulite la cervella, il fegato e il polmone e tagliateli a fettine. Sbucciate le mele e affettatele. Tagliate le carote a fettine. Sbucciate le patate e tagliatele a rondelle. Quando gli ingredienti saranno pronti passateli tutti, compresi gli amaretti e le fettine di vitello, in un velo di farina, nell'uovo sbattuto e nel pangrattato e friggeteli in olio bollente. Eliminate l'unto in eccesso ponendoli su carta assorbente da cucina e serviteli ben caldi.

Lenticchie con riso e salsicce

◆ Tempo: 45 minuti ✶ Difficoltà: facile

❖ 500 g di lenticchie di Castelluccio, 300 g di riso cotto, 8 salsicce, 300 g di polpa di pomodoro, 1 cipolla, 2 spicchi d'aglio, rosmarino, sale.

Le lenticchie di Castelluccio non necessitano di ammollo prima della cottura, quindi versatele direttamente in acqua fredda insieme con l'aglio e un paio di rametti di rosmarino; salate e fate bollire per circa 20 minuti. Nel frattempo preparate il sugo di pomodoro, insaporendolo con un soffritto di cipolla. Quando sarà pronto unitevi le salsicce e portatele a cottura; poi aggiungete le lenticchie già cotte, il riso cotto e mescolate su fuoco lento per alcuni minuti prima di servire.

Melanzane alla parmigiana

◆ Tempo: 30 minuti + 30 minuti ✶ Difficoltà: facile

❖ 5 melanzane di media grossezza, ragù di carne, 200 g di riso cotto, farina, parmigiano grattugiato, burro, olio extravergine d'oliva, sale.

Tagliate nel senso della lunghezza le melanzane a fette sottili circa 5 mm, disponetele sulla spianatoia e cospargetele di sale, in modo che perdano l'acqua contenuta nelle loro fibre. Dopo circa mezzora strizzatele un poco con le mani avendo cura di non romperle e passatele nella farina. Friggetele quindi in un'ampia padella con olio bollente, facendo attenzione a eseguire questa operazione in diverse fasi, in modo tale da non sovrapporre le fette. Una volta finito di friggere, ungete con il burro il fondo di una pirofila da forno e stendete il primo strato di melanzane fritte, così da coprire bene il fondo stesso. Versate un primo strato di ragù, spolveratelo con abbondante parmigiano grattugiato, poi stendete uno strato di riso e infine con qualche ricciolo di burro. Sovrapponete un secondo strato di melanzane fritte e proseguite nel modo descritto fino a terminare gli ingredienti, avendo cura che l'ultimo strato sia di ragù, parmigiano grattugiato e numerosi riccioli di burro. Portate il forno a una temperatura media e inseritevi la pirofila per circa 10 minuti, quindi servite in tavola.

Pasta incaciata con polpette

◆ Tempo: 1 ora ✱ Difficoltà: media

❖ 400 g di ziti, 300 g di salsa di pomodoro, 250 g di vitello, 50 g di salame, 1 melanzana tonda, 100 g di piselli, 3 uova, 2 mozzarelle, 80 g di pane, 100 g di parmigiano grattugiato, 50 g di ricotta infornata grattugiata, 2 cucchiai di pangrattato, 1 spicchio d'aglio, 1 cucchiaio di pinoli, 1 ciuffo di prezzemolo, olio extravergine d'oliva, sale, pepe.

Tritate in un mixer la carne di vitello con il pane, bagnato in acqua e strizzato, il prezzemolo e l'aglio; mettete tutto in una ciotola, mescolate bene con il parmigiano e un uovo, salate e pepate. Formate con l'impasto delle polpette di 3 cm di diametro e friggetele in una padella con l'olio per circa 4 minuti; fatele quindi cuocere per 12 minuti nella salsa di pomodoro, scolatele e conservatele al caldo.Tagliate la melanzana a tocchetti e friggetela nell'olio. Lessate le restanti 2 uova e i piselli, quindi cuocete la pasta scolandola al dente e conditela con la salsa di pomodoro e le melanzane. Tagliate le uova e la mozzarella a fettine, e il salame a dadini piccoli. Ungete una pirofila, distribuitevi sul fondo metà della pasta e coprite con i piselli, i pinoli, il salame, le polpettine, la mozzarella e le fettine di uova. Fate un altro strato di pasta e spolverate con la ricotta grattugiata e il pangrattato. Condite con un po' d'olio e mettete a gratinare per 10 minuti a 200 °C. Sfornate e servite.

Pasticcio con le animelle

◆ Tempo: 45 minuti ✱ Difficoltà: media

❖ 350 g di maccheroni, 300 g di animelle, 100 g di prosciutto crudo, 100 g di funghi secchi, 1 tartufo nero piccolo, 1/2 l di besciamella, 100 g di parmigiano grattugiato, 50 g di burro, sale, pepe in grani.

Lasciate rinvenire in acqua i funghi secchi dopo averli lavati. Tagliate a pezzetti le animelle e a sottili striscioline il prosciutto crudo. Mettete sul fuoco una pentola con abbondante acqua, portatela a ebollizione, salate e calatevi i maccheroni, portandoli a metà cottura. Quindi scolateli e stendeteli su un canovaccio. Mettete in un tegame il burro, lasciatelo imbiondire a fuoco moderato e aggiungetevi le animelle. Insaporite con sale e poco pepe macinato al momento, bagnate con circa metà della besciamella e portate a cottura, mescolando di tanto in tanto. Aggiungete poi il prosciutto, i funghi ben scolati, il tartufo pulito e tagliato a sottili fettine. In una pirofila imburrata versate uno strato di maccheroni e conditeli con alcune cucchiaiate di sugo, qualche pezzetto di burro e un poco di besciamella; poi ripetete l'operazione sino a terminare gli ingredienti ma coprendo l'ultimo strato con abbondante parmigiano grattugiato e qualche fiocchetto di burro.
Infine lasciate in forno ben caldo, a una temperatura intorno ai 200 °C, per 20 minuti circa. Servite caldo.

Pasticcio di carne e patate

◆ Tempo: 1 ora ✶ Difficoltà: facile

❖ 1 kg di patate, 400 g di salsiccia, 250 g di fontina, pangrattato, 130 g di burro, sale.

Sbucciate le patate e mettetele a lessare in acqua salata. In una casseruola fate rosolare la salsiccia sgranata in 50 g di burro e, a parte, preparate la fontina a pezzetti. Passate le patate lesse con lo schiacciapatate, unitevi 50 g di burro e mescolate bene. Ungete con un po' di burro una pirofila, cospargetela di pangrattato e versate una parte della purea di patate poi, a strati aggiungete la salsiccia e il formaggio. Ultimate con uno strato di patate sul quale disporrete il rimanente burro a pezzetti; quindi infornate per circa 20 minuti. Servite con un'abbondante insalata mista.

Polenta e straccetti

◆ Tempo: 2 ore e 25 minuti ✶ Difficoltà: facile

❖ 400 g di farina bianca per polenta, 400 g di filetti di vitello, 4 cipollotti, 2 porri, 2 mestolini di brodo, 1 bicchiere di vino bianco secco, olio extravergine d'oliva, sale, pepe.

Portate a ebollizione circa 1,5 litri d'acqua salata; quindi versate la farina a pioggia e cuocete la polenta per circa un'ora, sempre mescolando con un cucchiaio di legno. Lavate e mondate i porri e i cipollotti, affettateli sottilmente e fateli soffriggere nell'olio caldo. Poi unite la carne a striscioline e lasciate rosolare su fiamma vivace per pochi istanti. Bagnate prima con il vino, poi con il brodo. Cuocete la carne per circa 45 minuti, solo alla fine salate e pepate. Servite la polenta contornata dagli straccetti con cipollotti e porri.

Pollo saporito

◆ Tempo: 1 ora e 25 minuti + 12 ore ✶ Difficoltà: facile

❖ 1 pollo, 500 g di carote, 300 g di polpa di pomodoro, 150 g di lenticchie, 1 salsiccia, qualche acciuga sottosale, 2 spicchi d'aglio, basilico, 1 ciuffo di prezzemolo, alloro, salvia, olio extravergine d'oliva, sale, pepe.

Mettete in ammollo le lenticchie per qualche ora (meglio se per tutta la notte). Levatele dall'acqua e lessatele in nuova acqua con alloro e salvia, salando verso fine cottura. Scolatele al dente e tenetele al caldo. Tagliate a pezzi il pollo ben lavato e asciugato, mettetelo poi in una casseruola e rosolatelo assieme alla salsiccia a pezzettini e a qualche cucchiaio d'olio. Lavate e tagliate le carote a rondelle; lavate le acciughe dal sale, spezzettatele e aggiungetele, assieme alle carote, nella casseruola delle carni. Unite anche le lenticchie e la polpa di pomodoro. Salate, pepate, profumate con qualche foglia di basilico e fate cuocere a fuoco basso per circa tre quarti d'ora. Bagnate eventualmente con dell'acqua calda se la pietanza dovesse attaccarsi al fondo. Poco prima di levare la casseruola dal fuoco unite un trito di prezzemolo e aglio, mescolate e servite.

Rigatoni e stufato di maiale

◆ Tempo: 2 ore + 25 minuti ✶ Difficoltà: facile

❖ 400 g di rigatoni, 400 g di polpa di maiale, 150 g di polpa di pomodoro, 5 pomodorini, 1 cipolla, 2 cucchiai di farina, 2 cucchiai di pecorino grattugiato, 1 bicchiere di vino rosso, olio extravergine d'oliva, sale, pepe.

Tagliate la cipolla a fettine sottili e fatela rosolare in una casseruola con un filo d'olio. Infarinate la polpa di maiale, mettetela nella casseruola, fatela dorare e bagnatela con il vino; lasciate evaporare a fiamma vivace. Aggiungete la polpa di pomodoro, i pomodorini tagliati a spicchi, salate e pepate; allungate con acqua così che la carne risulti coperta per metà, coprite la casseruola e fate cuocere a fuoco moderato per circa 2 ore. Se necessario, allungate durante la cottura con un romaiolo di acqua calda. Nel frattempo lessate i rigatoni al dente, scolateli e metteteli in una zuppiera. Conditeli con il sugo e spolverate con il pecorino. Servite disponendo sui singoli piatti la pasta accompagnata da fette di stufato.

Riso con la braciola (Lombardia)

◆ Tempo: 45 minuti ✱ Difficoltà: facile

❖ 400 g di riso, 4 braciole di maiale, 1 cipolla bianca, parmigiano grattugiato, burro e grasso (condimento a piacere), sale, pepe.

Cuocete il riso possibilmente in un paiolo di rame, versandolo a poco a poco in modo da formare un cono il cui vertice emerga di qualche millimetro dall'acqua. Scuotete un paio di volte il paiolo, incoperchiatelo e cuocete a fiamma vivace per 10-12 minuti.

Levate dal fuoco, mescolate bene e coprite con uno spesso panno da cucina sopra cui rimettete il coperchio; lasciate riposare per una quindicina di minuti.

Soffriggete la cipolla tritata nel burro, aggiustate di sale e pepe, e poi unite questo condimento al riso, assieme al parmigiano grattugiato e alle braciole di maiale, che avrete precedentemente rosolato in una padella con un po' di condimento. Nel mantovano esiste una variante del risotto alla pilota (vedi pag. 181) molto simile a questa ricetta: il risotto "col puntel", vale a dire il risotto alla pilota servito con braciole o costine di maiale cotte sulla griglia oppure rosolate nel burro e "piantate" nel risotto sui piatti dei commensali.

Riso con le quaglie (Lombardia)

◆ Tempo: 1 ora ✱ Difficoltà: media

❖ 400 g di riso, 4 quaglie, 4 fettine di pancetta tesa, 1 cipolla, 2 spicchi d'aglio, 1 rametto di rosmarino, 5 foglie grosse di salvia, vino bianco secco, brodo, parmigiano grattugiato, olio extravergine d'oliva, sale, pepe.

Pulite le quaglie, introducete in ognuna mezzo spicchio d'aglio, sale e pepe e avvolgetele con una fetta di pancetta e una foglia di salvia, fermando il tutto con uno stecchino. Rosolatele poi in un tegame con un po' d'olio e rosmarino e, non appena si saranno colorite, bagnatele con un bicchiere di vino. Salate, pepate e proseguite la cottura per circa mezzora a fiamma moderata, rigirando di tanto in tanto ed eventualmente bagnando con un po' di brodo. Quando le quaglie saranno cotte, scolatele, adagiatele su un piatto e tenetele da parte al caldo. In una casseruola rosolate a fuoco basso la cipolla tritata con la salvia rimasta e non appena si sarà ammorbidita versate il riso, mescolando per alcuni istanti. Bagnate con il vino, quindi portate a cottura aggiungendo il brodo. Quando il riso sarà al dente, spegnete e conditelo con sugo e parmigiano.

Riso con ossibuchi (Emilia Romagna)

◆ Tempo: 2 ore ✱ Difficoltà: media

❖ PER IL RISO: 300 g di riso, 1 cipolla, 1 spicchio d'aglio, 1,5 l di brodo di carne, 1/2 bicchiere di vino bianco secco, parmigiano grattugiato, 40 g di burro, olio extravergine d'oliva.

PER GLI OSSIBUCHI: 4 ossibuchi di vitello, 1 cipolla, 1 carota, 1 gambo di sedano, 1 spicchio d'aglio, 1 cucchiaio di prezzemolo tritato, salvia, 2 cucchiai di concentrato di pomodoro, farina, brodo di carne, 1 bicchiere di vino bianco secco, 4 cucchiai d'olio extravergine d'oliva.

Lavate, asciugate e infarinate gli ossibuchi in modo uniforme. Per il loro soffritto fate rosolare la cipolla tritata molto finemente in una casseruola con qualche cucchiaio di olio.
Quando la cipolla sarà rosolata (attenzione a non bruciarla) posate nella casseruola gli ossibuchi, che lascerete anch'essi rosolare assieme allo spicchio d'aglio lasciato intero.
Tritate la carota e il sedano precedentemente lavati e pelati, uniteli al trito di prezzemolo e versate il tutto nella casseruola assieme a qualche foglia di salvia, premurandovi di togliere lo spicchio d'aglio ormai rosolato.
Fate sciogliere il concentrato di pomodoro in mezzo bicchiere di acqua calda, versatelo nella casseruola, alzate il fuoco e aggiungete il vino bianco, mescolato con un cucchiaio di legno e lasciatelo evaporare.
Abbassate quindi la fiamma, unite un paio di mestoli di brodo di carne ben caldo e lasciate cuocere per circa un'ora aggiungendo ancora qualche cucchiaio di brodo nel caso in cui il sugo degli ossibuchi tendesse ad asciugare.
Per la preparazione del riso fate rosolare in una casseruola la cipolla tritata nell'olio unitamente allo spicchio d'aglio che dovrete togliere quando sarà ben rosolato. Versate quindi il riso, mescolate un poco con un cucchiaio di legno, poi alzate la fiamma prima di aggiungere il vino bianco. Evaporato il vino riabbassate il fuoco e portate a cottura il riso versando poco alla volta il brodo di carne.
Poco prima che sia definitivamente cotto, aggiungete il parmigiano grattugiato e il burro, mescolate ancora un poco, quindi distribuite il riso nei piatti e ponete infine in ciascuno di essi anche un ossobuco con il proprio sugo.

Sartù di riso (Sicilia)

◆ Tempo: 2 ore ✱ Difficoltà: media

❖ 400 g di riso, 300 g di polpa macinata di manzo, 200 g di fegatini di pollo, 1 salsiccia, 250 g di piselli freschi, 25 g di funghi secchi, 3 uova, 1 mozzarella, 1 cipolla, 1,5 l di brodo, concentrato di pomodoro, farina, pangrattato, 60 g di parmigiano grattugiato, burro, 200 g di strutto, olio extravergine d'oliva, sale, pepe.

Soffriggete la cipolla tritata in una casseruola di terracotta. Unite 2 o 3 cucchiaiate di concentrato di pomodoro diluito in un bicchiere di brodo, i funghi ammollati, strizzati e tritati, i piselli, sale, pepe e un pezzo di salsiccia. Cuocete il sugo per 20 minuti circa.

Nel frattempo in una terrina mescolate insieme la carne tritata, salata e pepata, un uovo, un cucchiaio di pangrattato e uno di formaggio grattugiato. Con questo composto formate tante polpettine e friggetele infarinate in olio bollente.

Cuocete il riso in una capace casseruola con metà del sugo, unendo quando è necessario un po' di brodo caldo. Quando il riso sarà cotto, toglietelo dal fuoco, mantecatelo con 50 g di strutto, 2 uova e qualche cucchiaio di formaggio grattugiato. Ponete sul fuoco per qualche minuto e sempre mescolando il restante sugo con le polpettine e 50 g di strutto.

Lavate accuratamente i fegatini, asciugateli e passateli in poco strutto poi, bagnandoli con un po' di brodo, portateli a cottura. Imburrate leggermente uno stampo, rivestitene le pareti di riso e al centro fate i seguenti strati: polpette, fegatini, pezzetti di mozzarella, pezzetti di salsiccia e infine formaggio grattugiato. Continuate fino a esaurimento degli ingredienti.

Cospargete la superficie del sartù con un po' di pane grattugiato, mettete qua e là qualche fiocchetto di strutto, poi passate lo stampo in forno a 160 °C per circa mezzora. Capovolgete il sartù sul piatto da portata e servitelo ben caldo.

Sópa coàda (Veneto)

◆ Tempo: 1 ora e 30 minuti ✱ Difficoltà: media

❖ 4 piccioni, pane raffermo, 1 gambo di sedano, 1 l di brodo di carne, parmigiano grattugiato, burro, olio extravergine d'oliva, sale.

Si tratta forse della più classica delle ricette trevigiane, un pasticcio di piccioni che può tranquillamente essere proposto come "piatto unico".

Pulite accuratamente i piccioni e, se è il caso, spennateli, fiammeggiateli e svuotateli delle interiora. Tagliateli in quarti e fateli rosolare in una casseruola con dell'olio e del burro, aggiungendo anche il gambo di sedano pulito e tritato. Salateli, copriteli con un coperchio e lasciateli cuocere a fuoco moderato, rimuovendoli di tanto in tanto con un cucchiaio di legno. Dopo averli portati a cottura, lasciateli raffreddare e poi disossateli. Tenete da parte le ossa e quindi unitele al brodo di carne; portatelo a bollore e lasciatelo sul fuoco per una decina di minuti. Nel frattempo tagliate il pane a fette alte circa un centimetro e disponetene un primo strato sul fondo di una teglia imburrata.

Trascorso il tempo di cottura previsto, filtrate il brodo e bagnate il pane, spolverate con del formaggio grattugiato e sparpagliatevi della carne di piccione spezzettata. Proseguite poi disponendo un altro strato di pane, bagnatelo ancora con del brodo e distribuite sopra la carne di piccione; continuate alternando gli strati in questo modo sino all'esaurimento della carne. Da ultimo coprite con uno strato di pane e irrorate con il brodo. Non vi resterà a questo punto che trasferire la teglia con il pasticcio in forno già caldo e lasciarvela per un paio d'ore, irrorando di brodo ogni 20 minuti.

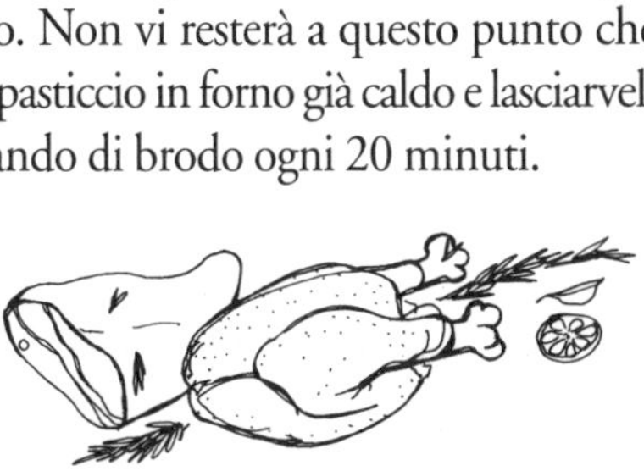

Spezzatino di tacchino con riso

◆ Tempo: 1 ora e 30 minuti ✶ Difficoltà: facile

❖ 500 g di fesa di tacchino, 200 g di riso basmati cotto, 1 cipolla di media grossezza, 1 carota, 1 gambo di sedano, 1 spicchio d'aglio, basilico, 1 bicchiere scarso di vino rosso, 350 g di pomodori pelati freschi, olio extravergine d'oliva, sale, pepe.

Tagliate anzitutto la fesa di tacchino a pezzetti. Sbucciate la cipolla e l'aglio, pulite e lavate la carota, il gambo di sedano e il basilico. Tritate tutto e mettete il battuto in una teglia piuttosto ampia, con abbondante olio.

Fate quindi rosolare a fuoco moderato, mescolando con il cucchiaio di legno, aggiungete i pezzi di tacchino e lasciate stufare per 10 minuti a fuoco vivace. Girate la carne finché ha preso colore e spruzzate il vino rosso, poi lasciate evaporare a fuoco adeguato. Nel frattempo lavate i pomodori, passateli al setaccio e quindi versateli nella teglia; insaporite con sale e pepe e lasciate cuocere per un'ora a fuoco piuttosto moderato, aggiungendo brodo di carne allorché lo spezzatino tendesse ad asciugarsi. Servite con il riso che mescolerete all'ultimo momento allo spezzatino.

Vitello ricco alle verdure

◆ Tempo: 35 minuti + 10 minuti ✶ Difficoltà: facile

❖ 300 g di fettine di vitello, 1/2 melanzana, 2 cipollotti, 1 peperone verde, 2 pomodori, 2 carote, 1/2 bicchiere di vino bianco, 2 cucchiaini di maizena, 1 cucchiaino di zenzero grattugiato, olio extravergine d'oliva, sale.

Tagliate la carne a striscioline larghe 1 cm. Mescolate la maizena con il vino bianco e versate il tutto sulla carne, lasciandola marinare per 10 minuti. Pulite e affettate i cipollotti a rondelle, tagliate le carote a julienne, la melanzana a quadratini di 1 cm, il peperone e i pomodori (a cui avrete tolto i semi) a dadini. Versate in una padella un po' d'olio, scaldatelo e rosolatevi la carne per un paio di minuti, mescolando continuamente e aggiustando di sale. Quindi levate le fettine, aggiungete le verdure insieme allo zenzero grattugiato e mescolate con un cucchiaio di legno.

Cuocete ancora per circa 5 minuti, aggiustate di sale e unite di nuovo la carne; mescolate per un paio di minuti e servite il piatto ben caldo.

Zucchine all'emiliana (Emilia Romagna)

◆ Tempo: 1 ora ✱ Difficoltà: facile

✣ 8 zucchine di media grossezza, 300 g di manzo tritato, 1 uovo, 1 cipolla, 1 carota, 1 gambo di sedano, prezzemolo, noce moscata, parmigiano grattugiato, burro, sale, pepe.

Svuotate internamente le zucchine. Fate sciogliere una noce di burro e mettete a soffriggere un trito di cipolla, sedano e carota. Aggiungete la carne finemente tritata, salate e fate cuocere per 15 minuti. Lasciate raffreddare e amalgamatevi poi l'uovo, il parmigiano grattugiato, il prezzemolo tritato, un pizzico di noce moscata, sale e pepe macinato al momento.

Farcite le zucchine con questo impasto e mettetele al fuoco in una padella con poco burro e mezzo bicchiere d'acqua, facendole cuocere per circa 40 minuti; quindi servite.

PIATTI UNICI A BASE DI PESCE

Baccalà alla ligure

◆ Tempo: 1 ora + 4 ore ✱ Difficoltà: media

❖ 700 g di di baccalà già ammollato, 1 cipolla, 1 carota, 1 gambo di sedano, 1 ciuffo di prezzemolo, 3 filetti di acciuga, 20 g di capperi, 20 g di pinoli, 1 dl di vino bianco secco, latte, farina, olio extravergine d'oliva, sale, pepe.
PER LA POLENTA: 400 g di farina gialla, sale.

Pulite e tagliate il baccalà a pezzetti e ponetelo in una terrina coperto di latte freddo e lasciatelo marinare per circa 4 ore. Tritate finemente la cipolla, la carota, il sedano e il prezzemolo. Pestate i capperi dissalati e i pinoli fino a ottenere un composto omogeneo e poi diluitelo con un po' di vino bianco. In una padella fate imbiondire le verdure, unite il composto di capperi e pinoli e lasciate la preparazione sul fuoco ancora per qualche minuto. Fate bollire un litro e mezzo circa d'acqua, salatela e fatevi cadere la farina a pioggia sempre mescolando con una frusta. Stemperate bene e lasciate cuocere per un'ora sempre mescolando dal basso verso l'alto. Sarà pronta quando incomincerà a staccarsi dai bordi.

Asciugate il baccalà, infarinatelo, mettetelo in un tegame con poco olio e cuocetelo per qualche minuto aggiustando di sale e pepe. Oliate una pirofila, versatevi la polenta, distribuitevi sopra i pezzi di baccalà, condite con il sughetto di verdure e infornate per qualche minuto.

Cappon magro (Liguria)

◆ Tempo: 3 ore ✱ Difficoltà: difficile

❖ PER IL PESCE: 500 g di branzino, 1 aragosta piccola, 200 g di scampi, 150 g di gamberetti, 1/2 cipolla, 1 carota, 1 gambo di sedano, prezzemolo, 1/2 bicchiere d'aceto di vino bianco, olio extravergine d'oliva, sale.
PER LE VERDURE: 1/2 cavolfiore, 200 g di fagiolini verdi, 200 g di patate, 150 g di carotine, 150 g di scorzonera, 4 cuori di carciofo, 1/2 sedano bianco, aceto di vino bianco, olio extravergine d'oliva, sale.
PER LA SALSA: 1 fetta di pancarré, 1 uovo sodo, 3 filetti d'acciuga sottolio, 1 cucchiaio di capperi sottaceto, 1/2 cucchiaio di pinoli, 5 olive verdi snocciolate, 1 manciata di prezzemolo, 1-2 cucchiai d'aceto di vino bianco, 1/2 bicchiere c. d'olio extravergine d'oliva, sale.
ALTRI INGREDIENTI: 150 g di gallette, 50 g di bottarga, 100 g di funghetti interi sottolio, 50 g di cetriolini sottaceto, 1 uovo sodo, aceto di vino bianco, olio extravergine d'oliva.

Pulite e lavate i pesci. Fate bollire per 5 minuti 2 litri d'acqua con sedano, carota e cipola a pezzetti, qualche rametto di prezzemolo, l'aceto e una presa di sale. A questo punto cuocetevi i pesci separatemente. Tagliate a pezzi il branzino e l'aragosta, lasciate interi i gamberetti e gli scampi. Condite i pesci separatamente con poco olio e lasciateli raffreddare. Mondate le verdure e cuocetele separatamente in acqua salata tenendole piuttosto al dente, scolatele, tagliatele a dadini o a fette e conditele, sempre separatamente con olio e aceto.
Bagnate le gallette in acqua e aceto in parti uguali e lasciate riposare. Preparate la salsa: inzuppate il pancarré nell'aceto, strizzatelo e frullatelo con prezzemolo, capperi, pinoli, acciughe, olive e il tuorlo d'uovo sodo. Quando il composto è ben omogeneo diluitelo con l'aceto; amalgamatevi a filo l'olio, come fosse una maionese, e salate. Dovreste ottenere una salsa leggermente fluida; regolate di sale. Mettete le gallette su un

piano largo e conditele con un po' di salsa; disponetevi sopra i vari ingredienti, alternandoli tra loro e condendo ogni strato con un po' di salsa.
Date all'insieme una forma a piramide o a cupola, terminando con i gamberi. Versate sulla sommità della preparazione la salsa rimasta.

Carpa con il riso

◆ Tempo: 1 ora ✶ Difficoltà: facile

❖ 1 carpa di circa1 kg, 100 g di riso, 1 cipolla, 2 spicchi d'aglio, 1 ciuffo di prezzemolo, timo, vino bianco secco, brodo vegetale, olio extravergine d'oliva, sale, pepe in grani.

Dopo aver pulito e lavato la carpa, farcitene il ventre con un trito di aromi e verdure. Disponete il pesce in una pirofila da forno precedentemente unta d'olio, salate, pepate e passate a cuocere in forno caldo per circa 40 minuti; di tanto in tanto bagnate il pesce con un po' di vino bianco.
In una casseruola scaldate qualche cucchiaio d'olio e, mescolando, versate il riso e lasciatelo tostare per qualche istante; portatelo poi a cottura unendo il brodo caldo un mestolo alla volta e continuando a mescolare con regolarità.
Spegnete il riso piuttosto al dente, dopo averlo aggiustato di sale e insaporito con una macinata di pepe fresco.
Distribuite il riso nella pirofila intorno alla carpa e rimettete nuovamente il tutto in forno ancora per 5 minuti prima di servire. Prima di gustare questo piatto, decorate con qualche foglia di prezzemolo fresco.

Cassola di pesce (Sicilia)

◆ Tempo: 15 minuti ✱ Difficoltà: facile

❖ 1,5 kg di pesce misto (polpi, grongo, scorfano, palombo, san Pietro, sarago, sgombro, pagello ecc.), pane casereccio, 300 g di pomodorini secchi, 1 cipolla, 2 spicchi d'aglio, prezzemolo, peperoncino rosso, 1/2 bicchiere di vino bianco, olio extravergine d'oliva, sale, fette di pane casereccio.

Tritate cipolla, aglio e pomodorini secchi e fateli appassire in qualche cucchiaiata d'olio insieme con un peperoncino rosso privato dei semi. Dopo qualche minuto, togliete il peperoncino, versate il vino e fatelo evaporare; aggiungete i polpi tagliati a tocchetti e fateli insaporire, quindi versate un litro d'acqua calda. Non appena l'acqua inizierà a bollire aggiungete il resto del pesce, dando la precedenza a quelli con carne più soda e finendo con quelli a carne più tenera. Salate e cuocete per circa mezzora a fiamma bassa. Terminata la cottura, cospargete con un trito di prezzemolo e servite su fette di pane abbrustolito che avrete disposto nei piatti singoli.

Corona di riso con gamberetti

◆ Tempo: 15 minuti ✱ Difficoltà: facile

❖ 400 g di riso, 400 g di gamberetti, 1 fetta di prosciutto di 200 g, 250 g di piselli, 1 cipolla, 1 ciuffo di prezzemolo, concentrato di pomodoro, 2 dl di panna liquida, 1 bicchiere di vino bianco secco, 1 bicchierino di brandy, 1 bicchierino di porto, parmigiano grattugiato, burro, olio extravergine d'oliva, sale, pepe.

Sgusciate e lavate i gamberetti, salateli e pepateli. Con i gusci preparate un brodino; filtratelo e mantenetelo al caldo. In una padella portate a cottura i piselli con un po' d'olio e sale (e un po' d'acqua calda se ce ne fosse bisogno); passatene poi la metà con il tritaverdure. Preparate ora il riso. In un tegame

fate soffriggere mezza cipolla tritata nell'olio, versate il riso e lasciatelo tostare nel condimento. Bagnatelo con il vino e fate evaporare, poi iniziate ad aggiungere il fumetto precedentemente preparato mestolo dopo mestolo, continuando a mescolare, fino alla completa cottura del riso. Quando il riso sarà al dente, aggiungete un cucchiaio di parmigiano, sale, pepe e una noce di burro; dividetelo in tre parti: una tenetela bianca, l'altra mischiatela al purè di piselli facendola diventare verde, alla terza unite due cucchiai di concentrato di pomodoro diluito in acqua calda in modo da darle colore rosso. In uno stampo precedentemente imburrato distriubuite tre strati con i tre risotti, oppure versateli in tre settori distinti, quindi passate in forno caldo per qualche minuto. Preparate ora il sugo di gamberetti. In un tegame rosolate in qualche cucchiaio d'olio l'altra metà della cipolla tritata; unite i gamberi, i piselli lasciati interi e il prosciutto tagliato a dadini. Fate insaporire, poi bagnate con il brandy e con il porto. Non appena i liquori saranno evaporati, sciogliete nel sugo un cucchiaio di concentrato di pomodoro e allungate con la panna.
Cuocete ancora per qualche minuto, salate, pepate e spolverate con del prezzemolo. Sformate la corona di riso su un piatto da portata, riempite il centro con il sugo di gamberi e servite. Volendo potrete scegliere una delle tre colorazioni suggerite e limitarvi a quella.

Fettuccine con le sogliole

◆ Tempo: 1 ora e 15 minuti ✶ Difficoltà: media

❖ 400 g di tagliatelle confezionate o fresche (vedi pag. 13), 6 filetti di sogliola (da circa 1 kg), 150 g di gamberetti, 150 g di cozze, 150 g di champignon, 2 uova, 1/2 limone, paprica, 1,5 dl di panna liquida, 1,5 dl di vino bianco secco, 30 g di burro, olio extravergine d'oliva, sale, pepe.

Preparate la sfoglia-base come descritto nella ricetta e suddividetela in strisce di un centimetro, quindi lasciatele asciugare su un piano infarinato. Lavate e sgusciate a crudo i gamberetti. Pulite le cozze e fatele aprire mettendole su fiamma vivace in un tegame coperto; man mano che si schiudono separate i molluschi dal guscio. Pulite i funghi con un panno umido e affettateli, rosolateli poi in una padella insieme con qualche cucchiaio d'olio, i gamberetti e le cozze. Condite con sale e pepe e lasciate insaporire prima di spegnere.
Sul fornello fate scaldate qualche cucchiaio d'olio in una pirofila da forno, mettete a cottura i filetti di sogliola e rosolateli da entrambi i lati, quindi bagnate con il vino e condite con un pizzico di paprica, sale e pepe. Passate poi in forno caldo (180 °C) e portate a cottura. Scolate i filetti e filtrate il fondo di cottura, poi rimettetelo al fuoco per farlo restringere. Senza smettere di mescolare unite al sugo la panna e un po' di succo di limone filtrato, i tuorli d'uovo, il burro a pezzettini e una macinata di pepe fresco; lasciate raddensare. Lessate le tagliatelle in abbondante acqua salata e scolatele ben al dente; conditele con un giro d'olio e versatele in una pirofila. Disponete i filetti di sogliola sulle tagliatelle, condite con il sugo di funghi, cozze e gamberetti, poi irrorate il tutto con la salsa alla panna. Fate gratinare in forno a 200 °C e servite caldo.

Insalata di cozze, riso e asparagi

◆ Tempo: 45 minuti ✴ Difficoltà: facile

❖ 1,5 kg di cozze, 300 g di riso, 1 mazzo di asparagi, 2 scalogni piccoli, 1 gambo di sedano, 1 mazzetto di aromi (prezzemolo, basilico, erba cipollina), 1 cucchiaio di senape, aceto, olio extravergine d'oliva, sale, pepe.

Pulite con cura le cozze e fatele schiudere su fiamma vivace; man mano che si aprono sgusciatele mettendo da parte i mol-

luschi. A fine cottura fate restringere un poco il liquido che avranno lasciato sul fondo della padella e filtratelo.
Mondate e lavate la verdura: lessate gli asparagi al dente in acqua salata; tritate grossolanamente sedano e scalogno e più finemente il mazzetto di odori. Nel frattempo lessate il riso e scolatelo.
Preparate ora una salsina emulsionando la senape con una parte d'aceto e tre d'olio, sale e pepe; mescolate con cura in modo da ottenere un liquido omogeneo e poi unite le verdure, il riso, gli odori e 2 cucchiai del brodetto di cozze. Tagliate le punte degli asparagi e utilizzatele per guarnire i piatti in cui disporrete il resto degli asparagi tagliati a pezzetti appuntiti e le cozze; condite con la salsina.

Insalata di mare invernale

◆ Tempo: 15 minuti ✱ Difficoltà: facile

❖ 1,5 kg di vongole, 200 g di fagioli borlotti freschi, 4 patate, 2 porri, foglie di lattuga, aceto, olio extravergine d'oliva, sale, pepe in grani.

Lavate con cura le vongole e poi fatele schiudere ponendole al fuoco in una padella coperta; man mano che si aprono separate i molluschi dal guscio. A fine operazione filtrate il liquido che sarà rimasto sul fondo della padella e tenetelo da parte. Mondate la verdura; lessate in acqua salata le patate, i fagioli e i porri tagliati a rondelle (questi per non più di 5 minuti). In una zuppiera o vassoio da portata mescolate le vongole con le patate tagliate a fette, le rondelle di porri e i fagioli. Condite il tutto con una salsetta preparata emulsionando una parte d'aceto con tre parti d'olio, sale, pepe macinato fresco e 2 cucchiai del liquido di cottura delle vongole.
Distribuite poi l'insalata in coppette individuali foderate con foglie di lattuga.

Insalatona del golfo

◆ Tempo: 50 minuti ✱ Difficoltà: facile

❖ 500 g di cozze, 400 g di tartufi di mare, 300 g di moscardini, 300 g di gamberetti, 100 g di lattuga riccia, 2 peperoni (1 rosso e 1 giallo), 2 gambi di sedano bianco, 1 spicchio d'aglio, 1 ciuffo di prezzemolo, peperoncino rosso, salsa Worcester, 4 cucchiai di panna liquida, maionese, vino bianco secco, olio extravergine d'oliva, sale.

Dopo aver ben lavato le cozze e i tartufi fateli schiudere su fiamma viva in una larga padella coperta insieme con lo spicchio d'aglio schiacciato, prezzemolo, 2 cucchiai d'olio e mezzo bicchiere di vino bianco. Man mano che si schiudono separate i molluschi dai gusci e, a fine operazione, filtrate il liquido rimasto sul fondo della padella.

Intanto portate a bollore una pentola d'acqua salata e, aiutandovi con una forchetta, tuffatevi uno a uno i moscardini in modo da far arricciare i tentacoli; metteteli poi in pentola con un bicchiere di vino e fateli cuocere per 10 minuti. Prelevateli con una schiumarola e metteteli a scolare. Nella stessa acqua tuffate i gamberetti per 5 minuti, poi scolateli e uniteli ai moscardini. Mentre aspettate che il pesce si raffreddi preparate la verdura. Dopo averli ben lavati tagliate il sedano a rondelle e l'insalata a listerelle; scottate i peperoni sulla fiamma per liberarli dalla pellicina, quindi tagliateli a striscioline dopo averli puliti dai semi e dai filamenti interni. Occupatevi ora della salsa. Mescolando con cura diluite la maionese con un po' d'olio, la panna e un po' di salsa Worcester. Insaporitela con un pizzico di peperoncino, sale e un po' del brodo di cottura delle cozze; continuate a mescolare bene in modo che il tutto si amalgami e il sale si sciolga. Alla fine disponete i vari ingredienti in una zuppiera e conditeli con una parte della salsa; la rimanente resterà a disposizione in una salsiera.

Misto mare al cartoccio

◆ Tempo: 1 ora e 15 minuti ✶ Difficoltà: media

❖ 1 branzino di circa 400 g, 200 g di cozze, 4 scampi, 4 gamberi, 4 mazzancolle, 4 ricci di mare, 4 conchiglie di san Giacomo, 200 g di fagioli bianchi freschi, 200 g di porcini, 1 tartufo bianco piccolo, 2 pomodori maturi e sodi, 1 spicchio d'aglio, prezzemolo, erba cipollina, olio extravergine d'oliva, sale, pepe in grani.

Lessate i fagioli per mezzora e scolateli al dente. Pulite, spinate il branzino e tagliatelo a pezzi; sgusciate i crostacei, tagliate gli aculei ai ricci di mare dopo averli aperti a metà; fate schiudere le cozze mettendole in una padella su fiamma vivace e, man mano che si aprono, separate i gusci con mollusco da quelli vuoti: a fine operazione filtrate il liquido rimasto sul fondo del tegame. Mondate anche le conchiglie di san Giacomo tenendo soltanto i gusci concavi con il mollusco. Pulite i funghi con un panno umido e affettateli; fateli rosolare con lo spicchio d'aglio pestato (che toglierete non appena prende colore). Pelate i pomodori tuffandoli in acqua bollente, privateli dei semi e tritateli grossolanamente. Preparate quattro fogli per cartoccio e suddividete al loro interno il pesce; conditelo con i fagioli, i funghi, il pomodoro, un trito di prezzemolo ed erba cipollina, qualche scaglia di tartufo, sale, una macinata di pepe e il liquido di cottura delle cozze.
Completate con un giro d'olio e richiudete i cartocci. Fate cuocere in forno a 170 °C per circa mezzora e servite.

Misto mare di calamari e farro

◆ Tempo: 1 ora e 30 minuti ✶ Difficoltà: facile

❖ 4 calamari, 400 g di piselli, 200 g di farro, 2 cipolline, 400 g di passata di pomodoro, 1 spicchio d'aglio, 2 foglie di alloro, prezzemolo, erba cipollina, vino bianco, peperoncino, olio extravergine d'oliva, sale.

Pulite i calamari e affettateli ad anello. Mondate le cipolline e tritatele finemente. Nel frattempo sciacquate il farro con cura cambiando spesso l'acqua.
Ponete in una casseruola tutti gli ingredienti tenendo da parte il farro, aggiungete un po' d'olio e i piselli; regolate di sale, mescolate e iniziate la cottura su fiamma dolce e a pentola semicoperta, mescolando di tanto in tanto. Dopo una ventina di minuti unite il farro. Proseguite la cottura per altri 30-40 minuti; aggiungete altra acqua calda se necessario.
Nel frattempo, lasciate rinvenire i piselli se surgelati oppure lessateli in acqua leggermente salata. Scolateli e teneteli da parte. Uniteli alla preparazione una decina di minuti prima della fine della cottura. Il piatto è pronto quando il pesce è tenero e il liquido di cottura si è ben ritirato.
Quando la cottura è ultimata, condite con un filo di olio lontano dal fuoco. Mescolate, lasciate riposare la preparazione per qualche minuto e servite.

Polenta e merluzzo

◆ Tempo: 1 ora ✶ Difficoltà: facile

❖ 600 g di merluzzo (precedentemente ammollato), 1 ciuffo di prezzemolo, 1 spicchio d'aglio, salsa di pomodoro, burro, polenta già pronta, olio per friggere, olio extravergine d'oliva, sale, pepe.

Spellate e diliscate il merluzzo, infarinatelo e friggetelo in abbondante olio. Tenetelo a parte. In un tegame fate imbiondire lo spicchio d'aglio che poi toglierete. Aggiungete la salsa di pomodoro e il prezzemolo. Cuocete per mezzora circa. In ultimo aggiungete il merluzzo e cuocete per altri 15 minuti. Servite questo piatto ben caldo con la polenta.

Tiella di riso e cozze (Puglia)

◆ Tempo: 1 ora e 30 minuti ✱ Difficoltà: facile

❖ 700 g di cozze, 250 g di riso, 500 g di pomodorini pugliesi, 500 g di patate, 200 g di cipolle, 2 spicchi d'aglio, prezzemolo, pecorino grattugiato, olio extravergine d'oliva, sale, pepe.

Lavate le cozze accuratamente sotto acqua corrente. Raschiate la superficie esterna della conchiglia per rimuovere eventuali incrostazioni. Usate un coltellino a lama liscia ben affilato e con questo staccate il bisso strattonandolo con forza facendo leva con la lama del coltello e apritele conservando solo le valve con il mollusco.

Sbucciate e affettate le cipolle piuttosto finemente e ripetete l'operazione conle patate. Lessate il riso e scolatelo al dente; conditelo con un giro d'olio e lasciate intiepidire. In un tegame di coccio dai bordi alti fate uno strato di cipolle, cospargetele con un trito di prezzemolo e aglio, seguite con uno strato di pomodorini spezzettati e con un'abbondante spolverata di pecorino.

A questo punto fate uno strato di patate, uno strato di riso e uno di cozze, cospargendo di prezzemolo e aglio tritati; chiudete con un altro strato di pomodori e un altro strato di patate. Ogni strato dovrà essere debitamente salato e pepato. Condite con un giro d'olio e un mestolo d'acqua poi mettete in forno caldo per circa mezzora.

Timballo di riso e pesce

◆ Tempo: 1 ora e 15 minuti ✱ Difficoltà: facile

❖ 350 g di riso, 2 filetti di merluzzo, 2 filetti di sogliola, 2 filetti di nasello, 150 g di funghi, 150 g di pisellini sgusciati, 2 uova, 2 cucchiai di pangrattato, farina, 3 cucchiai di parmigiano grattugiato, burro, olio extravergine d'oliva, sale, pepe in grani.

Tagliate il pesce a tocchetti, pepatelo, salatelo, infarinatelo leggermente e fatelo dorare in poco olio. Scolatelo e lasciatelo asciugare su della carta assorbente da cucina. Lessate i pisellini per una decina di minuti in acqua salata e scolateli. Pulite i funghi e tagliateli a fettine; fateli ammorbidire in qualche cucchiaio d'olio condendoli con sale e pepe. Lessate il riso in acqua bollente, scolatelo bene al dente e lasciatelo raffreddare condendolo con un giro d'olio crudo. Amalgamatelo poi alle uova, al parmigiano grattugiato e a una macinata di pepe. Versate metà del riso in una pirofila imburrata e ricopritelo con uno strato di pesce, funghi e piselli. Coprite con il resto del riso e cospargete la superficie con il pangrattato distribuendo qualche fiocchetto di burro.
Fate gratinare il timballo in forno caldo (200 °C) per circa un quarto d'ora.

Zucchine ripiene di tonno

◆ Tempo: 1 ora e 25 minuti ✱ Difficoltà: facile

❖ 8 zucchine di media grandezza, 100 g di tonno sottolio, 1 uovo, 50 g di grana grattugiato, 30 g di burro, sale, pepe.

Lavate per bene le zucchine, apritele in due per il lungo quindi toglietene le due estremità e i semini interni. Spruzzatele con un po' di sale e lasciatele scolare su un tagliere. Nel frattempo preparate il ripieno mescolando in una terrina il tonno tritato, l'uovo intero, il grana grattugiato, il sale e il pepe.

Quando sarà pronto, asciugate le zucchine e riempitele con il composto quindi disponetele in un solo strato in una pirofila capiente da forno imburrata. Mettetele nel forno già caldo a 170 °C per almeno un'ora. Servite ben calde.

Zuppa di riso, melanzane e tonno

◆ Tempo: 15 minuti ✱ Difficoltà: facile

❖ 1 melanzana, 200 g di tonno al naturale, 200 g di riso, 2 pomodori maturi, erba cipollina, prezzemolo, qualche foglia di basilico, 2 foglie di alloro, vino bianco secco, olio extravergine d'oliva, sale.

Lavate la melanzana e tagliatela a fette; disponetele nello scolapasta, cospargetele di sale e copritele con un peso in modo da eliminare l'acqua di vegetazione. Dopo circa mezzora sciacquatele, asciugatele con della carta assorbente da cucina e riducetele a cubetti di 1 cm. Nel frattempo fate bollire i pomodori per un minuto; pelateli, eliminate i semi e tagliateli a dadini. Preparate un trito con erba cipollina e prezzemolo. Lavate il basilico e spezzettate le foglie con le mani.
In una padella antiaderente fate soffriggere la melanzana con un po' d'olio, mescolando spesso in modo che i tocchetti prendano colore. A questo punto unite il pomodoro, le erbe aromatiche e fatevi sfumare il vino. Salate leggermente, mescolate e proseguite la cottura per 5 minuti.
Scolate il tonno e sbriciolatelo con una forchetta. Quindi lessate il riso al dente in abbondante acqua leggermente salata. Scolatelo e versatelo nella padella insieme al tonno, accendete il fuoco per altri 5 minuti e mescolate in modo da amalgamare bene tutti gli ingredienti. Spegnete, condite con un filo d'olio e servite subito.

PIATTI UNICI A BASE DI VERDURA

Asparagi gratinati

◆ Tempo: 35 minuti ✱ Difficoltà: facile

❖ 1 mazzo di asparagi bianchi, 2 uova, besciamella, formaggio montasio fresco, formaggio montasio stravecchio grattugiato, burro, sale.

Dopo aver pulito gli asparagi con il pelapatate, legateli a mazzetti e lessateli, in piedi, in acqua salata. Toglieteli dall'acqua e stendeteli su di un canovaccio, ricoprendoli con lo stesso. Imburrate un tegame, versate delle cucchiaiate di besciamella (dose a piacere) su cui disporre gli asparagi. Su di essi mettete una fetta di formaggio montasio fresco, altra besciamella, ricoprite con le uova leggermente sbattute e spolverate con abbondante montasio stravecchio. Infiocchettate di burro e gratinate al forno.

Cavolfiori in teglia

◆ Tempo: 1 ora e 30 minuti ✱ Difficoltà: facile

❖ 1 kg di cavolfiori, 150 g di provolone, 100 g di olive nere, 1 cipolla, peperoncino rosso in polvere, 1 bicchiere di vino rosso, olio extravergine d'oliva, sale.

Mondate e lavate i cavolfiori e dividete le infiorescenze. Tagliate poi a sottili fette il provolone e la cipolla, snocciolate le olive e tagliatele a pezzi. Mettete in una teglia qualche cucchiaio d'olio e poca cipolla, quindi uno strato di cavolfiori, alcune fettine di provolone e pezzettini di olive, insaporite con un pizzico di peperoncino e condite con olio e sale; poi ripetete gli strati fino a esaurimento degli ingredienti. Condite ancora con dell'olio e bagnate con il vino allungato con acqua; mettete la teglia sul fuoco e fate infine cuocere a fuoco assai moderato per un'ora, a pentola coperta e con retina frangifiamma di protezione.

A cottura ultimata, il liquido dovrà risultare del tutto assorbito e i cavolfiori dovranno essere teneri – se durante la cottura il liquido dovesse asciugarsi troppo aggiungete dell'acqua bollente salata. Accompagnate in tavola la teglia di cavolfiore con fette di pane tostato e con un'insalata mista di fagiolini lessati e carote tagliate a julienne.

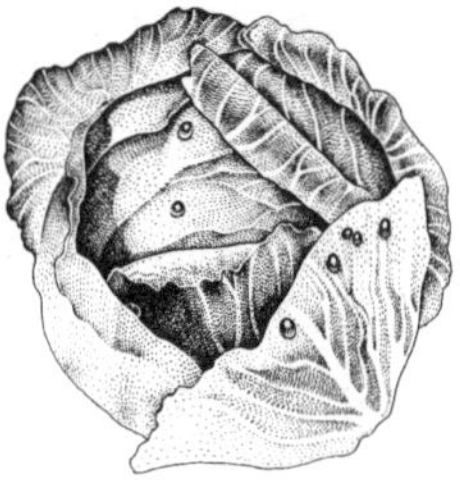

Frittata imbottita (Campania)

◆ Tempo: 15 minuti ✱ Difficoltà: facile

⁂ 400 g di maccheroni, 3 uova, 600 g di pomodori freschi o pelati, 1 cipolla, 1 spicchio d'aglio, 1 ciuffo di prezzemolo, 70 g di mozzarella, 70 g di parmigiano grattugiato, olio extravergine d'oliva, sale.

Cuocete i maccheroni in abbondante acqua salata. Fate imbiondire nell'olio la cipolla e l'aglio finemente tritati; versate i pomodori pelati (o, se freschi, puliti da semi e buccia) e fate cuocere per 20 minuti. Aggiungete il prezzemolo tritato e salate. Condite con questa salsa i maccheroni scolati al dente, aggiungendo il formaggio grattugiato, la mozzarella a dadini, l'olio e le uova sbattute. Mettete a cuocere il tutto in una padella di circa 30 cm di diametro. Girate e inclinate la padella, facendo scorrere il contenuto, fino a fargli assumere un aspetto uniformemente dorato: i maccheroni, usando un termine napoletano, devono risultare "rosicarelli", rosolati.

Melanzane alle uova (Liguria)

◆ Tempo: 15 minuti ✱ Difficoltà: facile

❖ 6-8 melanzane, 4 uova, 4 pomodori, 1 cipolla, olio extravergine d'oliva, sale, pepe.

Lavate e tagliate a fette le melanzane; lasciatele sgocciolare per mezzora dall'acqua amarognola spolverandole con sale grosso. In un tegame oliato versate la cipolla tagliata sottilmente, quindi disponetevi sopra le melanzane scolate.
Aggiustate di sale, pepate e condite con olio. Mettete sul fuoco e, dopo una decina di minuti, aggiungete i pomodori mondati dei semi e tagliuzzati. Controllate ancora il sale e portate a cottura; qualche minuto prima di spegnere, versate sopra alle melanzane le uova sbattute; appena si saranno rapprese, portate in tavola. Servite con fette di pane casereccio e un'insalata verde.

Melanzane ripiene di riso

◆ Tempo: 45 minuti ✱ Difficoltà: facile

❖ 4 melanzane di media grossezza, 150 g di riso, 100 g di formaggio tenero, 100 g di gruviera, 4 pomodori maturi, 1 spicchio d'aglio, 1 mazzetto di prezzemolo, peperoncino rosso, olio extravergine d'oliva, sale.

Cuocete il riso in acqua salata, scolatelo e lasciatelo raffreddare. Nel frattempo lavate le melanzane e dividetele in due parti nel senso della lunghezza; levate la polpa (tenendola da parte) a ciascuna metà lasciando un bordo di circa un centimetro di spessore. Preparate il sugo facendo scaldare l'olio con lo spic-

chio d'aglio schiacciato; unite poi i pomodori lavati, privati della pelle e dei semi e tritati. Fate restringere il sugo a fuoco vivo quindi, poco prima di spegnere, salate e insaporite con il peperoncino. A parte fate rosolare la polpa delle melanzane grossolanamente tritata con un po' d'olio per qualche minuto, poi abbassate la fiamma e proseguite la cottura per 20 minuti. Fate bollire dell'acqua salata e lessatevi per qualche istante le mezze melanzane svuotate; sgocciolatele e lasciatele asciugare su un canovaccio. Amalgamate al riso il sugo di pomodoro (tenetene da parte qualche cucchiaio per la guarnizione finale), la polpa rosolata, il formaggio tenero tagliato a dadini e il prezzemolo finemente tritato.
Aggiustate di sale e di peperoncino, poi utilizzate il composto per farcire le mezze melanzane. Disponete le melanzane in una teglia oliata e cospargetele con il gruviera tagliato a fettine sottili, poi passate in forno caldo; dopo 15 minuti distribuite sulle melanzane un po' della stessa salsa tenuta da parte e rimettete in forno per altri 10 minuti prima di servire.

Migliaccio vegetariano

◆ Tempo: 45 minuti ✶ Difficoltà: facile

❖ 250 g di semolone di miglio, 300 g di ricotta di pecora, 2 spicchi d'aglio, maggiorana, olio extravergine d'oliva, sale, pepe.

Preparate una polenta con la farina di miglio (se non la trovate nei negozi di prodotti naturali, macinate voi stessi il miglio), un litro d'acqua e 2 pizzichi di sale. Cuocetela per 10 minuti mescolando vigorosamente e lasciatela poi gonfiare per qualche ora. Quando sarà fredda tagliatela a fette disponendole poi in una pirofila oliata, quindi mettete in forno caldo per 10 minuti. A parte soffriggete l'aglio schiacciato in poco olio e quando avrà preso colore aggiungetevi le foglie di maggiorana spezzettate (un paio di rametti), la ricotta stemperata, un pizzico di sale e di pepe e fate saltare per qualche minuto. Spegnete e condite con olio. Levate la polenta dal forno e servitela cospargendo con la salsa alla ricotta.

Parmigiana leggera (Calabria)

◆ Tempo: 1 ora ✱ Difficoltà: media

✣ 5 melanzane, 500 g di pomodori maturi e sodi, 2 mozzarelle, 1 cipolla grossa, basilico, peperoncino rosso in polvere, parmigiano grattugiato, olio extravergine d'oliva, sale.

Lavate le melanzane e tagliatele a larghe fette, cospargetele di sale e lasciatele sgocciolare per mezzora. Nel frattempo fate soffriggere in poco olio la cipolla tritata e, quando sarà ammorbidita, aggiungete i pomodori pelati (aiutatevi tuffandoli per un attimo in acqua bollente) e schiacciati; salate e lasciate cuocere a tegame coperto per una ventina di minuti.

Sciacquate e sgocciolate le melanzane, asciugatele e friggetele in olio bollente (se desiderate un risultato ancora più leggero potete cucinare le melanzane alla griglia senza condimenti); stendetele in una teglia coprendole con il sugo di pomodoro, una spolverata di parmigiano grattugiato, basilico sminuzzato, mozzarella tagliata a dadini, un pizzico di peperoncino. Continuate ad alternare strati sino a esaurimento degli ingredienti e cercando di terminare con uno strato di melanzane, un po' di sugo di pomodoro e molto formaggio. Lasciate in forno già caldo per mezzora e portate in tavola.

Parmigiana verde

◆ Tempo: 1 ora e 15 minuti ✶ Difficoltà: media

❖ 800 g di zucchine, 200 g di caciocavallo fresco, 100 g di fontina, 100 g di parmigiano grattugiato, besciamella leggera, 2 uova, qualche foglia di basilico, pangrattato, olio extravergine d'oliva, sale.

Private le zucchine delle estremità, lavatele, asciugatele e tagliatele a tocchetti. Fatele poi saltare con dell'olio in una casseruola e, dopo qualche minuto, abbassate la fiamma e fatele cuocere a fuoco moderato per una ventina di minuti con coperchio, mescolando piuttosto di frequente e salando solamente a fine cottura. Dopo circa 10 minuti dal primo bollore spegnete e lasciatela intiepidire. Trasferite le zucchine in una terrina e mescolatevi la fontina e il caciocavallo tagliati a dadini; unite anche il parmigiano grattugiato, qualche cucchiaio di besciamella e le foglie di basilico sminuzzate. Amalgamate tutti gli ingredienti e quindi versate il composto in una teglia unta d'olio e spolverizzata con il pangrattato. Passate al forno caldo e fate cuocere a calore moderato per una ventina di minuti, finché si sarà formata una crosticina dorata sulla superficie. Accompagnate con un'insalata mista.

Piatto ricco di avena, ceci e carote

◆ Tempo: 40 minuti + 12 ore ✶ Difficoltà: facile

❖ 350 g di avena in chicchi, 350 g di ceci, 1 cipolla, 1 carota, alcune foglie di salvia, 3 cucchiaini di tamari, olio extravergine d'oliva, sale.

Lavate i ceci e teneteli a bagno in acqua per una notte. Affettate sottilmente la cipolla, pulite la carota e tagliatela a dadini. Rosolate la cipolla con un po' d'olio; quando è appassita aggiungete la carota e le foglie di salvia, e fate saltare ancora qualche minuto a fiamma vivace.

Nel frattempo scolate i ceci e lavate l'avena (se volete potete lavarla in anticipo, in modo da lasciarla poi a bagno per qualche ora). Unite sia i ceci che l'avena alle verdure, insieme a quattro parti d'acqua, portate a ebollizione e cuocete a fiamma bassa e coperto per il tempo necessario. Aggiustate di sale, aggiungete il tamari al momento di togliere dal fuoco.

Riso e borlotti

◆ Tempo: 2 ore + 8 ore ✴ Difficoltà: facile

❖ 400 g di riso, 200 g di borlotti sgusciati, 2 pomodori maturi e sodi, 1 cipollotto, qualche foglia di basilico, 1 foglia d'alloro, 1/2 cucchiaino di semi di finocchio, brodo, vino bianco secco, parmigiano grattugiato, olio extravergine d'oliva, sale, pepe.

Lessate i borlotti (dopo averli lasciati a bagno per 8 ore) in acqua salata aromatizzata con la foglia d'alloro e semi di finocchio; scolateli quando sono ancora molto al dente e teneteli da parte. Tritate il cipollotto e lasciatelo ammorbidire in una casseruola nella quale avrete fatto scaldare qualche cucchiaio d'olio; versate il riso e mescolatelo per qualche minuto nel condimento in modo che si insaporisca, quindi bagnate con il vino e fate evaporare. Unite al riso i fagioli e i pomodori, che avrete pelato tuffandoli in acqua bollente, privato dei semi e tritato; quindi salate e pepate. Portate il riso a cottura unendo un mestolo di brodo caldo alla volta e mantenendo mescolato. Spegnete e condite il riso con il basilico sminuzzato finemente e con una spolverata abbondante di parmigiano, quindi lasciate mantecare prima di portare in tavola.

Sformato di asparagi

◆ Tempo: 55 minuti ✱ Difficoltà: facile

❖ 1,5 kg di asparagi, 300 g di mozzarella, 12 fette di pancarré integrale, 2 uova, peperoncino rosso in polvere, 1/2 bicchiere di latte, burro, olio extravergine d'oliva, sale.

Lavate e lessate gli asparagi in poca acqua salata, quindi scolateli. Oliate o imburrate una teglia rettangolare e allineate sul fondo metà delle fette di pancarré che avrete spalmato con poco burro. Adagiate su di esse metà della mozzarella affettata sottilmente e, sopra di essa, gli asparagi ben affiancati. Coprite con la rimanente mozzarella affettata e, sopra a tutto, disponetevi le altre fette di pancarré spalmate di burro; premete il tutto.
Sbattete le uova con un pizzico di sale, aggiungetevi il latte incorporandolo con cura, insaporite con un pizzico di peperoncino e infine versate il composto sulla "torta" distribuendolo bene. Fate gratinare in forno caldo a 200 °C finché la superficie sarà dorata.

Tagliolini al cavolo al forno

◆ Tempo: 1 ora ✱ Difficoltà: facile

❖ 400 g di tagliolini, 150 g di gorgonzola piccante, 250 g di asparagi, 200 g di cavolo cappuccio, 20 g di sesamo nero, 50 g di burro, parmigiano grattugiato, 1/2 l di besciamella, 2 cucchiai di olio extravergine d'oliva, sale, pepe.

Lavate e tagliate gli asparagi a rondelle in diagonale, saltateli in una padella a fuoco vivo con 2 cucchiai d'olio e un pizzico di sale. Unite il gorgonzola tagliato a tocchettini e poca acqua. Lasciate sciogliere a fuoco dolce e mettete da parte.
Tostate i semi di sesamo in una padella o in forno per alcuni minuti. Tagliate il cavolo cappuccio a listarelle.

Cuocete i tagliolini al dente insieme al cavolo. Scolate e versate pasta e cavolo in una terrina capiente, aggiungete il condimento di gorgonzola e asparagi, la besciamella, spolverizzate di pepe nero e amalgamate bene. Ora trasferite il tutto in una pirofila da forno, cospargete la superficie di parmigiano grattugiato, qualche ricciolo di burro e di semi di sesamo. Infornate per 20 minuti a 180 °C, quindi servite.

Timballo di pane

◆ Tempo: 1 ora e 20 minuti ✱ Difficoltà: media

❖ 500 g di pane affettato, 500 g di formaggi misti (fontina, asiago, emmental ecc.), 2 cipolle, 2 pomodori, 1 foglia d'alloro, cannella, noce moscata, peperoncino rosso in polvere, 1 bicchiere di vino bianco secco, olio extravergine d'oliva, sale.

Affettate sottilmente le cipolle e quindi stufatele a fuoco moderato con poco olio e l'alloro per circa 15 minuti. Poi stendetene una parte in una teglia da forno oliata e ricoprite con uno strato di sottili fette di pane. Proseguite con uno strato di formaggio affettato e concludete con fettine di pomodoro e il resto delle cipolle. Salate leggermente, insaporite con cannella e noce moscata e ricominciate, alternando i vari ingredienti, sino a terminare con il pane.

Bagnate infine con il vino bianco e un giro d'olio e aggiungete un pizzico di peperoncino. Infornate poi a calore moderato sino alla doratura della superficie. Lasciate riposare il timballo per 5 minuti prima di portare in tavola. Servite con verdure crude miste.

Ziti, uova e fagioli

◆ Tempo: 1 ora e 30 minuti ✶ Difficoltà: facile

❖ 400 g di ziti, 250 g di fagioli borlotti freschi, sgranati, 300 g di pomodori maturi, 5 uova, 4 cetrioline sottaceto, 2 cucchiaini di erba cipollina secca, 1 cucchiaino di maggiorana secca, 1 cucchiaino di dragoncello, peperoncino rosso in polvere (facoltativo), olio extravergine d'oliva, sale.

Fate bollire i fagioli in abbondante acqua leggermente salata e scolateli piuttosto al dente. Lessate le uova per 8 minuti e cuocete la pasta in abbondante acqua salata. In una zuppiera affettate i cetriolini e unite le erbe secche. Lavate e riducete i pomodori a tocchetti e poi sbucciate le uova separando i tuorli dagli albumi. Schiacciate i tuorli con una forchetta e tagliate igli albumi a pezzetti. Mescoalte tutti gli ingredienti e conditeli con un filo d'olio e un pizzico di sale. Se gradite, potete aggiungerte anche un po' di peperoncino in polvere
Scolate la pasta al dente e fermatene la cottura con il getto dell'acqua corrente fredda. Trasferite gli ziti nella zuppiera con i fagioli e con gli altri ingredienti. Mescolate molto delicatamente con un cucchiaio di legno e aggiustate di olio e sale.
Lasciate riposare la preparazione per qualche minuto prima di servire.

Pizze, focacce, torte salate

Adatte a tutte le occasioni, da una cena
fra amici a una gita in campagna,
queste ricette sono genuine, saporite e di facile
esecuzione. Potete sbizzarrirvi a inventare
nuove combinazioni di sapori utilizzando
quello che avete in frigorifero.
Inoltre, se il tempo non vi manca,
potete provare anche a realizzare
gli impasti di base, seguendo
le indicazioni fornite.

PIZZE

Calzoni di stracchino (Emilia Romagna)

◆ Tempo: 40 minuti ✱ Difficoltà: facile

❖ Impasto per pizza (vedi pag. 9), 250 g di stracchino, rucola, 1 uovo, olio extravergine d'oliva, sale, pepe.

Preparate l'impasto per pizza seguendo le indicazioni date e lasciatelo adeguatamente lievitare. Dividete la pasta in 4 parti che tirerete con il matterello a formare 4 dischi sottili del diametro di circa 20 cmi. Appoggiateli l'uno accanto all'altro sulla placca del forno leggermente unta con un po' d'olio e spalmateli con lo stracchino (la ricetta originale consiglia di utilizzare lo squaquerone emiliano). Spezzettate sul formaggio un po' di rucola e condite con sale e pepe. Spennellate i bordi della pasta con uovo sbattuto e richiudete a formare il calzone, premendo bene sui bordi. Per finire, irrorate con un po' d'olio e fate cuocere in forno caldo (200 °C) per circa 20 minuti. Servite i calzoni ben caldi.

Panzerotti al pomodoro (Campania)

◆ Tempo: 30 minuti ✱ Difficoltà: media

❖ Impasto per pizza (vedi pag. 9), 400 g di pomodori piccoli e maturi, 250 g di mozzarella, origano, peperoncino rosso, olio per friggere, olio extravergine d'oliva, sale.

Preparate l'impasto per pizza seguendo le indicazioni date e lasciatelo lievitare. Private i pomodori della pelle (tuffateli per un attimo in acqua bollente) e dei semi, spezzettateli e metteteli al fuoco con un po' d'olio extravergine d'oliva lasciandoli asciugare; insaporiteli con origano, peperoncino e sale e spegnete. Riprendete la pasta e manipolatela qualche minuto, suddividetela in 8 o 10 parti e stendete ciascuna in un disco sottile. Al centro di ogni disco distribuite la mozzarella tagliata a cubetti e un po' di pomodoro, condite con un po' di peperoncino e origano e richiudete i panzerotti a mezzaluna, premendo bene i bordi dopo averli inumiditi. Friggete i panzerotti in olio bollente rivoltandoli a metà cottura in modo che risultino dorati in modo uniforme; scolateli lasciandoli asciugare su carta assorbente da cucina e serviteli molto caldi.

Pizza agli asparagi

◆ Tempo: 45 minuti + 20 minuti ✱ Difficoltà: media

❖ Impasto per pizza (vedi pag. 9), 500 g di asparagi, 6 pomodori maturi e piuttosto grossi, 2 spicchi d'aglio, 50 g di grana prezzemolo, olio extravergine d'oliva, sale.

Preparate l'impasto per pizza seguendo le indicazioni date e lasciatelo adeguatamente lievitare. Tagliate a fette sottili i pomodori ben lavati e asciugati e lasciateli su un tagliere inclinato per qualche minuto, in modo che possano perdere un po' dell'acqua di vegetazione.

Tornate a occuparvi della pasta: dividetela in 4 parti e stendete ogni quarto in un disco largo e sottile, mettendo poi il tutto sulla placca del forno unta d'olio. Coprite ogni disco con le fettine di pomodoro disposte a raggiera e lasciate riposare al caldo per una ventina di minuti.

Nel frattempo immergete in acqua bollente salata gli asparagi privati della parte legnosa del gambo. Lessateli leggermente e scolateli con cura, passandoli poi in una padella con poco olio per qualche minuto; infine aggiungete anche un trito d'aglio e prezzemolo. Infornate le pizze in forno caldo per una ventina di minuti, toglietele dal forno, disponete a raggiera su ognuna un quarto degli asparagi, cospargete con il grana a scagliette, salate, irrorate con olio e lasciate infine nuovamente in forno per una decina di minuti.

Pizza ai carciofi

◆ Tempo: 45 minuti + 20 minuti ✱ Difficoltà: media

❖ Impasto per pizza (vedi pag. 9), 7 carciofi, 1 mozzarella, 3 spicchi d'aglio, prezzemolo, 1 limone, olio extravergine d'oliva, sale.

Preparate l'impasto per pizza e lasciatelo lievitare. Nel frattempo pulite i carciofi eliminando le foglie esterne dure, le punte e la "barba" interna; tagliateli a fettine e metteteli in acqua acidulata con succo di limone per qualche minuto. Scolateli e lessateli in acqua salata per una decina di minuti, quindi scolateli nuovamente con molta cura. Quando l'impasto sarà lievitato, tiratelo su una spianatoia infarinata o su un tavolo adatto, quindi trasferitelo in una teglia unta d'olio o sulla placca del forno e lasciatelo riposare per una ventina di minuti. Distribuitevi sopra i carciofi, irrorateli d'olio e mettete in forno ben caldo per 20 minuti. Quindi sfornate, spolverizzate con il prezzemolo e l'aglio tritati, ricoprite con la mozzarella tagliata a fettine e lasciate in forno per altri 10 minuti.

Pizza ai funghi

◆ Tempo: 40 minuti + 20 minuti ✱ Difficoltà: media

❖ Impasto per pizza (vedi pag. 9), 400 g di funghi, 400 g di pomodori maturi, 3 spicchi d'aglio, prezzemolo, peperoncino rosso in polvere, olio extravergine d'oliva, sale.

Preparate l'impasto per pizza seguendo le indicazioni date e lasciatelo adeguatamente lievitare. Lavate i funghi sotto acqua corrente, asciugateli e tagliateli a fettine. Fateli poi saltare in una pentola con dell'olio e stufateli quindi a fiamma moderata per una ventina di minuti, aggiungendo anche i pomodori lavati, privati della buccia e schiacciati e mescolando di tanto in tanto. Insaporite con l'aglio e il prezzemolo tritati solo alla fine della cottura e aggiustate di sale, insaporendo anche con un pizzico di peperoncino.

Quando il tempo di lievitazione sarà trascorso, stendete la pasta su una spianatoia o su un tavolo infarinato e trasferitela poi in una teglia bassa e unta d'olio o sulla placca del forno. Distribuitevi sopra il sugo ai funghi, bucherellatela e lasciate riposare al caldo ancora per una ventina di minuti. Mettete a cottura in forno caldo per mezzora circa.

Pizza ai peperoni

◆ Tempo: 50 minuti + 20 minuti ✶ Difficoltà: media

✣ Impasto per pizza (vedi pag. 9), 600 g di peperoni, 400 g di pomodori maturi, 300 g di cipolle, 300 g di scamorza, basilico, olio extravergine d'oliva, sale.

Preparate l'impasto per pizza seguendo le indicazioni date e lasciatelo lievitare. Lavate le verdure, pulitele e affettatele piuttosto sottilmente (i pomodori dovranno essere privati della buccia); mettetele poi a cottura – cominciando dalle cipolle, poi i peperoni e, infine, i pomodori – e fatele stufare per circa 15 minuti a fuoco moderato e pentola coperta. Quindi scoperchiate, fate evaporare l'acqua in eccesso e passate al setaccio un terzo delle verdure. Stendete la pasta per la pizza in una sfoglia sottile e trasferitela in una teglia bassa e unta d'olio o direttamente sulla placca del forno, ricopritela con le verdure setacciate, salate e lasciatela riposare per una ventina di minuti, bucherellando leggermente la superficie. Infornate in forno caldo per 20 minuti, quindi togliete dal forno, aggiungete le rimanenti verdure, la scamorza a fettine, le foglie di basilico e rimettete in forno per poco più di 5 minuti.

Pizza al crudo

◆ Tempo: 40 minuti + 20 minuti ✶ Difficoltà: facile

❖ Impasto per pizza (vedi pag. 9), 6 fette di prosciutto crudo, 250 g di polpa di pomodoro, 1 mozzarella, olio extravergine d'oliva, sale.

Preparate l'impasto per pizza seguendo le indicazioni date e lasciatelo adeguatamente lievitare, quindi stendetelo su una spianatoia infarinata o su un tavolo e poi trasferitelo sulla placca del forno o in una teglia larga e bassa unta d'olio. Coprite la superficie con la polpa di pomodoro, salate leggermente e lasciate riposare al caldo per una ventina di minuti. Fate cuocere la pizza in forno caldo per altri 20 minuti e quindi toglietela dal forno, ricopritela con la mozzarella che avrete tagliato a fettine e guarnite con le fette di prosciutto.
Irrorate con un filo d'olio e infine rimettete in forno caldo per una decina di minuti.

Pizza al radicchio

◆ Tempo: 45 minuti ✶ Difficoltà: facile

❖ Impasto per pizza (vedi pag. 9), 500 g di radicchio, 50 g di capperi sottosale, 50 g di olive nere, 2 spicchi d'aglio, 1 uovo, peperoncino rosso in polvere, olio extravergine d'oliva, sale.

Preparate l'impasto per pizza seguendo le indicazioni date e lasciatelo adeguatamente lievitare. Nel frattempo mondate il

radicchio, lavatelo, asciugatelo, tagliatelo grossolanamente e passatelo in una casseruola con un poco d'olio e gli spicchi d'aglio. Coprite con un coperchio e mettete sul fuoco, lasciando stufare a fiamma moderata.
Quando l'impasto sarà ben lievitato dividetelo in due pezzi, uno dei quali, steso adeguatamente con un matterello infarinato, servirà a foderare il fondo e i bordi di una teglia unta d'olio. Versatevi sopra il radicchio cotto, privato degli spicchi d'aglio e condito con un pizzico di peperoncino.
Quindi distribuite i capperi sciacquati e le olive snocciolate e ricoprite poi con la seconda sfoglia di pasta, che dovrà essere ben unita ai bordi dell'altra.
Spennellate la superficie con l'uovo sbattuto, quindi passate a cuocere nel forno caldo per mezzora circa. Questa gustosa pizza può essere servita anche fredda.

Pizza al salamino piccante

◆ Tempo: 40 minuti + 20 minuti ✷ Difficoltà: facile

❖ Impasto per pizza (vedi pag. 9), salamino piccante, 300 g di pomodori pelati sgocciolati, 1 mozzarella, olio extravergine d'oliva, sale.

Preparate l'impasto per pizza seguendo le indicazioni date e lasciatelo adeguatamente lievitare. Tiratelo a sfoglia e stendetelo con cura in una teglia unta d'olio o sulla piastra di cottura del forno. Bagnate molto bene con i pomodori pelati e schiacciati preventivamente con una forchetta, salate leggermente e lasciate riposare al caldo per circa una ventina di minuti.
Quindi infornate a forno caldo per 20 minuti, poi togliete dal forno, coprite con la mozzarella tagliata a fettine, condite con l'olio e cospargete con fettine sottilissime di salamino piccante. Rimettete in forno ancora per una decina di minuti prima di portare in tavola.

Pizza alle cipolle

◆ Tempo: 50 minuti ✶ Difficoltà: facile

❖ Impasto per pizza (vedi pag. 9), 2 cipolle rosse grosse, 360 g di mozzarella fresca, 1 mazzetto di basilico, olio extravergine d'oliva, sale.

Preparate l'impasto per pizza seguendo le indicazioni date e lasciatelo adeguatamente lievitare.
Nel frattempo pulite le cipolle e affettatele ad anelli sottili che lascerete per mezzora circa in una bacinella con abbondante acqua fredda, in modo che perdano l'acidità. Dividete la pasta per la pizza in quattro parti e stendetele con cura in modo da formare 4 dischi larghi e sottili, di circa 20 cm di diametro. Appoggiateli uno accanto all'altro sulla placca del forno, ungeteli con poco olio e salateli; quindi scolate accuratamente gli anelli di cipolla e asciugateli tamponandoli con carta assorbente da cucina. Cospargete la superficie dei dischi di pasta con la mozzarella tagliata a dadini e mettete in forno caldo per una decina di minuti. Quindi sfornate, cospargete con le cipolle e le foglie di basilico sminuzzate e rimettete in forno ancora per 10 minuti prima di portare in tavola.

Pizza alle melanzane

◆ Tempo: 45 minuti + 20 minuti ✶ Difficoltà: media

❖ Impasto per pizza (vedi pag. 9), 2 melanzane, 1 mozzarella, 3 spicchi d'aglio, prezzemolo, peperoncino rosso, olio extravergine d'oliva, sale.

Preparate l'impasto per pizza seguendo le indicazioni date e lasciatelo adeguatamente lievitare. Poi, non molto tempo prima che la pasta sia lievitata a sufficienza, passate a occuparvi delle melanzane: lavatele e scottatele in acqua salata per una decina di minuti, quindi scolatele molto bene. Tagliatele a fettine sottili, mettetele su un piatto piano, irroratele con dell'olio, spolverizzatele con un pizzico di peperoncino, un trito d'aglio e prezzemolo e lasciatele marinare. Quando la pasta sarà lievitata a dovere, stendetela su una spianatoia infarinata, tiratela e trasferitela in una teglia bassa e unta d'olio o sulla placca del forno. Bagnatela con il sughetto delle melanzane e lasciatela riposare una ventina di minuti, quindi infornate a forno ben caldo per poco più di 10 minuti. Poi sfornate, sistematevi sopra le melanzane, ricoprite con la mozzarella tagliata a fettine e lasciate infine in forno per 15 minuti.

Pizza alle olive

◆ Tempo: 40 minuti + 20 minuti ✶ Difficoltà: facile

❖ Impasto per pizza (vedi pag. 9), 100 g di olive nere, 200 g di mozzarella, 4 grossi pomodori maturi e sodi, alcune foglie di basilico, origano, peperoncino rosso in polvere, olio extravergine d'oliva, sale.

Preparate l'impasto per pizza seguendo le indicazioni date e lasciatelo lievitare. Lavate i pomodori, privateli della buccia (tuffateli per un attimo in acqua bollente), spezzettateli, raccoglieteli in una terrina e conditeli con un pizzico di origano e sale; tagliate a fettine la mozzarella. Quando la pasta sarà lievitata, stendetela sulla spianatoia infarinata o sul tavolo e quindi trasferitela in una teglia unta d'olio o sulla placca del forno. Bucherellate leggermente la superficie, versatevi sopra i pomodori e lasciate riposare per una ventina di minuti. Infornate per 20 minuti a forno caldo, poi aggiungete la mozzarella tagliata a fettine, le olive, le foglie di basilico e irrorate d'olio, insaporendo con un pizzico di peperoncino. Mettete in forno ben caldo per altri 10 minuti prima di portare in tavola.

Pizza capricciosa

◆ Tempo: 40 minuti + 20 minuti ✱ Difficoltà: facile

❖ Impasto per pizza (vedi pag. 9), 400 g di polpa di pomodoro, 1 mozzarella, 60 g di prosciutto cotto, 60 g di funghi sottolio, 60 g di olive nere, 60 g di olive verdi, 50 g di cetriolini sottaceto, olio extravergine d'oliva, sale.

Preparate l'impasto per pizza seguendo le indicazioni date e lasciatelo adeguatamente lievitare. Tirate la pasta a sfoglia e stendetela in una teglia unta d'olio o sulla piastra di cottura del forno. Distribuitevi sopra la polpa di pomodoro, salate e lasciate riposare per una ventina di minuti prima di infornare a forno caldo per 20 minuti. Togliete dal forno, ricoprite con la mozzarella tagliata a fettine, i funghi, il prosciutto a pezzetti, le olive, i cetriolini a fettine, irrorate con un poco d'olio e rimettete a cuocere per altri 10 minuti.

Pizza con la salsiccia

◆ Tempo: 40 minuti + 20 minuti ✱ Difficoltà: facile

❖ Impasto per pizza (vedi pag. 9), 1 salsiccia, 3 pomodori maturi, 1 mozzarella di media grossezza, olio extravergine d'oliva, sale.

Preparate l'impasto per pizza e lasciatelo adeguatamente lievitare, poi stendetelo su una spianatoia infarinata o su un tavolo e trasferitelo sulla placca del forno o in una teglia larga e bassa unta d'olio. Bucherellate leggermente la superficie e stendetevi sopra i pomodori preventivamente lavati, privati della buccia e dei semi e spezzettati. Salate leggermente e lasciate riposare per una ventina di minuti. Cuocete in forno caldo per 15 minuti, quindi sfornate, condite con la mozzarella tagliata a fettine, la salsiccia a pezzetti e rimettete in forno per 10 minuti, finché il bordo della pizza sarà dorato.

Pizza con le sarde

◆ Tempo: 45 minuti + 20 minuti ✱ Difficoltà: facile

❖ Impasto per pizza (vedi pag. 9), 14 sarde freschissime, 800 g di polpa di pomodoro, 4 spicchi d'aglio, 1 mazzetto di prezzemolo, olio extravergine d'oliva, sale.

Preparate l'impasto per pizza e lasciatelo lievitare. Pulite le sarde spinandole, lavatele, asciugatele e separate i filetti. Stendete l'impasto in una teglia unta d'olio e copritelo con la polpa di pomodoro tritata, salate leggermente, irrorate d'olio e poi distribuite i filetti di sarda formando un reticolato. Disponete agli incroci delle fettine d'aglio e spolverate con prezzemolo tritato. Lasciate riposare per una ventina di minuti, quindi mettete in forno già caldo e cuocete per circa 20 minuti, mantenendo una temperatura intono ai 200 °C.

Pizza dell'ortolano

◆ Tempo: 1 ora e 10 minuti + 20 minuti ✱ Difficoltà: media

❖ Impasto per pizza (vedi pag. 9), 800 g di polpa di pomodoro, 2 zucchine, 1 melanzana, 1 peperone giallo, olio extravergine d'oliva, sale.

Preparate l'impasto per pizza seguendo le indicazioni date e lasciatelo lievitare. Nel frattempo lavate e asciugate la melanzana; lavate e spuntate le zucchine; lavate il peperone, asciugatelo e privatelo dei semi. Quindi tagliate la melanzana a fette sottili nel senso della lunghezza, cospargetele di sale e mettetele a perdere l'acqua su un piano inclinato; tagliate a fette sottili nel senso della lunghezza le zucchine; dividete a listerelle il peperone. Poi asciugate le fette di melanzana e cuocetele alla griglia o su una piastra di ghisa finché saranno morbide; fate lo stesso con le altre verdure. Trascorso il tempo di lievitazione necessario, dividete l'impasto in 4 parti e, aiutandovi con un matterello infarinato, stendete ogni parte in un disco sot-

tile del diametro di circa 20 cm. Coprite ognuna con la polpa di pomodoro schiacciata, salate, condite con olio e lasciate riposare una ventina di minuti dopo aver leggermente bucherellato la pasta con una forchetta.
Mettete quindi in forno caldo per 20 minuti circa, poi sfornate e distribuite sulla superficie delle pizze le verdure grigliate, irrorate ancora con un poco d'olio, salate e rimettete in forno per altri 10 minuti circa.

Pizza di mare

◆ Tempo: 1 ora + 20 minuti ✱ Difficoltà: media

❖ Impasto per pizza (vedi pag. 9), 300 g di calamari puliti, 300 g di gamberetti sgusciati, 100 g di vongole, 100 g di cozze, 700 g di pomodori pelati, 5 spicchi d'aglio, 1 mazzetto di prezzemolo, olio extravergine d'oliva, sale.

Preparate l'impasto per pizza e lasciatelo adeguatamente lievitare. Nel frattempo pulite i diversi tipi di pesce. Mettete cozze e vongole al fuoco in 2 differenti padelle ciascuna con 2 spicchi d'aglio tagliati a lamelle e un poco d'olio, mescolate delicatamente con un cucchiaio di legno, mettete un coperchio e lasciate aprire spontaneamente i molluschi; poi sgusciateli (tenetene alcuni col guscio per guarnire) e metteteli da parte. Adesso scottate i gamberetti.
Lessate anche i calamari tagliati a striscioline. Frullate i pomodori pelati e insaporiteli con un trito d'aglio e prezzemolo. Stendete la pasta per la pizza sulla placca del forno o in una teglia bassa e unta d'olio, ricopritela con i pomodori frullati

e lasciate riposare al caldo per 20 minuti. Trascorso il tempo passate la pizza in forno per 15 minuti, quindi estraetela e distribuite sulla superficie i crostacei e i molluschi. Salate e cospargete con del prezzemolo tritato, irrorate d'olio e rimettete a cottura per altri 10 minuti, mantenendo una temperatura attorno ai 250 °C. Infine, guarnite la pizza con qualche cozza e vongola con il guscio.

Pizza di scarola

◆ Tempo: 1 ora ✶ Difficoltà: facile

❖ Impasto per pizza (vedi pag. 9), 800 g di scarola, 20 olive nere snocciolate, 2 cucchiai di capperi sottosale, 1 cucchiaio di uva passa, 2 spicchi d'aglio, peperoncino rosso in polvere, olio extravergine d'oliva, sale.

Preparate l'impasto per pizza seguendo le indicazioni date e lasciatelo adeguatamente lievitare.

Nel frattempo occupatevi della scarola: lavatela molto bene e fatela lessare al vapore, quindi passatela in padella con dell'olio e gli spicchi d'aglio, insaporendola con sale e peperoncino poco prima di toglierla dal fuoco. Quando la pasta sarà adeguatamente lievitata, stendetela su una spianatoia infarinata dividendola in 2 parti uguali. Con una parte foderate una teglia unta d'olio, quindi versatevi la scarola precedentemente mescolata ai capperi sciacquati, alle olive e all'uva passa lavata e lasciata rinvenire in poca acqua tiepida. Coprite il ripieno con la sfoglia di pasta rimanente e mettete in forno per 40 minuti prima di servire. Questa pizza è ottima anche fredda.

Pizza fritta (Sicilia)

◆ Tempo: 50 minuti + 30 minuti ✶ Difficoltà: media

❖ 300 g di farina, 500 g di patate, 300 g di formaggio tuma siciliano, 8 acciughe, 1 uovo, 25 g di lievito di birra, 25 g di strutto, 25 g di burro, olio extravergine d'oliva.

Lessate le patate, passatele al setaccio e impastatele con la farina, l'uovo, il burro e lo strutto, aggiungendo in ultimo il lievito. Fate una palla, copritela, lasciatela riposare per mezzora, poi stendetela con il matterello e ricavatene tanti dischi. Su ognuno disponete un'acciuga e una fetta di formaggio, ripiegate la parte superiore e fissate i bordi passando l'apposita rotellina. Friggete le pizzette in olio bollente.

Pizza maremmana

◆ Tempo: 45 minuti ✶ Difficoltà: facile

❖ Impasto per pizza (vedi pag. 9), 250 g di mozzarella di bufala, 250 g di passata di pomodoro, 350 g di porchetta arrosto, 250 g di radici amare (o radice scorzabianca), 1 limone, semi di finocchio, burro, olio extravergine d'oliva, sale.

Preparate l'impasto per pizza e quindi lasciatelo lievitare adeguatamente. Raschiate la scorza delle radici e cuocetele per 20 minuti circa in parecchia acqua salata con mezzo limone. Sgocciolatele e tagliatele a rondelle; saltatele brevemente nella padella con una noce di burro liquefatto.
Stendete la pasta (tiratela di spessore abbastanza alto) e spalmatela di polpa di pomodoro condita con poco olio e un pizzico di sale. Coprite la pizza con la porchetta tagliata a fette sottili, le rondelle di radici e la mozzarella fatta a cubetti. Cospargete d'un pizzico di semi di finocchio, condite con un filo d'olio e mettete in forno a 220 °C per 20 minuti.

Pizza margherita

◆ Tempo: 40 minuti + 20 minuti ✶ Difficoltà: facile

❖ Impasto per pizza (vedi pag. 9), 400 g di pomodori pelati, 300 g di mozzarella fresca, basilico, origano, peperoncino rosso in polvere (facoltativo), olio extravergine d'oliva, sale.

Preparate l'impasto per pizza seguendo le indicazioni date e lasciatelo adeguatamente lievitare. Tirate una sfoglia di circa 1/2 cm di spessore che stenderete in una teglia unta d'olio o sulla piastra di cottura del forno. Bagnatela con i pomodori pelati ben sgocciolati e schiacciati preventivamente con una forchetta, salate leggermente e lasciate riposare al caldo per una ventina di minuti. Quindi mettete a cottura in forno caldo per 20 minuti, poi togliete dal forno, coprite con la mozzarella tagliata a fettine, condite con l'olio al quale avrete mescolato l'origano e le foglie di basilico (chi vuole può aggiungere anche del peperoncino in polvere) e rimettete in forno ancora per una decina di minuti prima di servire.

Pizza napoletana (Campania)

◆ Tempo: 40 minuti + 20 minuti ✱ Difficoltà: facile

❖ Impasto per pizza (vedi pag. 9), 400 g di pomodori pelati, 3 spicchi d'aglio, 10 foglie di basilico, origano, olio extravergine d'oliva, sale.

Preparate l'impasto per pizza e lasciatelo lievitare. Tirate poi la pasta su una spianatoia infarinata, adattando la forma alla teglia che volete usare. Quindi stendetevela e bucherellate leggermente la superficie; condite con i pomodori pelati e preventivamente schiacciati con una forchetta, salate e lasciate riposare per una ventina di minuti.

Passate poi in forno caldo per circa 20 minuti, mantenendo una temperatura intorno ai 200-250 °C. Sfornate, aggiungete un pizzico di origano, il basilico sminuzzato e l'aglio tritato, irrorate d'olio e rimettete in forno per poco più di 5 minuti prima di servire.

Pizza povera

◆ Tempo: 45 minuti + 20 minuti ✱ Difficoltà: facile

✣ Impasto per pizza (vedi pag. 9), 500 g di polpa di pomodoro, 100 g di gruviera grattugiato, 1 cucchiaio di capperi sottosale, 1 rametto di rosmarino, 1 rametto di salvia, origano, olio extravergine d'oliva, sale.

Preparate l'impasto per pizza seguendo le indicazioni date e lasciatelo adeguatamente lievitare. Stendetelo su una spianatoia e quindi trasferitelo sulla placca del forno o in una teglia larga e bassa unta d'olio, versatevi sopra la polpa di pomodoro e aggiustate leggermente di sale.
Lasciate riposare la pizza all'incirca per una ventina di minuti prima di metterla in forno ben caldo e cuocerla per 20 minuti. Quindi toglietela dal forno, aggiungetevi un trito preparato con il rosmarino, la salvia, l'origano e i capperi sciacquati; spolverate con il formaggio grattugiato, irrorate con qualche cucchiaio d'olio e lasciate nuovamente in forno per una decina di minuti circa.

Pizza rustica (Umbria)

◆ Tempo: 35 minuti ✱ Difficoltà: facile

✣ Impasto per pizza (vedi pag. 9), 3 cipolle, rosmarino, olio extravergine d'oliva, sale.

Preparate l'impasto per pizza seguendo le indicazioni date e lasciatelo adeguatamente lievitare.
Stendetelo su una spianatoia e quindi trasferitelo sulla placca del forno o in una teglia larga e bassa unta d'olio.
Sistematevi sopra le cipolle crude finemente tagliate, le foglie di rosmarino sminuzzate e irrorate con un poco d'olio. Mettete in forno caldo per circa 20 minuti.
Volendo potrete anche gustare questa pizza rustica veramente squisita con fette di prosciutto crudo salato che potrete servire a parte.

Pizza sarda (Sardegna)

◆ Tempo: 45 minuti + 20 minuti ✳ Difficoltà: media

✣ Impasto per pizza (vedi pag. 9), 1 patata di media grossezza, 300 g di pomodori pelati, 200 g di mozzarella, 50 g di formaggio pecorino, 10 acciughe salate, 1 cipolla, origano, olio extravergine d'oliva, sale.

Preparate l'impasto per pizza unendovi anche la patata lessata e passata al setaccio. Lasciatelo lievitare in un luogo caldo. Quando la lievitazione è adeguata, tirate la pasta su una spianatoia o un piano da lavoro infarinato e stendetela in una teglia unta d'olio o sulla placca del forno, lasciandola riposare per una ventina di minuti. Posatevi sopra la mozzarella tagliata a fettine, i pomodori pelati ben scolati e tagliati a filetti, le acciughe lavate e diliscate. Spolverizzate con il pecorino grattugiato, unite la cipolla finemente tritata, il sale, un pizzico di origano e irrorate con dell'olio. Infornate per mezzora a forno già caldo, con temperatura intorno ai 220-250 °C.

Pizza siciliana

◆ Tempo: 1 ora + 20 minuti ✳ Difficoltà: media

✣ Impasto per pizza (vedi pag. 9), 800 g di pomodori pelati, 150 g di mozzarella, 100 g di olive nere, 2 peperoni, 2 melanzane, 1 cipolla, 2 cucchiai di capperi sottosale, 2 uova, basilico, peperoncino rosso in polvere, olio extravergine d'oliva, sale.

Preparate l'impasto per pizza seguendo le indicazioni date e lasciatelo adeguatamente lievitare. Nel frattempo lavate e tagliate a pezzetti le melanzane e i peperoni ai quali avrete tolto i semi e i filamenti interni. Affettate finemente la cipolla e fatela saltare in un tegame con un poco d'olio; aggiungetevi le olive snocciolate e tagliate a pezzetti, i capperi sciacquati e le verdure affettate. Lasciate cuocere per qualche minuto a fuoco allegro, poi abbassate la fiamma e proseguite a fuoco lento e tegame coperto. Salate e insaporite con un pizzico di peperoncino solo alla fine della cottura. Rassodate le uova. A parte fate cuocere, su fiamma bassa, i pomodori pelati e schiacciati con una forchetta insieme con un po' di sale, un pizzico di peperoncino e olio. Stendete la pasta lievitata su una spianatoia, versatevi sopra il sugo di pomodoro e lasciatela riposare ancora per una ventina di minuti. Infornate a forno caldo per altri 20 minuti. Sfornate, stendete sopra la pizza le verdure, le uova sode tagliate a sottili fettine, la mozzarella tagliata a dadini, il basilico e rimettete in forno per altri 10 minuti.

Pizza Stromboli

◆ Tempo: 50 minuti + 2 ore e 30 minuti ✶ Difficoltà: media

✣ 350 g di farina, 150 g di semola di grano duro, 25 g di lievito fresco, 1 confezione di nero di seppia, 300 g di polpa di pomodoro, 200 g di seppie pulite, 12 cozze, 4 acciughe, 200 g di salmone, 2 spicchi d'aglio, mentuccia, prezzemolo, vino bianco secco, olio extravergine d'oliva, sale.

Mischiate le farine a fontana: versatevi il lievito sciolto in mezzo bicchiere d'acqua e impastate con un po' di sale e 5-6 cucchiai d'olio. Aggiungete il nero di seppia diluito in poca acqua. Fate lievitare 2 ore e mezzo. Mondate le cozze e fatele aprire a fuoco vivace in padella con un velo d'olio, 2 spicchi d'aglio (da togliere)e il prezzemolo. Sgusciatele. Pulite le seppie, fatele a listerelle e passatele nella stessa padella con 3 cucchiai d'olio, prezzemolo e mentuccia tritati. Dopo 5 minuti unite le acciughe sfilettate. Unite infine il salmone a strisce. Versate mezzo bicchiere di vino e cuocete 5 minuti. Stesa la pasta fatene 4 dischi da spalmare di pomodoro e rivestite con l'intingolo. Mettete in forno a 220 °C per 20 minuti.

FOCACCE

Farinata (Liguria)

◆ Tempo: 20 minuti + 12 ore ✱ Difficoltà: facile

❖ 350 g di farina di ceci, rosmarino, olio extravergine d'oliva, sale.

In una terrina mescolate la farina di ceci assieme a un litro d'acqua e lasciate riposare per una notte. Il giorno seguente togliete la schiuma che si sarà formata sulla superficie e amalgamate al composto mezzo bicchiere d'olio e il sale. Versate il tutto in una teglia unta d'olio e infornate a calore moderato finché non sarà ben cotta. Profumate la farinata con rosmarino e servitela bollente.

Filascetta

◆ Tempo: 50 minuti ✱ Difficoltà: media

❖ 400 g di pasta di pane lievitata, 400 g di cipolle rosse, 150 g di formaggio semigrasso, 50 g di burro, zucchero, sale.

Lavorate la pasta di pane per qualche minuto dopo averla inumidita con un po' d'acqua tiepida; modellatela fino a darle la forma di una ciambella e ponetela in una tortiera o direttamente sulla teglia del forno.
Sulla sua superficie distribuite le cipolle che avrete fatto precedentemente appassire nel burro per circa un'ora a fiamma molto bassa, in modo che non prendano il colore scuro e il conseguente sapore amaro; salate a fine cottura. Sulla filascetta oltre alle cipolle distribuite del formaggio che fili (da cui il no-

me), un pizzico di zucchero e uno di sale. Ponete in forno a temperatura moderata (attorno ai 190 °C) per 30 minuti.

Focaccia ai ceci

◆ Tempo: 30 minuti + 2 ore ✱ Difficoltà: facile

✣ 350 g di farina di ceci, 150 g di cipolle novelle, 1 cucchiaio di semi di finocchio o di cumino, 15 g di lievito di birra fresco, olio extravergine d'oliva, sale.

Disponete la farina di ceci a fontana, sbriciolatevi al centro il lievito di birra, aggiungete il sale, un poco d'acqua tiepida e incominciate ad amalgamare gli ingredienti. Continuate a versare acqua, poco alla volta, fino a ottenere un impasto omogeneo e soffice. Lavorate la pasta per alcuni minuti, incorporandovi anche i semi di finocchio (o di cumino). Trasferitela in una terrina, quindi copritela con un tovagliolo e lasciatela riposare in un luogo tiepido per almeno un paio d'ore. Poi adagiate il composto in una teglia oliata, mettetevi sopra le cipolle sottilmente affettate, condite con un filo d'olio e passate in forno a calore moderato finché la superficie della focaccia avrà preso un colore dorato.

Focaccia ai porri

◆ Tempo: 50 minuti ✱ Difficoltà: facile

✣ Impasto per focacce (vedi pag. 8), 400 g di porri, 250 g di mozzarella, burro, 1 cucchiaino di zucchero di canna, sale.

Preparate l'impasto per focacce e lavorate la pasta fino a quando risulterà liscia e soda, poi copritela e lasciatela lievitare adeguatamente. Nel frattempo, dedicatevi alla preparazione dei porri: lavateli e affettateli, stufateli in una padella con una noce di burro e mezzo bicchiere di acqua, regolate di sale e me-

scolate. Imburrate una teglia rotonda, stendetevi con delicatezza la pasta lievitata, coprite con un canovaccio e tenete da parte. Scaldate il forno a 220 °C.
Distribuite i porri sulla pasta, spolverizzate con un po' di zucchero di canna e cospargete con la mozzarella che avrete precedentemente tagliato a fettine sottili. Cuocete in forno per circa un quarto d'ora.

Focaccia al formaggio (Liguria)

◆ Tempo: 30 minuti ✱ Difficoltà: facile

✧ Impasto per focacce (vedi pag. 8), 400 g di formaggio morbido (tipo fontina), olio extravergine d'oliva.

Preparate l'impasto per focacce seguendo le indicazioni date e lasciatelo adeguatamente lievitare. Dividetelo poi in 2 parti, lavoratele e stendetele su una spianatoia formando 2 dischi che dovranno risultare abbastanza spessi.
Ungete una teglia, appoggiatevi il primo disco, ricopritelo con il formaggio tagliato a fettine sottili, appoggiatevi sopra il secondo disco saldandolo al primo. Irrorate con poco olio, bucherellate leggermente la superficie con una forchetta e infornate a 250 °C per una ventina di minuti.

Focaccia al pomodoro

◆ Tempo: 30 minuti ✱ Difficoltà: facile

✧ Impasto per focacce (vedi pag. 8), 300 g di pomodori maturi, alcune foglie di basilico, origano, olio extravergine d'oliva, sale.

Preparate l'impasto per focacce. Quando sarà lievitato, lavoratelo nuovamente e formate un disco. Stendetelo in una teglia unta d'olio o sulla placca del forno e ricopritelo con le fettine di pomodoro. Spolverizzate la superficie con un pizzico di sale, origano e basilico sminuzzato, condite con un poco d'olio e infornate per una ventina di minuti a forno caldo.

Focaccia alla crema di olive

◆ Tempo: 40 minuti ✱ Difficoltà: facile

❖ Impasto per focacce (vedi pag. 8), 2 cucchiai di crema (o pasta) di olive, olio extravergine d'oliva.

Preparate anzitutto l'impasto per focacce seguendo le indicazioni date e lasciatelo adeguatamente lievitare al caldo. Quando è ben lievitato stendetelo in una teglia unta d'olio o sulla placca del forno, spalmatene la superficie con la crema di olive diluita con un poco d'olio e infornate in forno caldo (intorno ai 200 °C) per mezzora circa. Questa focaccia è semplicissima e saporita.

Focaccia alla ricotta

◆ Tempo: 40 minuti ✱ Difficoltà: facile

❖ Impasto per focacce (vedi pag. 8), 250 g di ricotta fresca, 1 cucchiaio di maggiorana tritata, olio extravergine d'oliva, sale.

Ecco una focaccia dal sapore particolarmente delicato. Preparate l'impasto per focacce e lasciatelo adeguatamente lievitare al caldo; quindi dividetelo in 2 sfoglie. Sbattete accuratamente in una terrina la ricotta, la maggiorana tritata, un pizzico di sale e un cucchiaio d'acqua, finché non avrete ottenuto una crema dalla consistenza omogenea.

Distribuite la crema al formaggio su una delle sfoglie stesa in una teglia leggermente unta d'olio, ricoprite poi con la restante pasta, bucate delicatamente la superficie con una forchetta e ungetela con poco olio. Infine unite le due sfoglie pizzicottando i bordi con le dita e lasciate cuocere in forno caldo per circa mezzora.

Focaccia alla salvia

◆ Tempo: 40 minuti + 2 ore ✳ Difficoltà: facile

❖ 400 g di farina, qualche foglia di salvia, 1 tazza di latte fresco, 15 g di lievito di birra fresco, olio extravergine d'oliva, sale.

Disponete su una spianatoia la farina a fontana, versatevi nel centro il latte tiepido nel quale avrete sciolto il lievito, un pizzico di sale e dell'olio. Impastate sino a ottenere un impasto morbido e omogeneo; formate con esso una palla, infarinatela e copritela con un canovaccio umido, lasciandola quindi lievitare per circa 2 ore in un luogo caldo e riparato. Lavorate nuovamente la pasta unendovi la salvia finemente tritata, disponetela poi in una teglia unta d'olio e bucherellatela con una forchetta. Irrorate la superficie con un filo d'olio e mettete in forno caldo (200 °C) per circa 20 minuti.

Focaccia alle acciughe

◆ Tempo: 40 minuti ✳ Difficoltà: media

❖ Impasto per focacce (vedi pag. 8), 50 g di acciughe, 1 spicchio d'aglio, olio extravergine d'oliva.

Preparate l'impasto per focacce seguendo le indicazioni date e lasciatelo adeguatamente lievitare. Stendetelo poi con un matterello sopra una spianatoia infarinata e spolverate con un trito d'aglio e con le acciughe spezzettate finemente. Impastate nuovamente con energia, stendete l'impasto nella dimensione desiderata e trasferitelo in una teglia unta d'olio o sulla placca del forno. Condite con olio e lasciate in forno caldo per circa mezzora. Questa semplice e saporita focaccia è davvero ottima e potrete gustarla sia calda che fredda.

Focaccia alle cipolle

◆ Tempo: 45 minuti ✱ Difficoltà: facile

❖ Impasto per focacce (vedi pag. 8), 300 g di cipolle, olio extravergine d'oliva, sale.

Preparate l'impasto per focacce seguendo le indicazioni date e lasciatelo adeguatamente lievitare. Disponetelo su una spianatoia infarinata e lavoratelo con le mani finché non lo avrete steso in modo uniforme.

Poi trasferitelo in una teglia unta d'olio o sulla placca del forno, salatelo leggermente e versatevi sopra le cipolle precedentemente tagliate a fettine e stufate delicatamente in poco olio (aggiungete qualche cucchiaio d'acqua tiepida se vi sembrasse necessario).

Irrorate con un filo d'olio e quindi mettete in forno caldo sino a quando prenderà un bel colore dorato (per una mezzora circa). Questa saporita focaccia va servita preferibilmente calda, ma è ottima anche fredda.

Focaccia allo stracchino

◆ Tempo: 30 minuti + 20 minuti ✱ Difficoltà: media

❖ Impasto per focacce (vedi pag. 8), 250 g di stracchino, qualche foglia di rucola, 1 uovo, olio extravergine d'oliva, sale, pepe.

Preparate l'impasto per focacce e lasciatelo adeguatamente lievitare in un luogo caldo. Quando è lievitato, dividetelo in 2 parti, lavoratele e stendetele su una spianatoia formando 2 dischi che dovranno risultare abbastanza spessi.

Ungete la teglia, appoggiatevi con delicatezza il primo disco, spalmatelo con lo stracchino, poi spezzettate sul formaggio un po' di rucola, regolate di sale, aggiungete un pizzico di pepe, infine appoggiate sopra il secondo disco saldandolo al primo. Per terminare, irrorate con un giro d'olio, bucherellate leggermente la superficie con una forchetta e inserite la focaccia nel forno facendo cuocere per una ventina di minuti a circa 220-250 °C prima di servire in tavola.

Focaccia con il salame

◆ Tempo: 30 minuti ✱ Difficoltà: facile

✣ Impasto per focacce (vedi pag. 8), 150 g di salame a larghe fette oppure 200 g di mortadella, olio extravergine d'oliva.

Preparate l'impasto per focacce seguendo le indicazioni date; disponetelo a palla, infarinatelo e copritelo con un canovaccio umido, lasciandolo adeguatamente lievitare in un luogo caldo e riparato.
Lavorate nuovamente l'impasto unendovi il salame che avrete precedentemente tagliato a cubettini e disponetelo poi in una teglia unta d'olio, bucherellando la superficie con una forchetta. Irrorate d'olio e mettete in forno caldo (200 °C) per circa 20 minuti prima di portare in tavola.

Focaccia con patate e olive (Puglia)

◆ Tempo: 50 minuti + 2 ore ✱ Difficoltà: media

450 g di farina, 150 g di patate, 100 g di olive nere, 2 spicchi d'aglio, 15 g di lievito di birra fresco, olio extravergine d'oliva, sale.

Fate anzitutto lessare le patate con la buccia dopo averle lavate, quindi scolatele, sbucciatele e passatele allo schiacciapatate. Disponete la farina a fontana sulla spianatoia, unitevi la purea di patate, il lievito sciolto preventivamente in poca acqua tiepida, del sale e un poco d'olio.

Lavorate bene l'impasto, che dovrà risultare morbido ed elastico, quindi disponetelo in una grande teglia oliata, irrorate con dell'olio e lasciate lievitare al caldo per poco meno di 2 ore.
Portate il forno a una temperatura intorno ai 200 °C, quindi cospargete la focaccia con le olive snocciolate e l'aglio tagliato a fettine e infornate per una mezzora. Questa gustosa focaccia va gustata preferibilmente calda.

Focaccia di zucca

◆ Tempo: 1 ora e 10 minuti + 1 ora ✱ Difficoltà: media

❖ 300 g di farina, 200 g di polpa di zucca, radicchio trevigiano, 1 cipolla, 25 g di lievito di birra, olio extravergine d'oliva, sale.

Per prima cosa, cuocete al vapore o in poca acqua salata un pezzo di zucca gialla privata della buccia e dei semi, riducetela poi in purea con l'aiuto di una forchetta o con un passaverdura. Stemperate il lievito di birra con poca acqua tiepida.
Mettete la farina a fontana, aggiungete un pizzico di sale, il lievito sciolto e amalgamate lentamente al tutto la purea di zucca. Aggiungete all'impasto tanta acqua quanto basta per formare una pasta morbida.
Mettete la pasta in luogo tiepido e copritela con un tovagliolo, facendola lievitare per circa un'ora. Tagliate a fette la cipolla e fatela cuocere con poca acqua; quando la cottura è quasi ultimata aggiungete il radicchio pulito e tagliato nel senso della lunghezza, regolate di sale e lasciate cuocere per qualche minuto.
In una teglia unta d'olio, stendete delicatamente la pasta lievitata in modo che sia alta almeno 1 cm; distribuite le cipolle e il radicchio sulla superficie e fate cuocere per circa tre quarti d'ora in forno caldo (180 °C). Infine, sfornate, lasciate intiepidire e servite questa gustosa focaccia a fette.

Focaccia gialla

◆ Tempo: 1 ora + 2 ore ✱ Difficoltà: media

❖ 200 g di farina di mais, 300 g di farina bianca, 7 g di lievito secco, 1 patata piccola, 2 cucchiai d'erba cipollina secca, 1 cucchiaino di zucchero, 8 cucchiai d'olio extravergine d'oliva, sale.

Fate bollire la patata. Mescolate le due farine e versatele a fontana sulla spianatoia. Aggiungete nell'incavo centrale 6 cucchiai d'olio, 1 cucchiaio di erba cipollina, lo zucchero, il lievito, la patata passata nello schiacciapatate e aggiustate di sale. Amalgamate bene il tutto cominciando a versare lentamente 3 dl d'acqua tiepida (la quantità di acqua suggerita è puramente indicativa). Impastate accuratamente per almeno una decina di minuti; l'impasto che ne risulta deve essere morbido. Ungete una teglia di circa 35 cm di diametro con un cucchiaio d'olio. Stendete nella teglia l'impasto della focaccia, ungete la superficie con dell'olio e spolverizzatelo con il resto dell'erba cipollina.
Mettete la teglia in un luogo tiepido a fate lievitare la focaccia per almeno due ore. Riscaldate il forno a 200 °C; infornate e cuocete per circa 20-25 minuti.

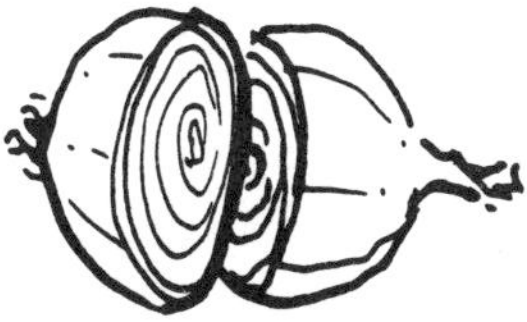

Focaccia ligure (Liguria)

◆ Tempo: 40 minuti + 2 ore ✱ Difficoltà: facile

❖ 500 g di farina, 30 g di lievito di birra, olio extravergine d'oliva, sale.

Stemperate il lievito in una tazza d'acqua appena tiepida, poi aggiungetelo alla farina e impastate bene fino a ottenere una pasta morbida che coprirete con un panno e lascerete riposare per circa 2 ore in luogo tiepido. A lievitazione avvenuta stendete l'impasto in una teglia (precedentemente unta con olio e cosparsa di sale) facendo in modo che il suo spessore non superi i 2 cm. Pizzicate la superficie della focaccia con le dita, spargete sopra altro sale e olio, quindi mettete in forno caldo per una ventina di minuti. Servite la focaccia calda, in ogni caso ricordate che è ottima anche fredda. Tra le tante varianti, eccone una semplicissima: prima di mettere la focaccia a cuocere in forno, cospargetene la superficie con abbondante rosmarino.

Focaccia ripiena alle carote

◆ Tempo: 50 minuti ✱ Difficoltà: facile

❖ Impasto per focacce (vedi pag. 8), 3 carote, 1 cipolla, prezzemolo, olio extravergine d'oliva, sale.

Questa è una focaccia dal sapore particolarmente gradito agli amanti della cucina vegetariana. Preparate dunque l'impasto per focacce seguendo le indicazioni date e, dopo averlo lasciato adeguatamente lievitare, dividetelo in due parti.
Nel frattempo fate stufare le verdure finemente tritate per poco più di 5 minuti, a fuoco lento e con coperchio, aggiustando di sale solo soltanto poco prima di togliere dal fuoco. Stendete quindi una parte della pasta in una teglia unta d'olio o sulla placca del forno e adagiatevi il ripieno al quale avrete aggiunto del prezzemolo tritato. Ricoprite con la pasta rimanente e unite i bordi pizzicottando bene con le dita, ungete con dell'olio, bucherellate leggermente con una forchetta e infornate in forno precedentemente riscaldato a 200 °C per circa 30 minuti.

Focaccia ripiena alle erbette

◆ Tempo: 50 minuti ✱ Difficoltà: facile

❖ Impasto per focacce (vedi pag. 8), 100 g di erbette selvatiche (germogli di luppolo, germogli di rovo, foglie di tarassaco, punte di ortica ecc.), 10 g di pinoli, 50 g di uva passa, 1 cucchiaino di maggiorana tritata, olio extravergine d'oliva, sale.

Preparate l'impasto per focacce seguendo le indicazioni date e lasciatelo adeguatamente lievitare. Nel frattempo lavate bene le erbette, asciugatele aiutandovi con una centrifuga manuale, tritatele piuttosto finemente e fatele stufare in un tegame con poco olio per circa 5 minuti. Unitevi quindi l'uva passa precedentemente lavata e lasciata rinvenire in poca acqua tiepida, i pinoli, la maggiorana tritata e aggiustate di sale. Dividete poi l'impasto in due parti, lavoratele nuovamente e stendete la più grande sul fondo di una teglia unta d'olio o sulla placca del forno. Adagiatevi quindi il ripieno preparato precedentemente e ricoprite con il secondo disco di pasta.
Chiudete i bordi pressandoli leggermente, ungete d'olio la superficie e bucherellatela con una forchetta prima di riporre in forno caldo (200 °C circa) per una mezzora.

Focaccia tricolore

◆ Tempo: 1 ora e 20 minuti + 1 ora ✱ Difficoltà: media

❖ 350 g di farina bianca, 150 g di farina di grano saraceno, 200 g di polpa di zucca, 200 g di ricotta, 200 g di spinaci lessati, 25 g di lievito di birra, 50 g di parmigiano grattugiato, noce moscata, olio extravergine d'oliva, sale, pepe.

Sciogliete il lievito in due cucchiai d'acqua tiepida. In una zuppiera versate le due farine, aggiungete anche un cucchiaino di sale e il lievito sciolto; diluite con 2 dl d'acqua e amalgamate bene mescolando con un cucchiaio di legno. Poi la-

vorate l'impasto con le mani e lasciatelo lievitare, coperto con un tovagliolo, per un'ora in luogo caldo. Nel frattempo fate lessate la zucca in poca acqua salata, quindi riducetela in purea con una forchetta e insaporitela con un pizzico di noce moscata. Aiutandovi con un cucchiaio di legno lavorate la ricotta incorporando anche il parmigiano grattugiato; insaporite gli spinaci lessati con un pizzico di sale e uno di pepe.
A questo punto procedete con la lavorazione dell'impasto lievitato: dividetelo a metà e stendete 2 dischi di dimensioni simili, ma di spessore diverso. Appoggiate quindi il disco di maggior spessore su una teglia unta d'olio, farcitelo con uno strato di zucca, uno di ricotta e uno di spinaci, facendo attenzione a non mescolare gli ingredienti. Coprite con il secondo disco di pasta e schiacciate bene i bordi dei 2 dischi in modo che la focaccia rimanga ben chiusa durante la cottura. Mettete in forno caldo (200 °C) per 40 minuti circa. Sfornate, lasciate intiepidire e servite a fette.

Focaccine alla pancetta (Sardegna)

◆ Tempo: 1 ora + 2 ore ✱ Difficoltà: media

⁘ 400 g di farina, 200 g di pancetta, 150 g di pecorino sardo fresco, 1 uovo, menta fresca, 20 g di lievito di birra, olio extravergine d'oliva, sale, pepe.

Pulite una manciata di foglioline di menta fresca, asciugatele, tritatele finemente. Versate la farina sulla spianatoia a formare la classica fontana, unite un pizzico di sale, parte della menta tritata e il lievito sciolto in poca acqua tiepida. Lavorate gli ingredienti così da ottenere un impasto compatto e omogeneo e lasciatelo lievitare per un paio d'ore in ambiente protetto. Nel frattempo fate dorare la pancetta tagliata a fettine in una padella insieme con poco olio; scolatela e mettetela in una terrina; unite il formaggio tagliato a dadini e il trito di menta non utilizzato in precedenza; aggiungete un tuorlo e amal-

gamate il tutto all'impasto lievitato, lavorandolo per qualche minuto. Dividetelo in panetti che stenderete in modo da ottenere focaccine alte circa 2 cm.
Disponetele in una teglia leggermente unta e fate cuocere in forno ben caldo per circa 40 minuti.

Focaccine integrali

◆ Tempo: 30 minuti + 1 ora ✷ Difficoltà: media

✣ 250 g di farina bianca, 250 g di farina integrale, 2 spicchi d'aglio, 1 rametto di rosmarino, 30 g di lievito di birra, olio extravergine d'oliva, sale.

In una zuppiera mettete 2 dl d'acqua, un cucchiaino di sale, il lievito sciolto in poca acqua tiepida, il succo degli spicchi d'aglio e amalgamate bene. Aggiungete le due farine, mescolate con un cucchiaio di legno e poi lavorate con le mani. Lasciate lievitare l'impasto, coperto con un tovagliolo, per un'ora in luogo caldo. Dividete la pasta in una decina di panetti tondi e amalgamate ciascuno con poco rosmarino sminuzzato. Lasciateli lievitare ancora e poi stendeteli sopra una teglia unta. Cuocete in forno caldo a 200 °C per 15 minuti.

Gnocco fritto (Emilia Romagna)

◆ Tempo: 30 minuti + 1 ora ✷ Difficoltà: facile

✣ 250 g di farina, 1 pizzico di bicarbonato, olio per friggere, 2 cucchiai d'olio extravergine d'oliva, sale.

Disponete a fontana la farina setacciata insieme con il bicarbonato e una presa di sale; in un incavo centrale versate l'olio e mezzo bicchiere d'acqua tiepida. Manipolate gli ingredienti aiutandovi eventualmente con ancora un po' d'acqua e proseguite finché l'impasto si presenta liscio ed elastico (ma comunque ben sodo). Date all'impasto una forma a palla, copritelo con un canovaccio e lasciate riposare per circa un'ora;

infarinate il piano di lavoro, suddividete la pasta in piccole palline che tirerete a sfoglia con il mattarello, ricavandone dischi di 12-15 cm di diametro. In una padella adeguata scaldate l'olio, quindi mettete a friggere 2-3 dischi di pasta per volta; girateli a metà cottura in modo che risultino dorati in modo uniforme (e gonfi irregolarmente). Scolateli, poneteli su carta assorbente da cucina per farli asciugare e serviteli accompagnandoli con prosciutto crudo e formaggi freschi (la tradizione richiede in particolare stracchino o squaquerone).

Schiacciata di ceci

◆ Tempo: 45 minuti ✱ Difficoltà: facile

❖ 250 g di ceci già cotti, 1 uovo, 1/2 cipolla, timo, 1 cucchiaio di pangrattato, 100 g di parmigiano grattugiato, 30 g di burro, sale, pepe.

Per velocizzare la preparazione di questa schiacciata potete usare i ceci già cotti. Scolateli e passateli al setaccio. Fate cadere il passato in una terrina, aggiungete il formaggio grattugiato, la cipolla tritata, l'uovo sbattuto, il burro morbido e un pizzico di timo. Salate, pepate, mescolate e versate il composto in una teglia unta con poco burro e cosparsa di pangrattato. Cuocete in forno (preriscaldato a 180 °C) per mezzora. Fate intiepidire la schiacciata prima di servirla in tavola.

Schiacciata olive e uova

◆ Tempo: 30 minuti ✱ Difficoltà: media

❖ Impasto per focacce (vedi pag. 8), 2 uova, 200 g di prosciutto cotto, 100 g di olive verdi, origano, olio extravergine d'oliva, sale.

Preparate l'impasto per focacce e lasciatelo adeguatamente lievitare. Una volta lievitato, stendete l'impasto, poi disponetelo in una teglia leggermente unta d'olio. Lasciate riposare al

caldo per qualche minuto. Nel frattempo assodate le uova ed eliminate il guscio. Mettete la focaccia in forno caldo e, dopo una ventina di minuti di cottura, sfornatela, spolveratela di origano e aggiungetevi le fette di prosciutto, le uova sode tagliate a rondelle e le olive snocciolate e affettate.
Dopo aver irrorato con dell'olio, rimettete in forno per un quarto d'ora prima di portare in tavola, mantenendo la temperatura intorno ai 250 °C.

Sfinciuni (Sicilia)

◆ Tempo: 30 minuti ✱ Difficoltà: facile

❖ 600 g di pasta di pane lievitata, 6 fette di caciocavallo fresco, 4 filetti d'acciuga, 6 pomodori, 3 cipolle, 1 spicchio d'aglio, 1 foglia di basilico, 1 cucchiaio di pangrattato, olio extravergine d'oliva, sale, pepe.

Rosolate nell'olio lo spicchio d'aglio, aggiungete i pomodori privati della buccia e tagliati a pezzetti, e la foglia di basilico, poi unite i filetti d'acciuga schiacciandoli finché si saranno disfatti. Salate, pepate e alla fine incorporate anche il pangrattato. Stendete la pasta in una teglia unta d'olio, ricopritela con le cipolle affettate, le fette di caciocavallo e il sugo di pomodoro e infornate in forno caldo per un quarto d'ora circa.

TORTE SALATE

Casatiello (Campania)

◆ Tempo: 1 ora e 30 minuti + 2 ore ✴ Difficoltà: media

❖ 500 g di farina, 100 g di salame, 6 uova, 50 g di lievito di birra, 50 g di strutto, sale, pepe in grani.

Impastate la farina assieme poca acqua tiepida nella quale avrete fatto sciogliere il lievito; unite lo strutto e un pizzico di sale. Aggiungete altra acqua quanto basta per ottenere un impasto morbido, quindi lasciate lievitare per 2 ore. Lavorate di nuovo la pasta aggiungendovi il salame tagliato a cubetti e una macinata di pepe. Stendetela poi a uno spessore di 1 cm, spalmatela di strutto e arrotolatela su se stessa. Imburrate un grande stampo con il buco e sistematevi il rotolo di pasta facendo combaciare le estremità.

Lavate molto bene e con cautela le uova e inseritele (crude e con il guscio) nella pasta a intervalli regolari, affondandole per metà. Lasciate lievitare; quindi mettete il casatiello nel forno ancora freddo alzando poi il calore.

Quando il forno avrà raggiunto 180 °C mantenete questa temperatura e fate cuocere per un'ora circa.

Crostata agli asparagi

◆ Tempo: 1 ora ✴ Difficoltà: media

❖ 300 g di pasta frolla salata (vedi pag. 11),
800 g di asparagi, 3 uova, 1 pizzico di noce moscata, peperoncino rosso in polvere, 1/4 di l di panna liquida, 1/4 di l di latte, parmigiano grattugiato, burro o olio extravergine d'oliva, sale.

Preparate la pasta frolla salata seguendo le indicazioni date. Imburrate o oliate leggermente una tortiera, stendetevi la pasta frolla, copritela con carta oleata e con un pugno di fagioli secchi e mettete in forno a calore moderato per un quarto d'ora circa. Passate a occuparvi della verdura: private anzitutto gli asparagi della parte legnosa, quindi lavateli, divideteli in mazzetti e bolliteli in abbondante acqua salata. Quando saranno cotti al dente, passateli in una padella con poco burro o olio. Sbattete le uova con la panna e il latte, unitevi gli asparagi, qualche cucchiaiata di parmigiano grattugiato, un pizzico di noce moscata, sale e peperoncino.

Versate il composto sulla crostata che avrete nel frattempo sfornato e privato dei fagioli e della carta oleata. Rimettete in forno a temperatura media per circa 20 minuti.

Crostata al formaggio

◆ Tempo: 40 minuti ✳ Difficoltà: facile

❖ 350 g di pasta frolla salata (vedi pag. 11), 200 g di emmental, 3 uova, 1 pizzico di noce moscata, peperoncino rosso in polvere, 1/4 di l di panna liquida, burro o olio extravergine d'oliva, sale.

Preparate la pasta frolla salata seguendo le indicazioni fornite e tiratela non troppo sottilmente. Imburrate o oliate leggermente una tortiera, disponetevi la pasta frolla, copritela eventualmente con carta oleata e con un pugno di fagioli secchi e mettete in forno a calore moderato per un quarto d'ora circa. Nel frattempo sbattete le uova, unitevi la panna, il formaggio grattugiato, un pizzico di noce moscata, sale e peperoncino.

Mescolate con cura tutti gli ingredienti e quindi riempite con il composto la crostata dopo aver eliminato la carta e i fagioli. Rimettete la crostata in forno a 180 °C per circa 20 minuti e servitela calda o fredda.

Crostata alla marinara

◆ Tempo: 1 ora e 10 minuti ✳ Difficoltà: media

❖ 350 g di pasta brisée pronta, 1 cucchiaio di prezzemolo tritato, 200 g di code di gamberetti pulite, 200 g di vongole sgusciate, 200 g di ricotta fresca, 2 uova, 3 cucchiai di panna, 1 cucchiaio di prezzemolo tritato, 1 spicchio d'aglio, burro, farina, olio extravergine d'oliva, sale, pepe.

Utilizzata la pasta brisée pronta, collocatela sulla spianatoia e, pressandola leggermente con il matterello, incorporatevi il prezzemolo tritato. Formate un disco e rivestite una tortiera imburrata e infarinata facendola risalire un po' sui bordi. Bucherellate il fondo con una forchetta in modo che la pasta cuocendo non gonfi. Sopra modellatevi un foglio di carta da forno e controllate che aderisca bene alle pareti. Riempite con legumi secchi. Mettete in forno a 160 °C per 15 minuti, spegnete. Lessate i gamberetti in acqua bollente salata. In una padella scaldate 2 cucchiai d'olio con lo spicchio d'aglio e insaporitevi le vongole aggiungendo un po' d'acqua se occorre. Appena saranno cotte eliminate l'aglio e aggiungete il prezzemolo tritato. Lavorate la ricotta con le uova sbattute e, quando ha raggiunto la giusta morbidezza, incorporatevi la panna, le vongole e i gamberetti. Regolate di sale e pepe. Togliete carta e legumi dalla tortiera. Versatevi il ripieno, distribuitelo aiutandovi con una forchetta, ma senza schiacciarlo. Cuocete in forno a 180 °C per 40 minuti.

Crostata alle melanzane

◆ Tempo: 1 ora e 10 minuti + 2 ore ✳ Difficoltà: media

❖ 250 g di farina, 1 uovo, 125 g di burro, sale, 2 melanzane di media grossezza, 2 spicchi d'aglio, prezzemolo, peperoncino rosso in polvere, 2 uova, 200 g di panna liquida, olio extravergine d'oliva, sale.

Preparate una pasta frolla leggermente diversa rispetto alla ricetta proposta tra le preparazioni di base: fondete il burro a bagnomaria e versatelo nel centro della farina disposta a fontana, quindi impastate con la punta delle dita. Aggiungete l'uovo sbattuto con un pizzico di sale e continuate a impastare allo stesso modo. Amalgamate gli ingredienti sino a ottenere una pasta omogenea, quindi raccoglietela a palla, avvolgetela in un canovaccio e tenetela a riposo in frigorifero per un paio d'ore. Nel frattempo preparate il ripieno: sbucciate le melanzane, tagliatele a fettine di 1 cm di spessore e mettetele a spurgare dopo averle cosparse di sale. Poi scolatele, asciugatele bene e fatele saltare in un tegame con dell'olio a fuoco allegro, aggiungendo un trito d'aglio e prezzemolo al momento di toglierle dal fuoco. Dedicatevi quindi nuovamente alla pasta: tiratela piuttosto sottilmente e foderate con essa uno stampo circolare di 20 cm di diametro unto d'olio, facendo attenzione a coprire anche i bordi.

Punzecchiate la pasta con una forchetta e mettete in forno a 220 °C per circa 20 minuti. Poi sfornate, colmate la pasta con il composto di melanzane e livellatene la superficie, versatevi sopra la panna mescolata alle uova sbattute, spolverate di sale e peperoncino e rimettete in forno per un quarto d'ora a 180 °C circa.

Crostata di carciofi (Liguria)

◆ Tempo: 1 ora e 10 minuti ✱ Difficoltà: facile

❖ 350 g di pasta frolla salata (vedi pag. 11), 9 carciofi, 200 g di ricotta fresca, 100 g di fontina, 3 uova, 2 spicchi d'aglio, peperoncino rosso in polvere, 1 bicchiere di latte, 50 g di parmigiano grattugiato, burro, olio extravergine d'oliva, sale.

Preparate la pasta frolla salata seguendo le indicazioni date e lasciatela riposare in frigorifero. Nel frattempo togliete ai car-

ciofi le foglie più dure e le punte, quindi lavateli e tagliateli a spicchietti. Metteteli poi in una padella con dell'olio, gli spicchi d'aglio affettati e un bicchiere d'acqua e cuoceteli a fuoco lento, con coperchio, sinché saranno quasi sfatti.
Salate e insaporite con il peperoncino solamente al termine della cottura. In una terrina amalgamate bene la ricotta con il latte, le uova, il parmigiano grattugiato e la fontina tagliata a dadini; vi unirete i carciofi quando saranno cotti, aggiustando di sale. Stendete la pasta sul fondo e lungo i bordi di in una teglia imburrata o oliata, versatevi dunque il composto, distribuitelo in modo uniforme e infornate a media temperatura per circa 40 minuti.

Crostata di cavolfiore

◆ Tempo: 45 minuti ✶ Difficoltà: facile

❖ 350 g di pasta frolla salata (vedi pag. 11), 1 piccolo cavolfiore, noce moscata, 150 g di besciamella pronta, 50 g di parmigiano grattugiato, burro, olio extravergine d'oliva, sale.

Lessate il cavolfiore in acqua salata, poi scolatelo. Preparate la pasta frolla salata e tiratela non troppo sottile. Quindi imburrate o oliate una tortiera e disponetevi sul fondo la pasta, coprendola eventualmente con della carta oleata e una manciata di fagioli secchi. Mettetela in forno a calore moderato per circa un quarto d'ora. Nel frattempo, dividete a pezzetti il cavolfiore e disponetelo nella crostata privata dei fagioli e della carta, condite con qualche fiocchetto di burro, il parmigiano grattugiato e un pizzico di noce moscata, coprite con la besciamella e infornate nuovamente per circa 30 minuti, mantenendo una temperatura intorno ai 150 °C. Questa deliziosa crostata va servita preferibilmente calda.

Crostata di funghi

◆ Tempo: 1 ora e 10 minuti ✶ Difficoltà: media

❖ 350 g di pasta frolla salata (vedi pag. 11), 300 g di funghi, 3 uova, 2 spicchi d'aglio, alcuni rametti di prezzemolo, peperoncino rosso in polvere, 1/4 di l di panna liquida, 50 g di parmigiano grattugiato, olio extravergine d'oliva, sale.

Preparate anzitutto la pasta frolla salata e poi lasciatela riposare in frigorifero per un po' di tempo.

Nel frattempo lavate i funghi con la massima cura, asciugateli e affettateli sottilmente, facendoli poi stufare in una casseruola dove avrete versato dell'olio; aggiustate di sale e aggiungete un trito d'aglio e prezzemolo solamente alla fine della cottura. A questo punto tirate la pasta frolla non troppo sottile, oliate una tortiera, disponetevi la pasta e, se credete sia opportuno, copritela con carta oleata e una manciata di fagioli secchi, mettendo poi in forno a calore moderato per circa un quarto d'ora.

A parte sbattete le uova con la panna, salate e insaporite con un pizzico di peperoncino.

Non appena sarà trascorso il tempo di cottura della crostata levatela dal forno, eliminate i fagioli e la carta e versatevi uno strato di funghi ormai cotti, copriteli con la crema di uova e infine spolverizzateli con abbondante parmigiano grattugiato (meglio se ben stagionato).

Fate un altro strato di funghi, uno di crema e così via, fino a quando avrete esaurito tutti gli ingredienti, e terminate con uno strato di crema. Per finire, infornate a circa 150 °C per circa 30-35 minuti.

Crostata di piselli

◆ Tempo: 1 ora e 20 minuti ✶ Difficoltà: facile

❖ 350 g di pasta frolla salata (vedi pag. 11),
900 g di piselli freschi, 100 g di ricotta fresca, 1 cipolla piccola, zenzero, peperoncino rosso in polvere, 2 uova, 100 g di parmigiano grattugiato, olio extravergine d'oliva, sale.

Preparate la pasta frolla salata. Lavoratela alla svelta, con la punta delle dita e appena pronta copritela con un canovaccio e lasciatela riposare. Sgusciate i piselli, raccoglieteli in una pentola e fateli cuocere con poca acqua salata e la cipolla intera. Appena cotti alzate la fiamma e fate evaporare il liquido, quindi fateli leggermente rosolare in un poco d'olio. Dopo averli tolti dal fuoco eliminate la cipolla, amalgamatevi la ricotta precedentemente lavorata con un uovo, un pizzico di sale, il parmigiano grattugiato e il peperoncino in polvere.
Occupatevi poi nuovamente della pasta: spianatela, adagiatela sul fondo e sulle pareti di una teglia unta d'olio (tagliate via quella eccedente e tenetela da parte) e colmate la cavità con il ripieno di piselli.
Livellate la superficie e adagiate su di essa una grata di listarelle di pasta ricavate dai ritagli. Coprite con una fettuccia anche il bordo circolare a contatto della parete della teglia e, se volete, spennellate le listarelle con un poco d'uovo sbattuto. Infornate a 200 °C per 40 minuti.

Crostata di spinaci

◆ Tempo: 1 ora e 30 minuti ✶ Difficoltà: facile

❖ 350 g di pasta frolla salata (vedi pag. 11),
700 g di spinaci, 1 cipolla, peperoncino rosso in polvere, 2 uova, 1 dl di panna liquida, 100 g di parmigiano grattugiato, 50 g di gruviera grattugiato, farina, olio extravergine d'oliva, sale.

Preparate la pasta frolla salata e lasciatela riposare in frigorifero. Lavate e cuocete gli spinaci al vapore, scolandoli quando sono ancora al dente. Affettate la cipolla e fatela stufare per una decina di minuti in poco olio insieme con gli spinaci strizzati, aggiungete la panna, il sale e un pizzico di peperoncino solo prima di togliere dal fuoco. Se lo desiderate potete evitare la cottura preventiva degli spinaci e stufarli direttamente con la cipolla. Sbattete in una ciotola le uova, unitevi il parmigiano e il gruviera e quindi versate il composto sugli spinaci mescolando accuratamente. Tirate la pasta frolla sulla spianatoia infarinata, trasferitela in una teglia ben oliata, stendendola bene sui bordi in modo da ricoprirli; versatevi poi il composto di spinaci. Fate cuocere la crostata in forno a media temperatura per 40 minuti circa, sinché risulterà dorata.

Crostata di zucchine

◆ Tempo: 1 ora e 30 minuti ✱ Difficoltà: facile

❖ 350 g di pasta frolla salata (vedi pag. 11), 700 g di zucchine, 2 spicchi d'aglio, 1 pizzico di noce moscata, peperoncino rosso in polvere, 2 uova, 1 confezione di panna liquida, latte, parmigiano grattugiato, olio extravergine d'oliva, sale.

Preparate anzitutto la pasta frolla salata e lasciatela riposare in frigorifero. Nel frattempo lavate le zucchine, asciugatele, tagliatele a fettine e fatele stufare assieme all'aglio affettato in una casseruola con poco olio, su fuoco piuttosto moderato. Aggiustate di sale e insaporite con un pizzico di peperoncino solo poco prima di togliere dal fuoco. Riprendete la pasta: stendetela su una spianatoia e trasferitela in una teglia oliata, ricoprendo il fondo e i bordi. In una ciotola sbattete le uova; aggiungete la panna e la stessa quantità di latte e unitevi le zucchine, un pizzico di noce moscata, del parmigiano grattugiato ed eventualmente ancora un pizzico di sale. Versate il composto nella teglia foderata con la pasta e mettete in forno a media temperatura per 40 minuti circa, sinché la pasta sarà ben dorata. Servite calda.

Erbazzone

◆ Tempo: 1 ora + 30 minuti ✱ Difficoltà: media

❖ 100 g di farina di frumento, 1 kg di spinaci, 60 g di strutto, 300 g di pangrattato, 200 g di parmigiano, 100 g di pancetta, 1 cipolla piccola, 1 spicchio d'aglio, 4 uova, sale, pepe.

Pulite gli spinaci, lessateli in acqua bollente, poi strizzateli e tritateli finemente. Mentre cuociono, preparate una pasta con la farina, lo strutto, acqua e sale, così da ricavare una palla che lascerete riposare per mezzora in frigorifero. Tritate la cipolla e l'aglio insieme alla pancetta e preparate un soffritto con questi ingredienti, che vi servirà per fare rosolare gli spinaci. Fuori dal fuoco unitevi il pangrattato, il formaggio grattugiato, le uova, sale e pepe. Con l'impasto tolto dal frigorifero fate 2 parti, ricavando da ciascuna una sfoglia alta 1 cm. Imburrate il fondo di una tortiera e ricopritelo con una delle sfoglie, poi riempite il recipiente fino quasi ai bordi con l'impasto preparato, coprendo il tutto con la seconda sfoglia.
Dopo aver punzecchiato la superficie con i rebbi di una forchetta, lasciate in forno a calore non eccessivo (intorno ai 180 °C) per circa 30-40 minuti. Infine sfornate e servite caldo, a fette, oppure anche freddo.

Millefoglie ai gamberi

◆ Tempo: 1 ora ✱ Difficoltà: media

❖ 400 g di pasta sfoglia (vedi pag. 11), 500 g di gamberi, 900 g di formaggio cremoso, 5 cucchiai di maionese, 5 cucchiai di panna montata non zuccherata, 2 cucchiai di passata di pomodoro, 1/2 limone, aneto, burro, sale, pepe di Caienna.

Preparate la pasta sfoglia e dividetela in tre parti e con ciascun pezzo formate un rettangolo, che disporrete sulla piastra del forno imburrata. Fate cuocere in forno caldo sinché i rettangoli di pasta non si saranno gonfiati e dorati. Lasciateli raffreddare e poi tagliateli a metà nel senso dello spessore. Lessate i gamberi e sgusciateli, lasciandone però qualcuno intero per guarnire. In una terrina lavorate il formaggio con succo di limone, passata di pomodoro, maionese, panna, un rametto di aneto tritato, un pizzico di pepe di Caienna e sale. Incorporate al composto i gamberi sgusciati e lasciate riposare il tutto in frigorifero.

Al momento di servire spalmate metà del composto su due dei rettangoli di pasta sfoglia; appoggiate sopra allo strato di crema altri 2 rettangoli di pasta e stendete l'ultima parte di crema. Terminate con la pasta sfoglia che decorerete con i gamberi lasciati interi e qualche rametto di aneto.

Tagliate poi i rettangoli a fette (circa cinque per ogni rettangolo) e servite.

Pasticcio di erbette selvatiche

◆ Tempo: 1 ora e 10 minuti ✱ Difficoltà: media

❖ 400 g di pasta sfoglia (vedi pag. 11), 300 g di erbette selvatiche miste (germogli di luppolo, asparagi, tarassaco, ortica ecc.), 200 g di patate novelle, 200 g di piselli, 150 g di carote, 2 uova, peperoncino rosso in polvere, olio extravergine d'oliva, sale.

Preparate anzitutto la pasta sfoglia come indicato e quindi pulite e lavate le erbette, le patate, i piselli e le carote, lessandoli in poca acqua leggermente salata. Poi scolate le verdure, tagliatele a pezzettini e strizzate le erbette. Mettetele quindi in una padella con dell'olio e lasciatele scaldare per una decina di minuti a fiamma piuttosto moderata, insaporendo con un pizzico di peperoncino poco prima di togliere dal fuoco. Lasciatele raffreddare e aggiungete poi le uova sbattute, amalgamando bene il composto.
Dividete in due parti la pasta e con la più grande, adeguatamente tirata con il mattarello infarinato, foderate uno stampo rettangolare oliato. Disponetevi dentro il ripieno, coprite con la seconda parte della pasta, fate aderire con cura i margini e infine lasciate in forno a circa 180 °C per una mezzoretta prima di servire il pasticcio.

Quiche di cipolle

◆ Tempo: 1 ora ✱ Difficoltà: media

❖ 350 g di pasta frolla salata (vedi pag. 11), 500 g di cipolle, 3 uova, peperoncino rosso in polvere, 1/4 di l di latte, 70 g di parmigiano grattugiato, olio extravergine d'oliva, sale.

Preparate la pasta frolla salata e lasciatela riposare. Nel frattempo affettate sottilmente le cipolle e mettetele in un tegame con poco olio, lasciandole stufare a fuoco basso e con coperchio (aggiungete eventualmente poca acqua calda). Quando saranno morbide e ben cotte, salate, insaporite con il peperoncino e lasciatele raffreddare. Ungete una teglia, rivestitela con la pasta frolla adeguatamente tirata, disponete sul fondo le cipolle e versatevi sopra le uova sbattute con il latte, il formaggio grattugiato, un pizzico di sale.
Mettete in forno caldo (intorno ai 220 °C) e lasciate cuocere per circa mezzora prima di servire.

Scapazzone (Emilia Romagna)

◆ Tempo: 1 ora + 30 minuti ✱ Difficoltà: media

❖ 300 g di farina, 40 g di burro, olio extravergine d'oliva, sale, 900 g di spinaci, 2 spicchi d'aglio, alcuni cucchiai di parmigiano grattugiato, olio extravergine d'oliva, sale.

Preparate anzitutto la pasta: mettete la farina sulla spianatoia e versatevi al centro il burro precedentemente sciolto, del sale e olio sufficiente a formare un impasto elastico e sodo. Impastate velocemente con la punta delle dita e quindi lasciate riposare per almeno mezzora in frigorifero. Nel frattempo pulite, lavate e lessate gli spinaci in acqua bollente salata o al vapore, quindi scolateli e strizzateli. Unitevi poi il formaggio grattugiato, l'aglio tritato e lasciate intiepidire.
Occupatevi quindi nuovamente della pasta: dividetela in due parti, una più grande dell'altra. Con quest'ultima tirate una sfoglia di circa 1/2 cm di spessore e foderate una teglia unta d'olio, salendo anche lungo i bordi.
Trasferitevi quindi gli spinaci, livellateli con cura e ricoprite con la pasta rimanente, saldando bene i bordi. Infornate infine per mezzora circa a 180 °C.

Sformato delicato dell'orto

◆ Tempo: 1 ora e 10 minuti ✱ Difficoltà: media

❖ 200 g di cardi, 150 g di zucca, 100 g di carote, 200 g di ricotta, 1 limone, 1 spicchio d'aglio, 2 uova, 50 g di parmigiano grattugiato, pangrattato, 1/2 dl di panna liquida, olio extravergine d'oliva, sale, pepe.

Lavate e pulite i cardi privandoli delle foglie esterne più dure e fibrose. Tagliateli a pezzetti e lessateli in acqua salata e acidulata con uno spicchio di limone. Scolateli e lasciateli asciugare. A parte lessate le carote e la zucca, privata della buccia, dei semi e dei filamenti più duri. A cottura ultimata, scolate zucca e carote, e passatele al mixer, riducendole a una crema omogenea. Rosolate in una padella con un po' d'olio l'aglio, quando ha preso colore toglietelo e poneteci a rosolare i cardi, tagliati a bastoncini di circa 1/2 cm di spessore. In una terrina lavorate le uova con la ricotta e la panna, incorporatevi 2 cucchiai di parmigiano grattugiato e la crema di zucca e carote. Aggiustate di sale. Disponete i cardi in una pirofila leggermente unta d'olio e cosparsa di pangrattato; distribuitevi sopra il composto di ricotta e verdure, spolverate infine la superficie con pangrattato misto al restante parmigiano. Passate in forno a 180 °C per circa 30-35 minuti. Servite lo sformato caldo.

Torta ai carciofi

◆ Tempo: 1 ora e 10 minuti ✶ Difficoltà: facile

❖ 400 g di pasta sfoglia (vedi pag. 11), 8 carciofi, 1/2 limone, prezzemolo, 1 tazza di besciamella pronta, 2 cucchiai di panna liquida, parmigiano grattugiato, burro o olio extravergine d'oliva.

Preparate anzitutto la pasta sfoglia e quindi occupatevi dei carciofi: togliete le foglie esterne e le punte, tagliateli a metà e lessateli per un quarto d'ora circa in acqua salata e acidulata con il succo del limone. Poi scolateli, controllate che non vi siano rimaste parti dure, tagliateli a spicchietti e fateli dorare a fuoco vivo per una decina di minuti con poco olio, unendo il prezzemolo tritato solo a fine cottura. Lasciateli intiepidire e nel frattempo tirate la sfoglia allo spessore di circa 1/2 cm e formate due dischi, uno più grande dell'altro.

Con il più grande foderate una tortiera imburrata o oliata e versatevi i carciofi precedentemente amalgamati alla besciamella e alla panna. Spolverate con il parmigiano, ricoprite con l'altro disco di pasta, premete i bordi con le dita per unirli e infornate a 200 °C per mezzora.

Torta di bietole

◆ Tempo: 30 minuti ✱ Difficoltà: media

❖ 400 g di pasta frolla salata (vedi pag. 11), 600 g di bietole, 250 g di ricotta fresca, 3 uova, peperoncino rosso in polvere, 100 g di parmigiano grattugiato, burro, olio extravergine d'oliva, sale.

Preparate anzitutto la pasta frolla salata seguendo le indicazioni date e lasciatela riposare al fresco.

Nel frattempo pulite e lavate con cura le bietole, sgocciolatele e versatele in una casseruola con qualche noce di burro o qualche cucchiaio di olio e fatele stufare a fuoco molto moderato e con coperchio, mescolando piuttosto spesso con un cucchiaio di legno.

A cottura ultimata, quando saranno tenere, lasciatele raffreddare e quindi trasferitele in una terrina, unite le uova sbattute a parte, la ricotta sbriciolata, il parmigiano grattugiato; salate, insaporite con un pizzico di peperoncino e amalgamate con cura tutti gli ingredienti.

Poi, con un matterello, tirate la pasta non troppo sottile e dividetela in due parti, una più grossa dell'altra. Ungete con burro (o olio) una tortiera, foderatene il fondo e le pareti con il pezzo di pasta più grosso e versatevi il composto.

Richiudete con il secondo disco di pasta, premendo bene con le dita tutt'intorno, ungete la superficie uniformemente con poco olio bucherellandola leggermente con una forchetta e mettete in forno per circa 40 minuti mantenendo una temperatura intorno ai 170 °C.

Torta di cipolle

◆ Tempo: 1 ora ✱ Difficoltà: media

❖ 350 g di pasta frolla salata (vedi pag. 11),
600 g di cipolle, 1 foglia d'alloro, 1 pizzico di noce moscata, besciamella pronta, burro, olio extravergine d'oliva, sale.

Preparate la pasta frolla salata e lasciatela riposare. Nel frattempo pulite e affettate sottilmente le cipolle e mettetele in un tegame con del burro (ve ne basteranno circa 50 g), la foglia d'alloro e un poco d'acqua salata. Lasciate stufare molto lentamente per una ventina di minuti a tegame coperto e alzate la fiamma solo a cottura pressoché ultimata in modo che il liquido di cottura possa evaporare.

Unite la besciamella alle cipolle quando saranno cotte, dopo aver eliminato la foglia d'alloro; aggiustate eventualmente di sale e lasciate raffreddare.

Spianate la pasta e foderate con essa uno stampo per crostate unto d'olio o imburrato, versatevi il composto di cipolle e mettete in forno a cuocere a una temperatura intorno ai 200 °C per mezzora. Spolverate di noce moscata prima di portare in tavola.

Torta di cipolle e patate

◆ Tempo: 30 minuti ✱ Difficoltà: media

❖ 400 g di pasta frolla salata (vedi pag. 11),
400 g di patate, 250 g di cipolle, 1 uovo, peperoncino rosso in polvere, 1 bicchiere di panna liquida,
100 g di parmigiano grattugiato, burro, olio extravergine d'oliva, sale.

Preparate la pasta frolla salata e lasciatela riposare al fresco. Nel frattempo lavate e sbucciate le patate, pulite e sbucciate anche le cipolle. Affettatele entrambe piuttosto finemente e poi mettetele in una pentola con dell'olio lasciandole stufare

a fuoco molto basso, con una retina frangifiamma e un coperchio, mescolando spesso e controllando che non attacchino al fondo (potete aggiungete eventualmente poca acqua calda). Quando saranno cotte al dente lasciatele raffreddare, quindi unitevi la panna, l'uovo, il parmigiano grattugiato e amalgamate bene.
Aggiustate di sale e insaporite con un pizzico di peperoncino. Tirate la pasta non troppo sottile e ricavate due dischi, uno più grande dell'altro; con il più grande foderate una tortiera imburrata o oliata, versatevi il composto, ricoprite con il secondo disco e chiudete bene i bordi con le dita. Bucherellate leggermente la superficie con una forchetta, ungete con un poco d'olio e infine fate cuocere in forno per circa 40 minuti, a una temperatura intorno ai 170 °C.

Torta di fagiolini

◆ Tempo: 50 minuti ✱ Difficoltà: media

❖ 450 g di pasta sfoglia (vedi pag. 11), 500 g di fagiolini surgelati, 150 g di caciocavallo, 12 olive nere snocciolate, 2 uova, 100 g di latte, sale, pepe.

Immergete i fagiolini ancora surgelati in acqua bollente salata e cuoceteli per 8-10 minuti dal momento dell'ebollizione. Preparate la pasta sfoglia e stendetela in 2 dischi, di cui uno leggermente più grande dell'altro.
Col più grande foderate il fondo e le pareti di uno stampo rotondo, facendo aderire bene la pasta. Sulla pasta distribuite i fagiolini, scolati, tagliati a pezzetti e pepati.
Poi aggiungete le olive nere tritate grossolanamente e il caciocavallo tagliato a fettine sottili. Sbattete le uova con il latte (se preferite potete usare un uguale quantitativo di panna), insaporitele con una presa di sale e una grossa macinata di pepe, versate il composto sopra gli ingredienti disposti in precedenza e ricoprite con il secondo disco di pasta. Sigillate be-

ne i bordi con le dita inumidite ripiegando la pasta in eccedenza e formando un cordoncino; con un coltellino appuntito praticate un foro al centro della preparazione per la fuoriuscita del vapore e mettete in forno caldo a 180 °C per 35-40 minuti. Togliete dal forno, trasferite la torta salata su un piatto da portata e servite.

Torta dolce di formaggio

◆ Tempo: 1 ora e 20 minuti ✱ Difficoltà: facile

❖ 400 g di farina, 4 uova, 200 g di zucchero, 200 g di burro, 700 g di ricotta romana, 2 mozzarelle, 4 uova, 50 g di zucchero, 50 g di parmigiano grattugiato, sale, pepe.

Mescolate la farina con lo zucchero e versateli a fontana sul tavolo da cucina, mettete nel centro le uova e il burro ammorbidito. Impastate con cura e delicatezza e formate con la pasta una palla, che avvolgeterete in un tovagliolo, fatela riposare per circa un'ora in un luogo fresco.

Nel frattempo preparate il ripieno mettendo in una terrina la ricotta, lo zucchero, le mozzarelle tagliate a dadini, il parmigiano grattugiato, 2 uova intere e 2 tuorli, un pizzico di sale e di pepe; mescolate a lungo con un cucchiaio di legno facendo in modo che gli ingredienti si amalgamino alla perfezione.

Adesso stendete la pasta utilizzando il matterello e formate due sfoglie rotonde: la prima più grande per foderare completamente la tortiera e la seconda più piccola in modo tale che faccia da coperchio.

Imburrate la tortiera e foderatela con la sfoglia di pasta più grande. Riempitela con il composto di formaggi e coprite il tutto con la seconda sfoglia. Abbiate cura di saldare bene i bordi tra loro, quindi spennellate la superficie con una chiara d'uovo sbattuta. Mettete in forno caldo e cuocete a temperatura medio-alta (circa 200 °C) per circa un'ora.

Soufflé e strudel

Soufflé alla triestina

◆ Tempo: 40 minuti ✱ Difficoltà: facile

❖ 150 gr di prosciutto cotto, 100 gr di speck, 50 gr di prosciutto crudo, 2 bicchieri di besciamella pronta, 3 uova, 100 g di burro.

Tritate finemente gli insaccati, incorporateli alla besciamella; poi unitevi i tuorli sbattuti e gli albumi montati a neve. Mescolate con delicatezza. Imburrate bene 4 stampini individuali, versatevi il composto e cuoceteli per circa 20 minuti a bagnomaria.

Soufflé di finocchi

◆ Tempo: 1 ora e 10 minuti ✱ Difficoltà: media

❖ 400 g di finocchi, olio extravergine d'oliva, sale, peperoncino rosso in polvere, 1 bicchiere di panna da cucina, 3 uova, 30 g di farina di frumento semintegrale (tipo 2), 100 g di parmigiano.

Lavate i finocchi, eliminate le eventuali foglie troppo dure (conservatele per un'insalata), tagliateli a fettine, fateli saltare in una padella con dell'olio, abbassate la fiamma e stufateli a fuoco lento per una ventina di minuti, sino a quando siano ben morbidi. Solamente pochi attimi prima di togliere dal fuoco, aggiustate di sale, insaporite con un pizzico di peperoncino e bagnate con la panna. Passateli al setaccio, incorporatevi i tuorli d'uovo, la farina, il parmigiano grattugiato e mescolate con cura. Unite anche gli albumi montati a neve, mescolate ancora con delicatezza e, per terminare, ungete uno stampo adatto, versatevi delicatamente il composto e fatelo cuocere in forno preriscaldato per circa mezzora, mantenendo una temperatura intorno ai 200 °C.

Soufflé di formaggio

◆ Tempo: 1 ora ✱ Difficoltà: media

❖ 40 g di burro, 30 g di farina, 1/4 di litro di latte, 4 uova, 1 albume, 120 g di formaggio grattugiato, sale, pepe, noce moscata, burro, parmigiano grattugiato.

Preparate una besciamella: mettete il burro in un pentolino e fate sciogliere a fuoco basso. Unite la farina e lasciate cuocere per qualche minuto, mescolando sempre con una frusta. Unite poco latte, mescolate rapidamente e versate tutto il latte rimasto in un colpo solo.
Salate, pepate e fate ispessire su fuoco medio, mescolando regolarmente, fino a quando la salsa avrà una consistenza cremosa. Togliete dal fuoco e aggiungete poca noce moscata. Unite adesso 4 tuorli, mescolate subito con la frusta a mano e fate trascorrere un po' di tempo, lasciando intiepidire.
Unite a questo punto il formaggio grattugiato e gli albumi montati a neve ben ferma con un pizzico di sale. Imburrate uno stampo da soufflé (pirofila tonda, generalmente di porcellana o vetro, con le pareti verticali alte) e cospargete tutto l'interno con il parmigiano. Versate il composto (non deve superare i 2/3 dell'altezza). Passate la punta dell'indice nel composto lungo la parete scavando una specie di solco per "scollare" il composto dal bordo. Cuocete nel forno preriscaldato a temperatura media (180 °C) per circa 35 o 40 minuti.

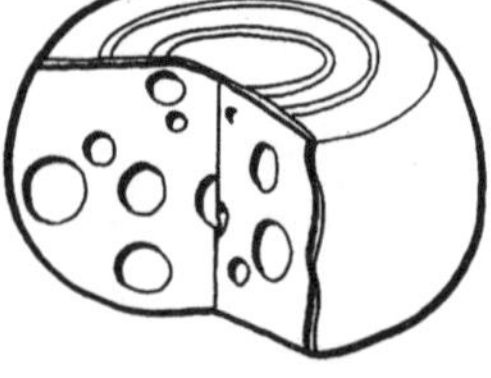

Soufflé di patate e radicchio

◆ Tempo: 1 ora ✱ Difficoltà: media

❖ 100 g di porri, 100 g di patate lesse, 150 g di radicchio, 20 g di farina, 2 uova, 50 g di parmigiano, 1 dl di latte, 40 g di burro, sale, pepe.

Lavate i porri, tagliateli a rondelle e soffriggeteli in una padella con metà del burro. Tagliate il radicchio a striscioline e unitelo ai porri. Salate e cuocete per qualche minuto. In una casseruola sciogliete il restante burro, unite la farina, il latte e cuocete per un paio di minuti.
Unitevi le patate lessate e passate al passaverdure, le verdure stufate, il parmigiano grattugiato e 2 tuorli d'uovo. Aggiustate di sale e pepe e incorporate 2 albumi montati a neve parzialmente soda. Versate il composto in uno stampo imburrato e infarinato. Cuocete a bagnomaria in forno per 20 minuti a 190 °C. Servite caldo.

Soufflé di spinaci

◆ Tempo: 1 ora e 10 minuti ✱ Difficoltà: media

❖ 1 kg di spinaci, sale, 250 g di ricotta fresca, 3 uova, 1 pizzico di noce moscata, 4 cucchiai di farina di frumento integrale o di tipo 2, acqua di cottura degli spinaci, olio extravergine d'oliva, timo, sale, parmigiano, olio extravergine d'oliva.

Pulite e lavate gli spinaci, poi lessateli in poca acqua leggermente salata. Quando sono teneri, scolateli, conservate l'acqua di cottura, strizzateli e mescolateli alla ricotta sbriciolata. Appena l'impasto è freddo, unitevi i rossi d'uovo, un pizzico di noce moscata e aggiustate di sale.
Preparate poi la besciamella: in un pentolino mettete la farina di frumento, l'acqua di cottura degli spinaci, l'olio, il timo, il sale e face cuocere a fuoco basso per qualche minuto; aggiungete 3 cucchiai abbondanti di parmigiano grattugiato

immediatamente prima di togliere dal fuoco. Mescolate con delicatezza gli spinaci alla besciamella, unite le chiare d'uovo montate a neve e, per finire, disponete il tutto in una teglia che avrete unto d'olio.
Infornate in forno caldo (200 °C) per circa 20-30 minuti poi lasciate riposare 5-10 minuti nel forno spento prima di servire in tavola questo delizioso soufflé.

Soufflé di zucca

◆ Tempo: 1 ora ✱ Difficoltà: media

❖ 1/3 di litro di besciamella pronta, 5 uova, 100 g di formaggio a pasta semidura, 50 g di parmigiano, 200 g di purea di zucca.

Cuocete la zucca in forno, quindi eliminate la buccia e i semi, tagliatela a fette di 1 cm e mettetela su una placca con un foglio di carta da forno, infornate a caldo per 30 minuti a 165 °C, in questo modo cuocerà lentamente senza prendere colore e resterà morbida.
Una volta cotta passatela al setaccio e tenete da parte. Prendete la besciamella e incorporatevi i rossi d'uovo, il formaggio tagliato a dadini piccoli e quello grattugiato, unite la purea di zucca e i bianchi montati a neve.
Amalgamare il tutto delicatamente e quando mettete i bianchi girate dal basso verso l'alto. Imburrate e infarinate gli stampini di porcellana, riempiteli a 3/4 e infornate per 20 minuti a 175 °C. Servire subito.

Soufflé mediterraneo

◆ Tempo: 1 ora e 30 minuti ✱ Difficoltà: media

❖ 1 kg di pomodori maturi, 150 g di burro, 120 g di farina, 50 g di parmigiano grattugiato, 50 g di pecorino grattugiato, besciamella pronta, 4 uova, 1 cipolla, qualche foglia di basilico, sale, pepe.

Sbucciate la cipolla, affettatela sottilmente e fatela imbiondire nel burro caldo insieme al basilico spezzettato. Scottate i pomodori in acqua bollente per un minuto, scolateli, eliminate la pelle, i semini interni, l'acqua di vegetazione e tagliateli a pezzettini; quindi uniteli al soffritto, salate, pepate e cuocete su fiamma moderata per 15 minuti. Separate i tuorli dagli albumi, unite i primi alla besciamella, poi incorporate i formaggi, i pomodori e amalgamate per bene. Montate a neve gli albumi con un pizzico di sale e incorporate delicatamente anche questi. Versate il composto in uno stampo imburrato da soufflé e cuocete in forno preriscaldato a 150 °C per circa un'ora. Servite il soufflé caldo.

Strudel ai pinoli

◆ Tempo: 1 ora ✱ Difficoltà: media

❖ 300 g di pasta sfoglia (vedi pag. 11), 500 g di broccoli,
1 grosso peperone rosso, 200 g di funghi,
50 g di germogli di crescione, 50 g di pinoli,
200 g di gorgonzola piccante, 2 spicchi d'aglio,
4 cucchiai di olio extravergine d'oliva, sale, pepe.

Preparate la pasta sfoglia e stendetela non troppo sottile. Private il peperone del picciolo e dei filamenti bianchi e tagliatelo a dadini. Dividete i broccoli in cimette eliminando la parte coriacea. Mondate i funghi e affettateli. Tostate i pinoli in un padellino antiaderente. Fate rosolare nell'olio in una padella l'aglio tritato. Unite i funghi e, dopo 3-4 minuti, le verdure. Regolate di sale e di pepe. Fate cuocere il tutto per 7-8 minuti. Lasciate raffreddare. Fuori dal fuoco aggiungete i germogli e il formaggio a dadini. Distribuite il ripieno sulla pasta, lasciando vuoti 3 cm di bordo, che passerete poi con l'albume; quindi arrotolatela. Spennellate lo strudel con il tuorlo e cuocete in forno a 180 °C per 30 minuti.

Strudel ai porcini trifolati

◆ Tempo: 1 ora e 10 minuti ✱ Difficoltà: media

❖ 300 g di pasta sfoglia (vedi pag. 11), 150 g di ricotta di pecora, 50 g di parmigiano grattugiato, 3 uova, erba cipollina, 2 porcini medi, 100 g di fontina, radicchio rosso di Treviso, 3 cucchiai di salsa di noci, sale, pepe.

Preparate la pasta sfoglia seguendo le indicazioni date. Sgocciolate e tagliate a listarelle un cespo di radicchio rosso, che avrete precedentemente cotto alla griglia, quindi trasferitelo in una ciotola con i funghi mondati, affettati e trifolati, la fontina a dadini, la salsa di noci e la ricotta ben setacciata. Unite anche il parmigiano grattugiato e le uova; infine spolverizzate con erba cipollina. Amalgamate bene il composto e regolate di pepe e sale. Stendete la pasta sfoglia su una teglia rivestita di carta da forno e accomodatevi il ripieno precedentemente preparato, lasciando ai lati un bordo di 1 cm. Arrotolate i lembi esterni della pasta per formare lo strudel, sigillandone poi le estremità. Spennellate la superficie della sfoglia con il tuorlo diluito con un goccio d'acqua. Infornate a 200 °C per 30/40 minuti. Servite lo strudel ancora ben caldo.

Strudel asparagi ed emmental

◆ Tempo: 1 ora ✱ Difficoltà: media

❖ 300 g di pasta sfoglia (vedi pag. 11), 400 g di asparagi, 100 g di prosciutto cotto a fettine sottili, 200 g di spinaci novelli, 100 g di emmental a fettine sottili, 1 uovo, sale.

Preparate la pasta sfoglia. Pulite gli asparagi, eliminando la parte più dura. Lessateli al dente in acqua bollente salata, oppure cuoceteli al vapore. Pulite gli spinaci, lavateli e asciugateli. Stendete la pasta in una sfoglia sottile sopra un foglio di carta da forno. Disponetevi uno strato di fettine di prosciutto, coprite con gli spinaci e continuate con uno strato di fet-

tine di formaggio e uno di asparagi. Arrotolate la pasta, aiutandovi con la carta da forno, formando un rotolo e sigillatene le estremità. Adagiate lo strudel su una placca foderata con carta da forno.
Spennellate la superficie con il tuorlo sbattuto e cuocete nel forno caldo a 200 °C per 30-40 minuti. Lasciate intiepidire prima di servire.

Strudel con carciofi, uvetta e pinoli

◆ Tempo: 1 ora e 10 minuti ✱ Difficoltà: media

❖ 60 g strutto,1,5 dl di latte, 400 g di farina, sale, 6 carciofi, una manciata di uvetta, 20 pinoli, olio extravergine d'oliva, 1 cipolla,vino bianco secco, 150 g di emmental grattugiato, timo, sale, pepe.

Fate fondere in un pentolino 60 g di strutto, 1,5 dl di latte e 1,5 dl di acqua con una presa di sale. Mescolate con cura e poi versate questa miscela bollente poco alla volta su 400 g di farina impastando prima con il cucchiaio (di legno) e poi con le mani, finché non avrete ottenenuto una palla liscia e omogenea. Fate riposare la pasta in frigorifero per mezzora avvolta nella pellicola prima di stenderla con il matterello in un rettangolo sottile. Ammollate l'uvetta in acqua calda per circa 30 minuti. Strizzate, asciugate e riponete da parte. Pulite i carciofi conservando solo il cuore e poi tagliateli a spicchi abbastanza piccoli. Fate dorare in un tegame in qualche cucchiaio di olio la cipolla, aggiungete in seguito i carciofi, l'uvetta

e i pinoli. Cuocete a fuoco medio e a pentola coperta; a metà cottura aggiungete una spruzzata di vino bianco, fate evaporare, aggiungete un pizzico di timo e regolate di sale e pepe. Terminate la cottura a pentola scoperta, fino a che i carciofi saranno teneri e i pinoli dorati. Distribuite sulla pasta 3/4 dell'emmental grattugiato e poi i carciofi. Arrotolate e chiudete i bordi lasciando le cuciture di sotto.
Cuocete in forno caldo a 200 °C per circa mezzora finché vedrete che la pasta si sarà leggermente dorata.

Strudel di anatra e verza

◆ Tempo: 1 ora + 1 ora e 30 minuti ✶ Difficoltà: media

❖ 400 g di pasta sfoglia (vedi pag. 11), 300 g di petto d'anatra, 1 bicchiere di succo d'arancia, 500 g di cavolo cappuccio, 20 g di burro, cannella, sale, pepe.

Preparate la pasta sfoglia secondo le indicazione date. Saltate in padella il petto d'anatra tagliato a dadini in poco burro per qualche minuto. Sfumate con il succo d'arancia filtrato e cuocete il tutto per altri 10 minuti. Tagliate il cavolo cappuccio a fettine e mettetele a rosolare per circa 10 minuti. In una ciotola mescolate anatra e cavolo, unite un pizzico di cannella e regolate di sale e di pepe. Lasciate raffreddare. Stendete la pasta sfoglia con il matterello e spennellatela con il burro fuso, disponetevi sopra l'impasto e arrotolate. Mettete sulla placca un foglio di carta da forno, spennellate di burro, adagiatevi lo strudel e cuocete in forno a 200 °C per 20 minuti.

Strudel di bietole e peperone

◆ Tempo: 1 ora e 15 minuti ✶ Difficoltà: media

❖ 250 g di pasta sfoglia (vedi pag. 11), 1 scalogno, 150 g ricotta, 1 tuorlo d'uovo, 30 g parmigiano, 300 g bietole, 100 g peperoni rossi, sale, pepe.

Preparate la pasta sfoglia e stendetela in un rettangolo di circirca 25 x 30 cm. Mettete le bietole lavate e tagliate a pezzettini in una padella antiaderente con lo scalogno. Fate cuocere a calore moderato per una decina di minuti.
Nel frattempo lavorate la ricotta con il parmigiano e unitevi il peperone tagliato a cubetti. Frullate le bietole con lo scalogno e unitele alla ricotta. Salate e pepate quanto basta. Lasciate raffreddare bene. Stendete il composto alle bietole sulla sfoglia facendo in modo di stare un paio di centimetri all'interno della pasta. Arrotolatelo delicatamente e sigillate con cura le estremità.
Spennellate lo strudel con il tuorlo. Infornate a 200 °C per circa 30 minuti, poi controllate la cottura e servite immediatamente.

Strudel di carciofi e capesante

◆ Tempo: 45 minuti + 15 minuti ✳ Difficoltà: media

❖ 300 g di pasta sfoglia (vedi pag. 11), 300 g di carciofi, 1 spicchio d'aglio, 20 g di burro, 300 g di capesante, 1 bicchiere scarso di vino bianco, sale, pepe.

Preparate la pasta da strudel secondo le indicazione date. Pulite i carciofi e tagliateli a spicchi. Rosolateli in padella con uno spicchio d'aglio e poco burro per circa un quarto d'ora unendo un po' d'acqua, se si asciugassero troppo. Unite le capesante sgusciate e tagliate a dadini, sfumate con il bicchiere di vino; cuocete il tutto per 5 minuti.
Eliminate l'aglio, regolate di sale e pepe, e lasciate raffreddare. Stendete la la pasta con il matterello e spennellatela con il burro fuso, disponetevi sopra l'impasto e arrotolate chiudendo bene i bordi.
Mettete sulla placca un foglio di carta da forno, spennellate di burro, adagiatevi lo strudel e cuocete in forno a 200 °C per 20 minuti.

Strudel di carote e patate

◆ Tempo: 1 ora ✶ Difficoltà: media

❖ 300 g di pasta sfoglia (vedi pag. 11), 4 patate grandi, 4 carote, 2 cipolle bianche, 3 uova, 150 g di formaggio parmigiano grattugiato, 1 cucchiaio di prezzemolo tritato, olio extravergine d'oliva, sale.

Preparate la pasta sfoglia. Affettate le cipolle, tagliate le carote e le patate a fettine e fatele cuocere per 15 minuti in olio d'oliva a fuoco basso aggiungendo, se necessario, un po' d'acqua. Togliete dal fuoco, scolate l'olio in eccesso e passate le verdure al setaccio o al passaverdura. Sbattete le uova con il parmigiano, aggiustate di sale, incorporate le verdure al composto che dovrà risultare piuttosto 'fermo'. Stendete con delicatezza la pasta sfoglia, disponetevi al centro le verdure e avvolgete in un rotolo sovrapponendo i lembi della pasta sfoglia. Cuocete in forno caldo a 200 °C per 20 minuti e servite.

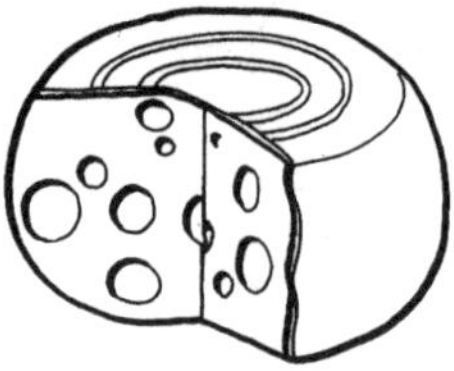

Strudel di formaggi

◆ Tempo: 1 ora e 40 minuti + 30 minuti ✶ Difficoltà: media

❖ 400 g di pasta sfoglia (vedi pag. 11), 100 g di ricotta, 100 g di fontina, 100 g di parmigiano, 100 g di prosciutto cotto, 20 g di uva passa, 20 g di pinoli, 20 g di burro, sale.

Preparate la pasta sfoglia. Stendetela in una sfoglia sottile e adagiatela sopra un canovaccio. In una terrina mescolate la ricotta, il parmigiano grattugiato, i pinoli, la fontina tagliata a pezzetti, il prosciutto a listerelle, l'uva passa precedentemente ammollata in acqua tiepida e un pizzico di sale. Stendete il composto sulla sfoglia, arrotolatela, chiudetela alle estremità e ungetela con il burro fuso. Sistemate lo strudel sulla placca del forno e fate cuocere a 200 °C per 40 minuti, evitando di aprire il forno per i primi 20 minuti. Lasciate intiepidire lo strudel, poi tagliatelo a fette e sistematelo su un piatto da portata.

Strudel di radicchio rosso (Trentino)

◆ Tempo: 1 ora e 15 minuti ✶ Difficoltà: media

❖ 300 g di pasta brisé pronta, 1 melanzana, 1 zucchina, 1 carota, 1 porro, 1 cespo di radicchio rosso di Treviso, 100 g di piselli, 100 g di parmigiano grattugiato, 1 uovo, burro, sale, pepe.

Pulite le verdure, poi tagliate la melanzana, la zucchina e la carota a dadini e scottatele in acqua bollente salata. Tagliate il porro a julienne e soffriggetelo nel burro. Tagliate il radicchio a julienne e soffriggetelo nell'olio. Lessate i piselli. Disponete le verdure cotte in una terrina, unite un albume battuto e il parmigiano. Stendete la pasta brisé, versatevi le verdure preparate e arrotolate la pasta. Bucherellatela e pennellate con un tuorlo. Infornate a 170 °C per 20 minuti prima di servire.

Strudel di spinaci

◆ Tempo: 1 ora e 15 minuti ✶ Difficoltà: media

❖ 300 g di pasta sfoglia (vedi pag. 11), 700 g di spinaci, sale, olio extravergine d'oliva, 100 g di parmigiano, 50 g di uvetta passa, 50 g di pinoli, 2 uova, peperoncino rosso in polvere.

Preparate la pasta la pasta sfoglia e tiratela non troppo sottile. Pulite e lavate accuratamente gli spinaci, poi lessateli in poca acqua bollente salata o al vapore; strizzateli in modo da far uscire tutta l'acqua, trasferiteli in una casseruola con alcu-

ni cucchiai d'olio e lasciateli su un fuoco leggero, sino a quando si siano ben asciugati. Se preferite, potrete evitare di lessarli e stufarli direttamente con poco olio in una casseruola. In ogni caso, lasciateli poi raffreddare. Quando sono freddi, versateli in una terrina, unitevi il formaggio grattugiato, l'uvetta precedentemente lavata e lasciata rinvenire in poca acqua, i pinoli, le uova sbattute e del peperoncino.
Amalgamate tutti gli ingredienti e lasciate riposare in modo che i sapori possano fondersi bene. Versate il composto sulla pasta sfoglia, avendo cura di lasciare i margini vuoti. Arrotolate la pasta su se stessa formando uno strudel, premete i bordi laterali, sistematelo sulla placca del forno o in una teglia oliata e lasciate in forno preriscaldato per 40 minuti circa, a media temperatura prima di servire.

Strudel di zucca e scamorza

◆ Tempo: 1 ora e 30 minuti ✶ Difficoltà: media

✣ 70 g di mandorle sgusciate, 70 g di parmigiano grattugiato, 130 g di farina, 1 uovo, 200 g di zucca, 1 scalogno,2 cucchiai di uva passa, 80 g di scamorza, 2 foglie di radicchio rosso, 1/2 bicchiere di vino bianco, latte, burro, 1 cucchiaio di olio extravergine d'oliva, sale.

Passate al mixer le mandorle e amalgamatele alla farina e al parmigiano grattugiato. Impastate con un tuorlo, un pizzico di sale, l'olio, e quanta acqua tiepida occorre per ottenere un impasto omogeneo. Adesso avvolgete la pasta ottenuta in un canovaccio umido, appoggiatela su un sottopentola; scaldate una pentola e usatela, rovesciata, per coprire a campana l'involucro della pasta per circa 20-30 minuti. Nel frattempo preparate il ripieno. Fate appassire nel burro lo scalogno tritato, poi rosolateci la zucca sbucciata e tagliata a cubettini e l'uva precedentemente tenuta in ammollo. Aggiustate di sale, bagnate con il vino e fate stufare altri 10 minuti. Per finire, aggiungete le foglie di radicchio rosso tagliate sottili e fate stufare per altri 5 minuti. Stendete la pasta con un mattarello su un piano di lavoro ben infarinato. Adagiatela su della carta da forno e stendetela ancora un po'. Disponeteci sopra la farcia che avete appena finito di passare in padella, distribuiteci la scamorza a dadini, arrotolate lo strudel su se stesso, spennellate la superficie con l'albume, mescolato a un po' di latte. Incidete 4 tagli sulla superficie. Infornare a 180 °C per 40 minuti circa.

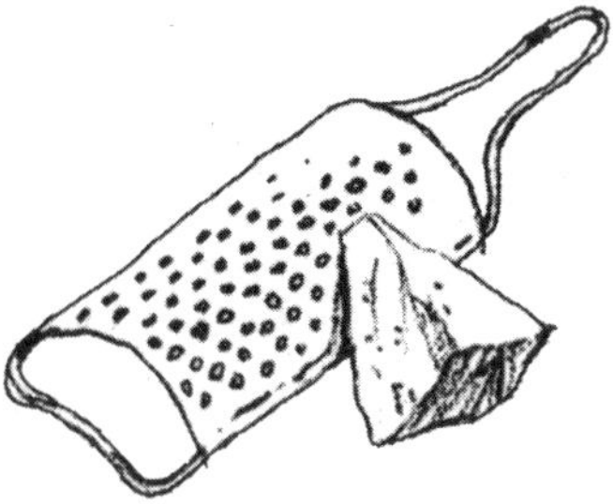

Strudel prosciutto e funghi

◆ Tempo: 1 ora + 15 minuti ✶ Difficoltà: media

✣ 180 g di farina, 80 g di farina di semola di grano duro, 25 g di lievito di birra, 80 g di patate, 1/2 bicchiere di latte, 1 cucchiaio di zucchero, 80 g di prosciutto cotto, 125 g di funghi, 3 sottilette, 1 spicchio d'aglio, 1 ciuffetto di prezzemolo, olio extravergine d'oliva, sale.

Lessate le patate, passatele al passaverdura. Mescolate le due farine, aggiungete un pizzico di sale, 1 cucchiaio d'olio, le patate tiepide e mescolate il tutto. Sbriciolate al centro dell'impasto il lievito e lo zucchero, versate sopra il latte tiepido. Impastate e unite l'acqua necessaria per avere un composto morbido ed elastico. Mettete la pasta a lievitare per un quarto d'ora. Nel frattempo trifolate i funghi con un po' d'olio, l'aglio, il sale e il prezzemolo tritato. Prendete la pasta e tiratela in una sfoglia allungata alta circa 3 mm. Coprite la sfoglia prima con il prosciutto a fette, poi con le sottilette spezzettate e infine con il composto di funghi precedentemente passato al mixer. Arrotolate la sfoglia in su se stessa e chiudete bene ai lati e alle estremità. Avvolgete il tutto in una tela ben chiusa e lessate lo strudel in acqua salata per 25 minuti. Scolatelo, ponetelo per un quarto d'ora in freezer (per togliere meglio la tela) e ripassatelo 5 minuti in forno.

Strudel saporiti

◆ Tempo: 40 minuti ✶ Difficoltà: facile

✣ 300 g di pasta sfoglia (vedi pag. 11), 250 g di ricotta, 1 fetta spessa di prosciutto cotto, 1 uovo, 50 g di parmigiano grattugiato, noce moscata, peperoncino rosso, olio extravergine d'oliva, sale.

Preparate la pasta sfoglia seguendo le indicazioni date. Riponete in una capiente ciotola la ricotta, l'uovo e il parmigiano grattugiato. Regolate di sale e pepe e insaporite di noce moscata. Mescolate accuratamente. Tagliate il prosciutto in quattro strisce. Stendete la sfoglia, ritagliate 4 dischi servendovi di una tazza grande e farcite ciascun disco con una fetta di prosciutto cotto e un po' di composto di ricotta. Chiudete le sfoglie dandogli la forma di piccoli strudel.
Posizionate i mini strudel su una teglia e spennellateli con un po' di olio d'oliva. Infornateli in forno preriscaldato a 220 °C per circa 10 minuti.

Dolci

I dolci, si sa, sono da sempre presenti
sulle nostre tavole e non solo
in occasione delle feste più importanti.
Ecco qui una serie di ricette gustose
che vi permetteranno di preparare ottimi
e gustosi dessert. Non preoccupatevi se non
avete molto tempo a disposizione, per alcuni
dolci vi serviranno solo pochi minuti.
Dai tradizionali dolci da forno, a quelli delicati
al cucchiaio, fino ai dolci fritti: tante idee
per stupire i vostri ospiti.

Dolci da forno

Bocca di dama

◆ Tempo: 50 minuti ✶ Difficoltà: media

❖ 150 g di farina, 250 g di zucchero, 9 uova, 50 g di mandorle sgusciate, limone.

Dopo averle liberate dell'eventuale pellicina (se per farlo le avete tuffate in acqua bollente, asciugatele bene), pestate con cura le mandorle assieme a un cucchiaio di zucchero, poi unitele alla farina. In una terrina lavorate a lungo il resto dello zucchero con i tuorli delle uova e la buccia grattugiata del limone in modo tale che si sciolga bene; unite poi la farina con le mandorle e continuate a lavorare l'impasto con energia per circa mezzora. Montate a neve molto soda sei albumi quindi, poco alla volta, uniteli all'impasto, mescolando con delicatezza dal basso verso l'alto in modo da non smontare il composto. Versate l'impasto in una tortiera unta e infarinata e fate cuocere in forno caldo.

Brassadéla (Veneto)

◆ Tempo: 1 ora e 50 minuti ✶ Difficoltà: facile

❖ 400-500 g di farina, 150 g di burro, 100 g di zucchero, 2 uova, 1/2 bicchiere di latte, 1/2 bicchiere di grappa secca, 40 g di lievito di birra, sale.

Disposta la farina a fontana rompete nel centro le uova, aggiungete poi lo zucchero, il burro leggermente sciolto a bagnomaria, il latte tiepido (tenetene da parte qualche cucchiaiata) e la grappa. Lavorate bene l'impasto e aggiungete, in-

fine, il lievito sciolto nel latte tenuto da parte e il sale. Otterrete una pasta morbida che sistemerete in uno stampo per ciambella imburrato e infarinato e farete lievitare per mezzora o più. Mettete poi a cuocere la torta in forno a calore moderato e dopo un'ora circa sarà pronta per essere servita.
Tipico dolce veronese, la brassadéla ha la stessa forma della ciambella e per essere degna della tradizione deve lievitare molto, cosa che si ottiene facendo attenzione alla temperatura del forno: deve essere moderata e costante.

Bussolano (Lombardia)

◆ Tempo: 1 ora ✶ Difficoltà: facile

❖ 500 g di farina, 150 g di burro, 200 g di zucchero, 3 uova, 1 limone, 1/2 bicchiere di latte, 1 bustina di lievito per dolci.

In una terrina sbattete le uova con lo zucchero, unite poi il burro fuso e la buccia del limone grattugiata. Mescolate bene e incorporate un po' per volta la farina alternata al latte e il lievito. Amalgamate con cura sino a ottenere una pasta priva di grumi e omogenea. Imburrate e spolverate di farina o pangrattato una tortiera con buco centrale e versatevi l'impasto, spargendo in superficie dello zucchero. Cuocete in forno a media temperatura per circa tre quarti d'ora.

Castagnaccio (Liguria - Toscana)

◆ Tempo: 1 ora ✶ Difficoltà: facile

❖ 300 g di farina di castagne, 50 g di uva passa, 30 g di pinoli, olio extravergine d'oliva, sale.

Fate ammorbidire l'uva passa in acqua tiepida; nel frattempo amalgamate la farina di castagne con l'acqua, cercando di ottenere un composto morbido e denso. Unite pinoli, uva passa strizzata e un pizzico di sale; mescolate bene, incorporando qualche cucchiaio d'olio extravergine d'oliva. Preparate la teglia, leggermente unta d'olio e spolverata di pangrattato, quindi versate il composto e infornate a media temperatura per circa 40 minuti. Il castagnaccio sarà pronto quando in superficie si formerà una crosticina scura che tende a screpolarsi. Alla ricetta si possono aggiungere altri ingredienti come una mela tagliata a dadini, semi di finocchio, farina di carrube, rosmarino ecc.

Certosino (Emilia Romagna)

◆ Tempo: 1 ora e 15 minuti ✱ Difficoltà: facile

❖ 400 g di farina, 300 g di miele, 200 g di mandorle spellate, 200 g di frutta candita a dadini, 100 g di uva passa, 70 g di pinoli, 100 g di cioccolato fondente, 50 g di burro, 1 cucchiaio di semi di anice, 1 pizzico di cannella, 1 cucchiaio di bicarbonato di sodio, vino bianco.

In un pentolino fate sciogliere il miele assieme a qualche cucchiaio d'acqua; fondete il burro a bagnomaria; tagliate il cioccolato a pezzettini; lasciate ammorbidire l'uva passa in poco vino quindi strizzatela. Mescolate tutti gli ingredienti lavorando la pasta con energia, quindi sistematela in una larga tortiera imburrata e passate al forno già caldo per circa un'ora. È ottimo consumato freddo.

Ciambella (Emilia Romagna)

◆ Tempo: 1 ora ✱ Difficoltà: facile

❖ 400 g di farina, 150 g di zucchero, 100 g di latte, 3 uova, 80 g di burro, 20 g di lievito per dolci, zucchero in grani, sale.

Mischiate la farina allo zucchero, al lievito e a un pizzico di sale, poi disponetela a fontana sul piano di lavoro e in un incavo centrale mettete il burro, precedentemente ammorbidito e a pezzetti, e due uova. Senza manipolare troppo a lungo, impastate gli ingredienti fino a ottenere una pasta morbida che disporrete a mo' di ciambella sulla piastra del forno imburrata e infarinata. Fate qualche incisione sulla superficie della ciambella, spennellatela con un tuorlo d'uovo e cospargetela di zucchero in grani. Fate cuocere in forno moderatamente caldo per circa mezzora, finché cioè la superficie non sarà dorata. Tra le varianti di questa nota ricetta segnaliamo quella che prevede l'aggiunta di un cucchiaino di grappa all'impasto.

Ciambella con il vino (Molise)

◆ Tempo: 45 minuti + 1 ora ✱ Difficoltà: facile

❖ 250 g di farina, 100 g di vino rosso, 120 g di zucchero, 100 g d'olio extravergine d'oliva, burro.

In una terrina mettete l'olio, il vino, lo zucchero e la dose di farina che aumenterete se l'impasto, che deve risultare omogeneo e consistente, lo richiedesse. Impastate bene e lasciate riposare per circa un'ora. Quindi imburrate una teglia e disponete l'impasto a forma di ciambella. Infornate e fate cuocere per una mezzora a calore moderato. Questo semplice dolce molisano è ottimo da inzuppare nel latte per colazione.

Colomba pasquale

◆ Tempo: 1 ora + 3 ore e 30 minuti ✱ Difficoltà: media

❖ 550 g di farina, 5 uova, 1 limone, 150 g di scorze di cedro e di arancia candite, 50 g di mandorle spellate, 200 g di burro, 170 g di zucchero, 50 g di zucchero in grani, 25 g di lievito di birra, 1/2 bicchiere di latte, sale.

Impastate 100 g di farina con il lievito fatto prima sciogliere in due cucchiai d'acqua tiepida, fino a formare una pasta consistente (eventualmente aiutatevi con un poco d'acqua tiepida). In una bacinella versate dell'acqua a 30 °C e immergeteci il panetto di pasta lievitante sulla cui superficie avrete praticato un'incisione a croce; coprite e lasciate riposare in ambiente caldo finché non avrà raddoppiato il volume e non sarà venuto a galla. Sul piano di lavoro infarinato mischiate la farina con il sale, 150 g di zucchero e la scorza di limone grattugiata, disponendo poi il tutto a fontana; nel mezzo mettete quattro uova e 120 g di burro fatto precedentemente ammorbidire e tagliato a pezzetti. Con la punta delle dita iniziate a impastare le uova e il burro richiamando poca alla volta la farina dei bordi; poi, man mano che l'impasto si farà più duro, aiutatevi con il latte. Dovrete ottenere una pasta soda ed elastica che stenderete un po' con i polpastrelli per farle accogliere il panetto di pasta lievitante sgocciolato dall'acqua; amalgamate i due impasti con cura, poi fateli riposare in una terrina infarinata e coperta da un canovaccio posta in ambiente caldo. Quando avrà aumentato il suo volume di un terzo, rimettete la pasta sul piano di lavoro infarinato e incorporatevi 40 g di burro fatto ammorbidire e tagliato a pezzetti e i canditi tagliati a dadini: fate in modo che questi ultimi si distribuiscano uniformemente all'interno della pasta. Rimettete la pasta a riposo nella zuppiera infarinata e coperta con un canovaccio, lasciandola al caldo finché non avrà raddoppiato il volume. Riprendete nuovamente la pasta e impastatela con altri 40 g di burro fatto ammorbidire e tagliato a pezzetti, poi disponetela in uno stampo per colombe imburrato e infarinato, livellando bene la superficie con una spatola. Coprite con un canovaccio e fate lievitare al caldo. Spennellate la superficie con l'uovo rimasto sbattuto e distribuite le mandorle facendole leggermente affondare nell'impasto, spolverate il dolce con lo zucchero rimasto e quindi con lo zucchero in granella. Infornate a 200 °C per 10 minuti, poi abbassate il forno a 170 °C e cuocete per mezzora; se la superficie si scurisse troppo proteggetela con un foglio di carta d'alluminio. Lo stesso impasto può essere utilizzato per preparare la veneziana, dolce tipico che ha la forma di un pane tondo. Se non disponete di una tortiera adatta potrete cuocerlo poggiandolo sulla piastra del forno unta e infarinata o protetta con carta da forno oliata, costringendolo ai bordi con un cerchio di cartoncino per mantenerlo compatto.

Dolce de fregoloti (Trentino-Alto Adige)

◆ Tempo: 40 minuti ✶ Difficoltà: facile

❖ 300 g di farina, 150 g di burro, 100 g di zucchero, 70 g di mandorle sgusciate, 1 tuorlo, 1 bicchierino di grappa, 1 cucchiaino di miele, bicarbonato, un pizzico di sale.

Montate il burro (se vi è possibile procuratevi del burro di malga) con lo zucchero, quindi aggiungetevi, mescolando, il tuorlo, un pizzico di sale e la grappa. Poi unite la farina precedentemente setacciata e mescolata con un pizzico di bicarbonato e le mandorle precedentemente macinate. Disponete l'impasto a fiocchi in una tortiera da crostate imburrata con cura, e cuocete in forno preriscaldato a 150 °C per 15 minuti. Tagliate il dolce ancora tiepido per evitare che si sbricioli.

Dolce di zucca

◆ Tempo: 1 ora ✶ Difficoltà: facile

❖ 100 g di farina bianca, 50 g di farina di grano saraceno, 500 g di zucca, 3 mele, 50 g di uva passa, alcune prugne secche, olio extravergine d'oliva, sale.

Lavate e mettete l'uva passa a rinvenire in poca acqua tiepida. Cuocetela quindi a fuoco lento nell'acqua dell'ammollo assieme alla zucca tagliata a pezzi, unendo un pizzico di sale. Passate il tutto al passaverdura e mescolate la purea ottenuta alle farine incorporandovi una mela tagliata a dadini. Ungete quindi una teglia con poco olio, versatevi l'impasto e ricopritelo con altre due mele affettate molto sottilmente e le prugne snocciolate e tagliate a pezzetti. Infornate poi a 200 °C per 40 minuti circa. Togliete infine dal forno dopo aver controllato con uno stecchino che l'interno del dolce sia abbastanza asciutto e servite preferibilmente freddo.

Frustingolo (Marche)

◆ Tempo: 1 ora e 15 minuti ✱ Difficoltà: facile

❖ 1 kg di fichi secchi, 1 kg di noci, 500 g di mandorle, 400 g di uva passa, 1 confezione di cioccolato amaro, 200 g di zucchero, 200 g abbondanti di farina, 1 bicchiere d'olio extravergine d'oliva.

Ammorbidite in un po' d'acqua tiepida i fichi secchi e l'uva passa precedentemente lavati; nel frattempo sgusciate le noci e le mandorle. In una terrina unite uno per volta tutti gli ingredienti, avendo cura di tagliare a pezzetti il cioccolato, i fichi, le noci e le mandorle. Amalgamate, quindi ungete una teglia e disponetevi l'impasto. Infornate per un'ora.

Gubana (Friuli)

◆ Tempo: 1 ora e 10 minuti ✱ Difficoltà: media

❖ Pasta sfoglia surgelata, 100 g di uva zibibbo, 100 g di uva passa, 100 g di gherigli di noce, 4 fichi secchi, 4 prugne secche, 50 g di cedro candito, 50 g di pinoli, 50 g di cioccolato fondente (facoltativo), 3 uova, 1 limone, 1 arancia, qualche biscotto secco, 1 bicchiere di vino bianco dolce, burro, zucchero.

Dedicatevi alla preparazione del ripieno. In una terrina unite le noci, le prugne e i fichi tritati con pinoli, canditi, cioccolato grattugiato (se gradito), biscotti sbriciolati, buccia grattugiata del limone e dell'arancia e i due tipi di uva fatti prima ammorbidire nel vino bianco e sgocciolati; impastate il tutto con l'aiuto di 2 tuorli sbattuti e di un albume montato a neve. Srotolate la pasta sfoglia pronta formando un rettangolo; distribuite il ripieno sulla pasta arrivando fino a 3 cm dal bordo. Avvolgete la pasta a mo' di rotolo e poi disponetela a spirale in una tortiera. Spennellate la superficie della gubana con tuorlo d'uovo e spolverate con dello zucchero, quindi fate cuocere in forno caldo per tre quarti d'ora circa.

Natalino (Veneto)

◆ Tempo: 1 ora e 30 minuti + 4 ore ✱ Difficoltà: media

⁘ 500 g di farina, 200 g di burro, 150 g di zucchero, 3 uova, succo di limone, vanillina, 60 g di lievito di birra, sale.

Tipico dolce natalizio della tradizione veronese. Come lo stesso nome rivela, il "nadalín" classico prevede una forma a stella a cinque punte con un rigonfiamento centrale. Impastate dunque le uova con la farina, il burro, lo zucchero, il succo di mezzo limone, il lievito sciolto in un po' d'acqua tiepida, completando il tutto con un po' di sale e un pizzico di vanillina. Disponete l'impasto nel caratteristico stampo a stella e fatelo lievitare per 4 ore. Una volta lievitato, mettete in forno a calore moderato (150 °C) per circa un'ora.

Pandolce (Liguria)

◆ Tempo: 1 ora e 30 minuti + 6 ore ✱ Difficoltà: media

⁘ 500 g di farina, 100 g di uva passa, 100 g di pinoli, 50 g di cedro candito, 120 g di zucchero, 100 g di burro, 25 g di lievito di birra.

In una terrina mescolate 100 g di farina con il lievito sciolto in poca acqua tiepida. Impastate e formate una palla che lascerete nella terrina a lievitare in luogo caldo per qualche ora. Disponete la farina rimanente a fontana sopra un piano di lavoro. Nel centro mettete la pasta lievitata, il burro ammorbidito, lo zucchero, i pinoli, l'uva passa precedentemente lasciata rinvenire in acqua tiepida, il cedro candito tagliato a pezzetti. Impastate bene finché otterrete un impasto morbido che metterete sopra la placca del forno imburrata e lascerete riposare in luogo tiepido per 3 ore circa. Dopo questo tempo l'impasto sarà ben lievitato, fatelo quindi cuocere per un'ora in forno a calore moderato.

Pandoro (Veneto)

◆ Tempo: 2 ore + 8 ore ✱ Difficoltà: difficile

✣ 500 g di farina, 150 g di zucchero, 200 g di burro, 5 uova, vanillina, 40 g di lievito di birra.

La ricetta del celeberrimo pandoro veronese è ben protetta dagli industriali del mitico dolce. Noi forniamo questa che, pur senza pretese, vi aiuterà a confezionare un pandoro casalingo per niente disprezzabile.
In una grossa terrina lavorate il lievito sciolto in poca acqua, 90 g di farina, un tuorlo d'uovo e 10 g di zucchero; ricoprite con una tela pulita e lasciate riposare in un luogo tiepido per 3-4 ore. Impastate quindi 150 g di farina con 30 g di burro fuso a bagnomaria, 70 g di zucchero e due tuorli d'uovo. Aggiungetevi il composto preparato in precedenza e dopo averlo perfettamente amalgamato con una lunga lavorazione manuale, lasciate riposare la pasta per un paio d'ore. Ora mettete nell'impasto il resto della farina, 50 g di zucchero, 30 g di burro, leggermente fuso a bagnomaria, due uova e rilavorate la pasta con energia, lasciando riposare per altre 2 ore.

Trascorso questo ulteriore periodo lavorate nuovamente la pasta, mettete un pizzico di vanillina e tiratela a sfoglia aggiungendo il resto del burro al centro. Chiudete quindi la sfoglia rivoltandone i lembi fino a formare un pacchetto, tirate una sfoglia grossolana; eseguite un paio di volte. Fate riposare la pasta ancora una mezzora, quindi ripetete nuovamente le fasi dell'ultima operazione.
Disponete infine l'impasto a forma di palla in uno stampo imburrato spolverato di zucchero e fatelo lievitare in un luogo tiepido. Allorché la pasta avrà raggiunto l'orlo dello stampo, infornate a temperatura media, lasciando cuocere per tre quarti d'ora, abbassando la fiamma dopo un quarto d'ora dall'introduzione in forno.

Panettone (Lombardia)

◆ Tempo: 2 ore e 30 minuti + 6 ore ✱ Difficoltà: difficile

✣ 700 g di farina, 250 g di zucchero, 225 g di burro, 200 g di uva passa, 70 g di scorze di cedro e di arancia candite, 6 uova, 2 limoni, mandorle, 20 g di lievito di birra, olio d'oliva, burro, sale.

Preparate la pasta lievitante facendo sciogliere il lievito in qualche cucchiaio d'acqua tiepida, unite 100 g di farina e ancora tanta acqua quanta sarà necessaria a ottenere un panetto consistente. Praticate sulla superficie un'incisione a croce e fatelo riposare per circa mezzora in un recipiente ben coperto e tenuto in ambiente caldo.
In una zuppiera ponete metà della farina rimasta e impastatela al panetto di lievito con tanta acqua necessaria a ottenere la stessa consistenza precedente; rimettete il tutto a riposare nella zuppiera infarinata e ben coperta in ambiente caldo fin quando la pasta non avrà raddoppiato il volume.
Riprendete allora l'impasto e, lavorandolo in una zuppiera capiente, amalgamatevi la farina rimasta, il burro fatto scio-

gliere a bagnomaria, lo zucchero fatto sciogliere mescolandolo accuratamente ai tuorli d'uovo, un pizzico di sale e la scorza dei limoni grattugiata; se fosse necessaria unite un po' d'acqua tiepida in modo da ottenere un impasto soffice e lucido. Mescolate con cura e poi aggiungete anche i canditi tagliati a dadini e l'uva passa precedentemente fatta rinvenire in acqua tiepida, asciugata e infarinata.
Rivestite uno stampo adatto (preferibilmente tondo e con i bordi alti) di carta oleata che ungerete con olio o burro; disponetevi all'interno l'impasto, praticate sopra un taglio a croce e decorate con alcune mandorle spellate che premerete in modo che penetrino leggermente nella pasta.
Infine infornate a 200 °C per circa 10 minuti, poi abbassate a 170 °C per altri 30-40 minuti.

Pangiallo (Lazio)

◆ Tempo: 1 ora + 12 ore ✱ Difficoltà: facile

❖ 300 g di farina, 50 g di uva passa, 30 g di scorza d'arancia candita, 30 g di mandorle spellate, 20 g di pinoli, 1 cucchiaio di zucchero, 1 pizzico di cannella in polvere, 20 g di lievito di birra, 2 cucchiaini d'olio extravergine d'oliva, 20 g di farina, 1 pizzico di zafferano.

Disponete 280 g di farina a fontana, aggiungete il lievito e poco zucchero sciolti in acqua tiepida, e impastate: deve risultare un impasto un po' più morbido di quello del pane. Unite l'arancia candita, i pinoli, le mandorle, l'uva passa ammollata in acqua tiepida, e un pizzico di cannella in polvere. Impastate formando una pagnotta che farete lievitare coperta con un canovaccio, in un luogo caldo, per 12 ore. Preparate quindi la pastella con acqua, 20 g di farina, olio e un pizzico di zafferano; spalmate il composto ottenuto sulla pagnotta e mettetela in forno a 180 °C per 40 minuti.

Panpepato (Toscana)

◆ Tempo: 1 ora + 2 ore ✱ Difficoltà: media

❖ 350 g di farina, 125 g di mandorle, 250 g di miele, 125 g di zucchero, 120 g di cioccolato fondente, 1 limone piccolo, 2 uova, 1 chiodo di garofano, pimento, 1/2 bustina di lievito, 6 dl d'olio extravergine d'oliva, pepe, sale.

Fate sciogliere in una casseruola il miele con lo zucchero e l'olio mescolando con cura. Mischiate la farina con il lievito e una presa di pepe, il chiodo di garofano polverizzato, due prese di pimento e un pizzico di sale. Impastate gli ingredienti incorporando le uova una alla volta, unite poi lo sciroppo di miele e la scorza grattugiata di limone. Fate riposare la pasta coperta con un canovaccio in un luogo buio e fresco per 2 ore prima di darle forma e passarla al forno per la cottura. Cuocete il panpepato per circa mezzora a 180 °C. Fate sciogliere a bagnomaria il cioccolato e ricopriteci il panpepato.

Parrozzo (Abruzzo)

◆ Tempo: 1 ora e 10 minuti ✱ Difficoltà: media

❖ 70 g di farina, 70 g di fecola di patate, 5 uova, 130 g di zucchero, 100 g di burro, 70 g di mandorle dolci spellate, 50 g di mandorle amare spellate, 150 g di cioccolato fondente.

Tritate il più finemente possibile le mandorle e amalgamatele a 40 g di zucchero. Mettete i tuorli e il rimanente zucchero in una terrina, e sbatteteli a lungo. Unite la polvere di mandorle, la farina e la fecola, alternandole e passandole al setaccio, e infine il burro, precedentemente sciolto a bagnomaria e fatto raffreddare. Montate gli albumi a neve ben soda e aggiungeteli delicatamente al composto. Versate il tutto in uno stampo imburrato con forma a cupola, e mettete in forno già caldo a 180 °C per circa 40 minuti. A cottura ultimata, lasciate raffreddare. Riducete a pezzetti il cioccolato, fatelo sciogliere in un pentolino a fuoco bassissimo, versatelo sulla torta e, con una spatola, stendetelo in uno strato sottile.

Pastiera (Campania)

◆ Tempo: 2 ore ✶ Difficoltà: difficile

❖ Pasta frolla dolce pronta, 500 g di ricotta, 200 g di frumento precotto o fatto ammorbidire per qualche giorno in acqua, 200 g di zucchero, 50 g di zucchero a velo, 40 g di cedro candito, 40 g di arancia candita, 5 uova, 1 limone, cannella, 2 dl di latte, 30 g di burro, sale.

In una casseruola fate cuocere mescolando il frumento con il latte, la scorza grattugiata di mezzo limone e il burro per una decina di minuti. Amalgamate alla ricotta lo zucchero, la scorza grattugiata del rimanente mezzo limone, un pizzico di cannella e uno di sale; lavoratela a lungo fino a ottenere una crema cui aggiungerete la frutta candita tritata. Unite i tuorli di 4 uova, la crema di frumento e in ultimo tre albumi montati a neve. Prendete la pasta frolla, (toglietene un terzo e mettetelo da parte) e foderate una tortiera unta e infarinata; versate l'impasto, abbassate i bordi verso l'interno e, con la pasta lasciata da parte, formate delle listarelle spesse circa 1/2 cm, disponetele sulla torta a mo' di grata e spennellatele con l'uovo rimanente sbattuto. Cuocete in forno caldo per circa un'ora; servite spolverando con zucchero a velo.

Pinza (Trentino-Alto Adige)

◆ Tempo: 2 ore + 2 ore ✶ Difficoltà: media

❖ 200 g di farina bianca, 200 g di farina di mais fine, 200 g di zucchero, 4 uova, 80 g di canditi a cubetti, 60 g di uva passa, 1 grossa mela grattugiata, 1 limone, 25 g di lievito di birra, latte, burro, sale.

Dopo aver accuratamente mescolato le due farine, aggiungete il lievito sciolto in un po' d'acqua tiepida, lo zucchero, le uova e un pizzico di sale. Impastate il tutto con latte sufficiente a ottenere una pasta semisoda; continuate a lavorarla aggiungendo i canditi, l'uva passa lavata, lasciata in ammollo e strizzata, la mela grattugiata e il succo e la buccia grattugiata del limone. Quando avrete amalgamato molto bene tutti gli ingredienti, mettete la pasta a lievitare in uno stampo imburrato e in luogo caldo per 2-3 ore. Quindi infornate a calore moderato per un'ora circa.

Rotolo ripieno

◆ Tempo: 45 minuti ✱ Difficoltà: facile

❖ 50 g di farina, 50 g di zucchero, 2 uova, vaniglia, sale, marmellata o crema pasticciera.

Di facile preparazione, i rotoli ripieni prevedono una base di soffice pasta farcita con diverse combinazioni di crema, panna montata o frutta. Vediamo innanzitutto come preparare la pasta. Mescolate con cura le uova e fatevi sciogliere lo zucchero finché il composto non avrà consistenza cremosa e fluida, insaporite con la vaniglia e un pizzico di sale poi amalgamatevi, sempre mescolando con cura, la farina.
Versate il composto sulla piastra del forno unta, zuccherata e infarinata (o coperta con carta da forno zuccherata e infarinata) e, dopo averlo pareggiato, fatelo cuocere in forno caldo per circa 15 minuti. Sfornate e coprite con un canovaccio umido. Quando si sarà raffreddata, aiutandovi con un coltello rove-

sciate la pasta sul canovaccio o su un foglio di carta oleata e farcitela a vostro piacere, lasciando liberi 3-4 cm di uno dei bordi più corti. Dopo averla farcita, aiutandovi con il canovaccio, arrotolate la pasta su se stessa, iniziando dal lato corto farcito e terminando verso quello corto non farcito.
Potrete scegliere di servire il rotolo lasciandolo intero o già tagliato a fette decorandolo con crema di frutta, crema al cioccolato, frutta fresca o spolverizzandolo di zucchero. In qualunque modo sceglierete di servirlo sarà senz'altro gustosissimo e saporito.

Sbrisolona (Lombardia)

◆ Tempo: 1 ora e 30 minuti ✱ Difficoltà: media

❖ 200 g di farina, 200 g di farina di mais fine, 200 g di mandorle spellate, 2 uova, 150 g di zucchero, 120 g di burro, 100 g di strutto, 1 limone, vanillina, 1 pizzico di sale, zucchero a velo.

Sul piano di lavoro disponete a fontana le farine mescolate tra loro e nel centro mettete lo zucchero, le mandorle tritate, i tuorli, la scorza grattugiata del limone, un pizzico di sale e uno di vanillina. Mescolate bene tra loro gli ingredienti, poi riformate la fontana e nel centro mettete il burro fatto ammorbidire e lo strutto, e rimpastate bene il tutto. Non preoccupatevi se non riuscite a ottenere un impasto compatto: l'importante è che i singoli ingredienti si amalgamino bene tra loro. Imburrate e infarinate una tortiera, quindi distribuite all'interno la pasta sbriciolandola accuratamente così da formare uno strato uniforme. Prima di infornare battete con un paio di colpi secchi la base dello stampo sul piano di lavoro, in modo da colmare gli eventuali spazi vuoti che si potrebbero formare fra le "briciole" della pasta. Fate quindi cuocere in forno a 180 °C per un'ora; lasciate raffreddare e servite spolverizzando con abbondante zucchero a velo.

Strudel di mele (Trentino-Alto Adige)

◆ Tempo: 1 ora + 30 minuti ✱ Difficoltà: media

❖ 250 g di farina, 1 uovo, 2 cucchiai d'olio d'oliva, sale.
PER IL RIPIENO: 2 kg di mele, 250 g di burro, 150 g di pangrattato, 80 g di zucchero, 50 g di uva passa, 50 g di pinoli, cannella, limone.

Disponete la farina sul piano di lavoro e con una mano impastatela energicamente insieme con l'uovo, l'olio e un pizzico di sale, mentre con l'altra versate molto lentamente tanta acqua quanto basta a darle consistenza (la quantità sarà circa mezzo bicchiere). Lavorate la pasta fino a renderla liscia ed elastica, formate una palla che ungerete e farete riposare per 30 minuti in un luogo fresco e buio. Nel frattempo preparate le mele sbucciate, private del torsolo e tagliate a fette sottili e fate tostare il pangrattato in 150 g di burro. Stendete la pasta su un canovaccio infarinato; aiutandovi sia con il matterello che tirando con le mani, fate in modo che raggiunga uno spessore sottilissimo: fate molta attenzione che non si rompa. Spennellate la sfoglia con il rimanente burro fatto liquefare. Distribuite il ripieno in modo che rimanga libera una fascia finale: prima distribuite il pangrattato, su di esso uno strato di mele a fettine e cospargete il tutto con lo zucchero, uva passa (che avrete precedentemente fatto rinvenire in acqua tiepida), pinoli, scorza grattugiata di limone.

Con molta delicatezza e aiutandovi con il canovaccio arrotolate lo strudel iniziando dal lato con il ripieno, poggiatelo poi su una teglia unta e spennellatelo con il burro fuso. Fate cuocere lo strudel in forno caldo per circa 30 minuti e servitelo ancora tiepido, cospargendo la superficie con abbondante zucchero a velo. La buona riuscita di questo dolce, un classico della tradizione trentina, è data dalla qualità delle mele: cercate di usarne un tipo molto saporito.

Torcolo (Umbria)

◆ Tempo: 1 ora ✶ Difficoltà: facile

❖ 400 g di farina, 200 g di zucchero, 150 g di pinoli, 50 g di frutta candita, 50 g di uva passa, 1 uovo, 1 pizzico di semi di anice, 10 g di bicarbonato, 60 g di burro, sale.

Tagliate a dadini la frutta candita, spezzettate l'uva passa, tostate in forno i pinoli per circa 3 minuti e pestateli nel mortaio. Versate la farina a fontana sul tavolo e nell'incavo mettete il burro ammorbidito, i pinoli, lo zucchero, il bicarbonato, i semi di anice, l'uovo e un pizzico di sale.

Amalgamate tutti gli ingredienti impastando per alcuni minuti; incorporatevi la frutta candita e l'uva passa e formate una ciambella. Imburrate e infarinate leggermente la placca del forno, disponetevi sopra il torcolo e mettete in forno caldo; cuocete a temperatura moderata (200 °C) per circa mezzora, fino a quando la superficie diventerà dorata. Lasciate raffreddare prima di servire.

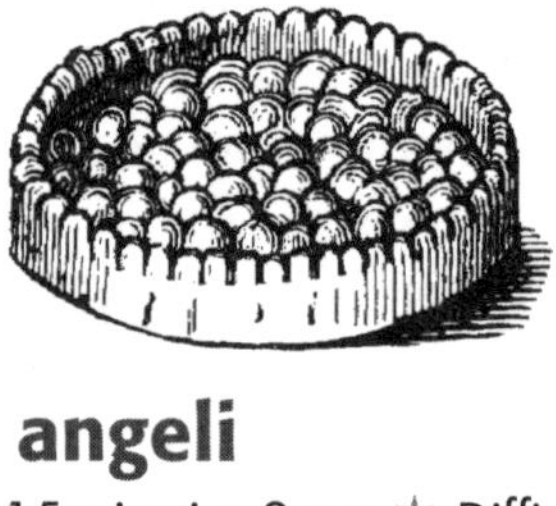

Torta degli angeli

◆ Tempo: 1 ora e 15 minuti + 2 ore ✶ Difficoltà: facile

❖ 250 g di farina, 3 uova, 50 g di mandorle in scaglie, 50 g di zucchero, 1 baccello di vaniglia, 85 g di latte, 30 g di lievito di birra, 40 g di burro, sale.

Fate scaldare il latte con la vaniglia per aromatizzarlo, poi toglietela e quando si sarà intiepidito stemperateci il lievito.

Sul piano di lavoro mettete la farina mista allo zucchero e a un pizzico di sale; in un incavo centrale versate il burro ammorbidito e tagliato a pezzetti, i tuorli d'uovo e il latte con il lievito. Lavorate a lungo in modo da ottenere un impasto morbido ed elastico che coprirete con un canovaccio e farete riposare in luogo tiepido per circa un'ora e mezza. Nel frattempo ungete e infarinate uno stampo di forma rettangolare, e cospargetene i lati con un po' di mandorle a scaglie.

Riprendete l'impasto e lavoratelo per qualche minuto, poi dividetelo in tre pezzi da cui otterrete dei cilindri di pasta di uguali dimensioni e lunghi poco più dello stampo. Intrecciate i cilindri di pasta tra loro e disponete la treccia nello stampo; coprite con un canovaccio e fate riposare in luogo tiepido fin quando la pasta non avrà raddoppiato il suo volume. Lucidatene la superficie con dell'albume e spolverate con mandorle a scaglie e qualche grano di zucchero, poi fate cuocere in forno caldo per circa tre quarti d'ora.

Torta di amaretti

◆ Tempo: 1 ora ✱ Difficoltà: facile

✣ 220 g di amaretti, 200 g di zucchero, 7 uova, 1 limone, 70 g di pangrattato, 1/2 bustina di lievito, liquore all'amaretto, zucchero a velo.

Sbriciolate gli amaretti avvolgendoli in un tovagliolo e frantumandoli con un batticarne. Mescolate con cura lo zucchero insieme con i tuorli fino a che l'impasto non si sarà fatto chiaro e gonfio; a questo punto incorporate, mescolando con delicatezza, gli albumi montati a neve. Unite al composto anche gli amaretti polverizzati e il pangrattato, ammorbidendo con un bicchierino di liquore all'amaretto e il succo del limone. Ultimate aromatizzando con la scorza grattugiata del limone e infine unite il lievito. Mettete a cuocere in forno a calore moderato per circa 40 minuti. Prima di servire guarnite con zucchero a velo e piccoli amaretti.

Torta di carote (Trentino-Alto Adige)

◆ Tempo: 1 ora ✶ Difficoltà: facile

❖ 300 g di carote, 300 g di mandorle sgusciate, 300 g di zucchero, 4 uova, 1 limone, 1 bicchierino di rum, 1 cucchiaio di farina.

Lavorate a lungo lo zucchero con i tuorli d'uovo fino a ottenere un impasto omogeneo e cremoso al quale unirete, mescolando con cura, la farina, le carote grattugiate, le mandorle tritate, la buccia di limone grattugiata e il liquore. In ultimo amalgamatevi con molta delicatezza gli albumi montati a neve. Versate l'impasto in una tortiera unta e infarinata e fate cuocere in forno caldo per circa tre quarti d'ora.
Se non gradite il liquore, si può aromatizzare questa torta con un pizzico di noce moscata, del miele o del succo di limone, allungando l'impasto con un po' d'acqua tiepida, se occorresse.

Torta di cioccolato

◆ Tempo: 1 ora e 30 minuti ✶ Difficoltà: facile

❖ 200 g di farina, 100 g di cioccolato fondente, 30 g di cacao amaro, 3 uova, 150 g di zucchero, 100 g di burro, 1 bustina di lievito, zucchero a velo, sale.

In un tegamino fate sciogliere a bagnomaria il cioccolato grattugiato insieme con un po' d'acqua.
Nel frattempo lavorate a lungo il burro con lo zucchero fino a ottenere una crema spumosa; amalgamatevi quindi uno alla volta i tuorli delle uova, il cacao amaro e il cioccolato fuso e lasciato intiepidire. Sempre mescolando con cura unite poca alla volta la farina mischiata al lievito e a un pizzico di sa-

le; quindi aggiungete gli albumi montati a neve, mescolando con molta delicatezza dal basso verso l'alto. Versate infine il composto in una teglia che avrete prima unto di burro e infarinato e fate cuocere in forno moderato per circa un'ora (la torta sarà pronta quando introducendo uno stecchino questo ne risulterà asciutto). Sfornate e fate raffreddare la torta, quindi ricopritela con zucchero a velo.

Torta di fichi (Calabria)

◆ Tempo: 1 ora e 10 minuti ✱ Difficoltà: facile

❖ 300 g di farina, 600 g di fichi freschi, 1 uovo, 1 limone, 1 bicchiere di marsala, 3 cucchiai di zucchero, 1 bustina di lievito, burro.

Pulite con un canovaccio i fichi (che non devono essere troppo maturi), tritateli finemente senza privarli della loro buccia e metteteli in una terrina. Aggiungete la farina, lo zucchero, l'uovo e la scorza grattugiata del limone; amalgamate con cura unendo anche il marsala e, per ultimo, il lievito. Mescolate a lungo fino a ottenere una pasta morbida e omogenea. Imburrate una teglia, versate il composto e mettete in forno caldo per circa tre quarti d'ora.

Torta di mandarini

◆ Tempo: 1 ora e 30 minuti ✱ Difficoltà: media

❖ PER LA PASTA: 3 uova, 250 g di farina, 150 g di zucchero, sale, la scorza di 5 mandarini, 1 bustina di lievito in polvere, 1/2 bicchiere di liquore al mandarino.
PER LA FARCIA: 50 g di farina, 100 g di zucchero succo di 5 mandarini.

Lavorate le uova con lo zucchero e una presa di sale. Sempre mescolando incorporate la scorza dei mandarini, il burro ammorbidito, la farina, il lievito e il liquore. Amalgamate delicatamente gli ingredienti, quindi versate il composto in uno stampo unto di burro e infarinato. Fate cuocere per 45 minuti nel forno già caldo a 180 °C, quindi sfornate e lasciate raffreddare la torta su una gratella. Preparate la farcitura: sciogliete a bagnomaria 50 g di farina con lo zucchero rimanente in una casseruola e aggiungete il succo dei mandarini. Quando il composto si sarà addensato, fate raffreddare. Dividete la torta in 2 dischi e farcitela con la farcia fredda.

Torta di mandorle

◆ Tempo: 1 ora ✶ Difficoltà: facile

✧ 100 g di farina bianca, 50 g di farina di mais fine, 100 g di mandorle, 6 uova, 100 g di zucchero, scagliette di mandorle, burro, sale.

Pelate le mandorle tuffandole in acqua bollente, poi asciugatele (eventualmente passatele velocemente in forno caldo) e tritatele finemente con l'aiuto di un pestello o di un tritatutto elettrico, quindi mischiatele accuratamente ai due tipi di farina. Fate sciogliere lo zucchero mescolandolo con i tuorli d'uovo fino a quando il composto non raggiunge una consistenza decisamente spumosa.
Unite allora, poco per volta, la farina con le mandorle, gli albumi montati a neve ben ferma – mescolate lentamente dal basso verso l'alto – e un pizzico di sale. Versate il composto in una tortiera imburrata e infarinata e spolveratene la superficie con le mandorle tagliate a scagliette. Infornate per circa mezzora in forno già caldo.

Torta di riso

◆ Tempo: 1 ora e 15 minuti ✶ Difficoltà: facile

✧ 500 g di riso, 250 g di zucchero, 100 g di cacao amaro, 70 g di pinoli, 3 uova, 1 limone, 1 baccello di vaniglia, cannella, 1 l di latte, liquore (facoltativo), burro, sale.

Fate bollire il latte aromatizzandolo con la vaniglia e un pizzico di sale; togliete la vaniglia e fatevi cuocere il riso per un quarto d'ora. Adesso spegnete la fiamma e fate raffreddare: facendo in questo modo il riso assorbirà tutto il latte.
Incorporate al riso i tuorli delle uova, lo zucchero, il cacao, i pinoli, la buccia grattugiata del limone e un pizzico di cannella; soltanto se lo si gradisce è possibile aromatizzare il composto con qualche cucchiaio di liquore. Versate l'impasto in una tortiera unta con il burro e infarinata e fate cuocere in forno caldo per circa 50 minuti.

Torta di tagliatelle (Lombardia)

◆ Tempo: 1 ora e 30 minuti + 30 minuti ✳ Difficoltà: media

❖ PER LA PASTA FROLLA: 300 g di farina, 2 uova, 120 g di zucchero, 80 g di burro.
PER LE TAGLIATELLE: 130 g di farina, 1 uovo.
PER IL RIPIENO: 120 g di mandorle dolci sgusciate, 15 g di mandorle amare sgusciate, 50 g di cioccolato in polvere, 100 g di zucchero, 100 g di burro, 1 bicchierino di Sassolino, 1/2 limone.
PER COMPLETARE: 20 g di cedro candito, 20 g di burro, zucchero a velo.

Cominciate dedicandovi alla preparazione di una pasta frolla utilizzando gli ingredienti consigliati. Mescolate la farina allo zucchero e disponete il tutto a fontana sul piano da lavoro. Nel centro versate il burro ammorbidito e ridotto a pezzetti, i tuorli delle uova, impastate velocemente sino a quando l'impasto risulti morbido e omogeneo e quindi dategli la forma di una palla e lasciatela riposare per circa 30 minuti, coperta da un tovagliolo.
Passate quindi a preparare le tagliatelle utilizzando l'uovo e la farina che serve per ottenere un impasto solido: lavoratelo abbastanza a lungo e poi stendete una sfoglia alquanto sottile e

lasciatela riposare, in modo che si asciughi un poco. Quindi arrotolatela su se stessa e tagliatela a sottilissime tagliatelline, che si apriranno subito. Preparate a parte il ripieno. Prima di tutto sbollentate le mandorle dolci, sgocciolatele, pelatele e tostatele leggermente in forno. Poi tritatele e impastatele con il burro, lo zucchero, le mandorle amare tritate, il cioccolato, il Sassolino e il succo di limone. Trascorso il tempo di riposo previsto, stendete la pasta frolla con un matterello sopra il piano di lavoro leggermente infarinato, poi trasferitela sul fondo di una tortiera, tenendo gli orli un po' alti e versatevi il ripieno, pareggiatelo e abbassate l'orlo di pasta frolla, così che ricopra leggermente il ripieno nella parte esterna.
Coprite infine con le tagliatelle, completate con il burro fuso, coprite con una carta oleata e infornate per circa mezzora a calore moderato (180 °C).
Dopo aver sfornato la torta, eliminate la carta oleata, cospargete la superficie con il cedro candito tagliato a pezzi molto piccoli e spolverate con abbondante zucchero a velo.
Prima di servire la torta lasciatela riposare al fresco per qualche ora.

Torta gianduia (Piemonte)

◆ Tempo: 1 ora e 20 minuti ✱ Difficoltà: facile

❖ 400 g di cioccolato fondente, 200 g di zucchero, 1 dl di panna, 125 g di burro, 90 g di farina, 9 uova, 90 g di fecola di patate, 70 di croccante alle nocciole, 1 cucchiaio di miele, 1 bustina di vanillina, 1 cucchiaio di gelatina di albicocche.

Fate fondere in un pentolino 70 g di cioccolato fondente, il burro, la vanillina e il croccante alle nocciole triturato. Nel frattempo prendete una pentolino e versateci dentro 9 tuorli, 5 albumi e lo zucchero, mettete a bagnomaria sul fuoco e sbattete tutto insieme aiutandovi con una frusta; una volta fatto, togliete dal fuoco, unite il cucchiaio di miele e continuate a mescolare con la frusta. Quando il composto si sarà freddato unite la farina, la fecola di patate e il cioccolato che avevate fuso all'inizio e continuate a mescolare. A questo punto prendete una teglia tonda e ricoprite la base con della carta da forno inumidita; versate poi tutto l'impasto e fate cuocere per circa 50 minuti a 180 °C. Una volta che la torta alla gianduia sarà cotta toglietela dal forno, fatela raffreddare e poi apritela in due; nel frattempo fate sciogliere insieme a bagnomaria 130 g di cioccolato e la panna, farcite gli strati della torta, richiudete e spalmate la superficie del dolce con la gelatina di albicocche ed infine ricoprite tutto con gli ultimi 200 g di cioccolato sempre fuso a bagnomaria.

Torta paradiso (Lombardia)

◆ Tempo: 1 ora e 10 minuti ✷ Difficoltà: facile

✣ 100 g di farina, 100 g di fecola, 4 uova, 1 limone, 200 g di zucchero, 200 g di burro, sale.

Separate i tuorli dagli albumi e lavorate a lungo i primi con lo zucchero, fino a ottenere una crema soffice e omogenea. Aggiungete, poca per volta, la farina mescolata alla fecola, sempre continuando a mescolare con cura in modo tale che non si formino fastidiosi grumi.

Unite poi il burro sciolto a bagnomaria, la buccia grattugiata del limone e un pizzico di sale. Per ultimi amalgamate all'impasto gli albumi montati a neve soda: eseguite questa operazione con movimenti dal basso verso l'alto.

Versate il composto nella tortiera unta e infarinata: il dolce lieviterà molto, quindi calcolate che l'impasto non deve superare i due terzi dei bordi.

Cuocete in forno caldo per circa tre quarti d'ora. La torta paradiso è ottima servita semplicemente spolverizzata con zucchero a velo, ma risulta eccellente anche farcita con marmellata o cioccolato. Ben avvolta in carta oleata o stagnola si conserva a lungo.

Tronchetto siciliano (Sicilia)

◆ Tempo: 1 ora e 50 minuti ✱ Difficoltà: media

❖ 50 g di fecola di patate, 50 g di amido di mais, 3 uova, 1 cucchiaino di lievito per dolci, 500 g di ricotta, 200 g di zucchero, 30 g di cioccolato fondente, scorze di agrumi canditi (arancia e cedro), zucchero a velo.

Sbattete in una terrina le uova con lo zucchero, fino a ottenere una crema bianca e spumosa. Incorporate l'amido, la fecola e il lievito, amalgamate delicatamente 3 albumi montati a neve con un pizzico di sale.

Versate il composto su una placca rivestita di carta da forno. Formate con il composto uno strato rettangolare e cuocetelo in forno a 180 °C per 20 minuti (deve restare abbastanza chiaro). Al termine della cottura capovolgete il rettangolo di pasta su un altro foglio di carta da forno, staccate la carta di cottura, arrotolatelo subito nella carta pulita e lasciatelo raffreddare. Lavorate la ricotta con lo zucchero, unitevi il cioccolato tagliato a pezzettini ed un cucchiaio di scorze di frutta candita tagliate a dadini; amalgamate bene gli ingredienti fino a formare una crema. Srotolate la pasta, farcitela con la crema di ricotta e arrotolatela di nuovo. Spolverizzate con abbondante zucchero a velo. Cuocete in forno caldo a 180 °C per circa 45 minuti.

Dolci al cucchiaio

Bavarese alle fragole

◆ Tempo: 30 minuti + 3 ore ✱ Difficoltà: facile

❖ 600 g di fragole, 250 g di zucchero, 4 dl di panna montata, 1 limone, 16 g di colla di pesce.
PER DECORARE: fragole fresche.

Dopo averle ben lavate mettete da parte una ventina di fragole per la decorazione e frullate le altre. Aggiungete al frullato lo zucchero, il succo di mezzo limone e tutta la scorza grattugiata. In poca acqua e a fuoco moderato sciogliete la colla di pesce e aggiungetela al frullato. Quando si sarà raffreddata, incorporatevi la panna montata, versate il composto nello stampo e mettetelo in frigorifero per 3 ore circa. Al momento di servire passate velocemente lo stampo sotto l'acqua calda e rovesciate la bavarese su un piatto da portata, decorandola con le fragole fresche.

Bavarese alle pesche

◆ Tempo: 30 minuti + 2 ore ✱ Difficoltà: facile

❖ 350 g di zucchero, 5 uova, 350 g di pesche, 1 dl di latte, 60 g di colla di pesce, 5 dl di panna montata, fettine di pesca.

Mettete la colla di pesce ad ammorbidire in poca acqua fredda. Bollite il latte e aggiungetevi, quando è ancora caldo, la colla di pesce strizzata. Amalgamate i tuorli sbattuti con lo zucchero, gli albumi montati a neve ben ferma, e la frutta (intera o frullata, a vostro piacimento). Fate raffreddare e amalgamate infine delicatamente la panna montata. Ponete a raffreddare in frigorifero per un paio di ore prima di servire. Decorate infine questa gustosa bavarese con fettine di pesca.

Bonet (Piemonte)

◆ Tempo: 3 ore e 30 minuti + 4 ore ✱ Difficoltà: facile

❖ 8 uova, 7 amaretti, 1 l di latte, 3 cucchiai di cacao, 250 g di zucchero, 1 cucchiaio di marsala, 1 limone.

In una ciotola sbattete i tuorli delle uova con otto cucchiai di zucchero. Unite il cacao, gli albumi montati a neve ferma e la scorza del limone alla quale avrete aggiunto gli amaretti polverizzati e il marsala. Versate lo zucchero rimasto in uno stampo da budino con buco al centro, fatelo caramellare e riempite poi lo stampo con il composto di uova.
Cuocete il budino a bagnomaria, per circa 3 ore nel forno a temperatura minima. Il bollore dell'acqua del bagnomaria dovrà essere minimo: il budino sarà pronto quando, introducendo uno stecchino, ne uscirà completamente asciutto.
Lasciate intiepidire, poi passate il dolce in frigorifero per un minimo di 4 ore.

Budino al caffè

◆ Tempo: 55 minuti ✱ Difficoltà: media

❖ 2 cucchiaini di caffè solubile, 4 uova, 100 g di zucchero, 5 dl di latte, burro.
PER DECORARE: ciuffetti di panna montata.

Ungete con il burro 4 stampini che possano resistere al calore e preriscaldate il forno a 180 °C. In un pentolino cuocete 50 g di zucchero con un paio di cucchiai d'acqua e il caffè solubile, mescolando continuamente sino a ottenere un caramello bruno che distribuirete negli stampini. Preparate quindi un bagnomaria nel quale immergerete gli stampini, dentro l'ac-

qua per 2/3. Amalgamate le uova allo zucchero rimasto, aggiungete lentamente il latte fatto prima scaldare, mescolate e fate cuocere fino a giungere quasi a bollore. Riempite con il composto gli stampini precedentemente immersi nel bagnomaria e cuocete in forno per 40 minuti circa. Prima di togliere dal forno controllate se il budino è pronto: premetelo leggermente con un dito e, nel caso non fosse denso, lasciate in forno per qualche minuto.
Sfornate, lasciate intiepidire e, infine, rovesciate i budini su piattini da portata; potete decorare questo gustoso budino con panna montata.

Budino al latte

◆ Tempo: 30 minuti + 2 ore e 15 minuti ✱ Difficoltà: media

❖ 150 g di mandorle, 150 g di zucchero, 50 g di frutta candita mista, 5 dl di latte, 2,5 dl di panna fresca, 2 bicchieri di maraschino, 1 stecca di vaniglia, 1 bustina di vanillina, 20 g di colla di pesce.
PER DECORARE: ciuffetti di panna montata.

Macerate nel maraschino la frutta tagliata a dadini. Scottate le mandorle in acqua bollente, pelatele e pestatele con un cucchiaio di zucchero e uno d'acqua. Portate il latte a ebollizione, levatelo dal fuoco e unite le mandorle, la stecca di vaniglia e la vanillina. Lasciate riposare un quarto d'ora, poi versate il latte in un pentolino filtrandolo attraverso un telo; riportatelo a ebollizione e aggiungete, mescolando, 100 g di zucchero e la colla di pesce ammollata in acqua fredda e strizzata; togliete dal fuoco e lasciate raffreddare.
Montate la panna con lo zucchero rimasto, versatela nel latte ormai freddo, unite i canditi scolati e 3 cucchiai di maraschino. Versate il composto in uno stampo bagnato con poco liquore e lasciatelo in frigorifero per circa 2 ore, poi servite questo delizioso budino.

Budino arancia e mandorle

◆ Tempo: 30 minuti + 2 ore ✷ Difficoltà: facile

❖ 3 arance, 5 uova, 100 g di zucchero, 2,5 dl di panna fresca, 50 g di mandorle, 2 cucchiai di Cointreau, 1 bustina di vanillina. PER DECORARE: spicchi d'arancia.

Lavate e sbucciate le arance, levando solo la parte gialla. Tagliate la scorza di 2 arance a striscioline e mettetele in una casseruola con abbondante acqua; fatele cuocere circa 10 minuti e scolatele molto bene. Sbollentate le mandorle, pelatele e tritatele finemente. In una casseruola montate i tuorli con lo zucchero e la vanillina, e diluite il composto con il succo delle arance, senza mai smettere di mescolare. Ponete ora la casseruola sul fuoco fino a che la crema non accennerà a bollire, quindi toglietela subito e lasciatela raffreddare.
Montate ora la panna e unitela alla crema fredda, assieme alle mandorle e ai pezzetti di scorza di arancia. Amalgamate bene il tutto e versate il composto in uno stampo da budino, col foro centrale, bagnato con il Cointreau. Mettete a raffreddare in frigorifero per almeno un paio di ore prima di servire il budino. Sformate e decorate con spicchi d'arancia.

Budino di castagne

◆ Tempo: 2 ore ✷ Difficoltà: media

❖ 500 g di castagne, 3 albumi, 250 g di zucchero, 6 dl di latte, 1 cucchiaino di essenza di vaniglia. PER DECORARE: ciuffetti di panna montata.

Con un coltello incidete una croce sulla parte piatta di ogni castagna; fatele lessare per 10 minuti.
Toglietele dall'acqua e sbucciatele, mentre sono ancora calde, eliminando anche la pellicina.
Fate bollire il latte, aggiungetevi lo zucchero e cuocetevi le castagne per 40 minuti. Passate il tutto a un setaccio o nel pas-

saverdura, insaporite con la vaniglia e lasciate raffreddare. Mettete 2 cucchiai di zucchero con 2-3 cucchiai d'acqua in uno stampo da 1 litro e fatelo caramellare su fiamma moderata, ruotando lo stampo tra le mani per rivestire fondo e pareti di caramello. Montate a neve gli albumi e incorporateli alla purea di castagne. Versate il composto nello stampo e cuocete a bagnomaria per 40 minuti nel forno a 170 °C. Sformate il budino su un piatto da portata e servitelo da solo oppure decorato con ciuffetti di panna montata leggermente zuccherata. Per realizzare i ciuffetti di panna utilizzate una sacca da pasticcere con la bocchetta dentellata.

Budino di mandorle e uva passa

◆ Tempo: 2 ore ✷ Difficoltà: media

❖ 150 g di uva passa, 120 g di semolino, 7,5 dl di latte, 100 g di mandorle sminuzzate, 70 g di zucchero, 4 uova, la scorza grattugiata di 1 limone, 2 cucchiai di liquore d'arancia, zucchero a velo, 1 pizzico di sale.
PER COMPLETARE: zucchero a velo.

Cominciate con il lasciare in ammollo l'uva passa in un po' d'acqua dopo averla lavata. Quindi scaldate il latte con un pizzico di sale e versatevi il semolino a pioggia, mescolando accuratamente, per evitare la formazione di grumi. Mescolate continuamente e fate gonfiare per circa una decina di minuti a fuoco assai moderato. Poi incorporatevi lo zucchero, togliete dal fuoco e lasciate raffreddare. Preriscaldate il forno a 200 °C e preparate un bagnomaria. Tostate 50 g di mandorle in un tegamino antiaderente; fate sgocciolare l'uva e asciugatela. Amalgamate questi due ingredienti alla crema di semolino, unite i tuorli d'uovo, 2 cucchiai di scorza grattugiata di limone e il liquore, poi montate gli albumi a neve ferma e incorporateli al composto. Mettete quindi il tutto in uno stampino tondo unto e cosparso di mandorle e coprite bene con un foglio di carta stagnola, cuocendo a bagnomaria nel forno caldo per un'ora e mezzo. Lasciate riposare un poco dentro lo stampino e infine capovolgete e servite dopo aver cosparso con abbondante zucchero a velo.

Budino di mosto

◆ Tempo: 40 minuti ✱ Difficoltà: facile

❖ 1,5 l di mosto d'avena appena pigiata, zucchero, 150 g di farina.

In una pentola mettete la farina e lo zucchero in quantità a piacere, amalgamate e versate il mosto caldo, avendo cura di non formare grumi. Continuate a mescolare con la frusta a fuoco basso finché il composto avrà raggiunto la giusta densità (dopo circa mezzora). Versatelo in uno stampo, lasciate raffreddare e servitelo come un normale budino; oppure conservatelo in vasetti di vetro in frigorifero, consumandolo entro pochi giorni.

Budino di noci

◆ Tempo: 55 minuti ✱ Difficoltà: media

❖ 80 g di gherigli di noce macinati, 4 uova, 70 g di zucchero, 40 g di farina, 35 g di pangrattato, burro, 1,5 dl di panna montata.

Preriscaldate il forno a 180 °C e preparate un recipiente per il bagnomaria. Nel frattempo montate gli albumi a neve ferma, incorporatevi lentamente la metà dello zucchero e poi conservate al fresco. Sbattete poi i tuorli e il rimanente zucchero sino a ottenere una crema chiara. Mescolate la farina con le noci e 30 g di pangrattato e incorporate il tutto alla crema ottenuta con i tuorli, unendo molto delicatamente anche gli albumi. Versate poi in 4 stampini imburrati e cosparsi di pangrattato, chiudete in carta stagnola e cuocete a bagnomaria in forno per 40 minuti circa. Quindi togliete dal forno, lasciate raffreddare, sformate capovolgendo gli stampini e infine decorate con panna montata.

Budino di riso (Toscana)

◆ Tempo: 1 ora e 15 minuti ✱ Difficoltà: media

❖ 150 g di riso, 4 uova, 100 g di uva passa, 1 l di latte, 70 g di zucchero, 1 bicchierino di brandy, burro, pangrattato.

Fate cuocere il riso nel latte; a metà cottura unitevi lo zucchero, l'uva passa (lasciata precedentemente rinvenire in acqua tiepida e quindi strizzata) e una noce di burro.
Quando il riso è cotto, toglietelo dal fuoco e lasciatelo raffreddare; aggiungete quindi 2 uova intere, 2 tuorli e un bicchierino di brandy. Mescolate con cura e preparate uno stampo da budino leggermente unto di burro e spolverizzato di pangrattato; versateci il composto e lasciate in forno finché il budino non avrà assunto un bel colore dorato. Servite il budino di riso quando si sarà intiepidito.

Budino di semolino

◆ Tempo: 1 ora e 15 minuti ✱ Difficoltà: media

❖ 7 dl di latte, 250 g di datteri, 125 g di semolino, 3 uova, 50 g di zucchero, 30 g di burro, scorza d'arancia, 1 pizzico di sale, 50 g di datteri, marmellata d'arancia oppure zabaione.

Portate a bollore il latte con un pizzico di sale, lo zucchero, 10 g di burro e una scorza d'arancia. Togliete il composto dal fuoco e fate cadere a pioggia il semolino, mescolando in continuazione in modo che non si formino grumi, aiutandovi eventualmente con una frusta. Rimettete sul fuoco per qualche minuto così che il composto si stacchi dalle pareti della casseruola; levatelo dal fuoco, togliete la scorza d'arancia e incorporate nel composto quasi tutti i datteri, opportunamente snocciolati e tagliati a pezzetti. Aggiungete il burro ammorbidito, i tuorli d'uovo sbattuti e gli albumi montati a neve ben soda. Versate il composto in uno stampo leggermente unto e cosparso di zucchero e fate cuocere a bagnomaria, prima sul fuoco e poi nel forno caldo a 180-200 °C per tre quarti d'ora circa. Toglietelo dal forno, lasciatelo raffreddare e capovolgete lo stampo su un piatto o su un vassoio. Decorate con i datteri tenuti da parte. Questo budino può essere consumato freddo oppure leggermente tiepido, accompagnato con marmellata d'arance o zabaione.

Cassata siciliana (Sicilia)

◆ Tempo: 40 minuti + 2 ore ✱ Difficoltà: difficile

❖ 1 confezione di pan di Spagna, 500 g di ricotta, 300 g di frutta candita mista, 250 g di zucchero, 200 g di marmellata di albicocche, 100 g di cioccolato fondente, 2 cucchiai di pistacchi sgusciati, 1 bicchierino di maraschino, 1 bicchierino d'acqua di fiori di arancio, 1 baccello di vaniglia.

Prendete il pan di Spagna pronto e tagliatelo a fette spesse circa 1 cm e con esse foderate uno stampo rettangolare o rotondo, nel quale avrete prima steso della carta oleata. Spennellate l'interno del pan di Spagna con un po' di marmellata sciolta sul fuoco con l'acqua di fiori di arancio. Fate sciogliere sul fuoco lo zucchero con mezzo bicchiere d'acqua e la vaniglia; quando avrà preso la consistenza di uno sciroppo, fate intiepidire, togliete la vaniglia e amalgamate alla ricotta, lavorando a lungo con il cucchiaio di legno, in modo da ottenere una crema senza grumi. Amalgamate alla crema anche la frutta candita tagliata a dadini, il cioccolato tagliato a pezzettini, i pistacchi spellati (tuffateli in acqua bollente e asciugateli bene) e il maraschino.

Versate il composto di ricotta nello stampo e battete quest'ultimo sul piano di lavoro in modo che non rimangano vuoti d'aria all'interno del dolce. Mettete in frigorifero a raffreddare per almeno un paio di ore. Sformate il dolce con delicatezza e ricopritelo con la glassa preparata con la marmellata di albicocche e l'acqua di fiori di arancio. Rimettete in frigorifero a raffreddare prima di servire.

Cassata siciliana 2 (Sicilia)

◆ Tempo: 1 ora e 15 minuti + 24 ore ✱ Difficoltà: difficile

PER LA PASTA MARGHERITA: 100 g di farina, 100 g di fecola, 6 uova, 200 g di burro, 200 g di zucchero, 1 bustina di vanillina.
PER LA CASSATA: 500 g di ricotta, 300 g di canditi, 125 g di cioccolato al latte, 200 g di zucchero, 1 bustina di vanillina, maraschino.

Il giorno precedente preparate la pasta: sbattete le uova con lo zucchero, unite la farina e la fecola setacciate insieme, la vanillina e il burro ammorbidito. Mescolate bene in modo da amalgamare gli ingredienti. Trasferite l'impasto in una teglia imburrata e infarinata e cuocetelo per mezzora a media temperatura. Il giorno successivo tagliate la pasta margherita a fette sottili, spruzzatele di maraschino e usatele per foderare uno stampo. Lavorate in una terrina lo zucchero con la ricotta; quando saranno ben amalgamati aggiungete un po' di maraschino, la frutta candita a pezzetti, la vanillina e il cioccolato spezzettato. Riempite lo stampo con questo composto e copritelo con altre fette di pasta spruzzate di liquore.

Coprite lo stampo con carta d'alluminio e ponete il dolce in frigorifero a freddare. Servite la cassata a fette.

Charlotte alle noci

◆ Tempo: 30 minuti + 2 ore ✱ Difficoltà: facile

❖ 30 savoiardi, 250 g di burro, 250 g di zucchero a velo, 200 g di farina di noci, 2,5 dl di panna, 50 g di gherigli di noci, 50 g di frutta candita, 2 uova, alchermes.
PER DECORARE: 2,5 dl di panna montata, gherigli di noce, frutta candita.

Lavorate il burro ammorbidito con la farina di noci (potete ottenerla riducendo in polvere fine al mixer lo stesso quantitativo di gherigli) e lo zucchero a velo, così da ottenere una crema dalla consistenza morbida e spumosa.
Amalgamate alla crema gli albumi, montati a neve ben soda, i tuorli e 2,5 dl di panna precedentemente montata. Rivestite il fondo e le pareti di uno stampo rotondo con una ventina di savoiardi inzuppati di alchermes. Versate il composto nello stampo, livellate bene e coprite con gli altri savoiardi sempre imbevuti di alchermes.
Mettete in frigorifero per almeno 2 ore. Quando sarà trascorso il tempo di riposo, rovesciate la charlotte su un piatto da portata e decoratela con la rimanente panna montata, con i gherigli di noce e la frutta candita.

Coppette alla ricotta

◆ Tempo: 30 minuti ✱ Difficoltà: facile

❖ 200 g di ricotta romana freschissima, 70 g di panettone, 40 g di cedro e scorzette d'arancia canditi, 20 g di gherigli di noci, 20 g di cioccolato fondente, 3 cucchiai di zucchero a velo, 3 cucchiai di liquore all'amaretto, 2 cucchiai di brandy.
PER DECORARE: 2 ciliegine rosse e 2 verdi.

Passate al setaccio la ricotta e raccoglietela in una ciotola, lavoratela energicamente con un cucchiaio di legno incorporandovi lo zucchero a velo, fatto scendere a pioggia da un colino. Tritate grossolanamente il cioccolato fondente, tagliate a dadini i canditi e amalgamate il tutto al composto di ricotta. Tritate finemente i gherigli di noci, unitene metà alla ricotta e tenete da parte il resto. Tagliate il panettone a cubetti di circa 2 cm e distribuiteli in 4 coppette. Mescolate in una ciotola il liquore all'amaretto con il brandy, poi irrorate i cubetti di panettone; distribuitevi sopra, a cucchiaiate, il composto di ricotta e spolverizzate con il rimanente trito di gherigli.
A questo punto guarnite ciascuna coppetta con 1/4 di ciliegina rossa e 1/4 di verde; collocate la preparazione al fresco, in frigorifero, e tenetela sino al momento di servirla.

Coviglia al caffè

◆ Tempo: 20 minuti + 3 ore ✷ Difficoltà: facile

❖ 4 tuorli d'uovo e 3 chiare, 2 tazzine di caffè ristretto, 240 g di zucchero, 350 g di panna montata.

Preparate il caffè e zuccheratelo con metà dello zucchero. Montate gli albumi a neve fermissima e così anche la panna; sbattete i tuorli d'uovo con lo zucchero residuo fino a renderli chiari e spumosi e aggiungetevi il caffè.
Mescolando con la massima cura e delicatezza, unite la panna e gli albumi al caffè sbattuto con i tuorli. Versate all'inteno di coppette da dessert, mettete in frigorifero e lasciate a raffreddare per almeno 3 ore.

Crema di arance (Campania)

◆ Tempo: 15 minuti + 2 ore ✷ Difficoltà: facile

❖ 1/2 l di latte, 40 g di amido, 4 tuorli d'uovo, 100 g di zucchero, succo e scorza grattugiata di 4 arance.

Mescolate in una terrina sul fuoco i tuorli con lo zucchero, l'amido e il latte.
Quando si sarà formata una crema densa togliete dal fuoco e aggiungete il succo e la buccia grattugiata delle arance; mettete in frigorifero e mantenete per 2 ore. Servite questa crema fredda in coppette.

Crema di ricotta all'arancia

◆ Tempo: 30 minuti ✷ Difficoltà: facile

❖ 750 g di ricotta freschissima, 4 arance, 3 uova, 110 g di zucchero, 3 dl di panna, 6 cucchiai di liquore all'arancia, fettine d'arancia.

Passate la ricotta al setaccio e raccogliete il ricavato in una ciotola. Lavate con cura le arance, grattugiate la scorza di un'arancia (solamente la parte arancione) e tenetela da parte; spremetene 2 o 3 finché avrete ottenuto 1,25 dl di succo, filtratelo e unitelo a due-tre cucchiai di liquore all'arancia.
Con una frusta lavorate i tuorli con lo zucchero unendo un po' alla volta il succo con il liquore; continuate a sbattere fino a ottenere una massa morbida e spumosa.
Incorporate il tutto alla ricotta, aggiungete anche la scorza grattugiata e ancora un po' di liquore.
Unite delicatamente al composto prima la panna montata e poi gli albumi montati a neve ben soda e versate il tutto in 4 coppe. Infine tagliate delle fettine sottili nella parte centrale di un' arancia, eliminate gli eventuali semi, tagliate ogni fetta a metà e decorate la preparazione disponendole lungo i margini delle coppe.

Crème caramel

◆ Tempo: 1 ora + 20 minuti ✷ Difficoltà: media

❖ 7 uova, 190 g di zucchero, 6 dl di latte,
1/2 stecca di vaniglia.

Portate il latte a ebollizione insieme con 140 g di zucchero, mescolando con cura in modo da far sciogliere quest'ultimo. Togliete il latte dal fuoco, aromatizzatelo con la stecca di vaniglia incisa per il senso della lunghezza, e lasciate riposare per una ventina di minuti. Intanto sbattete 3 uova intere e 4 tuorli e poi unitevi, un cucchiaio alla volta, il latte dal quale avrete tolto la vaniglia. In un pentolino preparate il caramello facendo sciogliere il resto dello zucchero con qualche cucchiaiata d'acqua e qualche goccia di succo di limone.
Distribuite il caramello in stampini individuali o in un unico stampo, quindi versate il composto di latte e uova, filtrandolo in modo da evitare la formazione di schiuma. Fate poi cuocere a bagnomaria in forno caldo a 180 °C per circa tre quarti d'ora (la crema sarà cotta quando infilandoci uno stecchino ne uscirà asciutto). Fate prima raffreddare a temperatura ambiente e poi in frigorifero; sformate il crème caramel solo al momento di servire.

Panna cotta

◆ Tempo: 30 minuti + 2 ore ✷ Difficoltà: facile

❖ 5 dl di panna, 200 g di zucchero a velo,
100 g di zucchero, 0,5 dl di latte, 10 g di colla di pesce,
1/2 stecca di vaniglia.

Mettete sul fuoco la panna con la stecca di vaniglia e con lo zucchero a velo; mescolate fino a quando quest'ultimo non si sarà sciolto, ma fate attenzione perché il composto non deve arrivare all'ebollizione. Con 2 cucchiai di latte fate sciogliere i fogli di colla di pesce, quindi uniteli alla panna che nel frattempo avrete tolto dal fuoco. Distribuite lo zucchero rimanente negli stampini (o nello stampo se darete al dolce una forma unica) e fatelo caramellare, quindi versatevi sopra la panna. Lasciate raffreddare in frigorifero per 2 ore, poi servite sformando dagli stampini. Volendo potete anche non utilizzare lo zucchero caramellato; in questo caso si consiglia di servite la panna cotta accompagnata da una salsa di frutta a vostro piacimento.

Tiramisù classico

◆ Tempo: 50 minuti + 2 ore ✱ Difficoltà: facile

❖ 1 confezione di pan di Spagna già pronto.
PER LA CREMA DI MASCARPONE: 200 g di mascarpone, 4 uova, 200 g di zucchero,1 bicchierino di rum.
PER BAGNARE IL PAN DI SPAGNA: 3 tazze di caffè ristretto.
PER DECORARE: cacao amaro.

Prendete il pan di Spagna pronto e tagliatelo a fette di circa 1,5 cm di altezza. Nel frattempo preparate la crema di mascarpone. Sbattete bene i tuorli con lo zucchero, quando la crema apparirà bianca aggiungete il liquore, e poi il mascarpone precedentemente lavorato con un cucchiaio di legno per renderlo più morbido e spumoso. Montate a parte gli albumi a neve ben ferma, e uniteli infine alla crema. In un piatto versate il caffè e inzuppatevi le fette di pan di Spagna (fate attenzione a non farle ammorbidire troppo); disponetene un primo strato su un piatto da portata. Ricopritelo con la crema di mascarpone e fate seguire un altro strato di fette inzuppate di caffè. Terminate stendendo uno strato di crema di mascarpone; mettete il dolce in frigorifero a raffreddare per 2 ore e prima di servire cospargetene la superficie con uno strato sottile e uniforme di cacao amaro. Variante: è possibile utilizzare i savoiardi al posto del pan di Spagna.

Zabaione

◆ Tempo: 30 minuti ✱ Difficoltà: media

❖ 4 tuorli, 4 dl di marsala secco, 200 g di zucchero.
PER DECORARE: 4 cialde.

In un recipiente di cottura, lavorate i tuorli con lo zucchero, aggiungete poi il marsala. Disponete quindi il recipiente sul fuoco e continuate a cuocere fino a quando raggiungerà la consistenza giusta, avendo cura di non farlo bollire, altrimenti si formeranno grumi, e di non cuocerlo troppo poco, altrimenti lo zabaione si smonterà.
Munitevi di 4 coppette monoporzione e distribuitevi quindi lo zabaione. Potete servire lo zabaione caldo o freddo, eventualmente accompagnandolo con cialde dolci.

Zuccotto

◆ Tempo: 40 minuti + 8 ore ✱ Difficoltà: media

❖ 250 g di pan di Spagna già pronto, 250 g di ricotta,
250 g di panna, 100 g di cioccolato fondente,
50 g di frutta candita, 100 g di zucchero semolato,
150 g zucchero a velo,1 bicchierino di cognac o brandy,
2 bicchierini di liquore dolce, 1 cucchiaio di cacao amaro.

Montate la panna e zuccheratela con lo zucchero a velo, poi mescolatela alla ricotta. Dividete il composto in due parti di cui una sia più abbondante dell'altra.
Nella parte più abbondante aggiungete i canditi tritati e il cioccolato a pezzetti mentre nell'altra il cacao in polvere. Tagliate il pan di Spagna in due dischi di circa 1 cm. Ritagliate da un disco un cerchio per foderare la base di uno stampo per zuccotto e tanti rettangoli lunghi per foderare le pareti del recipiente. Mescolate i liquori con poca acqua scegliendo un bicchierino di cognac o brandy unito a 2 bicchierini di liquore dolce e bagnate il pan di Spagna.

Mettete il composto con il cacao poi quello con i canditi e finite con fette di pan di Spagna che inzupperete con il liquore rimasto. Pressate con un foglio di carta oleata e fate riposare al freddo per 8 ore prima di servire.

Zuppa alla napoletana (Campania)

◆ Tempo: 50 minuti ✶ Difficoltà: facile

❖ 1 confezione di pan di Spagna, confettura di amarene, 1/2 l di latte, 3 cucchiai di zucchero, 3 tuorli d'uovo, 3 cucchiai di fecola, 1 bicchiere di zucchero, 1/2 bicchiere di maraschino.

Tagliate il pan di Spagna a fette alte 1 cm e disponetene una parte su un piatto da forno. Spruzzatele con uno sciroppo preparato facendo bollire, e un po' addensare, lo zucchero con l'acqua e aggiungendo il maraschino quando si è raffreddato. Preparate la crema pasticcera mescolando il latte con lo zucchero, i tuorli e la fecola, e distribuitene una parte sul pan di Spagna. Sulla crema ponete uno strato di marmellata di amarene.

Continuate a montare strati di pan di Spagna inumidito con lo sciroppo, di crema e di marmellata, dando alla torta una forma a cupola. Sbattete a neve le chiare delle uova utilizzate per la crema, distribuitele sulla cupola coprendola completamente, spolverizzate, se volete, con zucchero a velo e mettete il dolce in forno caldo per pochi minuti perchè si formi una crosta dorata.

DOLCI FRITTI

Anime beate (Calabria)

◆ Tempo: 40 minuti + 4 ore ✱ Difficoltà: facile

❖ 500 g di farina, 20 g di lievito di birra, olio d'oliva, miele.

È una ricetta natalizia, conosciuta anche come "vecchierelle dolci". Versate la farina sul piano di lavoro e incorporatevi il lievito sciolto in poca acqua tiepida. Quindi aggiungete altra acqua tiepida sino a ottenere un impasto elastico. Ponete quindi l'impasto in una terrina, copritelo con un tovagliolo e fatelo lievitare in un luogo tiepido e al riparo da correnti d'aria per circa 4 ore. Trascorso questo tempo, ungetevi le mani con un po' d'olio e staccate dei pezzi di pasta di circa 50 g che allungherete "come se filaste". Fateli quindi scivolare nell'olio bollente facendoli dorare uniformemente, poi scolateli e adagiateli su carta assorbente da cucina per eliminare l'unto in eccesso. Ricopriteli infine di miele che avrete fatto scaldare in una casseruola a fuoco assai moderato e servite.

Castagnole

◆ Tempo: 1 ora e 40 minuti ✱ Difficoltà: facile

❖ 120 g di zucchero, 4 uova, 4 cucchiai d'olio extravergine d'oliva (oppure 100 g di burro), la scorza grattugiata di 1 limone, lievito, zucchero a velo.
PER DECORARE: liquore per bagnare le castagnole (rum o alchermes), zucchero, salsa di cioccolato fondente.

In una terrina lavorate le uova e lo zucchero, poi aggiungete a filo l'olio, il lievito sciolto in poca acqua tiepida, la scorza grat-

tugiata di limone, 4 cucchiai d'acqua e la farina, quanto basta per ottenere una pastella di consistenza media. Lasciate lievitare. Terminata la lievitazione stendete la pasta con il matterello sul piano di lavoro leggermente infarinato e, con un taglierino da pasta, tagliatela in piccole striscioline. Potete anche dare alle castagnole forme diverse, tagliando l'impasto in piccoli triangoli, rettangoli o quadrati. In una padella con dell'olio caldo, immergete le striscioline di pasta poche alla volta in modo che l'olio non cali troppo in temperatura e le castagnole non crescano di volume.
Fatele friggere per 5-6 minuti. Scolatele con la schiumarola e mettetele su carta assorbente. Quando avranno perso l'olio in eccesso, disponetele, ancora tiepide in 2 ciotole. Preparate la salsa al cioccolato, facendo sciogliere a bagnomaria un po' di cioccolato fondente. In una ciotola disponete metà quantità di castagnole a strati e ogni volta che ne adagerete uno, spruzzate il liquore e cospargete con lo zucchero.
Disponete l'altra metà in un altro recipiente, procedendo nello stesso modo. Fate colare la salsa al cioccolato.
Servite le castagnole e ricordate che sono ottime da consumarsi sia tiepide che fredde.

Chiacchiere

◆ Tempo: 40 minuti ✱ Difficoltà: facile

❖ 450 g di farina, 100 g di zucchero, 50 g di burro, 0,5 dl di latte, 0,5 dl di grappa, 1 uovo, 1 pizzico di vanillina, 1 pizzico di sale.
PER COMPLETARE: zucchero a velo.

Lavorate a lungo lo zucchero con l'uovo fino a ottenere un composto chiaro e spumoso; unite il burro fatto sciogliere a bagnomaria, il latte, un pizzico di sale, un pizzico di vanillina e la grappa. Mescolate con cura poi incorporate, poca per volta, la farina e lavorate fino a ottenere un impasto liscio ed elastico. Eventualmente, per ottenere la giusta consistenza, aggiungete o togliete un po' di farina. Trasferite la pasta sul piano di lavoro infarinato e continuate a lavorarla e a sbatterla, finché non si formeranno delle bollicine. Stendete allora l'impasto a sfoglia sottile e con l'apposita rotella ritagliate losanghe della grandezza desiderata. Friggete le chiacchiere in abbondante olio bollente e fatele poi asciugare su carta assorbente. Prima di servirle spolveratele con lo zucchero a velo.

Chifelini (Friuli Venezia Giulia - Trentino)

◆ Tempo: 1 ora ✱ Difficoltà: facile

❖ 1 kg di patate, 200 g di farina, 100 g di zucchero, 2 uova, 60 g di burro, cannella in polvere, olio per friggere, sale, zucchero a velo.

Dolci tradizionali del triestino, ma anche di alcune zone del Trentino, i chifelini (o chifeleti), di cui esistono diverse varianti, si preparano facilmente. Lessate le patate, poi sbucciatele e passatele allo schiacciapatate. Amalgamatevi lo zucchero, la farina, il burro fuso a bagnomaria, le uova e un pizzico di sale, lavorando tutto energicamente. Con l'impasto ottenuto formate delle minuscole mezzelune che friggerete in olio bollente. Servitele caldissime, spolverandole con zucchero a velo mescolato con cannella in polvere.

Crema fritta (Emilia Romagna)

◆ Tempo: 1 ora ✱ Difficoltà: facile

❖ 100 g di farina, 5 uova, 50 g di zucchero, 1/2 l di latte, la scorza grattugiata di 1 limone, pangrattato, olio di semi d'arachidi, 1 pizzico di sale, zucchero a velo.

In una casseruola dai bordi alti, mescolate con cura 2 uova e 1 tuorlo insieme con lo zucchero, la scorza grattugiata di limone e un pizzico di sale. Quando avrete ottenuto una crema omogenea amalgamatevi poco alla volta il latte caldo, sempre continuando a mescolare. Ponete la casseruola su fuoco basso, proteggendo il fondo con una retina frangifiamma e portate la crema a ebollizione senza smettere di mescolare. Dopo qualche minuto dall'ebollizione versate la crema in una teglia o su un piano precedentemente inumidito, livellandola a uno spessore di circa 2 cm. Una volta raffreddata e rappresa, tagliate la crema a rombi di 3 o 4 cm di lato che, dopo aver passato nelle uova sbattute e nel pangrattato, farete dorare in olio bollente. Fate asciugare i dolci su carta assorbente da cucina e serviteli caldi e spolverizzati di zucchero.

Favette

◆ Tempo: 30 minuti + 30 minuti ✱ Difficoltà: facile

❖ 350 g di farina, 100 g di zucchero, 80 g di burro, 2 uova, 1/2 bicchiere di grappa, 10 g di lievito, zucchero a velo, olio d'oliva, sale.

Preparate un impasto con farina, burro, zucchero, uova e la grappa, completandolo con il lievito e una presa di sale. Lasciate riposare la pasta per una mezzora e lavoratela a palline che porrete a friggere in una padella con molto olio bollente. Spolveratele con zucchero a velo e servitele fredde.

Frittelle al cioccolato

◆ Tempo: 40 minuti ✱ Difficoltà: media

❖ 50 g di burro, 3 cucchiai farina bianca, 1 cucchiaio zucchero, 2 barrette di cioccolato fondente, latte, 2 tuorli, pangrattato.

Sciogliere tutti gli ingredienti con il latte a fiamma molto bassa e mescolando con un cucchiaio di legno. Aggiungete un tuorlo, mescolate fino a ottenere un composto omogeneo. A questo punto lavorate l'impasto e cercate di ottenere dei quadrettini che immergerete nel secondo tuorlo e poi nel pane grattugiato. Scaldate abbondante olio e friggetevi le frittelle al cioccolato.

Frittelle all'uvetta

◆ Tempo: 40 minuti ✶ Difficoltà: facile

❖ 200 g di farina, 50 g di burro, 3 uova, 150 g di uvetta, 50 g di zucchero, la scorza di 1 limone, 1 cucchiaino di lievito, olio per friggere, zucchero a velo.

In una pentola mettete il burro, aggiungete 2 dl d'acqua e portate a ebollizione. Ritirate dal fuoco, versate tutta la farina, mescolate fino a quando la pasta diventa omogenea; ponete sul fuoco, incorporate zucchero, scorza di limone grattugiata e un uovo alla volta mescolando bene: la pasta deve avere una consistenza filante. Lasciate raffreddare, aggiungete lievito e uvetta già bagnata e strizzata. Scaldate bene l'olio e friggetevi a cucchiaiate l'impasto. Scolate e spolverate con abbondante zucchero a velo.

Frittelle di arance

◆ Tempo: 30 minuti + 2 ore ✶ Difficoltà: facile

❖ 2 arance, 40 g di zucchero, 1/2 bicchiere di brandy, 1 bicchiere di birra, 120 g di farina, 1 uovo, olio per friggere, zucchero a velo, sale.

Lavate le arance e grattugiatene una per ottenere 1 cucchiaio di scorza. Preparate una pastella mescolando la farina con l'uovo, 3 cucchiai di olio, la birra, una presa di sale e la scorza d'arancia e poi lasciatela riposare. Pelate al vivo le arance, affettatele e fatele macerare nel brandy e zucchero per 2 ore. A questo punto scolate le fette di agrumi, passatele nella pastella e infine friggetele in abbondante olio bollente. Scolatele su carta assorbente, cospargetele con lo zucchero a velo e servitele calde.

Frittelle di castagne (Emilia Romagna)

◆ Tempo: 1 ora ✶ Difficoltà: facile

❖ 400 g di farina di castagne, 1 bicchierino di rum, 50 g di uvetta, 20 g di pinoli, 2 albumi, 1 pizzico di sale, 1 cucchiaio di farina, olio di semi d'arachidi, zucchero a velo.

Preparate l'impasto per le frittelle di castagne: ammorbidite l'uvetta in acqua tiepida, setacciate la farina di castagne in una scodella e aggiungete il rum e poca acqua tiepida. Mescolate fino a ottenere un impasto morbido.
Scolate e asciugate l'uvetta, passatela nella farina e aggiungetela all'impasto insieme ai pinoli. Incorporate gli albumi montati a neve ferma, aggiustando di sale.
Friggete il composto versandolo a cucchiaiate in olio caldo, ma non bollente. Fate colorire le frittelle da ambo i lati e scolatele su carta assorbente. Servitele ben calde spolverizzate con lo zucchero a velo.

Frittelle di mele

◆ Tempo: 40 minuti + 30 minuti ✶ Difficoltà: facile

❖ 400 g di mele renette, 200 g di farina, 50 g di zucchero a velo, 2 uova, la scorza grattugiata di 1 limone, 1 bicchiere di latte, 1 bicchierino di grappa, 1 pizzico di sale, zucchero a velo.

Sbucciate le mele e privatele del torsolo con l'apposito attrezzo, ricavatene poi delle fette circolari spesse circa 1 cm e mettetele a macerare in una terrina con la scorza grattugiata

del limone e la grappa. Preparate una pastella mescolando le uova con la farina, un pizzico di sale e un cucchiaio di zucchero; allungate con il latte fino a ottenere un composto fluido che lascerete riposare per circa mezzora.
Scaldate l'olio extravergine d'oliva e friggetevi le fette di mela dopo averle immerse nella pastella. Fatele asciugare su carta assorbente e servitele spolverandole di zucchero a velo.

Frittelle di riso

◆ Tempo: 50 minuti ✶ Difficoltà: facile

❖ 1/2 l di latte, 100 g di riso, 100 g di farina di frumento, 50 g di uvetta, 15 g di pinoli tritati, 1 uovo, 2 tuorli, 1 cucchiaino di burro, 4 g di zucchero, 2 cucchiaini di rum, 10 g di scorza di limone, 25 g di lievito di birra, PER COMPLETARE: 30 g di zucchero a velo.

Sciogliete il lievito in 40 g di farina. Cuocete il riso nel latte in modo che diventi sodo (lasciate da parte del latte per aggiungerlo, se occorre); per evitare che si attacchi, mescolate spesso e mettete la casseruola sopra un angolo del fornello.
Togliete dal fuoco, lasciate intiepidire e versateci il composto lievitato già rigonfiato, le uova, il resto della farina, la scorza di limone, i pinoli, lo zucchero, il burro, il rum e un altro po' di latte, se necessario. Dopo aver lavorato l'impasto, unite l'uvetta e rimettete la casseruola vicino al fuoco.
Fate lievitare a calore moderato tutto il composto. Scaldate l'olio per friggere e, quando l'impasto sarà ben lievitato, immergetelo a cucchiaiate per formare delle frittelle. Quando sa-

ranno dorate da entrambe le parti, toglietele dal fuoco, adagiatele su carta assorbente e spolverizzatele con zucchero a velo. Servitele calde.

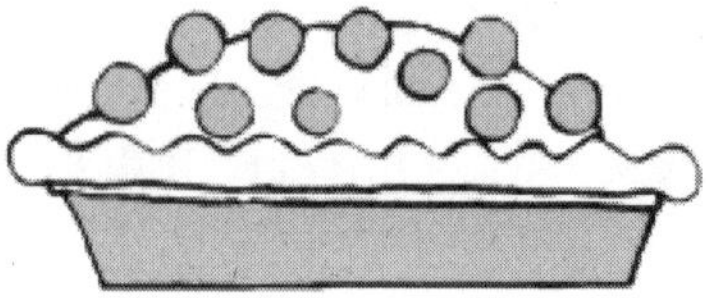

Frittura dolce

◆ Tempo: 30 minuti ✶ Difficoltà: media

❖ 120 g di semolino, 5 dl di latte, 60 g di zucchero, 200 g di burro, 1 uovo, sale, la scorza di 1 limone, olio per friggere, zucchero a velo.

Fate bollire il latte e versatevi a pioggia il semolino continuando a girare con una spatolina.
Aggiungete lo zucchero, il burro, il sale e la buccia grattugiata del limone.
Ritirate dal fuoco e incorporate il rosso d'uovo. Versate il composto su una superficie infarinata livellandolo all'altezza di circa 1 cm. Fate raffreddare; tagliate a losanghette, passatele nella farina e friggetele in olio d'oliva ben caldo. Asciugate su carta assorbente e spolverate di zucchero a velo.

Tortelli (Lombardia)

◆ Tempo: 40 minuti ✶ Difficoltà: media

❖ 250 g di farina, 4 uova, 70 g di burro, 50 g di zucchero, 1 limone, olio d'oliva, zucchero a velo, sale.

In una pentola dai bordi alti fate bollire 3 dl d'acqua insieme con il burro tagliato a pezzetti, il sale e la buccia grattugiata del limone; versatevi quindi a pioggia la farina mescolando con cura in modo che non si formino grumi. Continuate a me-

scolare sul fuoco finché la pasta non si sarà ridotta a una palla solida che si staccherà sfrigolando dalle pareti della pentola. A questo punto spegnete e unite lo zucchero. Quando l'impasto sarà intiepidito amalgamate una dopo l'altra le uova, continuando a mescolare finché il composto non sarà liscio e lucido e dalla consistenza omogenea.
Fate scaldare l'olio in una padella e quando sarà ben caldo versatevi quattro cucchiai di impasto alla volta. Fate gonfiare e dorare i tortelli da entrambe le parti, quindi fateli asciugare bene su carta assorbente da cucina e spolverizzateli con zucchero a velo.

Zeppole (Campania)

◆ Tempo: 1 ora e 30 minuti + 1 ora e 30 minuti

✶ Difficoltà: media

❖ 170 g di patate, 170 g di farina, poco latte, 10 g di lievito, la scorza grattugiata di 1/2 limone, 40 g di zucchero, 1 uovo, 40 g di burro o 8 cucchiai d'olio extravergine d'oliva, 1 pizzico di sale.

In una pentola disponete acqua sufficiente a lessare le patate, precedentemente sbucciate e tagliate a pezzi grossolani. Trascorso il tempo di cottura, scolatele e ancora bollenti passatele al setaccio a trama fitta. Sulla spianatoia disponete la farina a fontana e al centro disponete il lievito precedentemente sciolto in poco latte intiepidito.
Aggiungete poi la scorza grattugiata di mezzo limone, il burro o l'olio extravergine d'oliva a vostra scelta, lo zucchero, 1 uovo e un pizzico di sale. Amalgamate il tutto accuratamente e, se l'impasto risultasse troppo sodo, ammorbiditelo con un po' di latte, avendo cura che la pasta non diventi troppo morbida. Lavorate con le mani per 10 minuti e dividete poi la pasta in 4 parti uguali. Sulla spianatoia leggermente infarinata lavorate uno a uno i pezzetti di pasta che avrete ricava-

to. Fate rotolare ogni singola parte in modo da formare dei cordoncini della grandezza di un dito e lunghi più o meno 20 cm. I cordoncini andranno poi chiusi a ciambella, incrociando le due estremità. Munitevi di un canovaccio e infarinatelo abbondantemente. Vi servirà per disporvi le zeppole pronte.
Quando avrete terminato di lavorare tutta la pasta, ricoprite le zeppole con un altro canovaccio e su questo disponete un telo, possibilmente di lana, avendo cura però che non pesi sull'impasto. Lasciate lievitare per un'ora e 30 minuti.
Trascorso questo tempo, preparate la padella per friggere. Friggete le zeppole in olio extravergine d'oliva, moderatamente caldo.
Immergetele una per volta e lasciate cuocere a fuoco moderato fino a quando non diventeranno dorate. A cottura ultimata, fatele sgocciolare bene e non passatele nella carta da fritto, ma spolveratele direttamente con lo zucchero. Fate raffreddare bene le zeppole e poi servitele così guarnite.

CROSTATE

Crostata al kiwi e ribes

◆ Tempo: 1 ora e 25 minuti ✱ Difficoltà: facile

1 confezione di pasta frolla già pronta (oppure vedi pag. 11), 4 cucchiai di chicchi di ribes, 3 kiwi, 1 confezione di gelatina già pronta.
PER LA CREMA PASTICCERA: 4 uova, 1 limone, 80 g di zucchero, 1/2 l di latte, 2 cucchiai di farina.

Disponete la pasta frolla in una tortiera unta e infarinata, punzecchiatene la superficie con una forchetta e foderatela con un foglio di carta oleata coperta da uno strato di fagioli; cuocetela in forno a 180 °C per poco più di 20 minuti.
Preparate nel frattempo la crema pasticcera: mescolate in una casseruola i tuorli con lo zucchero; quando questo si sarà del tutto sciolto amalgamate poco per volta la farina e, continuando a mescolare, unite il latte bollente e la buccia grattugiata del limone. Portate il tutto a bollore e spegnete dopo 3 minuti.
Togliete la copertura di carta e fagioli dalla crostata, versatevi uno strato di crema pasticcera e rimettetela in forno per altri 5 minuti. Sfornate, fate intiepidire e disponete sulla crema, al centro il ribes, e ai bordi il kiwi fatto a fettine.
Lucidate la superficie con la gelatina pronta (fatta precedentemente sciogliere in acqua) e conservate in frigorifero per qualche ora prima di servire.

Crostata al limone

◆ Tempo: 2 ore + 30 minuti ✱ Difficoltà: facile

❖ 1 confezione di pasta frolla già pronta (oppure vedi pag. 11).
PER LA CREMA AL CIOCCOLATO: 170 g di cioccolato fondente, 90 g di zucchero, 2 uova, 3 cucchiai di cacao in polvere, 3 dl di panna fresca.
PER LA CREMA AL LIMONE: 3 limoni, 2 uova intere e 2 tuorli, 140 g di zucchero, 1,5 dl di panna fresca.

Stendete la pasta frolla a uno spessore di 3 mm e rivestitevi uno stampo da crostate di 23 cm di diametro. Ponete in frigorifero per mezzora, quindi infornate a 180 °C per 20 minuti. Preparate la crema al cioccolato: montate i tuorli con lo zucchero a bagnomaria per 5 minuti, incorporatevi il cioccolato fuso, il cacao e la panna. Amalgamate bene e distendete la crema sulla base.

A questo punto preparate la crema al limone: amalgamate le uova, i tuorli, lo zucchero, il succo di 3 limoni e la buccia di 2 mescolando con cura tutti gli ingredienti a bagnomaria per almeno 5 minuti. Unitevi la panna e versate la crema al centro della farcitura al cioccolato: se questa non si richiude sopra alla crema al limone, muovete la teglia e fate mescolare le 2 creme per dare un effetto marmorizzato. Infornate a 140 °C per un'ora, togliete dal forno e fate raffreddare prima a temperatura ambiente, poi in frigorifero.

Crostata alla panna

◆ Tempo: 1 ora e 20 minuti + 30 minuti ✱ Difficoltà: facile

❖ 200 g di farina, 100 g di burro, 100 g di zucchero, 1 uovo, un pizzico di sale, 2 cucchiai di porto, la buccia grattugiata di 1 limone.
PER IL RIPIENO: 60 g di uvetta sultanina, 60 g di zucchero, 3 uova, 2,5 dl di panna, 20 g di pangrattato, 20 g burro, zucchero a velo.

In una terrina lavorate la farina setacciata, lo zucchero, un pizzico di sale, la scorza grattugiata di un limone, l'uovo, il burro a pezzi e il porto. Impastate il tutto velocemente usando le mani, formate una pallina e mettetela in frigorifero a riposare per mezzora, ricoperta da una canovaccio.
Nel frattempo preparate il ripieno. Fate rinvivire l'uva passa in acqua tiepida, sbattete le uova con lo zucchero, unite la panna, l'uva passa e il pangrattato.
Trascorso il tempo di riposo della pasta, lavoratela sulla spianatoia appena infarinata, stendetela con il matterello e ricoprite uno stampo da crostate già imburrato e infarinato o rivestito di carta da forno. Versatevi il composto e fate cuocere a 200 °C per 40 minuti. Sfornate e fate raffreddare. Servite spolverizzando con zucchero a velo.

Crostata alle banane caramellate

◆ Tempo: 1 ora e 20 minuti + 30 minuti ✳ Difficoltà: media

✣ Pasta frolla (vedi pag. 11), 70 g di mandorle, 1 banana, 150 g di zucchero, 50 g di zucchero, il succo di 1 limone.
PER LA GANACHE: 200 g di cioccolato fondente da copertura, 70 g di zucchero, 1 uovo intero e 3 tuorli, 170 g di burro.

Preparate l'impasto della pasta frolla aggiungendo alla farina (200 g) le mandorle tritate. Mettetelo in frigo, coperto di pellicola, per mezzora. Stendete la pasta in uno stampo rettangolare 35 x 12 cm imburrato e infarinato, facendo un bordo alto 2 dita; bucherellate il fondo, copritelo con della carta da forno e riempitelo con dei fagioli secchi; infornate per 20 minuti a 180 °C, quindi eliminate i fagioli e la carta. Ricavate dalla banana delle fette oblique e bagnatele nel succo di limone. Sciogliete il burro in una padella, buttateci le fette di banana ben asciutte, fatele saltare a fuoco vivace, poi aggiungete lo zucchero e cuocetele girandole spesso, finché non sono ben ca-

ramellate; lasciatele raffreddare. Sciogliete il cioccolato a bagnomaria; a parte, fate fondere il burro.
A questo punto sbattete le uova e i tuorli con lo zucchero; aggiungete a poco a poco il cioccolato fuso, senza sbattere; nello stesso modo amalgamate il burro, poi distribuite la ganache sulla crosta e infornate per 10-12 minuti. Una volta cotta, guarnite la crostata con le banane caramellate e servite.

Crostata alle mele

◆ Tempo: 1 ora e 10 minuti + 5 ore ✶ Difficoltà: media

✣ 180 g di farina, 1 cucchiaino di lievito, 90 g di burro, 60 g di zucchero, 1 bustina di zucchero vanigliato.
PER LA FARCIA: 750 g di mele, 5 cucchiai di whisky o di rum, 60 g di zucchero, 50 g di uva passa.
PER LA GLASSA: 2 uova, 40 g di zucchero, 30 g di burro, whisky o rum. PER COMPLETARE: poco whisky.

Preparate la farcia: sbucciate le mele, tagliatele in quattro parti ed eliminatene il torsolo. Tagliate gli spicchi a fette sottili e metteteli in una scodella assieme all'uva passa (lavata e asciugata) e a 60 g di zucchero; ricoprite il tutto con il whisky (o con il rum) e fate macerare per 5 ore, rimescolando ogni tanto. In una terrina mescolate farina e lievito, aggiungete il burro ammorbidito, 60 g di zucchero e lo zucchero vanigliato, lavorate, poi sbriciolate l'impasto con le mani e distribuitelo in uno stampo imburrato.
Distribuite le fette di mela imbevute sulla pasta sbriciolata, cospargete con lo zucchero in grani e fate cuocere il dolce in forno caldo a 200 °C per 30 minuti. Preparate ora la glassa: sbattete energicamente il burro fatto ammorbidire a temperatura ambiente assieme allo zucchero, alle uova e a un goccio di whisky o di rum; distribuitela sulle mele e infornate di nuovo il dolce per 10 minuti circa. Prima di servire spruzzate sul dolce ancora un po' di whisky.

Crostata alle nocciole

◆ Tempo: 1 ora e 20 minuti ✱ Difficoltà: facile

❖ 1 confezione di pasta frolla già pronta (oppure vedi pag. 11).
PER IL RIPIENO: 200 g di nocciole tostate e pelate, 150 g di zucchero, 1-2 tazzine di caffè (q.b. a rendere cremoso il ripieno), 35 g di burro, 1 cucchiaio scarso di marmellata di amarene.

Se preparate la pasta frolla secondo ricetta, lasciate riposare il composto in frigorifero per mezzora. Stendete l'impasto sul piano di lavoro opportunamente infarinato. Lavoratela con il matterello fino a formare un disco. Per il ripieno, frullate a più riprese le nocciole, unite lo zucchero e il burro e mescolate bene, in modo tale da formare una pasta morbida e quasi cremosa. Unite al composto la marmellata e diluite il tutto con un po' di caffè. Aggiungetevi poi gli albumi, precedentemente montati a neve, e amalgamate bene, mescolando piano dal basso verso l'alto con un cucchiaio di legno. Con la crema così composta riempite lo stampo per crostate già imburrato, in cui avrete adagiato la pasta frolla lavorata in precedenza. Preriscaldate il forno a 190 °C e fate cuocere il dolce per 40-45 minuti. Trascorso il tempo necessario, sfornate e fate raffreddare, quindi sformate. Riponete la crostata in frigorifero e toglietela circa mezzora prima di servirla.

Crostata alle noci

◆ Tempo: 1 ora e 30 minuti ✱ Difficoltà: media

❖ 1 confezione di pasta frolla già pronta (oppure vedi pag. 11 raddoppiando le dosi).
PER IL RIPIENO: 1 bicchierino di panna, 250 g di noci tritate grossolanamente, 150 g di zucchero.

Dividete poi la pasta frolla in 2 parti. Lavorate con il matterello gli impasti separatamente così da ricavare 2 dischi. Foderate una teglia per crostate preferibilmente a cerniera, precedentemente imburrata, con uno dei dischi. Per il ripieno, fate caramellare lo zucchero nell'acqua, con qualche goccia di limone, evitando di mescolare lo zucchero mentre sta cuocendo. Quando il caramello è pronto, unitevi le noci leggermente tostate in forno e ancora calde. Lasciate sul fuoco per qualche secondo ed unitevi poi la panna a filo, mescolando sempre. Lasciante ancora il composto sul fuoco per qualche secondo e infine versate il tutto nella teglia. Ricoprite con il secondo disco di pasta, facendo attenzione che i 2 dischi combacino. Fate cuocere in forno a 160 °C per un'ora circa.

Crostata con crema di mele

◆ Tempo: 1 ora e 10 minuti ✶ Difficoltà: facile

❖ 1 confezione di pasta frolla già pronta (oppure vedi pag. 11).
PER LA CREMA: 3 mele renette, 80 g di zucchero, 1 bustina di vanillina, 10 g di lievito, 1 uovo, 60 g di farina, 1/3 cucchiaio di cannella, 20 g di pinoli.
PER COMPLETARE: zucchero a velo.

Stendete la pasta frolla e quindi disponetela in una teglia a cerniera precedentemente imburrata e infarinata, lasciando almeno 2 cm di bordo. Sbucciate le mele, privatele del torsolo e tagliatele a fettine sottili. Disponete le mele con lo zucchero, 3 cucchiai d'acqua e la cannella in un pentolino e mettetelo sul fuoco, lasciandole cuocere finché diventeranno morbide.
A questo punto togliete dal fuoco e lasciate raffreddare.
Quando il composto sarà ormai freddo, aggiungete farina, uovo e lievito, facendo attenzione ad amalgamare bene tutti gli ingredienti. Versate il composto sulla pasta frolla disposta nella teglia e cospargete il tutto con i pinoli. Infornate a 180 °C per 45 minuti. A cottura ultimata, sfornate. Spolverizzate la crostata con dello zucchero a velo e servite.

Crostata di albicocche

◆ Tempo: 1 ora e 25 minuti ✱ Difficoltà: facile

❖ 1 confezione di pasta frolla già pronta (oppure vedi pag. 11).
PER LA FARCIA: 750 g di albicocche fresche, 2,5 dl di vino bianco, 1/2 bicchiere di panna da montare, 50 g di zucchero, il succo di 1 limone, 20 g di fecola di mais, burro.
PER GUARNIRE: 3 albicocche, 60 g di mandorle a scaglie.

Prendete la pasta frolla per crostate, stendetela e ponetela in uno stampo imburrato sollevandone i bordi. Scottate le albicocche, sbucciatele, dividetele a metà ed eliminate il nocciolo; mettete le mezze albicocche sulla base di pasta con la parte esterna rivolta verso l'alto.
Cuocete per 20-25 minuti in forno caldo a 200 °C e, infine, fate raffreddare il dolce. Per preparare la glassa mescolate lo zucchero al succo di limone e al vino, legate con la fecola di mais e portate il tutto a ebollizione continuando a mescolare.
Montate la panna in modo che abbia una buona consistenza e distribuitela sulla base di pasta; subito dopo versate la glassa al vino sul dolce e mettetelo in frigorifero.
Prima di servire decorate con le albicocche tagliate a fettine e le mandorle a scaglie.

Crostata di fragole

◆ Tempo: 1 ora e 10 minuti ✱ Difficoltà: facile

❖ 3 uova, 120 g di zucchero, 80 g di farina, 40 g di fecola, 200 g di gelatina di ribes, 60 g di fragole, 1 bustina di gel per torte, 2 dl di panna, 1 cucchiaio di zucchero, 1 cucchiaio di mandorle.

Sbattete in una ciotola le uova e lo zucchero in modo da ottenere un composto schiumoso. Setacciate sul composto la farina e la fecola e mescolate. Mettete l'impasto in una tortiera con cerniera apribile imburrata e rivestita; lisciatene la superficie. Infornate il dolce a 200 °C e cuocete per 20 minuti. Sfornate e spalmate la superficie della torta con la gelatina di ribes, guarnendo poi con le fragole. Preparate il gel per torte e poi versatelo sulla torta.
Guarnite, infine, con la panna montata addolcita con un cucchiaio di zucchero e scaglie di mandorle.

Crostata di latte

◆ Tempo: 45 minuti + 30 minuti ✱ Difficoltà: facile

❖ 1 confezione di pasta frolla già pronta (oppure vedi pag. 11).
PER LA FARCIA: 2 uova, 100 g di zucchero vanigliato, 50 g di farina, 2,5 dl di latte.

Preparate la pasta frolla secondo ricetta. Fate riposare l'impasto in frigorifero per mezzora. Trascorso questo tempo, stendetela e lavoratela con il matterello sul piano di lavoro, precedentemente infarinato. Foderate con la pasta uno stampo da crostate e bucherellate il fondo con i rebbi della forchetta. Per la farcia, preparate una crema sbattendo uova e zucchero insieme, unite la farina e il latte freddo, unito poco alla volta sempre mescolando.
Dopo aver amalgamato il composto con cura, passatelo al setaccio se dovesse presentare grani. Versate il tutto sulla pasta e infornate a 180°C per 25 minuti.

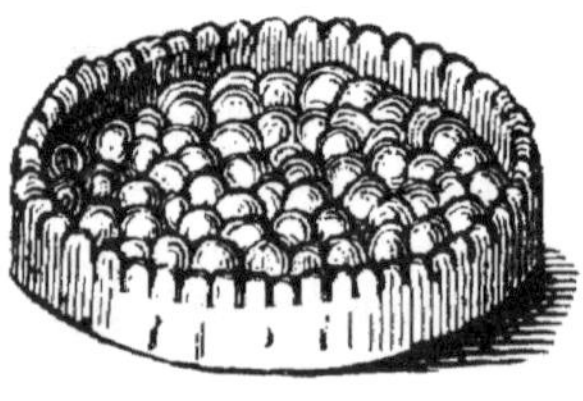

Crostata di mele e amaretti

◆ Tempo: 1 ora ✶ Difficoltà: media

✣ 210 g di farina, 3 uova, 150 g di burro, 1 cucchiaio di rum, un pizzico di sale.
PER LA FARCIA: 500 g di mele sbucciate e grattugiate, 50 g di amaretti, 100 g di mandorle spellate (o nocciole), 150 g di zucchero bruno, 20 g di zucchero, 2-3 cucchiai di Calvados, un pizzico di sale.
PER DECORARE: mandorle spellate.

Lavorate la farina, 2 tuorli, il burro, 1 cucchiaio di rum e un pizzico di sale; stendete due terzi dell'impasto in uno stampo imburrato tenendo il bordo alto 3 cm. Mescolate le mandorle tritate e i due tipi di zucchero agli amaretti tritati al Calvados; amalgamate il tutto alle mele grattugiate; montate 3 albumi a neve e aggiungeteli. Distribuite nella torta il composto di mele. Stendete il resto della pasta, tagliatela a bastoncini e decorate il dolce con un disegno a forma di grata, quindi spalmateli con un tuorlo. Cuocete per 40 minuti a 200 °C. Decorate con alcune mandorle intere.

Crostata di pere e cioccolato

◆ Tempo: 1 ora e 40 minuti + 30 minuti ✶ Difficoltà: media

✣ 250 g di farina, 60 g di cacao amaro, 75 g di zucchero, 150 g di burro, 1 uovo, 1 tuorlo, 9 pere di media grossezza, 80 g di zucchero nero, 1 pizzico di cannella, 50 g di cioccolato fondente, fagioli secchi (per cucinare).

Setacciate la farina con il cacao e lo zucchero; unite il burro ammorbidito e a pezzetti e impastate. Quando avrete un composto sabbioso, amalgamatevi l'uovo e il tuorlo sbattuti, legando le briciole di farina e burro in una palla che lascerete in frigo per mezzora. Sbucciate 4 pere, fatele a tocchetti; mettetele in un pentolino con 40 g di zucchero nero, un dito di acqua e la cannella. Cuocetele fino a che cominciano a disfarsi, fatele ritirare qualche minuto e frullatele. Dividete a metà le altre pere, levate il torsolo e tagliatele a fettine senza scomporle. Adagiatele una accanto all'altra su una teglia coperta di carta da forno. Spolverizzate ogni pera con lo zucchero nero; infornate a 200 °C per 20 minuti. Stendete la sfoglia al cacao nella teglia imburrata e spolverizzata di farina; forate il fondo con una forchetta, poi copritela di carta. Riempite con dei fagioli secchi che facciano da peso, e cuocete in forno per 20-25 minuti. Eliminate i fagioli e la carta da forno; cuocete ancora 5 minuti e sfornate. Spennellate fondo e bordi della crostata con il cioccolato fuso, fatelo tirare e stendetevi il purè di pera. Disponete sulla crostata le fette caramellate.

Crostata pinoli e pistacchi

◆ Tempo: 1 ora e 20 minuti ✶ Difficoltà: media

❖ 1 confezione di pasta frolla già pronta (oppure vedi pag. 11).
PER LA CREMA: 2 tuorli, 80 g di zucchero, 20 g di farina, 2,5 dl di latte, 30 g di pinoli, 30 g di pistacchi, la scorza grattugiata di 1/2 limone, zucchero a velo.

Preparate la crema lavorando lo zucchero e i tuorli. Aggiungete un po' di latte, la farina setacciata e amalgamate bene il tutto. Mettete il composto in una casseruola, diluite la crema con il latte restante e, senza smettere mai di mescolare, fate addensare la crema su fuoco moderato. Aromatizzate con la scorza di limone grattugiata e lasciatela raffreddare.
Nel frattempo stendete la pasta frolla e ricopritevi uno stampo a cerniera. Bucherellate il fondo della crostata e versatevi il composto di crema. Cospargete poi il tutto con pinoli e pistacchi. Fate cuocere in forno a 180 °C per 30 minuti; fate cuocere poi per altri 5 minuti con calore solo dal basso. Sfornate e lasciate raffreddare.

SFOGLIATE E STRUDEL

Sfogliata alla ricotta

◆ Tempo: 2 ore ✱ Difficoltà: difficile

❖ 1 confezione di pasta sfoglia già pronta (oppure vedi pag. 11).
PER IL RIPIENO: 150 g di ricotta, 2 uova, 150 g di semolino, 150 g di zucchero a velo, 80 g di zucchero, 80 g di cedro e d'arancia canditi, 1 bustina di vaniglia, burro, un pizzico di sale. PER COMPLETARE: zucchero a velo.

Portate a bollore in una pentola 4,5 dl d'acqua con un pizzico di sale, versatevi a pioggia il semolino, lo zucchero e fatelo cuocere per circa 5 minuti, mescolando con un cucchiaio di legno; poi fatelo raffreddare. Passate al setaccio la ricotta; unitevi lo zucchero a velo, la vaniglia, un uovo, i canditi tritati finemente e il semolino raffreddato.
Sulla spianatoia distendete la pasta sfoglia in modo da ottenere 2 dischi di uguale misura. Collocatene uno su una placca unta di burro, versatevi sopra il composto alla ricotta, ricoprite con il secondo disco, sigillando bene, e spennellate la sfogliata con il rimanente uovo sbattuto.
Infornate a 180 °C per circa 30 minuti. Servite la sfogliata calda e guarnita con una spolverata di zucchero a velo.

Sfogliata alle mele

◆ Tempo: 3 ore ✱ Difficoltà: difficile

❖ 1 confezione di pasta sfoglia già pronta (oppure vedi pag. 11).
PER IL RIPIENO: 1,5 kg di mele, 3 uova, 250 g di zucchero, 1 tazza di marsala.

Preparate la pasta sfoglia. Dividete poi la pasta sfoglia in 2 parti e, dopo averla tirata con il matterello, disponetene una in una teglia imburrata. Fate cuocere le mele sbucciate a fuoco basso nel marsala cui avrete aggiunto una tazza d'acqua e 150 g di zucchero, facendo attenzione che le mele rimangano intere. Dopo averle tolte dal fuoco colate il succo e tenetelo da parte. Disponete le mele cotte sulla pasta già in teglia. Preparate poi la crema. Mentre la fate raffreddare, montate a neve gli albumi con i rimanenti 100 g di zucchero, versate il tutto sulle mele, spruzzate poi con il succo delle mele messo da parte. Ricoprite con l'altro strato di sfoglia, precedentemente tirato con il matterello e sigillate bene. Fate cuocere a 150°C per un'ora.

Sfogliata alle noci

◆ Tempo: 1 ora e 30 minuti ✶ Difficoltà: media

❖ 2 confezioni di pasta sfoglia pronta (oppure vedi pag. 11 raddoppiando le dosi).
PER IL RIPIENO: 70 g di noci, 50 g di zucchero, 3 fichi secchi, 700 g di pere, 6 savoiardi, 1 limone, 1 tuorlo, 0,3 dl di latte, 1 cucchiaino di cannella, 0,45 dl di grappa.

Accendete il forno e preriscaldatelo a 200 °C. Sbucciate e tagliate a fette le pere, disponetele in una ciotola e bagnatele con il succo di un limone. Pulite i fichi e schiacciateli, tritate le noci grossolanamente, aggiungete il tutto alle pere unitamente allo zucchero, la grappa, la cannella e 2 savoiardi tritati. Tenete i restanti savoiardi interi per coprire la teglia. Rivestite una tortiera con carta da forno, foderatela con un disco di pasta più grande della circonferenza della tortiera di almeno 4-5 cm, disponete sul fondo 4 savoiardi e ricopriteli con il ripieno. Disponete infine il secondo disco di pasta precedentemente steso, facendo pressione sui bordi e girando il bordo in-

feriore per sigillare, affinché non fuoriesca il ripieno. Sbattete il tuorlo con il latte e spennellate la superficie. Bucherellate con i rebbi della forchetta la superficie per fare così dei disegni a vostro piacere.
Potete anche decorare con la pasta avanzata, spennellandola poi con l'uovo. Fate attenzione però a non impastare i ritagli. Infatti dovranno essere sovrammessi e tirati con il matterello. Infornate poi per 40 minuti. Servite il dolce tiepido o freddo, a vostro piacimento.

Sfogliatine calde di mele e gelato

◆ Tempo: 1 ora ✱ Difficoltà: media

❖ 1 confezione di pasta sfoglia già pronta (oppure vedi pag. 11), 1 uovo.
PER LA CREMA PASTICCERA: 4 uova, 1 limone, 80 g di zucchero, 1/2 l di latte, 2 cucchiai di farina.
PER DECORARE: 2 mele renette, zucchero semolato, gelato alla crema.

Con la pasta sfoglia confezionate 4 vol-au-vent, per 4 persone. Con un uovo sbattuto, spennellate la parte superiore dell'anello ma fate attenzione che l'uovo non coli sui bordi, altrimenti la sfoglia non si alza in cottura. Preparate la crema pasticcera: mescolate in una casseruola i tuorli con lo zucchero, quando questo si sarà del tutto sciolto amalgamate poco per volta la farina e, continuando a mescolare, unite il latte bollente e la buccia grattugiata del limone. Portate il tutto a bollore e spegnete dopo 3 minuti. Punzecchiate il fondo con i rebbi della forchetta e riempite con 2 cucchiai di crema pasticcera, distribuitela bene su tutta la superficie. Guarnite con delle fettine di mele renette e cospargete il tutto con zucchero semolato. Infornate le tortine disposte su una teglia, ricoperta di carta da forno, con il calore dal basso a 200 °C per 15-18 minuti. Controllate che la pasta frolla sia ben sollevata e le mele siano ben cotte e rosolate. Dopo aver fatto intiepidire, guarnite con una pallina di gelato e servite subito.

Sfogliatine di mele e more

◆ Tempo: 45 minuti ✷ Difficoltà: media

❖ 1 confezione di pasta sfoglia già pronta (oppure vedi pag. 11).
PER IL RIPIENO: 50 g di zucchero, 20 g di zucchero a velo, 1 cestino di more, 2 mele.
PER DECORARE: 16 more fresche e succose, 1 mela, zucchero a velo.

Per prima cosa preriscaldate il forno a 220 °C. Successivamente sbucciate le mele, privatele del torsolo e tagliatele a cubetti, quindi fatele cuocere in una casseruola con poca acqua fino a che saranno morbide, ma non disfatte.
Aggiungete le more. Fatele cuocere con le mele fino a che diventano morbide. Unite al composto lo zucchero. Lasciate raffreddare. Stendete la pasta e disponetela su una teglia inumidita e con una rondella fate delle incisioni, abbastanza profonde ma non da tagliare la pasta, parallele e perpendicolari a reticolato in modo da ottenere 12 quadratini. Bucherellate la pasta con i rebbi della forchetta, e infornate per 15 minuti. Trascorso il tempo previsto, girate la sfoglia e cospargetela con zucchero a velo, passatela sotto il grill caldo per pochissimi minuti. Tagliate la sfoglia nei punti delle incisioni in 12 quadratini, disponeteli uno sopra l'altro, 3 alla volta, farcendoli con la crema di mele e more. Decorate con more fresche e al naturale e con fettine di mela. Spolverizzate il tutto con lo zucchero a velo e servite fredde.

Strudel alla tirolese

◆ Tempo: 3 ore e 15 minuti ✱ Difficoltà: media

❖ 250 g di burro, 280 g di farina, 1 pizzico di sale, 1 cucchiaio d'aceto di mele, olio extravergine d'oliva, 1 tuorlo. PER IL RIPIENO: 1 kg di frutta secca mista (uvetta, fichi, pere, datteri, scorza d'arancia candita, scorza di limone candita), 50 g di zucchero, 3 cucchiai di rum, il succo di 1 limone, 30 g di burro, 80 g di pangrattato, 50 g di noci.

Tagliate 250 g di burro a cubetti e lasciatelo ammorbidire a temperatura ambiente, impastatelo con 50 g di farina e date al tutto la forma di un blocco rettangolare. Quindi lasciatelo riposare in un luogo freddo. Incorporate alla farina rimanente un pizzico di sale, un tuorlo, l'aceto e impastate il tutto sino a ricavare un composto liscio, aggiungendo dell'acqua fredda a seconda della necessità. Raccogliete il composto dandogli una forma sferica, praticate un'incisione a forma di croce, copritelo con un panno umido e pulito, e lasciatelo riposare per circa 1 ora. Trascorso il tempo previsto, spianate l'impasto sul piano da lavoro infarinato, mettetevi al centro il composto di burro e farina e chiudete la pasta. Poi spianatela dal centro verso l'esterno, richiudetela un'altra volta e mettetela in un luogo freddo. Quindi spianatela per altre due volte e poi rimettetela al freddo. Per il ripieno, cominciate con il lavare e mondare la frutta secca, dopodiché lasciatela ammorbidire per un quarto d'ora in acqua leggermente tiepida, lasciatela sgocciolare e tagliatela a pezzettini. Versate lo zucchero in un pentolino, unitevi alcuni cucchiai di acqua, aggiungete il rum e il succo di limone e mescolate con un cucchiaio di legno. Disponetevi la frutta secca e lasciatela ammorbidire. Occupatevi della pasta sfoglia: spianatela su un piano da lavoro infarinato e ricavate un'ampia striscia, praticate diverse incisioni superficiali e cospargete sulla parte centrale il pangrattato e le noci sminuzzate, distribuitevi la frutta secca sminuzzata e ammorbidita e infine fatevi gocciolare 30 g di burro fuso. Piegate i lembi dello strudel verso l'interno premendo leggermente, arrotolatelo e sistematelo in una teglia sulla quale avrete predisposto un foglio di carta da forno, accertandovi che la giuntura del dolce sia rivolta verso il basso. Infine spennellatelo con un uovo sbattuto e cuocetelo nel forno caldo per 45 minuti circa, a una temperatura di 200 °C.

Strudel con crema alle mandorle

◆ Tempo: 2 ore e 20 minuti ✱ Difficoltà: media

❖ 1 confezione di pasta strudel pronta (oppure vedi pag. 12).
PER LA CREMA: 5 dl di panna, 120 g di zucchero, 80 g di farina, 100 g di mandorle tritate, 6 tuorli, 80 g di uva sultanina, 40 g di frutta candita mista, un pizzico di cannella in polvere, burro.
PER COMPLETARE: zucchero a velo.

Mettete l'uva sultanina in ammollo. Nel frattempo preparate la crema alle mandorle. In una terrina, mescolate i tuorli con lo zucchero, unite la farina, un pizzico di cannella in polvere, e versate a filo la panna bollente. Disponete il tutto sul fuoco e fate cuocere per 7-8 minuti, lasciate poi raffreddare, e solo dopo unite le mandorle tritate, l'uvetta sultanina strizzata, la frutta candita a dadini e amalgamate bene il tutto. Stendete la pasta sul telo infarinato e spennellate l'interno con il burro fuso. Disponete poi la crema ormai fredda, lasciando alle estremità 2 cm di pasta. Arrotolate lo strudel aiutandovi con il telo, sigillate con cura le estremità e spennellate la superficie con burro fuso. Trasferite lo strudel su una teglia imburrata e infarinata, poi infornate in forno già caldo a 180 °C per 50 minuti. A cottura terminata lasciate intiepidire, spolverizzatelo con zucchero a velo e servite tagliato a fette.

Strudel con le pesche

◆ Tempo: 1 ora ✱ Difficoltà: facile

❖ 1 confezione di pasta strudel pronta (oppure vedi pag. 12).
PER IL RIPIENO: 750 g di pesche gialle, la mollica di 2 fette di pane raffermo, 40 g di uvetta sultanina, un pizzico di cannella, zucchero, burro.
PER COMPLETARE: zucchero a velo.

Ponete la pasta su un foglio di carta da forno leggermente infarinato, disponetela sul piano di lavoro e stendetela lavorandola prima con il matterello e poi con le mani in modo tale che diventi sottilissima. Mettete a bagno l'uvetta, sbucciate e snocciolate le pesche, che taglierete a tocchetti piuttosto piccoli. Cospargete la pasta con la mollica di pane ridotta in piccole briciole, l'uvetta strizzata e le pesche, spolverizzate con zucchero e con un pizzico di cannella. Arrotolate lo strudel e con le dita fate pressione sulle estremità, in modo da chiuderlo bene. Disponete il dolce sulla teglia precedentemente imburrata, mettetelo in forno preriscaldato a 200 °C e fate cuocere per 30 minuti. Servite tiepido, cosparso di zucchero a velo.

Strudel di mele

◆ Tempo: 1 ora e 20 minuti + 30 minuti ✱ Difficoltà: facile

❖ 1 confezione di pasta strudel pronta (oppure vedi pag. 12).
PER IL RIPIENO: 1 kg di mele, 50 g di zucchero, un pizzico di cannella, 1 limone, 1 bicchierino di rum, 50 g di pinoli, 50 g di pangrattato, 50 g di burro.
PER COMPLETARE: 1 uovo, zucchero.

Sbucciate le mele, privatele dei torsoli e tagliatele a fette sottili. Disponetele in un capace recipiente e aggiungetevi lo zucchero, i pinoli, la cannella, un bicchierino di rum e la scorza grattata di un limone. In una padella antiaderente fate im-

biondire il pangrattato su un fondo di burro, avendo cura di mescolarlo con un cucchiaio di legno, per evitare che si tosti eccessivamente.
Dopo mezzora di riposo, lavorate la pasta con il matterello, stendendo un disco dello spessore di circa 1/2 cm. Utilizzando il pangrattato, farcite la pasta, unendovi poi il composto di mele. A questo punto arrotolate lo strudel, facendo pressione sui bordi per chiudere ben il dolce affinché non si apra durante la cottura e il taglio successivo. Ponetelo su una teglia da forno imburrata. Spennellate il dolce con l'uovo poco sbattuto, cospargetevi lo zucchero. Preriscaldate il forno a 180 °C e infornate, lasciando cuocere per 40-45 minuti. Ultimata la cottura dello strudel, sfornatelo, ponetelo su un piatto da portata e lasciatelo raffreddare, infine tagliatelo a fette e servite.

Strudel di mollica di pane

◆ Tempo: 1 ora e 30 minuti + 30 minuti ✷ Difficoltà: media

❖ 1 confezione di pasta strudel pronta (oppure vedi pag. 12.

PER IL RIPIENO: 750 g di mele, la mollica di 2 fette di pane, 40 g di uvetta sultanina, 100 g di zucchero, 1 cucchiaio di cannella in polvere, pinoli.

PER COMPLETARE: 1 uovo, burro, zucchero a velo.

Preparate la pasta strudel secondo ricetta. La pasta che otterrete dovrà essere elastica e omogenea. Fate riposare l'impasto coperto da un canovaccio per 30 minuti. Nel frattempo mettete a bagno l'uvetta e sbucciate le mele che ridurrete a tocchetti. Sulla carta da forno stendete la pasta, lavoratela con il matterello e poi con le mani fino a renderla sottilissima.
Disponetevi allora la mollica di pane ridotta a piccole briciole, i pezzettini di frutta, l'uvetta ben strizzata e i pinoli. Spolverizzate il tutto con lo zucchero semolato e un cucchiaio di cannella. Arrotolate lo strudel e saldate le estremità, facendo

pressione con le dita lungo i bordi. Spennellatelo con un uovo sbattuto e disponetelo su una teglia da forno imburrata. Fatelo cuocere per circa 30 minuti in forno preriscaldato a 200 °C. Servitelo tiepido o freddo, cospargendo il tutto con zucchero a velo.

Strudel di nocciole e uvetta

◆ Tempo: 1 ora e 40 minuti + 30 minuti ✱ Difficoltà: media

❖ 1 confezione di pasta strudel pronta (oppure vedi pag. 12).
PER IL RIPIENO: 250 g di mascarpone, 200 g di nocciole, 200 di uvetta passa, 100 g di noci, 100 g di burro, 100 g di amaretti, 50 g di pinoli, 1,5 dl di succo d'arancia. PER COMPLETARE: zucchero a velo.

Preparate la pasta strudel secondo ricetta. Spennellatela con poco olio e lasciatela quindi riposare per almeno mezzora in un luogo caldo e al riparo da correnti d'aria, coperta da un canovaccio. Nel frattempo passate a occuparvi del ripieno.
Lavate l'uvetta, lasciatela macerare nel succo d'arancia e intanto tostate le noci, le nocciole e i pinoli in una padella; poi macinate il tutto prima di mescolarlo al mascarpone e all'uvetta.
Quindi preriscaldate il forno a 200 °C e, trascorso il tempo di riposo previsto, spianate la pasta, spalmatevi la metà del burro fuso, sbriciolate gli amaretti e cospargeteli sulla sfoglia.
Distribuitevi sopra anche la crema d'uvetta e infine arrotolate il dolce, trasferitelo in una teglia imburrata con cura e spennellatelo in superficie con il burro fuso rimasto. Cuocetelo poi in forno per circa 40 minuti e servitelo tiepido, cosparso di zucchero a velo a piacere.

Strudel di noci

◆ Tempo: 2 ore + 2 ore ✱ Difficoltà: difficile

❖ 500 g di farina, 1 uovo, 80 g di burro, 2 cucchiai di latte, 30 g di lievito di birra, 1 cucchiaio di miele, sale.
PER IL RIPIENO: 250 g di noci sgusciate, 150 g di miele, 4 cucchiai di latte, 1 limone, 1 pizzico di sale.

Amalgamate il burro con la farina e mettete il composto in una terrina. In un paio di cucchiai di latte tiepido sciogliete il lievito e unitelo alla farina con l'uovo, un cucchiaio di miele e un po' di sale. Formate un impasto sodo che si stacchi dal bordo della terrina (se necessario aggiungete altro latte). A questo punto coprite con un canovaccio e lasciate lievitare in un luogo caldo e protetto da correnti d'aria per un paio d'ore. Nel frattempo preparate il ripieno: dopo aver tritato le noci, mettetele in una pentola con 4 cucchiai di latte e alla scorza grattugiata del limone, e portate a ebollizione. Togliete poi il recipiente dal fuoco, lasciate intiepidire e aggiungete il miele; lasciate quindi raffreddare del tutto. Stendete la pasta lievitata su un piano di lavoro infarinato e tiratela in modo che abbia uno spessore di 1 cm, versatevi sopra il ripieno e arrotolatela ponendola poi sulla piastra del forno imburrata. Coprite e lasciate lievitare. Mettetela infine in forno a 150 °C per un'ora circa.

Strudel di pere

◆ Tempo: 1 ora ✱ Difficoltà: media

❖ 1 confezione di pasta strudel pronta (oppure vedi pag. 12).
PER IL RIPIENO: 4 pere, 50 g di burro, 1 pizzico di cannella, 70 g di gocce di cioccolato, 1 cucchiaio di pangrattato, 70 g di mandorle tagliate e fettine, 60 g di zucchero, zucchero a velo.

Pulite le pere, affettatele e ripassatele in un tegame sul fuoco con una noce di burro. Unite la cannella e mescolate con un cucchiaio di legno per 2 minuti. Aggiungete le gocce di cioccolato e il pangrattato fatto lievemente tostare con le mandorle. Disponete la pasta strudel su una teglia da forno e stendetevi il composto di pere lasciando liberi i bordi. Arrotolate la pasta ponendola poi sulla piastra del forno imburrata. Spolverare di zucchero di canna e infornare per 35 minuti a 180 °C. Lasciate raffreddare prima di servire lo strudel spolverato di zucchero a velo.

Strudel di ricotta

◆ Tempo: 1 ora ✱ Difficoltà: facile

❖ 1 confezione di pasta strudel pronta (oppure vedi pag. 12).
PER IL RIPIENO: 250 g di ricotta, 50 g di uvetta, 3 uova, 60 g di zucchero, 1 bustina di lievito per dolci, farina.
PER COMPLETARE: zucchero a velo.

Preparate il ripieno, mescolando la ricotta con lo zucchero, 2 tuorli, l'uvetta lasciata in ammollo e poi strizzata con cura, e i 2 albumi montati a neve ben ferma. A questo punto stendete la pasta e sistematevi al centro il ripieno a base di ricotta, spennellate i bordi con il burro affinché aderiscano bene e infine arrotolatela.
Disponete il dolce su una teglia da forno e spennellate la superficie dello strudel con l'uovo leggermente sbattuto. Preriscaldate il forno a 200 °C e fate cuocere per 30 minuti.
A cottura ultimata, disponetelo su un piatto da portata, spolverate con zucchero a velo, lasciatelo raffreddare e tagliatelo a fettine.

Dolcetti e biscotti

Amaretti sardi (Sardegna)

◆ Tempo: 30 minuti + 2 ore ✶ Difficoltà: facile

❖ 250 g di mandorle dolci spellate, 5 g di mandorle amare spellate, 3 uova, 250 g di zucchero, zucchero a velo.

In un mortaio pestate le mandorle spellate insieme con lo zucchero; la farina ottenuta passatela al setaccio. Montate a neve gli albumi delle uova, uniteli delicatamente alla farina di mandorle, amalgamate bene e dal composto ricavate tanti piccoli amaretti che sistemerete su una teglia imburrata.

Spolverateli con zucchero a velo e lasciateli riposare per un paio d'ore prima di infornarli. Cuocete in forno caldo per circa mezzora.

Aranciotti al cioccolato

◆ Tempo: 1 ora + 24 ore ✶ Difficoltà: facile

❖ 150 g di cioccolato fondente, 300 g di scorze di arancia, 400 g di zucchero, 3 cucchiai di sale grosso.

Potrete ottenere le scorze necessarie alla preparazione sia sbucciando all'esigenza le arance, sia conservando in freezer le bucce delle arance consumate un giorno dopo l'altro fino ad aver raggiunto la quantità desiderata. Le scorze devono essere private della parte bianca che separa la polpa del frutto dalla buccia. Mettete a bagno per 24 ore le scorze (di 6-7 cm di lunghezza) con un cucchiaio di sale in modo che perdano il sapore amaro. Mettete sul fuoco 3 pentole con dell'acqua, e in una di esse mettete i rimanenti 2 cucchiai di sale e le scorze.

Quando l'acqua inizia a bollire, aiutandovi con una schiumarola, prelevate le bucce di arancia e mettetele nella seconda pentola, nella quale l'acqua avrà appena iniziato a intiepidirsi. Portate a ebollizione e da quel momento calcolate 5 minuti prima di prelevare nuovamente le scorze e immergerle nell'acqua della terza pentola. Fatele bollire a fuoco basso per un quarto d'ora e intanto mettete al fuoco 300 g di zucchero con un bicchiere d'acqua per fare lo sciroppo.
Non appena si sarà ben scaldato (sulla superficie appariranno tante bollicine) prelevate le scorze dalla pentola d'acqua e, dopo averle scolate con cura, immergetele nello sciroppo dove le farete cuocere per circa mezzora rimestandole con delicatezza. Sempre mescolando con cura versate nella pentola anche lo zucchero lasciato da parte e fatelo ben asciugare sulle scorze di arancia, senza però che si scurisca (mantenete la fiamma bassissima). Aiutandovi con una forchetta, prelevate le scorze una alla volta e fatele asciugare sopra una gratella.
Una volta che le scorze di arancia si saranno ben seccate (basterà tenerle all'aria per una giornata) procedete alla copertura al cioccolato. In un pentolino posto a bagnomaria fate sciogliere il cioccolato mescolandolo continuamente. Quando si sarà ben sciolto, aiutandovi con una pinzetta, immergetevi per metà ogni scorza di arancia; fate poi asciugare sulla gratella. Gli aranciotti si conservano in una scatola a chiusura ermetica per qualche tempo.

Babà al rum (Campania)

◆ Tempo: 1 ora e 20 minuti ✱ Difficoltà: media

❖ 300 g di farina, 5 uova, 1 limone, 100 g di burro, 1 cucchiaio di zucchero, 2 dl di latte tiepido, 25 g di lievito di birra, sale.
PER "BAGNARE" I BABÀ: 1 bicchiere di rum, 300 g di zucchero, 1 limone, marmellata di albicocche.

Preparate l'impasto per i babà lavorando in una terrina il burro, fatto ammorbidire e tagliato a pezzettini, con le uova e lo zucchero; unite poi, poca per volta, la farina mischiata a un pizzico di sale e, in ultimo, la scorza grattugiata del limone e il lievito fatto sciogliere nel latte tiepido. Lavorate con cura e quando avrete ottenuto un impasto che si staccherà facilmente dalle pareti della terrina coprite e fate riposare per un'ora in ambiente tiepido. Dopo questo tempo lavorate ancora l'impasto per qualche minuto quindi suddividetelo negli appositi stampini per babà precedentemente unti e infarinati; copriteli con un canovaccio e fate lievitare finché non avranno raddoppiato il volume. Fateli poi cuocere in forno caldo per circa mezzora. Intanto preparate la mistura per inzuppare i babà: fate sciogliere lo zucchero sul fuoco con mezzo litro d'acqua e una scorzetta di limone fino a ottenere uno sciroppo; togliete dal fuoco e unite il bicchiere di rum. Con questo liquido bagnate i babà ancora caldi e poi spennellatene la superficie con della glassa alla marmellata.

Baci di dama (Piemonte)

◆ Tempo: 45 minuti ✱ Difficoltà: facile

⁂ 130 g di farina, 150 g di mandorle, 150 g di zucchero, 100 g di burro, 50 g di cioccolato fondente.

Tritate finemente le mandorle e unitele allo zucchero, alla farina e al burro ammorbidito. Mescolate bene e quando avrete ottenuto un impasto omogeneo ricavatene delle palline leggermente schiacciate del diametro di 2-3 centimetri. Disponetele sopra la placca del forno imburrata e fatele cuocere per un quarto d'ora a calore moderato; poi sfornate e lasciate raffreddare.

Nel frattempo sciogliete il cioccolato a bagnomaria. Prendete metà dei biscotti e mettete un po' di cioccolato fuso sulla parte più piatta, chiudendo poi con l'altra metà dei biscotti. Il cioccolato, raffreddandosi, salderà i "baci" tra loro.

Baicoli (Veneto)

◆ Tempo: 1 ora + 1 ora e 30 minuti ✱ Difficoltà: media

⁘ 400 g di farina, 50 g di burro, 50 g di zucchero, 1/2 bicchiere di latte, 15 g di lievito di birra, sale.

I baicoli sono i tradizionali biscotti secchi veneziani. Preparateli mettendo sulla spianatoia 50 g di farina a fontana, versate al centro il lievito diluito con un po' di latte tiepido e impastate in modo da ottenere un composto solido.

Formate poi una palla, incidete a croce la superficie, coprite con un canovaccio pulito e lasciate lievitare in un luogo tiepido per una mezzora. Versate quindi sulla spianatoia la rimanente farina, lo zucchero, il burro fuso, un pizzico di sale e, infine, la pasta lievitata. Lavorate con cura l'impasto, poi unite poco a poco tanto latte tiepido quanto basta per avere una pasta della consistenza di quella del pane; dividetela in otto parti e formate dei piccoli cilindri lunghi circa 4 centimetri.

Disponeteli poi sulla piastra del forno imburrata, distanti l'uno dall'altro; copriteli con un canovaccio e lasciateli riposare per un'ora. Infine metteteli nel forno preriscaldato a 180 °C e lasciate cuocere per un quarto d'ora.

Togliete poi la placca dal forno e lasciate raffreddare a temperatura ambiente. Tagliate in sbieco i piccoli cilindri a fettine molto sottili, disponete i baicoli sulla placca calda del forno e cuocete per alcuni minuti.

Beccute (Marche)

◆ Tempo: 1 ora ✶ Difficoltà: facile

❖ 600 g di farina, 100 g di pinoli, 100 g di gherigli di noce, 80 g di mandorle spellate, 100 g di uva passa, 100 g di fichi secchi, 100 g di zucchero, olio extravergine d'oliva, sale.

Mettete ad ammorbidire in acqua tiepida i fichi secchi e, separatamente, l'uva passa. Tritate grossolanamente le noci e le mandorle. In una capiente terrina mescolate la farina con 4 cucchiai d'olio, lo zucchero, un pizzico di sale, i fichi secchi scolati e tagliati a pezzetti, l'uva passa ben strizzata, i pinoli, le noci e le mandorle. Unite ora, un po' per volta, dell'acqua calda fino a ottenere un composto morbido e omogeneo. Dividete la pasta in piccole porzioni cui darete la forma di pagnottine, ungete una teglia da forno e allineatevi le beccute. Infornate a media temperatura per mezzora.

Biscotti a "S" (Veneto)

◆ Tempo: 35 minuti ✶ Difficoltà: facile

❖ 250 g di farina, 3 uova, 125 g di zucchero, 125 g di burro, zucchero a granelli.

Dopo averlo fatto ammorbidire, lavorate a lungo il burro con un cucchiaio di legno fino a ottenere una crema soffice; incorporate al burro lo zucchero e, uno alla volta, 3 tuorli d'uovo, sempre continuando a mescolare con cura. Poco per volta unite anche la farina; se l'impasto dovesse risultare troppo duro, aggiungete anche un po' di albume montato a neve soda. Aiutandovi con una tasca per dolci con il beccuccio grande a stella, disponete l'impasto sulla placca del forno imburrata, dandogli la forma di tante "S". Cospargete la superficie dei biscotti con dello zucchero a granelli e fate cuocere in forno caldo per una decina di minuti.

Biscotti all'anice

◆ Tempo: 45 minuti + 30 minuti ✶ Difficoltà: facile

✣ 400 g di farina, 1 tazza di infuso all'anice, 50 g di uva passa, 1 uovo, 2 cucchiai di miele, 2 cucchiai d'olio extravergine d'oliva, sale.

Lavate e lasciate in ammollo in poca acqua tiepida l'uva passa. Nel frattempo disponete la farina a fontana e versate al centro l'uovo, l'olio, il miele e il sale. Cominciate a impastare aggiungendo poco alla volta l'infuso di anice. Dopo aver lavorato l'impasto per una decina di minuti, frullate l'uva passa scolata e incorporatela continuando a impastare. Lasciate quindi riposare per mezzora circa, quindi stendete con un matterello una sfoglia dell'altezza di 3-4 mm circa, e ritagliatela in rettangoli o nelle forme che più vi piacciono.
Disponete i biscotti ottenuti su una teglia leggermente unta d'olio e infarinata e fate cuocere in forno ben caldo. Lasciate cuocere per una ventina di minuti.

Biscotti burro e cacao

◆ Tempo: 1 ora ✶ Difficoltà: media

✣ 180 g di farina, 2 cucchiai di cacao amaro, 180 g di burro, 70 g di zucchero a velo, 1 uovo, 1 cucchiaio di lievito vanigliato, sale.

Dopo averlo fatto ammorbidire, lavorate a lungo il burro con un cucchiaio di legno fino a ottenere una crema soffice. Incorporatevi poco alla volta lo zucchero e quindi unite anche l'uovo e la farina mescolata a un pizzico di sale e al lievito. Dividete il composto in due parti e a una di queste mescolate il cacao amaro. Aiutandovi con una tasca per dolci dal beccuccio tondo, disponete l'impasto più chiaro sulla piastra del forno imburrata, dando la forma di tanti semicerchi. Distribuite ora l'impasto al cacao che affiancherete a quello più chiaro, in modo da terminare la forma circolare. Premete un po' ciascun biscotto in modo da unire i due impasti e fate cuocere in forno moderatamente caldo per una ventina di minuti.

Boeri

◆ Tempo: 25 minuti ✶ Difficoltà: facile

❖ 200 g di cioccolato fondente, 20 ciliegie sotto spirito con picciolo.

Grattugiate il cioccolato e fatelo sciogliere in un pentolino posto in forno a 100 °C. Scolate accuratamente le ciliegie dal liquore e asciugatele con un canovaccio, poi immergetele nel cioccolato fuso. Fate solidificare la copertura ponendole ad asciugare su una gratella o su carta da forno. I boeri così preparati si possono conservare per qualche giorno in un luogo fresco (non in frigorifero), ma con l'andare del tempo il liquore tende a sciogliere il cioccolato.

Busolai (Veneto)

◆ Tempo: 50 minuti ✶ Difficoltà: facile

❖ 500 g di farina, 10 uova, 1 fiala di essenza d'anice, 500 g di zucchero, 50 g di burro, sale.

In una scodella impastate la farina con lo zucchero, il burro ammorbidito a temperatura ambiente e tagliato a pezzi, i tuorli delle uova, un solo albume montato a neve e un pizzico di sale. Aggiungetevi l'essenza d'anice e lavorate il tutto per 15 minuti circa. Ricavate quindi dall'impasto dei filoncini dello spessore di circa un centimetro e della lunghezza di circa 10 cm e poi date loro la forma che più vi ispira: a ciambella, a "S" ecc. Infine infornate per 15 minuti a circa 160 °C, così che i biscotti, che vanno serviti freddi, possano acquisire un piacevole colore dorato.

Canederli dolci (Trentino-Alto Adige)

◆ Tempo: 1 ora + 30 minuti ✱ Difficoltà: media

❖ 750 g di albicocche, 500 g di patate, 125 g di farina bianca, 30 g di semolino, 1 uovo, cannella in polvere, 70 g di pangrattato, 40 g di burro, miele, olio di mais, sale.

Lessate le patate con la buccia e fatele poi asciugare qualche istante in forno ben caldo dopo averle scolate. Quindi sbucciatele, passatele allo schiacciapatate e lasciatele raffreddare un poco. Mescolate la purea ottenuta con il burro, il semolino, il sale, l'uovo e aggiungete poi la farina, lavorando il tutto sino a ottenere una pasta liscia (in caso di necessità potete aggiungere ancora un po' di farina) che farete riposare per una mezzora. Trascorso questo tempo infarinate il piano di lavoro e stendete la pasta a uno spessore di mezzo centimetro circa, ritagliando poi dei quadratini della grandezza sufficiente ad accogliere un'albicocca. Aprite con cautela le albicocche e, senza dividerle a metà, sostituite il nocciolo con un cucchiaino di miele, avvolgendole poi nel quadratino di pasta.
Lessate i canederli in acqua salata bollente a fuoco lentissimo e mitigato da una retina frangifiamma per circa 10 minuti. Nel frattempo rosolate il pangrattato nell'olio, rigirandolo in continuazione. Sgocciolate infine i canederli, rivoltateli nel pangrattato e cospargeteli di cannella.

Cannoli siciliani (Sicilia)

◆ Tempo: 1 ora e 30 minuti + 1 ora ✱ Difficoltà: difficile

❖ 150 g di farina, 1 cucchiaio di zucchero, 50 g di cacao amaro, 1 cucchiaino di caffè in polvere, 20 g di burro, vino bianco secco, sale, 250 g di ricotta, 50 g di arancia e cedro canditi, 30 g di cioccolato fondente, 150 g di zucchero, zucchero a velo, olio extravergine d'oliva, sale.

Sul piano di lavoro disponete a fontana la farina mischiata al cacao amaro, al caffè, allo zucchero e a un pizzico di sale; in un incavo centrale mettete il burro a pezzetti e impastate il tutto aiutandovi con tanto vino bianco quanto sarà necessario a ottenere una consistenza morbida ed elastica. Avvolgete la pasta in un canovaccio e fatela riposare per circa un'ora in ambiente fresco e buio.
Preparate il ripieno mescolando la ricotta con lo zucchero, i canditi a pezzetti e il cioccolato grattugiato con un coltello; amalgamate mettete a riposare in frigorifero. Su un piano infarinato tirate con un matterello la pasta a uno spessore di pochi millimetri, ricavate dei dischetti di circa 10 cm di diametro che, aiutandovi con le dita, renderete ovali. Avvolgete ciascun disco di pasta su un cilindro metallico unto d'olio, premendo dove la pasta combacia. Fate scaldare dell'olio in una pentola dai bordi alti e fate cuocere i cannoli. Scolateli e asciugateli su carta assorbente da cucina; dopo qualche minuto potrete sfilare il cilindretto e ripetere l'operazione. Quando tutti i cannoli saranno raffreddati farciteli con la crema di ricotta e spolverizzateli con un po' di zucchero a velo.

Cantuccini di Prato (Toscana)

◆ Tempo: 45 minuti ✶ Difficoltà: facile

❖ 300 g di farina, 100 g di mandorle dolci, 3 uova, 200 g di zucchero, 1 cucchiaino di buccia d'arancia grattugiata, 1 cucchiaino di semi d'anice, 3 g di bicarbonato, latte, burro, sale.

Preparate sulla spianatoia la farina a fontana, setacciandola insieme al bicarbonato. Unite progressivamente lo zucchero, un pizzico di sale, la buccia d'arancia (senza la parte bianca), i semi di anice e le mandorle con la buccia. Rompete 2 uova e impastate con cura, aggiungendo un po' di latte se il composto è troppo asciutto.

Modellate tre filoncini grossi come due dita, disponeteli sulla teglia del forno e spennellateli con il tuorlo dell'uovo che avete tenuto da parte. Infornateli per un quarto d'ora a 190 °C, quindi tagliateli in obliquo, ottenendo la classica forma dei cantuccini, e ripassateli in forno per 5 minuti.

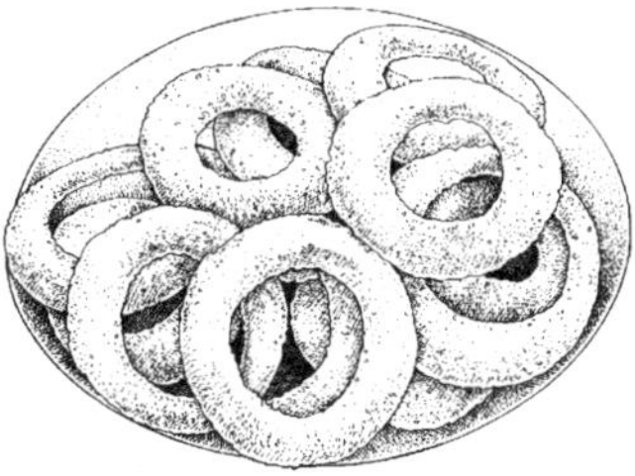

Ciambelline (Valle d'Aosta)

◆ Tempo: 45 minuti ✶ Difficoltà: facile

✣ 300 g di farina di mais fine, 60 g di farina bianca, 2 uova, 200 g di zucchero, 120 g di burro, 1/2 limone.

Mischiate le farine e disponetele a fontana sul tavolo. Incorporate alle uova sbattute con lo zucchero la buccia grattugiata del limone e il burro fuso, non bollente. Impastate velocemente e quindi, prelevando la pasta a piccole manciate, formate dei filoncini della lunghezza di circa 10 cm che salderete a forma di ciambella. Mettete le ciambelline su una piastra imburrata e ponetele in forno preriscaldato a 160 °C, lasciando cuocere per circa mezzora.

Croccante

◆ Tempo: 30 minuti ✶ Difficoltà: facile

✣ 300 g di arachidi sgusciate (o nocciole o mandorle), 300 g di zucchero, 1 limone, olio extravergine d'oliva.

Privateе le arachidi della pellicina (nel caso di mandorle e nocciole, l'operazione risulterà più facile tuffandole in acqua bollente), quindi distribuitele sopra una teglia e fatele tostare in

forno caldo per qualche minuto, senza farle scurire. Lasciatele poi raffreddare e intanto preparate uno sciroppo sciogliendo in una casseruola lo zucchero con il succo di limone.
Unite le arachidi allo sciroppo, mantenete una fiamma dolce e continuate a mescolare sinché non inizierà a caramellarsi. A questo punto versate il composto sulla piastra del forno unta uniformemente d'olio e livellatelo a un'altezza di un centimetro (provate a farlo usando mezza patata sbucciata infilzata in una forchetta o un limone ben lavato e asciugato).
Mentre l'impasto preparato è ancora morbido praticate dei tagli profondi, ma aspettate che si sia ben raffreddato per spezzarlo lungo le incisioni.
Questo squisito croccante si conserverà a lungo in un barattolo a chiusura ermetica.

Dolcetti di Natale (Friuli)

◆ Tempo: 1 ora + 30 minuti ✱ Difficoltà: facile

❖ 120 g di farina di mais fine, 120 g di farina bianca, 100 g di formaggio montasio stagionato grattugiato finemente, 4 uova, 80 g di cioccolato fondente, 80 g di zucchero, 30 g di uva passa, 3 g di semi di finocchio, 1 limone, cannella in polvere, burro, sale.

Mescolate in una terrina le farine, lo zucchero, il formaggio, l'uva passa (lavata, lasciata in ammollo per almeno 2 ore) e strizzata), la buccia di limone grattugiata e i semi di finocchio; quindi incorporate, dopo averle sbattute, le uova e completate con il cioccolato sciolto a bagnomaria e quindi intiepidito. Lavorate il tutto fino a ottenere un impasto uniforme e piuttosto consistente.
Lasciate riposare mezzora, quindi suddividete l'impasto in gnocchi che farete lessare in acqua bollente salata.
Servite i dolcetti di Natale ancora caldi, irrorandoli con burro fuso e spolverandoli con cannella.

Fagottini di mele

◆ Tempo: 1 ora ✱ Difficoltà: media

❖ 250 g di farina, 1 uovo, 2 cucchiai d'olio extravergine d'oliva, sale, 1,5 kg di mele, 150 g di biscotti secchi, 50 g di uva passa, 20 g di pinoli, 25 g di gherigli di noce, 1/2 bicchiere di succo di mela, 1/2 cucchiaio di sciroppo di malto d'orzo, 1 limone, 1 cucchiaio di miele, cannella.

Mescolate un pizzico di sale alla farina e disponetela quindi a fontana. Mettete nell'incavo centrale l'uovo e l'olio e incominciate a impastare aggiungendo poco a poco acqua quanto basta per dare alla pasta la giusta consistenza. Lavoratela vigorosamente finché non risulterà liscia ed elastica, poi formate una palla che ungerete con un poco d'olio e lascerete riposare per mezzora. Nel frattempo mettete in ammollo l'uva passa dopo averla lavata, sbucciate le mele e tagliatele a fettine, tritate le noci. Versate mele, noci e uva passa (scolata dall'acqua e strizzata) in una terrina, aggiungeteci il miele, la cannella, i pinoli e la buccia di limone grattugiata, mescolate con cura e lasciate macerare. Trascorso il tempo necessario, spianate la pasta con il matterello in modo da ottenere una sfoglia piuttosto sottile. Tagliatela in quadrati di 10 cm di lato e poi, aiutandovi con un cucchiaio, disponete su questi quadrati dei mucchietti di ripieno, sbriciolando sopra a ciascuno un po' di biscotti. Inumidite con un po' d'acqua i bordi della pasta e chiudete i fagottini congiungendo i 4 angoli.
Infornate infine a forno caldo (200 °C circa) e a metà cottura spennellateli con il malto d'orzo diluito nel succo di mela. Quando la superficie sarà ben dorata, sfornateli e gustateli caldi o freddi.

Fave dolci (Lazio)

◆ Tempo: 50 minuti ✱ Difficoltà: facile

❖ 150 g di mandorle non spellate, 150 g di zucchero in zollette, 70 g di farina, 1 uovo, 1/2 limone, cannella in polvere, burro.

Senza sbucciarle, pestate le mandorle insieme con lo zucchero in un mortaio; passate il composto ottenuto al setaccio e unitelo alla farina, all'uovo, alla buccia grattugiata di mezzo limone e a un paio di cucchiaini di cannella in polvere. Amalgamate bene e a lungo gli ingredienti, anche se all'inizio vi sembrerà un po' difficoltoso.

Formate con la pasta un lungo cilindro che taglierete in tante rondelle a cui darete forma ovale e schiacciata. Imburrate una teglia, spolveratela di farina, disponetevi le favette e mettete in forno caldo per circa mezzora.

Lingue di gatto

◆ Tempo: 1 ora ✱ Difficoltà: media

❖ 150 g di farina, 5 uova, 150 g di zucchero a velo, 125 g di burro, 1 limone.

Lasciate ammorbidire il burro a temperatura ambiente e poi lavoratelo a lungo con un cucchiaio di legno così che diventi una crema; a questo punto amalgamate a poco a poco lo zucchero a velo e la scorza grattugiata del limone.

Fate intiepidire a bagnomaria gli albumi d'uovo e mescolateli delicatamente al composto; incorporate anche la farina, facendola scendere a pioggia da un setaccio; lasciate riposare il composto per qualche minuto e poi mettetelo in una tasca di tela con bocchetta da 5 millimetri. Sopra una teglia unta con un po' di burro e infarinata allineate dei bastoncini sottili di pasta lunghi 6-7 cm, avendo cura di lasciare molto spazio tra l'uno e l'altro. Cuocete in forno caldo (200 °C) per una decina di minuti. Ricordate che la pasta per le lingue di gatto non deve essere montata; gli ingredienti devono essere perfettamente amalgamati; gli albumi devono essere intiepiditi per evitare che il burro, a causa della differenza di temperatura, si aggrumi. Si consiglia di conservare i biscotti in una scatola di latta se si desidera mantenerne tutta la fragranza.

Marzapane (Sicilia)

◆ Tempo: 45 minuti ✶ Difficoltà: media

✣ 250 g di mandorle sgusciate, 500 g di zucchero.

Non diamo la preparazione tradizionale del marzapane – più lunga e particolareggiata – ma una più casalinga e di facile preparazione che sarà comunque di sicura riuscita.
Tuffate le mandorle in acqua bollente per privarle della pellicina e poi asciugatele con cura passandole rapidamente in forno caldo. Pestatele quindi in un mortaio unendo mezzo bicchiere d'acqua così da ottenere una pasta omogenea. Mettete su fuoco dolce un pentolino con lo zucchero e fatelo sciogliere mescolandolo con un cucchiaio di legno; unitelo poi alla pasta di mandorle e lavorate a lungo aiutandovi con il pestello fino a ottenere una pasta finissima. Con il composto formate delle palline che potrete passare, se preferite, nel cacao.

Nepitelle (Calabria)

◆ Tempo: 1 ora ✶ Difficoltà: media

✣ 350 g di farina, 100 g di ricotta, 100 g di uva passa, 3 uova, 1/2 limone, 1/2 arancia, 50 g di strutto, 30 g di zucchero, 30 g di zucchero a velo, 1 cucchiaio di brandy, sale.

In una terrina mettete la ricotta e un cucchiaio di zucchero e lavorateli per alcuni minuti con un cucchiaio di legno. Unitevi l'uva passa tritata, le scorze grattugiate del limone e del-

l'arancia e il brandy; mescolate amalgamando bene gli ingredienti. Versate a fontana la farina sul tavolo, nel centro mettete 2 uova e lo zucchero rimanente e sbattete con una forchetta. Impastate con la punta delle dita, incorporando progressivamente la farina alle uova, e poi proseguite manipolando con le mani per circa mezzora.
Stendete la pasta con il matterello in 2 sfoglie sottili; spalmatele con un uovo sbattuto insieme con un cucchiaino d'acqua. Su una sfoglia distribuite tanti mucchietti di ripieno a 3 cm l'uno dall'altro. Sovrapponete la seconda sfoglia e premete negli spazi vuoti con la punta delle dita, così da unirla alla prima sfoglia. Con il tagliapasta a rotellina ricavate dei quadrati, allineateli sulla piastra del forno e cospargeteli di strutto. Mettete in forno già caldo e fate cuocere per circa 40 minuti a calore moderato (200 °C). Togliete le nepitelle dal forno quando sono dorate e cospargetele di zucchero a velo.

Parpagnachi (Veneto)

◆ Tempo: 1 ora ✶ Difficoltà: media

✣ 100 g di gherigli di noce, 100 g di pangrattato, 50 g di miele, 1 limone, 1 bicchierino di rum, 1 cucchiaio di zucchero, 1 chiodo di garofano in polvere, cannella in polvere, noce moscata, farina, burro, sale, pepe.

Antichi dolcetti tipicamente speziati di origine veneta, i parpagnachi possono essere preparati in varie forme. Tritate anzitutto i gherigli di noce e raccogliete il trito in una fondina. Cospargetelo di scorza di limone grattugiata e, con molta moderazione, di sale, noce moscata, cannella, chiodo di garofano, pepe. Spruzzate con il rum e rimestate il tutto con cura. In un padellino fate fondere il burro e rosolatevi il pangrattato. Mescolatelo poi al miscuglio precedentemente preparato e incorporatevi il miele fuso. Impastate accuratamente e aggiungete lo zucchero e quanta farina occorre per ottenere un composto ben sodo. Date infine ai dolcetti delle forme a piacere e infornate per circa mezzora sulla piastra del forno unta di burro.

Ricciarelli (Toscana)

◆ Tempo: 1 ora + 1 ora ✶ Difficoltà: media

✣ 250 g di zucchero a velo, 150 g di mandorle dolci sgusciate, 15 g di mandorle amare, 1 uovo, 20 ostie.

Private le mandorle della pellicina tuffandole in acqua bollente, poi passatele rapidamente in forno caldo per farle asciugare bene. Quando si saranno raffreddate, riducetele in polvere aiutandovi con il pestello o con un frullatore; amalgamatevi quindi lo zucchero a velo (tenetene da parte un po'). Montate l'albume a neve soda e poi, delicatamente, unitevi un cucchiaio alla volta la pasta di mandorle.
Quando la pasta sarà divenuta troppo soda per essere lavorata con il cucchiaio lavoratela con le mani sul piano di lavoro spolverato di zucchero a velo. Ottenuto un impasto omogeneo stendetelo con il matterello a uno spessore di circa un centimetro e mezzo e ricavatene dei dischi della grandezza delle ostie. Sulla placca del forno disponete le ostie e sopra ciascuna ponete un disco di pasta di mandorle, coprite con un canovaccio e fate riposare per un'oretta in luogo fresco.
Cuocete poi in forno moderatamente caldo (i dolci non devono scurirsi) per circa mezzora, sfornate, fate raffreddare e servite dopo aver ritagliato la parte di ostia eventualmente eccedente e spolverato con zucchero a velo.

Savoiardi (Piemonte)

◆ Tempo: 1 ora e 20 minuti ✶ Difficoltà: media

✣ 200 g di farina, 75 g di fecola, 9 uova, 300 g di zucchero, 50 g di zucchero a velo, 50 g di burro, sale.

Lavorate a lungo (meglio se con una frusta) 8 tuorli e un uovo intero, aggiungendo poco a poco 250 g di zucchero e un pizzico di sale, fino a ottenere una crema spumosa e quasi bianca. Unite, poca per volta e facendo attenzione che non si formino grumi, la farina mescolata alla fecola e quindi, con molta delicatezza, amalgamate all'impasto anche gli albumi montati a neve soda. Aiutandovi con la tasca per dolci munita di bocchetta larga, liscia e piatta, distribuite l'impasto sulla piastra del forno precedentemente unta e infarinata.

Dovrete formare delle strisce lunghe circa 10 cm e larghe 3, lasciando un certo spazio tra una forma e l'altra per non rischiare che, gonfiandosi durante la cottura, i biscotti si attacchino.

Mescolate i 50 g di zucchero rimasti con lo zucchero a velo e setacciatelo attraverso un colino sui biscotti disposti sulla placca; aspettate una decina di minuti in modo che il primo strato di zucchero venga assorbito, quindi ripetete l'operazione.

Fate cuocere in forno caldo finché non vedrete i biscotti dorati e gonfi (devono rimanere morbidi all'interno). Sfornateli e aiutandovi con una paletta prelevateli dalla piastra e disponeteli su una gratella a raffreddare.

Scorze caramellate (Sicilia)

◆ Tempo: 30 minuti ✱ Difficoltà: facile

❖ 1 kg di agrumi, 750 g di zucchero.

Procuratevi delle arance, dei limoni, dei pompelmi e, se vi è possibile, dei cedri non trattati; lavateli accuratamente, asciugateli e tagliateli a spicchi larghi un centimetro circa lasciando una parte della polpa attaccata alla buccia.

Fate bollire gli spicchi di scorza separatamente per una quindicina di minuti in acqua e – sempre separatamente – adagiateli in una larga padella assieme a un quantitativo di zucchero pari a circa 2/3 del loro peso: quindi per un chilo di frutta vi serviranno circa 750 g di zucchero. Mescolando, fate caramellare la frutta a fuoco vivo facendo attenzione però che lo zucchero non bruci. Togliete le scorze dal fuoco quando lo sciroppo di zucchero che le avvolge avrà raggiunto una buona consistenza e una colorazione dorata. Lasciate raffreddare le scorze e rotolatele nello zucchero.

Tartufi (Piemonte)

◆ Tempo: 25 minuti ✱ Difficoltà: facile

❖ 100 g di cioccolato fondente, 30 g di cacao amaro, 100 g di burro, 75 g di zucchero, 1 uovo, 1 cucchiaio di caffè solubile, 1 cucchiaio di latte.

In un pentolino fate sciogliere a bagnomaria il cioccolato ridotto a pezzetti; mescolate continuamente e quando si sarà ben sciolto incorporatevi il burro anch'esso tagliato a pezzettini, il latte, il caffè, lo zucchero e il tuorlo d'uovo. Togliete la pentola dal fuoco e continuate a mescolare con energia fino a ottenere un composto morbido e omogeneo. Fate raffreddare l'impasto, quindi prelevatene un cucchiaino colmo alla volta e aiutandovi con le dita formate delle palline che passerete poi nel cacao amaro distribuito su un piatto. Conservate i tartufi in frigorifero fino al momento di servirli.

Torrone (Puglia)

◆ Tempo: 1 ora e 20 minuti ✱ Difficoltà: media

❖ 400 g di mandorle spellate, 200 g di nocciole spellate, 250 g di miele, 150 g di zucchero, 2 albumi, 1 limone, scorza d'arancia candita, ostie.

Mettete il miele in una casseruola abbastanza grande e ponetelo a cuocere a bagnomaria su un fuoco assai moderato, mescolando con cura. Dopo un'ora circa montate gli albumi a neve ferma e aggiungeteli poco alla volta al miele. Fate caramellare lo zucchero a parte e versatelo quindi nella casseruola del miele dopo avervi aggiunto gli albumi. Continuate a mescolare e cuocete ancora un poco; quando vedrete che il composto ha acquistato consistenza, unitevi le mandorle e le nocciole spellate e già calde (passatele per poco tempo nel forno caldo), la scorza d'arancia candita e la buccia grattugiata del limone, mescolate e fate in modo che le mandorle e le nocciole non si concentrino in un solo punto. Vi accorgerete che il torrone è cotto quando sentirete salire il suo inconfondibile profumo; mettete allora delle ostie sul marmo di cucina, versateci sopra il torrone e dategli forma con un coltello a lama larga, ottenendo un rettangolo di 15×20 cm e dello spessore di poco meno di 2 cm. Mettete delle ostie anche sopra il torrone, lasciandolo infine riposare per un quarto d'ora prima di tagliarlo a pezzi lunghi e piuttosto stretti.

Zaletti (Veneto)

◆ Tempo: 1 ora + 2 ore ✶ Difficoltà: facile

✣ 250 g di farina di mais, 100 g di farina di mais bianca, 330 g di uva passa, 6 uova, 250 g di zucchero, 100 g di burro, 1 l di latte, 2 limoni, 1 baccello di vaniglia, zucchero a velo, sale.

Portate a ebollizione il latte con un pizzico di sale e la vaniglia; togliete quest'ultima e versate a pioggia le 2 farine setacciate. Mescolate, poi togliete dal fuoco e unite lo zucchero e il burro. Quando tutto si sarà ben amalgamato fate riposare per un paio di ore. Incorporate al composto di farina le uova, una alla volta, la buccia grattugiata dei limoni e l'uva passa fatta ammollare in acqua tiepida e poi scolata, asciugata e infarinata. Distribuite il composto sulla piastra del forno imburrata, formando dei dischetti di circa 5 cm di diametro abbastanza spessi. Fate cuocere in forno caldo per circa mezzora. Serviteli tiepidi e spolverati con zucchero a velo.

GELATI, GRANITE E SORBETTI

Gelato al torrone

◆ Tempo: 50 minuti ✱ Difficoltà: media

❖ 40 g di zucca rossa candita, 30 g di cedro candito, 30 g di mandorle dolci, 20 g di pistacchi, 250 g di zucchero, 1 l di latte, 4 uova, 1 bustina di zucchero vanigliato.

Preparate una crema con il latte, lo zucchero semolato, quello vanigliato e i 4 tuorli. Quando il composto sarà spumoso, aggiungete i pistacchi, le mandorle, il cedro e la zucca a pezzetti. Amalgamate bene tutto e versate nella gelatiera, facendola funzionare per 30-35 minuti.
Se non disponete di una gelatiera procedete come indicato nell'introduzione (vedi pag. 14).

Gelato di amaretti

◆ Tempo: 1 ora ✱ Difficoltà: facile

❖ 200 g di latte, 200 g di panna montata, 100 g di amaretti, 2 uova, 70 g di zucchero, 1 cucchiaio di brandy.

Scaldate il latte senza farlo bollire, quindi levatelo dal fuoco. Nel frattempo mescolate a lungo lo zucchero con le uova fino a ottenere una crema soffice. Diluitela con il latte intiepidito e rimettete sul fuoco facendo cuocere il composto ma senza farlo bollire. Levate dal fuoco, lasciate raffreddare e incorporate gli amaretti sbriciolati e insaporiti con il brandy e quindi la panna montata, mescolando con delicatezza dal basso verso l'alto. Se siete provvisti di gelatiera versatevi il composto e fatela funzionare per mezzora, altrimenti versate il composto nella vaschetta precedentemente raffreddata (vedi pag. 14).

Gelato di banana

◆ Tempo: 1 ora ✶ Difficoltà: facile

❖ 200 g di latte, 200 g di panna montata, 100 g di polpa di banana, 2 uova, 70 g di zucchero.

Scaldate il latte senza farlo bollire, quindi levatelo dal fuoco. Nel frattempo mescolate a lungo lo zucchero con le uova fino a ottenere una crema soffice. Diluitela con il latte ormai raffreddato e rimettete sul fuoco facendo cuocere il composto ma senza farlo bollire.
Levate dal fuoco, lasciate raffreddare e incorporate la polpa di banana precedentemente ridotta in purea e la panna montata, mescolando con delicatezza dal basso verso l'alto.
Se siete provvisti di una gelatiera versatevi il composto e fatela funzionare per circa 30 minuti; altrimenti potrete versare il composto nella vaschetta per il freezer precedentemente fatta raffreddare (vedi pag. 14).

Gelato di caffè

◆ Tempo: 1 ora ✶ Difficoltà: media

❖ 150 g di latte, 200 g di panna montata, 1 tazzina di caffè ristretto, 2 uova, 100 g di zucchero, qualche chicco di caffè.

Preparate un caffè ben ristretto e lasciatelo raffreddare. In una casseruola sbattete bene le uova con lo zucchero sino a renderle spumose. A parte fate scaldare il latte con i chicchi di caffè; al primo bollore togliete dal fuoco e versatelo nella casseruola dove avete lavorato le uova. Mescolate, rimettete sul fuoco per qualche minuto, aggiungete quindi il caffè e lasciate raffreddare. Incorporate delicatamente al composto la panna montata e versate il tutto nella gelatiera facendola funzionare per 30 minuti circa. Se invece usate il freezer, versate il composto nella vaschetta precedentemente raffreddata e procedete secondo il metodo consigliato in questa pagina.

Gelato di cioccolato

◆ Tempo: 1 ora ✱ Difficoltà: media

✣ 200 g di latte, 200 g di panna montata o liquida, 80 g di cioccolato fondente, 1 uovo, 100 g di zucchero.

Fate fondere a bagnomaria il cioccolato tagliato a pezzettini insieme con qualche cucchiaio di latte. Sbattete l'uovo con lo zucchero, allungatelo con il resto del latte, unite il cioccolato sciolto e incorporate quindi con delicatezza la panna montata. Versate il composto nella gelatiera e fatela funzionare per 30 minuti circa. Se invece usate il freezer: spezzettate il cioccolato e fatelo fondere a bagnomaria con qualche cucchiaio di latte, amalgamatevi poi tutto il latte e la panna liquida e, sempre continuando a mescolare, fate cuocere per qualche minuto. In un'altra pentola sbattete lo zucchero con l'uovo, quindi unitevi il composto al cioccolato non appena inizierà a bollire; rimettete sul fuoco e fate scaldare per qualche minuto. Lasciate raffreddare e poi versate nell'apposito contenitore per freezer precedentemente raffreddato.

Gelato di crema

◆ Tempo: 1 ora ✱ Difficoltà: facile

✣ 200 g di latte, 200 g di panna liquida, 3 uova, 50 g di zucchero, 1/2 stecca di vaniglia.

Mettete a scaldare il latte insieme con la panna e la mezza stecca di vaniglia. Montate a crema i tuorli d'uovo con lo zucchero. Prima che la miscela di latte e panna giunga a bollore toglietela dal fuoco, eliminate la vaniglia e quindi versatela lentamente sulla crema di uova e zucchero, mescolando in continuazione. Mettete a cuocere a bagnomaria il composto, evitando di portarlo a ebollizione e continuando a mescolare finché la crema non si sarà leggermente addensata. Poi lasciatela raffreddare e infine versatela nella gelatiera facendola funzionare per circa 30 minuti. Se invece usate il freezer, versate il composto nella vaschetta precedentemente raffreddata (vedi pag. 14). Controllate l'indurimento del gelato e consumatelo alla giusta consistenza per gustare tutta la delicatezza del sapore. Volendo, in sostituzione dello zucchero bianco potrete utilizzare dello zucchero di canna.

Gelato di fragole

◆ Tempo: 1 ora ✶ Difficoltà: facile

❖ 150 g di latte, 150 g di panna montata, 300 g di fragole, 1 uovo, 80 g di zucchero, 1/2 stecca di vaniglia, 1 scorza di limone.

In una casseruola mettete a scaldare il latte con la stecca di vaniglia e la scorza di limone ben lavata (solo la parte gialla). Appena raggiunge il bollore, togliete dal fuoco e lasciate raffreddare. Nel frattempo lavate e asciugate accuratamente le fragole alle quali avrete tolto il picciolo. A parte sbattete l'uovo con lo zucchero fino a formare una spuma, poi aggiungetevi le fragole e frullate il tutto. Versate sul composto il latte a cui avrete tolto la vaniglia e la scorza di limone. Infine incorporate con delicatezza la panna montata e versate tutto nella gelatiera facendola funzionare per mezzora circa. Se usate il freezer, versate il composto nella vaschetta raffreddata (vedi pag. 14).

Gelato di limone

◆ Tempo: 50 minuti ✱ Difficoltà: facile

❖ 250 g di panna montata, 4 limoni, 100 g di zucchero in zollette.

Lavate e asciugate accuratamente i limoni, quindi strofinate sulla buccia le zollette di zucchero in modo che si impregnino di aroma. Tagliate i limoni e spremetene il succo in un pentolino, aggiungete le zollette di zucchero e qualche cucchiaio d'acqua. Mettete sul fuoco e fate sobbollire per pochi minuti avendo cura di mescolare. Quando lo zucchero sarà completamente sciolto, levate dal fuoco e lasciate raffreddare; quindi amalgamate delicatamente lo sciroppo alla panna montata e versate il tutto nella gelatiera facendola funzionare per mezzora circa.

Gelato di mandarino

◆ Tempo: 50 minuti ✱ Difficoltà: media

❖ 6 mandarini, 100 g di zucchero in zollette, 250 g di panna montata.

Lavate accuratamente e asciugate i mandarini, quindi strofinate sulla scorza le zollette di zucchero in modo che questa ceda il suo profumo (assicuratevi che i mandarini non siano stati trattati in superficie con prodotti di sintesi chimica). Tagliate quindi la parte superiore dei frutti e, aiutandovi con un cucchiaio, cercate di estrarre tutti gli spicchi, mantenendo intatta la scorza che dovrà servire come coppetta per contenere il gelato. Con la centrifuga, o con un passaverdura, estraete il succo dei mandarini e versatelo in un pentolino assieme alle zollette di zucchero e a 2-3 cucchiai d'acqua. Mettete sul fuoco e, mescolando, lasciate bollire per qualche minuto, fino a quando lo zucchero si sia completamente sciolto. Quindi lasciate raffreddare. Quando lo sciroppo è freddo, incorporatelo alla panna. Versate nella gelatiera e fatela funzionare per circa 30 minuti; quando il gelato è pronto disponetelo nelle bucce di mandarino che nel frattempo avrete conservato in frigo. Lasciate riposare in freezer per mezzora prima di servire.

Gelato di mandorle al caffè

◆ Tempo: 40 minuti + 30 minuti ✶ Difficoltà: media

❖ 1/2 l di latte, 50 g di mandorle dolci, 3 mandorle amare, 4 uova, 200 g di zucchero, 1/2 bustina di vanillina.
PER LA CREMA: 5 uova, 150 g di caffè macinato, 200 g di zucchero, 25 g di burro, 1 cucchiaio di fecola di patate.

Scottate le mandorle in acqua bollente, sbucciatele e pestatele nel mortaio con 2 cucchiai d'acqua. Portate il latte a ebollizione, versate le mandorle pestate e la vanillina e lasciate in infusione per mezzora. Sbattete i tuorli con lo zucchero, versate il latte con le mandorle poco alla volta e cuocete a bagnomaria. Lasciate raffreddare, poi trasferite il composto nella gelatiera. Se invece usate il freezer, versate il composto nella vaschetta precedentemente raffreddata. Nel frattempo preparate crema al caffè: preparate il caffè con 4 dl d'acqua. In un casseruolino lavorate i tuorli con lo zucchero, finché appariranno bianchi. Aggiungete la fecola di patate, il burro fuso e il caffè caldo, versato poco alla volta. Cuocete la crema su fuoco medio, mescolando fino a giusta consistenza. Disponete in una coppa il gelato e colatevi sopra la crema al caffè.

Gelato di pistacchio

◆ Tempo: 45 minuti ✶ Difficoltà: facile

❖ 200 g di latte, 200 g di panna montata, 100 g di pistacchi, 2 uova, 70 g di zucchero.

Scaldate il latte senza farlo bollire, quindi lasciatelo raffreddare. Mescolate a lungo lo zucchero con le uova fino a ottenere una crema soffice, diluite con il latte e fate cuocere su fiamma bassa il composto ottenuto. Levate dal fuoco appena accenna il bollore e lasciate raffreddare. Togliete il guscio ai pistacchi e tuffateli per pochi minuti in acqua bollente leggermente salata per togliere la pellicina; lasciateli asciugare e pestateli nel mortaio così da ottenere una pasta omogenea. Diluite questa pasta con la miscela di latte e uova e incorporate poi la panna montata, mescolando con delicatezza dal basso verso l'alto. Se siete provvisti di gelatiera versatevi il composto e fatela funzionare per 30 minuti, altrimenti versate il composto nella vaschetta raffreddata (vedi pag. 14).

Gelato malaga

◆ Tempo: 1 ora e 20 minuti ✱ Difficoltà: facile

❖ 250 g di latte, 200 g di panna montata, 100 g di zucchero di canna, 50 g di uva passa, 2 uova, rum.

Lavate l'uva passa e mettetela in ammollo nel rum usando tanto liquore quanto basta a coprirla. Nel frattempo, in una casseruola, sbattete bene i tuorli con lo zucchero finché non saranno spumosi; quindi, mescolando in continuazione, unite lentamente il latte che avrete precedentemente fatto scaldare e quindi raffreddare. Mettete poi sul fuoco e, mescolando, cuocete la crema senza che arrivi a bollore. Spegnete quando il composto incomincerà a velare il cucchiaio e lasciate raffreddare. Unite l'uva passa intrisa di rum e amalgamate il tutto alla panna montata. Versate il composto nella gelatiera e fatela funzionare per 20 minuti. Se invece usate il freezer, versate il composto nella vaschetta raffreddata (vedi pag. 14).

Gelato stracciatella

◆ Tempo: 50 minuti ✶ Difficoltà: facile

❖ 250 g di latte, 250 g di panna montata, 70 g di cioccolato fondente, 100 g di zucchero, 1/2 stecca di vaniglia.

In una casseruola versate il latte, lo zucchero e la stecca di vaniglia. Mettete sul fuoco e mescolando portate quasi a bollore, quindi levate dal fuoco. Nel frattempo grattugiate il cioccolato. Quando il latte si sarà completamente raffreddato, togliete la vaniglia e amalgamatevi la panna montata e il cioccolato grattugiato. Versate nella gelatiera e fatela funzionare per 30 minuti circa. Se invece usate il freezer, versate il composto nella vaschetta precedentemente raffreddata (vedi pag. 14).

Granita al caffè

◆ Tempo: 15 minuti ✶ Difficoltà: facile

❖ 3 tazze di caffè forte, 100 g di zucchero, panna montata per guarnire.

In un pentolino fate sciogliere sul fuoco lo zucchero in mezzo litro d'acqua, quindi levate dal fuoco e quando lo sciroppo si sarà raffreddato unite il caffè. Versate il tutto in una terrina e fate raffreddare. A questo punto travasatelo in una vaschetta adatta e ponetelo nel freezer finché si sarà completamente gelato.
Toglietelo dalla vaschetta, tagliatelo a pezzetti e mettetelo nel tritaghiaccio. Servite la granita in coppette, guarnendo con panna montata fresca.

Granita di limone

◆ Tempo: 15 minuti ✱ Difficoltà: facile

✣ 2 grossi limoni sugosi, 100 g di zucchero.
PER DECORARE: foglie di menta.

Preparate uno sciroppo facendo bollire mezzo litro d'acqua e lo zucchero per alcuni minuti; quindi versatelo in una terrina e lasciatelo raffreddare. Unitevi allora il succo dei limoni e poca buccia grattugiata, amalgamando con cura.
Versate il composto nella vaschetta per il ghiaccio preventivamente raffreddata e mettetelo in freezer per 2-3 ore o finché non sarà completamente gelato. Quindi toglietelo dalla vaschetta, tagliatelo a pezzi e mettetelo nel tritaghiaccio prima di servire. Decorate con foglie di menta fresca.

Granita di sambuco

◆ Tempo: 20 minuti ✱ Difficoltà: facile

✣ 1,3 kg di frutti di sambuco, 1,2 kg di zucchero, 1 limone.

Sgranate gli acini di sambuco e lavateli in acqua fredda prima di versarli in una terrina e di unirvi lo zucchero e il succo di limone. Lasciate macerare per un giorno, coprendo la terrina con un canovaccio, poi passate al setaccio. Raccogliete il sugo e mettetelo a bollire a fiamma bassa, schiumando ogni tanto, finché lo sciroppo acquista la densità del miele. A questo punto levate dal fuoco e fate raffreddare rapidamente, mettendo la pentola in acqua fredda, per evitare che lo sciroppo cristallizzi. Quando finalmente lo sciroppo è completamente freddo, imbottigliatelo e conservatelo possibilmente in dispensa, al buio. Con questo sciroppo potrete preparare ottime granite diluendolo in acqua, nella quantità che preferite, e mettendo in freezer il preparato per 2-3 ore. Poi toglietelo dalla vaschetta, tagliatelo a pezzetti e infine tritatelo con il tritaghiaccio prima di servire.

Sorbetto d'arancia

◆ Tempo: 40 minuti ✶ Difficoltà: facile

❖ 4 arance, 100 g di zucchero, 1 uovo, il succo di 1 limone.
PER DECORARE: fettine d'arancia, panna montata, ciliege sciroppate

Fate bollire in un pentolino 3 dl d'acqua e lo zucchero per 10 minuti, a fuoco piuttosto moderato. Quando lo sciroppo è ancora caldo, aggiungete la scorza grattugiata di 2 arance (possibilmente non trattate in superficie con prodotti di sintesi chimica) e lasciate poi raffreddare. Nel frattempo spremete tutte le arance e il limone e mescolate il succo allo sciroppo appena preparato. Incorporate quindi l'albume d'uovo montato a neve e versate nella gelatiera elettrica, facendola funzionare per il tempo necessario a ottenere la consistenza voluta. Decorate con fettine di arancia, panna montata e con ciliegine sciroppate. Se non disponete di una gelatiera procedete come indicato nell'introduzione (vedi pag. 14).

Sorbetto di frutta mista

◆ Tempo: 25 minuti ✶ Difficoltà: facile

❖ 100 g di albicocche ben mature, 100 g di fragole, 100 g di lamponi, 100 g di ciliege, 200 g di zucchero, 1/2 l di acqua.

Iniziate a occuparvi della frutta: mondatela, lavatela, asciugatela delicatamente, sbucciate le albicocche ed eliminate tutti i noccioli. Quindi passatela nel frullatore. Fate bollire l'acqua con lo zucchero per circa 15 minuti e lasciate raffreddare prima di aggiungervi la polpa di frutta frullata. Mescolate bene e versate il composto nella gelatiera. Azionate la gelatiera e fatela funzionare fino a ottenere la consistenza desiderata. Se non disponete di una gelatiera procedete come indicato nell'introduzione (vedi pag. 14).

Sorbetto di limone

◆ Tempo: 20 minuti ✶ Difficoltà: facile

❖ 4 limoni, 1 uovo, 250 g di zucchero, 1 bicchierino di vodka.

Lavate i limoni e prelevatene la parte gialla della buccia. Ponete sul fuoco una casseruola con 25 dl d'acqua e lo zucchero, portate a bollore e togliete dal fuoco. Unite allo sciroppo le scorze e lasciate raffreddare. Nel frattempo spremete i limoni e filtrate il succo. Togliete le scorze dallo sciroppo, unitevi il succo e la vodka. Versate il composto nella gelatiera e azionatela sino a ottenere la consistenza desiderata. Se invece vi affidate al freezer, versate il composto nella vaschetta precedentemente raffreddata. Montate intanto a neve ben soda l'albume dell'uovo e a metà del tempo di preparazione incorporatelo delicatamente al composto. A questo sorbetto potrete aggiungere, al momento di servire, alcune foglioline di menta tritate.

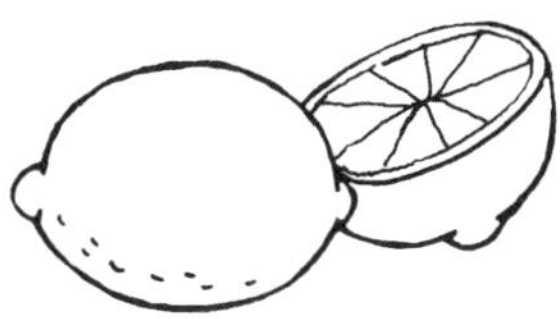

Sorbetto di mandarino

◆ Tempo: 20 minuti ✶ Difficoltà: facile

❖ 4 mandarini maturi, 1 arancia, 200 g di panna montata, 150 g di zucchero.

Preparate anzitutto uno sciroppo facendo bollire in una casseruola 25 dl d'acqua e lo zucchero per 10 minuti. Quando è ancora caldo, unitevi la scorza grattugiata dell'arancia e lasciate raffreddare. Nel frattempo ricavate il succo dei mandarini e di mezza arancia raccogliendo il tutto in una tazza; aggiun-

getelo poi allo sciroppo raffreddato. Mescolate con cura, incorporate la panna montata e versate il composto nella gelatiera, facendola funzionare il tempo necessario a ottenere la consistenza voluta.
Se invece per la preparazione dovete orientarvi sull'utilizzo del freezer, versate il composto in una vaschetta da ghiaccio precedentemente raffreddata e riponete nel congelatore seguendo le indicazioni suggerite (vedi pag. 14).

Sorbetto di more

◆ Tempo: 20 minuti + 15 minuti ✱ Difficoltà: facile

❖ 250 g di more, 200 g di zucchero, 1 uovo,
il succo di 1/2 limone.

Mondate e lavate le more, quindi lasciatele sgocciolare e passatele con un passaverdura raccogliendo il passato in una terrina. Aggiungete un paio di cucchiai di zucchero e il succo di limone e lasciate macerare per 15 minuti circa. Nel frattempo fate bollire 2,5 dl d'acqua e lo zucchero rimanente in una casseruola, poi lasciate raffreddare lo sciroppo ottenuto e versatelo infine sopra le more mescolando con cura; unite anche l'albume montato a neve soda. Versate il composto nella gelatiera e fatela funzionare per il tempo previsto.

Indici

Indice generale

Ricette e impasti base

Antipasti

Antipasti di terra

Antipasti di mare

Antipasti vegetariani

Primi piatti

Zuppe e minestre a base di carne

Zuppe e minestre a base di pesce

Zuppe e minestre vegetariane

Pasta con la carne

Pasta con il pesce

Pasta con la verdura

Pasta al forno

Pasta ripiena

Insalate di pasta e riso

Riso e risotti

Gnocchi, canederli e crêpes

Secondi piatti

Vitello e manzo

Maiale e cinghiale

Pollo e tacchino

Agnello, capretto e cavallo

Coniglio e selvaggina

Molluschi e crostacei

Pesce di mare e di fiume

Uova e formaggio

Contorni

Verdure in padella

Verdure fritte

Verdure al forno e alla griglia

Legumi

Piatti unici

Piatti unici a base di carne

Piatti unici a base di pesce

SOUFFLÉ E STRUDEL

Dolci

DOLCI DA FORNO

DOLCI AL CUCCHIAIO

Indice alfabetico

Referenze fotografiche

Tutte le immagini appartengono all'Archivio Giunti/© Giuliano Valsecchi, Firenze a eccezione di:
Archivio Giunti/© Giovanni Petronio, Firenze pp. II, IV, XXXVII, XLI;
Archivio Giunti/© Marco Favi, Firenze p. XXX.

L'editore si dichiara disponibile a regolare eventuali spettanze per quelle immagini di cui non sia stato possibile reperire la fonte.